ECKHARD MEINEKE
Studien zum genderneutralen Maskulinum

ECKHARD MEINEKE

Studien zum genderneutralen Maskulinum

Universitätsverlag
WINTER
Heidelberg

Bibliografische Information der Deutschen Nationalbibliothek

Die Deutsche Nationalbibliothek verzeichnet diese Publikation
in der Deutschen Nationalbibliografie;
detaillierte bibliografische Daten sind im Internet
über *http://dnb.d-nb.de* abrufbar.

UMSCHLAGBILD
© istock.com/PeterPencil

ISBN 978-3-8253-9505-6

Dieses Werk einschließlich aller seiner Teile ist urheberrechtlich geschützt.
Jede Verwertung außerhalb der engen Grenzen des Urheberrechtsgesetzes
ist ohne Zustimmung des Verlages unzulässig und strafbar. Das gilt insbesondere
für Vervielfältigungen, Übersetzungen, Mikroverfilmungen und die Einspeicherung
und Verarbeitung in elektronischen Systemen.

© 2023 Universitätsverlag Winter GmbH Heidelberg
Imprimé en Allemagne · Printed in Germany
Druck: Memminger MedienCentrum, 87700 Memmingen

Gedruckt auf umweltfreundlichem, chlorfrei gebleichtem
und alterungsbeständigem Papier.

Den Verlag erreichen Sie im Internet unter:
www.winter-verlag.de

Inhaltsverzeichnis

1 Einleitung 7

2 Das Epikoinon 15
    2. 1 Begriffliches 15
    2. 2 Zur These devianten Genus 27
    2. 3 Zum Lexembestand 36
    2. 4 Zur Korrelation von Genus und Sexus 42

3 Das genderneutrale Maskulinum 51
    3. 1 Zu Begrifflichkeit und Vorkommen 51
    3. 2 Neutralisierung und Markiertheitstheorie 56
    3. 3 Referentialität und Kognitionspsychologie 69
    3. 4 Synchrone Analysen und Fehldeutungen 75

4 Zur Diskussion der Indikationslosigkeit des Genus genderneutraler Maskulina 85
    4. 1 Die feministische Position 85
    4. 2 Die Funktion unmarkierter Formen 92
    4. 3 Genderneutrale Maskulina und unmarkierte Formen im Sprachvergleich ... 94
    4. 4 Widersprüchliche Argumentationen 99
    4. 5 Das genderneutrale Maskulinum als sprachsystematische Größe 103

5 Aspekte der Sprachpolitik 117
    5. 1 Ungesteuerter und gesteuerter Sprachwandel 117
    5. 2 Die Rolle des Dudens 118
    5. 3 Sprachkonstruktivismus 124
    5. 4 Sichtbarkeits- und Neutralisierungsstrategie 126
    5. 5 Sprachideologische Register 139
    5. 6 Gruppenpsychologie und Funktionalität des gendergerechten Registers ... 148
    5. 7 Variables Genus 163

6 Funktionale und häufigkeitsstatistische Folgen gendersensitiver Sprechweise 167
    6. 1 Funktionale Konsequenzen 167
    6. 2 Gebrauchshäufigkeiten 169

7 Sprachvergleichende und prämissenkritische Gesichtspunkte 173

8 Ursprünge der feministischen Linguistik 183
    8. 1 Anfänge und Grundlagen 183
    8. 2 Die Sprache der Gesetze und Verwaltungen 195
    8. 3 Psycholinguistische Assoziationstests 205
    8. 4 Studien zur kognitiven Verständlichkeit 221
    8. 5 Zur Rolle sozialer Klischees 223
    8. 6 Die Argumentation mit stilistischen und moralischen Kriterien 226
    8. 7 Argumente aus der Sprachgeschichte 227
    8. 8 Argumente aus der Grammatiktradition 232

9 Zur sexualisierten Genustheorie 235

10 Zu Entstehung und Funktion des Genus 239

11 Genus und Movierung in nichtverwandten und verwandten Sprachen 247

12 Geschlechtergerechte Sprache als Gleichstellungsinstrument 255
    12. 1 Geschlecht als soziale Kategorisierung 255
    12. 2 Der Kanon der geschlechtergerechten Sprache 258
    12. 3 Medien und Wissenschaft 267

13 Diskussion parteipolitischer Bezüge 283

14 Immunisierungsstrategien 291

15 Zusammenfassung 299

Abkürzungsverzeichnis 307

Literaturverzeichnis 309

Lexemregister 345

1 Einleitung

Als der Bayerische Kabarettist Karl Valentin in den dreißiger Jahren des vorigen Jahrhunderts seinen berühmten Monolog „Vereinsrede" mit der Anrede „Meine lieben Gäste und Gästinnen" einleitete und dabei auf bemerkenswert kreative Weise die feminine Form „Gästinnen" – zwecks sprachlicher Gleichberechtigung – hinzufügte, konnte er nicht ahnen, dass er – der Nicht-Akademiker, der „naive" Sprecher – zum Vorreiter einer Forschungsrichtung wurde, die 50 Jahre später für böses – sprachwissenschaftliches – Blut sorgte, nämlich des sprachwissenschaftlichen Feminismus[1].

19:52 Uhr, Stefan per WhatsApp: Du bist „Vorstand" von Beruf? Nicht vielleicht eher Vorständin? Oder Vorstandsvorsitzende? Angehörige des Vorstands?
20:01 Uhr, Theresa per WhatsApp: Nein, Stevie, du hast schon richtig gelesen, ich *bin* der Vorstand. Le Vorstand, c'est moi. Bei eingetragenen Genossenschaften mit weniger als zwanzig Mitgliedern genügt eine einzelne Person. Und ich hoffe sehr, dass du mir jetzt nicht wieder mit deinem Gender-Thema kommst, sonst können wir auch gleich zurück an die Außenalster und uns anschreien[2].

Vor einigen Wochen unterhielt ich mich mit einem Journalistenkollegen und sagte „Ich, als Schriftsteller ..." Der Journalist unterbrach mich – „SchriftstellerIN". Da fiel es mir wieder ein. Ich bin ja kein Schriftsteller, ich bin ja eine Frau. So ist es vielleicht nicht gemeint, aber so fühlt es sich an. Einige Zeit davor war ich zu Gast in einem „Star Trek"-Podcast und wurde als „Gästin" angekündigt[3].

Eine Bezeichnung wie „Journalist*in" hingegen trägt an mich in der Berufsausübung eine Weiblichkeit heran, von der wir Frauen uns ja eigentlich mit gutem Grund längst losgesagt haben, weil wir gleichberechtigt sein und uns nicht aufs Geschlecht verpflichten lassen wollten. Was käme hier als Nächstes? Werde ich gar wieder auf Frauenthemen verpflichtet? Spätestens dann wäre diese Eingrenzung die neue Ausgrenzung[4].

Wie war es für Sie, als Frau im Rock-Business Fuß zu fassen?
Quatro: Ich habe mich nie sehr mit Gender-Fragen befasst, und ich habe von mir nie, nie, nie als weibliche Musikerin gesprochen. Noch mal: Es ist ein Beruf, dafür brauche ich keine

---

[1] Miorita Ulrich: *„Liebe Tiger... und Tigerinnen" – Das Tier in der Sprache und Sprachwissenschaft*, in: *Animalia in fabula. Interdisziplinäre Gedanken über das Tier in der Sprache, Literatur und Kultur*, hg. von Miorita Ulrich und Dina De Rentiis, Bamberg 2013 (Schriften aus der Fakultät Geistes- und Kulturwissenschaften der Otto-Friedrich-Universität Bamberg 14), S. 307–332, hier S. 307.
[2] Juli Zeh – Simon Urban: *Zwischen Welten. Roman*, München 2023, S. 12.
[3] Nele Pollatschek: *Deutschland ist besessen von Genitalien. Gendern macht die Diskriminierung nur noch schlimmer*, in: *Tagesspiegel*, 30.08.2020.
[4] Claudia Schwartz: *Es braucht kein Verbot von Gendersprache – etwas mehr Gelassenheit würde der Debatte gut tun*, in: *Neue Zürcher Zeitung*, 22.06.2021.

weibliche Form. Ich war immer glücklich mit dem, was ich machte, und weil ich mich selbst und das, was ich mache, immer ernst genommen habe, hat mich auch jeder ernst genommen, der mit mir zu tun hatte[5].

Wenn in einer überregionalen Tageszeitung davon die Rede ist, dass vom „kommenden Dienstag, 1. Februar an", „die Dänen an den meisten Orten keine Masken mehr tragen oder Impfnachweise zeigen"[6] müssen, dann ist davon auszugehen, dass die Leser dieser Zeitung das Substantiv *Dänen* als Bezeichnung aller Einwohner Dänemarks, Frauen, Männer und Personen weiterer Genderidentitäten, verstehen, für die in Dänemark während der Corona-Pandemie eine Maskenpflicht bestand. In der gleichen Zeitung ist zu lesen, dass keine „Miete zahlen zu müssen, unabhängig von den Launen eines *Vermieters* zu sein, die eigenen vier Wände nach persönlichem Geschmack gestalten zu können"[7], die Erfüllung eines Jugendtraums sei, nämlich des Traums eines Mieters von den eigenen vier Wänden. Auch hier werden die Leser der Zeitung davon ausgehen, dass *Vermieter* jedwede Person bedeutet, die vermietet, ungeachtet der Frage, ob dieser Vermieter eine Frau, ein Mann oder ein Person ist, die im Personalausweis als *divers* bezeichnet wird. Zugleich haben diejenigen, die gerade diese Zeilen lesen, verstanden, dass die vom Verfasser dieser Studie erwähnten *Leser* der Zeitung Personen jeden Geschlechts und Genders sein können, ebenso wie die erwähnten *Einwohner* Dänemarks. Und dass mit dem von den eigenen vier Wänden träumenden *Mieter* jedwede Person bedeutet wird, die ein Mietverhältnis eingeht.

Das hier verwendete sprachliche Mittel ist ein Maskulinum, das im Folgenden *genderneutral* oder *geschlechtsübergreifend* genannt werden soll, weil es so verwendet wird, weil es in seiner lexikalischen Bedeutung keinen Bestandteil, kein Sem, ‚männlich' aufweist. In der wissenschaftlichen und vor allem öffentlichen Diskussion wird dafür überwiegend der Begriff *generisches Maskulinum* verwendet. Dieser Begriff kann in die Irre führen, bezeichnet aber dasselbe: „Unter generischem Maskulinum werden Formen maskuliner Nomina und Pronomina verstanden, die sich auf Personen mit unbekanntem Geschlecht beziehen, bei denen das Geschlecht der Personen nicht relevant ist, mit denen männliche wie weibliche Personen gemeint sind oder mit denen eine verallgemeinernde Aussage gemacht werden soll"[8].

> Frau Stadler ist Chef des Betriebs.
> Tanja arbeitet als Polygraf.
> Der Beruf des Polygrafen hat Tanja seit je fasziniert.
> Frau Dr. Seibert war der erste Arzt, der diese Operation gewagt hat.
> Daniela fand als bester Rechner der Klasse das Ergebnis zuerst heraus[9].

---

[5] Ralf Döring: *„Hier bin ich!" Suzi Quatro steht seit 60 Jahren auf der Bühne – und liebt es noch immer*, in: *Westfälische Nachrichten*, Nr. 182. Panorama. Magazin zum Wochenende, 02.07.2022.
[6] *Die Masken sollen fallen*, in: *Frankfurter Allgemeine Zeitung*, 27.01.2022.
[7] Dyrk Scherf: *Wie Eigentümer für die neue Grundsteuer vorsorgen können*, in: *Frankfurter Allgemeine Zeitung*, 27.01.2022.
[8] Gisela Klann-Delius: *Sprache und Geschlecht. Eine Einführung*, Stuttgart 2005 (Sammlung Metzler 349), S. 26.
[9] Peter Gallmann: *Zum Genus bei Personenbezeichnungen*, Jena 2016, S. 10.

Jeder Gärtner kennt diese Schädlinge.
Unsere Korrespondenten erhalten alle einen Presseausweis[10].
Eltern und Schüler sind herzlich eingeladen.
Die Schüler müssen in dieser Gegend oft weite Schulwege zurücklegen[11].
Einige Politiker meinen, Ärzte verdienten zu viel[12].
Als Arzt hat man eine große Verantwortung[13].

Sprachträger, die das genderneutrale Maskulinum in richtiger Weise verstehen wollen, müssen in der Lage sein, eine minimale gedankliche Abstraktion vorzunehmen. Sie müssen davon absehen, dass Wörter wie *Einwohner, Däne, Vermieter, Mieter, Leser, Chef, Polygraf, Arzt, Rechner, Gärtner, Korrespondent, Schüler, Politiker* Maskulina sind und sich in bestimmten Kontexten auf männliche Vertreter der mit diesen Wörtern bezeichneten Personen beziehen können. Das tun sie aber in den zitierten Kontexten gerade nicht. Sie haben zwei lexikalische Bedeutungen, eine unspezifische und eine geschlechtsspezifische. Wenn davon gesprochen wird, dass in einem Flugzeug *fünf Amerikaner sitzen, darunter eine Frau*[14], ist offenkundig, dass *Amerikaner* ‚amerikanische Staatsbürger ungeachtet möglicher Geschlechter und Genderidentitäten' bedeutet. Wenn von Frauen als *Lesern* der Romane Thomas Manns gesprochen wird, dann bedeutet *Leser* ‚Personen, die lesen', nicht mehr und nichts Anderes. Vor allem treten in solchen Fällen von Alltagskontexten keine Assoziationen dahingehend auf, dass die betreffenden Frauen etwa irgendwie ‚männlich' seien. Wenn gesagt wird, dass ein bei *Touristen* beliebtes Ferienparadies die *Urlauber* nach der Coronakrise freudig erwarte, bezeichnen *Touristen* und *Urlauber* alle Leute, ob sie sich als divers verstehen, ob sie Frauen, Männer oder Kinder sind.

Wer das kognitiv versteht, der ist ‚verständig'. In diesem Zusammenhang hat das oberste Gericht Deutschlands, der Bundesgerichtshof, 2018 aus gegebenem Anlass festgestellt[15]:

> Begriffe und Formulierungen in Vordrucken sowie Formularen sind grundsätzlich nach ihrem typischen Sinn so auszulegen, wie sie von verständigen, normalerweise beteiligten Verkehrskreisen verstanden werden. (33)

> Grammatisch männliche Personenbezeichnungen können nach dem allgemeinen Sprachgebrauch und Sprachverständnis auch Personen umfassen, deren natürliches Geschlecht nicht männlich ist. (35)

---

[10] Gallmann: *Zum Genus bei Personenbezeichnungen*, a. a. O., S. 5; *Duden. Die Grammatik*. 10., völlig neu verfasste Auflage. Hg. von Angelika Wöllstein und der Dudenredaktion, Berlin 2022 (Duden Band 4), S. 701, § 1215.

[11] Gallmann: *Zum Genus bei Personenbezeichnungen*, a. a. O., S. 5.

[12] Gallmann: *Zum Genus bei Personenbezeichnungen*, a. a. O., S. 5; *Duden. Die Grammatik*. 10., völlig neu verfasste Auflage, a. a. O., S. 701, § 1215.

[13] *Duden. Die Grammatik*. 10., völlig neu verfasste Auflage, a. a. O., S. 701, § 1215.

[14] Vgl. Thomas Becker: *Zum generischen Maskulinum. Bedeutung und Gebrauch der nicht-movierten Personenbezeichnungen im Deutschen*, in: Linguistische Berichte 213 (2008), S. 65–75, hier S. 67.

[15] BGH: *Urteil vom 13. März 2018 - VI ZR 143/17*.

> Bei Personenbezeichnungen muss zwischen dem Genus (grammatisches Geschlecht) sowie dem gemeinten natürlichen und dem realen natürlichen Geschlecht unterschieden werden. Substantive können sich unabhängig von ihrem weiblichen, männlichen oder neutralen Genus auf Personen jeden natürlichen Geschlechts beziehen [...]. Danach kann der Bedeutungsgehalt einer grammatisch männlichen Personenbezeichnung jedes natürliche Geschlecht umfassen („generisches Maskulinum"; [...]). (36)

Ob es eine ‚grammatisch männliche Personenbezeichnung' gibt, ob Genus überhaupt etwas mit Sexus zu tun hat, und wenn ja, in welcher Weise, ob nur eine sprachhistorisch veraltete, in der Gegenwart missverständliche Benennung *grammatisches Geschlecht* aus der protowissenschaftlichen Zeit der Grammatikschreibung des Deutschen zu weitreichenden, gesellschaftlich polarisierenden Irrtümern führt, ist dabei die Frage. Die folgende Darstellung geht in ihrem Verlauf darauf ein. Zunächst greifen die vorliegenden Studien die Unterscheidung von vier grundlegenden Ebenen auf, die so auch von der Genderlinguistik vertreten werden, ohne dass die Berücksichtigung der lexikalischen Ebene deren singuläre Erkenntnis wäre.

> In der Genderlinguistik kommt als weitere Ebene die der Bedeutung von Sprachzeichen (v. a. Wortsemantik, lexikalische Semantik) hinzu, so dass wir insgesamt vier Ebenen unterscheiden:
> a) das natürliche Geschlecht (Sexus)
> b) die gesellschaftlich geltenden Gendervorstellungen
> c) das semantische Geschlecht (Bedeutungsmerkmale von Sprachzeichen)
> d) das grammatische Geschlecht (Genus)
> Die Ebenen a) und b) betreffen außersprachliche Erscheinungen, c) und d) hingegen innersprachliche Unterscheidungen und Kategorien[16].

Mit anderen Worten gesagt: die Unterscheidung zwischen den vier genannten Ebenen ergibt sich unmittelbar aus den zugrundeliegenden Verhältnissen, wie auch die Differenzierung zwischen lexemadjungiertem Genus (Maskulinum, Femininum oder Neutrum) und binärem referentiellem Genus[17], mit dem im Kontext Pronomen oder Nomen auf das natürliche Geschlecht der bezeichneten Person Bezug nehmen, auch wenn das Nomen, auf das sie sich beziehen, das qua Genus (*das Mädchen* → *sie*) oder Genus/Bedeutung (*das Kind* → *der Kleine*) nicht tut. Wenn in der Folge möglicherweise davon die Rede ist, dass Genus nicht Sexus sei, geht es nicht darum, eine Trivialität zu betonen, sondern darauf hinzuweisen, dass ein bestimmtes lexemadjungiertes Genus, in der Literatur auch als ‚lexikalisches Genus' bezeichnet, nicht notwendigerweise auf einen bestimmten Sexus verweist.

---

[16] Gabriele Diewald – Damaris Nübling: *„Genus – Sexus – Gender" – ein spannungs- und ertragreiches Themenfeld der Linguistik*, in: *Genus – Sexus – Gender*. Hg. von Gabriele Diewald und Damaris Nübling, Berlin/Boston 2022 (Linguistik – Impulse & Tendenzen 95), S. 3–31, hier S. 4.

[17] Andreas Klein: *Wohin mit Epikoina? – Überlegungen zur Grammatik und Pragmatik geschlechtsindefiniter Personenbezeichnungen*, in: *Genus – Sexus – Gender*. Hg. von Gabriele Diewald und Damaris Nübling, Berlin/Boston 2022 (Linguistik – Impulse & Tendenzen 95), S. 135–189, hier S. 139.

Sodann ist an dieser Stelle auf das Adjektiv *verständig* im ersten zitierten Passus zurückzukommen. Das Adjektiv *verständig* bedeutet in der juristischen Fachsprache nicht ‚verständnisvoll‘, sondern seine Bedeutung ist dort ‚im Vollbesitz seiner geistigen Kräfte‘[18]. Wer in dieser Weise verständig ist, so die Implikatur der unauffälligen Formulierung im Urteilstext, kann auch die Bedeutung des genderneutralen Maskulinums verstehen.

Ein verständiger Sprachträger des Deutschen muss auch sonst von den Erscheinungsweisen der grammatischen Kategorien abstrahieren, von ihren zum Teil irreführenden Termini und den durch beide möglicherweise herbeigeführten Assoziationen. Er muss Namen von ausdrucksseitig gleichen Appellativa unterscheiden können und darf nicht selten sogar die lexikalische Bedeutung eines Wortes nicht wörtlich nehmen. Sonst könnte er nicht sagen *ich fahre morgen nach Hause* oder *die Schule hat begonnen*, denn das Präsens würde er nur auf die Gegenwart beziehen können und den Numerus Singular nur auf die Einzahl. Sonst würde er die *Tafel* für weiblich halten, den *Fußboden* für männlich, das *Mitglied* für ontologisch geschlechtslos, die *Hilfskraft* für weiblich und den *Vamp* für männlich. Er würde jemanden, der *Müller* heißt, für einen Müller halten, jemanden, der *Rakete* heißt, für eine Rakete, jemanden, der *Spitz* heißt, für spitz oder einen Spitz, und er könnte nicht begreifen, warum jemand von *den eigenen vier Wänden* träumt. Wenn jemand bei Tisch fragt, ob noch Kaffee da sei, würde er in die Kanne schauen und „Ja!" oder „Nein!" sagen. All das passiert verständigen Sprechern des Deutschen nicht. Darum können sie auch verstehen, welcher Personenkreis mit den ‚verständigen Sprechern‘ gemeint ist.

Das genderneutrale Maskulinum wird von den verständigen Sprechern des Deutschen verstanden, akzeptiert und verwendet. Statistisch gesehen handelt es sich bei den verständigen Sprechern um die durchschnittlichen Sprachträger des Deutschen und quantitativ um deren Mehrheit.

Vor diesem Hintergrund ist es schwierig, die Argumentation der Leute zu verstehen, die seit über vier Jahrzehnten die belegte Genderneutralität des Maskulinums bezweifeln und sogar in Abrede stellen. Die deshalb nicht von *Nichtschwimmern* sprechen, sondern Ersatzformen wie *Nichtschwimmende* verwenden, die statt *Dänen* stets *Däninnen und Dänen* sagen. Oder die sich neuerdings einer Sprachform wie *Dän*innen* bedienen, die weder morphologisch den systematischen Grundlagen des Deutschen entspricht noch orthographisch der vom Rat für deutsche Rechtschreibung empfohlenen Rechtschreibnorm, und die schließlich nicht ohne artikulatorische Schwierigkeiten ausgesprochen werden kann. Das alles, obwohl selbst Vertreter der Genderlinguistik postulieren, dass Substantive zumindest im Plural genusneutral seien. In einem Gutachten heißt es:

> Das sogenannte „generische Maskulinum" ist nur eine sehr junge und wenig stabile Konvention des Sprachgebrauchs, die nicht geschlechtsneutral (sondern in ihrer Bedeutung spezifisch männlich) ist und deren Verwendung alle nicht-männlichen Personen benachteiligt, während der Verzicht auf diese Konvention keine Regeln des Sprachsystems verletzt[19].

---

[18] *verständig*, in: *DWDS. Der deutsche Wortschatz von 1600 bis heute.*
[19] Ulrike Lembke: *Geschlechtergerechte Amtssprache. Rechtliche Expertise zur Einschätzung der Rechtswirksamkeit von Handlungsformen der Verwaltung bei Verwendung des Gendersterns oder von geschlechtsumfassenden Formulierungen.* Humboldt-Universität zu Berlin. Juristische Fakultät. Öffentliches Recht & Geschlechterstudien 2021, S. 57.

Es wird sich herausstellen, dass nicht nur die ersten drei Teile dieses Postulats nicht verifiziert werden können, sondern dass auch das im vierten Teil Behauptete angesichts der als Ausgleich für diesen ‚Verzicht' eingesetzten sprachlichen Mittel nicht nur im Hinblick auf die Norm, sondern auch im Hinblick auf das Sprachsystem unzutreffend ist. Abgesehen davon führt der ‚Verzicht' zu unpraktischen Konsequenzen. Darüber hinaus werden nicht nur die Regeln des Sprachsystems verletzt, sondern auch die Regeln des übergeordneten Sprachtypus[20]. Die Urteile von Sprachwissenschaftlern über die 1:1-Projektion von Genus auf Sexusindikation und die Analyse von auch genderneutral verwendbaren Maskulina als ‚spezifisch männlich' reichen von „falsch und dumm"[21] bis hin zu „Lügen haben kurze Beine, bewusste Fehlanalysen ebenfalls"[22].

Die folgende Darstellung geht von einer Spielart des genderneutralen Substantivs aus, deren Existenz allseits außer Frage steht, nämlich dem Epikoinon. Das Epikoinon („semantisches Utrum"[23]) bezeichnet ungeachtet seines maskulinen, femininen oder neutralen Genus Personen aller denkbaren Geschlechter (*der Mensch, die Koryphäe, das Genie*). Der Unterschied dieser zumeist sekundären, qua Polysemie, Metonymie oder Metapher entstandenen Personenbezeichnungen zum genderneutralen Maskulinum besteht darin, dass es zu Epikoina keine morphologischen (expliziten) Ableitungen mit ausschließlich spezifischer Sexusbedeutung (*Leser > Leserin*) gibt. Genau dieses Faktum, die Existenz spezifischer Ableitungen mit dem Sem ‚weiblich', ist die Grundlage des Postulats von Vertretern der feministischen Linguistik, dass auch die Basis einer solchen Ableitung wie *Leser* nur eine geschlechtsspezifische Bedeutung habe, und zwar ‚männlich'.

Dem widersprechen erstens die seit Beginn der Überlieferung des Deutschen belegten empirischen Fakten. Diesen Fakten entsprechen zweitens Theorien wie vor allem die Roman Jakobsons, der postuliert, dass grammatische Kategorien einen Gegenstandsbereich niemals in gleiche Teile aufteilen, sondern eine morphologisch unmarkierte Kategorie neben ihrer spezifischen Funktion zugleich eine unspezifische ausüben kann. Genauer gesagt ist sie Jakobson zufolge primär unspezifisch und kann daneben eine kontextbedingte spezifische Funktion aufweisen. Das genderneutrale Maskulinum gibt es demgemäß nicht nur im Deutschen, sondern in vielen Genussprachen. Selbst Sprachen ohne Genus belegen die Genderneutralität morphologisch unmarkierter Lexeme. Das ist eine für geisteswissenschaftliche Gegenstände bemerkenswerte empirische Evidenz, die eine der Grundlagen für alle weiteren Überlegungen bildet.

Die Charakteristika feministischer Sprachpolitik werden in der vorliegenden Studie im Einzelnen beschrieben und die funktionalen Konsequenzen der dabei entwickelten Ersatzformen und Ersatzsyntagmen aufgezeigt. Hier geht es auch um die methodischen Grundlagen und die semantische Aussagekraft sprachpsychologischer Assoziationstests, mit denen von feministischer Seite argumentiert wird. Demgegenüber spielen Tests zur

---

[20] Eugenio Coseriu: *Einführung in die Allgemeine Sprachwissenschaft*, Tübingen 1988 (Uni-Taschenbücher 1372), S. 293–302.
[21] Heide Wegener: *Sichtbar oder gleichwertig?*, in: *FAZ.net*, 03.09.2021.
[22] Peter Eisenberg: *Unter dem Muff von hundert Jahren*, in: *FAZ.net*, 08.01.2021.
[23] Jochen A. Bär: *Genus und Sexus. Beobachtungen zur sprachlichen Kategorie „Geschlecht"*, in: *Adam, Eva und die Sprache. Beiträge zur Geschlechterforschung.* Hg. von Karin M. Eichhoff-Cyrus, Mannheim [u. a.] 2004 (Thema Deutsch 5), S. 148–175, hier S. 155.

kognitiven Verständlichkeit von gegenderten und nichtgegenderten Texten in der Diskussion kaum eine Rolle. Sprachvergleichende und prämissenkritische Überlegungen führen auf die ideologischen Grundlagen der feministischen Linguistik. Zur weiteren Objektivierung werden die Ursprünge des Genus und seine Funktion dargestellt.

Die feministische Auffassung von der Genusfunktion beruht unter anderem auf einer historischen im Sinne von wissenschaftlich veralteten Theorie, der Sexualisierung der Grammatik durch Jacob Grimm. Dessen ungeachtet werden damit begründete Irrtümer in der Gegenwart stetig fortgeschrieben und weiter ausgebaut, nun aber nicht nur mit lexikographischen Mitteln und sprachwissenschaftlich bezweifelbaren bis kontrafaktischen Argumenten, sondern auch mit moralischen und politischen Postulaten, etwa dem, dass Gendern bis hin zur Verwendung des Gendersterns dem Gleichstellungsgebot des Grundgesetzes entspreche. Die dem Deutschen verwandten Sprachen, in deren Gesellschaften die Gleichstellung der Frau teilweise weiter vorangekommen ist als in Deutschland, bevorzugen aber ganz überwiegend morphologisch unmarkierte, also identische, Bezeichnungen für beide Geschlechter, ob sie lexikalische Maskulina aufweisen oder nicht. Nirgendwo sonst wird so intensiv und mit so viel Überzeugung gegendert wie in Deutschland, wo sich namentlich medial einflussreiche Berufsgruppen die feministische „Sichtbarkeits"-Strategie zu eigen machen, im guten Glauben, damit etwas zur Gerechtigkeit in der Gesellschaft beizutragen.

2 Das Epikoinon

2.1 Begriffliches

Ein Epikoinon (zu griech. *epí-koinos* ‚gemeinsam'; engl. *epicene*, frz. *épicène* ‚beiderlei Geschlechts') ist ein auf Lebewesen referierendes Nomen, das ohne Wechsel des grammatischen Genus oder vielmehr unabhängig von seiner Genus-Markierung sowohl weibliche wie männliche Personen oder Tiere bezeichnen kann, weil es in der lexikalischen Bedeutung kein geschlechtsbezogenes Sem gibt. So etwa *der Mensch, der Flüchtling, der Star, die Hilfskraft, die Person, die Waise, das Genie, das Individuum, das Mitglied.* Bei den Tieren *der Adler, der Affe, der Esel, der Gimpel, der Jaguar, der Puma, der Rabe, die Amsel, die Elster*[1]*, die Eule, die Giraffe, die Hyäne, die Kobra, die Krähe, die Ratte, das Dromedar, das Pferd, das Wiesel, das Zebra*[2], „ohne daß wir im ersten Fall an das Männchen, im zweiten Fall an das Weibchen oder im dritten Fall etwa an ein kastriertes Tier dächten"[3]. In weiteren Sprachen etwa it. *la tigre* f. ‚Tiger', *la volpe* f. ‚Fuchs', *il bisonte* m. ‚Büffel', *il castoro* m. ‚Biber'[4], span. *el pájaro* ‚der Vogel'. Sodann rumän. *persoană* f. ‚Person', *victimă* f. ‚Opfer', *chirurg* m. ‚Chirurg(in)'[5], tsch. *osoba* f. ‚Person', *osobnost* f. ‚Persönlichkeit'[6].

Aus sprachvergleichender Perspektive bemerkt Corbett[7]: „Epicene nouns are not problematic as far as assignment systems are concerned. [...] epicene nouns take only one [gender]. Male and female individuals can be specified by circumlocution". ‚Epizöne

---

[1] Vgl. Jacob Grimm: *Deutsche Grammatik 3 (1890). Besorgt durch Gustav Roethe und Edward Schröder*, Hildesheim/Zürich/New York 1989 (Jacob Grimm und Wilhelm Grimm. Werke. Forschungsausgabe. Abteilung I. Band 12), S. 357–366.

[2] Vgl. Ivar Ljungerud: *Bemerkungen zur Movierung in der deutschen Gegenwartssprache. Eine positivistische Skizze*, in: *Linguistische Studien III. Festgabe für Paul Grebe zum 65. Geburtstag*, Teil 1, Düsseldorf 1973 (Sprache der Gegenwart 23), S. 145–162, hier S. 147.

[3] Ebd.

[4] Gianna Marcato – Eva-Maria Thüne: *Gender and female visibility in Italian*, in: *Gender Across Languages. The linguistic representation of women and men*. Volume 2. Ed. by Marlis Hellinger, Hadumod Bußmann, Amsterdam/Philadelphia 2002 (Impact: Studies in language and society 10), S. 187–217, hier S. 190.

[5] Florence Maurice: *Deconstructing gender – The case of Romanian*, in: *Gender Across Languages. The linguistic representation of women and men*. Volume I. Ed. by Marlis Hellinger, Hadumod Bußmann, Amsterdam/Philadelphia 2001 (Impact: Studies in language and society 9), S. 229–252, hier S. 236.

[6] Světla Čmejrková: *Communicating gender in Czech*, in: *Gender Across Languages. The linguistic representation of women and men*. Volume 3. Ed. by Marlis Hellinger, Hadumod Bußmann, Amsterdam/Philadelphia 2003 (Impact: Studies in language and society 11), S. 27–57, hier S. 35f.

[7] Greville G. Corbett: *Gender*, Cambridge 1991 (Cambridge Textbooks in Linguistics), S. 67.

Substantive sind in Bezug auf die Zuordnungssysteme unproblematisch. [...] epizöne Substantive haben nur ein [Genus]; männliche und weibliche Individuen können durch Umschreibungen spezifiziert werden'. Epikoina bezeichneten normalerweise Nicht-Menschen, obwohl einige wenige Menschen bezeichneten. Epizöne Substantive sind Corbett zufolge also solche, die geschlechtliche Wesen bezeichnen, die aber in einer bestimmten Sprache nicht nach dem Geschlecht differenziert werden. Sie lägen unterhalb der Schwelle der Geschlechtsdifferenzierbarkeit. Diese Schwelle variiere von Sprache zu Sprache. In vielen Sprachen, z. B. im Archi, haben laut Corbett nur Substantive, die Menschen bezeichnen, ein geschlechtsspezifisches Genus. Menschliche Epikoina, so Andreas Klein, seien also typologische Ausnahmen[8].

> Ganz strikt von Tierbezeichnungen zu unterscheiden sind dagegen Epikoina, die Menschen denotieren (z. B. *Mensch* m. oder *Person* f.). Sie fallen nicht aus der belebten Domäne, sondern bewegen sich mitten darin. Das macht die zitierte Definition schwierig, die gleich im ersten Satz annimmt, dass solche Begriffe unproblematisch für Genussysteme seien. Gerade für Corbetts lexemzentrierten Ansatz, der keine referentiellen Genusquellen vorsieht, sind sie hochproblematisch. Denn referentielles Genus ist bei humanen Entitäten im Deutschen – wie auch in vielen anderen Sprachen – rein binär. Bei der Referenz auf Menschen kann ohne Bezugsnomen mit *er* also nur eine männliche Person und mit *sie* nur eine weibliche Person gemeint sein. Folgen solche Pronomina auf ein Substantiv, so kann ihre Quelle entweder lexikalisch oder referentiell sein. Mit Corbett müsste man nun erwarten, dass dieses System vollständig außer Kraft gesetzt ist, wenn ein Epikoinon vorausgeht[9].

Die letztgenannte These von der vollständigen Außerkraftsetzung des Systems ergibt sich aus Corbetts enger Definition, die referentielle Bezugnahme ausschließlich entsprechend dem lexemadjungierten Genus vorsieht. Für Corbett sind also geschlechtsübergreifende Lexeme nur dann epizön, wenn sie in jedem Kontext konstante Kongruenz zeigen (müssen). Bei dieser Definition sind menschenbezeichnende Epikoina ausgeschlossen[10] und das prototypische Epikoinon wäre ein Lexem wie *Käfer*, auf das unter allen Umständen genuskonsonant mit einem maskulinen Pronomen referiert wird. „Dies ist der Fall, wenn sich bei einem Fingerzeig auf ein weibliches Exemplar bequem von *Der Kleine* sprechen lässt"[11]. Die Definition des Epikoinons muss also weiter gefasst werden, um auf geschlechtsneutrale Lexeme für Menschen anwendbar zu sein.

Folgt ein Pronomen auf ein Epikoinon, kann es dessen Genus grammatisch aufnehmen (*das Mitglied* → *es*) oder referentiell auf die gemeinte Person verweisen (*das Mitglied* → *sie/er*). Wenn „eine sexuskonvergente (also referentielle) Pronominalisierung im Deutschen auch nach Epikoina sogar die Regel ist"[12], erweist das ja nur, dass das Genus eines Substantivs primär eine grammatische Eigenschaft ist, die kognitiv niemanden über das Geschlecht des jeweils gemeinten Referenzobjekts täuschen kann. Das bevorzugte Vorkommen von referentiellem Genus bei Epikoina in kognitiv gestützten Kontexten ist

---

[8] Klein: *Wohin mit Epikoina?*, a. a. O., S. 142.
[9] Klein: *Wohin mit Epikoina?*, a. a. O., S. 143.
[10] Klein: *Wohin mit Epikoina?*, a. a. O., S. 159.
[11] Klein: *Wohin mit Epikoina?*, a. a. O., S. 174.
[12] Klein: *Wohin mit Epikoina?*, a. a. O., S. 143, Anm. 12.

von daher einer der Belege dafür, dass die genusbedingten Zuweisungen in Assoziationstests auf der subkognitiven Ebene angesiedelt sind. Damit wird aus den Reihen der Genderlinguistik selbst die Relevanz von Assoziationstests in Frage gestellt.

Die weitere Definition des Epikoinons wie *Person* oder *Vogel* beinhaltet praktisch, dass es in allgemeinen Zusammenhängen belebte Wesen beider Geschlechter bedeuten kann, und nicht, dass bei speziellen Bezugnahmen oder gendersegregierten Rollen unter allen Umständen ein Epikoinon als Bezeichnung semantisch ausreichend ist. Die Lexeme entsprechen den kommunikativen Zwecken der Sprachträger. Das Problem der lexikalischen bzw. referentiellen Bezugnahme von Pronomina, das in der sprachlichen Praxis unproblematisch meistens mit referentieller Bezugnahme gelöst wird, führt bei Corbett entsprechend seiner engen Definition der Epikoina zu einer weiten der lexikalischen Hybride:

> Unter „hybrid" (Corbett 1991[13]: 225; 2006[14]: 163 u. a., im Folgenden eingedeutscht als „Hybrid") wird ein Substantiv verstanden, von dem Kongruenzbrüche ausgehen können (z. B. *Das$_N$ Mädchen ... Sie$_F$*). Damit dieser Begriff nicht inflationär verwendet wird, ist es sinnvoll, ihn bzgl. Genus auf Fälle zu beschränken, in denen sich der Konflikt tatsächlich auf lexikalischer Ebene abspielt. Nun gibt es unterschiedliche Meinungen dazu, welche Genuswechsel auf lexeminhärente Konflikte zurückzuführen sind. Nach Corbett sind es schlichtweg alle und damit wären auch humane Epikoina ausnahmslos Hybride[15].

Ob Epikoina lexikalische Hybride wie *Mädchen* sind, kann man definitorisch bestimmen:

> Damit ein Hybrid klar lexikalisch ist, ist vielmehr ausschlaggebend, ob Kongruenzbrüche bei jeder Art von Referenz auftreten können. Das ist beim Typ *Mädchen* höchstwahrscheinlich der Fall. Es ist jedenfalls nicht auszuschließen, dass feminine Pronomina selbst bei unspezifischer Referenz mit einer gewissen Wahrscheinlichkeit auftreten (z. B. *Kein Mädchen sollte sich darum sorgen müssen, dass sie später zu wenig Rente bekommt*). Im Fall b. [sc. *das Mitglied*] dürften dagegen schon Quantifikatoren genügen, um für einheitliche Kongruenz zu sorgen (z. B. *Jedes Mitglied des Germanistischen Instituts hat eine Stimme, die es/*sie/*er nur persönlich abgeben kann*). Somit ist nur Typ a. [sc. *das Mädchen*] ein echtes Hybrid[16].

Hybride sind also genus-sexus-inkongruente lexikalisch sexusspezifische Substantive, Epikoina sind lexikalisch sexusneutrale Substantive zur Bezeichnung menschlicher Personen und tierischer Wesen und damit als Lexem notwendigerweise genus-sexus-inkongruent. Um die extreme Einschränkung des Begriffs Epikoinons skalar aufzuheben, schlägt Klein für das Deutsche folgende Abstufung zwischen prototypischem Epikoinon (Typ I) und Geschlechtsspezifikum (Typ VII) vor[17]:

---

[13] Sc. Corbett: *Gender*, a. a. O.
[14] Sc. Greville G. Corbett: *Agreement*, Cambridge 2006 (Cambridge Textbooks in Linguistics).
[15] Klein: *Wohin mit Epikoina?*, a. a. O., S. 145.
[16] Klein: *Wohin mit Epikoina?*, a. a. O., S. 146.
[17] Klein: *Wohin mit Epikoina?*, a. a. O., S. 173.

18 Das Epikoinon

Typ	I	II	III	IV	V	VI	VII
Beispiel	Käfer	Adler	Gast	Zögling	Kunde	Gemahl	Macker
pronominale Anapher	Mask.	Mask./?Fem.	Mask./Fem.	Mask./Fem.	Mask./?Fem.	Mask.	Mask.
theoretisch movierbar	+	+	+	–	+	+	+
weibliches Gegenstück	–	–	–(/+)	–	+	+	–
Spezifikation tautologisch	–	–	–	–	–	+	+
männliche Lesart		schwache Präferenz?	pragmatisch (Implikatur)			lexikalisch	

Abb. 1: Mögliche Abstufungen zwischen Epikoinon und Geschlechtsspezifikum im Deutschen (Klein: *Wohin mit Epikoina?*, a. a. O., S. 173)

Die Typen I–IV sind Epikoina, die in der Norm nicht moviert werden. Typ V ist ein auch genderneutral vorkommendes Maskulinum; zu ihm werden in der Norm explizite Ableitungen mit der speziellen Bedeutung ‚weiblich' gebildet. Die Typen III–V können pragmatisch (über eine konversationelle Implikatur) eine männliche Lesart entwickeln (zu Typ V dazu weiter unten). *Gemahl* steht dagegen für den Typus des auf jeden Fall ein Sem ‚männlich' enthaltenden Maskulinums. Bei *Macker* ist das Stereotyp ‚männlich' in der lexikalischen Bedeutung derart ausgeprägt, dass dazu kein weibliches Gegenstück gebildet wird. Tautologien wären also *männlicher Gemahl* und *männlicher Macker*, wohingegen *männlicher Kunde* keine Tautologie ist, aber *Kunde* in dem Fall, dass von *Kundinnen und Kunden* gesprochen wird, auf dem Weg über die Implikatur als ‚männlich' aufgefasst wird.

Die Überlegungen von Klein zum lexikalischen und referentiellen Genus basieren auf der Annahme, dass das Genussystem des Deutschen aus zwei unterschiedlich strukturierten Teilsystemen besteht, erstens aus einem referentiellen, binären und symmetrischen System (‚männlich' → Maskulinum, ‚weiblich' → Femininum), wie es sich bei pronominaler Bezugnahme auf das natürliche Geschlecht der Referenten zeigt, sowie zweitens einem asymmetrischen, lexikalischen System (‚human' → Maskulinum, ‚weiblich' → Femininum). Zwischen diesen Polen laufen bestimmte Synchronisierungsprozesse ab, von denen, wie gesehen, auch die Epikoina berührt werden[18]. Das Genussystem ist Klein zufolge nach folgenden Dimensionen organisiert:

Dimension	Ausprägungen		
Entität	belebt	↔	unbelebt
Zuweisung	semantisch	↔	formal
Quelle	referentiell	↔	lexikalisch
Exponent	pronominal	↔	adnominal

Abb. 2: Erweiterte Dimensionen im Genussystem (Klein: *Wohin mit Epikoina?*, a. a. O., S. 140)

---

[18] Klein: *Wohin mit Epikoina?*, a. a. O., S. 137.

Es handelt sich einerseits um unabhängig zu beschreibende, andererseits um stark interagierende Ebenen. Sie können alle miteinander in Konflikt geraten[19].

Bei der Aktualisierung der Opposition *die Ente – der Erpel, die Gans – der Ganter, die Maus – der Mäuserich, die Katze – der Kater, der Löwe – die Löwin* liegen geschlechtsdifferenzierende Substantive vor. Allerdings können auch hier *die Ente, die Gans, die Maus, die Katze* und *der Löwe* geschlechtsübergreifend ('generisch') gebraucht werden. Der Begriff *generisch* für geschlechtsübergreifende Substantive wird hier nur für die Wiedergabe anderer Positionen gebraucht, weil er in der Sprachwissenschaft ursprünglich für Bezeichnungen verwendet wird, die in einer Proposition (einer Aussage) abstrakt auf eine Gattung (Klasse) bezogen werden und nicht auf deren konkrete Mitglieder (*der Mensch ist ein Gewohnheitstier*[20]). Es ist zu betonen, dass der generische Gebrauch eines beliebigen Substantivs in der Tat eine 'Gebrauchsweise' oder 'Gebrauchsgewohnheit' ist, welche die Semantik des Wortes aber gerade nicht berührt. Der Satz *die Linde ist ein Laubbaum* und der Satz *die Linde auf unserem Grundstück wird morgen gefällt* enthalten kein Wort *Linde* einmal mit 'generischer' und einmal mit spezifischer Bedeutung. Die lexikalische Bedeutung ist die gleiche. Einmal wird von der Entität Linde eine allgemeine Aussage gemacht, einmal von einer spezifischen Linde etwas ausgesagt. Ebenso kann mit dem Wort *Lehrerin* eine spezifische Aussage vorgenommen werden (*Diese Lehrerin hat Erfolg.*) oder eine generische (*Lehrerinnen sind tüchtig.*). Das gilt aber genauso für *Lehrer*. In den Sätzen *Lehrer sind tüchtig* und *dieser Lehrer hat Erfolg* kann ein sexusspezifisches Maskulinum vorliegen. Es gäbe hier also im ersten Satz nur eine generische Aussage, aber keine 'generische Bedeutung'. Zugleich könnte der Satz *Lehrer sind tüchtig* auch so verstanden werden, dass sowohl eine generische Aussage als auch eine geschlechtsübergreifende Bedeutung vorliegt, dass also alle Lehrkräfte aller Geschlechter und Gender bedeutet werden. Wenn hingegen gesagt wird *an dieser Schule sind 60 Lehrer tätig, darunter 40 Frauen* liegt keine generische *Aussage* vor, sondern mit *Lehrer* das Lexem mit geschlechtsübergreifender oder genderneutraler ('generischer') *Bedeutung*. Vielleicht rührt die Ansicht mancher Linguisten, dass das 'generische Maskulinum', also das geschlechtsübergreifende, 'nur' eine 'Gebrauchsgewohnheit' sei, aus einer naheliegenden begrifflichen Vermischung von generischer *Aussage* und generischer *Bedeutung* her. Diese Vermischung liegt möglicherweise neuerdings selbst bei Peter Eisenberg[21] vor. Es ist schon deshalb angebrachter, von *genderneutraler* oder *geschlechtsübergreifender* lexikalischer Bedeutung zu sprechen, nicht von *generischer*.

Geschlechtsübergreifende Substantive wie *die Ente* und *der Löwe* sind demnach keine generischen Gebrauchsweisen. Sie haben vielmehr kein geschlechtsspezifisches Sem. Dieses stellt sich lediglich dann in einer geschlechtsspezifischen Variante des betreffenden Lexems ein, wenn es in Kontexten zusammen mit einer a priori geschlechtsspezifischen Ableitung wie *Enterich* oder *Löwin* verwendet wird. Morphologisch unmarkierte Substantive wie die gezeigten können sowohl eine geschlechtsübergreifende als auch eine

---

[19] Klein: *Wohin mit Epikoina?*, a. a. O., S. 142.
[20] Helga Kotthoff – Damaris Nübling, unter Mitarbeit von Claudia Schmidt: *Genderlinguistik. Eine Einführung in Sprache, Gespräch und Geschlecht*, Tübingen 2018 (narr studienbücher), S. 91.
[21] Peter Eisenberg: *Weder geschlechtergerecht noch gendersensibel*, in: *Aus Politik und Zeitgeschichte* 72, 5–7, 31.01.2022, S. 30–35, hier S. 35.

geschlechtsspezifische Bedeutung haben. Ihre morphologischen Ableitungen haben nur eine geschlechtsspezifische Bedeutung.

Ewa Trutkowski und Helmut Weiß[22] verwenden statt *geschlechtsübergreifend* oder *genderneutral* den Begriff *sexusunterspezifiziert*. Der Duden[23] bezeichnete solche Nomen als *sexusindifferent* und nennt Epikoina und ‚generische' Maskulina in der neuesten Auflage[24] *geschlechtsneutral*, *genderneutral* oder *genderindifferent*; Trutkowski[25] bucht sie als *sexuslos*. Teilweise wird auch der Begriff *sexusneutral* neben *geschlechtsneutral*, etwa bei Martin Neef[26], gebraucht. Die Kritik von Trutkowski und Weiß[27], dass diese Begriffe verwirrend seien, weil es keinen neutralen Sexus gebe, ist nicht plausibel, denn sie berücksichtigt – wie medial aus Anlass des Europäischen Tages der Sprache geführte Diskussionen über angeblich in sich widersprüchliche Kompositionen à la *Eckball*, *Hassliebe* und *Doppelhaushälfte*[28] – die Spannbreite der Determinierungsmöglichkeiten bei Komposita[29] nicht. Die Begriffe bedeuten ‚neutral in Bezug auf die inhaltliche Repräsentation des Sexus' bzw. ‚neutral in Bezug auf die inhaltliche Repräsentation des Geschlechts'. Das Missverständnis von Sprachwissenschaftlern hinsichtlich der Bedeutung von Termini und die erwähnte populäre Diskussion über die Bedeutung von Komposita zeigt, dass nicht nur ‚sprachwissenschaftliche Laien' Schwierigkeiten haben, ihre eigene Sprache zu verstehen.

Die genannten Lexeme *Flüchtling*, *Mensch*, *Person*, *Star*, *Eule*, *Giraffe*, *Hyäne*, *Ratte* können aber diese Geschlechtsdifferenzierung über weitere, abgeleitete geschlechtsspezifische Lexeme **Menschin*, **Personin*, **Flüchtlingin*, **Starin*, **Eulerich/*Eulin*, **Girafferich/*Giraffin*, **Hyänerich/*Hyänin* oder **Ratterich/*Rättin* auch nicht bei Bedarf aufbauen. Die genannten Wortbildungsprodukte sind systematisch möglich, gehören jedoch nicht zur Ebene der sprachlichen Norm, bezogen auf die Quaternio Typus, System,

---

[22] Ewa Trutkowski – Helmut Weiß: *Zeugen gesucht! Zur Geschichte des generischen Maskulinums im Deutschen*, in: *Linguistische Berichte* 273 (2022), S. 5–39, hier S. 10.

[23] *Duden. Die Grammatik.* 9., vollständig überarbeitete und aktualisierte Auflage. Hg. von Angelika Wöllstein und der Dudenredaktion, Berlin 2016 (Der Duden in 12 Bänden 4), S. 157, § 236.

[24] *Duden. Die Grammatik.* 10., völlig neu verfasste Auflage, a. a. O., S. 701, § 1215.

[25] Ewa Trutkowski: *Wie generisch ist das generische Maskulinum? Über Genus und Sexus im Deutschen*, in: André Meinunger (Hg.): *Im Mittelpunkt Deutsch*, Berlin 2018 (ZAS Papers in Linguistics 59), S. 83–96.

[26] Martin Neef: *Das Konzept des sogenannten ‚Geschlechtergerechten Sprachgebrauchs' aus sprachwissenschaftlicher Sicht*, in: Imke Lang-Groth – Martin Neef (Hg.): *Facetten der deutschen Sprache*, Berlin 2018, S. 44–66.

[27] Trutkowski – Weiß: *Zeugen gesucht!*, a. a. O., S. 10, Anm. 2.

[28] Stefan Werding: *Europäischer Tag der Sprache. Von Fleischsalat bis Eckball: Wenn Wörter widersprüchlich sind*, in: *Westfälische Nachrichten*, 26.09.2022.

[29] Vgl. Eckhard Meineke: *Substantivkomposita des Mittelhochdeutschen. Eine korpuslinguistische Untersuchung*, Frankfurt am Main [u. a.] 2016 (Deutsche Sprachgeschichte 6); Lorelies Ortner – Elgin Müller-Bollhagen – Hanspeter Ortner – Hans Wellmann – Maria Pümpel-Mader – Hildegard Gärtner: *Substantivkomposita (Komposita und kompositionsähnliche Strukturen 1)*, Berlin/New York 1991 (Deutsche Wortbildung. Typen und Tendenzen in der Gegenwartssprache. Eine Bestandsaufnahme des Instituts für deutsche Sprache, Forschungsstelle Innsbruck. Vierter Hauptteil) (Sprache der Gegenwart 79).

Norm und Rede nach Eugenio Coseriu[30]. Das gilt ungeachtet dessen, dass *die Rättin* durch den gleichnamigen Roman von Günter Grass verbreitet wurde[31], dass *Flüchtlingin* bei Jean Paul vorkommt[32] und dass *Menschin* mit der Angabe ‚selten, meist scherzhaft' im Online-Duden aufgeführt wird[33]. Sie sind lediglich literarisch oder als Okkasionalismen ‚aktiviert'. Das gilt auch für die Belege

> *Adlerin* (Spitteler), *Äffin, Bärin, Dächsin, Eselin, Falkin* (Meyrink), *Fröschin* (Th. Mann), *Füchsin, Geierin* (Th. Mann, bei dem auch ‚Geierweibchen' vorkommt), *Hamsterin* (Fallada), *Häsin, Hindin* (verdeutlichend für ‚Hinde' F; gew. ‚Hirschkuh'), *Hirschin* (J. Winckler), *Hündin, Igelin* (H.C. Artmann), *Kalbin* (Lena Christ, Franz Turnier, Waggerl; verdeutlichend für ‚Kalbe' F), *Kätzin, Käuzin* (Th. Mann), *Löwin, Maulwürfin* (Lotte Betke, Th. Mann), *Mäusin* (Th. Mann), *Pantherin* (Spitteler), *Pekinesin* (Fallada), *Räbin* (Friedrich Heer, Th. Mann, Penzoldt), *Schwälbin* (Spitteler), *Schwänin* (Elisabeth Langgässer), *Spätzin, Störchin, Täubin, Tigerin, Uhuin* (Morgenstern; Reimwort: ‚dahin'), *Wölfin, Regenwurmin* (Manfred Kyber)[34].

Dazu kommen in Erich Strittmatters Roman ‚Der Laden' von 1983 neben den Ableitungen *Menschin* und *Gästin* auch *Lieblingin, Liebstin* und *Jemandin*[35]. Mit den ‚Wirkungen der feministischen Sprachkritik in der Öffentlichkeit', wie sie Gisela Schoenthal für die Wortbildung *Rättin* bei Günter Grass vermutet[36], bei dem „neben der Rättin fünf Frauen mit zum Teil recht ungewöhnlichen Berufen, aber selbstverständlich moviert verwendeten Berufsbezeichnungen *Kapitänin, Steuermännin, Maschinistin,* M*eereskundlerin* und *Köchin* einer Schiffsmannschaft"[37] vorkommen, dürften die von Ivar Ljungerud genannten Wortbildungen nichts zu tun haben. Es sind literarische Spielformen.

Okkasionalismen gehören konzeptionell nicht in den Duden, sind dort aber womöglich willkommen, sofern sie feminine *-in*-Ableitungen sind. Für diese Vermutung gibt es Gründe, wie weiter unten ausgeführt wird.

---

[30] Coseriu: *Einführung in die Allgemeine Sprachwissenschaft*, a. a. O., S. 293–302.
[31] Dazu Gisela Schoenthal: *Wirkungen der feministischen Sprachkritik in der Öffentlichkeit*, in: *Sprache – Sprachwissenschaft – Öffentlichkeit*. Hg. von Gerhard Stickel, Berlin/Boston 1999, S. 225–242, hier S. 231–232.
[32] Peter Eisenberg: *Hier endet das Gendern*, in: Antje Baumann – André Meinunger (Hg.): *Die Teufelin steckt im Detail. Zur Debatte um Gender und Sprache*, Berlin 2017, S. 67–70, hier S. 68.
[33] *Menschin, die,* in: *Duden online*.
[34] Ljungerud: *Bemerkungen zur Movierung*, a. a. O., S. 148.
[35] Gisela Schoenthal: *Impulse der feministischen Linguistik für Sprachsystem und Sprachgebrauch*, in: *Sprachgeschichte. Ein Handbuch zur Geschichte der deutschen Sprache und ihrer Erforschung*. 2., vollständig neu bearbeitete und erweiterte Auflage. Hg. von Werner Besch, Anne Betten, Oskar Reichmann, Stefan Sonderegger. 2. Teilband, Berlin/New York 2000 (Handbücher zur Sprach- und Kommunikationswissenschaft 2.2), S. 2064–2100, hier S. 2079.
[36] Schoenthal: *Wirkungen der feministischen Sprachkritik*, a. a. O., S. 231–232.
[37] Schoenthal: *Wirkungen der feministischen Sprachkritik*, a. a. O., S. 231–232.

Nur literarisch aktiviert ist auch *gestîn* in *mir ist freude gestîn, hôhmuot gast* in Wolframs von Eschenbach ‚Parzival' (219. 22[38]), das sich dann als *gestin* in der Nürnberger Polizeiordnung aus dem 15. Jahrhundert findet: *ob auch einich gast oder gestin halbe geheffte tuch herprechte*[39]. Das Frühneuhochdeutsche Wörterbuch verzeichnet Belege von ca. 1365, von 1582 und von 1624[40]. Das Wort ist aber bereits (ein einziges Mal) im Althochdeutschen belegt[41]. *Gästin* wurde immer wieder gelegentlich gebraucht[42], steht seit 2006 im gedruckten Duden[43] und findet sich auch im Online-Duden, mit bemerkenswert vielen Beispielkontexten[44]. Es gebe im „Duden-Korpus nicht zu knapp Belege" dafür[45].

Nun hätte aber den Bearbeitern des Dudens auffallen können, dass in einem so umfassenden Projekt wie dem ‚Digitalen Wörterbuch der deutschen Sprache' (DWDS) kein eigener Artikel für dieses Wort angesetzt wird. Es wird lediglich auf die 15 Belege im DWDS-Kernkorpus 1900–1999, auf die 195 Belege im Regionalkorpus der Zeitschrift für Dialektologie und Linguistik (ab 1993), auf die 402 Belege im Webmonitor und auf die 46 Belege in den historischen Korpora (1465–1998) hingewiesen[46]. Das wirkt auf den ersten Blick in der Tat zahlreich. Die Frage ist aber, ob der Status dieser Belege die Aufnahme des Wortes in ein allgemeinsprachliches Wörterbuch rechtfertigt. Schaut man sich die Belege im Webmonitor an, dann erscheinen sie erstens in feministisch motivierten Beidnennungen wie *Gästinnen und Gäste* („45. Gekürt: Das sind die 25 besten Hotels in Europa. Reisereporter, 2022-05-12 *Darüber hinaus schwimmen Gästinnen und Gäste im Außen- und Innenpool oder lassen sich im Spa verwöhnen.*"). Zweitens kommen sie als Einzelwort in Medien wie ‚Reisereporter' oder ‚Netzpiloten' vor, die offenbar feministischen Sprachgebrauch pflegen („38. Wie macht Diversität Unternehmen zukunftsfähig? - mit Meike Arendt - Netzpiloten.de. Netzpiloten Magazin, 2022-05-18 *Außerdem war Meike eine tolle Gästin, daher können wir euch diese Folge uneingeschränkt empfehlen!*"). Drittens handelt es sich bei den Belegen um kritische Zitate („42. KOMMENTAR: Es ist vorbei. Siegener Zeitung, 2022-05-14 *Gendersprache wird in vielen Bewerbungen erwünscht, auch der Duden ist längst eingeknickt (Gästin und Bösewichtin sind inzwischen wörterbuchfähig)*").

Daraus, also teilweise sogar aus der Kritik am Duden selbst, einen allgemeinsprachlichen Status abzuleiten, erscheint problematisch. Ursula Hoberg schreibt 2004, *Gästin*

---

[38] Hinweis bei Ivo Hajnal: *Feministische Sprachkritik und historische Sprachwissenschaft. Die unterschiedlichen Sichtweisen der Kategorie Genus in Syn- und Diachronie*, Innsbruck 2002, S. 65.
[39] *Gästin*, in: *DRW online*.
[40] *gästin*, in: *Frühneuhochdeutsches Wörterbuch. FWB-online*.
[41] Elisabeth Karg-Gasterstädt – Theodor Frings (Hg.): *Althochdeutsches Wörterbuch*, Band I ff., Berlin 1968 ff., IV, Sp. 240; Rudolf Schützeichel (Hg.): *Althochdeutscher und Altsächsischer Glossenwortschatz*, I–XII, Tübingen 2004, III, S. 446.
[42] *Gast*, in: *Wikipedia*.
[43] Kunkel-Razum in Sarah Schierack: *Duden-Chefin: „Vielleicht müssen wir das einfach mal aushalten"*, in: *Augsburger Allgemeine*, 18.07.2021.
[44] *Gästin, die*, in: *Duden online*.
[45] Kunkel-Razum in Schierack: *Duden-Chefin*, a. a. O.
[46] *Gästin, die*, in: *DWDS. Der deutsche Wortschatz von 1600 bis heute*.

habe sich trotz einiger neuerer feministischer Wiederbelebungsversuche nicht durchgesetzt, ebenso scheine die derivierte Form von *Laie* und *Passagier* kaum verwendet zu werden[47]. In nichtfeministischen Kreisen stößt *Gästin* auf Unverständnis. Wenn Neef[48] also meint, die Form *Gästin* existiere nicht mehr, irrt er sich, zeigt aber damit auch, dass er sie nicht für normentsprechend im Sinne Coserius hält, eine Ansicht, die er mit der großen Mehrheit der Sprecher des Deutschen teilen dürfte, aber nicht mit jedem Journalisten. Denn im journalistischen Bereich (dazu auch weiter unten) treibt das Bemühen um sprachliche Gerechtigkeit generell und im Einzelfall bemerkenswerte Blüten.

Am 25.11.2022 wird im WDR 3 das Medley ‚Tolle Frauen' der Talkshow ‚Kölner Treff' von der Moderatorin der vorhergehenden Nachrichtensendung angekündigt. Sie bezeichnet Bettina Boettingers Gäste als *Gästinnen*. Die feministisch-pleonastische Ableitung des Epikoinons *Gast* dürfte die Moderatorin als Referenz auf die teilnehmenden Frauen, die das Thema der Sendung sind, gemeint haben. Da aber in den zusammengeschnittenen Sendungen auch Männer Gäste sind, wenngleich nicht primärer Gegenstand, ist der Ausdruck von der faktischen Bezeichnung her sogar das ‚inklusive Femininum' eines Epikoinons. Und da dort überdies Gäste vertreten sind, die ihr Frausein erst im Laufe ihres Lebens entdeckt haben, hätte Martina Eßer in der Konsequenz ihrer Sprechweise eigentlich *Gäst*innen* sagen müssen.

Wolfgang Fleischer und Irmhild Barz[49] schätzen vermehrt zu -*ling*-Bildungen auftretende Movierungen mit -*in* wie *Feiglingin* oder *Flüchtlingin* noch als „eher den Charakter des Okkasionellen tragend" ein. Wenn Peter von Polenz[50] Bildungen wie *Abgeordnetin*, *Lehrlingin*, *Mitgliederinnen*, *Geiselin*, bei denen erstens ein ohnehin in beiden Genera flektierbares Partizip und zweitens maskuline, neutrale und sogar feminine Epikoina femininmoviert werden, als *hyperkorrekt* bezeichnet[51], so ändert das nichts daran, dass solche Bildungen existieren. Es zeigt nur, dass die Sprachträger des Deutschen mitunter ihre eigene Sprache als Individuum oder als Gruppe strukturell verkennen, sie norm- und teilweise systemwidrig ausbauen und ‚verbessern', sie sogar ‚reparieren' wollen – und daraus möglicherweise eine individuelle und kollektive Herzens- und Glaubenssache machen, die entsprechend mit „missionarischem"[52] Eifer vertreten wird.

Der Duden ist hier zu nennen, weil er weithin als wissenschaftlich begründete, objektive und vertrauenswürdige Dokumentation sprachlicher Realität angesehen wird. Dem entspricht auch die Eigenwerbung des Verlags: „Duden, seit jeher gleichzusetzen mit

---

[47] Ursula Hoberg: *Grammatik des Deutschen im europäischen Vergleich. Das Genus des Substantivs*, Mannheim 2004 (amades. Arbeitspapiere und Materialien zur deutschen Sprache 3), S. 101.

[48] Neef: *Das Konzept des sogenannten ‚Geschlechtergerechten Sprachgebrauchs'*, a. a. O., S. 53.

[49] Wolfgang Fleischer – Irmhild Barz: *Wortbildung der deutschen Gegenwartssprache. 4. Auflage; völlig neu bearbeitet von Irmhild Barz unter Mitarbeit von Marianne Schröder*, Berlin/Boston 2012 (de Gruyter Studium), S. 237.

[50] Peter von Polenz: *Deutsche Sprachgeschichte vom Spätmittelalter bis zur Gegenwart. Band I. Einführung · Grundbegriffe · 14. bis 16. Jahrhundert*, ²Berlin/New York 2000, S. 78.

[51] Vgl. Neef: *Das Konzept des sogenannten ‚Geschlechtergerechten Sprachgebrauchs'*, a. a. O., S. 53.

[52] Helga Kotthoff: *Gender-Sternchen, Binnen-I oder generisches Maskulinum, ... (Akademische) Textstile der Personenreferenz als Registrierungen?*, in: Linguistik online 103, 3 (2020), S. 105–127, hier S. 122.

,Wörterbuch', ist die verlässliche Instanz für alle Themen rund um die deutsche Sprache und Rechtschreibung"[53]. Eine solche Instanz ist der Duden jedoch nicht oder vielmehr nicht mehr. Das erstens bereits aus rechtlichen Gründen. Der Duden besitzt seit der Verabschiedung der Rechtschreibreform 1996 nicht mehr den staatlichen Auftrag, die Orthografie zu regeln. Dafür zuständig ist seit über einem Vierteljahrhundert der Rat für deutsche Rechtschreibung. Und auch da geht es nur um die Rechtschreibung, nicht um den Lexembestand. Doch „wird die Auswahl der Wörter im Duden-Rechtschreibwörterbuch oftmals als eine Festlegung darüber missverstanden, was zum Wortschatz der deutschen Sprache gehört und was nicht"[54]. Zu den rechtlichen Gründen kommen zweitens inhaltliche Gründe, auf die im Lauf dieser Studie eingegangen wird.

Im Online-Duden wird auch *die Spätzin* aufgeführt[55]. Neben üblicherweise als Epikoinon gebrauchtem *Spatz* gibt es dafür keinen erkennbaren Bezeichnungsbedarf. *Spätzin* ist nur dichterisch aktiviert[56] und in der abendländischen Kultur nicht zuletzt mit dem Spott über unangemessene Geschlechtszuweisungen verbunden. Aristophanes lässt in der Komödie ‚Die Wolken' seine Protagonisten Sokrates und Strepsiades über ‚Spätzin' und ‚Backtrögin' sinnieren[57]. Die 57 Belege in den historischen Korpora 1465–1998 des DWDS[58] beziehen sich neben der Komödie des Aristophanes und einem Märchen von Georg Weerth fast ausschließlich auf dieselben Geschichten in verschiedenen Ausgaben und Auflagen von Schülerlesebüchern. Auch die Belege in den sonstigen Korpora stammen vor allem aus trivialliterarischen Werken. Bei den Web-Belegen ist uneigentlicher Gebrauch von *Spatz und Spätzin* für ein menschliches Paar sowie sprichwörtliche und alltagspoetische Verwendung belegt. Für einen allgemeinsprachlichen Status des Wortes reicht diese Beleglage sicher nicht aus. Im Hinblick auf weiter unten dargelegte Beobachtungen ist zu vermuten, dass mit der Aufführung von *die Spätzin* der Status von *der Spatz* als Epikoinon in Frage gestellt werden soll. Dieselbe Wirkung soll wohl *die Gästin* in Bezug auf *der Gast* haben.

Das Epikoinon spielt eine zentrale Rolle in der Theorie des junggrammatischen Indogermanisten Karl Brugmann, wenn er bemerkt, dass „Maskulinum und Femininum als grammatische Geschlechter für die Sprache des gewöhnlichen Lebens eine nichtssagende Form sind, daß die Vorstellung der Männlichkeit oder die der Weiblichkeit durch sie weder im eigentlichen noch auch im bildlichen Sinne angeregt wird"[59]. Bezeichnungen wie

---

[53] *Der Duden. Über uns.*
[54] Henning Lobin: *Sprachkampf. Wie die Neue Rechte die deutsche Sprache instrumentalisiert*, Berlin 2021, S. 34.
[55] *Spätzin, die*, in: *Duden online.*
[56] Jacob Grimm – Wilhelm Grimm: *Deutsches Wörterbuch*, I–XVI. Quellenverzeichnis, Leipzig 1854–1971, XVI, Sp. 2009.
[57] Margit Eberharter-Aksu: *Das Generische Maskulinum bei Jacob Grimm*, in: Hanna Biaduń-Grabarek – Sylwia Fyrin (Hg.): *Aspekte der philologischen Erforschung von Jacob Grimm und der Märchenübersetzung ins Polnische*, Frankfurt am Main [u. a.] 2014 (Schriften zur diachronen und synchronen Linguistik 13), S. 67–76, hier S. 68–69.
[58] *Spätzin, die*, in: *DWDS. Der deutsche Wortschatz von 1600 bis heute.*
[59] Karl Brugmann: *Das Nominalgeschlecht in den indogermanischen Sprachen*, in: *Internationale Zeitschrift für allgemeine Sprachwissenschaft* 4 (1889), S. 100–109; Wiederabdruck in: Heinz

die Maus oder *der Hase* „haben also nur formales, nicht materiales Geschlecht und zeigen, daß das grammatische Genus nicht den Gedanken an männliche oder weibliche Wesen hervorruft"[60]. Brugmann denkt bei den „Gedanken" offenbar an die bewusste kognitive Rezeption der lexikalischen Bedeutung.

Das Epikoinon ist ein Hinweis darauf, dass im Deutschen und anderen genushaltigen Sprachen Personen- und Tierbezeichnungen prinzipiell nicht zwangsläufig eine Beziehung von Genus und biologischem Geschlecht, geschweige denn Gender, zeigen[61]. Neutra sind z. B. *das Weib*, *das Mädchen* und *das Kind*. Die Gewissheit, dass sie weibliche Personen betreffen bzw. weibliche oder männliche, beruht allein auf der lexikalischen Bedeutung und dem damit adressierten Weltwissen. Dass es sich hierbei um Ausnahmen handele, die als „Abweichungen vom natürlichen Geschlechtsprinzip bei näherer Betrachtung nicht im Widerspruch zum engen Nexus zwischen Genus und Geschlecht stehen, sondern diesen sogar noch bekräftigen", wie mit Bezug auf einschlägige Stimmen aus der Genderlinguistik behauptet wird[62], wäre *für die genannten Lexeme* erst noch zu erweisen. Die in den Dialekten belegte Steuerung des Genus durch ein komplexes Geflecht soziopragmatischer Faktoren, so vor allem bei Austausch des Genus Femininum durch das Genus Neutrum bei Frauenbezeichnungen, nicht zuletzt in der Nähesprache, hat mit den drei Lexemen nichts zu tun. Denn bei ihnen ist niemals das Genus gegen ein anderes ausgetauscht worden.

Brugmann ging es unter anderem darum, die Auffassung von Jacob Grimm und seinen Anhängern zu widerlegen. Grimm spricht den Epikoina zwar auch ein nur ‚grammatisches' Genus im Gegensatz zum ‚natürlichen' zu, sieht aber das ‚grammatische' Genus als aus dem ‚natürlichen' entstanden an (dazu weiter unten). Brugmann zeigte, dass die Bezeichnung des Sexus nur sekundär aus Genus entsteht und nicht umgekehrt (Genus aus Sexus), wie Grimm meinte[63], bei dem *die* (zierliche) *Hand* deshalb feminines und *der* (größere) *Fuß* maskulines Genus besitzt[64]: „Bemerkenswerth ist die einstimmung unserer mit der lat. und griech. sprache darin, daß die *hand* als kleiner, zierlicher weiblich, der *fuß* als größer und stärker männlich vorgestellt wird."[65]

Im Gegensatz zu Grimms Auffassung können bzw. müssen Sexusmerkmale, um *grammatisch* ‚sichtbar' zu werden, als Genusmerkmale versprachlicht werden. „Sexus

---

Sieburg (Hg.): *Sprache – Genus/Sexus*, Frankfurt am Main 1997 (Dokumentation Germanistischer Forschung 3), S. 33–43, hier S. 34; zitiert bei Martina Werner: *Genus ist nicht Sexus. Warum zwischen grammatischem und natürlichem Geschlecht in der Sprache zu unterscheiden ist*, in: Antje Baumann – André Meinunger (Hg.): *Die Teufelin steckt im Detail. Zur Debatte um Gender und Sprache*, Berlin 2017, S. 260–278, hier S. 264. Zu Brugmann vgl. Bär: *Genus und Sexus*, a. a. O., hier S. 167–169.

[60] Brugmann: *Das Nominalgeschlecht*, in: Sieburg (Hg.): *Sprache – Genus/Sexus*, a. a. O., S. 34.
[61] Vgl. Trutkowski – Weiß: *Zeugen gesucht!*, a. a. O., S. 17, Anm. 9 mit Hinweis auf Sebastian Löbner: *Understanding Semantics*, ²London 2013 (Understanding Language), S. 65.
[62] Simone Busley – Julia Fritzinger: *Das Emma und der Hänsli: Genus-Sexus-Diskordanzen in Dialekten des Deutschen als Spiegel sozialer Geschlechterrollen*, in: *Genus – Sexus – Gender*. Hg. von Gabriele Diewald und Damaris Nübling, Berlin/Boston 2022 (Linguistik – Impulse & Tendenzen 95), S. 295–318, hier S. 296.
[63] Werner: *Genus ist nicht Sexus*, a. a. O., S. 267.
[64] Trutkowski – Weiß: *Zeugen gesucht!*, a. a. O., S. 7.
[65] Grimm: *Deutsche Grammatik 3 (1890)*, a. a. O., S. 400.

nutzt die Kategorie Genus ‚parasitär'"⁶⁶. „Treffender ist es vielleicht, Geschlecht dabei nicht als Parasiten, sondern als Symbionten zu bezeichnen, da es den Wirt zu einem gewissen Grad bei seiner Funktion (zumindest dem *reference tracking*) unterstützt und dadurch selbst exponiert wird"⁶⁷. Der umgekehrte Prozess, demzufolge sich grammatische Genusmarkierungen auf inhaltliche Sexuswahrnehmungen auswirken, ist psychologisch belegt, aber eine grammatisch getriggerte Suggestion⁶⁸. Auf dieser psychologisch fassbaren Fehlinterpretation, einem falschen Umkehrschluss, gezeigt durch teilweise methodisch kritisierbar angelegte psychologische Assoziationsstudien, deren psychologistischer ‚Bedeutungs'begriff mit dem sprachlichen (lexikalischen) Bedeutungsbegriff verwechselt wird, beruht die Hauptargumentationslinie der Befürworter von ‚geschlechtergerechter' bzw. ‚gendergerechter' Sprache. Nun sind Assoziationen zwar auf wenige Wortklassen beschränkt und können auch subjektiv und privat sein. Dass etwa Sprachträger des Deutschen bei dem Wort *Brücke* angeblich Prädikate wie *schön, elegant, zerbrechlich, friedlich, hübsch* und *schlank* assoziieren, hat a priori mit der lexikalischen Bedeutung des Wortes *Brücke* nichts zu tun⁶⁹. Darum geht es hier aber nicht. Die in Tests feststellbare Geschlechtsassoziation ist ein kollektives Phänomen, das praktisch unausweichlich mit der Tatsache zusammenhängt, dass ein Teilbereich der lexikalischen Personenbezeichnungen, nämlich bei deren primären Vertretern die Teilgruppe der geschlechtsspezifischen Maskulina und die eo ipso sexusspezifischen Femininmovierungen, eine Korrelation von Genus und lexikalischer Geschlechtsbedeutung aufweist und dass das referentielle Genussystem binär ist. „Man darf allerdings nicht erwarten, dass Geschlecht unbedingt nach Genus verlangt"⁷⁰, schreibt Andreas Klein im Hinblick auf die verwandten Sprachen des Deutschen. Umgekehrt glauben aber manche Sprachwissenschaftler, Genus müsse unbedingt mit Sexus korrelieren.

Seit Brugmanns Zeiten ist so in Teilen der gegenwärtigen Linguistik ein grundlegendes Missverständnis über das Verhältnis von lexikalischer Bedeutung und durch das Genus getriggerter Assoziation eingetreten. Außerdem werden die Verschiedenheit von lexikalischem und referentiellem Genussystem und die Interferenzen beider Systeme ungenügend berücksichtigt. Es handelt sich um eine engagierte, wenngleich in sich widersprüchliche Resemantisierung des Genus, die auf dem erwähnten grammatisch erzeugten falschen Umkehrschluss, einer psychologisch verständlichen und sprachwissenschaftlich im Rahmen der Analogietheorie unschwer nachvollziehbaren Fehlinterpretation basiert. Beispiele für solche Resemantisierungen werden im nächsten Abschnitt diskutiert.

---

66 Elisabeth Leiss: *Derivation als Grammatikalisierungsbrücke für den Aufbau von Genusdifferenzierungen im Deutschen*, in: *Grammatikalisierung im Deutschen*. Hg. von Torsten Leuschner, Tanja Mortelmans, Sarah de Groodt, Berlin/New York 2005 (Linguistik – Impulse und Tendenzen 9), S. 11–30, hier S. 16; zitiert bei Werner: *Genus ist nicht Sexus*, a. a. O., S. 264.
67 Klein: *Wohin mit Epikoina?*, a. a. O., S. 184.
68 Trutkowski – Weiß: *Zeugen gesucht!*, a. a. O., S. 6.
69 Trutkowski – Weiß: *Zeugen gesucht!*, a. a. O., S. 7.
70 Klein: *Wohin mit Epikoina?*, a. a. O., S. 184.

2.2 Zur These devianten Genus

Was *das Weib, das Mädchen* und *das Kind* betrifft, laufen die Ausführungen in einem Handbuch zur Genderlinguistik[71] darauf hinaus, dass mit der ‚Zuweisung' eines ‚devianten' Genus wie hier des Neutrums ein ‚downgrading' verbunden sei. An anderer Stelle[72] heißt es: „Bei all diesen ‚Ausnahmen' [sc. *die Schwuchtel, die Memme, der Vamp*] handelt es sich nämlich um gesellschaftlich missbilligte Verstöße gegen Geschlechtsrollen. Die betreffenden Personen werden aus ihrer ‚richtigen' Genusklasse verbannt, weil sie sich ‚falsch' verhalten, der soziale Verstoß wird durch einen grammatischen geahndet".

Der Versuch, die referierten Ausführungen zu verifizieren, führt zu deren Falsifizierung. Das erste quantitativ messbare Aufkommen des Schimpfworts *die Schwuchtel* um 1970[73] für Männer, die *Homosexuelle* (Maskulinum) genannt wurden und werden und sich später selbst nach der Adaption eines Schimpfworts als *Schwule* (Maskulinum) bezeichneten, noch später als *Queere* (Maskulinum), fällt zusammen mit dem Entstehen der Schwulen- und Lesbenbewegung. *Die Schwuchtel* wurde aber nicht für Homosexuelle als solche verwendet, die sich seinerzeit wegen des nach wie vor teilweise geltenden § 175 StGB in der Öffentlichkeit eher nicht outeten, sondern „umgangssprachlich abschätzig für einen sich feminin gebärdenden homosexuellen Mann"[74]. Analoges gilt für *die Tunte*[75], vermutlich eine Variation von *die Tante*. Sie bezeichnete im 19. Jahrhundert eine ‚alberne, zimperliche, langsame Frau'[76] und im 20. Jahrhundert, vermehrt erst ab den 1970er Jahren auftretend, einen ‚Homosexuellen mit femininem Gebaren': „Vielen [sc. Homosexuellen selbst] ist die Tunte, der effeminierte Homosexuelle, ein Graus und offen wird die Hoffnung ausgesprochen, daß mit dem Ende der gesellschaftlichen Diskriminierung spezifische Erscheinungen der Homosexualität verschwinden. [konkret, 2000 [1986]"[77]. Beide Bezeichnungen sind demnach nicht durch die Homosexualität und eine gesellschaftliche Missbilligung als solche motiviert. Wie das obige Zitat aus der Zeitschrift ‚konkret' andeutet, wurden solche Ausdrücke auch *innerhalb* der Gruppe der Homosexuellen verwendet. Die Behauptung „Männer, die dasjenige Geschlecht begehren, das nach geltender sozialer Norm Frauen begehrt, bzw. die sich so verhalten, wie dies ‚normalerweise' Frauen tun (nämlich zurückhaltend [sic!]), werden grammatisch wie

---

[71] Kotthoff – Nübling: *Genderlinguistik*, a. a. O., S. 83–89; vgl. Damaris Nübling: *Genus und Geschlecht. Zum Zusammenhang von grammatischer, biologischer und sozialer Kategorisierung*, Stuttgart 2020 (Akademie der Wissenschaften und der Literatur. Abhandlungen der Geistes- und sozialwissenschaftlichen Klasse. Jahrgang 2020. Nr. 1), S. 19–26; Damaris Nübling: *Geschlecht in der Grammatik: Was Genus, Deklination und Binomiale uns über Geschlechter(un)ordnungen berichten*, in: *Muttersprache* 130 (2020), S. 17–33, hier S. 22–27.

[72] Henning Lobin – Damaris Nübling: *Tief in der Sprache lebt die alte Geschlechterordnung fort*, in: *Neue Zürcher Zeitung*, 07.06.2018.

[73] *Schwuchtel, die*, in: *DWDS. Der deutsche Wortschatz von 1600 bis heute*.

[74] Ebd.

[75] Nübling: *Genus und Geschlecht*, a. a. O., S. 19; Nübling: *Geschlecht in der Grammatik*, a. a. O., S. 22.

[76] *Tunte, die*, in: *DWDS. Der deutsche Wortschatz von 1600 bis heute*.

[77] Ebd.

Frauen behandelt"[78], entspricht nicht den Tatsachen. Das Postulat „Schwule werden aus der Klasse der Männer exkommuniziert – gesellschaftshistorisch wie genusgrammatisch"[79] ist in sprachlicher und sprachwissenschaftlicher Hinsicht empirisch nicht zu belegen. Der Homosexuelle wird als *der Homosexuelle* oder *der Schwule* bezeichnet.

Die vom amerikanischen Film geschaffene Figur des Vamp bezieht das grammatische Genus ihrer morphologisch unmarkierten Bezeichnung *der Vamp* nach dem Prinzip der semantischen Analogie[80] von vorhandenem *der Vampir*. Es ist wie *der Scout* oder *der Tramp* ein Anglizismus, ein Epikoinon, das als solches a priori nicht gegendert werden kann – oder zumindest nicht gegendert werden braucht und darum auch nicht gegendert werden sollte. Ansonsten ist es möglich, eine Blutsaugerin *Vampirin* zu nennen, wohingegen die zum Produktnamen gewordene Ableitung *Vampyrette* einen Staubsauger bezeichnet, keine Staubsaugerin. Die erstarrte Metapher *die Memme* wird wiederholt als Schimpfwort aufgeführt, das eine ‚Männerbezeichnung' sei[81]. Auch das ist unzutreffend: „Die Beleidigung ‚Memme' verfestigt […] die Auffassung von Frauen als schwach, weil sie von Begriffen für stillende Frauen oder die Brust abgeleitet ist. [Kieler Nachrichten, 16.10.2021]"[82]. „Dass Männer mehr vertragen müssen, porträtiert Frauen letztlich als Memmen"[83].

Angeblich wird Mädchen und Frauen in und von der deutschen Sprache besonders übel mitgespielt: „Im Neutrum werden hingegen verachtete, abstoßende Frauen (das Weib, das Luder) bezeichnet, zum anderen noch nicht ‚voll entwickelte', also in der alten Geschlechterordnung solche, die noch unverheiratet sind: das Dirndl, das Wicht, das Fräulein, das Girl"[84]. Die Auffassung, dass das Neutrum die „unentwickelung des geschlechts" versprachliche, lässt sich bis zu Jacob Grimms Genustheorie zurückverfolgen (dazu weiter unten)[85]. Auch hier führt der Versuch der Verifikation zur Falsifikation. *Dirndl* ist kosendes Diminutivum wie *Mädchen* und eher die Bezeichnung für ein Kleid als für einen Menschen. Der in Altbayern beheimatete Regionalismus[86] ist im übrigen Synonym für das Femininum *die Dirn*[87]. Da dieses Wort *Dirn* aber, wie *Magd* selbst, auch über den Weg des Euphemismus, die Bedeutung ‚Magd' entwickelt hat, dürfte die Verkleinerung *Dirndl* zur Sicherung der Bedeutung ‚Mädchen' zugleich Reaktion darauf

---

78 Nübling: *Genus und Geschlecht*, a. a. O., S. 19; Nübling: *Geschlecht in der Grammatik*, a. a. O., S. 22.
79 Nübling: *Genus und Geschlecht*, a. a. O., S. 19; Nübling: *Geschlecht in der Grammatik*, a. a. O., S. 23; vgl. Diewald – Nübling: *„Genus – Sexus – Gender"*, a. a. O., S. 6.
80 Hoberg: *Grammatik des Deutschen*, a. a. O., S. 69, 110.
81 Kotthoff – Nübling: *Genderlinguistik*, a. a. O., S. 85; Nübling: *Genus und Geschlecht*, a. a. O., S. 19; Nübling: *Geschlecht in der Grammatik*, a. a. O., S. 22; Gabriele Diewald – Anja Steinhauer: *Handbuch geschlechtergerechte Sprache. Wie Sie angemessen und verständlich gendern*, Berlin 2020, S. 74; Diewald – Nübling: *„Genus – Sexus – Gender"*, a. a. O., S. 6.
82 *Memme, die*, in: *DWDS. Der deutsche Wortschatz von 1600 bis heute*.
83 Nicola Erdmann: *Macho oder Memme – Wie soft darf ein Mann sein?*, in: *Welt*, 10.03.2013.
84 Lobin – Nübling: *Tief in der Sprache lebt die alte Geschlechterordnung fort*, a. a. O.; vgl. Diewald – Nübling: *„Genus – Sexus – Gender"*, a. a. O., S. 6.
85 Grimm: *Deutsche Grammatik 3 (1890)*, a. a. O., S. 312; vgl. S. 357.
86 *Dirndl, das*, in: *DWDS. Der deutsche Wortschatz von 1600 bis heute*.
87 *Dirn, die*, in: *DWDS. Der deutsche Wortschatz von 1600 bis heute*.

sein. Das Wort *Luder* ist nicht nur auf Frauen, sondern auch auf Männer beziehbar[88], besonders dann, wenn man ein *armes* oder ein *dummes Luder* ist. *Luder* ist ein Epikoinon. Es erhält wie zahlreiche abwertende und kosende Personenbezeichnungen, die erstarrte Metaphern sind, sein Genus von der Ausgangsstufe. Diese hat hier die Bedeutung ‚Köder, Lockspeise, Aas', dann ‚Anreizung, Lockmittel, Wohlleben, Schlemmerei', die gar nicht auf menschliche Personen bezogen war. Die Einmengung der dialektalen Variante *das Wicht* trägt zur Plausibilität der Argumentation nichts bei. *Das Wicht* bezieht sein Genus möglicherweise von *Mädchen* oder *Dirndl*, obwohl das Wort bereits im Althochdeutschen und Mittelhochdeutschen sowohl neutrales wie maskulines Genus hat. Damit liegt vielleicht nur eine landschaftliche Genuskontinuität vor. In der Standardsprache ist *der Wicht* ein maskulines Epikoinon, dessen Bedeutung mit dem Genus nichts zu tun hat. Der Anglizismus *das Girl*, der die höchste Gebrauchsfrequenz im frühen 21. Jahrhundert aufweist[89], gehört den Autoren zufolge zur ‚alten Geschlechterordnung'. Diese müsste entsprechend dem steilen Anstieg der Tokenfrequenz des Wortes ab den 90er Jahren des 20. Jahrhunderts 30 Jahre alt sein. An anderer Stelle wird *Girl* in die Reihe „sexualisierend-abwertende[r] Bezeichnungen junger Frauen wie *das Girl, das Pin-up, das Playmate* etc., die als Entlehnungen aus dem genuslosen Englischen noch heute den engen Zusammenhang zwischen Genus und Gender bestätigen"[90], gestellt. Vielleicht ließe sich solchen Behauptungen durch den Blick in ein Wörterbuch vorbeugen. *Girl* hat die Bedeutungen ‚Tänzerin in einer Tanztruppe' und ‚junges Mädchen'; mit der ersteren Bedeutung, genauer ‚Tänzerin in einer Mädchentanztruppe', wurde das Wort Anfang des 20. Jahrhunderts aus dem Amerikanisch-Englischen übernommen. Das Wort bekommt sein Genus wie üblich nach der deutschen semantischen Entsprechung *Mädchen*[91]. Von einer „sexualisierend-abwertenden" Bezeichnung kann keine Rede sein.

Alle diese nicht verifizierbaren Ausführungen gipfeln in der Formulierung, dass es früher „die unter männlicher Familienherrschaft stehenden Frauen (vor allem Ehefrauen, Töchter und Mägde) waren, die durch das Neutrum gebannt [sic!] wurden"[92]. Abgesehen davon, dass in der Zeit alter Zaubersprüche allenfalls Krankheits- und Schadensdämonen gebannt wurden, aber nicht, wie wortwörtlich behauptet wird, weibliche Familienmitglieder, sind *Tochter* und *Magd* Feminina, und Personen werden in der Familie mit weiblichen oder männlichen Rufnamen adressiert und bezeichnet. Das althochdeutsche Wort für die Ehefrau ist das Femininum *quena*[93], mhd. *kone*[94]. Das mittelhochdeutsche Femininum *hûsvrouwe* und das frühneuhochdeutsche Femininum *hausfraw* bedeuteten die Frau als Vorstand der Haushaltung, Gattin des Hausherrn, Ehefrau[95].

---

[88] *Luder, das*, in: *Wörterbuch der deutschen Gegenwartssprache*.
[89] *Girl, das*, in: *DWDS. Der deutsche Wortschatz von 1600 bis heute*.
[90] Diewald – Nübling: „*Genus – Sexus – Gender*", a. a. O., S. 15.
[91] Hoberg: *Grammatik des Deutschen*, a. a. O., S. 110.
[92] Lobin – Nübling: *Tief in der Sprache lebt die alte Geschlechterordnung fort*, a. a. O.
[93] Rudolf Schützeichel: *Althochdeutsches Wörterbuch*, ⁷Berlin/Boston 2012, S. 190.
[94] Matthias Lexer: *Mittelhochdeutsches Handwörterbuch*, I–III, Leipzig 1872–1878, I, Sp. 1672.
[95] Grimm – Grimm: *Deutsches Wörterbuch*, a. a. O., X, Sp. 663.

Die Vorstufe von *Weib*, mhd. *wîp*, besitzt ihr Genus aufgrund einer komplizierten Etymologie[96]. Bezogen auf das Genus scheint nur festzustehen, dass das Wort im Indogermanischen kein Nomen agentis war und möglicherweise auf eine verhüllende Bezeichnung für den Mutterleib zurückgeht. Für spätere Zeiten spielt die wie auch immer beschaffene Etymologie keine Rolle. Denn im Gegensatz zur Gegenwart konnte sie von niemandem nach einem Blick in den ‚Kluge' für vordergründige Zwecke nach dem Motto verwendet werden, in dem Wort ‚stecke' ein bestimmtes Etymon, weshalb es ‚eigentlich' dies oder jenes ‚bedeute'[97], eine ebenso populäre wie vorwissenschaftliche Herangehensweise an die Wortbedeutung, die besonders in Predigten und Morgenandachten unserer Tage vorkommt. Eine Herabsetzung durch das Genus ist jedenfalls nicht zu erkennen. Ahd. *wîb* bedeutet ‚Frau, Mädchen'[98], mhd. *wîp* bedeutet ‚Frau', und zwar im Gegensatz zum Mann und zur Jungfrau, sowohl in der Rolle als Ehefrau wie im Gegensatz zu *vrouwe* ‚Herrin, Dame'[99]. *Wîp* wurde noch von Walther von der Vogelweide als das schönste Wort für die Frau gepriesen[100]:

> Wîp muoz iemer sîn der wîbe hôhste name,
> und tiuret baz danne frouwe, als ichz erkenne.

Der höfische Dichter hat sich an das Lexem gehalten, das er als das Wort für die Essenz der Weiblichkeit ansah. Er kontrastierte es mit dem bloßen Standesausdruck *vrouwe* ‚adlige Herrin' und hat sich dabei um das Genus nicht besorgt. Im sprachlichen Register abgesunken ist *wîp* nicht wegen eines ‚downgrading' durch das Genus, sondern infolge eines Phänomens der dritten Art.

Phänomene der dritten Art sind kollektive Bestrebungen, deren kausale Konsequenzen, etwa ein Stau oder die Inflation, nicht einem auf dieses Ergebnis abzielendem Verhalten entsprechen. Sie sind in Bezug auf das kausale Ergebnis nicht final. Sie können andersgeartete oder sogar entgegengesetzte Ziele als Auslöser haben. Hier ist auf der finalen Ebene das galante Verhalten des Mannes gegenüber der Frau angesiedelt, also eine höfliche Adressierung. Sie führte zur Bevorzugung der euphemistischen Bezeichnung nhd. *Frau* < mhd. *vrouwe* ‚adlige Herrin' für die Anrede (Adressierung), dort sogar (veraltet) *gnädige Frau*, und dann über bereits mhd. *hûsvrouwe* für die Referenz überhaupt sowie zu dem damit verbundenen Absinken von *Weib* in der Wortkonkurrenz, ebenso bei

---

[96] [Friedrich] Kluge: *Etymologisches Wörterbuch der deutschen Sprache. Bearbeitet von Elmar Seebold*, 25Berlin/Boston 2011, S. 976; Wolfgang Pfeifer (Hg.): *Etymologisches Wörterbuch des Deutschen*, Berlin, Lizenzausgabe Koblenz 2012, S. 1546.
[97] Dieter E. Zimmer: *Redens Arten. Über Trends und Tollheiten im neudeutschen Sprachgebrauch*, Zürich 1986, S. 75.
[98] Schützeichel: *Althochdeutsches Wörterbuch*, a. a. O., S. 386.
[99] Lexer: *Mittelhochdeutsches Handwörterbuch*, a. a. O., III, Sp. 922.
[100] L. 48,38. Vgl. Walther von der Vogelweide: *Sämtliche Lieder. Mittelhochdeutsch und in neuhochdeutscher Prosa. Mit einer Einführung in die Liedkunst Walthers hg. und übertragen von Friedrich Maurer*, München 1972 (Uni-Taschenbücher 167), S. 166.

nl. *vrouw* ‚Frau' und *wijf* ‚Weib'[101]. Sehr alt ist das ‚Absinken' von *Weib* übrigens nicht. So schreibt Christiana Vulpius am 31. Mai 1797 an Goethe: „Wenn die Botenweiber kommen, und ich bekomm keinen Brief von Dir, so ist es mir betrübt"[102]. Auch Goethe verwendet dieses Wort[103]. Der Titel der deutschen Übersetzung des 1792 erschienenen Buches *A Vindication of the Rights of Woman* der Frauenrechtlerin Mary Wollstonecraft lautet *Rettung der Rechte des Weibes*[104]. Und nach wie vor kann man *Weib* in der Nähesprache in kosender Funktion verwenden. Das tut auch Goethe, wenn er seine Frau im Brief doppelt ‚deviant' als „mein geliebtes Weibchen" anredet[105]. Wie im Deutschen gilt das Gleiche im Niederländischen mit *vrouw* ‚Frau' und *wijf* ‚Weib'[106]: *het is een best wijf* ‚sie ist eine gute Frau', *wat een wijf!* ‚so ein Mistweib!; so ein tolles Weib!'[107]. Wenn man auf die Registeränderung des Wortes *Weib* anhand seiner Tokenfrequenzkurve[108] schließen darf, dann dürfte der Rückgang der Gebrauchshäufigkeit gegen Ende des 19. Jahrhunderts dafür signifikant sein. Zugleich nimmt die Gebrauchshäufigkeit des angesichts der Normalität von *Frau* notwendig gewordenen neuen Euphemismus *Dame*[109] stark zu. Der Realitätsbezug einer Behauptung wie „Das Femininum (*Frau*) referierte auf die Bürgerfrau, das Neutrum (*Weib, Mensch*) auf die Bauersfrau, die die bürgerlichen Anforderungen an Weiblichkeit nicht erfüllen konnte"[110], sei dahingestellt. Es empfiehlt sich ein Blick in das grimmsche Wörterbuch:

> I. *weib ist der allgemeinste und darum häufigste name für alle wesen, die nicht dem männlichen geschlecht angehören und doch als geschlechtswesen bezeichnet werden sollen, häufiger als frau, jungfrau, magd, mädchen, dame. der ausdruck umfaszt diese wesen nach jeder hinsicht: weib, lat. mulier, fr. femme, heiszt in den rechten insgemein eine jede person weiblichen geschlechts, sie sey, von was stand oder würden sie wolle; so dasz auch die unverheyratheten oder die jungfern und wittwen mit darunter begriffen werden* NOEL CHOMEL öcon. u. phys. lex. (1757) 8, 2280[111].

Die Wortgeschichte von *Weib* ist ein klassischer Fall für die Sprachwandeltheorie, indem sie durch die Aufdeckung der Verschränkung der positiven Absicht gegenüber der Frau

---

[101] Marinel Gerritsen: *Towards a more gender-fair usage in Netherlands Dutch*, in: *Gender Across Languages. The linguistic representation of women and men.* Volume 2. Ed. by Marlis Hellinger, Hadumod Bußmann, Amsterdam/Philadelphia 2002 (Impact: Studies in language and society 10), S. 81–108, hier S. 84.
[102] Hans Gerhard Gräf: *Goethes Briefwechsel mit seiner Frau*, I–II, Frankfurt a. M. 1916, I, Nr. 126.
[103] Gräf: *Goethes Briefwechsel mit seiner Frau*, a. a. O., I, Nr. 86.
[104] Maria Wollstonecraft: *Rettung der Rechte des Weibes. Mit Bemerkungen über politische und moralische Gegenstände. Aus dem Englischen übersetzt. Mit einigen Anmerkungen und einer Vorrede von Christian Gotthilf Salzmann*, Schnepfenthal 1793–1794.
[105] Gräf: *Goethes Briefwechsel mit seiner Frau*, a. a. O., II, Nr. 434, S. 61.
[106] Gerritsen: *Towards a more gender-fair usage in Netherlands Dutch*, a. a. O., S. 84.
[107] *wijf*, in: *Pons Online-Wörterbuch*.
[108] *Weib, das*, in: *DWDS. Der deutsche Wortschatz von 1600 bis heute*.
[109] *Dame, die*, in: *DWDS. Der deutsche Wortschatz von 1600 bis heute*.
[110] Busley – Fritzinger: *Das Emma und der Hänsli*, a. a. O., S. 314.
[111] Grimm – Grimm: *Deutsches Wörterbuch*, a. a. O., XIV, 1, 1, Sp. 333.

mit den negativen Folgen für das beteiligte Wort die Inadäquatheit unreflektierter, auf Kosten der Männer postulierter finaler, linearer Interpretationen solcher Vorgänge à la Alma Grahams[112] ‚praise him, blame her' zeigt. „Es handelt sich abermals um ein Mandevillesches Paradox, bei dem jeder stets das Gute will und die Pejorisierung schafft"[113].

Das Neutrum *Mädchen* geht auf die Diminutivform ahd. *magatīn, magitīn, mageti* st. N., ‚Mädchen'[114] von ahd. *magad*[115] zurück. Das Wort hat weder ursprünglich noch gegenwärtig etwas Abwertendes an sich, sondern könnte im Gegenteil zunächst eine Koseform gewesen sein, wie überhaupt das kleine Kind in der Familie eine geschützte und geliebte Person ist. Und in der ‚alten Geschlechterordnung' war es wie die Mutter nach der Geburt wegen der hohen Sterblichkeit eine äußerst gefährdete und umso mehr umsorgte Person. Das Genus Neutrum ist mit dem kosenden Diminutivum zwangsläufig verbunden. Neben dieser Möglichkeit gibt es aber vor allem rein sprachliche Gründe für die Bildung. Das Diminutivum zur Bezeichnung eines weiblichen Kindes musste so gebildet werden, weil ahd. *magad* ‚Jungfrau' bedeutet[116], also kein ganz junges Mädchen bezeichnet, und blieb so erhalten, zumal die Basis *maget* ‚Jungfrau' bereits im Mittelhochdeutschen auch mit der Bedeutung ‚dienende Jungfrau einer *vrouwe*, Dienerin, Magd' erscheint[117] und sich über diesen Euphemismus später zu einer Bezeichnung weiblicher Bediensteter (*Magd*) entwickelt. Das ist nicht nur bei Frauenbezeichnungen so. Das Wort *Knecht*, das noch im Althochdeutschen ‚Knabe, Kind; Diener, Jünger; Krieger, Soldat, Mann' bedeutete[118], geht einen analogen Weg.

„Säuglinge beider Geschlechter und Mädchen bis weit ins Erwachsenenalter [sic!] hinein sind also in der Neutrumklasse vereint, aus der sich der Junge ab einem bestimmten Alter verabschiedet", heißt es dazu[119]. Indessen ‚verabschiedet' sich das Mädchen ebenfalls ‚ab einem bestimmten Alter' von der ‚Neutrumklasse', und zwar nicht erst ‚weit im Erwachsenenalter'. Es wird dann *Frau* genannt und vorher alternativ *die Jugendliche, der Teenager* oder *das Teenie, die junge Frau* oder *die junge Dame*. Die berechneten typischen Verbindungen mit *Mädchen*[120] zeigen Altersangaben von *dreijährig* bis *zwölfjährig* und maximal *minderjährig*. Was über die Bezeichnungsdauer behauptet wird, mag für

---

[112] Alma Graham: *The Making of a Nonsexist Dictionary*, in: Barrie Thorne – Nancy Hemley (eds.): *Language and Sex. Difference and Dominance*, Rowley, Mass. 1975 (Series in sociolinguistics), S. 57–63, hier S. 61.
[113] Rudi Keller: *Sprachwandel. Von der unsichtbaren Hand in der Sprache*, ⁴Tübingen 2014 (Uni-Taschenbücher 1567), S. 107f.
[114] Schützeichel: *Althochdeutsches Wörterbuch*, a. a. O., S. 212.
[115] Ebd.
[116] Ebd.
[117] Lexer: *Mittelhochdeutsches Handwörterbuch*, a. a. O., I, Sp. 2007.
[118] Schützeichel: *Althochdeutsches Wörterbuch*, a. a. O., S. 179.
[119] Kotthoff – Nübling: *Genderlinguistik*, a. a. O., S. 84.
[120] *Mädchen, das*, in: *DWDS. Der deutsche Wortschatz von 1600 bis heute*.

das marokkanisch-arabische Wort *bnt* ‚unverheiratetes jungfräuliches Mädchen'[121] gelten, aber nicht für das gegenwärtige Deutsch. Was für die lexikalischen Alternativen gilt, zeigt sich auch auf der Ebene des referentiellen Genus:

> Als Beispiel dafür, wie sich Alter auf Genuszuweisungen auswirken kann, dient das Hybrid *Mädchen*. Die einschlägige Studie von Braun & Haig (2010)[122] kommt zu dem mittlerweile öfter beobachteten Ergebnis, dass feminine Pronominalisierungen dann wahrscheinlicher werden, wenn es sich bei der Referentin von *Mädchen* um eine Jugendliche (und nicht mehr um ein Kind) handelt. Dieser Befund ist vor dem Hintergrund des vorherigen Abschnitts [...] folgendermaßen zu deuten: Nicht nur die unspezifische Referenz, sondern auch diejenige auf ein junges Kind gehört zu den Kontexten, in denen nur der lexikalisch zugewiesene Anteil an femininen Pronomina zurückbleibt. Oder anders gesagt: Es gibt im Kindesalter eine erhöhte Wahrscheinlichkeit, dass sich Genus formal/lexemzentriert und damit typisch unbelebt verhält[123].

Weniger undeutlich gesagt: Bei *Mädchen* nimmt die pronominale Referenz mittels *sie* mit fortschreitendem Alter des Referenten zu.

Ein anderes diminuierendes Lexem, *Fräulein*, wurde hinsichtlich der Anrede 1955 in der Amtssprache freigestellt, 1972 abgeschafft[124] und schließlich auch im allgemeinen Sprachgebrauch obsolet, abgesehen von dem adressierenden und zudem lexikalisierten Euphemismus für die weibliche Bedienung im Restaurant. Dieser hielt sich noch eine Weile, bevor er als Folge einer Resemantisierung ebenfalls außer Gebrauch kam. Die damalige aufgrund der gesellschaftlichen Entwicklung nur zu verständliche Ablehnung des Wortes *Fräulein* für die unverheiratete Frau wirkt bis heute nach, wenn etwa in einer Rundfunksendung über das Gendern im Jahr 2022 ein Anrufer äußert, es gebe ja auch kein *Herrlein*.

Hingegen müsste sich über die konventionelle Lexikalisierung *Fräulein* als Anrede der Kellnerin eigentlich niemand aufregen. Aber man nahm seinerzeit die Sprache aufgrund der *Fräulein*-Diskussion auch da beim Wort und unterstellte eine Diskriminierung der Kellnerin, die als solche selbstverständlich keine unverheiratete (junge) Frau sein muss, ebenso wenig wie *Herr Ober* als Adressierung oder schweizerisch *Saaltochter*[125]

---

[121] Atiqa Hachimi: *Shifting sands. Language and gender in Moroccan Arabic*, in: *Gender Across Languages. The linguistic representation of women and men*. Volume I. Ed. by Marlis Hellinger, Hadumod Bußmann, Amsterdam/Philadelphia 2001 (Impact: Studies in language and society 9), S. 27–51, hier S. 41.

[122] Sc. Friederike Braun – Geoffrey Haig: *When are German 'girls' feminine? How the semantics of age influences the grammar of gender agreement*, in: Markus Bieswanger – Heiko Motschenbacher – Susanne Mühleisen (Hg.): *Language in its Socio-Cultural Context. New Explorations in Gendered, Global and Media Uses*, Frankfurt am Main [u. a.] 2010, S. 69–84.

[123] Klein: *Wohin mit Epikoina?*, a. a. O., S. 151.

[124] Hildegard Gorny: *Feministische Sprachkritik*, in: Georg Stötzel – Martin Wengeler: *Kontroverse Begriffe. Geschichte des öffentlichen Sprachgebrauchs in der Bundesrepublik Deutschland. In Zusammenarbeit mit Karin Böke · Hildegard Gorny · Silke Hahn · Matthias Jung · Andreas Musolff · Cornelia Tönnesen*, Berlin/New York 1995 (Sprache, Politik, Öffentlichkeit 4), S. 517–562, hier S. 542; Schoenthal: *Impulse der feministischen Linguistik*, a. a. O., S. 2069.

[125] Regina Wittemöller: *Weibliche Berufsbezeichnungen im gegenwärtigen Deutsch. Bundesrepublik Deutschland, Österreich und Schweiz im Vergleich*, Frankfurt am Main/Bern/New

als Lexem wörtlich genommen Sinn machen. Oder auf der anderen Seite das Lexem *Junggeselle*. Die Schwierigkeit, eine konventionelle Adressierung zu ersetzen, zeigt sich daran, dass es der Knigge-Gesellschaft und sonstigen Interessierten in 50 Jahren nicht gelungen ist, eine andere, adäquate Anrede für die Kellnerin zu finden[126]: „Leider gibt es in der deutschen Sprache keine Bezeichnung für den weiblichen Service"[127]. Stattdessen wird vorgeschlagen, die ‚weibliche Servicekraft' nach einem Blick auf ihr Namensschild [!] mit ihrem Nachnamen anzusprechen. Das ist eine offensichtlich nur sehr begrenzt realisierbare Idee für Stammgäste der gehobenen Gastronomie, wo man auch die Geltung und Einhaltung der Knigge-Regeln vermuten darf. Faktisch hat überall sonst die Geste mit der Hand die verbale Adressierung abgelöst, falls ‚die Bedienung' nicht von selbst an den Tisch kommt.

Übrigens befand sich die Gebrauchshäufigkeitskurve von *Fräulein* bereits vor dem Verwaltungsakt im starken Rückgang[128]. Ein neutrales Diminutivum wie *Mädchen* ist auch keine Exklusivität des Deutschen. Im Niederländischen steht das neutrale Diminutivum *meisje* ‚Mädchen' zudem neben einem ebenso diminuierten Neutrum *jongetje* ‚Junge'[129], während *Jungchen* im Deutschen eher ein Regionalismus ist und besonders als Anrede gebraucht wird. Außerdem ist das Wort *Mädchen* – wie früher *Jungfer* und *Junggeselle* oder wie *Lord* und *Lady* – völlig lexikalisiert, so dass beim Wortgebrauch das morphologische Diminutionsverhältnis nicht ständig mitgedacht wird, ebenso wenig das Genus. Ähnlich wie bei *Mädchen* und *Frau* gibt es im gegenwärtigen Deutsch auch keinen unmittelbaren Übergang von *Junge* zu *Mann*, sondern *Junge* ist hochsprachlich gleichfalls vor allem auf das vorpubertäre Alter bezogen, genauso wie *Mädchen* mit Kollokationen von *dreijährig* bis *zwölfjährig* bzw. *minderjährig*[130]. Die Bedeutung ‚junger Mann' bei *die Jungs* (nicht: *die Jungen*) ist umgangssprachlich.

Kind können die Eltern ihre Nachkommen beider Geschlechter ihr Leben lang nennen, ebenso wie diese sich selbst in Bezug zu ihren Eltern. Neutral ist *barn* ‚Kind'[131] auch im Dänischen[132] sowie Schwedischen[133] und neutral sind die entsprechenden Wörter (*děcko*,

York/Paris 1988 (Europäische Hochschulschriften. Reihe I. Deutsche Sprache und Literatur 1083), S. 51.
[126] „Frau Schneider, zahlen bitte!", in: *Knigge2day*; Corinna Schüngel: *Knigge-Tipps für den perfekten Besuch im Restaurant*, in: *Knigge.Ruhr. Stil & Etikette*.
[127] Schüngel: *Knigge-Tipps*, a. a. O.
[128] *Fräulein, das*, in: *DWDS. Der deutsche Wortschatz von 1600 bis heute*.
[129] Gerritsen: *Towards a more gender-fair usage in Netherlands Dutch*, a. a. O., S. 84.
[130] *Junge, der*, in: *DWDS. Der deutsche Wortschatz von 1600 bis heute*.
[131] Zum frühen Auftreten der beiden Wörter im Deutschen Birgit Meineke: *CHIND und BARN im Hildebrandslied vor dem Hintergrund ihrer althochdeutschen Überlieferung*, Göttingen 1987 (Studien zum Althochdeutschen 9).
[132] Kirsten Gomard – Mette Kunøe: *Equal before the law – unequal in language*, in: *Gender Across Languages. The linguistic representation of women and men*. Volume 3. Ed. by Marlis Hellinger, Hadumod Bußmann, Amsterdam/Philadelphia 2003 (Impact: Studies in language and society 11), S. 59–85, hier S. 61.
[133] Antje Hornscheidt: *Linguistic and public attitudes towards gender in Swedish*, in: *Gender Across Languages. The linguistic representation of women and men*. Volume 3. Ed. by Marlis Hellinger, Hadumod Bußmann, Amsterdam/Philadelphia 2003 (Impact: Studies in language and society 11), S. 339–368, hier S. 344.

dítě) etwa auch im Tschechischen[134] oder (*dete*) im Serbischen[135] sowie (*dziecko*) im Polnischen[136]. Im Russischen und Slowenischen sind die Wörter für ‚Kind' freilich Maskulina[137]. „Liebes Kind" sagt noch (der fast sieben Jahre jüngere) Goethe zu der 74jährigen Charlotte von Stein[138]. Das Wort *Kind* ist eine lexikalisch-morphologische Kontinuante eines mit idg. *-to-* gebildeten Partizipialadjektivs zur Verbalwurzel idg. *$\hat{g}en(ə)$-* ‚erzeugen, gebären', also ein Epikoinon mit der ursprünglichen Bedeutung ‚das Erzeugte, Geborene'. Das Genus Neutrum hat demnach etwas mit der Bildungsweise zu tun, konnotiert aber *als solches* nicht das ‚nicht voll Entwickelte' oder gar ein „downgrading". Es konnotiert im alltäglichen Sprachgebrauch überhaupt nichts. Die Bedeutungen, erstens ‚Mensch in der Lebensphase zwischen Geburt und (Beginn der) Pubertät' und zweitens ‚(leiblicher) unmittelbarer Nachkomme von jmdm.'[139] sind lexikalische Bedeutungen. Dass Bezeichnungen für Kinder nicht selten Epikoina sind, ist davon unberührt:

> Nicht zufällig enthalten exemplarische Nennungen von Epikoina sehr häufig Kinderbezeichnungen wie *Waise, Säugling* oder eben den Begriff *Kind* selbst. Während es sich bei den Denotaten rein intuitiv und selbstverständlich auch biologisch um belebte Entitäten handelt, erfahren diese nicht unbedingt eine gesellschaftliche und sprachliche Gleichbehandlung mit Erwachsenen. Wie auch Comrie (1989[140]: 196) bemerkt, ist eine Grenzziehung nach Alter keine Seltenheit: „The treatment of children as lower in animacy than adults is found in several languages." Tatsächlich ist Alter als ein Merkmal zu verstehen, das Belebtheit im linguistisch relevanten Sinne greifbar macht. Es ist ein indirektes Maß für die Handlungsfähigkeit und das Ich-Bewusstsein einer Entität[141].

An anderer Stelle[142] wird zutreffend ausgeführt: „Dabei drücken *Frau, Tante, Nachbarin, Nonne* bereits als Lexeme ‚weibliches Geschlecht' aus, ihr feminines Genus macht sie nicht weiblicher (umgekehrt ebenso bei Männerbezeichnungen)". Entsprechend seiner Bedeutungslosigkeit macht das Genus Neutrum das Mädchen nicht sächlicher, denn die

---

[134] Čmejrková: *Communicating gender in Czech*, a. a. O., S. 29.
[135] Elke Hentschel: *The expression of gender in Serbian*, in: *Gender Across Languages. The linguistic representation of women and men*. Volume 3. Ed. by Marlis Hellinger, Hadumod Bußmann, Amsterdam/Philadelphia 2003 (Impact: Studies in language and society 11), S. 287–309, hier S. 290.
[136] Ursula Doleschal: *Konzeptualisierung von Geschlecht und Sprachvergleich*, in: *Gender-Forschung in der Slawistik. Beiträge der Konferenz Gender - Sprache - Kommunikation - Kultur, 28. April bis 1. Mai 2001. Institut für Slawistik Friedrich-Schiller-Universität Jena*. Hg. von Jiřina van Leeuwen-Turnovcová, Karin Wullenweber, Ursula Doleschal, Franz Schindler, Wien 2002 (Wiener slawistischer Almanach. Sonderband 55), S. 177–186, hier S. 179; Hoberg: *Grammatik des Deutschen*, a. a. O., S. 67.
[137] Ebd.
[138] Sigrid Damm: *Christiane und Goethe. Eine Recherche*, Berlin 2015 (insel taschenbuch 4380), S. 427.
[139] *Kind, das*, in: *DWDS. Der deutsche Wortschatz von 1600 bis heute*.
[140] Sc. Bernard Comrie: *Language Universals and Linguistic Typology. Syntax and Morphology*, ²Chicago 1989.
[141] Klein: *Wohin mit Epikoina?*, a. a. O., S. 151.
[142] Kotthoff – Nübling: *Genderlinguistik*, a. a. O., S. 70.

Bedeutung ‚weiblich' haftet am Lexem *Mädchen* und das Genus ist durch die Wortbildung induziert. Ein Wort wie das aufgrund der Genderdiskussion [!] als ‚gendergerechtes' nichtmaskulines Lexem signifikant häufiger verwendete Neutrum *Mitglied* impliziert ebenfalls kein ‚downgrading', und als *Mitglieder* Bezeichnete sind folglich nicht durch das Neutrum ‚gebannt'. Kotthoff und Nübling 2018 sowie Nübling[143] verbinden also einerseits mit der Genuszuweisung kontrafaktisch eine negative Absicht, andererseits stellen Kotthoff und Nübling 2018 das Genus zutreffend als bedeutungslos dar. Das ist nicht der einzige Selbstwiderspruch in der letztgenannten Veröffentlichung. Neuerdings wird beim Genus der Personenbezeichnungen sogar von geschlechtlicher „Bedeutung"[144] gesprochen.

2.3 Zum Lexembestand

Das mit *die Wache* Bezeichnete kann aus einem Mann, einer Frau oder mehreren Personen, Männern wie auch Frauen, bestehen, muss es aber nicht. Das Wort ist jedenfalls nicht auf die Bezeichnung einer männlichen Person[145] festgelegt. Funktion, Rolle, Status oder Amt stehen im Blickpunkt bei den folgenden maskulinen Individuativa *der Abkömmling*[146], *der Abkomme, der Ankömmling, der Bastard, der Bazi, der Beistand*[147], *der Benjamin, der Blödian, der Bösewicht, der Boss, der Champion, der Charakter, der Chef, der Clown, der Coach, der Crack, der Dämlack, der Dämon, der Darling, der Depp, der Dreikäsehoch, der Drilling, der Dummerjan, der Dussel, der Eindringling, der Fan, der Feigling, der Fiesling, der Filou, der Findling, der Fläz, der Flegel, der Flüchtling, der Fratz, der Freak, der Frechdachs, der Gast, der Geek, der Gimpel, der Gourmand, der Gourmet, der Griesgram, der Grobian, der Grufti, der Günstling, der Guru, der Häftling, der Halunke, der Hanswurst, der Hemdenmatz, der Hippie, der Hosenmatz, der (junge) Hüpfer, der Impfling, der Irrwisch, der Jeck, der Jockey, der Junkie, der Kasper, der Kleingeist, der Klettermaxe, der Kobold, der (kluge) Kopf, der Lauser, der Leader, der Lehrling, der Leichnam, der Liebling*[148] – mit durchaus anderer Bedeutung als *der* oder *die Liebende, der* oder *die Geliebte* –, *der Lümmel, der Lump, der Mensch, der Miesepeter, der Mischling, der Muffel, der Nachfahre, der Nachkomme, der Nachkömmling, der*

---

[143] Nübling: *Genus und Geschlecht*, a. a. O., S. 20–25; Nübling: *Geschlecht in der Grammatik*, a. a. O., S. 23–26.
[144] Diewald – Nübling: *„Genus – Sexus – Gender"*, a. a. O., S. 6.
[145] So Hoberg: *Grammatik des Deutschen*, a. a. O., S. 100.
[146] Gerhard Stickel: *Beantragte staatliche Regelungen zur ‚sprachlichen Gleichbehandlung'. Darstellung und Kritik*, in: *Zeitschrift für germanistische Linguistik* 16 (1988), S. 330–355, hier S. 342.
[147] Kristin Kopf: *Ist Sharon Manager? Anglizismen und das generische Maskulinum*, in: *Genus – Sexus – Gender*. Hg. von Gabriele Diewald und Damaris Nübling, Berlin/Boston 2022 (Linguistik – Impulse & Tendenzen 95), S. 65–103, hier S. 68: „heute movierbar".
[148] Gábor Fónyad: *Die Grammatik kann nichts dafür. Plädoyer für eine Entemotionalisierung*, in: Antje Baumann – André Meinunger (Hg.): *Die Teufelin steckt im Detail. Zur Debatte um Gender und Sprache*, Berlin 2017, S. 249–259, hier S. 253.

Nazi, der Nerd, der Neuling, der Neuzugang, der Newcomer, der Nichtsnutz, der Piesepampel, der Primitivling, der Primus, der Profi, der Promi, der Protegé, der Prüfling, der Punk, der Putzteufel, der Racker, der Rohling, der Rowdy, der Säugling[149]*, der Satan, der Schalk, der Schatz, der Schelm, der Schlingel, der Schlumpf, der Schützling, der Schuft, der Schwächling, der Scout, der Simpel, der Single, der Sonderling, der Souverän, der Spaßvogel, der Springinsfeld, der Sprössling, der Spross, der Star, der Starrkopf, der Störenfried, der Sträfling, der Strolch, der Täufling, der Taugenichts, der Teen, der Teenager, der Teufel, der Tölpel, der Tollpatsch, der Tor, der Tramp, der Trampel, der Triumphator, der (arme) Tropf, der Trottel, der Trotzkopf, der Tunichtgut, der Twen, der Unmensch, der Vorfahre, der Vormund*[150]*, der (arme, kleine) Wicht, der Widerling, der Wildfang, der Winzling, der Witzbold, der Wüterich, der Wutz, der Youngster, der Yuppie, der Zappelphilipp, der Zögling, der Zombie, der Zwerg, der Zwilling*[151].

Das gilt auch bei den femininen Personenbezeichnungen *die Aushilfe, die Autorität, die Bedienung, die Begabung, die Berühmtheit, die Blage, die Erscheinung, die Exzellenz, die Figur*[152]*, die Führungskraft* mit den aus Gründen der ‚Geschlechtergerechtigkeit' vermehrt erzeugten Bildungen auf *-kraft*[153], wobei der Typus allerdings nicht kontinuierlich zunimmt[154], *die Galionsfigur, die Geisel, die Geistesgröße, die Gestalt, die Göre, die Gottheit*[155]*, die Größe, die Hoheit, die Ikone, die Kanaille, die Kapazität, die Knallcharge, die Koryphäe, die Kreatur, die (lebende) Legende, die Leiche, die Lichtgestalt, die Lusche, die Majestät, die Memme*[156], ein Wort, das wie gesagt durchaus nicht das semantische Merkmal ‚männlich'[157] hat, *die Null*[158]*, die Nulpe, die Nummer 1, die große Nummer, die Persönlichkeit*[159]*, die Person, die Range, die Vertretung, die Waise.*

---

[149] Götz Beck: *Laßt doch die Kirche im Dorfe! oder: Wie einige denken, daß Frauen und Männer in der Sprache vorkommen (/sollten). Einige Bemerkungen zur sog. feministischen Linguistik*, in: Diskussion Deutsch 22 (1991), S. 94–107, hier S. 97.

[150] Kopf: *Ist Sharon Manager?*, a. a. O., S. 68: „heute movierbar".

[151] Olav Hackstein: *Dürfen staatliche Institutionen die Grammatik verändern? Nein!*, in: *FAZ. net*, 08.11.2021.

[152] Bettina Jobin: *Genus im Wandel. Studien zu Genus und Animatizität anhand von Personenbezeichnungen im heutigen Deutsch mit Kontrastierungen zum Schwedischen*, Stockholm 2004 (Acta Universitatis Stockholmiensis 64), S. 111.

[153] *Geschlechtergerechte Sprache*, in: Wikipedia.

[154] Eisenberg: *Weder geschlechtergerecht noch gendersensibel*, a. a. O., S. 31.

[155] Günther Pflug: *Probleme der geschlechtsneutralen Rechts- und Verwaltungssprache*, in: Diskussion Deutsch 21 (1990), S. 98–102, hier S. 101.

[156] Hartwig Kalverkämper: *Die Frauen und die Sprache*, in: Linguistische Berichte 62 (1979), S. 55–71, hier S. 62.

[157] So Hoberg: *Grammatik des Deutschen*, a. a. O., S. 100; Lobin – Nübling: *Tief in der Sprache lebt die alte Geschlechterordnung fort*, a. a. O.; Kotthoff – Nübling: *Genderlinguistik*, a. a. O., S. 85; Diewald – Steinhauer: *Handbuch geschlechtergerechte Sprache*, a. a. O., S. 74; Nübling: *Genus und Geschlecht*, a. a. O., S. 19; Nübling: *Geschlecht in der Grammatik*, a. a. O., S. 22.

[158] Zimmer: *Redens Arten*, a. a. O., S. 75.

[159] Arthur Brühlmeier: *Sprachfeminismus in der Sackgasse. Oder: Sprachzerstörung aus Konzilianz – die Umkehr ist fällig. Oder: Wider die Abschaffung des „Menschen an sich" in der deutschen Sprache*, in: Antje Baumann – André Meinunger (Hg.): *Die Teufelin steckt im Detail. Zur Debatte um Gender und Sprache*, Berlin 2017, S. 240–248, hier S. 241.

Schließlich bei den Neutra *das Ass, das Baby*[160], *das Balg, das Blag, das Erstsemester, das Fotomodell, das Frühchen*[161], *das Gegenüber, das Genie*[162], *das Geschöpf, das Geschwister,* welches auch die Brüder meint[163]*, das Gör, das denkende Ich, das Idol*[164]*, das Individuum*[165]*, das Kid, das Kind, das Lebewesen, das Leitbild, das Luder, das Mädchen für alles, das Mitglied, das Model, das Mündel, das Neugeborene, das Oberhaupt, das Opfer*[166]*, das Phantom, das Scheusal, das Schmuddelkind, das Stehaufmännchen, das Subjekt, das Talent, das Vorbild, das menschliche Wesen*[167]*, das Wunderkind*.

Hierzu lassen sich problemlos eine Reihe von (weiteren) Metonymien, Metaphern und sonstigen expressiven Ausdrücken stellen, unter vielen anderen – beispielsweise nennt die im Internet vorfindliche Schimpfwortliste[168] über 2200 Lexeme – die Maskulina *der Aasgeier, der Angsthase, der Armleuchter, der Arsch, der Augapfel, der Augenstern, der Blindfisch, der Blindgänger, der Blutsauger, der Bürgerschreck, der Döskopp, der Döspaddel, der Drecksack, der Dreckspatz, der Dünnbrettbohrer, der Dummbeutel, der Dummkopf, der Einfaltspinsel, der Elefant im Porzellanladen, der Engel, der Esel, der Flachkopf, der Frischling, der Fuchs, der Galgenstrick, der Geizhals, der Geizkragen, der Grünschnabel, der alte Hase, der Hasenfuß, der Hohlkopf, der Holzkopf, der Hornochse, der Jammerlappen, der Kauz, der Knallkopf, der Kotzbrocken, der Kretin, der Leithammel, der laufende Meter, der Nieselpriem, der Ochse, der Parasit, der Plagegeist, der Quälgeist, der Rotschopf, der Satansbraten, der Sauertopf, der Schafskopf, der Scherzkeks, der Schlauberger, der Schlaukopf, der Schlaumeier, der Schluckspecht, der Schmutzfink, der Schreihals, der Schutzengel, der Schwachkopf, der Schweinigel, der Sonnenschein, der Spatz, der Strohkopf, der geistige Tiefflieger, der Tollkopf, der Torfkopf, der Totalausfall, der Trauerkloß, der komische Vogel, der Vollpfosten, der Waschlappen, der Weichling, der Windbeutel, der Wirbelwind,* die Feminina *die Bangbüx, die Bestie, die Betriebsnudel, die fleißige Biene, die Dumpfbacke, die Flachpfeife, die Flachzange, die Flasche, die Flitzpiepe, die Frohnatur, die erste Geige, die Granate, die rechte Hand, die Hyäne, die Kanone, die Knalltüte, die Krämerseele, die Lachnummer, die Landplage, die Leuchte, die Niete, die Nervensäge, die dumme Nuss, die taube Nuss, die Pappnase, die Pottsau, die Rotznase, die Schießbudenfigur, die Schweinebacke, die Spaß-*

---

[160] Beck: *Laßt doch die Kirche im Dorfe!*, a. a. O., S. 97.
[161] Neef: *Das Konzept des sogenannten ‚Geschlechtergerechten Sprachgebrauchs'*, a. a. O., S. 51.
[162] Petr Nádeníček: *Movierung – ein gemeinsamer Weg des Tschechischen und Deutschen?*, in: *Bilingualer Sprachvergleich und Typologie: Deutsch – Tschechisch*. Hg. von Marek Nekula, Kateřina Šichová und Jana Valdrová, Tübingen 2013 (Deutsch im Kontrast 28), S. 95–109, hier S. 99.
[163] Brühlmeier: *Sprachfeminismus in der Sackgasse*, a. a. O., S. 241f.
[164] Jobin: *Genus im Wandel*, a. a. O., S. 111.
[165] Markéta Dadková: *Weibliche Berufsbezeichnungen im heutigen Deutsch. Eine korpus-linguistische Studie*. Diplomová práce. Univerzita Karlova. Filozofická fakulta. Ústav germánských studií, Březen 2006, S. 11.
[166] Stickel: *Beantragte staatliche Regelungen*, a. a. O., S. 342.
[167] Miorita Ulrich: *‚Neutrale' Männer – ‚markierte' Frauen. Feminismus und Sprachwissenschaft*, in: *Sprachwissenschaft* 13 (1988), S. 383–399, hier S. 387.
[168] *Schimpfwort-Liste*.

bremse, die Ulknudel, die (dumme) Sau, die Schafsnase, die trübe Tasse, die Witzblattfigur, die Witzfigur, die tolle Wurst, die Zecke und die Neutra *das Arschloch, das unbeschriebene Blatt, das Ekel, das Ekelpaket, das Enfant terrible, das Ferkel, das Früchtchen, das Greenhorn, das Hasenherz, das Herzblatt, das Herzchen, das Hinkebein, das Kamel, das Miststück, das Mondkalb, das Monster, das Monstrum, das Nesthäkchen, das Nestküken, das Rabenaas, das Rhinozeros, das Rindvieh, das (dumme) Schaf, das schwarze Schaf, das Schlitzohr, das (dumme) Schwein, das freche Stück, das hohe Tier, das Trampeltier, das Ungeheuer, das Weichei, das Würmchen, das (arme) Würstchen.*

Klein macht darauf aufmerksam, dass sich exemplarische Nennungen von Epikoina nicht selten auf „Grenzgänger" wie die Kinderbezeichnungen *Waise, Säugling* oder *Kind* selbst bezögen[169], deren Referenten zwar biologisch belebte Entitäten seien, die aber nicht unbedingt eine gesellschaftliche und sprachliche Gleichbehandlung mit Erwachsenen erführen. Bei Kinderbezeichnungen handele es sich nicht um einzelne Ausnahmen in der belebten Domäne, sondern um den zu erwartenden Grenzbereich, in den Prinzipien aus der unbelebten Domäne hineinspielten. Die Formtreue von Kinderbezeichnungen werde auch bei Epikoina deutlich. So sei etwa das ursprüngliche Maskulinum *Waise* (ahd. *weiso*) heute lexikalisch feminin, so wie es der Schwa-Auslaut erwarten lasse. Damit verhalte es sich wie eine ganze Reihe „niedrig belebter" Substantive (*Traube, Hefe, Schlange* etc.), für die sich in der Standardsprache das formkonforme Femininum durchgesetzt habe. Bezeichnungen für Erwachsene, die historisch zur gleichen Klasse gehören, hätten sich diesem Trend widersetzen können (*der Laie, Insasse* usw.). Ansonsten sind Epikoina, wie die genannten Lexeme zeigen, meistens keine primären Personenbezeichnungen, sondern sekundäre Personenbezeichnungen in Gestalt von polysemen sowie metonymisch und metaphorisch gebrauchten Simplizia, also etwa Maskulina wie *Vormund*, Feminina wie *Figur, Person, -kraft, -hilfe* und Neutra wie *Wesen, Oberhaupt, Opfer, Geschöpf, Lebewesen, Mitglied, Individuum, Gegenüber*[170]. Diese Lexeme bringen ihr Genus aus den Ausgangsbereichen mit. Das ändert nichts daran, dass Personen auf diesem Wege mit Nomina aller Genera bezeichnet werden können, was sprachpolitisch gegen die maskulinen Personenbezeichnungen ausgespielt wird. Die eindeutig primären Personenbezeichnungen unter den Epikoina wie *Mensch, Gast, Laie, Passagier, Star, -ling* sind aber fast ausnahmslos maskulin, was auf die besondere Rolle des Maskulinums als Personenbezeichnung überhaupt hindeutet.

Dass geschlechtsindefinite Personenbezeichnungen im Deutschen maskulin klassifiziert werden, vertreten etwa auch Michael Köpcke und David A. Zubin[171] in einem Aufsatz, der wie weitere Arbeiten der beiden Autoren dafür plädiert, dass „gegen die Arbitraritätsthese bei der Genuszuweisung" „das Genus durch phonologische, morphologische und semantische Prinzipien motiviert wird"[172].

---

[169] Klein: *Wohin mit Epikoina?*, a. a. O., S. 151.
[170] Klein: *Wohin mit Epikoina?*, a. a. O., S. 153.
[171] Klaus-Michael Köpcke – David A. Zubin: *Prinzipien für die Genuszuweisung im Deutschen*, in: *Deutsch – typologisch*. Hg. von Ewald Lang und Gisela Zifonun, Berlin/New York 1996 (Institut für deutsche Sprache. Jahrbuch 1995), S. 473–491.
[172] Köpcke – Zubin: *Prinzipien für die Genuszuweisung*, a. a. O., S. 473.

Ausgangspunkt für unsere Überlegungen soll das Prinzip des *perzipierten Geschlechts* sein. Dieses Prinzip ist in zwei Teile untergliedert und besagt folgendes:
1. Wenn ein Nomen noch keine stabile Genuszuweisung erhalten hat, etwa bei spontanen Entlehnungen, der Referent aber als weiblich bzw. männlich wahrgenommen wird, dann wird das feminine bzw. maskuline Genus zugewiesen.
2. Wenn der Referent als Mensch perzipiert wird und gleichzeitig nicht hinsichtlich des natürlichen Geschlechts unterschieden wird, dann erfolgt die maskuline Genuszuweisung.

Das Prinzip ergibt die folgenden Verhältnisse, die hier mit der Graphik illustriert werden, die Klein[173] aufgrund der Abbildung von Köpcke und Zubin[174] entworfen hat.

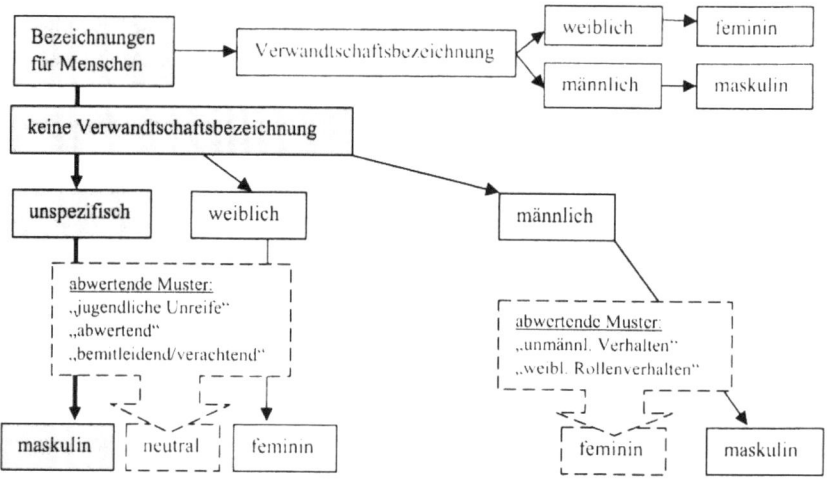

Abb. 3: „Genuszuweisung bei Menschen" (Klein: *Wohin mit Epikoina?*, a. a. O., S. 154)

Die Genuszuweisung im Personenbereich wird hier als systematisch semantisch motiviert aufgefasst. Bezeichnungen für weibliche/als weiblich empfundene Entitäten sind demnach Feminina, alle anderen Maskulina, auch die geschlechtsunspezifischen (grau unterlegt). „Bis auf diesen geschlechtsneutralen Pfad finden sich alle abgebildeten Konzepte auch in den Arbeiten von Nübling (2018[175], 2019[176]), die sie im Sinne von sozialen Geschlechterrollen (Gender) deutet"[177]. Unauffälliger als Klein kann man den Kardinalfehler der feministischen Linguistik und der älteren Genderlinguistik kaum ausdrücken,

---

[173] Klein: *Wohin mit Epikoina?*, a. a. O., S. 154.
[174] Köpcke – Zubin: *Prinzipien für die Genuszuweisung*, a. a. O., S. 482.
[175] Sc. Damaris Nübling: *Und ob das Genus mit dem Sexus. Genus verweist nicht nur auf das Geschlecht, sondern auch auf die Geschlechterordnung*, in: Sprachreport 34 (2018), Nr. 3, S. 44–50.
[176] Sc. Damaris Nübling: *Geschlechter(un)ordnungen in der Grammatik. Deklination, Genus, Binomiale*, in: Ludwig Eichinger – Albrecht Plewnia (Hg.): *Neues vom heutigen Deutsch. Empirisch – methodisch – theoretisch*, Berlin/Boston 2019 (Institut für deutsche Sprache. Jahrbuch 2018), S. 19–58
[177] Klein: *Wohin mit Epikoina?*, a. a. O., S. 154.

nämlich die Leugnung des genderneutralen Maskulinums. Das zweite Postulat von Köpcke und Zubin[178] ist das sogenannte „ethnozoologische Kontinuum". Gemeint ist damit die Beobachtung, dass eine Zuweisung des Genus Maskulinum für geschlechtsneutrale Bezeichnungen von Primaten und Säugetieren über solche von Vögeln/Fischen, Reptilien, Schlangen, Insekten bis zu den Bezeichnungen für Weichtiere fortschreitend zugunsten des Femininums abnimmt. Das stärkste Aufkommen an Maskulina sehen die Autoren bei den Bezeichnungen für Menschen[179].

Sowohl innerhalb als auch außerhalb der Personenbezeichnungen bestünde damit Evidenz für ein synchron semantisches, aber geschlechtsloses Maskulinum. Damit wird die in der vorliegenden Studie thematisierte partielle Geschlechtsneutralität von Maskulina wie *Forscher*, *Nachbar* oder *Spion* berührt, die für Köpcke und Zubin eine Selbstverständlichkeit darstellt und dementsprechend eine wesentliche Rolle in ihren Darstellungen spielt. Wenn nun Kotthoff und Nübling[180] auf verschiedene Studien verweisen, die die vorwiegend männliche *Assoziation* solcher Begriffe belegen, schließen sie daraus nicht auf ein anthropozentrisches, sondern stattdessen auf ein ‚androzentrisches' Kontinuum und gehen damit von einer strikteren Korrelation zwischen Genus und Geschlecht, das heißt ausschließlich ‚männlichen' Maskulina aus, welche die Annahme eines menschlich-maskulinen Defaults überflüssig machen würde[181]. Sie übertragen also die Verhältnisse des referentiellen, binären und symmetrischen System (männlich → Maskulinum, weiblich → Femininum), wie es sich bei pronominaler Bezugnahme auf das natürliche Geschlecht der Referenten zeigt, auf das asymmetrische, lexikalische System (human → Maskulinum, weiblich → Femininum).

Für die Produktivität von Maskulina als Personenbezeichnungen sprechen etwa maskuline Entlehnungen aus nominal genuslosen Sprachen wie *Freak*, *Fan*, *Nerd*, *Newbie*, *Boss*, *Clown*, *Jockey*, *Junkie* oder *Geek*, während systematische Entlehnungen geschlechtsneutraler Begriffe in das Femininum oder Neutrum nicht vorkommen[182]. Einen weiteren Hinweis auf den maskulinen Default geben sekundäre Personenbezeichnungen, die Übergangstendenzen vom Neutrum in das Maskulinum zeigen. Besonders betroffen scheinen davon pseudosuffigierte Substantive auf *-er* zu sein, wie *das → der Gegenüber* oder *das → der Semester*)[183]. Die partiell gleiche Formseite von Neutra und Maskulina erkläre nicht, wieso es überhaupt zu Reanalysen kommt, sie sei also gegenüber der Bedeutung sekundär[184]. Semantik dominiere im Fall maskuliner Personenbezeichnungen beides: Genus und Deklination. Personenbezeichnungen wie *Mensch-en*, *Laie-n* oder *Insasse-n* haben gleichzeitig maskulines Genus und den *-(e)n*-Plural bewahrt, der gegenwartssprachlich typisch feminin ist. Die meisten unbelebten Maskulina haben hingegen

---

[178] Köpcke – Zubin: *Prinzipien für die Genuszuweisung*, a. a. O., S. 484. Vgl. Miriam Lind – Lena Späth: *Von* säugenden Äffinnen *und* trächtigen Elefantenkühen *– Zum Geltungsbereich der Genus-Sexus-Korrelation*, in: Genus – Sexus – Gender. Hg. von Gabriele Diewald und Damaris Nübling, Berlin/Boston 2022 (Linguistik – Impulse & Tendenzen 95), S. 105–133.
[179] Klein: *Wohin mit Epikoina?*, a. a. O., S. 154.
[180] Kotthoff – Nübling: *Genderlinguistik*, a. a. O.
[181] Klein: *Wohin mit Epikoina?*, a. a. O., S. 155.
[182] Klein: *Wohin mit Epikoina?*, a. a. O., S. 155.
[183] Klein: *Wohin mit Epikoina?*, a. a. O., S. 155–156.
[184] Klein: *Wohin mit Epikoina?*, a. a. O., S. 156.

eine dieser beiden Eigenschaften abgelegt und verhalten sich dadurch formal unauffällig[185].

> Während Entlehnungen und Genuswechsel die Produktivität des Maskulinums als Personengenus bezeugen, stellen die gerade gemachten Beobachtungen seine Persistenz unter Beweis. Selbstverständlich sind schwache Maskulina nicht per se geschlechtsneutral, dennoch hatten und haben die Epikoina unter ihnen, wie z. B. *Mensch*, hinreichende Möglichkeiten, das Maskulinum über die Form abzulegen oder auf diesem Weg feminine Homophone zu entwickeln. Gegenwärtig sind keine entsprechenden Tendenzen zu beobachten. Diese Evidenzen sprechen für den maskulinen Default und die Darstellung von Köpcke & Zubin (2016) [...]. Es gibt im Deutschen also eine systematische Schieflage zwischen referentiellem und lexikalischem Genus. Während ersteres binär und symmetrisch ist (männlich → Maskulinum, weiblich → Femininum), ist die lexikalische Ebene asymmetrisch organisiert (human → Maskulinum, weiblich → Femininum)[186].

Bei den Kollektiva unter den Personenbezeichnungen wie *der Chor, die Besatzung, das Gremium* wird a priori niemand die Frage nach einer sexuellen Motivation des Genus stellen. Im Hinblick auf die lexikalische Bezeichnung einer Gruppe spielt das Genus keine Rolle, ob sie sich nun exklusiv aus Frauen, ausschließlich aus Männern oder aber gemischt aus Personen aller Geschlechter und Gender zusammensetzt. Überdies geht es hier qua Semantik immer um eine bestimmte Organisationsform. Von da bis zur Erkenntnis, dass *spätestens* bei den pluralisch gebrauchten maskulinen Amts-, Funktions-, Rollen- und Statusbezeichnungen die Semantik der Funktion, der Rolle oder des Status das Wesentliche ist und das Genus nichtssagend, sollte es nur ein kleiner kognitiver Schritt sein. Den meisten ‚sprachwissenschaftlichen Laien‘, den Sprachträgern des Deutschen, fällt dieser Schritt nicht schwer. Sie sprechen von *Champions* und *Schlawinern*, *Koryphäen* und *Flaschen*, *Genies* und *Opfern* genauso wie von *Urlaubern*, *Besuchern* und *Einwohnern* und wissen, dass dazu Personen aller Geschlechter und Gender gehören.

Die genannten Wörter können Frauen wie Männer bezeichnen, weil sie in dieser Verwendung lexikalisch keine inhaltliche Komponente ‚weiblich‘ oder ‚männlich‘ enthalten. Und diese wird weder durch eines der auftretenden Suffixe noch durch das Genus geliefert. Das Genus enthält nur die Information, in welche Flexionsklasse das Wort gehört.

2.4 Zur Korrelation von Genus und Sexus

Es gibt abgesehen von den movierten Feminina und den substantivierten Partizipien und Adjektiven ohnehin nur sehr wenige Personenbezeichnungen, bei denen die Seme ‚männlich‘ bzw. ‚weiblich‘ mit den Genera Maskulinum bzw. Femininum in eindeutiger Weise korrelieren. Es handelt sich erstens um die Archilexeme *Mann* und *Frau* und zweitens um die Verwandtschaftsbezeichnungen *Vater, Mutter, Sohn, Tochter, Bruder, Schwester, Opa, Oma, Onkel, Tante, Neffe, Nichte, Vetter, Base, Cousin, Cousine.* „Dies mag dazu

---

[185] Klein: *Wohin mit Epikoina?*, a. a. O., S. 157.
[186] Klein: *Wohin mit Epikoina?*, a. a. O., S. 157–158.

verleiten, Formsymmetrien generell als definierende Eigenschaft von sprachlicher Geschlechtsspezifik zu deuten"[187]. Drittens sind hier Substantive zu nennen, mit denen, nur teilweise paarig, speziell auf den Sexus des Referenten abgehoben wird: *Bräutigam, Bube, Bursche, Herr, Hetero, Hexer, Homo, Hurer, Junge, Jüngling, Kerl, Knabe, Knecht, Macho, Macker, Mönch, Witwer; Amme, Braut, Dame, Dirne, Emanze, Hexe, Hure, Jungfer, Lesbe, Magd, Maid, Nonne, Nutte, Tussi, Witwe*[188]. Dabei drücken, wie oben im Zitat ausgeführt, Lexeme wie *Frau, Dame, Mutter, Tochter* als solche ‚weibliches Geschlecht' aus, ihr feminines Genus macht sie nicht weiblicher. Entsprechend werden *Mann, Herr, Vater, Sohn* durch ihr Genus nicht männlicher[189].

Semantisch leer in Bezug auf das Geschlecht sind logischerweise alle Bezeichnungen von Sachen[190]: „Genus ist ein jedem Substantiv inhärenter Klassifikator, dem selbst keine Semantik (Bedeutung) zukommt. Die *Tafel* hat nichts Weibliches an sich ebenso wenig wie der *Stuhl* etwas Männliches, und das *Fenster* ist nicht ‚sächlicher' als die beiden anderen Objekte. Genus trägt (in aller Regel) nichts zur Bedeutung des Substantivs bei [...]"[191].

Diese Vorstellung entspricht auch der gegenwärtigen Überzeugung der allermeisten Sprachwissenschaftler, dass Genus, sofern es im Merkmalsinventar einer gegebenen Sprache vorkommt, neben Person und Numerus eines der sogenannten *phi*-features konstituiert (ohne dass diese Benennung wesentlich zum Erkenntnisgewinn beitrüge), die für die Kongruenz zwischen Subjekt und Prädikat notwendig sind[192]. Während Genus ein abstrakt-grammatisches Merkmal auch nicht-belebter Elemente ist (*der Löffel, die Gabel, das Messer*), ist Sexus das biologische Geschlecht belebter Entitäten mit den Spezifikationen männlich oder weiblich. Tertium non datur, so die Auffassung der Biologie als Wissenschaft. Darauf kann die Sprache Bezug nehmen oder nicht. Auch Sprachen ohne Genus erfüllen ihren Ausdrucks- und Kommunikationszweck. Die Sprecher solcher Sprachen vermissen grammatisch nichts. Für Gender-Identitäten außerhalb der Binarität gab es bis vor kurzem keine sprachlichen Markierungsoptionen.

Die soeben wiedergegebene Aussage, dass Genus vor allem für die Kongruenz zwischen Subjekt und Prädikat notwendig sei, entspringt der nicht-funktionalen formalgrammatischen Theorie des Genus, einer Gegenposition zu der vor allem von Jacob Grimm postulierten sexualisierten Genustheorie[193], die zunächst auch von Karl Brug-

---

[187] Klein: *Wohin mit Epikoina?*, a. a. O., S. 160.
[188] Vgl. Hoberg: *Grammatik des Deutschen*, a. a. O., S. 99.
[189] Vgl. Kotthoff – Nübling: *Genderlinguistik*, a. a. O., S. 70.
[190] Zum Genus der Sachbezeichnungen Hoberg: *Grammatik des Deutschen*, a. a. O., S. 105–109.
[191] Kotthoff – Nübling: *Genderlinguistik*, a. a. O., S. 69.
[192] Vgl. David Adger – Daniel Harbour: *Why Phi?*, in: *Phi Theory: Phi-Features across Modules and Interfaces*, ed. by Daniel Harbour, David Adger, and Susana Béjar, Oxford 2008 (Oxford Studies in Theoretical Linguistics 16), S. 1–34, hier S. 2; Trutkowski – Weiß: *Zeugen gesucht!*, a. a. O., S. 6.
[193] Doris Weber: *Genus. Zur Funktion einer Nominalkategorie, exemplarisch dargestellt am Deutschen*, Frankfurt am Main [u. a.] 2001 (Europäische Hochschulschriften. Reihe I. Deutsche Sprache und Literatur 1808), S. 28–32.

mann vertreten wurde und über die in jüngerer Zeit auch Greville G. Corbett nicht hinausgeht[194]. Wahrscheinlicher als die These, dass die Kongruenzerzeugung die einzige Funktion des Genus war, erscheint es allerdings, dass die Kategorie Genus zumindest ursprünglich einmal über funktionale Zuschreibungen verfügt hat und dass auch hier, wie bei Numerus und Kasus, die Kongruenz nur ein zusätzlicher funktionaler Faktor war. In einer Entwicklungsgeschichte von mehreren tausend Jahren kann diese ehemalige Funktionalität „zumindest an der Sprachoberfläche" verloren gegangen sein; nur die Funktion der Kongruenz wäre bis heute erhalten geblieben[195]. Aber bereits im Rahmen der nichtfunktionalen formal-grammatischen Theorie des Genus hat Brugmann festgestellt, dass ein ursächlicher Zusammenhang der Kategorie Genus mit dem Sexus nicht besteht, sondern dass der Bezug auf den Sexus eine sekundäre Interpretation des Genus darstellt[196]. Auf die Entwicklung der Funktion des Genus wird weiter unten in einem eigenen Kapitel eingegangen.

Jedenfalls können Nomina, die unbelebte Entitäten bezeichnen, a priori nicht sexusspezifiziert werden. Ewa Trutkowski und Helmut Weiß[197] argumentieren problematisch, wenn sie behaupten, die nicht-sexusspezifizierten Nomina seien stets unbelebt, und dann eine Übersicht bieten, in der *Bruder, Hengst, Schwester, Stute* und *Weib* als lexikalisch sexusspezifiziert erscheinen, *Enterich, Linguistin, Löwin* und *Mädchen* als morphologisch sexusspezifiziert sowie *der Angestellte* und *die Angestellte* als über Artikel sexusspezifiziert. *Mädchen* ist ungeachtet seiner morphologischen Ausstattung lexikalisch sexusspezifiziert. Und dass die nicht-sexusspezifizierten Nomen alle ‚unbelebt' seien, liegt nur daran, dass Trutkowski und Weiß[198] für die Personenbezeichnungen eine Unterscheidung von sexusspezifizierten Nomen (*der Mann, die Tunte, das Herrchen; die Frau, das Weib, das Mädchen, der Blaustrumpf*) und sex*unter*spezifizierten Nomen, also den Epikoina (*der Mensch, die Waise, das Kind*) annehmen. Diese Unterscheidung unterliegt einer fundamentalen Verwechslung von sprachlicher Bedeutung und Weltwissen. Dass jeder Mensch, jede Waise, jedes Kind ein Geschlecht hat, weiß man. Entsprechend kann in diesbezüglichen Zusammenhängen die lexikalische Bedeutung und das referentielle Genus verschieden sein. Von dieser

> Möglichkeit machen belebte Entitäten regen Gebrauch. Sie besteht darin, dass nicht die lexikalischen Eigenschaften eines Substantivs, sondern die konkrete Referenz der Nominalphrase im Äußerungskontext Quelle für die Zuweisung ist. Das ist beispielsweise in dieser Sequenz der Fall: *Wie geht es [dem Kind]$_N$? – [Der Kleine]$_M$ ist krank.* Hier wird ein Maskulinum semantisch zugewiesen, das sich nicht aus lexikalischen Merkmalen speist. Seine Quelle ist referentiell (das Geschlecht des Referenten)[199].

Lexikalisch wird im Epikoinon also über das Geschlecht nicht ‚weniger' ausgesagt, sondern gar nichts. Epikoina sind lexikalisch nicht-sexusspezifiziert. Die Referenzobjekte

---

[194] Corbett: *Gender*, a. a. O., S. 4.
[195] Weber: *Genus*, a. a. O., S. 32.
[196] Ebd.
[197] Trutkowski – Weiß: *Zeugen gesucht!*, a. a. O., S. 9.
[198] Trutkowski – Weiß: *Zeugen gesucht!*, a. a. O., S. 10.
[199] Klein: *Wohin mit Epikoina?*, a. a. O., S. 135.

der unbelebten Nomina sind hingegen a priori nicht sexus*tragend*. Die Genusunterschiede bei den obengenannten Nomina beider Kategorien zeigen, dass *zwingend* weder von Genus auf Sexus noch von Sexus auf Genus geschlossen werden kann[200]. „Für das Deutsche gilt: Jedes semantische Geschlecht kann durch jedes Genus ausgedrückt werden"[201]. Das ist eine Aussage über eine prinzipielle Möglichkeit, nicht über die Wahrscheinlichkeit. Für die movierten Feminina und die artikelspezifizierten Konversionen aus Partizipien und Adjektiven gilt wie gesagt Korrelation von Genus und Sexus. Für die movierten Feminina beruht das zunächst auf ‚natürlichem', ungesteuerten Sprachwandel, der später gesteuert forciert wurde, während die Konversionen aus Partizipien und Adjektiven zurzeit im Sinne des gesteuerten Sprachwandels von feministischer Seite wegen dieser gewünschten Eigenschaft propagiert und ausgebaut werden. Die movierten Feminina wiederum sind aufgrund eines bewusst gesteuerten Sprachwandels, d. h. feministischer Neumotivierung in Gestalt des ‚inklusiven Femininums', gegenwärtig in Gefahr, ihre im natürlichen Sprachwandel erworbene Funktionalität und damit Eindeutigkeit als spezifisch weibliche Personen bedeutende Lexeme zu verlieren (dazu weiter unten).

Epikoina sollten nicht als ‚generische Nomen' bezeichnet werden, was die Verwechslung mit den im Folgenden zu besprechenden ‚generischen Maskulina', die immer auch eine geschlechtsspezifische feminine Ableitung neben sich haben, begünstigen würde. Trutkowski und Weiß[202] weisen auf diese in der Diskussion auftretende Problematik hin, so bei Neef[203], der zudem Individuativa mit Kollektiva wie *Gruppe* und *Belegschaft* vermischt und ein geschlechtssegregiertes Lexem[204] wie *Mannequin* als ‚generisch' auffasst; nur *Model* ist in diesem Sinne ‚generisch', wenngleich der Bezug auf Frauen überwiegt[205]. Jochen A. Bär[206] wiederum spricht bei den Epikoina von ‚echten generischen Maskulina und Feminina'. Diese Wörter bezögen sich ausschließlich auf eine Gattung, Art oder Klasse von Individuen (*Mensch, Person, Individuum, Pferd, Rind*). Dagegen sind für Bär Wörter wie *der Hund, die Katze, das Huhn, der Löwe, der Arzt, der Rechtsanwalt, der Wissenschaftler, der Astronaut* Beispiele für pseudogenerisches Genus. Diese Wörter seien sexusspezifisch hypersem, weil sie nicht nur die Gesamtheit aller Individuen bezeichnen, die zu einer Gattung gehören, sondern zugleich eine sexusspezifische Teilmenge von Gattungsangehörigen, also entweder weibliche oder männliche. Hier gebe es dementsprechend ein spezielles Lexem für die Angehörigen des jeweils anderen Geschlechts, also *der Kater* zu *die Katze* und *die Astronautin* zu *der Astronaut* (Kompleonymenpaar). Die begriffliche Unterscheidung von ‚echten generischen Substantiven' und ‚pseudogenerischem Genus' ist aber in der Konsequenz tendenziös, weil *pseudogenerisches Maskulinum* weder bei Bär, der nach einer sachlichen Darstellung der Verhältnisse

---

[200] Trutkowski – Weiß: *Zeugen gesucht!*, a. a. O., S. 10.
[201] Bär: *Genus und Sexus*, a. a. O., S. 155–156.
[202] Trutkowski – Weiß: *Zeugen gesucht!*, a. a. O., S. 10.
[203] Neef: *Das Konzept des sogenannten ‚Geschlechtergerechten Sprachgebrauchs'*, a. a. O., S. 50–51.
[204] Hoberg: *Grammatik des Deutschen*, a. a. O., S. 100; *Mannequin, das oder der*, in: *DWDS. Der deutsche Wortschatz von 1600 bis heute*.
[205] *Model, das*, in: *Duden online*.
[206] Bär: *Genus und Sexus*, a. a. O., S. 156.

unversehens vom ‚Verschweigen [!] weiblicher Beteiligung' spricht[207], noch in der feministischen Linguistik ein neutraler Begriff ist. Da nur die Epikoina als ‚echt generisch' anerkannt werden, müssen die ‚generischen Maskulina' logischerweise ‚pseudogenerisch' sein.

Dass prinzipiell nicht vom Genus auf den Sexus geschlossen werden kann, ergibt sich bereits aus der Entstehungsgeschichte des Genus im Indogermanischen (dazu weiter unten) als einer ursprünglich nicht auf das biologische Geschlecht bezogenen grammatischen Kategorie. Versuche, selbst im Bereich der unbelebten Dinge geschlechtsbezogene Vorstellungen nachzuweisen[208], vermitteln möglicherweise durch das jeweilige Genus suggerierte (getriggerte) Assoziationen an typisch weibliche bzw. männliche Eigenschaften[209]. Sie gehen also auf einen Umkehrschluss aufgrund genus-sexus-kohärenter Personenbezeichnungen zurück, gerade auch bei populären mythologischen Personifizierungen wie denen des Mondes und der Sonne[210] sowie sonstigen Personifizierungen, etwa in der Werbung[211]. Hier werden sogenannte ‚genuskonsonante' Personifikationen erfunden, die man sich, weil sie ‚Personen' sind, aufgrund kognitionspsychologischer Stereotype (dazu weiter unten) bevorzugt als Sexus tragend vorstellt.

So treten etwa, visualisiert als personale Individuen, *der* Schokoladenriegel Schoki und *die* Milch Milky auf. In einem Fernsehspot für ‚kinder Riegel' verlieben sich die beiden beim Speed Dating als ‚Traumpaar' auf den ersten Blick ineinander, was angesichts der Beteiligung einer flüssigen Entität durchaus erstaunt, aber für die kindliche Phantasie (und die der Eltern und Werbefachleute) offenbar kein Problem darstellt[212]. Ebenso wenig, dass das beworbene Produkt, zu fast 90 % aus Zucker und Fett bestehend, in Wirklichkeit eine Kombination aus Schokolade und mit Milchpulver hergestellter Creme ist. Inzwischen hat sich, zehn Jahre später, die Beziehung der beiden in einer „Welt voller Liebe, Romantik und Freude" gefestigt: „Schoki plant mit ganz viel Liebe eine große Überraschung für seine Milky – einen romantischen Heiratsantrag. Milky und Schoki sind nun verlobt und gehen den nächsten Schritt in ihre gemeinsame Zukunft"[213]. Daneben kommen in der Werbung auch ‚genusdissonante' Personifikationen vor, so etwa ein Zwiebel-Mann und ein Gurke-Polizist[214]. Ganz neu sind solche Personifikationen jenseits von Mythologie und Götterwelt nicht, sondern treten etwa bereits in Grandvilles ‚Les fleurs animées' von 1847[215] auf.

---

[207] Bär: *Genus und Sexus*, a. a. O., S. 157.
[208] Guy Deutscher: *Im Spiegel der Sprache. Warum die Welt in anderen Sprachen anders aussieht. Aus dem Englischen von Martin Pfeiffer*, ⁵München 2013, S. 223–246.
[209] Hajnal: *Feministische Sprachkritik*, a. a. O., S. 53.
[210] Klaus-Michael Köpcke – David A. Zubin: *Mythopoeia und Genus*, in: Susanne Günthner – Dagmar Hüpper – Constanze Spieß (Hg.): *Genderlinguistik. Sprachliche Konstruktionen von Geschlechtsidentität*, Berlin/Boston 2012 (Linguistik – Impulse und Tendenzen 45), S. 381–411, hier S. 388–393.
[211] Köpcke – Zubin: *Mythopoeia und Genus*, a. a. O., S. 394–409.
[212] Köpcke – Zubin: *Mythopoeia und Genus*, a. a. O., S. 397.
[213] *kinder Riegel*.
[214] Köpcke – Zubin: *Mythopoeia und Genus*, a. a. O., S. 407.
[215] J.-J. Grandville: *Les fleurs animées*, Part 1–2, Paris [1847].

Nicht betroffen von solchen Personifizierungen ist aber der alltägliche und gebrauchsbezogene Umgang mit irgendwelchen Alltagsobjekten[216]. Das heißt, bei nichtbelebten Dingen hat das Genus in der Alltagswelt (*der Tee, die Teekanne, das Teesieb*) kein nennenswertes Konnotationspotential, wenn man nicht mit übersteigerter Empfindsamkeit die Sprache wörtlich nimmt, und auch die Sonne und den Mond stellt sich dort ungeachtet der genuskonsonanten Personifikationen in der Mythologie[217] niemand ernsthaft als weiblich bzw. männlich vor.

Eine zweifelhafte Berühmtheit in der Konnotationsforschung hat eine Untersuchung erlangt, nach der sich Deutschsprecher unter Brücken filigranere Exemplare vorstellen würden als Spanischsprecher, weil im Spanischen das Wort für die Brücke ein Maskulinum ist[218]. Solche naiven Interferenzen, hinter denen ebenfalls Genus-Sexus-Korrespondenzen bei Personenbezeichnungen vermutet werden dürfen, gehören in den Bereich der psychologischen Assoziationsforschung, hindern aber niemanden daran, mit dem Wort *Brücke* eine Brücke zu bezeichnen, ob es nun eine römische Steinbrücke oder eine moderne Hängebrücke ist. Mancher Forschungsbeitrag ist ohnehin wohl eher dort angesiedelt, wo das Wünschen noch geholfen hat[219]. So konnten die Ergebnisse der ‚Brücken-Studie'[220], auf die sich Luise F. Pusch[221] beruft, auf die sich auch Klaus-Michael Köpcke und David A. Zubin[222] beziehen und die sogar Trutkowski und Weiß[223] noch für bare Münze halten, bei einem Kontrollexperiment[224] nicht bestätigt werden[225].

Verallgemeinernd auf das Thema der vorliegenden Studie bezogen sind Fälle wie die Geschichte von Milky und Schoki der Beleg dafür, dass bei Kindern und Erwachsenen individuell und kollektiv von jemandem erfundene Illusionen als Märchen funktionieren, selbst wenn sie völlig absurd sind und im Unterschied zu den a priori unbeweisbaren religiösen Entitäten die wirklichen Dinge für alle sichtbar vor Augen liegen. Die ‚Brücken-Studie' zeigt, dass Illusionen selbst von Wissenschaftlern für wahr gehalten werden, umso mehr von der Allgemeinheit, wenn die Existenz des Behaupteten scheinbar durch wissenschaftliche Erkenntnisse belegt ist (und medial permanent propagiert wird).

---

[216] Köpcke – Zubin: *Mythopoeia und Genus*, a. a. O., S. 406.
[217] Diewald – Nübling: *„Genus – Sexus – Gender"*, a. a. O., S. 16.
[218] André Meinunger: *Ein Plädoyer für das Deutsche als geschlechtergerechte Sprache – ein paar provozierende Beobachtungen und Ausführungen*, in: Antje Baumann – André Meinunger (Hg.): *Die Teufelin steckt im Detail. Zur Debatte um Gender und Sprache*, Berlin 2017, S. 93–100, hier S. 94.
[219] Vgl. Heinz Sieburg (Hg.): *Sprache – Genus/Sexus*, Frankfurt am Main 1997 (Dokumentation Germanistischer Forschung 3), S. 9–19.
[220] Lera Boroditsky – Lauren A. Schmidt – Webb Phillips: *Sex, Syntax, and Semantics*, in: *Language in Mind: Advances in the Study of Language and Thought*, ed. by Dedre Gentner and Susan Goldin-Meadow, Cambridge, Mass. 2003 (A Bradford book), S. 61–79.
[221] Pusch in Benno Schirrmeister: *Linguistin Luise F. Pusch: „Worte sind die Sache selber"*, in: *taz*, 19.04.2009.
[222] Köpcke – Zubin: *Mythopoeia und Genus*, a. a. O., S. 385–387.
[223] Trutkowski – Weiß: *Zeugen gesucht!*, a. a. O., S. 6–7.
[224] Anne Mickan – Maren Schiefke – Anatol Stefanowitsch: *Key is a llave is a Schlüssel: A failure to replicate an experiment from Boroditsky et al. 2003*, in: *Yearbook of the German Cognitive Linguistics Association* 2 (2014), S. 39–50.
[225] Kotthoff – Nübling: *Genderlinguistik*, a. a. O., S. 81.

Das Epikoinon ist ein geschlechtsabstrahierendes oder vielmehr geschlechtsübergreifendes bzw. genderneutrales (‚sexindefinites/geschlechtsunspezifisches') Maskulinum, Femininum oder Neutrum. Von Abstrahierung oder Neutralisierung kann sprechen, wer davon ausgeht, dass das Genus Maskulinum oder Femininum bei den Personenbezeichnungen und bestimmten Tierbezeichnungen üblicherweise mit dem bezeichneten Geschlecht männlich oder weiblich korreliert und insoweit das Auftreten eines der beiden Genera ein Indiz für das bezeichnete Geschlecht sein sollte. Hier zeigt das Epikoinon, dass das nicht so sein muss. Damit verweist es auf eine zahlenmäßig ungleich größere Gruppe von Personenbezeichnungen, bei denen das ebenfalls nicht der Fall sein muss, den Gegenstand dieser Studie.

Freilich lassen sich geschlechtsspezifische Suggestionen aufgrund des Genus auch bei Epikoina feststellen. Andreas Klein[226] zeigt, wie stark auch hier Genus die Wahrnehmung von Geschlecht triggert. Empirische Basis ist eine in zwei zeitlich ein Jahr auseinanderliegenden Tests durchgeführte Online-Studie zu Epikoina unterschiedlicher Genuszugehörigkeit bei spezifischer Referenz (anhand einfacher, kontextfreier Sätze mit *der Mensch* oder *die Person*). Aufgabe war dabei, Vornamen für diesen *Mensch* oder diese *Person* zu vergeben. Für *Mensch/Person* wurde jeweils eine definite spezifische Referenz und eine indefinite spezifische Referenz mit nachfolgenden koreferenziellen Pronomina abgefragt. Damit sollte überprüft werden, ob die nicht-paradigmatischen Substantive allein eine weniger starke Geschlechtsspezifik hervorrufen als in der Kombination mit weiteren genusflektierbaren Exponenten. Die Stimuli sind folgende:

> *Der junge Mensch mit dem Fahrrad heißt* [Freifeld]
> *Ich weiß da einen Menschen, der seine Termine pünktlich wahrnimmt. Er heißt* [Freifeld]
> *Die junge Person am Fenster heißt* [Freifeld]
> *Wir kennen da eine Person, die immer zuverlässig ihre Aufgaben erledigt. Sie heißt* [Freifeld]

Die Geschlechtszuschreibung durch die Teilnehmer erfolgte über eine Namenvergabe im Freifeld. Um einen Einfluss des weiteren Kontextes auszuschließen, wurden die Lexeme in Runde 2 ausgetauscht, so dass etwa *der Mensch* am Fenster stand und *die Person* mit dem Fahrrad unterwegs war. Dabei wirkt sich das Genus weitaus stärker aus, als aufgrund der lexikalischen Neutralität zu vermuten wäre: Das Maskulinum *Mensch* ruft kaum Frauen auf. Bei Satz 1 werden 95 % bzw. 87 % männliche Namen vergeben, bei Satz 2 beide Mal 82 % männliche Namen. Das Femininum *Person* wird dominant weiblich gelesen. *Person* in Satz 3 wird zu 65 % bzw. 66 % weiblich gelesen, in Satz 4 sind es 74 % bzw. 83 % für die Vergabe weiblicher Vornamen[227].

Was die Studie von Klein zeigt, ist für die weitere Argumentation in der vorliegenden Monographie von grundsätzlicher Wichtigkeit. Bei spezifischer singularischer Referenz in Subjekt- und Objektposition zeigt das Genus eine starke assoziative Wirkung, selbst bei Epikoina. Da Epikoina wie *Mensch* oder *Person* auf der lexikalischen Ebene a priori kein Sem ‚männlich' oder ‚weiblich' haben, wird die grammatisch konsonante Ge-

---

[226] Klein: *Wohin mit Epikoina?*, a. a. O.
[227] Klein: *Wohin mit Epikoina?*, a. a. O., S. 178.

schlechtssuggestion jenseits oder vielmehr unterhalb der Ebene der lexikalischen Bedeutung vor allem durch das (grammatisch) Genus ausgelöst. Die personenbezeichnenden Epikoina aufgrund ihrer grammatisch erzeugten assoziativen Geschlechtszuschreibungen als ‚Pseudoepikoina' zu bezeichnen[228], beruht auf der für die Tradition der Genderlinguistik typischen Verwechslung von Grammatik und lexikalischer Semantik, die sich auch in der Bezeichnung ‚pseudogenerisch' für die genderneutralen Maskulina zeigt. Die Erwartung, „dass sich diese Lexeme vom restlichen Genussystem abheben bzw. sich ihm gegenüber vollkommen ignorant verhalten"[229], ist a priori unangebracht. Eine Geschlechtssuggestion durch das Genus ist von Epikoina bei singularischer Referenz immer zu erwarten, umso stärker bei Maskulina, zu denen es movierte Feminina gibt, die aber auch *semantisch* genderneutral verwendet werden. Entsprechend fällt es auch nicht schwer, bei diesen Maskulina in entsprechend angelegten Tests vor allem bei singularischer und spezifischer Referenz ‚männliche' Assoziationen zu ermitteln, die grammatisch getriggerte Suggestion für die lexikalische Bedeutung zu halten oder vielmehr als solche auszugeben und damit wissenschaftliche und politische Diskussionen zu verzerren.

Bei epizönen maskulinen Bezeichnungen speziell höherer Tiere lässt sich beobachten, dass dann, wenn es um die speziellen Rollen und Aktivitäten weiblicher Tiere geht, sprachliche Strategien zur Verdeutlichung des natürlichen Geschlechts angewandt werden, und zwar syntaktisch (*weiblicher Elefant*), kompositionell nicht humanisierend (*Elefantenkuh*), kompositionell humanisierend (*Elefantendame*), derivationell (*Elefantin*) und lexikalisch (*Geiß*, *Ricke*, *Fähe*)[230]. Es wird also eher von einer *trächtigen Hündin* als von einem *trächtigen Hund* gesprochen[231]. Aber auch bei Epikoina anderer Genera und Tierklassen wird bei geschlechtssegregierten Rollen zumindest hinsichtlich *Weibchen* und *Männchen* unterschieden. Für die kognitive Ebene beim *allgemeinen* Gebrauch von *der Affe, der Elefant, der Hund, der Frosch, der Feuerliest, der Schlammspringer, die Gazelle, die Giraffe, die Kröte, die Schlangenweihe, die Spinne* oder *das Dromedar, das Trampeltier* und *das Zebra* besagt das nichts. Die Autorinnen haben eine altbekannte Tatsache für sich neu entdeckt, nehmen dabei aber in tendenziöser Weise nur die sprachlichen Ausdrücke für weibliche Rollenträger von durch maskuline Epikoina bezeichneten Tierarten in den Blick.

Die durch das Genus induzierten Assoziationen dürften in einer Genussprache, die bei den Personenbezeichnungen in bestimmten Teilbereichen Genus mit Sexus korreliert, zwangsläufig sein, selbst dann, wenn eine Personenbezeichnung – wie ein Epikoinon – lexikalisch auf gar keinen Fall geschlechtsspezifisch sein *kann* und auch von niemandem *kognitiv* so aufgefasst wird bzw. wenn eine maskuline Personenbezeichnung nicht geschlechtsspezifisch verwendet wird. Da diese praktische Zwangsläufigkeit der begleitenden Geschlechtsassoziation aber offensichtlich besteht, kann lexikalisch (auch) genderneutralen Maskulina nicht vorgeworfen werden, dass sie Maskulina sind und in Tests ‚männliche' Assoziationen erzeugen. Ihre lexikalische Bedeutung ist ernst zu nehmen und subkognitive Assoziationen können gegen ihre Verwendung nicht ins Feld geführt

---

[228] Klein: *Wohin mit Epikoina?*, a. a. O., S. 135.
[229] Klein: *Wohin mit Epikoina?*, a. a. O., S. 136.
[230] Lind – Späth: *Von säugenden Äffinnen und trächtigen Elefantenkühen*, a. a. O., S. 122.
[231] Lind – Späth: *Von säugenden Äffinnen und trächtigen Elefantenkühen*, a. a. O., S. 131.

werden. Denn in Tests aktualisierbare Geschlechtsassoziationen sind *apriorische* Begleiter, eine conditio sine qua non für alle personenbezeichnenden maskulinen oder femininen Substantive im Deutschen als einer Genussprache. Diesen zwangsläufigen, überwiegend grammatisch induzierten Effekt bei auch lexikalisch genderneutral verwendeten Maskulina sollte man sich klarmachen, aber nicht sexistisch vor dem Hintergrund einer Verschwörungstheorie fehlinterpretieren. Die feministische Diskussion und ihre politische Instrumentalisierung hat ein simples Missverständnis des Zusammenhangs von lexikalischer Bedeutung und Genus, von Kognition und Assoziation, zur Grundlage. Der Verweis auf grammatisch getriggerte Assoziationen in einer Genussprache ist wegen ihrer praktischen Unausweichlichkeit trivial. Grammatisch induzierte Assoziationen gegen die Kognition und die Ebene der lexikalischen Bedeutung auszuspielen, ist unberechtigt.

3 Das genderneutrale Maskulinum

3.1 Zu Begrifflichkeit und Vorkommen

Die semantischen und grammatischen Verhältnisse beim Epikoinon unterstützen eine sachgerechte Beschreibung des mit ihm nächstverwandten Phänomens. Das ist das als Allgemeinbegriff ohne Ansehung des Geschlechts gebrauchte geschlechtsübergreifende Maskulinum. Der Begriff *geschlechtsübergreifend* wird in der Folge synonym mit *genderneutral* verwendet. Das morphologisch unmarkierte Maskulinum kann geschlechtsübergreifend und geschlechtsspezifisch auftreten. Im letzten Fall weist es ein Sem ‚männlich' auf, im ersten ist es diesbezüglich semantisch leer, also nicht sexusspezifiziert.

> Unter generischem Maskulinum werden Formen maskuliner Nomina und Pronomina verstanden, die sich auf Personen mit unbekanntem Geschlecht beziehen, bei denen das Geschlecht der Personen nicht relevant ist, mit denen männliche wie weibliche Personen gemeint sind oder mit denen eine verallgemeinernde Aussage gemacht werden soll[1].

Ferner werden sie für metaphorische Personifikationen und für unpersönliche Agentia gebraucht[2]. Für alle diese Fälle spricht Schoenthal von ‚nichtfeministischer Sprachpraxis'[3]. Damit ist von vornherein klargestellt, dass die „feministische Sprachpraxis"[4] nicht auf der Frage nach der Existenz des genderneutralen Maskulinums aufbauen kann. Sie ist eine weltanschaulich motivierte „Zurückweisung der neutralen Bedeutung"[5], die auch bei bestimmten Pronomen wie *man* unternommen wird. ‚Feministische Sprachpraxis' impliziert schlicht die Nichtanerkennung ihr missliebiger sprachlicher Traditionen. Die Existenz des genderneutralen Maskulinums muss nicht erst ‚bewiesen' werden, weil es in Vergangenheit und Gegenwart empirisch belegt ist.

> Vom kommenden Dienstag, 1. Februar an, müssen die *Dänen* an den meisten Orten keine Masken mehr tragen oder Impfnachweise zeigen, wie die dänische Ministerpräsidentin Mette Frederiksen am Mittwochabend in Kopenhagen sagte. [...] Auch einige Supermärkte rufen ihre *Kunden* weiterhin dazu auf, eine Maske zu tragen[6].

> Keine Miete zahlen zu müssen, unabhängig von den Launen eines *Vermieters* zu sein, die eigenen vier Wände nach persönlichem Geschmack gestalten zu können – da erfüllt sich ein Jugendtraum. [...] Mehr als eine Ermahnung nach der Frist können die *Eigentümer* nicht

---

[1] Klann-Delius: *Sprache und Geschlecht*, a. a. O., S. 26.
[2] Schoenthal: *Impulse der feministischen Linguistik*, a. a. O., S. 2070.
[3] Schoenthal: *Impulse der feministischen Linguistik*, a. a. O., S. 2069–2070.
[4] Schoenthal: *Impulse der feministischen Linguistik*, a. a. O., S. 2070–2072.
[5] Schoenthal: *Impulse der feministischen Linguistik*, a. a. O., S. 2070–2071.
[6] *Die Masken sollen fallen*, a. a. O.

erwarten. [...] *Freunde* der deutschen Bürokratie werden ihren Spaß an der Verordnung haben, denn sie geht in die kleinsten Details: [...][7].

Dafür lassen sich bestimmte Merkmale systematisieren:

> a. weiblich, *Gruppe*, spezifisch: Unsere Sachbearbeiter stellen sich vor.
> b. *unbekannt*, Einzelperson, spezifisch: Heute war ein Brief vom Jugendamt in der Post. Der Sachbearbeiter hat sich damit offenbar viel Mühe gegeben.
> c. weiblich, Einzelperson, *generisch*: Lydia ist Sachbearbeiter[8].

Auf eine bekannte weibliche Einzelperson wird dagegen fast ausnahmslos mit einer movierten Form referiert (*Deine Steuerberaterin hat angerufen!*)[9]. Unmovierte Formen sind bei prädikativen Nomen gebräuchlicher als in Subjekt- oder Objektposition[10]. Gebrauch und Akzeptanz genderneutraler Maskulina variieren bei den unterschiedlichen Vorkommensweisen und auch bei verschiedenen Lexemen. Das Prädikativum stellt einen Sonderfall dar. Es weist einer Person oder mehreren Personen, dem Satzsubjekt oder -objekt, eine generische Rolle zu, ohne selbst zu referieren, weshalb der Gesichtspunkt des Geschlechts irrelevant wird. Diese geschlechtsneutrale Rollenzuweisung ist besonders stark, wenn das Prädikativum undeterminiert ist. Das Geschlecht der Personen, auf die das Subjekt oder Objekt referiert, kann ebenfalls irrelevant sein (*Man weiß das als Segler.*), aber auch gemischt (*Das sind Heide und Erich Wilts. Die Wilts sind als Segler bekannt geworden.*) oder rein weiblich (*Sie ist als Segler bekannt geworden. / Diese Frauen sind als Segler bekannt geworden.*)[11].

Das Bemerkenswerteste an den letztgenannten Beispielen ist die Tatsache, dass sie in einem Sammelband über Genus, Sexus und Gender stehen, dessen Herausgeberinnen die Frage nach der Existenz des genderneutralen Maskulinums verschieden beantworten. Während die eine Herausgeberin dem genderneutralen Maskulinum nur eine „Jein"-Existenz zubilligt[12], streitet die andere seine Existenz rundheraus ab[13]. *Kognitiv* ist bei nichtfeministischer Sprachpraxis völlig klar, dass in den zitierten Kontexten auf Personen aller Geschlechter bzw. eines unbekannten oder nicht relevanten Geschlechts referiert wird oder dass bei bekanntem Geschlecht die Movierung unnötig ist, weil die Funktion im Vordergrund steht. Dass das geschlechtsübergreifende Maskulinum im Deutschen verwendet wird und in den Zitaten auch ohne kognitive Schwierigkeit verstehbar ist, ist ein zweifelsfreies Faktum. Das durch ein Movierungsmorphem markierte Femininum (*Dänin* usw.) bedeutet hingegen stets eine weibliche Person[14]. Sofern eine maskuline Amts-,

---

[7] Scherf: *Wie Eigentümer für die neue Grundsteuer vorsorgen können*, a. a. O.
[8] Vgl. Kopf: *Ist Sharon Manager?*, a. a. O., S. 73.
[9] Ebd.
[10] Kopf: *Ist Sharon Manager?*, a. a. O., S. 73, Anm. 10.
[11] Kopf: *Ist Sharon Manager?*, a. a. O., S. 74.
[12] Kotthoff – Nübling: *Genderlinguistik*, a. a. O., S. 115.
[13] Gabriele Diewald: *Geschlechtergerechte Sprache als Thema der germanistischen Linguistik - exemplarisch exerziert am Streit um das sogenannte generische Maskulinum*, in: *Zeitschrift für germanistische Linguistik* 46 (2018), S. 283–299, hier S. 292–293.
[14] Vgl. René Scheu: *Liebe Sprachbenutzerinnen und Sprachbenutzer: Wie halten Sie es mit der Sexualisierung der Sprache von oben?*, in: *Neue Zürcher Zeitung*, 04.10.2019.

Funktions-, Rollen- oder Statusbezeichnung ohne die kontextuelle Kontrastierung mit dem dazugehörigen Femininum gebraucht wird (*die Einwohner Berlins*), ‚spiegelt' das Genus nicht notwendigerweise das natürliche Geschlecht wider, ebenso wenig wie die -*er*-Ableitung (zu pragmatischen und kontextuellen Bedingungen dieser Möglichkeit siehe weiter unten). Wenn Wörter semantisch Amt, Funktion, Rollen oder Status bezeichnen, geht es bei nicht aktualisierter kontextueller Kontrastierung Maskulinum – moviertes Femininum wie beim Epikoinon (z. B. dem genderneutralen Femininum *die Wache*) um eben diese Inhalte, nicht um das Geschlecht. Das gilt auch hier: *Der Chef* ‚Person, die eine leitende Funktion innehat', *der Arzt* ‚Person, welche die ärztliche Kunst ausübt', *der Verbraucher* ‚Person, die konsumiert' entsprechen insoweit Wörtern wie *die Person* ‚jemand, der ein menschliches Individuum ist', *die Hilfskraft* ‚Person, die in helfender Funktion tätig ist', *das Mitglied* ‚jemand, der Teil einer organisierten Gruppe ist'.

Alle vom Verb abgeleiteten Bezeichnungen für jemanden, der das tut, was das Verb semantisch beinhaltet (Nomina agentis[15]), etwa *Leser* ‚Person, die liest', sowie alle vom Substantiv abgeleiteten Bezeichnungen für jemanden, der mit dem in der Basis Bedeuteten zu tun hat, etwa *Musiker* oder *Engländer*[16], können in der geschilderten Weise übergeschlechtlich verwendet werden. Der Begriff *Androgynum*[17] sollte dafür allerdings nicht gebraucht werden. Morphologisch entsprechende Sachbezeichnungen wie *Computer*, *Fernseher*, *Fernsprecher*[18], die diachron darauf beruhen, dass sich nach den Nomina agentis durch Personifikation aus Verben vielfach Bezeichnungen für Werkzeuge entwickelt haben[19], weisen von vornherein kein geschlechtsbezogenes Sem auf. In den gezeigten Beispielen wird eine vermutete Indexfunktion des Genus für das Geschlecht, die nur bei den relativ wenigen lexikalisch Männlichkeit oder Weiblichkeit beinhaltenden Personenbezeichnungen, bei den movierten Feminina sowie den flektierten substantivierten Partizipien und Adjektiven vorliegt, kognitiv nicht wirksam. Praktisch heißt das, dass da eine assoziative Erwartung aufgrund der Verhältnisse bei bestimmten Teilmengen des Wortschatzes kognitiv nicht eingelöst wird. Das Genus indiziert dort keine ausschließlich sexusspezifische Bedeutung. Weil es auf der Ebene des Systems, des Lexikons, in solchen Fällen nichts gibt, können Angehörige beider Geschlechter bzw. aller Gender mit solchen Wörtern bezeichnet werden. Alle Geschlechter/Gender sind nicht etwa ‚*mit*gemeint'[20], wie die verbreitete, aber psychologisch, intellektuell und wissenschaftlich zu Abwegen führende Ausdrucksweise in der landläufigen Diskussion lautet, sondern vielmehr wird keines der Geschlechter und Gender als solches bedeutet[21].

---

[15] Fleischer – Barz: *Wortbildung der deutschen Gegenwartssprache*, a. a. O., S. 201–203.
[16] Fleischer – Barz: *Wortbildung der deutschen Gegenwartssprache*, a. a. O., S. 204–206.
[17] Brühlmeier: *Sprachfeminismus in der Sackgasse*, a. a. O., S. 241.
[18] Fónyad: *Die Grammatik kann nichts dafür*, a. a. O., S. 256.
[19] Walter Henzen: *Deutsche Wortbildung*, ³Tübingen 1965 (Sammlung kurzer Grammatiken germanischer Dialekte. B. Ergänzungsreihe 5), S. 162.
[20] Brühlmeier: *Sprachfeminismus in der Sackgasse*, a. a. O., S. 241.
[21] Peter Eisenberg: *Finger weg vom generischen Maskulinum!*, in: *Der Tagesspiegel*, 08.08.2018; Peter Eisenberg: *Wenn das Genus mit dem Sexus*, in: *FAZ.net*, 28.02.2018; Scheu: *Liebe Sprachbenutzerinnen und Sprachbenutzer*, a. a. O.

In diesem Zusammenhang verwechselt Elisabeth Burr[22] gemäß der von ihr vertretenen feministischen Überzeugung sprachliche Bedeutung mit Weltwissen, also Semantik mit Pragmatik, wenn sie ausführt: „Neutralisation [sic!] with respect to people can never mean ‚neither masculine nor feminine'; individual people are always either male or female, and groups of people are composed of male and female persons [...]"[23]. Die im zweiten Satz zum Ausdruck kommende Überzeugung, die auch der allergrößte Teil der Menschheit bis vor relativ kurzer Zeit mit Burr teilte, zeigt, dass sie den Biologieunterricht aufmerksam verfolgt hat. Für den sprachlichen Ausdruck muss das aber gerade nicht die Konsequenz haben, dass er ein Sem ‚männlich' oder ‚weiblich' enthält, im Gegenteil. Es ist eine allgemein bekannte Tatsache, dass Menschen einem biologischen Geschlecht angehören oder sich einer Genderkategorie zugehörig fühlen. Deshalb muss es sprachlich nicht ständig hervorgekehrt werden und ist pragmatisch nicht in allen Zusammenhängen relevant. Folglich kann ein Lexem, das eine Rolle, einen Status, eine Tätigkeit usw. bedeutet, gerade von einem geschlechtsbezogenen Sem absehen. Ohnehin Gewusstes oder in bestimmten Kontexten Unwichtiges wird nicht ausgedrückt.

> Bei einem framesemantischen Verständnis wird davon ausgegangen, dass „[s]prachliche Zeichen in Kommunikationszusammenhängen Anhalts- und Markierungspunkte [setzen], die es ermöglichen, den Bedeutungsgehalt inferentiell [...], d. h. im impliziten Rückgriff auf Weltwissen, zu konstruieren" (Busse[24] 2009: 84). Explizit ausgedrückt wird daher meistens nur das, was sich nicht ‚von selbst' versteht[25].

Dasjenige, was sich von selbst versteht, ständig zu betonen, ist nach Auffassung der meisten Menschen überflüssig und damit ein Verstoß gegen das, was *sprachliche Ökonomie* genannt worden ist.

In Bezug auf das genderneutrale Maskulinum ist diese Einsicht im Deutschen funktional besonders für den Plural wichtig. Im Singular ist der Gebrauch des movierten Femininums seit Beginn der deutschen Sprachgeschichte belegt und in jüngster Zeit im Bereich der Berufsbezeichnungen, verstärkt seit den späten siebziger Jahren des 20. Jahrhunderts, verbreitet bzw. propagiert worden (dazu weiter unten). Das Suffix *-in* ist das einzige indigene Movierungssuffix[26], neben dem es 17 exogene Suffixe gibt, die das na-

---

[22] Elisabeth Burr: *Gender and language politics in France*, in: *Gender Across Languages. The linguistic representation of women and men*. Volume 3. Ed. by Marlis Hellinger, Hadumod Bußmann, Amsterdam/Philadelphia 2003 (Impact: Studies in language and society 11), S. 119–139, hier S. 127.

[23] Sc. ‚Neutralisierung in Bezug auf Menschen kann niemals ‚weder männlich noch weiblich' bedeuten; einzelne Menschen sind immer entweder männlich oder weiblich, und Gruppen von Menschen setzen sich aus männlichen und weiblichen Personen zusammen.'

[24] Sc. Dietrich Busse: *Semantik. Eine Einführung*, München 2009 (Uni-Taschenbücher 3280).

[25] Sina Lautenschläger: *Von Rabenmüttern und geldverdienenden Supermännern – Stereotype im Sprachgebrauch*, in: *Muttersprache* 130 (2020), S. 34–46, hier S. 41; zum Hintergrund Dietrich Busse: *Frame-Semantik. Ein Kompendium*, Berlin/Boston 2012.

[26] Hoberg: *Grammatik des Deutschen*, a. a. O., S. 101.

türliche weibliche Geschlecht markieren, wobei es zum Teil keine maskulinen Gegenstücke zu den femininen Bildungen gibt[27]. Die Movierung mit -*in* ist jedenfalls im Deutschen, im Gegensatz zu den Verhältnissen bei der Movierung mit bestimmten exogenen Suffixen – man vergleiche *Friseurin/Friseuse* oder *Masseurin/Masseuse* – und im Gegensatz zur Movierung in verwandten Sprachen, sprachsystematisch und konnotativ unproblematisch, wie etwa auch im Tschechischen[28], Slowakischen, Slowenischen und Kroatischen, während das im Polnischen und Russischen nur eingeschränkt der Fall ist[29]. Die Movierung mit -*in* bedeutet stets ‚weibliches X'. Die Movierung ist im Gegensatz zu den Verhältnissen in der früheren deutschen Sprachgeschichte monosem spezifisch; die Basis der Movierung kann entweder mit geschlechtsneutraler oder geschlechtsspezifischer Bedeutung verwendet werden. Es liegt nahe, eine im Singular bezeichnete Berufstätige oder sonstige weibliche Person mit dem movierten Femininum zu bezeichnen, zumal wenn sonst Unklarheiten entstehen würden[30].

Im Sprachgebrauch war beim genderneutralen Maskulinums bereits Anfang des 21. Jahrhunderts eine Unterscheidung von öffentlichen bzw. veröffentlichten Texten und informeller, privater Rede zu beobachten bzw. eingetreten. In öffentlicher Rede hatte und hat sich weitgehend das sexusspezifische Maskulinum, verbunden mit dem movierten Femininum, durchgesetzt. Das gilt vor allem für Berufs- und Funktionsbezeichnungen sowie für akademische Titel(grade): *Zur Dekanin [...] wurde Frau Professorin [...] gewählt, [...] bildet Modedesigner/innen aus, [...] suchen wir eine(n) Datenbankadministrator(in)*[31]. Auch bei den Bezeichnungen allgemeinerer öffentlicher Rollen wurden und werden Formulierungen gewählt, die ausdrücklich Frauen einbeziehen: *Wir danken allen unseren Wählerinnen und Wählern für ihr Vertrauen.* Splitting galt und gilt vor allem bei der Adressierung: *Liebe Mitbürgerinnen und Mitbürger, ich heiße Sie zu unserem diesjährigen Stadtfest herzlich willkommen!*[32] Dagegen war seinerzeit und ist gegenwärtig das genderneutrale Maskulinum gebräuchlich, wenn in inoffiziellem Sprechen auf gemischtgeschlechtliche Gruppen Bezug genommen wird: *Lisa und Paul sind unsere besten Freunde. Gestern sind die neuen Nachbarn, ein Ehepaar mit zwei Töchtern, eingezogen*[33]. Bei indefiniter Referenz, d. h. wenn der Referent und damit sein Geschlecht nicht bekannt bzw. irrelevant ist, wurde und wird auch in öffentlichen Texten das Maskulinum in aller Regel genderneutral verstanden: *Achtung, auf der A3 Richtung Köln kommt Ihnen ein Falschfahrer entgegen. Zeugen werden gebeten, sich bei der nächsten Polizeidienststelle zu melden*[34]. Eine Hauptdomäne des genderneutralen Maskulinums waren und sind generelle Aussagen, in denen eine Gattung ungeachtet des Geschlechts der zugehörigen Individuen charakterisiert wird: *Der Schwabe gilt als fleißig. (Die) Berliner sind bekanntlich*

---

[27] Wittemöller: *Weibliche Berufsbezeichnungen im gegenwärtigen Deutsch*, a. a. O., S. 43–54.
[28] Čmejrková: *Communicating gender in Czech*, a. a. O., S. 41–43.
[29] Doleschal: *Konzeptualisierung von Geschlecht und Sprachvergleich*, a. a. O., S. 179.
[30] Wittemöller: *Weibliche Berufsbezeichnungen im gegenwärtigen Deutsch*, a. a. O.; Dadková: *Weibliche Berufsbezeichnungen im heutigen Deutsch*, a. a. O.
[31] Hoberg: *Grammatik des Deutschen*, a. a. O., S. 104.
[32] Ebd.
[33] Ebd.
[34] Ebd.

nicht auf den Mund gefallen[35]. Besonders ‚resistent' [!] sei die maskuline Form der Personenbezeichnung in der Wortbildung; sie bildet die Basis nicht nur für denominale Adjektive und Verben (*ärztlich, greisenhaft; verarzten, bewirten*), sondern auch für das Determinativglied in Komposita: *Frau N. hat eine Arztpraxis/Rechtsanwaltskanzlei eröffnet. Annas Freundeskreis besteht nur aus Frauen. Ihr steht jetzt der Seniorenpass zu*[36].

3.2 Neutralisierung und Markiertheitstheorie

Mit der Tatsache, dass Sprache existentiell mit unausgesprochenem Weltwissen, mit dem Rückschluss vom Gesagten auf das Bezeichnete, interagiert und ohne diese Interaktion gar nicht effektiv funktionieren könnte, befasst sich wie angedeutet die Pragmatik. Die ausdrucksseitige Ersparung von semantisch Unnötigem, weil Selbstverständlichem und Gewusstem, entspricht sprachlicher Ökonomie[37]. Dass sprachliche Elemente, die auf einer spezifischen Ebene eine semantische Opposition aufbauen, auf einer allgemeineren Ebene in einer abstrahierenden, generalisierenden, diese Opposition nicht aufbauenden Weise gebraucht werden können, erspart sprachökonomisch eine weitere Vokabel oder Ableitung. „Hierbei geht es darum, dass ein Sachbereich differenzierter durchdrungen wird und nicht hinreichend viele Benennungen verfügbar sind, sodass ein Ausdruck in einer weiten und einer engen Lesart zugleich konzipiert wird. Das Lexem hat damit verschiedene Bedeutungsnuancen und ist in diesem Sinne polysem"[38]. Der betreffende Vorgang kann wie angesprochen als Neutralisierung aufgefasst werden[39]. Dabei ist der Begriff *Neutralisierung* auf das semantische Verhältnis als solches bezogen und impliziert nicht notwendigerweise einen sprachgeschichtlichen Prozess von einer primär spezifischen zu einer sekundär nichtspezifischen Variante, wenngleich das denkbar ist.

Hartwig Kalverkämper[40] wie Miorita Ulrich[41] zeigen die Neutralisierung an Eugenio Coserius Beispiel *Tag : Nacht*. Das Wort *Tag* kann in Opposition zu *Nacht* gebraucht werden und bezeichnet dann die hellen Tagesstunden: *Es wird bereits Tag*. Es kann aber auch für den ganzen Zeitraum eines Tages verwendet werden: *Bis zum Abgabetermin haben wir noch drei Tage*[42]. Hier wird von ‚inklusiver Opposition' gesprochen, weil der allgemeine Gebrauch von *Tag* die Opposition von *Tag* und *Nacht* mit ‚einschließe'[43]. Diese Sprechweise erscheint semantisch als problematisch. Vielmehr gibt es das Wort

---

[35] Hoberg: *Grammatik des Deutschen*, a. a. O., S. 105.
[36] Ebd.
[37] Gisela Zifonun: *Die demokratische Pflicht und das Sprachsystem. Erneute Diskussion um einen geschlechtergerechten Sprachgebrauch*, in: *Sprachreport* 34 (2018), S. 44–56, hier S. 46.
[38] Neef: *Das Konzept des sogenannten ‚Geschlechtergerechten Sprachgebrauchs'*, a. a. O., S. 56.
[39] Vgl. Hans-Martin Gauger: *Herr Professorin?*, in: Antje Baumann – André Meinunger (Hg.): *Die Teufelin steckt im Detail. Zur Debatte um Gender und Sprache*, Berlin 2017, S. 71–77, hier S. 72.
[40] Kalverkämper: *Die Frauen und die Sprache*, a. a. O., S. 59.
[41] Ulrich: *‚Neutrale' Männer – ‚markierte' Frauen*, a. a. O., S. 391.
[42] Vgl. Gauger: *Herr Professorin?*, a. a. O., S. 73–74.
[43] Gauger: *Herr Professorin?*, a. a. O., S. 73–74.

Tag einmal mit der Bedeutung ‚Zeiteinheit von 24 Stunden' und einmal mit der Bedeutung ‚Zeit der hellen Tagesstunden', das semantisch in komplementäre Opposition zu *Nacht* ‚Zeit der dunklen Tagesstunden' treten kann. Es gibt das Wort *Einwohner* einmal mit der Bedeutung ‚Person, die in X wohnt' und einmal mit der Bedeutung ‚männliche Person, die in X wohnt'. Die zweite Bedeutung wird dann aktualisiert, wenn *Einwohner* in komplementäre kontextuelle Opposition zu *Einwohnerin* ‚weibliche Person, die in X wohnt' gesetzt und von *Einwohnerinnen und Einwohnern* gesprochen wird. Dann und nur dann muss der Sprachträger bei *Einwohner* ein Sem ‚männlich' annehmen[44]. Das neutral, übergeschlechtlich gebrauchte *Einwohner* ‚Person, die in X wohnt' hat kein auf das natürliche Geschlecht bezogenes Sem in sich. Die Opposition dieses Hyperonyms zu den Hyponymen *Einwohner* (‚männlich') und *Einwohnerin* ist privativ. Dem Oberbegriff[45] ‚fehlt' das geschlechtsbezogene Sem, welches das movierte und insofern ‚markierte' Wort zwangsläufig hat. Morphologisch kürzere (und insofern relativ ‚unmarkierte') maskuline Personenbezeichnungen sind nicht-geschlechtsbezogen verwendbar, durch Movierung *aus ihnen* entstandene markierte feminine nicht[46].

Das aus dem Repertoire feministischer Argumentation vorgebrachte Gegenargument, zu *Hexe* werde *Hexer* gebildet, zu *Witwe Witwer*, zu *Hure Hurer*, und das erweise damit zweifelsfrei die spezifisch männliche Bedeutung des Suffixes *-er*[47], trifft für die genannten Fälle gewiss zu. Sie sind aber eben deswegen sekundär erzeugt worden wie die Komposition *Bräutigam* aus *Braut*, um spezifisch männliche Bezeichnungen im Kontrast zu weiblichen zu erhalten, ebenso bei *Schlampe → Schlamper*[48]. Die *mögliche* spezifische Bedeutung von *-er*-Bildungen ist unbestritten. Sonst wären ja auch die systematisch nicht falschen, aber pragmatisch pleonastischen und aufgrund der ideologisch propagierten Fehldeutung eines sprachlichen Ausdrucks im Sinne der political correctness formelhaft vorgetragenen Beidnennungen mit höflicherweise meistens vorangestellter Femininableitung[49] in den Äußerungen von Journalistinnen und Journalisten, Funktionärinnen und Funktionären sowie Politikerinnen und Politikern gar nicht denkbar: *Akteurinnen und Akteure, Aktivistinnen und Aktivisten, Amerikanerinnen und Amerikaner, Ärztinnen und Ärzte, Athletinnen und Athleten, Autofahrerinnen und Autofahrer, Bäuerinnen und Bauern, Bahnfahrerinnen und Bahnfahrer, Besucherinnen und Besucher, Bewohnerinnen und Bewohner, Blechbläserinnen und Blechbläser, Bürgerinnen und Bürger, Bürgermeisterinnen und Bürgermeister, Bulgarinnen und Bulgaren, Camperinnen und Camper, Chinesinnen und Chinesen, Dozentinnen und Dozenten, Einwohnerinnen und Einwohner,*

---

[44] Werner: *Genus ist nicht Sexus*, a. a. O., S. 273–274.
[45] ‚Hyperonym' nach John Lyons, ‚Archilexem' nach Horst Geckeler; Kalverkämper: *Die Frauen und die Sprache*, a. a. O., S. 59; vgl. Neef: *Das Konzept des sogenannten ‚Geschlechtergerechten Sprachgebrauchs'*, a. a. O., S. 56.
[46] Stickel: *Beantragte staatliche Regelungen*, a. a. O., S. 340; vgl. Klann-Delius: *Sprache und Geschlecht*, a. a. O., S. 27–28.
[47] Diewald: *Geschlechtergerechte* Sprache, a. a. O., S. 293.
[48] Diewald – Nübling: *„Genus – Sexus – Gender"*, a. a. O., S. 5.
[49] Anne Rosar: Mann und Frau, Damen und Herren, Mütter und Väter – *Zur (Ir-)Reversibilität der Geschlechterordnung in Binomialen*, in: *Genus – Sexus – Gender*. Hg. von Gabriele Diewald und Damaris Nübling, Berlin/Boston 2022 (Linguistik – Impulse & Tendenzen 95), S. 267–292.

Expertinnen und Experten, Finninnen und Finnen, Französinnen und Franzosen, Hamburgerinnen und Hamburger, Hausbesitzerinnen und Hausbesitzer, Händlerinnen und Händler, Helferinnen und Helfer, Hörerinnen und Hörer, Intendantinnen und Intendanten, Journalistinnen und Journalisten, Klimaschutzaktivistinnen und Klimaschutzaktivisten, Kommunalpolitikerinnen und Kommunalpolitiker, Konsumentinnen und Konsumenten, Kontrolleure und Kontrolleurinnen, Künstlerinnen und Künstler, Kundinnen und Kunden, Landrätinnen und Landräte, Leserinnen und Leser, Malerinnen und Maler, Mieterinnen und Mieter, Musikerinnen und Musiker, Nachbarinnen und Nachbarn, Nutzerinnen und Nutzer, Patientinnen und Patienten, Pflegerinnen und Pfleger, Professorinnen und Professoren, Radfahrerinnen und Radfahrer, Raucherinnen und Raucher, Redakteurinnen und Redakteure, Regisseurinnen und Regisseure, Reiterinnen und Reiter, Rentnerinnen und Rentner, Russinnen und Russen, Schauspielerinnen und Schauspieler, Schwimmerinnen und Schwimmer, Soldatinnen und Soldaten, Steuerzahlerinnen und Steuerzahler, Syrerinnen und Syrer, Teilnehmerinnen und Teilnehmer, Türkinnen und Türken, Ukrainerinnen und Ukrainer, Urlauberinnen und Urlauber, Verbraucherinnen und Verbraucher, Vertreterinnen und Vertreter, Wienerinnen und Wiener, Zivilistinnen und Zivilisten oder *Zuschauerinnen und Zuschauer.* Die ebenfalls mögliche genderneutrale Bedeutung zeigen Maskulina wie *Zuschauer, Wiener, Verbraucher* usw., unter denen verständige Sprecher Leute aller Geschlechter und Gender verstehen. In journalistischen Texten folgen den Beidnennungen oft genug wenig später diese genderneutralen Maskulina zur Bezeichnung der gleichen Personengruppen. Dieser Methode des selektiven Nudging-Genderns liegt ein ‚pädagogisches' Konzept zugrunde, auf das weiter unten eingegangen wird.

Hexer hingegen tritt in der Gemeinsprache nicht als unmarkierte Ausgangsbasis mit einer markierten Ableitung *Hexerin* auf, *Witwer* nicht mit *Witwerin*, *Hurer* nicht mit *Hurerin.* Für die Gemeinsprache haben dennoch vereinzelt belegte *-in*-Ableitungen *Hexerin*[50], *Witwerin*[51], *Hurerin*[52] sowie vom Duden beigesteuertes *Schlamperin*[53] keine Relevanz, sondern die *-er*-Bildungen sind hier die markierten Varianten. „*Hexerin* für ‚Hexe' bei Lion Feuchtwanger und *Hurerin* für ‚Hure' bei Thomas Mann sind Gelegenheitsbildungen"[54].

Der sprachgeschichtlich außergewöhnliche Vorgang der Ableitung eines Maskulinums aus einem Femininum spiegelt sich in ungewöhnlichen Gebrauchsbedingungen von Ableitungen und Basen wider, wobei letztere (*Witwe, Hexe, Hure, Schlampe*) trotz ihres ‚unmarkierten' Status zumeist nicht geschlechtsübergreifend gebraucht werden können, weil sie das spezifische Sem ‚weiblich' enthalten. Doch zeigen sich selbst dort Neutralisierungserscheinungen. Bei *Witwe*[55] belegt die Komposition *Witwenball* ‚Tanzveranstaltung für verwitwete Personen'[56] die beginnende Auflösung der Geschlechtsspezifität. Bei

---

50 *Hexerin, die*, in: *DWDS. Der deutsche Wortschatz von 1600 bis heute*; *Hexerin*, in: *Wortbedeutung info.*
51 *Witwerin, die*, in: *DWDS. Der deutsche Wortschatz von 1600 bis heute.*
52 *Thamar*, in: *Literaturlexikon online. Lexikon zu Thomas Manns „Joseph und seine Brüder".*
53 *Schlamperin, die*, in: *Duden online.*
54 Ljungerud: *Bemerkungen zur Movierung*, a. a. O., S. 154.
55 *Witwe, die*, in: *DWDS. Der deutsche Wortschatz von 1600 bis heute.*
56 *Witwenball, der*, in: *DWDS. Der deutsche Wortschatz von 1600 bis heute.*

Hexe[57] ist es die Bezeichnung *Hexenjagd*[58], bei der in übertragener Bedeutung der spezielle Bezug zu weiblichen Personen aufgehoben wird, während die Sachbezeichnungen mit dem Zweitglied *-hexe* wie *Bauhexe*[59] oder *Schleifhexe*[60] nach ihrem Austritt aus den Animata auch ihren Geschlechtsbezug verlieren. Bei *Hure* deutet sich bereits die geschlechtsneutrale Bedeutung ‚Person oder Institution, die sich (gegen Geld) für einen moralisch verwerflichen Zweck hergibt' an: „Seine Schauspieler bezeichnete er [der Regisseur Uwe Boll] mal als ‚geldgeile Huren' […]. [Die Welt, 16.10.2020]". Oder: „Die Wissenschaft lässt sich zur Hure des Hochleistungssports machen. [Süddeutsche Zeitung, 13.12.2004]"[61]. Vergleichbares wird auch bei dem Bestimmungswort von *Bräutigam*, *Braut*[62] möglich. Die Komposita *Brautleute*[63] und *Brautpaar*[64] zeigen den beginnenden Verlust der Geschlechtsspezifität, was auch der Filmtitel *Ich war eine männliche Kriegsbraut* (*I Was a Male War Bride*) belegen kann. Selbst bei *Schlampe* ist mittlerweile die Bedeutung ‚schlampige, ungepflegte Frau oder Person' mit Referenz auf Männer bezeugt[65]. Hier verläuft der Sprachwandel also von der spezifischen zur unspezifischen Bedeutung.

Sofern der Zusammenhang es zulässt, kann jedenfalls das genderneutrale Wort oder vielmehr das Wort mit der geschlechtsübergreifenden Bedeutung verwendet werden[66]. Die Markiertheitstheorie dieser Ausprägung geht als Standardparadigma auf die beiden in der Sprachwissenschaft bekannten, aber in der feministischen Linguistik und der Genderlinguistik, wenn überhaupt, nicht angemessen rezipierten Sprachwissenschaftler Nikolaj S. Trubetzkoy[67] und Roman Jakobson[68] zurück.

---

[57] *Hexe, die*, in: *DWDS. Der deutsche Wortschatz von 1600 bis heute.*
[58] *Hexenjagd, die*, in: *DWDS. Der deutsche Wortschatz von 1600 bis heute.*
[59] *Bauhexe, die*, in: *DWDS. Der deutsche Wortschatz von 1600 bis heute.*
[60] *Schleifhexe, die*, in: *DWDS. Der deutsche Wortschatz von 1600 bis heute.*
[61] *Hure, die*, in: *DWDS. Der deutsche Wortschatz von 1600 bis heute.*
[62] *Braut, die*, in: *DWDS. Der deutsche Wortschatz von 1600 bis heute.*
[63] *Brautleute*, in: *DWDS. Der deutsche Wortschatz von 1600 bis heute.*
[64] *Brautpaar, das*, in: *DWDS. Der deutsche Wortschatz von 1600 bis heute.*
[65] *Schlampe, die*, in: *DWDS. Der deutsche Wortschatz von 1600 bis heute.*
[66] Klann-Delius: *Sprache und Geschlecht*, a. a. O., S. 28–29 nach Hans-Heinrich Lieb – Helmut Richter: *Zum Gebrauch von Personenbezeichnungen in juristischen Texten. Stellungnahme anläßlich der Novellierung des Berliner Hochschulgesetzes*, in: *Deutsche Sprache* 18 (1990), S. 148–157, hier S. 150–151.
[67] Nikolaj S. Trubetzkoy: *Die phonologischen Systeme*, in: *Travaux du Cercle Linguistique de Prague* 4 (1931), S. 96–116.
[68] Roman Jakobson: *Zur Struktur des russischen Verbums*, in: *Charisteria Guilelmo Mathesio quinquagenario a discipulis et Circuli Linguistici Pragensibus sodalibus oblata*, Prague 1932, S. 74–84; Roman Jakobson: *Signe zéro*, in: *Mélanges de linguistique offerts à Charles Bally sous les auspices de la faculté des lettres de l'Université de Genève par des collègues des confrères des disciples reconnaissants*, Genève 1939, S. 143–152; Roman Jakobson: *Kindersprache, Aphasie und allgemeine Lautgesetze*, Uppsala 1941; Roman Jakobson: *The Gender Pattern of Russian*, in: Roman Jakobson: *Selected Writings. II. Word and Language*, The Hague 1971, S. 184–186; vgl. Christian Lehmann: *Sprachtheorie: Markiertheit*.

"Man spricht vom fakultativen Ausdruck der markierten Kategorie. Jakobson (1939) benutzt für diesen Fall den Ausdruck Hypostase. Damit ist hier gemeint, daß [...] das unmarkierte Glied die Funktion versieht, die eigentlich dem markierten zukommt"[69].

Bei den Genusmerkmalen Maskulinum und Femininum kann das Konzept der „Merkmalhaltigkeit" und „Merkmallosigkeit", das von der Prager Schule zuerst auf die Phonologie appliziert und vor allem von Jakobson in die Morphologie und Syntax übertragen worden ist, für die Erklärung der Relationen zwischen der Ausdrucks- und Inhaltsebene fruchtbar gemacht werden. Jakobson (1957, 5[70]) formuliert das Verhältnis zwischen Merkmalhaltigkeit und Merkmallosigkeit folgendermaßen: „The general meaning of a marked category states the presence of a certain property A; the general meaning of the corresponding unmarked category states nothing of the presence of A and is used chiefly but not exclusively to indicate the absence of A". In der Wortbildung können wir dieses Verhältnis in verschiedenen Sprachen feststellen. Man vgl. die Paare engl. *author – authoress*, dt. *Lehrer – Lehrerin* und die Entsprechungen im Schwedischen, Russischen und Estnischen: *lärare – lärarinna, učitel' – učitel'nica, õpetaja – õpetajanna*, wo Fem. die merkmalhaltige, Mask. die merkmallose Kategorie vertritt. Laut Greenberg (1966b, 62[71]) gehört dieses Konzept zu den sprachlichen Zügen, die einen hohen Grad von Allgemeingültigkeit beanspruchen können und zu den sprachlichen Universalien gezählt werden sollten[72].

Dabei ist Jakobson der Auffassung, dass die Grundbedeutung der unmarkierten Kategorie neutral ist und nur unter bestimmten Bedingungen spezifisch-oppositiv verwandt wird[73]. Diese *kontextbedingte spezifische* Funktion der unmarkierten Kategorie „appears in situations of foregrounding, i. e. in situations where maleness stands in contrast to femaleness [...]. When gender is not foregrounded, the opposition remains hidden and the female reference is only implicit"[74]. Das trifft in diesem Fall genauso auch für die Referenz auf männliche Personen zu.

Dass mit dem geschlechtsübergreifend gebrauchten Wort *Einwohner* (*Deutschland hat 83 Millionen Einwohner.*) die gesamte (weibliche, männliche und diverse) Bevölkerung gemeint ist, ergibt sich aus dem Kontext, wenn von der ganzen Bevölkerung gesprochen wird, und aus dem Weltwissen, dass in einem Land oder Ort, wenn es nicht ein Kloster ist, Menschen aller Geschlechter und Genderidentitäten wohnen. Je weniger spezifische Bedeutungsbestandteile (Seme) ein Wort hat, desto allgemeiner kann es verwendet werden. *Einwohner* schließt nicht eine inklusive Opposition 'männlich – weiblich –

---

[69] Lehmann: *Sprachtheorie: Markiertheit*.
[70] Sc. Roman Jakobson: *Shifters, Verbal Category and the Russian Verb*, Cambridge, Mass. 1957, S. 5.
[71] Sc. Joseph H. Greenberg: *Language universals*, in: *Current Trends in Linguistics*. Ed. by Thomas A. Sebeok. Volume 3, The Hague 1966, S. 61–112, hier S. 62.
[72] Els Oksaar: *Berufsbezeichnungen im heutigen Deutsch. Soziosemantische Untersuchungen. Mit deutschen und schwedischen experimentellen Kontrastierungen*, Düsseldorf 1976 (Sprache der Gegenwart 25), S. 73–74.
[73] Jakobson: *Zur Struktur des russischen Verbums*, a. a. O., S. 74.
[74] Čmejrková: *Communicating gender in Czech*, a. a. O., S. 46. Sc. ‚[...] erscheint in Situationen, in denen das Geschlecht im Vordergrund steht, d. h. in Situationen, in denen die Männlichkeit im Gegensatz zur Weiblichkeit steht [...]. Wenn das Geschlecht nicht im Vordergrund steht, bleibt die Opposition verborgen und der weibliche Bezug ist nur implizit vorhanden'.

divers' ein, sondern es schließt niemanden aus, weil keine diesbezügliche Opposition aufgebaut wird.

Das hier Ausgeführte entspricht teilweise der Auffassung von Becker[75], der die unmarkierte Form auch als semantisch geschlechtsübergreifend ansieht und die spezifische Verwendungsweise als eine durch konversationelle Implikatur hervorgerufene, *pragmatische Gebrauchsbedeutung* versteht. Die abgeleitete ‚Bedeutung', ‚männliche Person' ergebe sich durch eine konversationelle Implikatur im unmittelbaren Kontrast der unmovierten Form im Kontext mit einer movierten Form. Diese sogenannte ‚Bedeutung' sei somit „eine pragmatische Gebrauchsbedeutung, die von der Wortsemantik strikt zu scheiden ist"[76].

Je geläufiger die movierte Form ist, desto zwingender ist die Implikatur:

(10)   (a) Sie suchen einen Gutachter für diese Aufgabe.
       (b) Sie suchen einen Rentner für diese Aufgabe.
       (c) Sie suchen einen Kindergärtner für diese Aufgabe.

Bei (c) ist die Implikatur „keine weibliche Person" am stärksten; dies belegt (neben der Aufhebbarkeit), daß es sich um eine pragmatische Folgerung handelt und nicht um Wortsemantik. Es ist auch zu erwarten, daß die Implikaturen um so zwingender werden, je mehr sich die Verwendung der movierten Formen durchsetzt[77].

Becker[78] lehnt die Sichtweise ab, dass die Grundbedeutung die ‚männliche' sei und sich die ‚generische' durch eine Neutralisation der Opposition ergebe. Denn sie basiere auf mehreren problematischen Prämissen; daran habe Birgit Rabofski[79] ausführlich Kritik geübt. Eine markiertheitstheoretische Beschreibung des Verhältnisses von unmarkierter und movierter Form sei danach überflüssig. Hier scheint allerdings ein Irrtum Beckers vorzuliegen. Rabofski vertritt die feministische Theorie, dass die Bedeutung von Maskulina ‚männlich' sei, und zwar als Reflex gesellschaftlicher Vorherrschaft des Mannes (male as norm). Bisherige Markiertheitstheorien lehnt sie ab, weil im Fall von Jakobson jenseits

---

[75] Becker: *Zum generischen Maskulinum*, a. a. O.
[76] Becker: *Zum generischen Maskulinum*, a. a. O., S. 73.
[77] Thomas Becker: *Was wir von Aristoteles über die Bedeutung deutscher Wörter lernen können: Über konversationelle Implikaturen und Wortsemantik*, in: Eckard Rolf (Hg.): *Pragmatik. Implikaturen und Sprechakte*, Wiesbaden 1997 (Linguistische Berichte. Sonderheft 8), S. 51–71, hier S. 65.
[78] Becker: *Zum generischen Maskulinum*, a. a. O., S. 73.
[79] Birgit Rabofski: *Motion und Markiertheit. Synchrone und sprachhistorische Evidenz aus dem Gotischen, Althochdeutschen und Altenglischen für eine Widerlegung der Theorien zur Markiertheit*, Frankfurt am Main [u. a.] 1990 (Europäische Hochschulschriften. Reihe XXI. Linguistik und Indogermanistik 84).

der Beschreibung eine Begründung fehle oder im Fall von Willi Mayerthaler[80] ein kognitiv prototypisch männlicher Sprecher als Ausgangspunkt angenommen wird[81]. Den könne es ja bei Frauen als Sprecher nicht geben. Offenbar ist Rabofski nicht deutlich genug geworden, was *prototypisch* bedeutet.

Da Rabofski auch sprachgeschichtlich argumentiert, sei auf Folgendes hingewiesen. Maskuline und feminine Bildungen mit dem Suffix *-ār-* unterscheiden sich im Althochdeutschen teilweise nur durch ein anderes Flexionsparadigma, *galstarāri* st. M., ‚Zauberer' – *galstarāra* sw. F., ‚Zauberin'[82], und noch nicht durch eine weitere Suffigierung. Damit erweist sich das Suffix *-ār-* als genusunabhängig. Es hat nicht „zwei Formen, nämlich fem. *-āra* und mask. *-ari*", wie es Trutkowski und Weiß[83] formulieren. Die später herrschende Suffigierung mit *-in-* für die Feminina tritt aber ebenfalls auf: *folleistāri* st. M., ‚Gönner, Beschützer' – *folleistāra* sw. F., ‚Helferin' gegenüber *folleistārin* st. F., ‚Helferin, Gönnerin'[84]. Da das Suffix *-ār-* als solches keine geschlechtsspezifische Bedeutung trägt, ist es namentlich nach der Endungsabschwächung und dem Ausbau der expliziten Ableitung mit *-in* (mhd. *brōtbecker* st. M. – mhd. *brōtbeckere* sw. F. – mhd. *brōtbeckerin* st. F.[85]) zudem leichter, in den relativ unmarkierten Maskulina auch geschlechtsübergreifende Varianten zu sehen. Die ‚männlichen' Formen sind also eo ipso zugleich Kandidaten für geschlechtsübergreifende. Da geschlechtsübergreifender Gebrauch von appellativischen Maskulina ab dem Althochdeutschen auch jenseits von im st. M. Pl. flektierten Völkerbezeichnungen wie *Brittanāri* ‚Brite'[86], *Bulgāri* ‚Bulgare'[87] oder *Burgundāri* ‚Burgunder'[88] belegt ist[89], kann die These von Rabofski nicht verifiziert werden.

Jakobson jedenfalls geht gerade nicht von der Grundbedeutung ‚männlich' der unmarkierten Form und einer sekundären Neutralisierung aus, sondern wie gezeigt umgekehrt von einer primär geschlechtsübergreifenden unmarkierten Form, was auch Becker[90] bemerkt. „Letztlich ist auch dieser Fall [sc. einer sexusspezifischen Interpretation der unmarkierten Form, d. Verf.] in die lange Reihe von Phänomenen einzuordnen, die durch Frequenz zu erklären sind [...]: Maskuline Personenbezeichnungen *bezeichnen* eben sehr häufig männliche Personen"[91].

---

[80] Willi Mayerthaler: *Morphologische Natürlichkeit*, Wiesbaden 1981 (Linguistische Forschungen 28); zum Hintergrund Eckhard Meineke: *'Natürlichkeit' und 'Ökonomie'. Neuere Auffassungen des Sprachwandels*, in: *Sprachwissenschaft* 14 (1989), S. 318–356.
[81] Rabofski: *Motion und Markiertheit*, a. a. O., S. 110–119, 124–126.
[82] Vgl. Schützeichel: *Althochdeutsches Wörterbuch*, a. a. O., S. 121; Karg-Gasterstädt – Frings (Hg.): *Althochdeutsches Wörterbuch*, a. a. O., IV, Sp. 32–33.
[83] Trutkowski – Weiß: *Zeugen gesucht!*, a. a. O., S. 23.
[84] Vgl. Karg-Gasterstädt – Frings (Hg.): *Althochdeutsches Wörterbuch*, a. a. O., III, Sp. 1058.
[85] Vgl. Karg-Gasterstädt – Frings (Hg.): *Althochdeutsches Wörterbuch*, a. a. O., I, Sp. 1424.
[86] Schützeichel (Hg.): *Glossenwortschatz*, a. a. O., II, S. 44–45.
[87] Schützeichel (Hg.): *Glossenwortschatz*, a. a. O., II, S. 84.
[88] Schützeichel (Hg.): *Glossenwortschatz*, a. a. O., II, S. 110.
[89] Trutkowski – Weiß: *Zeugen gesucht!*, a. a. O., S. 24–34; dazu ausführlicher weiter unten.
[90] Becker: *Zum generischen Maskulinum*, a. a. O., S. 73, Anm. 13.
[91] Becker: *Zum generischen Maskulinum*, a. a. O., S. 74; Hervorhebung vom Verf.

Selbstverständlich denken wir bei unzähligen eigentlich generischen -er-Formen primär an Männer. Aber die Tatsache, dass uns das Wort Richter spontan an einen älteren Herrn und nicht an eine junge Frau denken lässt, können wir schlecht der Sprache anlasten – es war das in Handlungen übersetzte Denken unserer Gesellschaften, das diese sprachlich neutrale Position bis in die jüngste Zeit ausschliesslich mit Männern besetzte[92].

Das kann man so sehen, aber auch genau andersherum. Geht man von einer primär spezifischen Bedeutung aus, würde aus ihr sekundär eine genderneutrale entstehen können, weil das Maskulinum die relativ unmarkierte Form ist, und sich in Neutralisierungskontexten zeigen.

Der Position Beckers hinsichtlich der kontextuell bedingten ‚männlichen' Gebrauchsbedeutung schließt sich Andreas Klein an[93] und nennt weitere Argumente gegen die ‚Paarigkeitsthese' von den nur sexusspezifischen Maskulina. Es gibt erstens Maskulina wie diejenigen auf -er, die geschlechtsspezifisch movierbar sind und auch dann moviert werden, wenn historisch keine Männerbezeichnung zugrunde liegt, am deutlichsten zu beobachten bei Anglizismen wie *Babysitter*, *Teenager* oder *Influencer*, die sich aufgrund ihres Schemas [-*er*, +MASK], aber nicht unbedingt aus geschlechtsspezifisch semantischen Gründen movieren lassen. Ähnlich verhält es sich mit femininen Bildungen zu Metonymien wie *Vorständin* ‚weibliches Mitglied eines Vorstandes' oder *Beirätin*, wo sich die Kollektivbedeutung der Ausgangsstufe pragmatisch genauso gut auch auf eine einzelne, zugehörige Frau beziehen ließe[94].

Umgekehrt gibt es zweitens Maskulina, die nur aus strukturellen Gründen gerade nicht movierbar sind. Das betrifft unter anderem Derivate auf -*ling*, die also nicht in Paaren auftreten, z. T. aber eindeutig geschlechtsspezifisch sind, wie *Jüngling* oder *Schönling*. Zudem fragt sich, ob andere unter ihnen (z. B. *Feigling*, *Flüchtling* oder *Lehrling*) stets geschlechtsneutraler verstanden werden als movierbare Maskulina wie *Kunde* oder *Einwohner*. Historisch sind -*ling*-Derivate bekanntermaßen sogar als Movierungsbasen belegt, wie nahezu alle anderen humanen Maskulina. Dass feminine Formen sich nicht durchgesetzt haben, kann also nicht bloß an der Semantik dieser Wörter liegen. Zudem lassen sie gegenwartssprachlich nicht nur die Movierung nicht zu, sondern ebenfalls nicht hochproduktive Wortbildungsprozesse wie die Diminution (?*Feiglingchen*). Ebenfalls nur in der Wortstruktur begründet ist die häufig ausbleibende Movierung, wenn die Basis auf einen Vollvokal auslautet (sowohl Typ *Hippie* – ??*Hippie-in* als auch *Lai-e* – ?*Lai-in*)[95].

Tatsächlich könnte man drittens auch davon ausgehen, dass sich gerade zu stark geschlechtsspezifischen Personenbezeichnungen am schlechtesten eine Ableitung für das jeweils andere Geschlecht bilden lässt. Hochstereotypisierte Substantive wie *Diva*, *Amme* oder *Macker* werden nicht moviert, sondern bezeichnen Angehörige des anderen Geschlechts mittels metaphorischem Gebrauch. Wird ein Mann als *Diva* bezeichnet, ist damit auch eine weibliche Konzeptualisierung verbunden. Das Stereotyp ist so stark, dass

---

[92] Claudia Mäder: *Lassen wir die Sprache menschlich sein*, in: Neue Zürcher Zeitung, 06.11.2018.
[93] Klein: *Wohin mit Epikoina?*, a. a. O., S. 162.
[94] Ebd.
[95] Klein: *Wohin mit Epikoina?*, a. a. O., S. 163.

eine Movierung (z. B. *Divo oder *Mackerin) dem Konzept ‚weiblich' oder ‚männlich' des Lexems widersprechen würde.

Das in praktischer Hinsicht am unmittelbarsten einleuchtende Argument ist viertens, dass viele movierbare Maskulina spezifiziert werden können, ohne dass Tautologien entstehen. Während sich für *männlicher Mann* allenfalls eine intensivierende Lesart (‚besonders männlich') ergäbe, ist *männlicher Arzt* wahrscheinlich ebenso akzeptabel wie *männlicher Mensch*. Damit erfüllen diese Personenbezeichnungen das von Corbett[96] für Epikoina formulierte Kriterium „individuals can be specified by circumlocution"[97].

Es sei sinnvoll, so Klein, mit Becker zwischen einer männlichen Pragmatik (Gebrauchsbedeutung) und einer männlichen (lexikalischen) Semantik zu differenzieren. Man solle dabei jedoch nicht nur von einer spezifischen Gebrauchsbedeutung movierbarer Maskulina ausgehen, sondern auch von einer allgemeineren Implikatur maskulin → ‚männlich', die sich aus der Paradigmatik von Genus überhaupt und nicht bloß aus der einzelner Lexeme ergebe. Die Bildung einer spezifisch weiblichen Form sei wahrscheinlich in vielen, nicht in allen Fällen als ein Symptom dieser konversationellen Implikatur zu fassen, das sie seinerseits verstärke[98].

Damit beschreibt Klein das grundlegende Problem des genderneutralen Maskulinums in einer Genussprache wie dem Deutschen. Die generelle Assoziation aus dem binären referentiellen System Maskulinum → ‚männlich', Femininum → ‚weiblich', dass Maskulin ‚männlich' indiziere, konfligiert notorisch mit dem asymmetrischen lexikalischen System Maskulinum → ‚human (speziell: ‚männlich')', Femininum → ‚weiblich'.

Im Deutschen weist jedes Substantiv ein grammatisches Genus auf. Mit Suffixen wie dem in der Aussprache zu [ɐ] reduzierten *-er* (*Fischer*) < mhd. *-ære*, ahd. *-āri*, lat. *-arius*, sodann *-ist* (*Germanist*) oder *-or* (*Direktor*) als Elementen des Eurolateins und weiteren Suffixen[99] erscheint das Genus Maskulinum. Dieses erzeugt gegenüber dem movierten Femininum eine kürzere Form. Es ist sprachökonomischer und darum abgesehen von seiner spezifischen Bedeutung für eine neutralisierte unspezifische Bedeutung, den genderneutralen Gebrauch, besser geeignet. Die parallel gebauten englischen Entsprechungen wie *reader*, *romanist*, *operator* sind ebenfalls Personenbezeichnungen, die eine geschlechtsübergreifende Lesart haben, zumal sie formal keine Maskulina mehr sind, so dass ihnen vordergründig eine Unsichtbarmachung von Frauen und anderen sexuellen Identitäten lediglich auf der Grundlage ihres grammatischen Genus nicht zugeschrieben werden kann. Aber sie zeigen wie die deutschen Maskulina bei Assoziationstests eine gewisse Bindung an ‚männlich', auch wenn diese schwächer ausfällt als im Deutschen. Jedenfalls wird im Englischen durch Ableitungen mit dem Suffix *-er* der Handelnde be-

---

[96] Corbett: *Gender*, a. a. O., S. 67.
[97] Klein: *Wohin mit Epikoina?*, a. a. O., S. 163.
[98] Klein: *Wohin mit Epikoina?*, a. a. O., S. 164.
[99] Wittemöller: *Weibliche Berufsbezeichnungen im gegenwärtigen Deutsch*, a. a. O., S. 34–43. Zu den Suffixen der Personenbezeichnungen aus sprachvergleichender Perspektive s. Heike Baeskow: *Abgeleitete Personenbezeichnungen im Deutschen und Englischen. Kontrastive Wortbildungsanalysen im Rahmen des Minimalistischen Programms und unter Berücksichtigung sprachhistorischer Aspekte*, Berlin/New York 2002 (Studia Linguistica Germanica 62); zu *-er* s. ebd., S. 71–139, zu *-ler* und *-ner* s. ebd., S. 140–176, zu *-ist* s. ebd., S. 364–420.

zeichnet, gleich welchen Geschlechts. Wenn speziell weibliche Personen bedeutet werden sollen, müssen sexusspezifische Bildungen wie *womanteacher* oder *actress* erzeugt werden[100].

Für den allgemeinen Gebrauch wird im Deutschen keine eigene morphologische Variante erzeugt, sondern es wird auf die geeignete vorhandene, die kürzere, zurückgegriffen.

> Wortbildungslehren beschreiben das Ergebnis der Ableitung von Substantiven mit dem Suffix ‚er' aus Verben (Bäcker aus *backen*) als ‚Person, die die vom Verb bezeichnete Tätigkeit ausübt.' Von Männern ist beim Nomen Agentis nicht die Rede. Bäcker als Maskulinum bezeichnet ebenso wenig ausschließlich Männer wie *Person* als Femininum ausschließlich Frauen bezeichnet. So ist das im Deutschen. Es gibt hier ein Wort, das ausschließlich Frauen bezeichnet (Bäckerin), aber keins, das ausschließlich Männer bezeichnet. Frauen sind sprachlich zweimal, Männer einmal sichtbar[101].

Pusch hatte den Befund genau umgekehrt gedeutet: „Männer haben mehr Chancen des Gemeintseins und damit des Identifiziertwerdens als Frauen"[102]. Dabei ist wie oben angedeutet die Existenz des genderneutralen Maskulinums unabhängig davon gegeben, ob die von Eisenberg referierte Wortbildungsbeschreibung mit der geschlechtsübergreifenden Bedeutung als Ausgangspunkt gemäß der Markiertheitstheorie Jakobsons plausibel ist oder nicht:

> Andererseits hat die männliche Form zwei Bedeutungen: Sie bezeichnet erstens die Angehörigen eines Berufs mit dem zusätzlichen Merkmal ‚männlich' und sie bezeichnet zweitens die Angehörigen eines Berufs unter Neutralisierung der Opposition ‚männlich' vs. ‚weiblich' (was die Form auf -*in* grundsätzlich nie kann): *Minister, Monteur, Wissenschaftler*. Die movierten Formen sind heute uneingeschränkt üblich, da immer mehr Frauen auch in traditionellen Männerberufen tätig sind (*Bäckerin, Bundeskanzlerin, Matrosin, Ministerin, Soldatin*; auch *Boxerin, Skispringerin*). Sie werden vor allem dann verwendet, wenn nicht der Allgemeinbegriff im Vordergrund steht, sondern die „Berufsausübung durch eine Frau hervorgehoben werden" soll (Grundzüge 1981, 575[103]).[104]

> Ob auch die personalen Ableitungssuffixe historisch gesehen zuerst reine Maskulinsuffixe in Bezug auf den Sexus waren, ist eine offene Frage. Aus synchroner Sicht ist bei ausschließlicher Betrachtung des Sprachsystems die Geschlechtsneutralität der maskulinen Personensuffixe als grundlegend anzusehen, da erstens das Merkmal ‚Person' umfassender

---

[100] Peter Eisenberg: *Die Vermeidung sprachlicher Diskriminierung im Deutschen*, in: *Muttersprache* 130 (2020), S. 3–16, hier S. 11–12.

[101] Peter Eisenberg: *Das missbrauchte Geschlecht*, in: *Süddeutsche Zeitung*. 02.03.2017; vgl. Eisenberg: *Wenn das Genus mit dem Sexus*, a. a. O.

[102] Luise F. Pusch: *Das Deutsche als Männersprache. Aufsätze und Glossen zur feministischen Linguistik*, Frankfurt am Main 1984 (edition suhrkamp 1217), S. 27; Gorny: *Feministische Sprachkritik*, a. a. O., S. 523.

[103] Sc. *Grundzüge einer deutschen Grammatik. Von einem Autorenkollektiv unter der Leitung von Karl-Erich Heidolph, Walter Flämig und Wolfgang Motsch*, Berlin 1981 (Akademie der Wissenschaften der DDR. Zentralinstitut für Sprachwissenschaft), S. 575.

[104] Fleischer – Barz: *Wortbildung der deutschen Gegenwartssprache*, S. 238.

ist als das Merkmal ‚männlich' und als Klasse letzteres mit einschließt, und zweitens sich das geschlechtsspezifisch Maskuline nur relational rückwirkend aus dem Hinzufügen des femininen Sexusmorphems definiert.[105]

Die unmovierte Bezeichnung ist also, so betrachtet, geschlechtsneutral. Man spricht hier vom generischen Gebrauch. Soll nun das natürliche Geschlecht des agens festgelegt werden, müssen spezielle feminine Sexussuffixe hinzugefügt werden, d.h. Movierung findet statt. Da aber für die Markierung des natürlichen männlichen Geschlechts keine zusätzlichen Sexusmorpheme zur Verfügung stehen, wird das Personensuffix als auch männlich im Sinne des natürlichen Geschlechts interpretiert. Das Ableitungssuffix, ursprünglich nur Personensuffix, übernimmt die Doppelfunktion der Genus- und Sexusmarkierung. Streng genommen handelt es sich hier um homonyme Morphe der Morpheme des Genus und des Sexus.[106]

Eine weitere Komplizierung des Problems ‚markiert - unmarkiert' entsteht dadurch, daß es movierte weibliche Berufsbezeichnungen gibt, die keine männlichen Entsprechungen haben. [...] Genannt sei als Beispiel *Haushälterin*. [...] Im Prinzip handelt es sich aber um einen Morphemkomplex, in dem das Suffix *-er* die Personalisierung und das Suffix *-in* die Sexusmarkierung durchführt.[107]

Jedenfalls müsste eine ‚maskulistische Linguistik'[108] postulieren, Männer würden herabgesetzt, weil es für sie keine exklusiv geschlechtsspezifischen, sprachlich markierten, positiven Bezeichnungen gibt – wie für die Frauen. „Das natürlich nur, wenn die angenommene Benachteiligung durch die Sprache eine ernstzunehmende Angelegenheit und nicht nur eine Selbsttäuschung wäre"[109]. Faktisch wird von feministischer Seite gelegentlich das deutsche Sprachsystem als frauenbenachteiligend charakterisiert[110], die umgekehrte Sicht aber nicht erwogen. Beide Perspektiven sind unzutreffend: „Die grammatische Kategorie Genus hat grundsätzlich nichts mit der semantischen Kategorie Geschlecht zu tun. Von daher kann sie keine Quelle für einen Sprachgebrauch sein, der als geschlechterungerecht eingeschätzt werden könnte"[111].

Methodisch beruht diese Selbsttäuschung nicht zuletzt, wie schon von Becker angedeutet, auf der mangelnden Unterscheidung der sprachwissenschaftlich definierten Ebenen Bedeutung und Bezeichnung, Intension und Extension. Nomina agentis (Täterbezeichnungen) auf *-er*, die unter den über 15000 stabil produktiven *-er*-Bildungen des Gegenwartsdeutschen 85 % ausmachen[112], oder sonstige geschlechtsübergreifende Maskulina wie *Bürger*, *Rentner* oder *Tourist* enthalten in der unspezifischen Variante auf der

---

[105] Wittemöller: *Weibliche Berufsbezeichnungen im gegenwärtigen Deutsch*, a. a. O., S. 77.
[106] Wittemöller: *Weibliche Berufsbezeichnungen im gegenwärtigen Deutsch*, a. a. O., S. 75 unter Bezugnahme auf Kalverkämper: *Die Frauen und die Sprache*, a. a. O., S. 59.
[107] Wittemöller: *Weibliche Berufsbezeichnungen im gegenwärtigen Deutsch*, a. a. O., S. 77.
[108] Vgl. Pusch: *Das Deutsche als Männersprache*, a. a. O., S. 78.
[109] Ulrich: *‚Neutrale' Männer – ‚markierte' Frauen*, a. a. O., S. 398.
[110] So in Senta Trömel-Plötz: *Frauensprache – Sprache der Veränderung*, Frankfurt am Main 1982, S. 37–45; dazu Neef: *Das Konzept des sogenannten ‚Geschlechtergerechten Sprachgebrauchs'*, a. a. O., S. 49.
[111] Neef: *Das Konzept des sogenannten ‚Geschlechtergerechten Sprachgebrauchs'*, a. a. O., S. 60.
[112] Eisenberg: *Die Vermeidung sprachlicher Diskriminierung im Deutschen*, a. a. O., S. 12.

Ebene der sprachlichen Bedeutung kein Sem ‚männlich'. Wenn mit Nomina agentis entsprechend den – veränderlichen – gesellschaftlichen Verhältnissen lange Zeit tatsächlich männliche Personen bezeichnet (denotiert, sachlich betroffen) worden sind, dann entweder deshalb, weil nur diese die betreffenden Tätigkeiten und Funktionen ausgeübt haben (Bezeichnungslösung), oder deshalb, weil für jeweilige Einzelpersonen die geschlechtsspezifischen Maskulina verwendet worden sind (Bedeutungslösung). Bei der zweiten Lösung ist aber daneben natürlich die Existenz genderneutraler Varianten nicht ausgeschlossen. Bei Berufsbezeichnungen sollte man diese genderneutralen Varianten aber nicht suchen, weil Frauen die betreffenden Berufe überhaupt nicht ausgeübt haben oder lange Zeit die meisten Berufe nicht ausüben durften. Und falls sie bestimmte Berufe ausübten, etwa den der Kauffrau, war das offensichtlich rechtlich gesehen ungewöhnlich genug, um sie eigens mit einem movierten Femininum zu bezeichnen (dazu weiter unten). Auch ist der Irrtum fernzuhalten, die genderneutrale Variante des Maskulinums hätte sich erst in der Neuzeit durch den gesellschaftlich-sozialen Fortschritt von Frauen entwickelt, also erst dann, als Frauen in Männerberufen präsent waren[113]. Genderneutrale Varianten kommen in Frage für Bezeichnungen von Beziehungen, Zugehörigkeit und Rollen wie *Gast*, *Nachbar*, *Freund*, *Feind*, *Bürger*, *Richter*, *Lügner* und *Sünder* und sind für die Vorstufen der genannten und anderer Lexeme (s. dazu weiter unten) seit Beginn der deutschen Sprachgeschichte nachgewiesen[114].

Eisenberg plädiert entsprechend seiner von Jakobson bezogenen Grundannahme für die Bezeichnungslösung. „Der sprachliche Wandel bezieht sich auf die Extension. Je mehr Frauen Müller oder Richter wurden, desto stärker änderte sich die Extension solcher Wörter. Die Intension ‚Berufsbezeichnung' änderte sich nicht. Und sie schlägt durch bei der Verwendbarkeit solcher Wörter als Generika, die ja keineswegs verschwunden ist"[115]. Für das ungeschulte Sprachbewusstsein sind die beiden Ebenen Intension und Extension schwer auseinanderzuhalten. Die sich bei Annahme einer primär unspezifischen Bedeutung aus dem lange Zeit bestehenden faktischen Sachbetreff ergebende zweite, spezifische Bedeutungsmöglichkeit wird möglicherweise für die einzige lexikalische Bedeutung gehalten, auch dann, wenn eindeutig eine unspezifische Bedeutung vorliegt.

Eine Sprache benötigt die unspezifische Bedeutung, wenn von Funktions-, Status-, Rollen- und Amtsträgern ohne Ansehen des Geschlechts gesprochen werden soll, wenn es darauf gar nicht ankommt und es nicht ständig überflüssigerweise mit ausgedrückt werden soll, dort wo das Gemeinte qua Weltwissen ohnehin eindeutig ist. „Die ärztliche Schweigepflicht gilt selbstverständlich auch für Ärztinnen, und ich kann als Frau nicht ohne Führerschein fahren und das damit begründen, dass der nur für Männer gelte"[116]. Ein Satz wie *Zu Risiken und Nebenwirkungen lesen Sie die Packungsbeilage und fragen Sie ihre Ärztin oder ihren Arzt oder ihre Apothekerin oder ihren Apotheker* ist ebenso ‚geschlechtergerecht' wie hypertroph, weil hier durch die Doppelung etwas Irrelevantes

---

[113] Trutkowski – Weiß: *Zeugen gesucht!*, a. a. O., S. 6.
[114] Vgl. Trutkowski – Weiß: *Zeugen gesucht!*, a. a. O., S. 24–34.
[115] Eisenberg: *Die Vermeidung sprachlicher Diskriminierung im Deutschen*, a. a. O., S. 13.
[116] Heide Wegener: *Grenzen gegenderter Sprache – warum das generische Maskulinum fortbestehen wird, allgemein und insbesondere im Deutschen*, in: Antje Baumann – André Meinunger (Hg.): *Die Teufelin steckt im Detail. Zur Debatte um Gender und Sprache*, Berlin 2017, S. 279–293, hier S. 290.

hervorgehoben wird. Damit wird gegen elementare Konversationsmaximen wie die der Relevanz und der Quantität, die Herbert Paul Grice[117] formuliert hat, verstoßen[118].

Die Beidnennung sei wie die Nutzung von Genderzeichen vergleichbar mit der Nicht-Benutzung von Ellipsen (*Maria backt Kuchen und Hans backt auch Kuchen* anstelle von *Maria backt Kuchen und Hans auch*). Der Sprachökonomie entgegen stehe jedoch die mit dem Gendern einhergehende ‚moralische' Pflicht[119]. Und so konkurriere die sprachökonomische Form (das generische Maskulinum) mit der längeren und komplexeren Honorativform, als die eine gegenderte Wortform wohl bezeichnet werden könne[120]. Diesen Pleonasmus scheint man in Kreisen der Genderlinguistik erkannt zu haben und schlägt *Holen Sie sich ärztlichen oder pharmazeutischen Rat* vor. Das wirkt angesichts der solchen Ratschlägen zugrundeliegenden Maskulinum-Aversion genauso wenig überzeugend wie die Vorschläge *Rat des Arztes* → *ärztlicher Rat*[121] und *Arztgeheimnis* → *ärztliche Schweigepflicht*[122]. Freilich werden sprachfunktional begründete Einsichten in der Öffentlichkeit und für die öffentliche Sprache zunehmend durch die politische Auffassung, Beidnennung diene der gesellschaftlichen Gleichstellung, auf die weiter unten noch ausführlicher eingegangen wird, verstellt. Auf diese Weise gewinnt Pleonasmus gesellschaftliche ‚Relevanz', wie es bereits Schoenthal für die ‚feministische Sprachpraxis' postuliert[123]. So soll der Warnhinweis für Medikamente einem Referentenentwurf des Bundesgesundheitsministeriums zufolge künftig *Zu Risiken und Nebenwirkungen lesen Sie die Packungsbeilage und fragen Sie Ihre Ärztin oder Ihren Arzt oder fragen Sie in Ihrer Apotheke* lauten. Der Hinweis sei seit Jahren wegen seiner „geschlechtsspezifischen" Formulierung Gegenstand von Diskussionen, werde im Entwurf erläutert. „Durch die Änderung soll nunmehr gleichstellungspolitischen Aspekten Rechnung getragen werden." Das Ministerium greife damit auch Forderungen von Berufsverbänden auf. Unter anderem habe sich die Bundesärztekammer für eine Änderung ausgesprochen, da die bisherige Formel nicht mehr in die Zeit passe – Ärztinnen machten inzwischen rund die Hälfte „der Berufstätigen" aus[124]. Man hat es also mit einer genuin politischen Begründung zu tun, die freilich sprachlich gesehen auch von sogleich zu erläuternden kognitionspsychologischen Stereotypen getriggert wird. In der bisherigen Formulierung ist *Arzt* selbstverständlich nicht, wie kontrafaktisch behauptet wird, ‚geschlechtsspezifisch' gemeint, aber das Maskulinum wird vor dem Hintergrund der politischen Vorgaben in seiner Funktion nicht verstanden bzw. in diesem Fall nicht akzeptiert. Abgesehen davon ist der Warnhinweis in der Sache ohnehin überflüssig.

---

[117] Herbert Paul Grice: *Logic and Conversation*, in: Peter Cole – Jerry L. Morgan (eds.): *Syntax and Semantics. Volume 3: Speech Acts*, New York 1975, S. 41–58.
[118] Wegener: *Grenzen gegenderter Sprache*, a. a. O., S. 288; Trutkowski – Weiß: *Zeugen gesucht!*, a. a. O., S. 18.
[119] So z. B. Anatol Stefanowitsch: *Eine Frage der Moral. Warum wir politisch korrekte Sprache brauchen*, Berlin 2018.
[120] Trutkowski – Weiß: *Zeugen gesucht!*, a. a. O., S. 18.
[121] So bereits Bär: *Genus und Sexus*, a. a. O., S. 160.
[122] Diewald – Steinhauer: *Handbuch geschlechtergerechte Sprache*, a. a. O., S. 135.
[123] Schoenthal: *Impulse der feministischen Linguistik*, a. a. O., S. 2070.
[124] dpa: *Diskussion um Genderneutralität. „Fragen Sie Ihren Arzt oder Apotheker" wird abgeschafft*, 16.02.2023, in: *t-online*.

3.3 Referentialität und Kognitionspsychologie

Neben der Homonymie mit dem sexusspezifischen Maskulinum, der Existenz der funktional in der deutschen Gegenwartssprache eindeutigen -*in*-Movierung und der Verstärkung ihres Gebrauchs durch sprachpolitische Aktivitäten gibt es einen zentralen Grund, warum das geschlechtsübergreifende Maskulinum seine theoretisch durch das sprachliche System ermöglichten sprachökonomischen Verwendungsmöglichkeiten im Singular nur begrenzt ausspielen kann. Denn ein singularisches Maskulinum im Sprachgebrauch des Deutschen als genderneutral zu verstehen, ist nicht undifferenziert möglich, sondern an den Grad der Referentialität[125] und an den Kontext gebunden[126]. Das zeigt schon die ebenso traurige wie irreführende Geschichte, die von feministischer Seite zur Demonstration der Undeutlichkeit des genderneutralen Maskulinums angeführt wird:

> Vater und Sohn fahren im Auto. Auf einem Bahnübergang bleibt das Auto plötzlich stehen. Ein Zug kommt herangerast, und das Auto wird samt Insassen überrollt. Der Vater stirbt auf der Stelle. Der Sohn wird schwerverletzt ins Krankenhaus eingeliefert. Als der diensthabende Arzt in den Operationssaal kommt und auf das Kind blickt, wird er kreidebleich und ruft aus: Mein Gott, das ist ja mein Sohn[127].

Niemand außer Feministinnen würde diese Geschichte so erzählen, sondern selbstverständlich von *diensthabender Ärztin* und *sie* sprechen. Das genderneutrale Maskulinum wird schlicht falsch verwendet. Die Geschichte aus dem Repertoire feministischen Storytellings findet sich in den Genderleitfäden vieler Universitäten[128], wurde aber in den USA erdacht und sollte ursprünglich Rollenklischees anhand des Lexems *surgeon* demonstrieren[129].

---

[125] Čmejrková: *Communicating gender in Czech*, a. a. O., S. 47.
[126] Das Folgende nach Kotthoff – Nübling: *Genderlinguistik*, a. a. O., S. 93.
[127] Jürgen Schiewe: *Die Macht der Sprache. Eine Geschichte der Sprachkritik von der Antike bis zur Gegenwart*, München 1998, S. 271.
[128] Fabian Payr: *Streit ums Gendern: Wie falsche Erzählungen die Karriere des Genderns beförderten*, in: *Berliner Zeitung*, 10.12.2022: „Der Text irritiert massiv. Wie kann ein soeben verstorbener Vater in die Verlegenheit kommen, seinen Sohn operieren zu müssen? Die Geschichte soll die angebliche Missverständlichkeit des generischen Maskulinums beweisen. Der Taschenspielertrick dieser Story besteht darin, ein Maskulinum in einem Kontext zu verwenden, der eindeutig ein Femininum erfordert. Hier müsste also von einer *Ärztin* die Rede sein. Redet man über konkrete Personen, wird im Deutschen das Geschlecht sprachlich ausgewiesen, das Maskulinum ist daher in einer Geschichte wie der oben zitierten völlig deplatziert; kein Mensch könnte und würde es an der Stelle generisch interpretieren. Diese Arztgeschichte ist völlig ungeeignet, das generische Maskulinum zu kritisieren, dennoch führt sie viele Menschen erfolgreich hinters Licht."
[129] Payr: *Streit ums Gendern*, a. a. O.: „Die Story vom toten Arzt hat etliche Jahre auf dem Buckel und stammt ursprünglich aus den USA. Dort diente sie einem anderen Zweck: Sie sollte helfen, Rollenstereotype zu entlarven. Wenn also Englischsprecher bei ‚surgeon' an einen Mann dachten, dann lag das nicht am generischen Maskulinum (das es im genuslosen Englischen nicht gibt). Es lag an Geschlechterklischees. Wer diese Geschichte benutzt, um das generische Maskulinum zu stigmatisieren, betrügt sein Publikum. Dass deutsche Universitäten diesen Unfug mitmachen, ist beschämend."

Aus der Realität stammt die seinerzeit rechtssprachliche Ausdrucksweise vom Arzt, der „im Praktikum schwanger wird"[130]. Die damalige Ministerin für Jugend, Familie, Frauen und Gesundheit Rita Süssmuth weigerte sich 1987, eine Rechtsverordnung zu unterschreiben, die diese Formulierung enthielt[131]. Der Unklarheit, die erstens durch die konstruierte Geschichte und zweitens durch die rechtssprachliche Formulierung gezeigt wird, liegt eine elementare kognitionspsychologische Tatsache zugrunde. Menschen können sich Personen umso weniger als geschlechtslos vorstellen, je mehr einzelne Menschen im Fokus stehen und je direkter der Bezug zu ihnen ist.

> Wenn ein Mann seiner Ehefrau mitteilt: „Heute abend gehe ich mit einem Kollegen zum Essen", dann ist die Formulierung irreführend, um nicht zu sagen eine Lüge, wenn dieser Kollege eine Frau ist. Der Faktor Numerus lässt sich wohl auf Relevanz reduzieren (Doleschal 1992[132], S. 59, 61): Da wir uns kaum eine geschlechtslose Person vorstellen können, ist es nahezu immer relevant, beim sprachlichen Bezug auf eine Einzelperson das Geschlecht zu erwähnen[133].

Je referentieller, desto obligatorischer die Geschlechtsangabe und desto stärker ist die Triggerwirkung des als Indiz der Geschlechtsspezifität missverstandenen Genus. Daraus folgt, dass das genderneutrale Maskulinum seine systematisch mögliche Funktion umso eher wahrnimmt, je indirekter bei genannten Einzelpersonen die Referenz ist. Das gilt vor allem auch im Plural in geschlechtsübergreifender Funktion und verständnissichernden Kontexten. Vor der Referenz kommt in der mündlichen oder schriftlichen Ansprache noch die Adressierung (*Sehr geehrter Gast! Lieber Rentner!*). Bei der Referenz nimmt die Konkretheit und Identifizierbarkeit des angesprochenen Gastes bzw. Rentners sukzessive in sieben Stufen ab. Bei den ersten fünf Stufen haben Tests ergeben, dass bei singularisch verwendeten Maskulina kaum Frauen assoziiert werden. Man beachte, dass die betreffenden Verhältnisse erstaunlicherweise sogar mit einem Epikoinon wie *Gast* illustriert werden[134], bei dem semantisch und kognitiv, aber möglicherweise nicht grammatisch-assoziativ, völlig eindeutig sein müsste, dass nicht nur eine männliche Person gemeint sein kann. Damit wird das Ergebnis der Epikoina-Studie von Andreas Klein[135] bereits vorweggenommen. Grammatisch induzierte Assoziationen sind also eine vermutlich unvermeidbare Nebenwirkung der Tatsache, dass das Deutsche eine Genussprache ist. Bei den fraglichen Referenzstufen handelt sich erstens um die spezifische, demonstrative Referenz auf ein Agens (*Dieser Gast / Dieser Rentner bezieht gleich sein Zimmer*) und zweitens um die spezifische, definite Referenz auf ein Agens (*Der Gast / Der Rentner sucht nach seinem Koffer*). Die nächste Stufe ist drittens die spezifische, definite Referenz

---

[130] Schoenthal: *Wirkungen der feministischen Sprachkritik*, a. a. O., S. 227.
[131] Gorny: *Feministische Sprachkritik*, a. a. O., S. 553; Nina Degele: *Der schwangere Arzt im Praktikum. Interventionen der Gender Studies zu geschlechtergerechter Sprache*, in: *Zeitschrift für Pädagogik und Theologie* 72 (2020), S. 30–41, hier S. 31.
[132] Sc. Ursula Doleschal: *Movierung im Deutschen. Eine Darstellung der Bildung und Verwendung weiblicher Personenbezeichnungen*, Unterschleissheim/München 1992.
[133] Becker: *Zum generischen Maskulinum*, a. a. O., S. 66.
[134] Kotthoff – Nübling: *Genderlinguistik*, a. a. O., S. 93.
[135] Klein: *Wohin mit Epikoina?*, a. a. O.

auf ein Patiens (*Ich habe den Gast / den Rentner begrüßt*). Viertens geht es um die spezifische, indefinite Referenz (*Ich begrüße nachher noch einen (bestimmten) Gast / Rentner*) und fünftens um die nicht-spezifische, indefinite Referenz (*Im Wirtshaus kommt nachher sicher noch (irgend) ein Gast / Rentner vorbei*). Geschlechtsübergreifend kann das singularische Maskulinum am ehesten ab der Stufe 6 funktionieren, bei generischer Referenz auf ein Subjekt (*Ein (der) Gast / ein (der) Rentner ist immer willkommen; Gäste / Rentner sind immer willkommen*). *Der Engländer liebt Wortspiele* ist von daher genauso zu verstehen wie *Engländer lieben Wortspiele*[136]. Noch irrelevanter ist das Geschlecht auf der Referenzstufe 7, der prädikativen Referenz (*Du bist ein beliebter Gast / jetzt (ein) Rentner*). Deshalb ist Thomas Becker zu der Auffassung gekommen, dass der grammatische Faktor Numerus nur indirekt eine Rolle spielt und der pragmatische Faktor Relevanz der wesentliche ist[137]. Determinationsglieder von Komposita sind nicht-referentiell, was abgesehen von ausgeprägt feministischen Einstellungen (dazu weiter unten) eine geschlechtsübergreifende Lesart zulässt: *Raucherabteil, Ausländeranteil, Verbraucherdienst*[138].

Bei der Frage der geschlechtsübergreifenden Bedeutung ist die Numeruswahl hochrelevant. Wenn die genannten Beispielsätze in den Plural gesetzt werden, schwächt sich die assoziativ ‚männliche' Lesart ab. Mit dem Substantiv korrespondierende Einheiten sind nur im Singular genusdifferenziert; der Plural hat eine einheitliche Form und ist damit ‚genuslos' oder ‚geschlechtsneutral'[139]. Das Deutsche verhält sich somit wie das Englische und andere germanische Sprachen. Es ist als Vertreter eines konvergenten Korrespondenzsystems anzusehen, im Gegensatz zum ‚parallelen' Französischen und dem ‚gekreuzten' Polnischen[140]. Im Plural wird also im Deutschen das Genus ausdrucksseitig durch Artikel, Pronomina und adjektivische wie substantivische Wortformen unsichtbar[141]. Vergleichbare Verhältnisse finden sich etwa im Dänischen[142], im Gegensatz etwa zum Rumänischen[143]. Die so verstandene Genusneutralität wird zum Beispiel im Walisischen für im Plural (‚Kandidaten' ... ‚sie') oder in der 2. Person Singular (‚Sie arbeiten ...') formulierte Stellenanzeigen genutzt, weil die betreffenden Pronomina keine Genusunterscheidung aufweisen[144]. Dabei ist nicht anzunehmen, dass die Sprachträger bei pluralischer Verwendung unversehens nicht mehr wüssten, welches Genus ein Substantiv

---

[136] Becker: *Zum generischen Maskulinum*, a. a. O., S. 66.
[137] Becker: *Zum generischen Maskulinum*, a. a. O., S. 67.
[138] Kotthoff – Nübling: *Genderlinguistik*, a. a. O., S. 94.
[139] Christiane Thim-Mabrey: *Ist das Deutsche eine Männersprache? Sprachwissenschaft und feministische Sprachkritik*, in: *Informationen Deutsch als Fremdsprache* 18 (1991), S. 148–158, hier S. 151.
[140] Hoberg: *Grammatik des Deutschen*, a. a. O., S. 75–77.
[141] „Genusneutralisierung": Kotthoff – Nübling: *Genderlinguistik*, a. a. O., S. 91; „auch im neuhochdeutschen Plural sind Mann und Frau gleichberechtigt": Hackstein: *Dürfen staatliche Institutionen die Grammatik verändern?*, a. a. O.; vgl. Hoberg: *Grammatik des Deutschen*, a. a. O., S. 75, 79–80; vgl. Trutkowski – Weiß: *Zeugen gesucht!*, a. a. O., S. 9.
[142] Gomard – Kunøe: *Equal before the law – unequal in language*, a. a. O., S. 62.
[143] Maurice: *Deconstructing gender – The case of Romanian*, a. a. O., S. 231; Hoberg: *Grammatik des Deutschen*, a. a. O., S. 26–27.
[144] Gwenllian Awbery – Kathryn Jones – Delyth Morris: *The politics of language and gender in Wales*, in: *Gender Across Languages. The linguistic representation of women and men*. Volume

besitzt. Unklarheiten können nur bei Pluraliatantum wie *Leute* und *Eltern*, *Gebrüder* und *Geschwister* auftreten, wobei letzteres auch ein singularisches Neutrum *das Geschwister* kennt. Die bemühte fachsprachliche Rückbildung *Elter* (statt des semantisch noch kurioseren maskulinen Epikoinons *Elternteil*) ist entweder Maskulinum oder Neutrum[145]. Schoenthal nimmt an, dass „im Familienrecht das neutrale Wort *Elternteil* eingeführt" wurde, weil „schon vor der feministischen Sprachkritik Gesetzesänderungen" beschlossen worden seien, „die maskuline Personenbezeichnungen durch neutrale ersetzt haben, damit Frauen nicht sprachlich ausgeschlossen sind"[146]. Das Wort *Elternteil* ist aber Maskulinum[147]. Für *Leute* stellt Neef mit dem *einer/*eine/*eins der Leute*-Test maskulines Genus fest[148]. Die Auffassung, dass Pluraliatantum kein Genus haben[149] bzw. gleichzeitig maskuline und feminine Merkmale zu beobachten seien[150], ist folglich zu korrigieren. Im Althochdeutschen hatten die verschiedenen Genera auch im Plural morphologisch unterschiedliche Formen; das wurde durch lautliche Abschwächungsprozesse später aufgehoben[151].

Zum grammatischen Moment kommt ein kognitives. Die kognitive Geschlechtswahrnehmung tritt grundsätzlich bei den Mitgliedern einer Gruppe in den Hintergrund, gerade im Gegensatz zu einer Einzelperson, die nicht ohne Geschlecht vorgestellt werden kann. Denn die Zuweisung des Geschlechts zu jedem Einzelnen wäre eine Überforderung (*ein Tourist kam auf mich zu / Touristen kamen auf mich zu*). Schon deshalb ist auch bei Kollektiva das Genus irrelevant.

Jedenfalls haben aber die meisten psycholinguistischen Tests und Umfragen, auf die weiter unten einzugehen ist, mit Ausnahme von Kusterle 2011[152], De Backer und De Cuypere 2012[153] sowie Schröter, Linke und Bubenhofer 2012[154] die Numerusopposition nicht

---

2. Ed. by Marlis Hellinger, Hadumod Bußmann, Amsterdam/Philadelphia 2002 (Impact: Studies in language and society 10), S. 313–330, hier S. 327.

[145] *Elter, das oder der*, in: *Duden online*.
[146] Schoenthal: *Wirkungen der feministischen Sprachkritik*, a. a. O., S. 226.
[147] *Elternteil, der*, in: *Duden online*.
[148] Neef: *Das Konzept des sogenannten ‚Geschlechtergerechten Sprachgebrauchs'*, a. a. O., S. 51.
[149] Trutkowski – Weiß: *Zeugen gesucht!*, a. a. O., S. 9.
[150] Trutkowski – Weiß: *Zeugen gesucht!*, a. a. O., S. 8 mit Bezugnahme auf Manfred Bierwisch: *Syntactic Features in Morphology: General Problems of So-called Pronominal Inflection in German*, in: *To Honour Roman Jakobson. Essays on the Occasion of his Seventieth Birthday, 11 October 1966*. Vol 1, The Hague/Paris 1967 (Janua Linguarum. Series Maior 31), S. 239–270.
[151] Trutkowski – Weiß: *Zeugen gesucht!*, a. a. O., S. 9, 21.
[152] Karin Kusterle: *Die Macht von Sprachformen. Der Zusammenhang von Sprache, Denken und Genderwahrnehmung*, Frankfurt am Main 2011 (Transdisziplinäre Genderstudien 4).
[153] Maarten De Backer – Ludovic De Cuypere: *The interpretation of masculine personal nouns in German and Dutch: a comparative experimental study*, in: *Language sciences* 34 (2012), S. 253–268.
[154] Juliane Schröter – Angelika Linke – Noah Bubenhofer: *„Ich als Linguist" – Eine empirische Studie zur Einschätzung und Verwendung des generischen Maskulinums*, in: Susanne Günthner – Dagmar Hüpper – Constanze Spieß (Hg.): *Genderlinguistik. Sprachliche Konstruktionen von Geschlechtsidentität*, Berlin/Boston 2012 (Linguistik – Impulse und Tendenzen 45), S. 359–379.

oder „eher zufällig" berücksichtigt[155]. Das Gleiche gilt teilweise für die Stufen der Referenz und die Unterscheidung von Rezipientenperspektive und Produzentenperspektive. Sie sind daher in ihrer Aussagekraft begrenzt, werden von interessierter Seite aber nicht selten undifferenziert herangezogen, um dem geschlechtsübergreifenden Maskulinum pauschal[156] eine assoziativ genderneutrale Funktion abzusprechen. Rothmund und Scheele 2004[157] sowie Gygax et al. 2008[158] befassen sich nur mit pluralischen Bezeichnungen, jedoch in methodisch noch zu diskutierender Weise (dazu weiter unten). Bemerkenswerterweise spielen in der öffentlichen Diskussion Tests zur *kognitiven* Verständlichkeit von Texten (Friedrich und Heise 2019[159], Braun et al. 2007[160], Rothmund und Christmann 2003[161] sowie Frank-Cyrus und Dietrich 1997[162]), auf die weiter unten noch ausführlicher eingegangen wird, fast keine Rolle. Das ist für die Ausgewogenheit der Diskussion besonders irreführend, weil diese Tests nämlich belegen, dass mit genderneutralen Maskulina formulierte Texte kognitiv genauso gut oder sogar besser verarbeitet werden als Texte mit gegenderter Ausdrucksweise.

Im Singular besteht also eher assoziative Geschlechtsspezifität, während mit dem Plural leichter auf Personen aller Geschlechter referiert werden kann[163]. Das wird etwa auch für das Italienische festgestellt[164]. Abgesehen davon hat jedes Lexem ein ‚soziales Geschlecht', das sich aus außersprachlichen Geschlechterverteilungen oder -vorstellungen, sozialen Rollen und daraus erwachsenden kognitiven Stereotypen ergibt. So werden unter *Piloten* und *Professoren* (bis zum Erreichen der Geschlechterparität der Gruppen) assoziativ tendenziell eher Männer verstanden als unter *Touristen, Zuhörern* und *Patienten*[165].

---

[155] Vgl. Kotthoff – Nübling: *Genderlinguistik*, a. a. O., S. 94.
[156] Lobin – Nübling: *Tief in der Sprache lebt die alte Geschlechterordnung fort*, a. a. O.
[157] Jutta Rothmund – Brigitte Scheele: *Personenbezeichnungsmodelle auf dem Prüfstand. Lösungsmöglichkeiten für das Genus-Sexus-Problem auf Textebene*, in: *Zeitschrift für Psychologie* 212 (2004), S. 40–54.
[158] Pascal Gygax – Ute Gabriel – Oriane Sarrasin – Jane Oakhill – Alan Garnham: *Generically intended, but specifically interpreted: When beauticians, musicians and mechanics are all men*, in: *Language and Cognitive Processes* 23 (2008), S. 464–485.
[159] Marcus C. G. Friedrich – Elke Heise: *Does the Use of Gender-Fair Language Influence the Comprehensibility of Texts? An Experiment Using an Authentic Contract Manipulating Single Role Nouns and Pronouns*, in: *European Journal of Psychology* 78 (2019), S. 51–60.
[160] Friederike Braun – Susanne Oelkers – Karin Rogalski – Janine Bosak – Sabine Sczesny: *„Aus Gründen der Verständlichkeit ...": Der Einfluss generisch maskuliner und alternativer Personenbezeichnungen auf die kognitive Verarbeitung von Texten*, in: *Psychologische Rundschau* 58 (2007), S. 183–189.
[161] Jutta Rothmund – Ursula Christmann: *Auf der Suche nach einem geschlechtergerechten Sprachgebrauch*. in: *Muttersprache* 112 (2003), S. 115–135.
[162] Karin M. Frank-Cyrus – Margot Dietrich: *Sprachliche Gleichbehandlung von Frauen und Männern in Gesetzestexten. Eine Meinungsumfrage der Gesellschaft für deutsche Sprache*, in: *Der Sprachdienst* 41 (1997), S. 55–68.
[163] Kotthoff – Nübling: *Genderlinguistik*, a. a. O., S. 94.
[164] Marcato – Thüne: *Gender and female visibility in Italian*, a. a. O., S. 213.
[165] Kotthoff – Nübling: *Genderlinguistik*, a. a. O., S. 95.

Es ist bei singularischer Referenz akzeptabler, eine Frau als *Manager* oder *wissenschaftlicher Mitarbeiter* zu bezeichnen als sie *Angestellter* oder *Kosmetiker* zu nennen[166], weil namentlich der letztgenannte Beruf in erster Linie von Frauen ausgeübt wird. Solche kognitiven Stereotype spielen auch eine Rolle bei den Themen der Kontexte, in denen Lexeme verwendet werden. Die zur Demonstration der Referenzverhältnisse genannten Beispielsätze weisen darauf hin, dass ferner syntaktische Funktionen und damit verbundene semantische Rollen von Bedeutung sind. Der Grad der Referentialität ist etwa eingeschränkt, wenn die bezeichnete Person nicht direkt an der Handlung beteiligt ist, weder als Agens (Subjekt), Rezipient (Dativobjekt) noch Patiens (Akkusativobjekt), sondern nur, meist innerhalb einer Präpositionalphrase, zur räumlichen Verortung von etwas anderem dient und somit eine adverbiale Funktion einnimmt: *gestern abend war die Heizung bei dem Gast nicht aufgedreht*; *sie geht nachher in den Blumenladen neben dem Biobäcker*; *sie ist immer noch beim Arzt*[167].

Diese Überlegungen sprechen freilich nicht dagegen, dass beispielsweise ein Mitarbeiter seine Vorgesetzte mit *Chef* ansprechen und so auch über sie sprechen kann. Es ist die eine Sache, in einem sprachpsychologischen Test eine genusindizierte Assoziation zum Wort *Chef* zu produzieren, die andere Sache, mit der betreffenden Person in der Realität zusammenzuarbeiten. Das weist darauf hin, dass die Möglichkeit, ein Maskulinum als geschlechtsübergreifend oder sexusspezifisch zu verstehen, von vielen Faktoren abhängt. Dabei spielen die Bedeutung eines Lexems, die Situation, auf die Bezug genommen wird, die Hörer- und nicht zuletzt die Sprecherperspektive eine Rolle[168]. Hinzu kommen die Referenz auf eine dritte Person, die Referenz auf den Sprecher selbst und die Referenz auf einen Angesprochenen[169]. Eine maskuline Personenbezeichnung pauschal als ‚männlich' zu bezeichnen, wäre also unzutreffend.

> Was man mit Sicherheit ausschließen kann, ist, dass maskuline Personenbezeichnungen einfach männlichen Sexus der Referenten ‚bedeuten'. Wenn das so wäre, dürfte es zwischen den beiden folgenden Sätzen keinen Unterschied der Akzeptabilität geben:
> (3) In dem Flugzeug waren 5 Amerikaner, darunter eine Frau.
> (4) * In dem Flugzeug waren 5 Männer, darunter eine Frau[170].

---

[166] Schröter – Linke – Bubenhofer: „*Ich als Linguist*", a. a. O., S. 368; vgl. weiter unten zu Gygax – Gabriel – Sarrasin – Oakhill – Garnham: *Generically intended, but specifically interpreted*, a. a. O., S. 473.
[167] Kotthoff – Nübling: *Genderlinguistik*, a. a. O., S. 95.
[168] Čmejrková: *Communicating gender in Czech*, a. a. O., S. 47.
[169] Čmejrková: *Communicating gender in Czech*, a. a. O., S. 47–49.
[170] Becker: *Zum generischen Maskulinum*, a. a. O., S. 67.

3.4 Synchrone Analysen und Fehldeutungen

Die Argumentation von Trutkowski und Weiß[171] zugunsten eines synchronen Nachweises des ‚generischen' Maskulinums im Singular zieht wie schon die weiter unten zu behandelnde Argumentation von Trutkowski[172] im Hinblick auf eingeschränkte Akzeptabilität oder Nichtakzeptabilität teilweise als problematisch einzuschätzende Beispiele heran. Wenn nämlich bei einem elliptischen Satz wie

(8) a. *Hans ist Pilot. Maria auch.*

„das Genus sexusspezifizierter Subjekte [sc. *Maria*] (nicht nur im Deutschen) durch ein elidiertes Prädikativ mit divergenten Merkmalen überschrieben werden kann"[173] – im Klartext, man sagt virtuell *Maria ist auch Pilot* statt *Maria ist auch Pilotin* und ‚überschrieben' wird da nichts –, dann kann in (10a)

(10) a. [Über Sprache weiß sie alles, denn...] *?Anna ist Linguist.*

die Akzeptabilität nicht eingeschränkt sein, was bei

(10) b. [Woher soll sie das denn wissen?] *Anna ist doch kein Experte auf diesem Gebiet.*[174]

ebenso wenig der Fall ist. Die Akzeptabilität eines elliptischen oder negierten Satzes setzt die Akzeptabilität des ausformulierten positiven Satzes voraus. Oder:

(11) *Wenn ich$_W$ Gärtnerin/Gärtner wäre, wüsste ich$_W$ das, aber als Linguistin/?Linguist habe ich$_W$ nun mal keine Ahnung, wie viel Wasser eine Clivia braucht.*
(12) a. *Diese Person* (fem -sex) *ist ein anerkannter Experte* (mask +sex$_m$/non.m).
 b. *?Anna* (fem +sex$_w$) *ist ein anerkannter Experte* (mask +sex$_m$/non.m)[175].

In den Beispielen 10-12 kann überall das genderneutrale Maskulinum für weibliche Bezugspersonen verwendet werden. Zu Logeleien führen die Beispiele 16–18:

(16) a. *Das Genie$_i$ und seine$_i$ Schwester sind Millionäre/Millionärinnen.*
 b. *?*Das Genie$_i$ und ihre$_i$ Schwester sind Millionäre/Millionärinnen.*
(17) a. *Der Säugling$_i$ und seine$_i$ Schwester sind Millionäre/*Millionärinnen.*
 b. **Der Säugling$_i$ und ihre$_i$ Schwester sind Millionäre/Millionärinnen.*
(18) a. *Die Koryphäe$_i$ und ihre$_i$ Schwester sind Millionäre/Millionärinnen.*
 b. *Die Koryphäe$_i$ und seine$_i$ Schwester sind Millionäre/*Millionärinnen*[176].

---

[171] Trutkowski – Weiß: *Zeugen gesucht!*, a. a. O., S. 12–16.
[172] Trutkowski: *Wie generisch ist das generische Maskulinum?*, a. a. O.
[173] Trutkowski – Weiß: *Zeugen gesucht!*, a. a. O., S. 13.
[174] Ebd.
[175] Trutkowski – Weiß: *Zeugen gesucht!*, a. a. O., S. 14.
[176] Trutkowski – Weiß: *Zeugen gesucht!*, a. a. O., S. 15.

Die Beispiele 16–18 sollen dafür stehen, dass die Existenz eines generischen Maskulinums auch durch sexusunterspezifizierte Nomina in Kombination mit Possessiva gestützt werde: So seien sexusunterspezifizierte Nomina zwar genusfest, interessanterweise könne ihr ‚angestammtes' Genus aber gemismatcht werden – allerdings nur durch maskuline Possessiva, was insbesondere (18b) zeige[177].

Beispiel (16b) zeigt ein ungrammatisch-sexuskongruentes Possessivpronomen, das die mit *Genie* bezeichnete Person als weiblich ausweist. Solche formal ungrammatischen Konstruktionen (Durchbrechung der Genuskongruenz) entsprechend dem natürlichen Geschlecht der bezeichneten Personen (referentielles Genus) werden gerade auch unter feministischem Einfluss[178] bei genus-sexus-inkongruenten sexusspezifischen Substantiven (hybrid nouns) zunehmend akzeptiert (*das Mädchen hat ihre Turnschuhe vergessen*)[179]. Semantische Kongruenz tritt insgesamt häufiger bei Personalpronomen als bei Relativpronomen auf[180]. Die Durchbrechung der grammatischen Kongruenz zugunsten der semantischen ist nichts Neues, sondern etwa bereits in einem Augenzeugenbericht über den 22. Februar 1943 belegt[181]. Außerdem tritt pronominale Referenz nach dem natürlichen Geschlecht bereits bei Goethe und Wieland auf[182] und überdies im Mittelhochdeutschen[183]. Die Frage von Elke Donalies, wen Rotkäppchen besuche, *seine* oder *ihre* Großmutter[184], dürfte also vermehrt mit *ihre* beantwortet werden, was nicht zuletzt darauf hinweist, dass Genus eine formalgrammatische Größe ist, die im voll kontextualisierten alltäglichen Sprechen, bei dem man weiß, um wen es geht, niemanden über das natürliche Geschlecht des Bezeichneten täuscht. In genau diesem Zusammenhang findet sich auf der Internetseite des Leibniz-Instituts für deutsche Sprache die mittlerweile bemerkenswerte Feststellung: „Dennoch weiß natürlich jedes Kind, dass das Genus, das grammatische Geschlecht, und der Sexus, das biologische Geschlecht, keineswegs immer übereinstimmen: [...]"[185]. Merkwürdig nur, dass eine Einsicht, die bereits Kinder haben, auf dem Weg zum Erwachsenenalter verlorengeht und dann von Interessierten, vom Journalisten bis

---

[177] Trutkowski – Weiß: *Zeugen gesucht!*, a. a. O., S. 15.
[178] von Polenz: *Deutsche Sprachgeschichte*, a. a. O., S. 78.
[179] Vgl. Hoberg: *Grammatik des Deutschen*, a. a. O., S. 23.
[180] Zum Gesamtphänomen und den Einzelheiten s. Anja Binanzer – Sarah Schimke – Silke Schunack: *Syntaktische Domäne oder lineare Distanz – welcher Faktor steuert semantische Kongruenz im Kontext von Hybrid Nouns und Epikoina in stärkerem Maß?*, in: *Genus – Sexus – Gender*. Hg. von Gabriele Diewald und Damaris Nübling, Berlin/Boston 2022 (Linguistik – Impulse & Tendenzen 95), S. 193–218.
[181] „Dann wurden sie abgeführt, zuerst das Mädchen. Sie ging, ohne mit der Wimper zu zucken." Zitiert bei Hermann Vinke: *Das kurze Leben der Sophie Scholl*, Ravensburg 1980 (Frauen & Mädchen. Erlebtes – Erzähltes), S. 165.
[182] Schoenthal: *Impulse der feministischen Linguistik*, a. a. O., S. 2066.
[183] Magnus Breder Birkenes – Jürg Fleischer: *Genus- und Sexuskongruenz im Mittelhochdeutschen: eine Paralleltextanalyse zum Lexical hybrid kint*, in: *Genus – Sexus – Gender*. Hg. von Gabriele Diewald und Damaris Nübling, Berlin/Boston 2022 (Linguistik – Impulse & Tendenzen 95), S. 241–265.
[184] Elke Donalies: *Wen besucht Rotkäppchen, seine oder ihre Großmutter? Korrespondenz zwischen Genus und Sexus*, in: *Sprachreport* 25 (2009), S. 21–22.
[185] IDS grammis. Grammatik in Fragen und Antworten: *Wen besucht Rotkäppchen, seine oder ihre Großmutter? — Korrespondenz zwischen Genus und Sexus*.

zum Hochschullehrer, nach Kräften geleugnet wird. Dass einem hier ein anderes Märchen einfällt, das Märchen ‚Des Kaisers neue Kleider', in dem ein Kind mit klarem Blick und einem einzigen Satz eine öffentliche Unwahrheit bloßstellt, liegt auf der Hand.

In (17a) können der Säugling und seine Schwester auch *Millionärinnen* sein; die Konstruktion ist grammatisch kongruent, aber der Säugling kann weiblich sein. In (17b) liegt eine ungrammatische, aber bezeichnungsadäquate Konstruktion nach dem weiblichen Geschlecht des bezeichneten Säuglings vor. In (18a) ist das Possessivpronomen *ihre* grammatisch korrekt; wenn aber das Genie ein Mann wäre, könnten die beiden nicht als *Millionärinnen* bezeichnet werden. In (18b) wird durch die ungrammatisch-bezeichnungsadäquate Konstruktion klar, dass *Koryphäe* hier einen Mann bezeichnet; dieser und seine Schwester können natürlich nicht als *Millionärinnen* bezeichnet werden. Auf jeden Fall zeigen alle Beispiele das genderneutrale Maskulinum.

Argumentativ auf den ersten Blick nicht weiterführend sind in diesem Zusammenhang Beispiele mit Epikoina als Prädikat wie

(14) a. *Diese Person* (fem -sex) *ist ein lieber Mensch* (mask -sex).
b. *Anna* (fem +sex$_w$) *ist ein lieber Mensch* (mask -sex).
(15) a. *Dieser Mensch* (mask -sex) *ist eine gute Lehrkraft* (fem -sex).
b. *Hans* (mask +sex$_m$) *ist eine gute Lehrkraft* (fem -sex)[186].

Sie zeigen vor dem Hintergrund der Studie von Klein[187] aber immerhin, dass auch Epikoina ungeachtet ihres assoziativstarken Genus in der Praxis eben als das verwendet werden, was sie sind – als Epikoina.

Trutkowski und Weiß argumentieren hinsichtlich der Genese des genderneutralen Maskulinums so[188]: Dass die generische Lesart der sexusspezifizierten entstamme und keine sexusunterspezifizierte Variante darstelle, zeige sich an Akzeptabilitätsunterschieden, die generische Maskulina wie *Lehrer* produzierten (7a), sexusunterspezifizierte Substantive wie *Mensch* jedoch nicht (7b):

(7) a. ?*Anna* (fem +sex$_w$) *ist ein netter Lehrer* (mask +sex$_{non.m}$).
b. *Anna* (fem +sex$_w$) *ist ein netter Mensch* (mask -sex).
c. *Anna* (fem +sex$_w$) *ist eine nette Lehrerin* (fem +sex$_w$).

Syntaktische Strukturen wie (7a) müssten nicht markiert bzw. ungrammatisch sein. Fest stehe jedoch, dass generische Maskulina meist einen mit verminderter Akzeptabilität einhergehenden Mismatch verursachten, der unter sexusunterspezifizierten Nomina (7b) oder gematchten Strukturen (7c) nicht vorliege. Aufgrund des Kontrastes (7b) zu (7c) sei anzunehmen, dass die sexusspezifizierte Variante die lexikalisierte und die generische Variante eine abgeleitete sei. Wäre es umgekehrt, würde man keine Mismatch-Effekte in (7a) finden. Im Gegensatz zu dieser Analyse könnte man behaupten, dass in (7a) mit dem genderneutralen *Lehrer* ein genauso wenig ‚Geschlecht' indizierendes Nomen vorliegt wie mit *Mensch*. Die geringere Akzeptabilität hängt damit zusammen, dass *Lehrer* im

---

[186] Trutkowski – Weiß: *Zeugen gesucht!*, a. a. O., S. 15.
[187] Klein: *Wohin mit Epikoina?*, a. a. O.
[188] Trutkowski – Weiß: *Zeugen gesucht!*, a. a. O., S. 12.

Gegensatz zu *Mensch*, das morphologisch alternativlos ist, also keine feminine Ableitung neben sich hat, mit der sexusspezifischen Variante *Lehrer* (mask +sex$_m$) verwechselt werden kann. Es handelt sich um das bereits behandelte Problem der Erkennbarkeit eines singularischen genderneutralen Maskulinums, dessen kognitionspsychologische Grundlagen erläutert wurden.

Die Analyse von Trutkowski und Weiß wirkt, wie oben im Zusammenhang der „unbelebten" Nomina angedeutet, unnötig kompliziert. Das Sem ‚männlich' ist entweder vorhanden oder nicht, und dass *Lehrer* eine Personenbezeichnung ist und die bezeichnete Person eines der möglichen Gender haben muss, ist Weltwissen für den zweiten Teil der Aussage und kein Bestandteil der lexikalischen Bedeutung. *Lehrer* bedeutet entweder ‚Person, die lehrt' oder ‚männliche Person, die lehrt'. Eine Beschreibung des genderneutralen *Lehrer* als (mask +sex$_{non.m}$) vermengt die Beschreibung einer angenommenen Entwicklung von einer spezifischen zur unspezifischen Variante mit der Beschreibung des Ergebnisses, wirkt geradezu feministisch und erleichtert den Fehlschluss, das Sem ‚männlich' stecke irgendwie blockiert doch noch in dem Wort, weshalb dieses Maskulinum ‚pseudogenerisch' sei.

Ein Wort mit zwei Bedeutungen, d. h. sowohl geschlechtsübergreifend als auch geschlechtsspezifisch, Hyperonym oder Hyponym seiner selbst, können oder vielmehr wollen manche linguistische und nichtlinguistische Zeitgenossen im Fall der unspezifischen bzw. geschlechtsspezifischen Maskulina neuerdings offenbar nicht mehr verstehen bzw. akzeptieren. Das ist umso auffälliger, als ansonsten Wörter auch mit mehr als zwei Bedeutungen nichts Besonderes sind. Die meisten Wörter sind polysem, bedeuten also mehrere mehr oder minder unterschiedliche Entitäten, die sich aus einem gemeinsamen Kontext entwickeln. Polysemie gilt als natürlichsprachlicher Normalfall und als Ausdruck des sprachlichen Ökonomie-Prinzips; das steht bereits bei Wikipedia[189]. Mit der für natürliche Sprachen unangemessenen Vorstellung, ein Lexem müsse nur eine einzige Bedeutung aufweisen, einher geht die implizite Forderung nach der semantisch-morphologisch-grammatischen Kongruenz und Transparenz einer Wortbildung[190]. Deshalb trachten die besagten Zeitgenossen danach, ungeachtet einer sprachgeschichtlichen Tradition von mehr als 1200 Jahren anstelle der vertikalen Bisemie oder Autohyponymie[191] eine Monosemie unter allen Umständen auch beim Maskulinum zu postulieren, und zwar als spezifische Bedeutung ‚männlich'[192].

> Durch feministische Nichtanerkennung der (durch den Kontext monosemierten) Polysemie geschlechtsneutral konventionalisierter maskuliner Lexeme kann der populären vorpragmatischen Semantikideologie Vorschub geleistet werden, nach der man glaubt, die Bedeu-

---

[189] *Polysemie*, in: *Wikipedia*.
[190] Trutkowski – Weiß: *Zeugen gesucht!*, a. a. O., S. 17.
[191] Becker: *Was wir von Aristoteles über die Bedeutung deutscher Wörter lernen können*, a. a. O., S. 64–65; vgl. *vertikale Polysemie* nach Paul Gévaudan: *La polysémie verticale: Hypothèses, analyses et interpretations*, in: *Philologie im Netz* 2 (1997), S. 1–22; Begriff erwähnt bei Neef: *Das Konzept des sogenannten ‚Geschlechtergerechten Sprachgebrauchs'*, a. a. O., S. 56.
[192] Neef: *Das Konzept des sogenannten ‚Geschlechtergerechten Sprachgebrauchs'*, a. a. O., S. 56–57.

tungen würden in den Wörtern ‚drinstecken' (unabhängig von dem Gemeinten der Sprechenden) und es sei immer nur die eigene Bedeutungsauffassung die richtige (s. [...] strukturale Bedeutungstheorie). Man glaubt, durch Kurieren sprachlicher Symptome soziale Veränderung bewirken zu können (Panlinguismus [...]). Dadurch kann die weitverbreitete einseitig symptomatische Rezeptionsweise von Sprache gefördert werden, mit der die Symptomfunktion von Sprache verabsolutiert wird auf Kosten der anderen (primär pragmatischen) Sprachfunktionen Darstellung, Ausdruck und Appell ([...])[193].

Dabei ist die theoretische Grundlage solcher Bestrebungen im Einzelfall unzutreffend formuliert, wie z. B. von Ursula Doleschal[194]:

Zudem ist auf der Inhaltsebene die Opposition zwischen ‚männlich' und ‚weiblich' prinzipiell eine äquipollente, auf der Ausdrucksebene hingegen stehen die meisten weiblichen Ableitungen zu ihren männlichen Äquivalenten in einer privativen Opposition, d. h., die männliche Personenbezeichnung wird sowohl zur Bezeichnung männlicher Personen als auch zur Bezeichnung der Geschlechtsabstraktion verwendet, also in Neutralisierungskontexten wie universellen oder generischen NPs, [...].

Zutreffend wäre: Die inhaltliche Opposition zwischen ‚männlich' und ‚weiblich' ist komplementär. Auf der Ausdrucksebene sind die weiblichen Bezeichnungen markierte Bildungen. Sie stehen *inhaltlich* zu den nichtmarkierten Bildungen *entweder* im Verhältnis komplementärer Opposition ‚weiblich – männlich' *oder* im Verhältnis privativer Opposition ‚spezifisch – unspezifisch'. Das letztere trifft inhaltlich auch auf die spezifischen maskulinen Bildungen im Verhältnis zu den unspezifischen maskulinen Bildungen zu. Dabei treten die unspezifischen Maskulina durchaus nicht nur in „universellen oder generischen NPs" auf.

Die nur auf den Unterschied ‚männlich'-,weiblich' bezogene Monosemie der Movierung bestand überdies bekanntermaßen nicht immer. Sie ist sogar eine relativ neue Entwicklung. Wenn Goethe in seinem Testament 1797 Christiana Vulpius als seine „Freundinn und vieljährige Hausgenossin"[195] bezeichnet, entspricht das in diesem Fall dem heutigen Gebrauch der *-in*-Movierung im Singular. Nicht aber dann, wenn Christiana *Frau Staatsministerin von Goethe*[196] bzw. *Geheimerätin von Goethe*[197] genannt wird oder Christianas Totenfrau 1816 als *Dorothea Wagenknechtin* die Rechnung quittiert[198].

Mit Akzeptabilitätstests aufgrund von Ellipsen arbeitete Trutkowski in ihrem Aufsatz von 2018[199]. So sollte in einem Versuch die Akzeptabilität von Sätzen mit angeschlossener Ellipse wie

(10) a. *Anton ist Pilot. Peter auch.* (5,87)
b. *Anton ist Pilot. Maria auch.* (4,55)

---

[193] von Polenz: *Deutsche Sprachgeschichte*, a. a. O., S. 78.
[194] Doleschal: *Konzeptualisierung von Geschlecht und Sprachvergleich*, a. a. O., S. 180.
[195] Damm: *Christiane und Goethe*, a. a. O., S. 206.
[196] Damm: *Christiane und Goethe*, a. a. O., S. 426.
[197] Damm: *Christiane und Goethe*, a. a. O., S. 445.
[198] Damm: *Christiane und Goethe*, a. a. O., S. 444.
[199] Trutkowski: *Wie generisch ist das generische Maskulinum?*, a. a. O.

c. *Anette ist Pilotin. Peter auch.* (3,91)
   d. *Anette ist Pilotin. Maria auch.* (5,88)

auf einer Skala von 1 (völlig inakzeptabel) bis 7 (völlig akzeptabel) bewertet werden. Die Durchschnittswerte sind den Beispielen nachgestellt[200]. Ellipsen, die auf eine feminine Entität referierten und denen ein maskulines Antezedens voranging, wurden also besser bewertet (4,55) als Ellipsen, die auf eine maskuline Entität referierten und denen ein feminines Antezedens voranging (3,91)[201]. Der Versuch zeigt neben der Schwierigkeit, ein genderneutrales Maskulinum im Singular als solches zu erkennen, die noch bemerkenswertere Problematik, dass man möglicherweise durch Versuchspersonen keine zutreffenden grammatischen Einschätzungen erhält – vermutlich ein Dilemma aller Untersuchungen mit und Befragungen von Gewährspersonen, das auch hinsichtlich der Aussagekraft sprachpsychologischer Tests beachtet werden müsste. Denn die Sätze (10a) und (10d) hätten mit 7 Punkten bewertet werden müssen; dem Satz (10c) steht nur ein Punkt zu. Offenbar haben die Versuchspersonen aber inferiert: ‚Anette ist Pilotin. Peter ist auch Pilot'. Das würde auf eine bemerkenswerte Fähigkeit zur Inferenz hinweisen, also ein pragmatisches Sprachverständnis, das die verständigen Sprecher besitzen, die elementare Voraussetzung für Sprachverstehen und Sprachgebrauch, wie es auch bei der Verwendung des genderneutralen Maskulinums benötigt wird – und nicht zuletzt bei der Verwendung der feministisch und queer inspirierten ‚Ersatzformen'.

Trotz der beobachteten Unschärfe zieht Trutkowski den Schluss, dass auf feminine Nomina in Subjektfunktion durch maskuline Prädikativa referiert werden kann, auf maskuline Nomina in Subjektfunktion jedoch nicht durch feminine Prädikativa. Die Ergebnisse aus der Stichprobe sollen für die Existenz eines generischen Maskulinums (und gegen ein generisches Femininum) sprechen, zumindest was Daten mit Ellipsen in Prädikativkonstruktionen angeht[202]. Als Quintessenz aus einem weiteren Versuch mit Epikoina wird gefolgert, dass das Maskulinum als Target of Agreement (in Prädikativfunktion) das unterspezifizierteste / am wenigsten spezifizierte Genus sei. Kein anderes Genus verfüge über eine größere Extension. In diesem Sinn sei das Maskulinum im Gegensatz zum Femininum (und zum Neutrum) ein ‚hyperonymes' Genus. Als Controller / Source of Agreement (in Subjektfunktion) stelle das Maskulinum aber das am meisten restringierte Genus dar: Kein anderes Genus könne so wenig gemismatcht werden wie das Maskulinum. Grundsätzlich verlangten maskuline Subjekte maskuline Prädikative. Die einzige Option einer Abweichung von der obligatorischen Genuskongruenz, die sich einem maskulinen Subjekt biete, stellten sexusneutrale Ausdrücke wie *Lehrkraft* oder abstrakte / vom deskriptiven Inhalt abstrahierende Ausdrücke dar wie zum Beispiel Schimpfwörter, etwa *blöde Kuh*, da das Merkmal Genus in diesen Fällen ohne Semantik (also ohne Sexus-Konnotation) daherkomme, was einen Mismatch ermögliche. Allerdings erscheinen hier wie in Trutkowski – Weiß 2023 neben korrekt als sprachlich unzulässig eingeschätzten auch eindeutig irrig interpretierte Beispiele, etwa in

---

[200] Trutkowski: *Wie generisch ist das generische Maskulinum?*, a. a. O., S. 87–88.
[201] Trutkowski: *Wie generisch ist das generische Maskulinum?*, a. a. O., S. 88.
[202] Trutkowski: *Wie generisch ist das generische Maskulinum?*, a. a. O., S. 89.

(26) a. *Hans_MASK ist Waliserin_FEM.
   b. *Dieser Pilot_MASK ist Waliserin_FEM.
   b. *Dieser Gast_MASK ist Waliserin_FEM.

Die Beispiele (26b) sind grammatisch korrekt, einmal aufgrund des genderneutralen Maskulinums, das andere Mal aufgrund des Epikoinons.

Mit einer analogen Erhebungsmethode, Ellipsen und Mismatches, arbeitet auch die Studie von Berry Claus und Aline Willy[203]. In der Akzeptabilitätsstudie werden inkongruente prädikative Ellipsen vom Typ *Herr Saki ist Japaner. Frau Watanabe auch* untersucht. Sie zeigen, dass ein weibliches Subjekt nach unmoviertem Prädikatsnomen (genderneutrales Maskulinum) besser akzeptiert wird. Insgesamt erreichen Items mit unmoviertem Prädikatsnomen jedoch nur mittlere Werte auf der Akzeptabilitätsskala (Median für Plural 4, für Singular 3 bei 7 = ‚sehr gut' und 1 = sehr schlecht). Für die gegenläufig inkongruente Struktur (*Frau Watanabe ist Japanerin. Herr Saki auch.*) liegt der Median numerusunabhängig bei 2, „was nahelegt, dass unmovierte Formen auch bei elliptischem Bezug eher geschlechtsübergreifend fungieren können als movierte"[204]. Wie bei Trutkowski zeigt sich also eine Unschärfe bei der Beurteilung solcher Mismatches, was schon daraus hervorgeht, dass der Fall *Frau Watanabe ist Japanerin. Herr Saki auch* bei 1 = ‚sehr schlecht' landen müsste. Der Median 4 bei pluralischen Items zeigt die bessere Akzeptanz des Plurals entsprechend den oben geschilderten kognitionspsychologischen Bedingungen. Außerdem ist 4 nur ein Mittelwert. Die Aufstellung der relativen Anteile für die Bewertungen von 1–7 für das genderneutrale Maskulinum im Singular und Plural in einer Graphik[205], bei der die Angabe der Prozentwerte der Anteile für die Beurteilung der Ergebnisse hilfreicher gewesen wären als Flächen mit unterschiedlichen Grautönen, zeigt, dass die Beurteilungen des Typus *Herr Saki ist Japaner. Frau Watanabe auch* bei 50 % der Probanden von 4–7 (,sehr gut') reichen, wobei der Anteil von 7 beim Plural höher ist als beim Singular.

Claus und Willy führen aus[206], dass der Interaktionseffekt zwischen den Faktoren Numerus und Inkongruenztyp ebenfalls für die Asymmetriethese (genderneutrales Maskulinum) problematisch sei. Denn während der Faktor Numerus keinen Einfluss auf die Ratings für den Inkongruenztyp fem_Herr Y (*Frau Watanabe ist Japanerin. Herr Saki auch*) hatte, zeigte sich für den Inkongruenztyp mask_Frau X (*Herr Saki ist Japaner. Frau Watanabe auch*) ein signifikanter Effekt von Numerus, mit höheren Akzeptanzwerten in der Plural-Bedingung als in der Singular-Bedingung. Mit den Annahmen der Asymmetriethese sei dieser Effekt nicht zu erklären; die fehlende Geschlechtspräsupposition sollte sich nicht zwischen maskulinen Prädikatsnomen im Plural und Singular unterscheiden. Offenbar ist Claus und Willy die in den vorliegenden Studien weiter oben referierte Einflussnahme kognitionspsychologischer Parameter auf die Geschlechtspräsupposition bei singularischer Referenz nicht bewusst. Das Postulat „Die Geschlechtsunspezifität einer

---

[203] Berry Claus – Aline Willy: *Inkongruenz von Genus und Geschlecht in Nominalellipsen: Akzeptabilität und Asymmetrie*, in: *Genus – Sexus – Gender*. Hg. von Gabriele Diewald und Damaris Nübling, Berlin/Boston 2022 (Linguistik – Impulse & Tendenzen 95), S. 219–240.
[204] Kopf: Ist Sharon Manager?, a. a. O., S. 77.
[205] Claus – Willy: *Inkongruenz von Genus und Geschlecht*, a. a. O., S. 230.
[206] Claus – Willy: *Inkongruenz von Genus und Geschlecht*, a. a. O., S. 230–231.

maskulinen Personenbezeichnung sollte nicht mit dem Numerus variieren"[207] zeigt die Unkenntnis diesbezüglicher Literatur. Ansonsten ergibt die Kommentierung Erstaunliches:

> Für die Mehrheit der Proband*innen (57 %; n = 23) waren die individuellen Mediane in der Bedingung mask_Frau X [sc. *Herr Saki ist Japaner. Frau Watanabe auch*] höher als in der Bedingung fem_Herr Y [sc. *Frau Watanabe ist Japanerin. Herr Saki auch*]. Es gab jedoch eine relativ große Gruppe von Proband*innen (43 %; n = 17) mit identischen Medianen in den beiden Bedingungen[208].

Das heißt, von einer signifikant großen Gruppe wurde eine sprachsystematisch lizensierte Gebrauchsweise genauso beurteilt wie eine sprachsystematisch falsche. An dieser Stelle fragt sich, aus welcher soziologischen Gruppe die Gewährspersonen kamen, auf welche Weise der Versuch durchgeführt wurde und ob es auf der Seite der Probanden Möglichkeiten für Präsuppositionen und Inferenzen gab, die ein Ergebnis beeinflussen. Das ist klar ersichtlich der Fall. Die Akquise der Probanden erfolgte über die Mailingliste für Studierende der Humboldt-Universität zu Berlin. In der Versuchsanleitung wurden die Versuchspersonen anhand von zwei Beispielsatzpaaren über ihre Aufgabe in dem Experiment informiert und instruiert, ihre Bewertung so spontan wie möglich und ohne langes Nachdenken abzugeben[209]. Auf diese Taktik der Befragung, welche die Kognition weitgehend ausschaltet und die grammatische Suggestion in den Vordergrund treten lässt, ist auch noch weiter unten einzugehen.

Um die zuvor dargestellten, für die Asymmetriethese (genderneutrales Maskulinum) problematischen Aspekte der Ergebnisse (Akzeptabilitätsniveau, Numeruseffekt, ‚Symmetriegruppe', das heißt die große Gruppe derjenigen, die sprachrichtige und falsche Items gleich bewerteten) post-hoc erklären zu können, seien Zusatzannahmen erforderlich. Denkbar sei eine Verzerrung der Akzeptabilitätsurteile durch Annahmen zur sozialen Erwünschtheit oder Sensibilisierung für gender-faire Sprache, die zu einer geringeren Bewertung (als entsprechend der Neutralitätsthese zu erwarten) in den Bedingungen mit maskulinen Antezedenzprädikatsnomen (*Herr Saki ist Japaner. Frau Watanabe auch*) geführt haben könne. Der Numeruseffekt müsse dann mit einer stärkeren Verzerrung für Singularformen im Vergleich zu Pluralformen erklärt werden[210]. Diese wie gesagt auf Unkenntnis einschlägiger Literatur beruhende Überlegung von Claus und Willy zum Singular/Plural-Unterschied beschreibt nur ein Symptom und erklärt nichts.

Die interindividuelle Variabilität (die Existenz einer Asymmetriegruppe vs. einer Symmetriegruppe) ließe sich, so Claus und Willy, darauf zurückführen, dass sich die ‚Proband*innen' im Ausmaß ihrer Tendenz zu sozialer Erwünschtheit bzw. ihrer Sensibilisierung für gender-faire Sprache unterschieden und damit im Ausmaß der Verzerrung der Akzeptabilitätsurteile[211]. Weniger kompliziert gesagt: bei den Berliner Studierenden, die einen Satz wie *Herr Saki ist Japaner. Frau Watanabe auch* tendenziell für richtiger

---

[207] Claus – Willy: *Inkongruenz von Genus und Geschlecht*, a. a. O., S. 233.
[208] Claus – Willy: *Inkongruenz von Genus und Geschlecht*, a. a. O., S. 232.
[209] Claus – Willy: *Inkongruenz von Genus und Geschlecht*, a. a. O., S. 228.
[210] Claus – Willy: *Inkongruenz von Genus und Geschlecht*, a. a. O., S. 234–235.
[211] Claus – Willy: *Inkongruenz von Genus und Geschlecht*, a. a. O., S. 235.

hielten als einen Satz wie *Frau Watanabe ist Japanerin. Herr Saki auch*, wäre die Bereitschaft zur Anpassung an die von außen vorgegebene und erwartete ‚gender-faire' Sprechweise bzw. die Neigung zu ‚gender-fairer' Sprache aufgrund eigener Überzeugtheit geringer gewesen als bei denjenigen, die beide Sätze gleich beurteilten. Zur Annahme der Erwünschtheit ‚gender-fairer' Sprache könnte bereits das sprachliche Framing des Fragebogens durch die beiden Autorinnen, welche die sprachsystematisch falsche Sternchenableitung *Proband*innen* in einem sprachwissenschaftlichen Aufsatz verwenden, Anlass gegeben haben. Im Übrigen sind die ‚Proband*innen' geradezu das Musterbeispiel für eine nicht-repräsentative Sprechergruppe: gleiche Alterskohorte, gleicher Bildungsstand, gleicher Ort, gleiches universitäres Milieu, in dem ohnehin das ‚gender-faire' Sprechen und Schreiben durch „Empfehlungen oder Leitlinien zu geschlechtergerechter Sprache, die teils vom Rektorat, teils von einzelnen Fakultäten ausgesprochen werden"[212], nahegelegt wird. Das Ergebnis des Tests würde also auf einem klassischen Response-Bias beruhen.

In vergleichbaren Tests, auch den Assoziationstests, ergibt sich, dass sich bei der Perzeption genderneutraler Maskulina die in einer Genussprache a priori vorauszusetzende assoziative Suggestion durch das Genus geltend macht, seit langem verstärkt durch sprachpolitische Einflüsse, die, wie oben gezeigt, sogar bei Epikoina zu beobachten sind. Die Frage ist also nicht, ob ein geschlechtsübergreifendes Maskulinum existiert. Die Frage ist, ob es in bestimmten Kontexten und Referenzverhältnissen aufgrund kognitionspsychologischer Stereotype und seiner Homonymie mit dem geschlechtsspezifischen Maskulinum als solches erkannt werden kann und deshalb sinnvollerweise in solchen Kontexten und Referenzverhältnissen verwendet werden sollte. Die aus der Rezipientenperspektive heraus mit mehr oder weniger geeignetem Setting und Framing angelegten Tests zeigen wie die weiter unten an Beispielen zu besprechenden Assoziationstests, dass Sprecher und Sprache sich nicht im geschichtslosen mathematisch-logischen Raum bewegen, in dem sprachliche Phänomene von den Gewährspersonen mit der Exaktheit beurteilt werden, die man sich als Sprachwissenschaftler wünscht. Vielmehr führen gesellschaftlich bedingte Sprechnormwandlungen, hier die weitgehende mediale Ausbreitung gegenderter Sprache in öffentlichen Texten, und dadurch beeinflusste individuelle Präsuppositionen, Inferenzen sowie metasprachliche Vermutungen hinsichtlich der womöglich im akademischen Zusammenhang erwarteten Ausdrucksweise zur Verzerrung der Ergebnisse. Die feministisch interessierte Sprachwissenschaft stellt die Fragen falsch herum, weil sie millionenfach belegten Sprachgebrauch nicht wahrhaben will, und arbeitet sich dann an den Folgen der durch feministische Missdeutung des Genus verstärkt eingetretenen perzeptiven Unsicherheit bzw. sozialen Anpassung ab. Die Öffentlichkeit wiederum ist zu unkritisch, um den methodischen Vertigo solcher Tests zu bemerken. Nirgendwo wird nach der *Produzentenperspektive* gefragt, das heißt danach, was und wen ein durchschnittlicher Sprecher wie *meint*, wenn er sagt, dass die Urlaubsgebiete, welche die *Urlauber* schmerzlich vermisst haben, die *Besucher* freudig erwarten. Dass sich die *Touristen* auch dort wieder einstellen. Was er damit meint, wenn er sagt, viele der *Leser* der Romane Thomas Manns seien Frauen, oder dass Frauen die besseren *Diplomaten*

---

[212] Anant Agarwala: *Zwingen die Unis zum Gendern?*, in: *Die Zeit*, Nr. 8, 16.02.2023, S. 27.

seien. Und was eine Frau damit meint, dass sie inzwischen eine Art von *Spezialist* geworden sei.

4 Zur Diskussion der Indikationslosigkeit des Genus genderneutraler Maskulina

4.1 Die feministische Position

Die gegenwärtige Verzerrung bei der Beurteilung von Sätzen wie *Herr Saki ist Japaner. Frau Watanabe auch* und *Frau Watanabe ist Japanerin. Herr Saki auch*, wie sie die Studie von Claus und Willy aus dem Berliner Hochschulmilieu zeigt, ist maßgeblich durch die im Folgenden geschilderte Entwicklung bedingt. Denn das Zusammenspiel von Weltwissen und Sprache, die Angewiesenheit der sprachlichen Verständigung auf Weltwissen jenseits grammatischer Kategorien wie des Genus, vor allem die auf der Ebene generalisierenden Gebrauchs (*der Einwohner* ‚Person, die in X wohnt') eintretende Indikationslosigkeit des Maskulinums für den Sexus wird von Vertretern der bereits angesprochenen feministischen Sprachkritik sogar *kategorisch* in Abrede gestellt.

> Diese seit circa 1200 belegte inklusive Verwendung der Personenbezeichnungen wird nun von einer Minderheit von sich als Opfer fühlenden Feministen bestritten. Ein grammatisch maskulines Wort bedeute stets ‚männlich'. Nach dieser Logik können als Geiseln nur Frauen genommen werden, denn die Geisel ist feminin, und kein Mann kann ‚eine Koryphäe, eine Kapazität, eine Spitzenkraft', keine Frau ‚ein Star' sein. Die Gleichsetzung von Genus und Geschlecht ist falsch und dumm. Welches Geschlecht hat dann ein Genie? Abgesehen von der kleinen Zahl von sexusfesten Wörtern wie ‚Vater' gibt es keinen direkten Zusammenhang zwischen Genus und Geschlecht[1].

Heide Wegener befindet sich nur insoweit im Irrtum, als erstens genderneutrale Varianten bereits 400 Jahre früher als 1200, um 800, belegt sind (s. unten), also nicht seit ungefähr a. 1200, sondern seit ungefähr 1200 Jahren. Zweitens zeigen movierte Feminina sowie gegenderte Konversionen aus Partizipien und Adjektiven einen direkten Zusammenhang zwischen Genus und Geschlecht. Drittens bestreitet die feministische Linguistik bei den von Wegener ins Feld geführten Epikoina paradoxerweise die Unabhängigkeit des Genus vom Sexus gar nicht. Die feministische Selbsttäuschung beruht vielmehr entscheidend auf der Missinterpretation genderneutraler Maskulina. Aus der feministischen Selbsttäuschung, die mit dem aus dem Zeitgeist heraus zu verstehenden Streben nach gesellschaftlicher Gerechtigkeit in der Sprache zusammenhängt, wurde im Sinne des mandevilleschen Paradoxons in 40 Jahren eine medial popularisierte Sprachideologie, deren Konsequenzen für den Sprachgebrauch der Sprachgemeinschaft aufgenötigt werden sollen. Dass die beiden Grundformen gegenderter Sprechweise, das feministische ‚geschlechtergerechte' Paradigma und das queere ‚gendergerechte' Paradigma, Sprachideologien mit missionarischem Eifer sind, ist keine polemische Behauptung, sondern wird von einer

---

[1] Wegener: *Sichtbar oder gleichwertig?*, a. a. O.

führenden Vertreterin der Genderlinguistik selbst geäußert[2]. Weiter unten wird darauf ausführlicher eingegangen.

Die mögliche Indikationslosigkeit des Genus wird bestritten (,pseudogenerisch') bzw. zugunsten einer postulierten ausschließlich bestehenden komplementären Opposition ,männlich' – ,weiblich' in Abrede gestellt[3]. Als Argument dient mitunter nicht einmal das Genus, sondern die bloße *Existenz* des movierten Femininums:

> Wenn ich über eine Lehrkraft reden möchte, habe ich die Auswahl zwischen zwei Formen: *Lehrer* und *Lehrerin*. Die Auswahl der ersten Form bedeutet, dass die Person männlich ist, die Auswahl der zweiten, dass sie weiblich ist. Mit anderen Worten: die Bedeutung ,männlich' steckt nicht im Suffix *-er* [sic!], sondern in der Tatsache, dass die Form *Lehrer* ausgewählt wurde, wo auch *Lehrerin* zur Verfügung stünde[4].

Sodann wird eine Art Markiertheitstheorie angezogen, die mit der Prototypentheorie Mayerthalers[5] kombiniert ist:

> Es gibt eine als ,Normalfall' betrachtete unmarkierte Grundbedeutung, von der wir ausgehen, solange uns nicht eine formale Markierung etwas anderes nahelegt. Beim Numerus, zum Beispiel, ist diese Grundbedeutung die Einzahl: Das Wort *Schule* enthält kein Suffix, das „eins" bedeutet; markiert wird nur der Fall, wo mehr als eine Instanz gemeint ist: *Schule-n*. Und beim Geschlecht ist die Grundbedeutung eben ,männlich'; markiert wird nur der Fall, wo eine weibliche Instanz gemeint ist[6].

Wie Anatol Stefanowitsch argumentiert Gabriele Diewald[7] und baut diese These folgendermaßen aus[8]:

> Die semantische Analyse anhand von Minimalpaaren zeigt, dass die paarigen Personenbezeichnungen sich in ihrer Bedeutung durch die Opposition zwischen ,männlich' und ,weiblich' unterscheiden. Eine Personenbezeichnung wie *Mann, Redner, Bäcker* oder *Diplomat* verbindet sich problemlos mit einem Subjektsausdruck mit einem männlichen Referenten: *Kurt ist ein kluger Mann/ein eloquenter Redner/ein geschäftstüchtiger Bäcker/ein echter Diplomat*. Ein Subjektsausdruck mit weiblicher Referenz (hier *Anna*) erzeugt hingegen semantisch abweichende Sätze wie: **Anna ist ein kluger Mann/ein eloquenter Redner/ein geschäftstüchtiger Bäcker ein echter Diplomat*. Ausdrücke wie *Mann, Redner* und *Diplomat* sind somit semantisch geschlechtsspezifisch, und zwar ,männlich'; analog hierzu sind

---

[2] Kotthoff: *Gender-Sternchen*, a. a. O., S. 122.
[3] Anatol Stefanowitsch: *Genderkampf. Wo die Kritiker geschlechtergerechter Sprache sich täuschen*, in: Antje Baumann – André Meinunger (Hg.): *Die Teufelin steckt im Detail. Zur Debatte um Gender und Sprache*, Berlin 2017, S. 121–128, hier S. 125.
[4] Ebd.
[5] Mayerthaler: *Morphologische Natürlichkeit*, a. a. O.
[6] Stefanowitsch: *Genderkampf* (2017), a. a. O., S. 125.
[7] Gabriele Diewald: *Mitgemeint, aber ausgeschlossen. Das generische Maskulinum erlaubt keine geschlechtergerechte Sprache. Eine Replik auf Peter Eisenberg*, in: *Der Tagesspiegel*, 18.09.2018.
[8] Diewald: *Geschlechtergerechte Sprache als Thema der germanistischen Linguistik*, a. a. O., S. 290; vgl. ebd. 292.

die Substantive *Frau, Rednerin, Bäckerin* und *Diplomatin* semantisch geschlechtsspezifisch, und zwar ‚weiblich'.

Was hier vor allem erstaunt und – weil aus der Feder einer Sprachwissenschaftlerin stammend – mehr als das, ist, dass ein Lexem wie *Mann*, das das Sem ‚männlich' als festen Bestandteil seiner lexikalischen Bedeutung aufweist, mit einem Lexem wie *Redner* gleichgesetzt wird. *Redner* weist dieses Sem in seiner unspezifischen Lesart nicht auf und erhält es Jakobson, Becker und Andreas Klein zufolge allenfalls als Bestandteil einer pragmatischen Gebrauchsbedeutung in spezifischen Kontexten. *Redner* hat keinesfalls nur die spezifische Bedeutung, wie es Diewald darstellt. Andreas Klein kann für die Position Diewalds kaum belastbare Argumente anführen. Er nennt erstens die Assoziationsstudien, zweitens die maskulinen Movierungen wie *Witwer* und *Hexer* und das Auftreten von Movierungen dort, wo im Mittelhochdeutschen Geschlecht noch über eindeutig referentielles Genus kodiert war, z. B. mhd. (*der/diu*) *gemahel* > nhd. *Gemahl/in*. Drittens soll der Umstand, dass rezent gewisse Tendenzen, auch Prädikatsnomina zu nichtmenschlichen Feminina zu movieren, z. B. *Die Partei ist die Siegerin* (Genuskongruenz) für die Position Diewalds sprechen. „Anders als die ersten beiden Argumente stützt dies die grundsätzliche Analyse von paradigmatischen Lexemen als Genusexponenten"[9]. Hier wird lediglich, nicht zuletzt unter feministischem Einfluss (dazu weiter unten), ein genuskongruentes Prädikatsnomen gebildet. Auch die Kirche versteht sich neuerdings als ‚Arbeitgeberin'. Noch a. 2000 wurde selbst von feministischer Seite dafür argumentiert, dass in der Gesetzessprache maskuline ‚Personenbezeichnungen', die sich „ausschließlich auf juristische Personen, Gremien oder sonstige Institutionen beziehen" (*Gewährträger, Dienstherr*), beibehalten werden sollten[10].

Diewalds Ausführungen entsprechen nicht empirisch belegten Tatsachen, und es ist schon bemerkenswert, dass darauf in einem von Diewald mitherausgegebenen Sammelband hingewiesen wird:

> Bei Doleschal (1992[11]: 52) heißt es: „Im Prädikat wird [ebenfalls] stets die movierte Personenbezeichnung verwendet: *Sie ist von Beruf Säuglingspflegerin/*Säuglingspfleger*". Auch Diewald (2018: 290) bezeichnet die Sätze *Anna ist ein [...] eloquenter Redner/ein geschäftstüchtiger Bäcker/ein echter Diplomat* als „semantisch abweichend" und markiert sie mit * als ungrammatisch. Die letzten beiden Einschätzungen entsprechen jedoch weder dem Sprachgebrauch noch dem Akzeptabilitätsurteil vieler Sprecherinnen und Sprecher. Das zeigt zum Beispiel die Studie von Schröter, Linke & Bubenhofer (2012)[12]. Sie analysieren Fragebogendaten zum geschlechtsübergreifenden Maskulinum in prädikativen Konstruktionen und finden mittlere Werte für die drei Dimensionen Akzeptabilität (2,6), geschätzte

---

[9] Klein: *Wohin mit Epikoina?*, a. a. O., S. 161.
[10] Margot Dietrich: *„Gerechtigkeit gegenüber jedermann" – „Gerechtigkeit gegenüber allen Menschen". Sprachliche Gleichbehandlung am Beispiel der Verfassung des Landes Niedersachsen*, in: Karin M. Eichhoff-Cyrus – Rudolf Hoberg (Hg.): *Die deutsche Sprache zur Jahrtausendwende. Sprachkultur oder Sprachverfall?*, Mannheim/Wien/Zürich 2000 (Thema Deutsch 1), S. 192–223, hier S. 193.
[11] Sc. Doleschal: *Movierung im Deutschen*, a. a. O.
[12] Sc. Schröter – Linke – Bubenhofer: *„Ich als Linguist"*, a. a. O.

Üblichkeit unmovierter Formen (2,7) und Aussage zum eigenen Gebrauch (3,0). Die Befragten sehen und akzeptieren unmovierte Formen also etwas mehr als sie sie selbst gebrauchen würden, verwenden sie aber durchaus. Den größten Unterschied macht dabei aus, ob das Satzsubjekt ein Individuum oder eine Gruppe ist: Für Gruppen liegen die drei Einschätzungen zwischen 1,4 und 1,7, für Individuen dagegen zwischen 2,6 und 3,2[13].

Diewald treibt ihre falsifizierte Argumentation im Sinne der ‚Pseudogenerizität' auf die Spitze, wenn sie bemerkt:

> Das deutsche Sprachsystem bietet parallel zwei verschiedene Typen von Personenbezeichnungen: Personenbezeichnungen, die geschlechtsunspezifisch sind, und Personenbezeichnungen, die geschlechtsspezifisch sind. Wenn nun die Maskulinformen letzterer (*Redner*, *Diplomat* usw.) zur Bezeichnung gemischter Gruppen oder zur allgemeinen unspezifischen Referenz verwendet werden – das ist es, was mit dem Ausdruck „generisches Maskulinum" gemeint ist –, handelt es sich um eine Gebrauchskonvention dieser Formen, die deren lexikalischen Gehalt nicht ändert. Die Formen selbst werden dadurch nicht „geschlechtsneutral"[14].

Mit dem Argument einer „Gebrauchskonvention", welche den lexikalischen Gehalt nicht tangiert, wird ontologisch Unmögliches vorgetragen. „Dass *Malerin* und *Maler* in Hinsicht auf ihren Sexusbezug einfach gleichgesetzt werden, ist die schlichteste Variante von semantischen Fehlleistungen in der Genderbewegung überhaupt. Sie disqualifiziert sich selbst"[15].

Denn mit einer solchen Gleichsetzung wird das Faktum in Abrede gestellt, dass eine Ableitung wie *Einwohner* oder eine jegliche maskuline Personenbezeichnung wie etwa *Spezialist* im Deutschen auch als geschlechtsübergreifende und keineswegs ‚männliche' Bezeichnung für ‚Person, die in X wohnt' bzw. ‚Person, die sich auf einem Fachgebiet besonders gut auskennt' verwendet werden kann und tagtäglich millionenfach verwendet wird. Nicht nur von Anne Weil, wenn sie brieflich ausführt: „In Wirklichkeit hat die Tatsache, dass ich von dem ganzen Krempel absolut nicht das geringste ahnte, als ich anfing, natürlich dazu geführt, dass ich indessen eine Art von Spezialist geworden bin"[16]. Nicht nur von Thomas Mann, wenn er im ‚Zauberberg' von der Abendmilch spricht, „die allen Bewohnern des ‚Berghofs' noch um neun Uhr aufs Zimmer gebracht wurde"[17]. Nicht nur von Johann Wolfgang von Goethe, wenn in den ‚Wahlverwandtschaften' ausgeführt wird: „Als sie eines Tages zusammen durch das Dorf gingen, bemerkten sie mißfällig,

---

[13] Kopf: Ist Sharon Manager?, a. a. O., S. 76.
[14] Diewald: *Geschlechtergerechte Sprache als Thema der germanistischen Linguistik*, a. a. O., S. 292–293.
[15] Eisenberg: *Die Vermeidung sprachlicher Diskriminierung im Deutschen*, a. a. O., S. 13.
[16] Anne Weil an Hannah Arendt, 16. Februar 1946, in: Hannah Arendt: *Wie ich einmal ohne dich leben soll, mag ich mir nicht vorstellen. Briefwechsel mit den Freundinnen Charlotte Beradt, Rose Feitelson, Hilde Fränkel, Anne Weil und Helen Wolff*. Hg. von Ingeborg Nordmann und Ursula Ludz, ²München 2018, S. 88.
[17] Thomas Mann: *Der Zauberberg. Roman*. Erster Band, Berlin 1924.

wie weit es an Ordnung und Reinlichkeit hinter jenen Dörfern zurückstehe, wo die Bewohner durch die Kostbarkeit des Raums auf beides hingewiesen werden"[18]. Oder von Martin Luther, wenn er in der Bibel von 1545 schreibt (Genesis 19,25): „[24]DA lies der HERR Schwebel vnd Fewr regenen von dem HERRN vom Himel erab / auff Sodom vnd Gomorra / [25]vnd keret die Stedte vmb / die gantze gegend / vnd alle Einwoner der stedte / vnd was auff dem Lande gewachsen war"[19].

    Nach Auffassung großer Teile der Genderlinguistik bezeichnet *Leser* männliche Personen, die lesen, so wie *Leserin* weibliche Personen bezeichne, die derselben Tätigkeit obliegen. Letzteres trifft zu, Ersteres ist unzutreffend. Mit *Leser* kann man sich auf männliche Personen beziehen, die lesen, aber es geht auch anders. An dem Satz *Die meisten Leser von Christa Wolf sind Frauen* ist nichts Auffälliges. Dagegen ist der Satz *Nur wenige der Leserinnen von Christa Wolf sind Männer* sinnlos[20].

Wer das gegen alle empirische Evidenz in Abrede stellt wie Diewald und Nübling[21], die sich dabei in einem circulus vitiosus auf den Online-Duden berufen, müsste auch bestreiten, dass *groß* ungeachtet des Gegensatzpaares *groß – klein* für alle Größen, auch die kleinen, verwendet wird (*drei Zentimeter groß*). Und dass *alt* ungeachtet des Gegensatzes *alt – jung* generalisierend für alle Altersstufen in Frage kommt (*drei Tage alt*). Entsprechendes gilt für *lang/kurz, dick/dünn, breit/schmal* und so weiter[22]. Auf das Beispiel *Tag* wurde bereits hingewiesen[23].

    Da die Begründerinnen der feministischen Linguistik und einige der älteren Vertreterinnen und Vertreter der Genderlinguistik wie Nübling, Diewald und Stefanowitsch, deren Ansichten nonchalant von der jüngeren Generation dieser Forschungsrichtung widerlegt werden, den empirisch belegten Gebrauch genderneutraler Maskulina nicht wahrhaben wollen, wird darauf verwiesen, dass für die Interpretation der Maskulina als ausschließlich geschlechtsspezifisch das „Analyseschema" der äquipollenten Opposition „genutzt" werden könne:

---

[18] [Johann Wolfgang von] Goethe: *Die Wahlverwandtschaften. Ein Roman.* Erster Theil, Tübingen 1809.
[19] Martin Luther: *Biblia, das ist, die gantze Heilige Schrifft Deudsch*, Wittemberg 1545.
[20] Eisenberg: *Unter dem Muff von hundert Jahren*, a. a. O.
[21] „Bei Nomina mit zwei Formen – wie *Bäcker* – liegt der Fall völlig anders [sc. als bei Epikoina]. *Bäcker* ist im Unterschied zu *Person* kein geschlechtsindifferentes Substantiv. Hier stehen zwei durch Wortbildungsprozesse verbundene Lexeme zur Verfügung: ein Lexem mit dem Genus Maskulinum, das semantisch das Merkmal ‚männlich' enthält (*der Bäcker, der Hexer*) und ein Lexem mit dem Genus Femininum, das semantisch das Merkmal ‚weiblich' enthält (*die Bäckerin, die Hexe*). Die Maskulinformen in Paaren der Art *Bäcker/Bäckerin* sind nicht geschlechtsindifferent wie *Person*, sondern geschlechtsspezifisch ‚männlich'. Dieser Tatsache hat unlängst der DUDEN in seinem online-Wörterbuch Rechnung getragen." Diewald – Nübling: *„Genus – Sexus – Gender"*, a. a. O., S. 12–13.
[22] Vgl. Zifonun: *Die demokratische Pflicht*, a. a. O., S. 45–46.
[23] Vgl. Wegener: *Grenzen gegenderter Sprache*, a. a. O., S. 285.

Unerwähnt bleibt nämlich bei Kalverkämper (1979[24]) und vielen weiteren, dass neben dem binären Oppositionstyp auch der Typus der äquipollenten Opposition ein übliches Strukturmuster des Wortschatzes darstellt, das als Analyseschema genutzt werden kann. Bei äquipollenten Oppositionen liegen sowohl für den Oberbegriff wie auch für die Unterbegriffe distinkte Lemmata vor, wie z. B. beim Oberbegriff *Baum* (unspezifiziert bzgl. der Art der Belaubung) und den äquipollenten Unterbegriffen *Tanne, Buche, Lärche* usw. Auch das Substantiv *Mensch* fungiert als Oberbegriff für äquipollente Unterbegriffe wie *Mann, Frau, Kind*; im Falle der Opposition *Kunde* vs. *Kundin* kann *Kundschaft* als Oberbegriff gelten usw. Wie die neueren Untersuchungen zum sogenannten generischen Maskulinum zeigen, ist es sprachstrukturell und pragmatisch sinnvoll, bei Personenbezeichnungen eine äquipollente Merkmalsopposition anzunehmen, als deren „Archilexem" (Oberbegriff) eben nicht ein mit einem Oppositionsglied identisches Lemma angesetzt wird (Diewald 2018[25])[26].

Der Vorschlag der äquipollenten Opposition mit einem dritten Lexem als Archilexem ist lediglich die Konsequenz der Falschbehauptung, Maskulina hätten ausschließlich eine sexusspezifische Bedeutung. Faktisch heißt das, dass das Maskulinum in das Prokrustesbett einer der Sprachwirklichkeit aufgenötigten „Analyse" eingespannt werden soll, die primitivistisch die komplementäre Opposition von Maskulinum und Femininum dekretiert, die Möglichkeit der privativen Opposition wegdefiniert und stets nach epizönen Oberbegriffen wie *Kundschaft, Lehrkraft* und dergleichen sucht bzw. solche Oberbegriffe erst bildet.

In diesem Zusammenhang ist es gerade für Sprachwissenschaftler wichtig, auf ihre Wortwahl zu achten. Wer wie Gisela Zifonun[27] formuliert: „Wo es eine Opposition zwischen einem unmarkierten und einem markierten Wert gibt, kann der unmarkierte Wert den markierten ‚neutralisieren', man könnte auch sagen: sich einverleiben", bedient sich eines polemischen und polarisierenden Bildes, wie es namentlich Luise F. Pusch praktiziert (dazu weiter unten). Der unvoreingenommenen Beschreibung des Sachverhalts ist damit nicht gedient. Nichts wird ‚einverleibt', sondern vielmehr gerade ferngehalten, nämlich das Sem ‚männlich'.

Das von Stefanowitsch ins Feld geführte Argument mit dem Numerus, dessen Grundbedeutung die ‚Einzahl' sei wie die Grundbedeutung des Genus ‚männlich', kann seine Beweisführung gerade nicht stützen, denn *Schule* kann auch von der grammatischen Einzahl semantisch abstrahierend gebraucht werden (wie das Genus abstrahierend von der ‚Grundbedeutung männlich'): (*Die*) *Schule hat begonnen*. Ebenso kann das Präsens für das Präteritum oder das Futur eintreten, der Indikativ für den Konjunktiv und für den Imperativ – aber nicht umgekehrt[28]. „So ist das Präsens im Tempussystem unmarkiert. Es kann sich auf ‚Gegenwart' beziehen, kann aber auch bei Zukunftsbezug wie in *Morgen regnet es* oder bei Zeitlosigkeit wie in *Lügen haben kurze Beine*, bewusste Fehlanalysen

---

[24] Sc. Kalverkämper: *Die Frauen und die Sprache*, a. a. O.
[25] Sc. Diewald: *Geschlechtergerechte Sprache als Thema der germanistischen Linguistik*, a. a. O.
[26] Diewald – Nübling: *„Genus – Sexus – Gender"*, a. a. O., S. 11.
[27] Zifonun: *Die demokratische Pflicht*, a. a. O., S. 45.
[28] Ulrich: *‚Neutrale' Männer – ‚markierte' Frauen*, a. a. O., S. 392.

ebenfalls verwendet werden"[29]. Die feministische Kampagne gegen das ‚pseudogenerische Maskulinum' könnte also durch eine solche zugunsten des Plurals, des Präteritums, des Futurs, des Konjunktivs, des Imperativs und gegen den ‚pseudogenerischen Singular, das pseudogenerische Präsens, den pseudogenerischen Indikativ' und so fort erweitert werden.

Schon seit Beginn der feministischen Linguistik in den achtziger Jahren hat man mit der Sexusneutralität der generischen Maskulina gehadert: „Lehrer", „Denker", „Dealer" seien keineswegs geschlechtsneutral, vielmehr dienten sie der Bezeichnung von Personen männlichen Geschlechts. Das Maskulinum wurde regelrecht sexualisiert. Ein Wort wie „Lehrer" hätte die Bedeutung „handelnde Person und männlich", ein Wort wie „Lehrerin" hätte die Bedeutung „handelnde Person und weiblich". Das Suffix -in würde das Merkmal „männlich" gegen das Merkmal „weiblich" austauschen. Durch das zweite Suffix entstünde keine speziellere Bedeutung, sondern lediglich ein Wechsel vom Merkmal männlich zum Merkmal weiblich. Ein solcher Prozess ist wortstrukturell prinzipiell ausgeschlossen. Es gibt ihn nicht und kann ihn nicht geben[30].

Tatsächlich wird dieses alte feministische Postulat auch gegenwärtig noch vertreten: „Viele Funktionsrollen werden so gebildet, dass an die männliche Endung *-er* zusätzlich die weibliche *-in* angehängt wird: *Fahrer – Fahrerin*"[31]. Neef kommt zur gleichen Auffassung wie Eisenberg:

Zugleich wird in einem Wort wie *Teilnehmerin* die generische Bedeutung des basierenden Worts *Teilnehmer* verwendet, denn eine Teilnehmerin ist eine weibliche Person, die an etwas teilnimmt, nicht aber eine weibliche Person, die an etwas teilnimmt und männlich ist, wie die Bedeutung lauten müsste, wenn die Basis *Teilnehmer* hier geschlechtsspezifisch verstanden werden sollte, also als männliche Person, die an etwas teilnimmt. Wer also Personenbezeichnungen wie *Teilnehmerin* nutzt, um damit eine Person weiblichen Geschlechts zu bezeichnen, nutzt damit zugleich die generische Lesart des basierenden movierbaren Maskulinums. Dies zeigt, dass die generische Grundbedeutung movierbarer Maskulina in der Grammatik des Deutschen tief verankert ist und nicht einfach durch Genderformen eliminiert werden kann. Jeder Sprachbenutzer des Deutschen nutzt die generische Lesart movierbarer Maskulina, auch wenn er dies weit von sich weisen sollte[32].

In diesen Zusammenhang dürfte auch die Beobachtung Ljungeruds einzuordnen sein:

Grundsätzlich kann zu jeder deutschen männlichen Personenbezeichnung, die nicht selbst schon ein Derivat ist, ein moviertes Femininum gebildet werden. In der Regel können zwei substantivbildende Suffixe nicht nebeneinander stehen. Ableitungen wie *Wüterichin* kommen nicht vor. Derivate auf *-er* und, in sehr beschränktem Umfang, *-ling* bilden bemerkenswerte Ausnahmen von jener Regel[33].

---

[29] Eisenberg: *Unter dem Muff von hundert Jahren*, a. a. O.
[30] Eisenberg: *Wenn das Genus mit dem Sexus*, a. a. O.
[31] Diewald – Nübling: *„Genus – Sexus – Gender"*, a. a. O., S. 5.
[32] Neef: *Der sogenannte ‚geschlechtergerechte Sprachgebrauch'*, a. a. O., S. 4.
[33] Ljungerud: *Bemerkungen zur Movierung*, a. a. O., S. 148–149.

Dass Derivate auf *-er* von endogenen Basen hinsichtlich der Ableitung mit *-in* behandelt werden wie suffixlose Maskulina oder Epikoina mit *-ling*, also überhaupt movierungsfähig sind, fällt im Rahmen der feministischen Diskussion besonders ins Gewicht.

4. 2 Die Funktion unmarkierter Formen

Was eine unmarkierte Form ist und wie sie verwendet werden kann, wird von Stefanowitsch folglich unzutreffend dargestellt. Wenn den merkmallosen Formen merkmalhaltige (markierte) Formen gegenüberstehen, dann bilden die beiden Formen entsprechend der oben referierten Theorie Jakobsons gerade keine semantische 1:1-Opposition.

> Seit den Arbeiten des russisch-amerikanischen Sprachwissenschaftlers Roman Jakobson aus den 1930er-Jahren[34] wissen wir, dass in allen Gruppen von grammatischen Kategorien jeweils eine als die unmarkierte fungiert, das heißt als eine mit allgemeiner, unspezifischer Bedeutung im jeweiligen Bereich. Grammatische Kategorien wie Singular - Plural, Indikativ - Konjunktiv oder Aktiv - Passiv teilen einen Benennungsbereich niemals in gleiche Teile, sondern funktionieren nach dem Prinzip von Hintergrund (unmarkierte Kategorie) und Bild (markierte Kategorie mit spezieller Bedeutung und aufwendigerer Form)[35].

Die unmarkierten Formen bedeuten nicht (nur) das Gegenteil der markierten Formen. Vielmehr wird ein Prinzip der Ökonomie wirksam, das unmarkierte Formen den markierten vorzieht. So bedeutet etwa Wegener zufolge merkmalhaltiges *Frau-en* Plural („weibliches Wesen' + ‚Mehrzahl'), die merkmallose Form *Frau* jedoch Singular („weibliches Wesen' + ‚Einzahl/Mehrzahl'): *die Frau da drüben – die Frau von heute, Frau und Beruf*[36]. Singular sei nämlich nicht nur ‚Einzahl'. Die merkmalhaltige, markierte Form bedeute spezifisch Mehrzahl, die unmarkierte Singularform je nach Kontext Einzahl oder Mehrzahl[37]. Vielleicht mag man sich Wegeners Analyse in ihrer Formulierung nicht völlig anschließen, weil der Gebrauch des Singulars in *die Frau von heute* oder *Schule hat begonnen* von Einzahl und Mehrzahl gerade abstrahiert und auf diese Weise alle Frauen oder Schulen meint. Aber es ist doch evident, dass die unmarkierte Form nicht einfach ein funktionaler Gegensatz zur markierten Form ist, sondern eine zweifache Bedeutungsmöglichkeit aufweist. So kann auch die unmarkierte Genusform *Lerner* von der Opposition männlich/weiblich gerade abstrahieren und damit alle meinen, die lernen.

> Jakobsons Markiertheitstheorie gehört zu den fruchtbarsten Ansätzen des 20. Jahrhunderts überhaupt, wo es um ein Verständnis von grammatischen Kategorien geht. Sie sagt unzweideutig, dass es Gendergerechtigkeit nicht geben kann, soweit sie über Manipulationen am Genussystem erreicht werden soll. Vollkommene Symmetrie gibt es im Kategoriengefüge natürlicher Sprachen nicht, sie hätte theoretisch einen ähnlichen Status wie das labile

---

[34] Sc. Jakobson: *Zur Struktur des russischen Verbums*, a. a. O., Jakobson: *Signe zéro*, a. a. O.
[35] Eisenberg: *Das missbrauchte Geschlecht*, a. a. O.; vgl. Eisenberg: *Die Vermeidung sprachlicher Diskriminierung im Deutschen*, a. a. O., S. 12.
[36] Wegener: *Grenzen gegenderter Sprache*, a. a. O., S. 285.
[37] Wegener: *Grenzen gegenderter Sprache*, a. a. O., S. 286.

Gleichgewicht in der Physik. Denkbar ist allenfalls eine Markiertheitsumkehr mit dem Ziel, das Femininum zur unmarkierten Kategorie zu machen[38].

Genau das lässt sich zurzeit teilweise beobachten, also etwa das Sprechen von *Aktivistinnen* für die Gesamtgruppe der Demonstranten gegen den Braunkohleabbau in Lützerath, obwohl es sich um eine sprachliche Absurdität handelt. Der eigentliche sprachliche Zweck der unmarkierten und markierten Akzidenzien grammatischer Kategorien gerät dabei aus dem Blick.

> Das Deutsche ist voll von generischen Kategorien. Sie dienen nicht, wie Pusch meint, einem Zwang, sondern sie dienen der Befreiung von kommunikativen Zwängen durch die Grammatik. Wir müssen eben gerade nicht in jedem Satz einen Zeitbezug, bei jedem Nominal einen Numerusbezug und bei jedem Substantiv einen Sexusbezug realisieren. Leider haben sich die Kategorienbezeichnungen der Grammatikschreibung vor Jakobson bis heute weitgehend erhalten, und so kommt es dazu, dass man noch immer und sachlich ganz unangemessen vom grammatischen Geschlecht mit den Kategorien ‚weiblich' und ‚männlich' spricht. Sachlich, systematisch und wissenschaftlich ist das durch nichts gerechtfertigt. Und eine Disziplin, die sich dem verschließt, den Namen Jakobson nicht würdigt und das Verhältnis von Genus und Sexus mit untauglichen Begriffen bedient, befindet sich nicht einmal auf dem Stand von vor hundert Jahren[39].

Es sind sogar mehr als 300 Jahre. Denn der Begriff des grammatischen Geschlechts geht auf die Grammatikschreibung des Barock im 17. Jahrhundert zurück, die den Fachausdruck *Genus* mit *grammatisches Geschlecht* übersetzte, was seitdem die unbedachte Verbindung zwischen ‚grammatischem Geschlecht' und biologischem Geschlecht suggeriert, perpetuiert und dazu beiträgt, die Vorstellung von ‚männlichen' Formen in der Grammatik zu erzeugen und zu verstärken[40]. Dabei war im 17. Jahrhundert mit *Geschlecht* nicht einmal ‚Geschlecht' gemeint. „Die Übersetzung ‚Geschlecht' aus *Genus* bedeutet bei Schottel noch so etwas wie ‚Art' oder ‚Gattung', aber nicht ‚Sexus'. Noch deutlicher wird das bei Gueintz, der trotz seiner fünf Genera ebenfalls die Übersetzung ‚Geschlecht' für *Genus* gewählt hatte [...]. Bei diesem Ansatz kann der Terminus ‚Geschlecht' keine Sexuskonnotationen haben"[41].

In Anlehnung an die in der Fachliteratur für Genussysteme nichtindogermanischer Sprachen verwendeten Termini und mit Bezug auf Hockett[42], der Genera als „classes of nouns reflected in the behavior of associated words"[43] (also ohne jeden Bezug auf Sexus)

---

[38] Eisenberg: *Das missbrauchte Geschlecht*, a. a. O.
[39] Eisenberg: *Unter dem Muff von hundert Jahren*, a. a. O.
[40] Vgl. Eisenberg: *Die Vermeidung sprachlicher Diskriminierung im Deutschen*, a. a. O., S. 4.
[41] Elisabeth Leiss: *Genus und Sexus. Kritische Anmerkungen zur Sexualisierung der Grammatik*, in: *Linguistische Berichte* 152 (1994), S. 281–300, hier S. 289 aufgrund von Bernd Naumann: *Grammatik der deutschen Sprache zwischen 1781 und 1856. Die Kategorien der deutschen Grammatik in der Tradition von Johann Werner Meiner und Johann Christoph Adelung*, Berlin 1986 (Philologische Studien und Quellen 114); vgl. auch Corbett: *Gender*, a. a. O., S. 1; Neef: *Das Konzept des sogenannten ‚Geschlechtergerechten Sprachgebrauchs'*, a. a. O., S. 57.
[42] Charles F. Hockett: *A Course in Modern Linguistics*, New York 1958, S. 231.
[43] Sc. ‚Klassen von Substantiven, die sich im Verhalten der assoziierten Wörter widerspiegeln'.

definiert, schlägt Neef[44] vor, statt von *Genus* vielmehr abstrahierend von *Nominalklasse* zu sprechen. Aus *Femininum*, *Neutrum* und *Maskulinum*, Begriffen, welche die assoziative Anbindung von Genus an Sexus noch verstärken, würden dann *Nominalklasse 1*, *Nominalklasse 2* und *Nominalklasse 3*. Dabei ist die Zuordnung von Personenbezeichnungen zu diesen Nominalklassen arbiträr, wenn sich auch gewisse Schwerpunkte der Verteilung ergeben. Der grundsätzliche Vorteil dieser Lösung besteht darin, die mit jeder Nennung weitergetragene assoziative Verknüpfung von Genus mit Sexus aufzulösen und das ‚Genus' wieder als das herauszustellen, was es ist, eine grammatische Kategorie, aber nicht zwangsläufig ein Reflex der Biologie. „Die Konzepte Sexus und Genus […] sind grundsätzlich distinkt und nicht ineinander überführbar, weil sie in unterschiedliche Konzeptbereiche gehören, einmal in den Bereich Biologie und einmal in den Bereich Linguistik. Dies wird deutlicher bei Aufhebung der Benennungsgleichheit"[45].

4. 3   Genderneutrale Maskulina und unmarkierte Formen im Sprachvergleich

Das geschlechtsübergreifende Maskulinum gibt es im Walisischen[46] und Französischen[47], von Burr[48] entsprechend ihrer feministischen Position als „so-called" bezeichnet, weil es die männliche soziale Norm ausdrücke und verantwortlich sei „for the effacement of women in discourse"[49]. Premierminister Édouard Philippe hat 2017 die Verwendung der inklusiven Sprache in amtlichen Texten untersagt[50], nachdem in einem Schulbuch für die dritte Klasse Sätze wie *Grâce aux agriculteur.rice.s, aux artisan.e.s et aux commerçant.e.s, la Gaule était un pays riche*[51] auftauchten[52]. Der Gebrauch feminisierter Berufs- und Amtsbezeichnungen (*la directrice*, *la ministre*) und von Doppelformen (*le candidat*

---

[44] Neef: *Das Konzept des sogenannten ‚Geschlechtergerechten Sprachgebrauchs'*, a. a. O., S. 58.
[45] Neef: *Das Konzept des sogenannten ‚Geschlechtergerechten Sprachgebrauchs'*, a. a. O., S. 59.
[46] Awbery – Jones – Morris: *The politics of language and gender in Wales*, a. a. O., S. 322–323, 325–326.
[47] Elmar Schafroth: *Gender in French. Structural properties, incongruences and asymmetries*, in: *Gender Across Languages. The linguistic representation of women and men*. Volume 3. Ed. by Marlis Hellinger, Hadumod Bußmann, Amsterdam/Philadelphia 2003 (Impact: Studies in language and society 11), S. 87–117, hier S. 100–101; Hoberg: *Grammatik des Deutschen*, a. a. O., S. 19; Vincent Balnat: *Geschlechtergerechte Sprache im Land der Académie française*, in: *Muttersprache* 130 (2020), S. 92–96, hier S. 93.
[48] Burr: *Gender and language politics in France*, a. a. O., S. 127.
[49] Ebd. Sc. ‚für die Ausblendung von Frauen im Diskurs'.
[50] Balnat: *Geschlechtergerechte Sprache*, a. a. O., S. 93; vgl. Schwartz: *Es braucht kein Verbot von Gendersprache*, a. a. O.
[51] Sc. ‚Dank der Landwirte/-wirtinnen, Handwerker/-innen und Händler/-innen war Gallien ein reiches Land.'
[52] Balnat: *Geschlechtergerechte Sprache*, a. a. O., S. 92.

et la candidate) wird allerdings ausdrücklich empfohlen[53]. Es gibt das geschlechtsübergreifende Maskulinum im Italienischen[54], Spanischen[55], Portugiesischen[56], Rumänischen[57], Polnischen[58], Tschechischen[59], trotz dessen ausgeprägter Movierungstendenz, und Slowakischen[60], und es kommt im Serbischen[61], Kroatischen[62], Slowenischen[63] sowie im Russischen vor[64].

> As in other languages, e. g., German [...], in Russian high prestige is connected with masculinity (in a social sense), therefore female counterparts of personal nouns denoting prestigious occupations are avoided. When addressed or referred to by a corresponding feminine form, women feel downgraded or not treated seriously[65].

[53] Balnat: *Geschlechtergerechte Sprache*, a. a. O., S. 95.
[54] Marcato – Thüne: *Gender and female visibility in Italian*, a. a. O., S. 201–202.
[55] Uwe Kjær Nissen: *Gender in Spanish. Tradition and innovation*, in: *Gender Across Languages. The linguistic representation of women and men*. Volume 2. Ed. by Marlis Hellinger, Hadumod Bußmann, Amsterdam/Philadelphia 2002 (Impact: Studies in language and society 10), S. 251–279, hier S. 256–260; José Louis Mendívil Giró: *El masculino inclusivo en español*, in: *Revista Española de Lingüística* 50/1 (2020), S. 35–64.
[56] Annette Endruschat: *Gender in Portuguese*, in: *Gender Across Languages. The linguistic representation of women and men*. Volume 4. Ed. by Marlis Hellinger, Heiko Motschenbacher, Amsterdam/Philadelphia 2015 (Impact: Studies in language and society 36), S. 303–333, hier S. 311–313.
[57] Maurice: *Deconstructing gender – The case of Romanian*, a. a. O., S. 240–244.
[58] Gabriela Koniuszaniec – Hanka Błaszkowska: *Language and gender in Polish*, in: *Gender Across Languages. The linguistic representation of women and men*. Volume 3. Ed. by Marlis Hellinger, Hadumod Bußmann, Amsterdam/Philadelphia 2003 (Impact: Studies in language and society 11), S. 259–285, hier S. 267–269; Hoberg: *Grammatik des Deutschen*, a. a. O., S. 21, 67; Marek Łaziński – Waldemar Czachur: *Geschlechtergerechte Sprache im Polnischen*, in: *Muttersprache* 130 (2020), S. 88–91.
[59] Čmejrková: *Communicating gender in Czech*, a. a. O., S. 46–49.
[60] Doleschal: *Konzeptualisierung von Geschlecht und Sprachvergleich*, a. a. O., S. 180.
[61] Hentschel: *The expression of gender in Serbian*, a. a. O., S. 297–300.
[62] Heiko Motschenbacher – Marija Weikert: *Structural gender trouble in Croatian*, in: *Gender Across Languages. The linguistic representation of women and men*. Volume 4. Ed. by Marlis Hellinger, Heiko Motschenbacher, Amsterdam/Philadelphia 2015 (Impact: Studies in language and society 36), S. 49–95, hier S. 58–60.
[63] Ursula Doleschal: *Gender in Slovenian*, in: *Gender Across Languages. The linguistic representation of women and men*. Volume 4. Ed. by Marlis Hellinger, Heiko Motschenbacher, Amsterdam/Philadelphia 2015 (Impact: Studies in language and society 36), S. 335–368, hier S. 343–345.
[64] Ursula Doleschal – Sonja Schmid: *Doing gender in Russian. Structure and perspective*, in: *Gender Across Languages. The linguistic representation of women and men*. Volume I. Ed. by Marlis Hellinger, Hadumod Bußmann, Amsterdam/Philadelphia 2001 (Impact: Studies in language and society 9), S. 253–282, hier S. 255–256.
[65] Doleschal – Schmid: *Doing gender in Russian*, a. a. O., S. 260. Sc. ‚Wie in anderen Sprachen, z. B. im Deutschen [...], ist im Russischen hohes Prestige mit Maskulinität (im sozialen Sinne) verbunden; daher werden weibliche Entsprechungen von Personenbezeichnungen für prestigeträchtige Berufe vermieden. Wenn Frauen mit einer entsprechenden weiblichen Form angesprochen oder bezeichnet werden, fühlen sie sich herabgesetzt oder nicht ernst genommen.'

Bezogen auf Bemühungen um geschlechtergerechte Stellenanzeigen bemerken Awberry, Jones und Morris[66] für das Walisische: „The creation of new forms to fill gaps, and to ensure that there are clearly male and female forms available is something that should only be done with great care, as these new forms can often strike people as odd, and cause unnecessary hostility to the principle of non-discriminatory wording"[67].

Das geschlechtsübergreifende Maskulinum gibt es auch im Griechischen[68], im marokkanischen Arabisch, das zwei Genera (Maskulinum und Femininum) aufweist[69], und im Hebräischen mit gleichfalls Maskulinum und Femininum[70]. Ferner ist das geschlechtsübergreifende Maskulinum etwa im Kurdischen[71], im Hindi[72], im Oriya[73] und Oneida[74] belegt.

Das nach Jakobson 1939[75] postulierte Verhältnis von sexusübergreifender Form und spezifischer Form gilt beispielsweise auch in einer Sprache ohne Genus und Kasus wie dem Indonesischen. Ein Nomen wie *mahasiswa* ‚Student' kann sowohl sexusübergreifend als auch spezifisch für Männer verwendet werden, das sexusspezifische *mahasiswi* ‚Studentin' nur für Frauen[76]. Die größere Bezeichnungsreichweite unmarkierter Formen

---

[66] Awberry – Jones – Morris: *The politics of language and gender in Wales*, a. a. O., S. 326.

[67] Sc. ‚Die Schaffung neuer Formen, um Lücken zu schließen und sicherzustellen, dass es eindeutig männliche und weibliche Formen gibt, sollte nur mit großer Vorsicht erfolgen, da diese neuen Formen oft als seltsam empfunden werden und unnötige Feindseligkeit gegenüber dem Grundsatz der nichtdiskriminierenden Formulierung hervorrufen können'.

[68] Theodossia-Soula Pavlidou: *Woman, gender and Modern Greek*, in: *Gender Across Languages. The linguistic representation of women and men*. Volume 3. Ed. by Marlis Hellinger, Hadumod Bußmann, Amsterdam/Philadelphia 2003 (Impact: Studies in language and society 11), S. 175–197, hier S. 182–183.

[69] Hachimi: *Shifting sands*, a. a. O., S. 34–35.

[70] Yishai Tobin: *Gender switch in Modern Hebrew*, in: *Gender Across Languages. The linguistic representation of women and men*. Volume I. Ed. by Marlis Hellinger, Hadumod Bußmann, Amsterdam/Philadelphia 2001 (Impact: Studies in language and society 9), S. 177–198, hier S. 183–185.

[71] Geoffrey Haig – Ergin Öpengin: *Gender in Kurdish: Structural and socio-cultural dimensions*, in: *Gender Across Languages. The linguistic representation of women and men*. Volume 4. Ed. by Marlis Hellinger, Heiko Motschenbacher, Amsterdam/Philadelphia 2015 (Impact: Studies in language and society 36), S. 247–276, hier S. 257–258.

[72] Kira Hall: *„Unnatural" gender in Hindi*, in: *Gender Across Languages. The linguistic representation of women and men*. Volume 2. Ed. by Marlis Hellinger, Hadumod Bußmann, Amsterdam/Philadelphia 2002 (Impact: Studies in language and society 10), S. 133–162, hier S. 143–145.

[73] Kalyanamalini Sahoo: *Linguistical and socio-cultural implications of gendered structures in Oriya*, in: *Gender Across Languages. The linguistic representation of women and men*. Volume 3. Ed. by Marlis Hellinger, Hadumod Bußmann, Amsterdam/Philadelphia 2003 (Impact: Studies in language and society 11), S. 239–257, hier S. 253–254.

[74] Karin Michelsen: *Gender in Oneida*, in: *Gender Across Languages. The linguistic representation of women and men*. Volume 4. Ed. by Marlis Hellinger, Heiko Motschenbacher, Amsterdam/Philadelphia 2015 (Impact: Studies in language and society 36), S. 277–301, hier S. 288.

[75] Jakobson: *Signe zéro*, a. a. O.

[76] Esther Kuntjara: *Gender in Javanese Indonesian*, in: *Gender Across Languages. The linguistic representation of women and men*. Volume I. Ed. by Marlis Hellinger, Hadumod Bußmann,

zeigt sich auch in einer Kreolsprache wie dem Eastern Maroon Creole in Surinam[77]. Entsprechend den Regularitäten der Kreolsprachen erfolgt die Bezeichnung des Geschlechts durch Komposition, und zwar mit den geschlechtsbezogenen Determinatoren *uman* ‚weiblich, Frau' beziehungsweise *man* ‚männlich, Mann'. Bei den gendermarkierten Personenbezeichnungen, die aus nicht gendermarkierten Funktionsbezeichnungen für Menschen gebildet werden (*kapiten* ‚Dorfbürgermeister' → *uman kapiten* ‚weiblicher Dorfbürgermeister' / *man kapiten* ‚männlicher Dorfbürgermeister'), besteht die Asymmetrie darin, dass primär Kompositionen für Frauen gebildet werden, während Kompositionen für Männer relativ unüblich sind. Die Strategie der expliziten Gendermarkierung wird üblicherweise verwendet, wenn das Geschlecht des Referenzobjekts fraglich ist oder in dem betreffenden Kontext eine wichtige Rolle spielt. Wenn die Referenzobjekte und ihr Geschlecht den Gesprächsteilnehmern bekannt sind, wird die Geschlechtsmarkierung im Allgemeinen fortgelassen[78].

Freilich macht sich bei den Berufsbezeichnungen des Eastern Maroon Creole das ‚soziale Geschlecht' bemerkbar, das heißt, dass unkomponierte Bezeichnungen für typische Männerberufe am ehesten ‚männlich' gelesen werden[79]. Andere bevorzugt ‚männliche' Lesarten werden auf die Prototyp-Rolle des Mannes zurückgeführt[80]. Jedoch können mit *man* komponierte Personenbezeichnungen wie *biibiman* ‚Gläubiger, Christ' und *singiman* ‚Sänger' spezifisch für Männer und sexusneutral verwandt werden, also auch singularisch für explizit weibliche Referenzobjekte; die meisten praktizierenden Christen dieser Sprachgemeinschaft sind Frauen[81]. Mit *man* komponierte Wörter für Rollen und Aktivitäten, die von Frauen und Männern gleichermaßen eingenommen beziehungsweise ausgeführt werden können, werden gleichermaßen für beide Geschlechter verwendet. So etwa *leiman* ‚Lügner', *wisiman* ‚Zauberer', *donman* ‚Dummkopf', *duman* ‚Macher' sowie *nyanman* ‚Vielfraß' und *kokobeman* ‚Aussätziger'. Dagegen werden -*man*-Kompositionen, die sich auf primär oder ausschließlich männliche Rollen beziehen wie *pikiman* ‚formeller Gesprächspartner bei politischen Treffen', *oloman* ‚Totengräber', *botoman* ‚Bootsführer' oder *hontiman* ‚Jäger', erwartungsgemäß spezifisch verstanden[82]. Frauen und Männer, die regelmäßig Tätigkeiten nachgehen, die typischerweise entweder nur mit Frauen oder nur mit Männern verbunden sind, werden nicht mit einem Wort bezeichnet, das mit *uman* oder *man* komponiert ist. In diesen Fällen wird eine aktivische Konstruktion gewählt, um die Tätigkeit zu beschreiben, oder ein passendes Wort aus einer anderen

---

Amsterdam/Philadelphia 2001 (Impact: Studies in language and society 9), S. 199–225, hier S. 205.

[77] Bettina Migge: *Communicating gender in the Eastern Maroon Creole of Surinam*, in: *Gender Across Languages. The linguistic representation of women and men.* Volume I. Ed. by Marlis Hellinger, Hadumod Bußmann, Amsterdam/Philadelphia 2001 (Impact: Studies in language and society 9), S. 85–104.
[78] Migge: *Communicating gender in the Eastern Maroon Creole of Surinam*, a. a. O., S. 93.
[79] Migge: *Communicating gender in the Eastern Maroon Creole of Surinam*, a. a. O., S. 96.
[80] Ebd.
[81] Migge: *Communicating gender in the Eastern Maroon Creole of Surinam*, a. a. O., S. 97.
[82] Ebd.

Sprache entlehnt. So ist das Wort *kok* ‚Koch' eine Entlehnung aus dem Niederländischen[83] und wird für einen Mann gebraucht, nicht aber *boliman*.

Vielleicht am aufschlussreichsten ist, dass im Eastern Maroon Creole Komposita auf -*man* existieren, die nur weibliche Referenzobjekte haben können, nämlich das genannte *boliman* ‚weiblicher Koch', *faagiman* ‚menstruierende Person', *beeman* ‚schwangere Person' und *mekiman* ‚Hebamme'[84]. Und ausdrücklich als ‚weiblich' markierte Wörter können nur für weibliche Personen verwendet werden. Sie werden niemals sexusneutral oder für Männer gebraucht[85]. Dabei gibt es mit *uman* komponierte Bezeichnungen wie *paandasiuman* ‚weibliches Mitglied einer Dorfgemeinschaft'[86], bei denen die Referenzobjekte gleichwertig zu denen der mittels des sexusneutralen oder spezifisch männlich gebrauchten *paandasiman* ‚Mitglied [sowie speziell männliches Mitglied] einer Dorfgemeinschaft' bezeichneten Personen sind[87]. Bei einigen weiteren lexikalisierten Bildungen wie *wookouman/wookoman* ‚Arbeiter' oder *olouman/oloman* ‚für ein Begräbnis verantwortliche Person' sind allerdings die Rollen der Referenzobjekte entsprechend der gesellschaftlichen Einbindung und Aufteilung der betreffenden Tätigkeiten verschieden. Schließlich gibt es Bildungen, bei denen die frauenbezeichnende Variante eine sexualisierte oder negative Konnotation aufweist[88].

Aus diesen Beobachtungen ergibt sich die These, dass unmarkierte und sogar spezifisch ‚männlich' markierte Bezeichnungen umso eher geschlechtsübergreifend funktionieren, je größer die Teilhabe beider Geschlechter an den bezeichneten Rollen, Tätigkeiten oder Berufen ist. Das gilt entsprechend für das Deutsche. Spezifisch weiblich markierte Bezeichnungen sind dagegen eher der Gefahr ausgesetzt, negative (diskriminierende) Konnotationen auszulösen. Das ist etwa auch im Englischen der Fall.

> Die Maskulinität von generischen Berufsbezeichnungen wirft ein Henne-Ei-Problem auf: Sind die Berufsbezeichnungen inhärent männlich und brauchen daher eine parallele weibliche Form, oder sind sie inhärent generisch und wirken nur deswegen männlich, weil sie [sc. die Berufe] historisch nur von Männern ausgeführt werden durften? Aus englischer Perspektive ist Letzteres der Fall. Das Wort *Prime Minister* bezeichnet de facto für den Großteil der englischen Geschichte einen Mann, einfach schon deshalb, weil Frauen weder wählen noch gewählt werden durften. Die englische Lösung für dieses Problem ist es nicht, eine weibliche Form einzuführen, obwohl *Prime Ministress* durchaus ginge, sondern eine Frau zu wählen[89].

---

[83] Migge: *Communicating gender in the Eastern Maroon Creole of Surinam*, a. a. O., S. 97.
[84] Migge: *Communicating gender in the Eastern Maroon Creole of Surinam*, a. a. O., S. 98.
[85] Migge: *Communicating gender in the Eastern Maroon Creole of Surinam*, a. a. O., S. 98–101.
[86] Migge: *Communicating gender in the Eastern Maroon Creole of Surinam*, a. a. O., S. 92.
[87] Migge: *Communicating gender in the Eastern Maroon Creole of Surinam*, a. a. O., S. 99.
[88] Migge: *Communicating gender in the Eastern Maroon Creole of Surinam*, a. a. O., S. 99–100.
[89] Nele Pollatschek: *They: Gendern auf Englisch*, in: *Aus Politik und Zeitgeschichte* 72, 5–7. 31. Januar 2022, S. 8–9, hier S. 8; vgl. Pollatschek: *Deutschland ist besessen von Genitalien*, a. a. O.

4.4 Widersprüchliche Argumentationen

Die feministisch inspirierte Argumentation auf der Grundlage einer bipolar ausgelegten Markiertheits- und Natürlichkeitstheorie ermöglicht auch eine sophistischere Interpretation des Verhältnisses von geschlechtsübergreifendem zum sexusspezifischen Maskulinum. So schreibt Ivo Hajnal[90], dass morphologisch eine synchrone Divergenz zwischen spezifischem und generischem Genusgebrauch deutlich werde, die aber durch eine Zusatzannahme verringert werden könne. Es lasse sich bezüglich des generischen Gebrauchs annehmen, dass ein Gattungsname wie *der Hund, die Katze,* aber auch *der Student* synchron einer Ableitung mittels Nullmorphem von genusspezifischem *der Hund, die Katze* oder *der Student* entspreche. Der generische Genusgebrauch bleibe dennoch morphologisch viel schlechter als sein spezifischer Gegenpart verankert. In der Terminologie der generativen Markiertheitstheorie sei der generische Genusgebrauch damit nichtikonisch und morphologisch markiert, da einem Mehr an Semantik (der Bezeichnung von Sexusindifferenz) kein Mehr an morphologischer Kennzeichnung entspreche. Daraus folge, dass innerhalb der Personenbezeichnungen des Deutschen das üblicherweise maskuline Generikon gegenüber dem genusspezifischen Maskulinum bzw. Femininum das markierte Oppositionsglied bilde.

Hier wird folglich das Weniger an Semantik des geschlechtsneutralen Maskulinums, nämlich das Fehlen des Sems ‚männlich', in ein angesichts der Gestalt des geschlechtsübergreifenden Maskulinums kontraikonisches (weil durch kein weiteres Morphem ausgedrücktes) „Mehr" an Semantik umgedeutet, das in einem Sem ‚Sexusindifferenz' bestehe. Das ‚passt', ironisch gesagt, zur Theorie des ‚Nullmorphems'[91], die ein Nicht-Seiendes, das Signe zéro, als Seiendes versprachlicht.

Offensichtliche Probleme mit der Akzeptierung der empirischen Fakten hat auch das Handbuch zur Genderlinguistik von Kotthoff und Nübling[92]. Hier wird zwar eine schlüssige Theorie vorgelegt, warum das generische Maskulinum im Singular aus der *Rezipienten*perspektive als solches so schlecht *erkannt* wird, nämlich weil sich bei singulärer definiter Referenz kognitive Stereotype über das einer Person stets inhärente Geschlecht assoziativ vordrängen (siehe oben). Viele der sogenannten Tests der feministischen Linguistik (dazu weiter unten) hatten ja die ‚pseudogenerische und eigentlich männliche Bedeutung' des geschlechtsübergreifenden Maskulinums mit dessen Funktionsschwäche im Singular begründet, um den es aber bei der Diskussion und in der sprachlichen Praxis nur am Rande geht. Nun haben aber neuere und methodisch ausgefeiltere Tests den Plural mit einbezogen und es war festzustellen, dass hier das geschlechtsübergreifende Maskulinum als solches erkannt und verwandt wird. Erkannt und verwandt, heißt es dazu, „wie dies manche Grammatiker und viele Laien behaupten"[93]. Mit den vielen „Laien", die das „behaupten", sind offenbar die Sprecher des Deutschen gemeint, die das geschlechtsübergreifende Maskulinum empirisch feststellbar tagtäglich verwenden. An anderer Stelle

---

[90] Hajnal: *Feministische Sprachkritik*, a. a. O., S. 12.
[91] Dazu Georg Friedrich Meier: *Das Zéro-Problem in der Linguistik. Kritische Untersuchungen zur strukturalistischen Analyse der Relevanz sprachlicher Form*, Berlin 1961 (Schriften zur Phonetik, Sprachwissenschaft und Kommunikationsforschung 2).
[92] Kotthoff – Nübling: *Genderlinguistik*, a. a. O.
[93] Kotthoff – Nübling: *Genderlinguistik*, a. a. O., S. 21.

heißt es, die Genderlinguistik könne „wichtige Impulse für die wissenschaftliche Grundierung der mehrheitlich laienhaft geprägten öffentlichen Diskussion"[94] anbieten. Hier wird offensichtlich ein ‚Laien'-Narrativ kreiert, dessen eigentliche ideologische Begründung im letzten inhaltlichen Kapitel dieser Studien behandelt wird.

Offenbar gerät da eine mehr aktivistische als objektive Darstellung aufgrund empirisch feststellbaren Sprachgebrauchs in argumentative Nöte. Als voreingenommen geben sich Kotthoff und Nübling bereits durch den Gebrauch der feministischen Signalform *LinguistInnen* zu erkennen. Ganz auf dieser Linie verwenden sie bei der Personenreferenz jeweils hälftig eine Mischung von geschlechtsübergreifendem Maskulinum und ‚generischem Femininum'[95]. Dieses ist „für eine generische Form" nicht etwa „eigentlich nicht geeignet"[96], sondern a priori auf überhaupt gar keinen Fall, weil es sich um eine semantisch spezifische Bildung handelt. Offenbar spielt hier auch das feministische Postulat, das Maskulinum sei eigentlich ‚männlich' und transportiere immer die Male-as-Norm-Assoziation, eine zentrale Rolle: Lakoff habe gezeigt, wie Frauen „im sog. generischen Maskulinum verschwinden"[97]. Umgekehrt „verschwinden" die Männer im generischen Femininum, wenn mit einer offensichtlich missglückten ‚lexemvariierenden Paarform' von derzeit aktiven „Forscherinnen und Autorinnen im Feld der Genderlinguistik"[98] geschrieben wird.

Dafür spricht auch der für die Gedankenwelt der feministischen Linguistik aufschlussreiche Artikel von Lobin und Nübling[99], der sich am Rande des Mystizismus bewegt: „Tief in der Sprache, genauer: in solchen Genuszuweisungen lebt die alte Geschlechterordnung fort. Genus verweist also nicht nur auf Sexus, es leistet noch viel mehr: Es verweist auf soziale Erwartungen an die Geschlechter (Gender) und damit auf Geschlecht im umfassenden Sinn." Die Deutungen des Genus der dafür herangezogenen Lexeme sind bereits weiter oben falsifiziert worden. Und weiter:

> „Das generische Maskulinum macht Frauen besser unsichtbar als jede Burka", hat Luise Pusch einmal gesagt. Es ist die Pflicht der Linguistik, in der Debatte um die geschlechtergerechte Sprache darauf zu verweisen, dass eben dieses generische Maskulinum genauso eine Idealisierung darstellt wie die „Genus ist nicht Sexus"-These - beides hat mit der Sprachrealität wenig zu tun[100].

Die Sprachwissenschaft hat wie jede Wissenschaft vor allem die Pflicht, keine empirisch falsifizierten Unwahrheiten oder polemische, polarisierende und realitätsverzerrende Thesen wie Puschs feministisches Narrativ[101] von dem generischen Maskulinum als

---

[94] Diewald – Nübling: „*Genus – Sexus – Gender*", a. a. O., S. 4.
[95] Kotthoff – Nübling: *Genderlinguistik*, a. a. O., S. 17.
[96] Sabura Okamura: *Sprachliche Lösungsmöglichkeiten der Genderproblematik im Japanischen und Deutschen*, in: Susanne Günthner – Dagmar Hüpper – Constanze Spieß (Hg.): *Genderlinguistik. Sprachliche Konstruktionen von Geschlechtsidentität*, Berlin/Boston 2012 (Linguistik – Impulse und Tendenzen 45), S. 413–432, hier S. 414.
[97] Kotthoff – Nübling: *Genderlinguistik*, a. a. O., S. 17.
[98] Diewald – Nübling: „*Genus – Sexus – Gender*", a. a. O., S. 14.
[99] Lobin – Nübling: *Tief in der Sprache lebt die alte Geschlechterordnung fort*, a. a. O.
[100] Ebd.
[101] Payr: *Streit ums Gendern*, a. a. O.

Burka zu verbreiten. Diese bildkräftige Geschichte kann in der Sprachwissenschaft nicht ernsthaft verwendet werden. „Die unbedingte Gleichsetzung *genus = sexus* ist ein Kategorienfehler; hier wird Inkommensurables über einen Kamm geschoren. Das ist bestenfalls Zeichen von Halbbildung und spottet jeder Differenzierung, [...]"[102]. Von den Behauptungen bei Lobin und Nübling bis zu der Aussage „Erst einmal muss der politische Wille da sein, die Sprache als krank und reparaturbedürftig anzuerkennen"[103] und ihrer Einschätzung als unverträglich mit dem Grundgesetz[104] sind es nur kleine Schritte.

> Wie kann sich eine Sprachwissenschaftlerin dazu versteigen, die deutsche Sprache als ‚krank' zu bezeichnen? Bei der Vorstellung von einer ‚gesunden' Sprache schwinden einem die Sinne, und genauso schwinden sie bei der Vorstellung, dass selbst ernannte Monteure die Sprache reparieren. Der meistzitierte Satz von Luise Pusch ist der mit der Burka. Er bringt Maskulinum und Vermummung zusammen, dass es einen gruselt[105].

Für feministisches Denken, jedenfalls von deutschen Autoren, ist Geschlechtergerechtigkeit nur erzielt, wenn Frauen unter allen Umständen sprachlich genannt werden, idealerweise auch im Plural, und wenn frauenbezeichnende Derivationen nicht (was kontrafaktisch postuliert wird) von ‚männerbezeichnenden' (*Pastor-in, Ingenieur-in, Berater-in*) abgeleitet seien, was „mit Recht" als eine Asymmetrie im Sprachsystem angesehen werde[106], sondern beide vom gleichen genuslosen Stamm (*direc-teur, direc-trice*). Eine Kurzfassung dieser Einstellung ist bei Burr[107] nachzulesen[108]. Die Annahme einer privativen Opposition beim unmarkierten Glied einer Opposition, eine wesentliche Grundlage für das Verständnis des beim geschlechtsübergreifenden Maskulinum nicht vorhandenen Sems ‚männlich', wird als „Belehrung" verbucht, die Kalverkämper[109] „Linguistinnen" habe zukommen lassen[110]. An anderer Stelle ist von einem „linguistisch-strukturalistischen Nachhilfekurs"[111] die Rede, den Kalverkämper Pusch habe „angedeihen" lassen. Das Verdikt der ‚Belehrung' – als habe es „fast 40 Jahre feministische Linguistik nicht gegeben"[112] – ergeht auch gegen Gauger[113] und Wegener[114]. Diese unsachliche Abferti-

---

[102] Rudolf Stöber: *Genderstern und Binnen-I. Zu falscher Symbolpolitik in Zeiten eines zunehmenden Illiberalismus*, in: *Publizistik* 66 (2021), S. 11–20, hier S. 13.
[103] Pusch in Schirrmeister: *Linguistin Luise F. Pusch*, a. a. O.
[104] Eisenberg: *Weder geschlechtergerecht noch gendersensibel*, a. a. O., S. 34.
[105] Eisenberg: *Die Vermeidung sprachlicher Diskriminierung im Deutschen*, a. a. O., S. 14.
[106] Schiewe: *Die Macht der Sprache*, a. a. O., S. 272.
[107] Burr: *Gender and language politics in France*, a. a. O., S. 132–134.
[108] Vgl. Hadumod Bußmann – Marlis Hellinger: *Engendering female visibility in German*, in: *Gender Across Languages. The linguistic representation of women and men*. Volume 3. Ed. by Marlis Hellinger, Hadumod Bußmann, Amsterdam/Philadelphia 2003 (Impact: Studies in language and society 11), S. 141–174.
[109] Kalverkämper: *Die Frauen und die Sprache*, a. a. O.
[110] Kotthoff – Nübling: *Genderlinguistik*, a. a. O., S. 116.
[111] Kotthoff – Nübling: *Genderlinguistik*, a. a. O., S. 18.
[112] Kotthoff – Nübling: *Genderlinguistik*, a. a. O., S. 116, Anm. 16.
[113] Gauger: *Herr Professorin?*, a. a. O.
[114] Wegener: *Grenzen gegenderter Sprache*, a. a. O.

gung betrifft demnach Einsichten, die man aus sprachideologischen Gründen nicht akzeptieren will, weil sie den eigenen Anschauungen zuwiderlaufen. Dabei wird der Eindruck vermittelt, die Verhältnisse von *Tag* und *Nacht* ließen sich eigentlich nicht auf Fälle wie *Kunde* und *Kundin* übertragen[115]. Das Ganze basiere letztlich auf einer grammatischen Metapher. Dabei hatte bereits Jakobson 1939[116] das Auftreten unmarkierter und markierter Formen in der Morphologie mit ihren funktionalen Konsequenzen (siehe oben) beschrieben[117].

Hinter der unzutreffenden Ansicht von der ‚grammatischen Metapher' steckt vermutlich die bereits referierte, etwa von Stefanowitsch vertretene Auffassung, dass eine unmarkierte ‚Grundform' wie *Lehrer* die Semantik ‚männlich' habe, und zwar nur diese Bedeutung und keine andere. Diese ‚männliche' Form werde nun im Rahmen der rhetorischen Figur der Synekdoche, also der Metonymie [!], als pars pro toto auch für die weiblichen Mitglieder einer Gruppe gebraucht: *Lehrer* ‚Lehrerinnen und Lehrer'. Das Ganze wird mit der Bemerkung begleitet: „Und sprechen wir von Lehrern, meinen wir (manchmal) alle Lehrkräfte, interessieren uns aber vorrangig für die männlichen […]"[118]. Die Behauptung findet sich in analoger Weise bereits bei Trömel-Plötz[119]. Wer von *Lehrern* mit der Absicht spricht, die Gesamtgruppe der ‚Lehrenden' zu bezeichnen, ‚interessiert' sich selbstverständlich nicht vorrangig für die männlichen Lehrkräfte; die These ist irrig. Ohnehin übertrifft der Frauenanteil bei den ‚Lehrenden' der allgemeinbildenden Schulen den Männeranteil an allen Schulformen ausnahmslos, von 57,8 % bei den Kollegs über 61,4 % bei den Gymnasien bis zu 88,6 % bei den Grundschulen[120]. Der Default-Fall eines Lehrers ist also insofern eine weibliche Person. Aber angesichts der Üblichkeit der feministisch motivierten Beidnennung *Lehrerinnen und Lehrer* wie auch *Schülerinnen und Schüler* im Schulkontext könnte es bei der Verwendung des genderneutralen Maskulinums *in diesem Fall* mittlerweile Verständnisschwierigkeiten geben. Von der Metonymiethese her rührt auch die feministische Auffassung, dass das ‚generische Maskulinum' nur eine ‚Gebrauchsgewohnheit' sei.

Eine Metonymie pars pro toto als Grundlage des unspezifischen Gebrauchs (,Nullinterpretation') hatte bereits Doleschal[121] angenommen, daraus aber die unzutreffende Folgerung gezogen: „Für die sprachliche Konzeptualisierung von Geschlecht bedeutet dies, dass Frauen ‚als Männer gesehen' werden können, wenn vom Geschlecht abstrahiert werden soll." Ebenso von der Vorstellung geprägt, dass die Grundbedeutung eines Maskuli-

---

[115] Kotthoff – Nübling: *Genderlinguistik*, a. a. O., S. 116.
[116] Jakobson: *Signe zéro*, a. a. O.
[117] Lehmann: *Sprachtheorie: Markiertheit*.
[118] Anatol Stefanowitsch: *Genderkampf. Wo die Kritiker geschlechtergerechter Sprache sich täuschen*, in: *Merkur* 68. Heft 784 (2014), S. 847–852, hier S. 849; Stefanowitsch: *Genderkampf* (2017), a. a. O., S. 124.
[119] Trömel-Plötz: *Frauensprache*, a. a. O., S. 40; vgl. Gorny: *Feministische Sprachkritik*, a. a. O., S. 523.
[120] *Anteil der weiblichen Lehrkräfte an allgemeinbildenden Schulen in Deutschland im Schuljahr 2020/2021 nach Schulart*, in: *statista*.
[121] Doleschal: *Konzeptualisierung von Geschlecht und Sprachvergleich*, a. a. O., S. 184.

nums eigentlich ‚männlich' sei, ist Doleschals alternative weitere These (‚Plusinterpretation')[122]. Wenn dann ein Maskulinum zur Bezeichnung einer Frau gebraucht werde, könne eine Metapher vorliegen. *Meine Rechtsanwältin ist ein sehr guter Rechtsanwalt* könne analysiert werden als: ‚Meine Rechtsanwältin ist sehr gut, so gut wie ein männlicher Rechtsanwalt'. Auch das ist höchst unwahrscheinlich. „Wenn Gerlinde für ihr *heldenhaftes Handeln* geehrt wird, bedeutet das keineswegs, dass sich Gerlinde ausgerechnet wie ein Mann verhalten hat"[123].

4.5 Das genderneutrale Maskulinum als sprachsystematische Größe

Die feministische Auffassung vom Verhältnis des geschlechtsspezifisch gebrauchten Maskulinums zum unspezifisch verwendeten Maskulinum ist der von Jakobson und Becker, welcher sich Andreas Klein angeschlossen hat, diametral entgegengesetzt. Beide Positionen gehen aber davon aus, dass eine der beiden Gebrauchsweisen eine pragmatische ‚Gebrauchsbedeutung' sei. Die feministische Position hält den unspezifischen Gebrauch für eine ‚Gebrauchsbedeutung', die Gegenposition Jakobsons und Beckers den geschlechtsspezifischen Gebrauch.

Beide Auffassungen verquicken Diachronie mit Synchronie und können die Verhältnisse der Gegenwart nicht angemessen beschreiben. Sie beruhen im Grunde genommen darauf, dass es schwer fällt sich vorzustellen, dass ein ausdrucksseitig gleiches Wort *systematisch* als Hyperonym oder Hyponym seiner selbst auftreten kann, also je nach Blickrichtung Autohyperonymie bzw. Autohyponymie besteht[124]. Für die gegenwärtige Synchronie ist es nicht von Interesse, ob in den Zeiten, „da Bertha spann", das geschlechtsübergreifende Maskulinum die ursprüngliche Variante war und die sexusspezifische die sekundäre oder ob umgekehrt die sexusspezifische Variante die ursprüngliche war und die geschlechtsübergreifende die sekundäre. Denn wenn in einer Sprachgemeinschaft geschlechtsspezifische wie geschlechtsübergreifende Varianten lange Zeit, hier belegte 1200 Jahre, mit Millionen bis Milliarden Gebrauchsfällen aktualisiert werden, dann müssen beide Varianten als systematisch verankert angesehen werden. Die hier interessierende geschlechtsübergreifende Variante ist nicht als eine rhetorisch kreative Metonymie anzusehen, mit der man seine Rede einmal bei besonderer Gelegenheit schmückt, sondern sie ist jederzeit systemhaft präsent.

Damit ist die Auffassung, das geschlechtsübergreifende Maskulinum sei allenfalls ‚pseudogenerisch', als ideologisch motiviertes Narrativ erwiesen. Es gibt wie angedeutet nur ein Problem des Erkennens, das bei bestimmten Referenzverhältnissen aufgrund der Homonymie von geschlechtsübergreifender und sexusspezifischer Variante, aufgrund kognitionspsychologischer Stereotype, morphologischer Konkurrenz und jahrzehntelanger sprachpolitischer Öffentlichkeitsarbeit besteht. Diese Erkennensschwierigkeit wird

---

[122] Doleschal: *Konzeptualisierung von Geschlecht und Sprachvergleich*, a. a. O., S. 184.
[123] Josef Bayer: *Seit wann ist Sprache gerecht?*, in: *Achgut.com*, 21.10.2020.
[124] Vgl. Neef: *Das Konzept des sogenannten ‚Geschlechtergerechten Sprachgebrauchs'*, a. a. O., S. 55–56; Becker: *Was wir von Aristoteles über die Bedeutung deutscher Wörter lernen können*, a. a. O., S. 64–65.

kontrafaktisch und politisch motiviert zu einer Existenzfrage umgedeutet und damit bewusst verstärkt. Wer mit dem Begriff der Gebrauchsgewohnheit argumentiert, tut so, als sei die Sprache nicht insgesamt überhaupt nur eine Gebrauchsgewohnheit. Das Argument der „Gebrauchskonvention"[125] oder „Gebrauchsgewohnheit"[126] ist ein Truismus.

Tatsache ist, dass eine typische Argumentationsstrategie der feministischen Linguistik darin besteht, Jakobsons Markiertheitstheorie und ihre Konsequenzen nicht zur Kenntnis zu nehmen[127]. Im Handbuch ‚Genderlinguistik' zeigt sich das am Signe zéro bezüglich Jakobson und Greenberg[128] im Literaturverzeichnis. Ausgehend von einem Satz wie *Hier ist der Kunde König* wird ausgeführt: „Dass die weiblichen Referenzobjekte sich aber allzu oft [!] nicht gemeint fühlen (bzw. nicht wissen können, welcher der beiden Begriffe von Kunde gerade gelten soll), oft genug [!] auch faktisch nicht mitgemeint sind, und dass alle Tests (mit Frauen und Männern) dies weithin bestätigt haben, wird bis heute von vielen ignoriert (oder nicht gewusst)"[129]. Abgesehen davon, dass das Postulat, ein Wort wie *Kunde* werde oft genug nicht genderneutral gebraucht, auf einer Falschbehauptung von Trömel-Plötz[130] beruht, widersprechen sich die Verfasserinnen damit erneut selbst. Ein Satz wie *45 Millionen Bürger sind zur Bundestagswahl aufgerufen* hat, wie zwei Seiten vorher [!] ausgeführt wird, eine Wahrscheinlichkeit von 97 %, neutral gelesen zu werden[131]. Das müsste cum grano salis auch für eine generische Aussage im Singular gelten. Dem Verfasser dieser Studie will es scheinen, dass die einem religiösen sacrificium intellectus nahekommende Operation, einen Satz wie *Hier ist der Kunde König* mit aller Anstrengung misszuverstehen und stattdessen *Hier sind die Kundinnen und Kunden Königinnen und Könige* einzufordern, größer ist als der kognitive Aufwand, ihn richtig zu verstehen[132]. Die kognitive Leistung, eine unmarkierte Form als genderneutral zu begreifen und im Deutschen somit auch von der partiell möglichen Indexfunktion des Genus Maskulinum zu abstrahieren, ist ausgesprochen minimal.

---

[125] Diewald: *Geschlechtergerechte Sprache als Thema der germanistischen Linguistik*, a. a. O., S. 284, 286.

[126] Diewald: *Geschlechtergerechte Sprache als Thema der germanistischen Linguistik*, a. a. O., S. 288.

[127] Eisenberg: *Unter dem Muff von hundert Jahren*, a. a. O.

[128] Greenberg: *Language universals*, a. a. O.

[129] Kotthoff – Nübling: *Genderlinguistik*, a. a. O., S. 116.

[130] „Wir sehen also, daß für ausschließlich weibliche Referenten komplizierte Umformungen nötig sind, während für männliche Referenten die geschlechtsindefiniten Formen dienen können. Umgekehrt weist auch die Wahl der maskulinen Form für geschlechtsunspezifische Zwecke, obwohl es feminine Formen wie *die Kundin, die Käuferin, die Leserin* durchaus gibt, darauf, hin, daß Frauen oft ausgeschlossen sind. Weder die Wahl einer solchen Form in der Sprache ist zufällig noch der Effekt unbeabsichtigt: Der generische Gebrauch des Nomens wird oft mit dem Gebrauch des maskulinen Nomens mit männlichen Referenten identifiziert – man redet generell über Männer und Frauen, man benutzt die Form, die für den generischen geschlechtsindefiniten Gebrauch zur Verfügung steht, und man meint dabei nur Männer." Trömel-Plötz: *Frauensprache*, a. a. O., S. 40.

[131] Kotthoff – Nübling: *Genderlinguistik*, a. a. O., S. 114–115.

[132] Ralf Vogel: *Ist Gendern links?*, in: *NachDenkSeiten*, 28.08.2022: „Frei nach Rosa Luxemburg könnte man daher ein Prinzip des sprachlichen Pluralismus formulieren: Freiheit ist immer die Freiheit des Anderssprechenden. [...] Es beginnt aber damit, dass auch hier die Abwertung der

Die Aussage von Hoberg, dass in einem Satz wie *Bei uns ist der Kunde König* die sexusneutrale Lesart wohl intendiert, wenngleich nie zwingend sei[133], ist rein von den semantischen Möglichkeiten des Maskulinums her gesehen nicht falsch, aber alltagspragmatisch wunderlich. Über die Herkunft des Mottos macht sich in der feminismusaffinen Linguistik offensichtlich niemand Gedanken. Der Slogan, der aus dem Amerikanischen stammt und schon von daher nicht gegendert ist, geht auf den US-amerikanischen Kaufhausunternehmer Harry Gordon Selfridge (1858–1947) zurück, der diesen Spruch offenbar bereits in seiner Ausbildung lernte, nach diesem Leitsatz sein Kaufhaus in Chicago leitete und ihn auch für sein 1909 eröffnetes Londoner Kaufhaus übernahm.

> Schon in der Ausbildung hat Selfridge gelernt: „*Der Kunde ist König*". Nach diesem Grundsatz hat er das Kaufhaus in Chicago geleitet. Er hat die großen Warenhäuser in Berlin, Wien und das berühmte Pariser Bon Marché kennengelernt. Doch mit ihnen kann sich in London keines messen. Kurzerhand beschließt Selfridge, den Engländern stilvolles Einkaufen beizubringen. Dazu lässt er ein großes Gebäude an der Oxford Street bauen, die damals noch etwas außerhalb des Zentrums liegt, aber schon eine eigene U-Bahn-Station besitzt. Hier findet er den Platz für seine Vision: „*Ein Geschäft, das jeden Tag öffnet, sollte so prachtvoll und – auf eine gewisse Art – erhebend sein, wie eine Kirche oder ein Museum.*" Klassische Säulen, riesige Schaufenster und aufwendig verzierte Türen machen den Baukomplex mondän. Innen sollen exklusive Produkte, schicke Restaurants und eine Bibliothek vor allem die betuchte, meist weibliche Käuferschaft ansprechen. Zugleich soll das neue Kaufhaus Selfridges offen für jedermann sein. Damit wirbt man in großen Zeitungsanzeigen. Zur Eröffnung am 15. März 1909 kommen Tausende, auch viele, die zuvor noch nie ein Kaufhaus betreten haben. „*Ich möchte, dass sie sich an Licht und Wärme erfreuen, an Farben und Formen, an dem Gefühl feiner Stoffe*", sagt Selfridge[134].

Das ist mit *Der Kunde ist König* gemeint. Es ging Selfridge demnach vor allem um die weibliche Kundschaft. Firmen, die in dieser guten Tradition Werbung machen, etwa Warenhäuser, Einrichtungshäuser und Modehäuser, haben gewiss nicht die Absicht, den größten Teil ihrer potentiellen Kundschaft auszuschließen.

Allenfalls wenn beispielsweise ein Männergesangsverein seine Jahreshauptversammlung mit Tombola abhielte und dabei auf den merkwürdigen Gedanken kommen sollte, Frauen auszuschließen, wäre ein Satz wie *Wir danken allen Teilnehmern und gratulieren*

Ausdrucksalternative keine Basis in der Realität hat. Nehmen wir eine Durchsage in einem Kaufhaus kurz vor Ladenschluss: *Liebe Kunden, bitte beenden Sie zügig Ihren Einkauf. Wir schließen in fünf Minuten. Vielen Dank für Ihren Besuch.* Das ist ganz gewöhnlicher Sprachgebrauch, wie er ständig im deutschen Sprachraum vorkommt. Niemand, auch keine Gendern-Befürworter, würde bestreiten, dass der hier verwendete Ausdruck *Kunden* geschlechtsneutral gemeint ist und dass das auch problemlos so verstanden wird. Das ist ein unbestreitbares linguistisches Faktum. Auch die weiblichen Kunden werden das Kaufhaus verlassen. Jede Empfehlung, dass anstelle von *Kunden* Ausdrucksweisen wie *Kund*innen* oder *Kundinnen und Kunden* besser zu verwenden seien, und *Kunden* zu vermeiden, geht mit einer Verletzung des Rosa[-Luxemburg]-Prinzips einher. Die Sprachvielfalt wird nicht geachtet; man stellt sich über diejenigen, die sich für das generische Maskulinum entscheiden; man weigert sich, den Ausdruck so zu verstehen – wie man ihn verstanden hat."

[133] Hoberg: *Grammatik des Deutschen*, a. a. O., S. 103.
[134] WDR: *15. März 1909 - Harry Gordon Selfridge eröffnet Kaufhaus in London*, 15.03.2019.

den Gewinnern[135], den Hoberg in diesem Zusammenhang bemüht, nur auf Männer bezogen; in allen übrigen Fällen trifft das aber höchstwahrscheinlich nicht zu. Faktisch werden selbst in einem solchen Fall männliche Anwesende mit dem Wort *Teilnehmer* in der Bedeutung ‚jemand, der teilnimmt' bezeichnet.

Die Ausführungen von Hoberg zeigen, wie bereits 2004 feministische Vorstellungen ansonsten um Objektivität bemühte Darstellungen beeinflussen. Das gilt dann auch für das überraschende und offensichtlich irrige Fazit Hobergs: „Bei Personenbezeichnungen gibt es – auch aufgrund der fast unbegrenzten Möglichkeit der Movierung – nur wenige Ausnahmen vom Sexusprinzip; das Deutsche hat auch kaum personale Substantive mit sexusneutral zu interpretierendem Genus [!] und überhaupt keine (zumindest keine originären) Substantive mit variablem Genus"[136]. Das letzte Postulat ist unklar. Die trivialerweise sekundären Partizipial- und Adjektivkonversionen unter den Personenbezeichnungen haben alle variables Genus: *der* oder *die Angestellte, der* oder *die Bedürftige, der* oder *die Kranke*. Geht es um nichtpersonale Substantive, ist ebenfalls Genusvariabilität belegt: *der* oder *die Abscheu, der* oder *das Eidotter, das* oder *der Erbteil, die* oder *der Fussel, die* oder *das Geschwulst*[137]. Wie man postulieren kann, das Deutsche habe kaum personale Substantive mit sexusneutral zu interpretierendem Genus, obwohl Hoberg sogar zwei Arbeiten von Jakobson zitiert, ist nicht nachvollziehbar. Letztlich vertritt also Hoberg die feministische Auffassung von den primär sexusspezifischen, ‚pseudogenerischen' Maskulina. Dieses Postulat erscheint auch in der folgenden Kommentierung von Leiss 1994[138] durch Diewald und Nübling:

> Im Deutschen sind die meisten Personenbezeichnungen systematisch nach Geschlecht differenziert (morphologisch und grammatisch); entsprechend sind diese Mittel auch zu verwenden, wenn dies sachlich angemessen ist. Es handelt sich hierbei (also z. B. bei der Verwendung von Beidnennungen wie „Lehrerinnen und Lehrer") nicht um „die explizite Bezugnahme auf ihr [d. h. der Frauen] Geschlecht als deren angeblich *wesentliches* Merkmal". Die korrekte Verwendung existierender sprachlicher Mittel zur Bezeichnung von Personen kann aus heutiger Sicht nicht als „Sexualisierung der Grammatik" betrachtet werden[139].

Gewiss mag das genderneutrale Maskulinum in gewissen Versuchsanordnungen bestimmte Assoziationen begünstigen, auf der *kognitiven* Ebene wird das *Text*verständnis dadurch aber nicht eingeschränkt[140] (s. unten, Abschnitt 7). Eindeutigkeit ist dabei immer

---

[135] Hoberg: *Grammatik des Deutschen*, a. a. O., S. 103.
[136] Hoberg: *Grammatik des Deutschen*, a. a. O., S. 117.
[137] korrekturen.de. Portal für Rechtschreibung: *Der, die oder das?*
[138] Leiss: *Genus und Sexus*, a. a. O., S. 282.
[139] Diewald – Nübling: *„Genus – Sexus – Gender"*, a. a. O., S. 17.
[140] Friedrich – Heise: *Does the Use of Gender-Fair Language Influence the Comprehensibility of Texts?*, a. a. O.; Braun – Oelkers – Rogalski – Bosak – Sczesny: *„Aus Gründen der Verständlichkeit ...",* a. a. O.; Rothmund – Christmann: *Auf der Suche nach einem geschlechtergerechten Sprachgebrauch*, a. a. O.; Frank-Cyrus – Dietrich: *Sprachliche Gleichbehandlung von Frauen und Männern in Gesetzestexten*, a. a. O.

auch eine Sache der Formulierung: „(6) ‚Es sollte in Unternehmen keine Geschlechterfrage geben. Eine Assistentin ist ein Assistent, Mann oder Frau.' (Spiegel 2/2000, S. 193)"[141].

Auf einer anderen Ebene angesiedelt ist das Gebot selbstverständlicher Höflichkeit, jemanden so anzusprechen (zu adressieren), wie er angesprochen werden möchte, etwa in den 60er Jahren des 20. Jahrhunderts unverheiratete ältere Damen als *Fräulein*. Eine Sparkassenkundin, die in Formularen als *Kundin* angesprochen werden wollte, bemühte nach zwei Vorinstanzen schließlich den Bundesgerichtshof, der dann 2018 gegen ihr Anliegen zugunsten des geschlechtsübergreifenden Maskulinums entschied[142]. Er argumentierte, „dass das generische Maskulinum im üblichen Sprachgebrauch Frauen sehr wohl miteinbeziehe und eine diesem Genus entsprechende Anrede nicht gegen die Verfassungsnorm der Gleichberechtigung aus Artikel 3 verstoße"[143].

> Es besteht kein gesetzlicher Anspruch darauf, in Vordrucken und Formularen nicht mit Personenbezeichnungen erfasst zu werden, deren grammatisches Geschlecht vom eigenen natürlichen Geschlecht abweicht. Nach dem allgemein üblichen Sprachgebrauch und Sprachverständnis kann der Bedeutungsgehalt einer grammatisch männlichen Personenbezeichnung jedes natürliche Geschlecht umfassen („generisches Maskulinum")[144].

Damit ist die Existenz des genderneutralen Maskulinums gegen alle auch politischen und behördlichen Versuche, sie zu in Abrede zu stellen, höchstrichterlich festgestellt und zugleich das auf dieser Leugnung aufgebaute Postulat, Gendern werde durch das Gebot der Gleichberechtigung gefordert, auf dem mehr oder weniger alle behördlichen Sprachvorschriften beruhen, abgelehnt worden:

> Begriffe und Formulierungen in Vordrucken sowie Formularen sind grundsätzlich nach ihrem typischen Sinn so auszulegen, wie sie von verständigen, normalerweise beteiligten Verkehrskreisen verstanden werden. (33)

> Grammatisch männliche Personenbezeichnungen können nach dem allgemeinen Sprachgebrauch und Sprachverständnis auch Personen umfassen, deren natürliches Geschlecht nicht männlich ist. (35)

> Bei Personenbezeichnungen muss zwischen dem Genus (grammatisches Geschlecht) sowie dem gemeinten natürlichen und dem realen natürlichen Geschlecht unterschieden werden. Substantive können sich unabhängig von ihrem weiblichen, männlichen oder neutralen Ge-

---

[141] Hoberg: *Grammatik des Deutschen*, a. a. O., S. 103.
[142] BGH: *Urteil vom 13. März 2018 - VI ZR 143/17*, a. a. O.; Trutkowski: *Wie generisch ist das generische Maskulinum?*, a. a. O., S. 83; Lobin: *Sprachkampf*, a. a. O., S. 51f.; vgl. Wolfgang Janisch: *Wie Marlies Krämer für die weibliche Anrede kämpft*, in: Süddeutsche Zeitung. 20.02.2018; Violetta Simon: *Liebe Leser, das folgende Interview ist auch für Frauen gedacht [Interview mit Anatol Stefanowitsch]*, in: Süddeutsche Zeitung, 22.02.2018.
[143] Dana Fennert: *Das generische Maskulinum: Ein Auslaufmodell? Argumente der Debatte um das grammatische Geschlecht*, Berlin 2022 (Konrad-Adenauer-Stiftung. Monitor Gesellschaftlicher Zusammenhalt), S. 4.
[144] BGH: *Urteil vom 13. März 2018 - VI ZR 143/17*, a. a. O.

nus auf Personen jeden natürlichen Geschlechts beziehen [...]. Danach kann der Bedeutungsgehalt einer grammatisch männlichen Personenbezeichnung jedes natürliche Geschlecht umfassen („generisches Maskulinum"; [...]). (36)

Dieser Sprachgebrauch und dieses Sprachverständnis sind nach wie vor allgemein üblich [...]. Dabei verkennt der Senat nicht, dass grammatisch maskuline Personenbezeichnungen, die sich auf jedes natürliche Geschlecht beziehen, vor dem Hintergrund der seit den Siebzigerjahren des letzten Jahrhunderts diskutierten Frage der Benachteiligung von Frauen durch Sprachsystem sowie Sprachgebrauch als benachteiligend kritisiert und teilweise nicht mehr so selbstverständlich als verallgemeinernd empfunden werden, wie dies noch in der Vergangenheit der Fall gewesen sein mag [...]. (37)

Dies vorausgeschickt ist bei Äußerungen staatlicher oder staatlich kontrollierter Stellen dennoch weiterhin grundsätzlich vom allgemein üblichen Sprachgebrauch, der das sogenannte generische Maskulinum umfasst, auszugehen. Denn so ist auch die Gesetzessprache angelegt. Zwar wird im Bereich der Gesetzgebung und Verwaltung das Ziel verfolgt, die Gleichstellung von Frauen und Männern (Art. 3 Abs. 2 Satz 2 GG) auch sprachlich zum Ausdruck zu bringen ([...]). Gleichwohl werden in zahlreichen Gesetzen Personenbezeichnungen im Sinne des generischen Maskulinums verwendet. Dies gilt insbesondere für das Grundgesetz ([...]). [...] Auch in den Strafgesetzen werden trotz der sich aus Art. 103 Abs. 2 GG ergebenden erhöhten Bestimmtheitsanforderungen Personenbezeichnungen im Sinne des generischen Maskulinums verwendet ([...]). Dieser Sprachgebrauch des Gesetzgebers ist zugleich prägend wie kennzeichnend für den allgemeinen Sprachgebrauch und das sich daraus ergebende Sprachverständnis. Der Senat kann daher allein durch die Verwendung von Personenbezeichnungen im Sinne des generischen Maskulinums keine Benachteiligung im Sinne von § 3 Abs. 1 Satz 1 AGG feststellen. (38)

Maßgeblich für die Deutung einer Äußerung ist weder die subjektive Absicht des sich Äußernden noch das subjektive Verständnis der von der Äußerung Betroffenen, sondern der Sinn, den sie nach dem Verständnis eines unvoreingenommenen und verständigen Durchschnittsrezipienten hat. (39)

Der allgemein übliche Sprachgebrauch bringt keine Geringschätzung gegenüber Personen zum Ausdruck, deren natürliches Geschlecht nicht männlich ist [...]. (40)

In persönlichen Gesprächen und in individuellen Schreiben wendet sich die Beklagte an die Klägerin mit der Anrede „Frau [...]". Durch die Verwendung von Personenbezeichnungen im Sinne des generischen Maskulinums in Vordrucken und Formularen erfolgt kein Eingriff in den Schutzbereich [...]. (46)

Bei der genannten Sparkassenkundin handelt es sich um eine feministische Aktivistin, die auch gerichtlich erstritt, dass (seit 1996) die Formulierung *Inhaber bzw. Inhaberin* in Reisepässen gebraucht wird, und auf deren Wirken zurückgeht, dass die Tiefdruckgebiete nicht mehr nur mit Frauennamen benannt werden, sondern seit 1999 jahresweise abwechselnd mit weiblichen und männlichen Vornamen[145]. Sie gab dem Gericht zu Protokoll, „sie fühle sich durch die Verwendung der ausschließlich männlichen Form gleichsam

---

[145] *Marlies Krämer*, in: *Wikipedia*.

totgeschwiegen. Oder, wenn man so will, ‚geschlechtsumgewandelt'"[146]. Im Juli 2020 nahm das Bundesverfassungsgericht die diesbezügliche Verfassungsbeschwerde nicht zur Entscheidung an, weil sie den Begründungsanforderungen nicht genügte[147]. Eine rechtlich relevante Ungleichbehandlung lasse sich weder mit § 21 Abs. 1 des Allgemeinen Gleichbehandlungsgesetzes (AGG) begründen noch mit dem Hinweis auf das im Grundgesetz verankerte allgemeine Persönlichkeitsrecht[148]. „Marlies Krämer hat angekündigt, nun vor den Europäischen Gerichtshof für Menschenrechte [zu] ziehen"[149].

Mit dem Urteil des Gerichts in Sachen genderneutrales Maskulinum ist für jeden verständigen Sprachteilhaber erkennbar keine Vorschrift verbunden, es zu verwenden. Deshalb geht es auch in der Folge nicht darum, „die angebliche Ubiquität des sogenannten generischen Maskulinums zu widerlegen", wie Diewald[150] es unternehmen will. Vielmehr hält es jedes Bankinstitut damit so, wie es will[151].

Kotthoff und Nübling[152] behaupten, das „deutsche Sprachsystem" habe „eine Obsession für Gender". Der Sprachvergleich spricht gegen eine solche Ansicht. Dergleichen könnte man allenfalls über das Tschechische sagen[153] oder über das Hebräische[154]. Das Tschechische drückt Genus mittels des Formenparadigmas nicht nur am Adjektiv, Pronomen und einigen Zahlwörtern aus, sondern auch in Verbformen. Genus wird markiert beim Aktiv im Präteritum Indikativ und Konjunktiv sowie im gesamten Passiv[155], weshalb dort konsequentes Gender Splitting zu umständlichen Formulierungen führen würde[156]. Der tschechische Essayist Pavel Eisner[157] hat eine Skala für sprachlichen Sexismus aufgestellt, wobei sich dieser Begriff auf die sprachliche Repräsentation von Geschlecht bezieht und nicht auf die ‚sprachliche Diskriminierung' eines Geschlechts[158]. Was die Struktur der morphologischen Endungen und folglich der Wortformen betrifft, unterscheidet Eisner völlig geschlechtslose Sprachen wie das Englische, Sprachen mit einem geringen [!] Geschlechtsbezug wie das Deutsche, Sprachen mit einem größeren Ausmaß an Geschlechtsbezug, das sind die romanischen Sprachen, und schließlich durch

---

[146] Janisch: *Wie Marlies Krämer für die weibliche Anrede kämpft*, a. a. O.
[147] *Marlies Krämer*, in: *Wikipedia*.
[148] Fabian Payr: *Von Menschen und Mensch*innen. 20 gute Gründe, mit dem Gendern aufzuhören*, Wiesbaden 2021, S. 134.
[149] Ebd.
[150] Diewald: *Geschlechtergerechte Sprache als Thema der germanistischen Linguistik*, a. a. O., S. 286.
[151] Diewald: *Geschlechtergerechte Sprache als Thema der germanistischen Linguistik*, a. a. O., S. 287.
[152] Kotthoff – Nübling: *Genderlinguistik*, a. a. O., S. 19.
[153] Čmejrková: *Communicating gender in Czech*, a. a. O., S. 28–31.
[154] Tobin: *Gender switch in Modern Hebrew*, a. a. O., 179–180, 181–183.
[155] Čmejrková: *Communicating gender in Czech*, a. a. O., S. 49.
[156] Čmejrková: *Communicating gender in Czech*, a. a. O., S. 50; vgl. für das Polnische Koniuszaniec – Błaszkowska: *Language and gender in Polish*, a. a. O., S. 282f.; Hoberg: *Grammatik des Deutschen*, a. a. O., S. 27–31; Łaziński – Czachur: *Geschlechtergerechte Sprache im Polnischen*, a. a. O.
[157] Pavel Eisner: *Chrám i tvrz. Kniha o češtině* [*Kirche und Festung. Ein Buch über die tschechische Sprache*], Praha 1946, S. 377–382.
[158] Čmejrková: *Communicating gender in Czech*, a. a. O., S. 31.

und durch sexistische Sprachen. In Europa seien dies die slawischen Sprachen[159] einschließlich Tschechisch[160]. Das Tschechische hat im Vergleich zu anderen slawischen Sprachen die größte Produktivität bei den femininen Movierungen, besonders bei den Berufsbezeichnungen[161]. Einige der formalen und funktionalen Erscheinungsformen des ausgeprägten Genderbezugs könnten aber als Überbleibsel des ‚patriarchalischen Sprachparadigmas' gedeutet werden, ein übrigens von Eisner[162] eingeführter Begriff[163]. Das ist ein Hinweis darauf, dass „sprachliches Zeigen", zumal wenn es eine Sprache damit offensichtlich systematisch ‚übertreibt', und ‚Geschlechtergerechtigkeit' nichts miteinander zu tun haben müssen (siehe dazu Punkt 6).

Eine ‚Obsession' für Gender muss man wohl eher bei der feministisch inspirierte Linguistik vermuten: „So ist es kein sprachgeschichtlicher Zufall, dass maskuline Personenreferenzen am Nomen drei bis vier Kasus unterscheiden, feminine gar keinen. Dies weist subtil auf handlungsmächtige Männer und ohnmächtige Frauen hin"[164]. Hier wird eine von Manfred Krifka[165] übernommene These vertreten, die Kasusnovellierung speziell der Feminina zum Neuhochdeutschen hin sei mit der historischen Ungleichbewertung der Geschlechter zu erklären, indem Frauen daran gehindert worden seien, Handlungsträgerschaft zu übernehmen und damit in Agensrollen zu treten[166]. Diese These ist allem Anschein nach wiederum Produkt methodisch unzulässigen finalen Denkens und a priori nicht plausibel. Denn eine Korrelation der Wortformendiversität mit möglicher Handlungsträgerschaft setzt Kategorien in Beziehung, die nichts miteinander zu tun haben, so wie etwa Haarfarbe oder Hautpigmentierung mit dem Charakter. Es ist ein Kategorienfehler wie die Projektion von Genus auf Sexus. Außerdem werden beim Maskulinum je nach Flexionsklasse im Singular aktuell zwei bis drei (Gruppe II: *Buchstabe*) Formen unterschieden, im Plural gar keine Formen oder eine Form, bei den Feminina im Singular keine Form, im Plural keine Form oder eine Form. Das Nomen *Hirte* als Nachfolger althochdeutscher *-ja*-Stämme hat abgesehen von der Nominativform *der Hirte* ansonsten nur eine weitere Kasusform auf *-n* für alle weiteren Kasus im Singular und Plural; Wörter wie *Knabe*, *Bote* oder *Schütze* als Nachfolger althochdeutscher *-n*-Stämme flektieren ebenso. Auch das Substantiv *der Mensch* hat nur eine weitere Kasusform *-en* für alle Kasus und Numeri außer dem Nominativ Singular. Selbst die ‚männlichen' Nomina agentis auf *-er* besitzen im Singular nur zwei verschiedene Kasusformen und gleichfalls im Plural; sechs von acht Formen haben die Nullendung des Nominativ Singular. Sogar

---

[159] Vgl. zum Polnischen Hoberg: *Grammatik des Deutschen*, a. a. O., S. 19–21.
[160] Eisner: *Chrám i tvrz*, a. a. O., S. 378, referiert von Čmejrková: *Communicating gender in Czech*, a. a. O., S. 31; vgl. Hoberg: *Grammatik des Deutschen*, a. a. O., S. 78.
[161] Čmejrková: *Communicating gender in Czech*, a. a. O., S. 41.
[162] Eisner: *Chrám i tvrz*, a. a. O., S. 366–367.
[163] Čmejrková: *Communicating gender in Czech*, a. a. O., S. 31.
[164] Kotthoff – Nübling: *Genderlinguistik*, a. a. O., S. 21.
[165] Manfred Krifka: *Case syncretism in German feminines. Typological, functional and structural aspects*, in: Patrick Steinkrüger – Manfred Krifka (eds.): *On Inflection*, Berlin/New York 2009, S. 141–172, hier S. 165.
[166] Kotthoff – Nübling: *Genderlinguistik*, a. a. O., S. 68; vgl. Nübling: *Geschlecht in der Grammatik*, a. a. O., S. 19–22.

durch Neutra (Gruppe II: *Herz*) bezeichnete Entitäten wären ,handlungsmächtiger' als durch Feminina bezeichnete.

Morphonologische Prozesse wie die historische Entwicklung von Flexionsformen und Flexionsparadigmen in Sprachen mit Betonungsgipfel der Wortformen über dem Grundmorphem bei unkomponierten nativen Lexemen laufen unterhalb der Schwelle jeglicher Bewusstheit ab, bevor sie ins Visier von Grammatikern geraten, und werden deshalb angemessener mit der Analogietheorie[167] und Natürlichkeitstheorie[168] beschrieben. Sprache wird im Übrigen, was von feministischer Seite regelmäßig ausgeblendet zu werden scheint, von Angehörigen aller Geschlechter gesprochen und nicht nur von Männern.

Signalundeutlichkeiten auf der Wortformenebene werden erstens durch die Begleitwörter ausgeglichen, Signalundeutlichkeiten auf der Begleitwörterebene zweitens durch die syntaktische Topologie, also durch die typische Positionierung von beispielsweise Subjekt, Prädikat, indirektem und direktem Objekt. Drittens reichen für die meisten Tiefenkasus die wenigen und teilweise synkretistischen Kasusformen ohnehin nicht aus; sie müssen durch präpositionale Wendungen ausgedrückt werden. Abgesehen davon bezeichnen die meisten Appellative keine Personen und auf Personen wird sowieso primär mit Eigennamen referiert, deren Wortformenrepertoire gegenwärtig zwei verschiedene Formen umfasst, Nominativ/Dativ/Akkusativ einerseits und Genitiv andererseits, und zwar bei beiden Geschlechtern. Träfe die Korrelation von Wortformendifferenzierung und ,Handlungsmächtigkeit' zu, wären die Frauen in indogermanischer, germanischer und althochdeutscher Zeit am emanzipiertesten und handlungsfähigsten gewesen. Die historische Entwicklung verläuft umgekehrt. Auch müsste in historisch vergleichbaren Gesellschaften, die eine Sprache ohne Genus bzw. mit Utrum und fast ohne Wortformen sprechen, wie das Englische oder Dänische, die völlige Gleichberechtigung eingeführt worden sein, wobei freilich entsprechend der referierten Position *alle* Menschen daran gehindert würden, ,Handlungsträgerschaft zu übernehmen'. Ausgerechnet das Wort *man* hat im Althochdeutschen als Wurzelnomen im Singular zunächst nur eine einzige Form *man* für alle Kasus und bekommt erst sekundär die differenzierten Formen für Genitiv und Dativ. Im Neuhochdeutschen ist im Singular nur die Genitivform *Mannes* von den übrigen Formen *Mann* unterschieden.

Das Genus'problem' des Maskulinums müsste für die referierte feministische Sicht eigentlich auf den Singular begrenzt sein, wo das genderneutrale Maskulinum aufgrund der weiter oben referierten kognitionspsychologischen Parameter, der Konkurrenz durch die *-in*-Movierung und die dadurch bedingte Erkennensschwierigkeit ohnehin nicht die größte Rolle spielen kann. Im Plural hingegen seien die Substantive genusneutral, was bedeute, dass keines ihrer Begleitwörter etwas über das Genus verrate[169]. Dieses Camouflage-Postulat und seine Begründung treffen ausdrucksseitig zu, aber wie bereits ausgeführt nicht inhaltsseitig. Das Genus eines Substantivs im Plural wird zwar nicht durch den

---

[167] Rüdiger Harnisch: *Grundform- und Stamm-Prinzip in der Substantivmorphologie des Deutschen. Synchronische und diachronische Untersuchung eines typologischen Parameters*, Heidelberg 2001 (Germanistische Bibliothek 10).

[168] Wolfgang Ullrich Wurzel: *Flexionsmorphologie und Natürlichkeit. Ein Beitrag zur morphologischen Theoriebildung*, Berlin 1984 (studia grammatica 21).

[169] Kotthoff – Nübling: *Genderlinguistik*, a. a. O., S. 91.

Artikel gezeigt, aber gewusst und speziell bei den Nomina agentis durch Morpheme wie -*er* zumindest indiziert.

Dessen ungeachtet funktionieren geschlechtsübergreifende Maskulina im Plural, wo sie sprachökonomisch und pragmatisch vor allem benötigt werden, für die Sprachträger des Deutschen weitgehend in der von den Sprechern beabsichtigten Weise. Dort funktionieren sie abgesehen von gewissen Verschattungen bei Bezeichnungen für gendersegregierte Berufe und Rollen sowie in gendersegregierten Kontexten. Und trotz mittlerweile mehrere Jahrzehnte andauernder medialer und offiziöser Bestrebungen, auch hier das ‚männliche' Maskulinum abzuschaffen.

Die feministische Sicht verzichtet hier auf die naheliegende Möglichkeit, das genderneutrale Maskulinum im Plural zu akzeptieren. Denn wenn maskuline Substantive im Plural kein Genus aufweisen würden, wäre für feministisches Denken das ‚Problem' beseitigt, dass sie das angeblich mit Maskulina assoziierte Stereotyp ‚Male-as-Norm' mitschleppten. Freilich ist dieses Standardpostulat der feministischen Linguistik bezogen auf den üblichen Sprachgebrauch von Maskulina durch verständige Sprecher ohnehin eine völlige Überzeichnung. Die Assoziation eines solchen Stereotyps spielt für das Bewusstsein derjenigen, die ein maskulines Lexem geschlechtsübergreifend verwenden, also etwa von Frauen als *Lesern* der Romane Thomas Manns sprechen, keine Rolle. Das geschlechtsübergreifende Maskulinum ist in solchen Fällen assoziationsfrei. Feministischen Vorstellungen zufolge wäre das unmöglich, wenn das Genus auch im Plural vorhanden ist. Indessen ist es dort zwar ausdrucksseitig verborgen, aber kognitiv präsent, doch nur als semantisch leere Akzidenz einer grammatischen Kategorie.

Die Implikationen des Gebrauchs genderneutraler pluralischer Maskulina durch ‚sprachwissenschaftliche Laien' entsprechen nicht den Postulaten der feministischen Linguistik. Die Sprachträger, die geschlechtsübergreifende Maskulina verwenden, gebrauchen die morphologisch nicht markierte Kategorie aus sprachökonomischen Gründen. Sie laden das Genus nicht in der hypertrophen Weise konnotativ mit dem angeblichen Unrecht der Menschheitsgeschichte auf, wie es die feministische Linguistik tut. Die Konsequenz im Sinne guter wissenschaftlicher Praxis kann nur die sein, dass sich die Theorie an die Wirklichkeit anpasst. Stattdessen sind bestimmte Vertreter der Genderlinguistik darauf aus, die Wirklichkeit an die Theorie anzugleichen. Die Sprecher des Deutschen werden als ‚sprachwissenschaftliche Laien' mehr missachtet denn ernstgenommen und als Lieferanten der empirischen Grundlage sprachwissenschaftlicher Forschung offenbar nicht wertgeschätzt. Man versucht ihnen Dinge auszureden bzw. einzureden, die aus sprachpolitischen Gründen abgelehnt bzw. behauptet werden.

Wäre das Genus im praktischen Sprachgebrauch dermaßen semantisiert und konnotativ aufgeladen, wie es die feministische Linguistik für das Maskulinum annimmt, könnten auch maskuline, neutrale und feminine Epikoina, bei denen von dieser Seite offenbar kein Problem gesehen wird, nicht ohne schwerwiegende Nebenvorstellungen verwendet werden, zumal auch feminine Epikoina, wie oben gezeigt, in geeigneten Versuchen geschlechtsspezifische Assoziationen erzeugen. Wenn aber ein Student als *studentische Hilfskraft* bezeichnet wird oder Soldaten als *Einsatzkräfte*, schwingt dadurch nicht das kognitive Stereotyp der ‚weiblichen Entrechteten dieser Erde' mit. Es hat sich wohl auch noch niemand ernsthaft darüber beklagt, dass er als Mann mit einem Femininum wie *Einsatzkraft* bezeichnet werde und sich dadurch ‚geschlechtsumgewandelt' vorkomme.

Übrigens haben jene Ausnahmefälle, in denen es umgekehrt ist, nie einen Mann gestört. Selbst der größte Macho hat nichts dagegen, *eine Person* zu sein, und wenn er als *Geisel* genommen oder als *Null* bezeichnet wird, so ärgert ihn daran nicht deren Weiblichkeit. Noch in Zeiten, die an der Überlegenheit des Mannes keinen Zweifel aufkommen ließen, hat die lateinische Sprache einigen Berufsbezeichnungen, dem Bauern (*agricola*) und dem Dichter (*poeta*), das feminine grammatische Geschlecht gegeben. Im heutigen Italienisch sind *guida* (Führer), *guardia* (Wärter), *spia* (Spion) weiblichen Geschlechts, und es ist nicht bekannt, daß sich irgendein Mann dadurch „vergewaltigt" gefühlt hätte. Sprache ist konventionell, für Frauen wie für Männer[170].

Als *eingewanderte Person* (*Migrant*), *zu prüfende Person* (*Prüfling*), *vortragende Person* (*Redner*), *moderierende Person* (*Trainer*) oder *Lehrperson* (*Lehrer*) bezeichnete Mitmenschen werden durch das feminine Grundwort ebenfalls nicht ‚deviant' konnotiert. Sie werden lediglich durch diese aus dem Onlinewörterbuch ‚geschickt gendern'[171], in dem selbst *die Hebamme* zur ‚geburtshelfenden Person' [!] wird, bezogenen Ersatzausdrücke zwar semantisch neutral, aber auf hölzerne und damit für die meisten Kontexte nicht nur stilistisch indiskutable Weise bezeichnet. Auch das Wort *Dichter* kann nicht ernsthaft durch *dichtende* bzw. *poetische Person* [!] oder *Spion* durch *auskundschaftende Person* ersetzt werden[172]. „Eine Welt voller Back- und Linguistikkräfte oder Lehr- und Arztpersonen erscheint mir persönlich ziemlich unwirklich"[173]. Und als *Mitglieder* eines Schützenvereins, einer Frauenfußballmannschaft oder einer Stillgruppe bezeichnete Leute werden im kontextualisierten Sprachgebrauch nicht als ungeschlechtliche oder gesellschaftlich depravierte, geschweige denn gebannte Wesen assoziiert. Ebenso werden als *Leser* der Romane Thomas Manns bezeichnete Frauen nicht assoziativ in eine Reihe mit den ‚männlichen Verschwörern und Ausbeutern der Frauen' gestellt.

Trotzdem erscheint das geschlechtsübergreifende Maskulinum bei Kotthoff und Nübling als nur in Anführungszeichen gesetztes „generisches" Maskulinum. Und die Frage, ob es existiere, wird mit „Jein mit Tendenz zum Nein" [!] beantwortet[174]. Denn: „Da wir ständig Substantive verwenden, die immer einem Genus und einer Flexionsklasse angehören, replizieren wir auch permanent die darin enthaltenen Geschlechterunterscheidungen und -ordnungen"[175]. Nunmehr hat also offenbar auch noch die Flexionsklasse etwas mit der Geschlechterunterscheidung und -ordnung zu tun. Und wer mag da noch ein Femininum oder gar Neutrum verwenden? Wie das mit der eingangs zitierten Feststellung des gleichen [!] Buches: „Genus trägt (in aller Regel) nichts zur Bedeutung des Substantivs bei [...]"[176] vereinbar sein soll, ist ein Rätsel.

Argumentationstaktisch ist auf jeden Fall bemerkenswert, dass das Genus'problem' bei ausdrucksseitigem Formensynkretismus offenbar eliminiert wird. Dabei hat sich aber die feministische Sicht der Dinge eine pragmatische Lösung zumindest für den Plural

---

[170] Zimmer: *Redens Arten*, a. a. O., S. 74–75.
[171] *geschickt gendern. Genderwörterbuch.*
[172] Eisenberg: *Weder geschlechtergerecht noch gendersensibel*, a. a. O., S. 31.
[173] Zifonun: *Die demokratische Pflicht*, a. a. O., S. 46 zu Diewald – Steinhauer: *Richtig gendern*, S. 33.
[174] Kotthoff – Nübling: *Genderlinguistik*, a. a. O., S. 115.
[175] Kotthoff – Nübling: *Genderlinguistik*, a. a. O., S. 61.
[176] Kotthoff – Nübling: *Genderlinguistik*, a. a. O., S. 69.

teilweise selbst verbaut, indem sie für die Bezeichnung gemischtgeschlechtlicher Gruppen unter allen Umständen ‚Sichtbarkeits'lösungen oder anderweitige, semantisch schiefe ‚Neutralitäts'lösungen fordert. Und sich im Übrigen daran stößt, dass der ‚genuslose Plural' eines Nomen agentis wie *die Leser* in Bezug auf das Nomen der Wortform des Nominativs Singular *der Leser* gleicht [!][177]. Wenn sich aber die ‚Linguistinik'[178], vertreten etwa durch Diewald und Steinhauer 2020, die These von der Genusneutralität pluralischer Substantive, die auch bei Eisenberg[179] vorkommt, ernsthaft zu eigen machte, würde sie sich selbst eines Großteils ihres Betätigungsfeldes berauben. Das ist wohl kaum zu erwarten. Denn dann müsste die von dieser Seite betriebene Öffentlichkeitsarbeit gegen pluralische geschlechtsübergreifende Maskulina aufhören. Es wären dann auch keine Beidnennungen oder sonstige Ersatzlösungen mehr ‚notwendig'. Wenn übrigens das Genus bereits mit dem Formensynkretismus aus dem Bewusstsein verschwindet, ist darauf hinzuweisen, dass die Kasusflexion von Bezugseinheiten durchgängig vom Zusammenfall der Genitiv- und Dativformen im Maskulinum und Neutrum geprägt ist, bei bestimmten Determinativen (*ein, kein, mein* usw.) lautet darüber hinaus auch der Nominativ in diesen Genera gleich[180].

Unmarkierte Formen in geschlechtsübergreifender Funktion und die damit verbundene ‚Neutralisierung' der Geschlechtsindikation sind kognitiv für Sprecher im Besitz der Urteilskraft ohne Anstrengung als neutral zu verstehen. Sie sind ebenso leicht zu begreifen wie das für die Indikation des Sexus belanglose Genus bei Sachbezeichnungen und personenbezeichnenden Kollektiva oder die Löschung der lexikalischen Bedeutung bei Familiennamen und Rufnamen. Übrigens lassen sich nicht nur die von zwei verschiedenen, aber den gleichen Beruf bezeichnenden Wortbildungsprodukten, etwa *Dienstmädchen* und *Hausangestellte*, ausgelösten Assoziationen mittels eines Polaritätenprofils von z. B. 25 Parametern vergleichen[181]. Vielmehr sind Assoziationstests auch bei den a priori bedeutungslosen Namen mit dem skalaren semantischen Differential möglich und erbringen weitaus interessantere und vielschichtigere Ergebnisse als die vergleichsweise eintönigen Resultate von Genusassoziationstests, deren Ergebnisse von vornherein feststehen müssen, weil die Geschlechtsassoziation ausgehend von den sexus-genus-konsonanten Lexemen auf die genderneutralen übertragen wird. Wen stellt man sich unter *Isabella von Stetten* vor, wen unter *Nena Rakete*, wen unter *Liesl Breitmayr*? Und beeinflusst das die Chancen der so bezeichneten Personen im Leben? Aber welche Assoziationen auch immer ein Vorname *Lukas* auslöst im Vergleich zu *Franz-Xaver* und *Pavel* oder ein Nachname *Bärwald* im Vergleich zu *Neureuther* und *Koslowski*, es bleibt doch dabei, dass der Personenname auf der funktional-kognitiven Ebene eine Person individualisiert und identifiziert, woran ihn keine Konnotationen hindern. Ein Teil des Wortschatzes bezeichnet nur, aber bedeutet nichts. Grammatische Kategorien wie Genus, Numerus und Kasus operieren a priori niemals auf der Ebene der lexikalischen Bedeutung, auch wenn es bei den

---

[177] Eisenberg: *Weder geschlechtergerecht noch gendersensibel*, a. a. O., S. 33.
[178] Gerhard Doerfer: *Das Korana und die Linguistinik*, in: *Sprachwissenschaft* 10 (1985), S. 132–152.
[179] Eisenberg: *Unter dem Muff von hundert Jahren*, a. a. O.; Eisenberg: *Weder geschlechtergerecht noch gendersensibel*, a. a. O., S. 33.
[180] Hoberg: *Grammatik des Deutschen*, a. a. O., S. 80.
[181] Oksaar: *Berufsbezeichnungen im heutigen Deutsch*, a. a. O., S. 142.

Personenbezeichnungen teilweise, vor allem bei den Feminina, Korrelationen zwischen Geschlechtsbezug und Genusakzidenz gibt. Diese sind abgesehen von den erwähnten Fällen aber nicht zwingend und vor allem nicht reziprok, nicht bei den Feminina, nicht bei den sogenannten Maskulina und schon gar nicht bei den Neutra. Und es entspricht sprachwissenschaftlicher Professionalität und Verantwortlichkeit, die Ebene der lexikalischen Bedeutung von der Ebene der Bezeichnung zu trennen, die Leistungen der Lexeme von den Funktionen der grammatischen Kategorien zu unterscheiden und Assoziationen, die Lexeme aufgrund des lexemadjungierten Genus in Laborsituationen erzeugen, nicht für Bedeutungen zu halten. Es ist unwissenschaftlich, die Freisetzung von Assoziationen als eine wesentliche Leistung solcher Zeichen und Zeichenkomponenten auszugeben, die ‚tief in der Sprache verankert' sei, solche grammatisch getriggerten Assoziationen ideologisch polarisierend aufzuladen und das Ganze in Zeitungsartikeln für Leser zu verbreiten, die darauf angewiesen sind, Wissenschaftlern zu vertrauen.

Für das Funktionieren von Sprache sind unmarkierte Formen von großem Nutzen, nicht nur, um überflüssige Aussagen zu vermeiden. Sie spielen eine unverzichtbare Rolle für die zentralen deutschen Wortbildungsarten Komposition und Derivation (*Lernersprache*, *Nachbarschaft*)[182]. So wird mit *Bürger* in *bürgerlich* nicht auf irgendwelche Bürger und Bürgerinnen referiert. Der Begriff ist hier nur für den Gesamtausdruck bedeutungsrelevant, also Inhalte z. B. stereotyper oder rechtlich-fachlicher Natur, die zutreffen müssen, wenn sie sich auf Personen beziehen, die als ‚Bürger' gemeint sind. Der Begriff ‚Bürger' muss aber notwendigerweise geschlechtsneutral sein, denn nicht nur in *bürgerlich*, sondern in allen Bildungen von *aufklärerisch* bis *Christentum* sind Sexus oder Gender keine relevanten Begriffskomponenten[183]. Unmarkierte Formen sind formal einfacher, im Gebrauch häufiger, in der Bedeutung neutraler, also weiter gefasst. Sie werden früher erworben und sie sind das Ziel natürlicher (unbewusster und unabsichtlicher) Sprachwandelphänomene, weil sie ökonomischer, natürlicher sind[184]. Formen gegenderter Sprache sind dagegen absichtlich vorgenommene Manipulationen und sind länger als die Formen, die sie ersetzen sollen. Deshalb setzen die Prinzipien der Ökonomie und des Sprachwandels einer Ausdehnung der Gendersprache natürliche Grenzen[185].

---

[182] Vgl. Wegener: *Grenzen gegenderter Sprache*, a. a. O., S. 291.
[183] Zifonun: *Die demokratische Pflicht*, a. a. O., S. 53.
[184] Wegener: *Grenzen gegenderter Sprache*, a. a. O., S. 287.
[185] Wegener: *Grenzen gegenderter Sprache*, a. a. O., S. 287–288.

5 Aspekte der Sprachpolitik

5.1 Ungesteuerter und gesteuerter Sprachwandel

Damit ist nur der sich aus ungesteuerter Kommunikation als Phänomen der dritten Art ergebende Sprachwandel gemeint, der weder als rein kausal noch rein final induzierte Konsequenz sprachlichen Handelns verstanden werden kann[1]. Von ihm schreibt Josef Bayer[2] mit einem gewissen Recht: „Sprachen wandeln sich immer – aber nie in Richtung Unfug". Sprache sei nicht das Produkt sexistisch eingestellter Konstrukteure, sondern der menschlichen Evolution und ihrer Dynamik[3]. Sprache werde von Menschen verwendet, aber sie sei nicht in einem irgendwie nachvollziehbaren Sinn von Menschen ‚gemacht'. Daher könne sie nicht gerecht oder ungerecht sein. Die hartnäckige und unreflektierte Interpretation der maskulinen Formen als männerbevorzugend und damit frauendiskriminierend laufe auf allen Ebenen ins Leere[4].

Bei dem hier zu besprechenden Phänomen handelt es sich gerade um einen finalen Vorgang, einen gesteuerten Sprachwandel[5], medial mit methodisch zweifelhaften bis nicht verifizierbaren Argumenten popularisiert, durch öffentliche Organisationen vertreten, in Medien und Bildungseinrichtungen durch ‚Empfehlungen' ‚nahegelegt', in Verwaltungen angeordnet und für die Sprache der Gesetze vom Gesetzgeber teilweise beschlossen. Als eine Kampagne zur Bewusstseinsveränderung und Frauenförderung ist das feministische Projekt mit dem Instrumentarium der Politolinguistik beschreibbar, insofern es sich z. B. wie andere historische Politkampagnen auch für den gesellschaftlichen Alltag in intellektuell anspruchslosester Weise auf wenige, ständig wiederholte Schlagworte, hier *generisches Maskulinum*, *männliche Form* und *geschlechtergerechte Sprache*, konzentriert. Die Wirkmächtigkeit einer solchen konzertierten Aktion wird bei weitem unterschätzt, wenn man sie wie Wolfgang Klein lediglich als „schrullig" apostrophiert[6] und im Übrigen von dazu berufener Seite lange Zeit nichts gegen sie unternimmt. Allerdings hat sich die von Klein repräsentierte Deutsche Akademie für Sprache und Dichtung inzwischen doch in abgewogener Weise im Sinne von Jakobsons Markiertheitstheorie zur Frage des geschlechtsübergreifenden Maskulinums geäußert[7]. Es wäre wünschenswert,

---

[1] Keller: *Sprachwandel*, a. a. O.
[2] Josef Bayer: *Sprachen wandeln sich immer – aber nie in Richtung Unfug*, in: *Neue Zürcher Zeitung*, 10.04.2019.
[3] Bayer: *Seit wann ist Sprache gerecht?*, a. a. O.
[4] Ebd.
[5] Heide Wegener: *Die Gender-Lobby und ihr Märchen vom „Sprachwandel"*, in: *Welt*, 07.03.2022.
[6] Peter Intelmann: *„Man sollte die Sprache so lassen". Interview mit dem Linguisten Wolfgang Klein über Gendersternchen, Anstand und Höflichkeit*, in: *Lübecker Nachrichten*, 04.02.2019.
[7] Deutsche Akademie für Sprache und Dichtung: *Drei Fragen zu „gendergerechter Sprache"*, 2019.

dass diese ebenso knappe wie entschiedene, aber medial doch eher wenig sichtbare Stellungnahme eine größere Rolle in und für die Öffentlichkeit spielen würde.

5.2 Die Rolle des Dudens

Die falsifizierte Argumentation von Stefanowitsch 2017[8] findet sich, wie weiter oben angedeutet, implizit auch im Online-Duden. Dieser berücksichtigt die Möglichkeit des geschlechtsübergreifenden Gebrauchs bei der Bedeutungsbeschreibung maskuliner Lexeme wie *Arzt, Besucher, Einwohner, Lerner* oder *Tourist* bis auf eine diesbezügliche Fußnote nicht angemessen und verlässt so die Ebene objektiver Sprachbeschreibung zugunsten feministischer Sprachpolitik. So heißt es bei *Bewohner*: „Bedeutungen (2). 1. männliche Person, die etwas bewohnt". Diese Angabe falsifizieren sogleich die angegebenen Beispiele: „die Bewohner der Steppe, der Insel; (Biologie) Bewohner der Steppe (nur in Steppen vorkommende Pflanzen und Tiere)" – als ob in der Steppe und auf einer Insel, und anderswo gibt es offenbar keine Bewohner, nur Männer wohnen würden. Als zweite Bedeutung wird angegeben: „Ungeziefer, von dem jmd. befallen ist. Gebrauch: umgangssprachlich-scherzhaft. Grammatik: Pluraletantum"[9]. Diese übertragene Gebrauchsweise, die sich kein einziges Mal im Digitalen Wörterbuch der deutschen Sprache findet, das sachgerecht als Bedeutung ‚jmd., der etw. bewohnt' angibt[10], wirkt wie an den Haaren herbeigezogen und ist also in dem Artikel entbehrlich. *Bewohner* mit dieser Bedeutung ist nicht einmal ein Pluraletantum, auch wenn Läuse und Flöhe, an die hier offenbar gedacht wird, üblicherweise in der Mehrzahl auftreten. Wer dem Duden noch vertraut, müsste annehmen, dass es in einem Passus wie *Bewohner: Fashion-Illustratorin Megan Hess, ihr Mann Craig Yelland, Architekt, mit Gwyn (7) und Will (3)*[11] ausschließlich um männliche Personen geht. Wenn es in einem Bericht über die Rundlingsdörfer des Wendlandes heißt: „Wie alle zentralen Plätze in den Rundlingen wird der Bussauer Dorfplatz von den Dorfbewohnern gemeinsam gepflegt und als Dorftreff genutzt"[12], müsste der vertrauensvolle Duden-Benutzer annehmen, aus den Rundlingsdörfern seien die Frauen allesamt weggezogen oder gar dort ausgestorben. Dem Duden vertraut offenbar die Firma ‚Sky' oder jedenfalls deren Werbeagentur, wenn sie ihren Prospekt ‚an die Bewohnenden' eines Hauses schickt. Und in der besagten Fußnote heißt es:

> Verwendung der Personenbezeichnung. In bestimmten Situationen wird die maskuline Form (z. B. *Arzt, Mieter, Bäcker*) gebraucht, um damit Personen aller Geschlechter zu bezeichnen. Bei dieser Verwendung ist aber sprachlich nicht immer eindeutig, ob nur männ-

---

[8] Stefanowitsch: *Genderkampf* (2017), a. a. O.
[9] *Bewohner, der*, in: *Duden online*.
[10] *Bewohner, der*, in: *DWDS. Der deutsche Wortschatz von 1600 bis heute*.
[11] *Homes & Gardens. Das Magazin für elegantes Wohnen*. Deutsche Ausgabe, München 2022/2, S. 129.
[12] Isa von Bismarck-Osten: *Runde Dörfer*, in: *Landlust*, September/Oktober 2022, S. 102–109, hier S. 104.

liche Personen gemeint sind oder auch andere. Deswegen wird seit einiger Zeit über sprachliche Alternativen diskutiert[13].

So steht es sogar auch bei *Gast*, trotz der vielen genannten Kontexte, die den Gebrauch als Epikoinon belegen.

Ebenso wenig zutreffend sind die Bedeutungsangaben bei *Einwohner*, die von den eigenen Belegen falsifiziert werden: „Bedeutungen (2). 1. männliche Person, die in einer Gemeinde, einem Land ihren ständigen Wohnsitz hat. Beispiel: die Einwohner des Saarlandes, von Potsdam [!]. 2. Bewohner eines Hauses [!]"[14]. Im Saarland, in Potsdam oder in einem Haus würden also nur Männer leben, da die Bedeutung von *Bewohner* als ‚männliche Person, die etwas bewohnt' angegeben wird. Eine objektive Beschreibung von *Bewohner* sähe anders aus: ‚Bewohner. 1. Person, die etwas bewohnt, 2. speziell: männliche Person, die etwas bewohnt. 3. weitere übertragene Bedeutungen'. Im Übrigen ‚fehlt' die Angabe der metaphorischen Bedeutung ‚Ungeziefer' bei *Einwohner*. Bei *Insasse* werden drei ‚männliche' Bedeutungen angegeben: „a) männliche Person, die sich in einem Fahrzeug befindet, besonders die sich als Fahrgast in einem Verkehrsmittel aufhält", „b) männliche Person, die in einem Gefängnis, einem Lager o. Ä. festgehalten wird" und „c) männliche Person, die in einem Heim (2a) lebt". Die Verwendungsbeispiele zur Bedeutung a) lauten „die Insassen der Straßenbahn, des Autos kamen bei dem Unfall nicht zu Schaden" und die zur Bedeutung b) „die Insassen einer Heilanstalt, des Gefängnisses"[15]. In Straßenbahnen, Autos, Heilanstalten und Gefängnissen befinden sich also ausschließlich Männer. Die Anmerkung zur Verwendung der maskulinen Form für Personen aller Geschlechter steht auch hier. Die Bedeutungsangabe im Digitalen Wörterbuch der deutschen Sprache zeigt die zutreffenden Verhältnisse: ‚jmd., der sich in einem Gebäude, Fahrzeug befindet'[16]. Im Zusammenhang mit der auch in der Öffentlichkeit längst bemerkten Absicht, die primär geschlechtsübergreifende Funktionsmöglichkeit von maskulinen (abgeleiteten und nicht abgeleiteten) Amts-, Funktions-, Rollen- und Statusbezeichnungen möglichst in Abrede zu stellen, ist auch das Prozedere zu sehen, den Online-Duden mit voll ausgearbeiteten Einzelartikeln zu allen *-in*-Ableitungen, die systematisch möglich sind, aufzufüllen.

2021 ergänzt der Online-Duden zu seinen 12.000 Artikeln über Personen- und Berufsbezeichnungen jeweils einen voll ausgearbeiteten Artikel zur weiblichen Form: Die Maskulinform *Lehrer* hat nun die Bedeutung ‚männliche Person' und die Femininform *Lehrerin* bedeutet ‚weibliche Person'. Zuvor war ein *Lehrer* ‚jemand, der […]' und *Lehrerin* als ‚weibliche Form zu *Lehrer*' nur ein Verweisartikel. Die generische Verwendung der maskulinen Formen bestreitet der Duden nicht *(Lehrer-Schüler-Verhältnis)*, sie sei aber ‚nicht Bestandteil der lexikografischen Kategorie Bedeutung' […][17].

Der in dem letzten zitierten Teilsatz behauptete Irrtum, dass eine ‚generische' Verwendung kein Bestandteil der lexikografischen Kategorie Bedeutung sei, wurde bereits weiter

---

[13] *Bewohner, der*, in: *Duden online*.
[14] *Einwohner, der*, in: *Duden online*.
[15] *Insasse, der*, in: *Duden online*.
[16] *Insasse, der*, in: *DWDS. Der deutsche Wortschatz von 1600 bis heute*.
[17] *Geschlechtergerechte Sprache*, in: *Wikipedia*.

oben angesprochen. Die Begründung von Seiten des Dudens erklärt den feministisch getriggerten öffentlich-institutionellen Sprachgebrauch zum Maßstab, geht damit nur knapp an der petitio principii vorbei und macht vor allem nicht die Konsequenz deutlich, dass so die Existenz des genderneutralen Maskulinums abgestritten wird, was hier implizit und an anderer Stelle auch explizit postuliert wird:

> Wir schaffen das generische Maskulinum nicht ab. Wir zeigen es nach wie vor in den Beispielen, die in jedem Eintrag auf Duden online zu finden sind. Aber wir gehen davon aus, dass die Kernbedeutung von „der Arzt" die männliche Person ist. Davon abgeleitet [!] gibt es eine spezifische Verwendungsweise, die geschlechtsübergreifend genutzt wird. Wir haben diese Änderung auf Basis eines – wie wir feststellen – veränderten Sprachgebrauchs eingeführt. Heute wird viel öfter als früher von „die Ärztinnen und Ärzte" gesprochen. Das bringt mit sich, dass man generisch verwendete Formen immer stärker hinterfragt und überlegt: Sind Frauen mitgemeint oder nicht?[18]

Was „eine spezifische Verwendungsweise, die geschlechtsübergreifend genutzt wird" sein soll, ist unklar. Es kann sich nur um eine lexikalische Bedeutung handeln, die ontologisch und damit argumentativ sinnlos truistisch als „Verwendungsweise" relativiert und abgewertet wird, weil eine medienwirksame Minderheit der Sprachgemeinschaft sie abschaffen *will*. Damit promoviert die Duden-Redaktion den feministischen Sprachgebrauch sozusagen par ordre du mufti zum gesamtgesellschaftlichen Konsens, ein Vorgehen, das zu Recht mit dem sprachdirigistischen Verhalten offiziöser Organe totalitärer Staaten in Geschichte und Gegenwart verglichen worden ist[19]. Dass das bekannteste Wörterbuch einer Sprachgemeinschaft seine Benutzer aus sprachideologischen Gründen bewusst und systematisch vieltausendfach falsch informiert und in die Irre zu führen versucht, ist keine kultur- und gesellschaftspolitische Petitesse.

> Der Duden kündigt an, er werde das gesamte Wörterbuch so umstellen. Damit wird es voll von unzutreffenden Bedeutungsangaben und unbrauchbar. Der Duden bildet sich offenbar ein, er könne auf diese Weise den allgemeinen Sprachgebrauch manipulieren, um dann festzustellen, der Gebrauch habe sich verändert und er folge ihm. Man kann das nur als skandalösen Fälschungsversuch bezeichnen[20].

Faktisch wird durch die Parallelartikel für movierte Feminina und die Reduzierung der semantischen Beschreibung der Maskulina auf ‚männlich' sowohl suggestiv als auch explizit wahrheitswidrig der Eindruck erweckt, dass es nur die komplementäre Opposition ‚männlich – weiblich' gebe, z. B. bei *Beschauer/Beschauerin, Besserwisser/Besserwisserin, Blutsauger/Blutsaugerin, Esser/Esserin, Huster/Husterin, Merker/Merkerin, Schlürfer/Schlürferin, Schlawiner/Schlawinerin, Schmierer/Schmiererin.* Sogar die Metapher *Blindgänger*, in der Ausgangsstufe bekanntlich die Bezeichnung einer a priori geschlechtslosen Bombe und alsdann als sekundäre Personenbezeichnung ein Epikoinon für

---

[18] Kunkel-Razum in Schierack: *Duden-Chefin*, a. a. O.
[19] Andreas Rödder – Silvana Rödder: *Sprache und Macht*, in: *Aus Politik und Zeitgeschichte* 72, 5–7. 31. Januar 2022, S. 6–7, hier S. 7.
[20] Eisenberg: *Unter dem Muff von hundert Jahren*, a. a. O.; vgl. Eisenberg: *Weder geschlechtergerecht noch gendersensibel*, a. a. O., S. 35.

alle Leute, die ihrer Aufgabe nicht gerecht geworden sind, wird mit dieser feministischen Obsession zur *Blindgängerin* gegendert[21], was nicht einmal in der Ressource ‚elexiko'[22] aufgeführt wird. Dafür gibt es wohl tatsächlich vier (im Duden aber nicht aufgeführte) Belege[23], wohingegen der sprachlich *kreativ* benannte Blog ‚Blindgängerin'[24] von einer Sehbehinderten eingerichtet wurde. Ansonsten ist die Bildung noch in Kreuzworträtsellexika und in einem anonymen Webwörterbuch aufgeführt. Für einen gemeinsprachlichen Status ist die extrem okkasionelle Belegsituation als Grundlage noch weitaus ungeeigneter als bei den oben aufgeführten Fällen. Wie wenig ehrlich die Taktik des Genderns im Duden ist, zeigt etwa, dass bei *Krächzer* die Bedeutung nach wie vor ‚jemand, der mit heiserer, rauer Stimme spricht' lautet[25]. Dabei ist nicht auszuschließen, dass diese Angabe bis zum Erscheinen der vorliegenden Studie geändert sein wird, weshalb sie hier in einem Screenshot festgehalten werden soll.

Bedeutungen (2) ⓘ

a) gekrächzter Laut, Ton

b) jemand, der mit heiserer, rauer Stimme spricht

Abb. 4: Bedeutungsangaben zu *Krächzer*, in: *Duden online*.

Die logisch und psychologisch einfache Taktik, die Funktion von bislang sowohl geschlechtsübergreifend als auch spezifisch ‚männlich' gebrauchten (Berufs-)Bezeichnungen zulasten der neutralen Funktion zu beschädigen, indem die Menge der spezifisch ‚weiblich' gebildeten (Berufs-)Bezeichnungen ausgebaut wird, ist nichts Neues. Sie wurde abgesehen von der Entwicklung in der Bundesrepublik Deutschland seit den späten 70er Jahren des 20. Jahrhunderts etwa auch schon für das Finnische[26] und das Französische[27] postuliert. Eine der Grundlagen dafür ist eine Überlegung von Pusch[28], der seit

---

[21] *Blindgängerin, die*, in: *Duden online*.
[22] *elexiko. Online-Wörterbuch zur deutschen Gegenwartssprache*.
[23] *Blindgängerin, die*, in: *DWDS. Der deutsche Wortschatz von 1600 bis heute*.
[24] *Blindgängerin*.
[25] *Krächzer, der*, in: *Duden online*.
[26] Mila Engelberg: *The communication of gender in Finnish*, in: *Gender Across Languages. The linguistic representation of women and men*. Volume 2. Ed. by Marlis Hellinger, Hadumod Bußmann, Amsterdam/Philadelphia 2002 (Impact: Studies in language and society 10), S. 109–132, hier S. 111.
[27] Burr: *Gender and language politics in France*, a. a. O., S. 127.
[28] Luise F. Pusch: *Weibliche Personenbezeichnungen als Mittel weiblicher Realitätsdefinition*, in: Wilfried Kürschner – Rüdiger Vogt, unter Mitwirkung von Sabine Siebert-Nemann (Hg.): *Sprachtheorie, Pragmatik, Interdisziplinäres. Akten des 19. Linguistischen Kolloquiums Vechta 1984*. Band 2, Tübingen 1985 (Linguistische Arbeiten 157), S. 257–273, hier S. 264; siehe auch weiter unten.

längerem das in den Duden-Wörterbüchern praktizierte Programm der ‚sprachlichen Gleichstellung'[29] entspricht.

Weiter unten ist auszuführen, dass die feministische These, Maskulina, neben denen feminine Ableitungen existieren, seien nicht geschlechtsübergreifend, sondern allenfalls ‚pseudogenerisch', im Umkreis des Dudens explizit vertreten wird. Übrigens ist der planmäßige Eintrag movierter Feminina im Duden keine aktuelle Neuerung, sondern der breiten Öffentlichkeit lediglich aufgrund der feministischen Bearbeitung des Online-Dudens aufgefallen. Schon das sechsbändige Duden-Wörterbuch von 1976–1981 wurde im Wesentlichen dadurch zum Achtbänder 1993–1995[30], dass systematisch movierte Feminina als Stichwörter aufgenommen wurden[31].

> Man könnte eher schon geneigt sein zu fragen, weshalb zu *Bootsbauer* auch die *Bootsbauerin*, zu *Bootseigner* die *Bootseignerin* und zu *Bootsverleiher* auch die *Bootsverleiherin* gebucht wird. Spätestens bei der *Erbfeindin* stellen sich Assoziationen an Schottels Analogiebildungen ein. Hier hätte sicher eine Aufnahme der Movierungsbildung bei den Stichwörtern ³*Bauer*, *Eigner* und *Verleiher* völlig ausgereicht, zumal dem Movierungssuffix -*in* ein eigener Artikel gewidmet ist[32].

Selbst einem Lexikographen mit so umfassender Erfahrung wie Michael Schlaefer wurde also offenbar das hinter den Movierungsartikeln steckende systematische Programm nicht deutlich. Vor diesem Hintergrund war es überraschend, dass im Online-Duden bei einem so häufigen Wort wie *Leser* eine Zeitlang (bis etwa Mitte 2022) zwei geschlechtsübergreifende Bedeutungen angegeben wurden, nämlich ‚jemand, der in einem einzelnen Fall, momentan etwas liest' und ‚jemand, der sich mit Lesen [in Bezug auf bestimmte Lektüre] befasst'. Inzwischen sind sie aber durch die Bedeutungsangaben ‚männliche Person, die in einem einzelnen Fall, momentan etwas liest' und ‚männliche Person, die sich mit Lesen [in Bezug auf bestimmte Lektüre] befasst' ersetzt worden[33]. Verräterisch nur, dass die Verwendungsbeispiele „jugendliche, weibliche, westliche Leser", „die Leser einer Zeitung" und „Zuschriften von Lesern erhalten" lauten, die bislang (Stand 23.12.2022) der Aufmerksamkeit der Wirklichkeitskorrektoren entgangen sind.

---

[29] Kathrin Kunkel-Razum: „Er sah zu ihr auf wie zu einer Göttin" statt „Sie sah zu ihm auf wie zu einem Gott" (Luise Pusch)? – Werkstattbericht II aus der Dudenredaktion, in: Susanne Günthner – Dagmar Hüpper – Constanze Spieß (Hg.): *Genderlinguistik. Sprachliche Konstruktionen von Geschlechtsidentität*, Berlin/Boston 2012 (Linguistik – Impulse und Tendenzen 45), S. 213–220.

[30] *Duden. Das große Wörterbuch der deutschen Sprache in acht Bänden.* 2., völlig neu bearbeitete und stark erweiterte Auflage. Hg. und bearbeitet vom Wissenschaftlichen Rat und den Mitarbeitern der Dudenredaktion unter der Leitung von Günther Drosdowski, I–VIII, Mannheim 1993–1995.

[31] Bär: *Genus und Sexus*, a. a. O., S. 172, Anm. 21.

[32] Michael Schlaefer: Zum ‚Großen Wörterbuch der deutschen Sprache in acht Bänden', in: *Sprachwissenschaft* 21 (1996), S. 465–480, hier S. 470.

[33] *Leser, der*, in: *Duden online*.

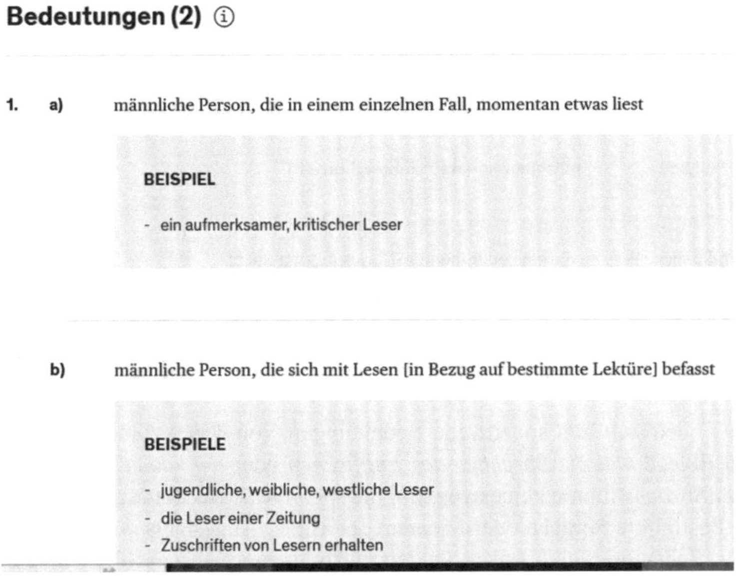

Bedeutungen (2) ⓘ

1. a) männliche Person, die in einem einzelnen Fall, momentan etwas liest

> **BEISPIEL**
> - ein aufmerksamer, kritischer Leser

b) männliche Person, die sich mit Lesen [in Bezug auf bestimmte Lektüre] befasst

> **BEISPIELE**
> - jugendliche, weibliche, westliche Leser
> - die Leser einer Zeitung
> - Zuschriften von Lesern erhalten

Abb. 5: Bedeutungsangaben zu *Leser*, in: *Duden online*.

Es gibt also laut Duden weibliche Leser, die männliche Personen sind. Dafür macht man jetzt Vorschläge, wie aufgrund der (unzutreffenden) Bedeutungsangaben nun ‚notwendig' werdende Beidnennungen vermieden werden können: „Um gehäuftes Auftreten der Doppelform *Leserinnen und Leser* zu vermeiden, können je nach Kontext die Ausweichformen *Leserschaft* oder *[Lese]publikum* gewählt werden".

Bei *Hörer* werden (noch) zwei geschlechtsübergreifende Bedeutungen angegeben und eine spezifische[34]. Eigenartig ist dabei ein Bezug auf die sprachgeschichtliche Herkunft, die in einem gegenwartssprachlichen Rechtschreibwörterbuch fehl am Platze ist und sich auch bei den anderen hier als Beispiel angezogenen Lexemen nicht findet. Zu allem Überfluss wird diese Herkunft bei allen drei genannten Bedeutungen angegeben, so dass man zunächst meinen könnte, es habe zu mittelhochdeutscher Zeit bereits Rundfunksendungen gegeben.

---

[34] *Hörer, der*, in: *Duden online*.

1. a) Zuhörer (z. B. bei einem Gespräch)

    Herkunft   **mittelhochdeutsch hœrer, hœræxre**

b) Zuhörer bei Rundfunksendungen

    Herkunft   **mittelhochdeutsch hœrer, hœræxre**

c) männliche Person, die eine oder mehrere Vorlesungen besucht

    Herkunft   **mittelhochdeutsch hœrer, hœræxre**

Abb. 6: Bedeutungsangaben zu *Hörer*, in: *Duden online*.

Bei *Sprecher* finden sich fünf spezifische Bedeutungen, von denen zumindest eine nicht zutrifft, denn Belege wie *die Sprecher des Englischen* oder *der ideale Sprecher (Ideal Speaker) einer Sprache* führen keineswegs auf die spezifische Bedeutung ‚männliche Person, die eine bestimmte Sprache oder Mundart spricht'[35]. Angesichts der offenkundigen Volatilität der Bedeutungsangaben im Duden dürfte es nicht ausgeschlossen sein, dass sich dort zum Zeitpunkt des Erscheinens des vorliegenden Buches nur noch ‚männliche' Bedeutungen für die genannten Lexeme finden.

5. 3 Sprachkonstruktivismus

Das beschriebene Vorgehen entspricht exakt dem von feministischer Seite postulierten ‚konstruktivistischen' Sprachverständnis und der expliziten Absicht, eine danach erfundene neue ‚Wirklichkeit' von oben durchzusetzen (siehe dazu auch Kapitel 6).

> Nach einer konstruktivistischen Sprachsicht sind Sprachveränderungsstrategien erfolgversprechender, wenn diese von ‚einer großen und statushohen Gruppe durchgeführt werden und wenn soziale Institutionen dahinter stehen' (Hornscheidt 2007[36]). Das heißt, wenn ein geschlechtergerechter Sprachgebrauch an einer Universität konsequent durchgeführt wird, würde dieser auch in der Sprache als *existent* hervortreten[37].

Jede unkonventionelle Sprachänderung schaffe die Grundlage für eine veränderte Vorstellung von der Wirklichkeit. Somit verfüge sie auch über das Potential eines großen

---

[35] *Sprecher, der*, in: *Duden online*.
[36] Sc. Antje Hornscheidt: „*Mitgemeint?" Ist Sprache Gender diskriminierend, sind es die SprecherInnen oder ist es die Wirklichkeit?* Vortrag an der Universität Innsbruck, 04.06.2007.
[37] Claudia Posch: *Mitgefangen – Mitgehangen. Generisches Maskulinum und Normen geschlechtergerechten Sprachgebrauchs*, in: Christina Antenhofer – Andreas Oberprantacher – Kordula Schnegg (Hg.): *Methoden und Wahrheiten. Geistes- und sozialwissenschaftliche Forschung in Theorie und Praxis*, Innsbruck 2011 (Edited volume series), S. 207–228, hier S. 221.

sozialen Wandels[38]. Dahinter wird eine Sprachauffassung sichtbar, die an den mittelalterlichen Streit zwischen Realismus und Nominalismus erinnert: „Natürlich ist es ein Streit um Worte. Wir leben aber doch im Zeitalter der Information. Und Sprache ist das Mittel der Information. Wie wollen Sie denn zwischen Worten und Information unterscheiden? Die Worte sind die Sache selber. Gleiche Erwähnung ist genauso wichtig wie gleiche Bezahlung"[39]. Soweit diese Ansichten die Domäne der Sprachwissenschaft betreffen, lassen sie sich nicht verifizieren. Sie sind zudem nicht wirklichkeitsadäquat und entsprechen in ihrer Denkweise der aus der Entourage eines republikanischen US-Politikers geäußerten Vorstellung, man könne die Wirklichkeit mittels bloßem Behaupten durch ‚alternative Fakten' ersetzen.

Mit der sich letztlich um die Erkenntnistheorie drehenden differenzierten Diskussion im Rahmen des philosophischen Konstruktivismus[40] und seiner Spielarten, dem Radikalen Konstruktivismus[41], dem Erlanger Konstruktivismus[42], dem Interaktionistischen Konstruktivismus[43] und dem Relationalen Konstruktivismus[44], hat das im Folgenden zu Referierende allerdings wenig zu tun. Nichts zu tun hat es auch mit dem, was man bis in die 70er Jahre des 20. Jahrhunderts in der Philosophie unter Konstruktivismus verstand[45]. Der im Rahmen der Feministischen Linguistik zu behandelnde ‚Konstruktivismus' ist eine sehr schlichte Sprachideologie, welche die Ansicht verbreitet, Wirklichkeit könne durch Sprache erschaffen werden. Domäne des so verstandenen Konstruktivismus ist eigentlich die Welt der Dichter, Erfinder von Weltanschauungen und Schöpfer numinoser Gestalten, die dann in der gesellschaftlichen Praxis weitreichende Wirkungen entfalten können.

In den 1970er Jahren, so Scheu[46], hat sich ein bis heute einflussreicher Radikalfeminismus mit einem folgenreichen philosophischen Konstruktivismus vermählt. Die Fetischisierung der Sprache habe in ein Bonmot des Semiologen Roland Barthes aus dem Jahre 1977 gemündet: „Die Sprache als Performanz aller Rede ist ganz einfach faschistisch." Das bedeute: Wer spricht, handelt und bildet die Wirklichkeit nicht ab, sondern schafft sie erst. Er will seine Weltsicht durchsetzen. Jeder Satz sei letztlich nichts anderes als eine autoritäre Setzung in einem sozialen Machtspiel, gemäß der Gleichung: Sprache = Sein = Macht. Ein zweites Moment, so Scheu weiter, komme hinzu. Dieselbe französische Philosophie von Roland Barthes oder Jacques Derrida habe sich in einer vehementen Kritik der abendländischen Vernunft geübt, die sich amerikanische Akademiker seit den 1970er Jahren im Nachgang zu der Bürgerrechtsbewegung neu aneigneten. Von Derrida

---

[38] Lann Hornscheidt: *Sprachgewalt erkennen und sprachhandelnd verändern*, Berlin 2018 (Aufklärung und Kritik 524), S. 6; Wizorek: *Gender-Kampfplatz*, a. a. O., S. 5.
[39] Pusch in Schirrmeister: *Linguistin Luise F. Pusch*, a. a. O.
[40] *Konstruktivismus (Philosophie)*, in: Wikipedia.
[41] *Radikaler Konstruktivismus*, in: Wikipedia.
[42] *Erlanger Konstruktivismus*, in: Wikipedia.
[43] *Interaktionistischer Konstruktivismus*, in: Wikipedia.
[44] *Relationaler Konstruktivismus*, in: Wikipedia.
[45] K. Mainzer: *Konstruktivismus*, in: *Historisches Wörterbuch der Philosophie*. Unter Mitwirkung von [...] hg. von Joachim Ritter und Karlfried Gründer, Band 4: I-K, Darmstadt 1976, Sp. 1019–1021.
[46] Scheu: *Liebe Sprachbenutzerinnen und Sprachbenutzer*, a. a. O.

stammt die Formulierung, dass es nichts gebe außer Text[47]. Was als die menschliche Vernunft, Wirklichkeit oder eben Sprache gilt, wird nun als Konstruktion des weißen männlichen Machtstrebens ‚entlarvt'.

Das klinge wie eine Karikatur seriöser Geisteswissenschaft, sei jedoch unter dem Titel ‚French Theory' in die jüngere Geistesgeschichte eingegangen, sei von den europäischen Universitäten aus den USA über verschiedene Formen der Cultural Studies reimportiert worden und habe zu einer drastischen Verarmung des akademischen Diskurses beigetragen. Die neue Wissenschaftsfeindlichkeit lässt sich, so Scheu, ebenfalls in einer Gleichung darstellen: Vernunft = Logik = Patriarchat[48]. Solche durch den Feminismus übernommene Vorstellungen, die etwa Gertrude Postl vertritt[49], spiegeln sich geradezu wortwörtlich in Ausführungen von Romaine[50] wider.

> If the world is constructed and given meaning through language, then our history, philosophy, government, laws and religion are the products of a male way of perceiving and organizing the world. Because the male world view has been transmitted for centuries, it appears „natural", „objective", a „master" discourse beyond question. In this way male values become „normal" as well as normative. Our ideas about what is „normal" are deeply embedded in linguistic practices.

5.4 Sichtbarkeits- und Neutralisierungsstrategie

Die Akzidenz Maskulinum der grammatischen Kategorie Genus wird von der feministischen Sprachkritik also als Ausdrucksweise des Männlichen aufgefasst, abgesehen von maskulinen Epikoina wie *der Mensch*, wie umgekehrt auch feminine Epikoina wie *die Person* (und neutrale Ausdrücke wie *das Mitglied*) zur Bezeichnung von Männern akzeptiert werden. Das spricht für ein nicht nachvollziehbares Verhältnis zum folgerichtigen Denken[51] auf der Grundlage einer ohnehin verfehlten Prämisse. Auf jeden Fall komme davon abgesehen nur das Femininum für die Bezeichnung weiblicher Personen in Frage.

---

[47] Vgl. Jacques Derrida: *De la grammatologie*, Paris 1967 (Collection ‚Critique'), S. 227; Rödder – Rödder: *Sprache und Macht*, a. a. O., S. 6.
[48] Zum Gesamtzusammenhang s. Ulrike Ackermann: *Die neue Schweigespirale. Wie die Politisierung der Wissenschaft unsere Freiheit einschränkt*, Darmstadt 2022, passim.
[49] Gertrude Postl: *Weibliches Sprechen. Feministische Entwürfe zu Sprache & Geschlecht*, Wien 1991, S. 89; Gorny: *Feministische Sprachkritik*, a. a. O., S. 520.
[50] Suzanne Romaine: *A corpus-based view of gender in British and American English*, in: *Gender Across Languages. The linguistic representation of women and men*. Volume I. Ed. by Marlis Hellinger, Hadumod Bußmann, Amsterdam/Philadelphia 2001 (Impact: Studies in language and society 9), S. 153–175, hier S. 156. Sc. ‚Wenn die Welt durch Sprache konstruiert und mit Bedeutung versehen wird, dann sind unsere Geschichte, Philosophie, Regierung, Gesetze und Religion das Produkt einer männlichen Art, die Welt wahrzunehmen und zu organisieren. Da die männliche Weltsicht seit Jahrhunderten weitergegeben wird, erscheint sie als „natürlich", „objektiv", als ein „Meister"-Diskurs, der nicht in Frage gestellt wird. Auf diese Weise werden männliche Werte sowohl „normal" als auch normativ. Unsere Vorstellungen darüber, was „normal" ist, sind tief in sprachliche Praktiken eingebettet'.
[51] Thim-Mabrey: *Ist das Deutsche eine Männersprache?*, a. a. O., S. 152.

Daher rührt auch das immer wiederkehrende Sprechen von ‚männlichen' und ‚weiblichen' Formen in den Medien. Auf dieser Grundlage wird die Forderung erhoben, die Geschlechtskategorie ‚weiblich' bei allgemein für alle Menschen gebrauchten Amts-, Funktions-, Rollen- und Statusbezeichnungen (*Arzt, Produzent, Steuerzahler, Verbraucher*) im Singular und Plural unter allen Umständen in der Sprache sichtbar zu machen, damit Frauen in der Sprache nicht nur ‚mitgemeint' würden, was aber tatsächlich ihr ‚Verschweigen' bedeute.

Frauen sollen sichtbar gemacht werden durch das Femininum fordernde und das Geschlecht anzeigende Movierungssuffixe, wie vor allem durch *-in*. Dem entspricht das gegenwärtig am meisten verwendete Mittel zur feministisch inspirierten Bezeichnung von Gruppen, die Beidnennung (*die Schülerinnen und Schüler*), auch mit Lexemvariation (*Aktionäre und Investorinnen, Briefbotinnen und Postzusteller, Hörerinnen und Nutzer, Wissenschaftlerinnen und Forscher*). Weiterhin werden genderneutrale Maskulina vermieden durch in beiden Genera flektierbare Partizipialsubstantive[52] wie neu gebildete *Mitarbeitende* statt *Mitarbeiter*, *Naturschützende* statt *Naturschützer* („Differentialgenus")[53], *Waldbesitzende* statt *Waldbesitzer* mit Partizip Präsens oder das neuerdings vermehrt auftretende reaktivierte *Kulturschaffende* (statt *Künstler*). Dass dieses Wort in den beiden totalitären Staaten der jüngeren deutschen Geschichte mit der Festlegung politisch gesellschaftlicher Aufgaben der ‚Kulturschaffenden' zugunsten des jeweiligen Systems verbunden war und Wilhelm E. Süskind 1946 in der Zeitschrift ‚Die Wandlung' den Begriff *Kulturschaffende* im ‚Wörterbuch des Unmenschen' verzeichnete[54], ist den Verwendern dieses Wortes offensichtlich nicht bekannt. Keine feministischen Konkurrenzbildungen sind die bereits länger bezeugten *Abgeordnete, Angestellte, Beschäftigte* auf der Grundlage von Partizipialadjektiven aus dem Partizip Perfekt. Der Genese nach gehört hierher auch *Beamte*, das soweit lexikalisiert ist, dass mittlerweile die Ableitung *Beamtin* für notwendig gehalten wird.

Bei dem Bemühen um ‚geschlechtergerechte Sprache' geraten zugunsten der Partizipialsubstantive auch maskuline Epikoina (wie *Flüchtling*) zunehmend ins Visier. So im vorliegenden Fall, der hier als politolinguistisches Exempel erwähnt sei, auch deswegen, weil ein Suffix notorisch missdeutet wird. Regelmäßig steht seit mehreren Jahren *Geflüchtete* für *Flüchtlinge*[55], das als Ersatzwort besonders in der Anfangsphase der Flüchtlingsmigration von 2015 in vielen Leitmedien auftrat[56]. Das Wort *Geflüchtete* wurde auch

---

[52] Zum Partizip I vgl. Helmut Glück: *Das Partizip I im Deutschen und seine Karriere als Sexusmarker, mit einer Einleitung von Rüdiger Harnisch*, Paderborn 2020 (Schriften der Stiftung Deutsche Sprache 4).

[53] Hoberg: *Grammatik des Deutschen*, a. a. O., S. 103; Eisenberg: *Die Vermeidung sprachlicher Diskriminierung im Deutschen*, a. a. O., S. 4–5.

[54] *Kulturschaffender*, in: Wikipedia.

[55] Eisenberg: *Hier endet das Gendern*, a. a. O., S. 69–70.

[56] Rüdiger Harnisch: *Partizipien als meliorisierende Ersatzkonstruktionen für pejorisierte personenbezeichnende Derivata. Zu Prozessen semantischer und pragmatischer Remotivierung im Zeichen der Flüchtlings- (oder Geflüchteten-?) Krise um das Jahr 2015*, in: Annamária Fábián – Igor Trost (Hg.): *Sprachgebrauch in der Politik. Grammatische, lexikalische, pragmatische, kulturelle und dialektologische Perspektiven*, Berlin/Boston 2018 (Reihe Germanistische Linguistik 319), S. 217–237; Harnisch: *Sprachregime gegen Sprachsystem*, a. a. O., S. 15.

sprachpolitisch durch den Verein „Neue deutsche Medienmacher", 2008 als Verein „von und für Journalist*innen mit Migrationsgeschichte als professionelles Netzwerk"[57] gegründet, mit dem Argument gefördert[58], dass „damit die als kleinmachend und teils abwertend empfundene Endung ‚-ling' umgangen wird" und mit *Geflüchtete* auch Menschen bezeichnet werden könnten, die keinen offiziellen Flüchtlingsstatus haben[59]. Das 2015 vorgelegte Glossar[60], in dem diese Angabe steht, genauso wie in der 11. Auflage 2022[61], enthält politisch korrekte „Formulierungshilfen für die Berichterstattung im Einwanderungsland"[62]. Finanziert wurde die Erstauflage vom Bundesamt für Migration und Flüchtlinge. Eine Teilauflage wurde im Auftrag der Bundeszentrale für politische Bildung (BpB) „zur Verbreitung im BpB-Lokaljournalistenprogramm hergestellt", heißt es in dem Glossar 2015[63]. Die Autoren dieser Handreichung als „Türsteher der Sprache" zu bezeichnen, die „den Wörtern wieder Fesseln anlegen"[64] wollen, liegt nicht ganz fern. Hier liegt offensichtlich ein Versuch indirekter, also halbstaatlicher Sprachlenkung vor[65].

Dass für *Flüchtling* eigens eine Monographie[66] mit der Ausgangsfrage, ob -ling ein „brisantes" Suffix sei, geschrieben wurde, zeigt am Einzelfall die Dynamik von jenseits sprachwissenschaftlicher Kompetenz geführten gesellschaftlichen Diskussionen um politisch korrektes ‚Wording'[67], bei denen sich die Frage stellt, ob „die Diskussion eventuell problematischer zu nennen ist"[68] als der Gegenstand selbst.

> Das Wort *Flüchtling* selbst wurde dabei lange Zeit wie selbstverständlich gebraucht. In jüngerer Zeit erfährt es jedoch vermehrt Kritik, die sich insbesondere gegen das Suffix -*ling* richtet: Es sei verkleinernd, wirke abschätzig, lasse die Referenten passiv wirken und sei

---

[57] Nadja Ofuatey-Alazard: *Die Sprache zur Rede stellen*, in: *aviso. Zeitschrift für Wissenschaft und Kunst* 2 (2016), S. 28–31, hier S. 31.
[58] Harnisch: *Partizipien als meliorisierende Ersatzkonstruktionen*, a. a. O., S. 221–224.
[59] Harnisch: *Partizipien als meliorisierende Ersatzkonstruktionen*, a. a. O., S. 223.
[60] Neue deutsche Medienmacher e.V.: *Glossar. Formulierungshilfen für die Berichterstattung im Einwanderungsland*. Stand 1. Dezember 2015.
[61] *NdM-Glossar. Wörterverzeichnis der Neuen deutschen Medienmacher*innen (NdM) mit Formulierungshilfen, Erläuterungen und alternativen Begriffen für die Berichterstattung in der → *Einwanderungsgesellschaft,* [11]2022, S. 61.
[62] Harnisch: *Partizipien als meliorisierende Ersatzkonstruktionen*, a. a. O., S. 221–222.
[63] Harnisch: *Partizipien als meliorisierende Ersatzkonstruktionen*, a. a. O., S. 222, Anm. 11.
[64] Harnisch: *Partizipien als meliorisierende Ersatzkonstruktionen*, a. a. O., S. 222, Anm. 11 unter Bezugnahme auf Ofuatey-Alazard: *Die Sprache zur Rede stellen*, a. a. O., S. 31, über eine Stellungnahme der Süddeutschen Zeitung zu dem Glossar.
[65] Vgl. Harnisch: *Partizipien als meliorisierende Ersatzkonstruktionen*, a. a. O., S. 222, Anm. 11.
[66] Marlene Rummel: *Brisantes Suffix? Zum Gewicht von -ling im Konzept des Flüchtlings*, Gießen 2017 (Sprache, Literatur, Kommunikation – Geschichte und Gegenwart 10).
[67] Ein typisches Zitat: „[...] und überhaupt: In der deutschen Sprache gibt es kaum positiv konnotierte Worte, die auf ‚–ling' enden. Na gut, immerhin: Frühling, Schmetterling. Ansonsten signalisiert das –ling meist: Passivität, mangelnde Authentizität, hierarchische Unterlegenheit und wird meist ironisch, diminutiv oder abwertend benutzt: Schönling, Günstling, Fremdling, Neuling, Zögling, Winzling, Wüstling ... Flüchtling. ‚Geflüchteter Mensch' klingt da ganz anders." Ofuatey-Alazard: *Die Sprache zur Rede stellen*, a. a. O., S. 31.
[68] Rummel: *Brisantes Suffix?*, a. a. O., S. 161.

nicht zur Bildung von Feminina fähig, weshalb der Ausdruck *Flüchtling* ersetzt werden solle[69].

Die „Neuen deutschen Medienmacher" schreiben Entsprechendes und nennen als Beleg für die als „abwertend empfundene Endung *-ling*" die Bildung *Eindringling*[70]. Hier wird die pejorative Bedeutung der Basis für diejenige des Suffixes gehalten, was entsprechend für *Dümmling, Feigling, Fiesling, Häftling, Jämmerling, Kümmerling, Naivling, Primitivling, Rohling, Schädling, Schwächling, Sonderling, Sträfling, Widerling, Wüstling* gilt. Pejorative Bedeutung bei *neutraler* Basis haben aber lediglich Bildungen wie *Schreiberling* oder *Dichterling*, die bereits Personenbezeichnungen als Basis aufweisen und als Modifikationen in der Ausgangswortart verbleiben, ferner *Günstling, Hübschling, Schönling*[71], *Süßling* und *Zärtling*. Das veraltete Lexem *Jüngling* hat bei einem Teil seines Gebrauchs eine pejorative Komponente[72]. Pejorative Bedeutung gilt nicht für andere Modifikationen und wortartändernden Transpositionen wie den Sachbezeichnungen, Tierbezeichnungen und Pflanzenbezeichnungen *Bratling, Drilling* ‚Jagdgewehr mit drei Läufen', *Einsprengling* (in Mineralien), *Erstling, Fäustling, Findling, Fingerling, Frischling, Frühling, Gelbling* (Goldammer), *Gründling, Grünling, Keimling, Nützling, Pfifferling, Pressling, Riesling, Röhrling, Rohling* (Halbfertigprodukt), *Rundling* (Dorfform), *Säuerling* (Sauerampfer), *Schmetterling, Schössling, Setzling, Steckling, Stichling, Strömling, Täubling, Teigling, Weißling, Winterling, Wirkling* (gewirkte Teigmenge für die Brötchenherstellung). Sie gilt auch nicht für die Personenbezeichnungen wie *Abkömmling, Ankömmling, Drilling, Fremdling, Häuptling, Impfling, Lehrling, Liebling, Nachkömmling, Neuling, Prüfling, Säugling, Schützling, Täufling, Zögling, Zwilling*[73]. *Winzling* muss nicht pejorativ verstanden werden.

So ist es irrig, aus der Möglichkeit, eine Ableitungssilbe wie -ling pejorativ zu verwenden (von Luthers naseweisen Klüglingen angefangen bis zu Lüstlingen und Widerlingen der Gegenwart), oder aus der Möglichkeit, dass ein Wort auf -ling auch missbräuchlich-herabsetzend, diskriminierend gebraucht werden könnte, dessen Vermeidung oder gar Verbot abzuleiten.

Die ererbte und aktuelle Funktion des Suffixes -ling besteht nämlich ausschließlich in der Vereinzelung (X-ling bedeutet X als einzelnes Mitglied/Exemplar einer Gruppe). Die abschätzige Verwendung von Begriffen auf -ling liegt außerhalb der grammatischen/morphologischen Funktion dieses Suffixes. Die Funktion des Suffixes -ling ist also nicht abschätzig, sondern – wie im Fall von Ankömmling, Frühling, Liebling, Schmetterling, Zwilling und dem englischen darling – rein individualisierend[74].

---

[69] Rummel: *Brisantes Suffix?*, a. a. O., S. 11.
[70] Harnisch: *Partizipien als meliorisierende Ersatzkonstruktionen*, a. a. O., S. 233.
[71] Harnisch: *Partizipien als meliorisierende Ersatzkonstruktionen*, a. a. O., S. 225.
[72] Fleischer – Barz: *Wortbildung der deutschen Gegenwartssprache*, a. a. O., S. 217.
[73] Vgl. Zifonun: *Eine Linguistin denkt nach*, a. a. O., S. 48.
[74] Hackstein: *Dürfen staatliche Institutionen die Grammatik verändern?*, a. a. O.

Jeder, der mit einer angeblich durch das morphologische Programm -*ling* vermittelten Pejoration, Passivität und Verkleinerung argumentiert, sucht sich aus dem stark sprachgeschichtlich geprägten Bestand das heraus, was seiner vorgefassten oder von anderen vorgefertigten Meinung entspricht. Das gilt vor allem für die Bildungen mit Basen negativer Bedeutung (*Fiesling, Primitivling, Wüstling*) und die Angehörigen der Programmvarietät des Nomen acti[75] ‚Entität, die das Objekt des in der Basis (Verb) bedeuteten Tuns ist / war / zum Objekt des in der Basis (Verb) bedeuteten Tuns bestimmt ist'[76] (wie *Impfling, Prüfling, Täufling*). Deren Bedeutungen werden dann zur Funktion des Programms überhaupt erklärt. Dabei wäre es leicht gewesen, sich über die semantische Struktur des ganzen Wortbildungsparadigmas zu informieren[77].

Das Wort *Lehrling*, im Berufsbildungsgesetz vom 14.08.1969[78] durch den meliorisierenden Fünfsilber *Auszubildender*[79] ersetzt, aus dem wegen sprachökonomischer Unbrauchbarkeit wie absehbar das dreisilbige Akronym *der/die Azubi* wurde, kehrt gegenwärtig auf die sprachliche Bühne zurück[80]. Marlene Rummel kommt zu dem Ergebnis, dass *Flüchtling* „allerdings von den meisten der gegen ihn erhobenen Anklagen freigesprochen werden" könne und sich das Ersatzwort *Geflüchtete* als „ungünstig" erweise. Lediglich „das Problem des generischen Maskulinums" [!] bleibe[81]. Dass sich beim Epikoinon das ‚Genusproblem' gar nicht stellt, haben weder die Autorin noch den beiden Betreuer ihrer Arbeit bemerkt.

Stefanowitsch zieht 2015 ein ähnliches Fazit wie Rummel. *Flüchtling* sei nach wie vor ein neutral verwendetes Wort zur Bezeichnung von Menschen, die vor Krieg, Armut oder ähnlichem fliehen[82]. Angesichts dieses Fazits, so Rüdiger Harnisch[83], stelle sich allerdings die Frage, warum die Alternativbezeichnung *Geflüchtete* von ihm als Wissenschaftler und von anderen sprachpolitischen Akteuren wie den ‚Neuen deutschen Medienmachern' trotzdem so vehement propagiert werde. Wenn das semantisch so schwach motiviert sei, müsse der Grund im Pragmatischen liegen.

Für Harnisch liegt folgende Interpretation nahe: In der politischen Auseinandersetzung zwischen Befürwortern und Gegnern einer Politik der offenen Grenzen gehe die

---

[75] Fleischer – Barz: *Wortbildung der deutschen Gegenwartssprache*, a. a. O., S. 216.
[76] Eckhard Meineke: *Das Substantiv in der deutschen Gegenwartssprache*, Heidelberg 1996 (Monographien zur Sprachwissenschaft 17), S. 368–369.
[77] Meineke: *Das Substantiv in der deutschen Gegenwartssprache*, a. a. O., S. 365–369; Hans Wellmann: *Das Substantiv*, Düsseldorf 1975 (Deutsche Wortbildung. Typen und Tendenzen in der Gegenwartssprache. Eine Bestandsaufnahme des Instituts für Deutsche Sprache, Forschungsstelle Innsbruck. Zweiter Hauptteil) (Sprache der Gegenwart 32), S. 86–87; Hans Wellmann: *Die Substantivbildung mit -er und -ling im heutigen Deutsch*, in: *Germanistische Studien*. Hg. von Johannes Erben und Eugen Thurnher, Innsbruck 1969 (Innsbrucker Beiträge zur Kulturwissenschaft 15), S. 337–354; Baeskow: *Abgeleitete Personenbezeichnungen*, a. a. O., S. 500–537; Fleischer – Barz: *Wortbildung der deutschen Gegenwartssprache*, a. a. O., S. 216–218.
[78] Oksaar: *Berufsbezeichnungen im heutigen Deutsch*, a. a. O., S. 128.
[79] Harnisch: *Partizipien als meliorisierende Ersatzkonstruktionen*, a. a. O., S. 218–219.
[80] Harnisch: *Partizipien als meliorisierende Ersatzkonstruktionen*, a. a. O., S. 234.
[81] Rummel: *Brisantes Suffix?*, a. a. O., S. 160.
[82] Harnisch: *Partizipien als meliorisierende Ersatzkonstruktionen*, a. a. O., S. 227.
[83] Ebd.

‚kritische' Avantgarde der Sprachkritik, also ‚fortschrittliche' Journalisten und Vertreter einer ‚Kritischen Semantik', zur neuen Bezeichnung *Geflüchtete* über, die das zuvor konstruierte Stigma von *Flüchtlinge* nicht enthalte. Eine politisch korrekte Bezeichnung lasse Weiterverwender von *Flüchtlinge* als rückschrittlich erscheinen, in der hier gegebenen Kontextualisierung als flüchtlings- oder gar fremdenfeindlich. Die lexikalischen Varianten werden, so Harnisch[84], zu Markern (Fahnen- bzw. Stigmawörtern) für konfligierende politische Positionen. Sie dienen als Abgrenzungsvokabular. Sie werden von den Verwendern als Signal ihrer Einstellungen gesandt, von den Empfängern als Symptom der Sender-Einstellungen empfangen und sind für Beobachter des Diskurses Indiz politischer Zugehörigkeit der Diskutanten. Typisch sei der dann einsetzende Wettbewerb der moralischen Überhebung über Andersdenkende, der sich in dauernder sprachlicher Überbietung niederschlage: *Flüchtlinge → Geflüchtete → Schutzsuchende → geflüchtete/geflohene Menschen → Menschen mit Fluchthintergrund* usw.[85] Genau diese gruppenpsychologischen Verhältnisse, die auch für bereits früher beobachtete sozialpsychologisch bedingte sprachliche Aufwertungsprozesse (*Fremdarbeiter → Gastarbeiter → ausländische Arbeitskraft → ausländischer Arbeitnehmer → Wanderarbeitnehmer*[86]) angenommen werden können, dürften auch für Propagandisten gegenderter Sprache gelten.

Damit die Verbreitung von politisch konstruierten falschen Informationen über das Wort *Flüchtling* aufhört, wäre es freilich notwendig, dass diejenigen, die jeden Tag in der Öffentlichkeit stehen und damit eine besondere Verantwortung tragen, sich vor einer Äußerung sachkundig machten. Sprachwissenschaftliche Wortbildungslehren, rückläufige Wörterbücher, Aufsätze und ganze Monographien zum Thema scheinen dem Personenkreis, der öffentlich Sprachpolitik betreibt, unbekannt zu sein, so dass hier nahezu von Sprachaberglaube gesprochen werden muss. So war in einer Rundfunksendung[87] wieder zu hören, dem Suffix *-ling* würde ‚Verkleinerung' vorgeworfen und zudem hätten Frauen vielleicht Schwierigkeiten damit, sich in einem Maskulinum wiederzufinden. Daraus folgt für den ideologisch geprägten Gebrauch von Sprache, dass künftig auch Epikoina, jedenfalls maskuline, nicht mehr vor Missdeutung sicher sein können. Nicht einmal die Ausführung in dem betreffenden ‚Sprachcheck', rechtlich sei jemand, bevor er als *Flüchtling* anerkannt wird, *Asylant*, entsprach den Tatsachen. Denn mittlerweile ist *Asylant* durch *Asylbewerber* oder *Asylsuchende*, in Österreich *Asylwerber* [!], ersetzt worden, weil *Asylant* mit abwertenden Konnotationen behaftet sei. ‚Sprachwissenschaftler' sähen darin einen Ausdruck von Fremdenfeindlichkeit[88]. Faktum ist, dass das Wort *Asylant* im politischen Asyldiskurs der 1980er/1990er Jahre durch seinen jeweiligen Kontext als pejorisiert angesehen wurde[89]. Hätte sich der betreffende Redakteur zumindest im Glossar

---

[84] Harnisch: *Partizipien als meliorisierende Ersatzkonstruktionen*, a. a. O., S. 227.
[85] Harnisch: *Sprachregime gegen Sprachsystem*, a. a. O., S. 15. Vgl. ebd., S. 16.
[86] Oksaar: *Berufsbezeichnungen im heutigen Deutsch*, a. a. O., S. 99.
[87] Deutschlandfunk: *medias res*, 13.06.2022.
[88] *Asylbewerber*, in: Wikipedia.
[89] Fabian Kreußler – Martin Wengeler: *Von Heimatvertriebenen, Armutsflüchtlingen und Refugees. Ein linguistischer Vergleich des aktuellen mit früheren Flüchtlingsdiskursen in der Bundesrepublik Deutschland*, in: Annamária Fábián – Igor Trost (Hg.): *Sprachgebrauch in der Politik. Grammatische, lexikalische, pragmatische, kulturelle und dialektologische Perspektiven*, Berlin/Boston 2018 (Reihe Germanistische Linguistik 319), S. 239–259, hier S. 245–249.

der ‚Neuen deutschen Medienmacher*innen' informiert, hätte er Entsprechendes[90] gesagt. Zutreffend ist, dass *Geflüchteter* kein rechtlicher Begriff ist, weil jemand nach der Genfer Konvention als *Flüchtling* anerkannt wird, aber nicht als *Geflüchteter*. Die Behauptung in dem ‚Sprachcheck', *Geflüchteter* sei angemessener als *Flüchtling*, weil eine Flucht ja auch einmal vorbei sei, ist eine individuelle Idee und verkennt den Unterschied zwischen umgangssprachlicher Benennung einer abgeschlossenen Handlung (*Zugezogene*) und sich aus der Handlung ergebender juristischer Statusbezeichnung. Dabei wird die Akzeptanz einer Wortbildung wie *Geflüchtete* allerdings durch zu festen Termini gewordene Ausdrücke wie *Vertriebene* gefördert, das seit langem als Grundwort in der Komposition *Heimatvertriebene* erscheint.

Vertriebene bzw. *Heimatvertriebene* gehen als Ersatzwort für *Flüchtlinge* auf den Flüchtlingsdiskurs der 50er Jahre zurück. Die Betroffenen selbst wollten damit den Zwangs- und Unrechtscharakter der Zuwanderung nach Westdeutschland betonen[91]. *Flüchtling* wurde also bereits das zweite Mal sprachideologisch aufgeladen und ersetzt, einmal ohne Gendermotivation durch *Vertriebene*, einmal mit Gendermotivation durch *Geflüchtete*. All das dürfte auch einer Vertreterin der Evangelischen Kirche Deutschlands, die sich in einem Rundfunkbeitrag[92] mit tendenziösen Falschinformationen über das Suffix *-ling*, über *Flüchtling* und sogar über das Wort *Flucht* äußerte, unbekannt gewesen sein.

Partizipien wie *Geflüchtete* funktionieren im Plural ohne Gender Splitting[93] und sind insoweit genusneutral[94], was für ihren ohnehin vorwiegend pluralischen Gebrauch praktisch ist, aber für *Flüchtlinge* ebenso zuträfe, und hier sogar a priori. Bär spricht bei in beiden Genera flektierbaren Partizipien vom Auftreten des *Genus commune*[95], wie es bei *die Geisel* vorliege. Diesen Begriff in der Bedeutung der ‚Formgleichheit der maskulinen und femininen Flexion' will er von Jacob Grimm bezogen haben[96]. Bärs Darstellung verquickt zwei Sachverhalte. Grimm schreibt bei genusgleichen Substantiven für alle Geschlechter wie *Geisel* oder *Elster, Adler, Fisch, Schwalbe, Maus* nicht vom *Genus commune*, sondern vom *Genus epicoenum*[97]. Genus commune, „wo männliche und weibliche flexionen völlig einander gleich sind"[98], finde „im ahd., mhd. und nhd. durchaus nicht

---

[90] „Asylant*in ist negativ konnotiert. Der Begriff wird (eher in der männlichen Form) häufig dann verwendet, wenn → Geflüchtete als Bedrohung oder Belastung betrachtet werden und nicht als Schutzsuchende. Weitere Alternativen: → Asylsuchende, exilierte Menschen, je nach Status auch Asylberechtigte, → geschützte Personen uvm." NdM-Glossar 2022, S. 57.

[91] Kreußler – Wengeler: *Von Heimatvertriebenen, Armutsflüchtlingen und Refugees*, a. a. O., S. 242–243.

[92] Deutschlandfunk: *Morgenandacht*, 30.09.2022.

[93] Wegener: *Grenzen gegenderter Sprache*, a. a. O., S. 281.

[94] Eisenberg: *Die Vermeidung sprachlicher Diskriminierung im Deutschen*, a. a. O., S. 4.

[95] Bär: *Genus und Sexus*, a. a. O., S. 159.

[96] Grimm: *Deutsche Grammatik 3 (1890)*, a. a. O., „S. 312"; recte S. 308.

[97] Grimm: *Deutsche Grammatik 3 (1890)*, a. a. O., S. 308, Anm. **, S. 357; vgl. Bär: *Genus und Sexus*, a. a. O., S. 159, Anm. 11.

[98] Grimm: *Deutsche Grammatik 3 (1890)*, a. a. O., S. 308.

statt"[99]; es wird für das Griechische und Lateinische belegt und für das Gotische erwogen[100]. Außerdem sind Partizipien bei unbestimmter Referenz (*ein Studierender/eine Studierende*) im Singular nicht formgleich und ferner bezeichnet Bär einen Plural wie *die Studierenden* fälschlich als Pluraletantum[101]. Im Singular partiell formgleicher Partizipien neigen Benutzer dazu, die maskuline Form zu bevorzugen (*jeder Studierende*). Hier davon zu sprechen, dass sich das generische Maskulinum ‚zurückschleiche'[102], spricht nicht für wissenschaftliche Objektivität. „Das ist eine falsche Perspektive: es war schon immer da, denn es ist im Sprachsystem bestens verankert"[103]. Auch Harnisch kommt zu diesem Ergebnis[104]; bekannt und benannt war die generalisierende Funktion des maskulinen Artikels mit etwa *der Angestellte* als Gattungsbegriff, die Pusch als ‚Pseudo-Geschlechtsneutralisation' bezeichnet, bereits früher[105].

Die Verwendung des neu-generischen Maskulinums *der Studierende* durch einen Gegner des alt-generischen Maskulinums *der Student* wird von Harnisch als schwerer pragmatischer Fehler, also als ein performativer Lapsus im ideologisch motivierten Sprechenwollen bewertet[106]. Dabei wird irrigerweise bereits die Partizipialform *-end-* als geschlechtergerecht bewertet[107]. Eine Studie von Lars Bülow und Katharina Jakob[108] kommt in der Tat zu dem Ergebnis, dass das im Singular ‚zurückgeschlichene' Maskulinum *der Studierende* bei Rezipiententests Ergebnisse erzielt wie der entsprechende Plural: beide ‚evozieren' ähnlich viele Frauen und Männer. Die genannten Phänomene stellen sich bei neutralen Kontexten ein. Damit scheine *-end* als genderübergreifendes Suffix reanalysiert zu werden[109]. Der Befund zeigt nicht zuletzt die Existenz des genderneutralen Maskulinums.

> Möglicherweise erfüllen solche Bildungen tatsächlich ihre Funktion, wenn sie keine Anwendung in der spezifischen Referenz finden. Solange ein *Studierender* [sc. das Wort *ein*

---

[99] Grimm: *Deutsche Grammatik 3 (1890)*, a. a. O., S. 308.
[100] Grimm: *Deutsche Grammatik 3 (1890)*, a. a. O., S. 308–309.
[101] Bär: *Genus und Sexus*, a. a. O., S. 159, Anm. 13.
[102] Zifonun: *Die demokratische Pflicht*, a. a. O., S. 47–48 nach Rüdiger Harnisch: *Das generische Maskulinum schleicht zurück*, in: Andreas Bittner – Konstanze Spieß (Hg.): *Formen und Funktionen. Morphosemantik und grammatische Konstruktion*, Berlin/Boston 2016 (Lingua Historica Germanica 12), S. 159–174; vgl. Rüdiger Harnisch: *Sprachregime gegen Sprachsystem – eine Übersicht*, in: Helmut Glück: *Das Partizip I im Deutschen und seine Karriere als Sexusmarker, mit einer Einleitung von Rüdiger Harnisch*, Paderborn 2020 (Schriften der Stiftung Deutsche Sprache 4), S. 9–20, hier S. 10–11; vgl. Kotthoff – Nübling: *Genderlinguistik*, a. a. O., S. 149–150.
[103] Glück: *Das Partizip I im Deutschen*, a. a. O., S. 44.
[104] Harnisch: *Sprachregime gegen Sprachsystem*, a. a. O., S. 11.
[105] Thim-Mabrey: *Ist das Deutsche eine Männersprache?*, a. a. O., S. 151.
[106] Harnisch: *Sprachregime gegen Sprachsystem*, a. a. O., S. 12.
[107] Harnisch: *Sprachregime gegen Sprachsystem*, a. a. O., S. 11.
[108] Lars Bülow – Katharina Jakob: *Genderassoziationen von Muttersprachlern und DaF-Lernern – grammatik- und/oder kontextbedingt?*, in: *Osnabrücker Beiträge zur Sprachtheorie (OBST) 90: Sprache und Geschlecht. Band 1: Sprachpolitiken und Grammatik*. Hg. von Constanze Spieß und Martin Reisigl, Duisburg 2017, S. 137–163.
[109] Kotthoff – Nübling: *Genderlinguistik*, a. a. O., S. 150.

Studierender] ungeschlechtlich lexikalisiert ist (wie noch *Mensch, jemand* oder *niemand* oder auch genusflektierendes *keiner*), während die Identifikation von Individuen über mit referentiellem Genus synchronisiertem *Student/Studentin* erfolgt, sind übliche Gegebenheiten des Systems hergestellt[110].

Das eigentliche Problem der Partizipien I und II ist die lexikalische Bedeutung und der begriffliche Status. Ein *Lesender*, so Helmut Glück[111], ist jemand, der gerade liest, ein *Backender* ist jemand, der gerade bäckt. Ein *Leser* hingegen lese gewohnheitsmäßig, aber nicht ununterbrochen von morgens bis abends, und ein *Bäcker* sei jemand, der das Backen als Handwerk gelernt hat und berufsmäßig betreibt, aber außerhalb der Backstube anderen Tätigkeiten nachgeht. Beim Besuch eines besseren Restaurants dürfe man erwarten, dass ein *Koch* oder eine *Köchin* in der Küche wirkt, nicht irgendein *Kochender*. Wie es bei *Geflüchtete* gezeigt wurde und wie es auch Kotthoff für das feministische und vor allem das nicht-binäre queere Register eindringlich schildert[112], geht es bei solchen Sprachveränderungen nicht zuletzt um Signale der eigenen politischen Haltung. Das Suffix *-end-e(r)*, so Glück[113], sei in der Tat zu einem ideologischen Signal geworden: wer es verwendet, signalisiere eine Weltsicht, der zufolge der Geschlechterkampf auch in der Grammatik zu führen sei. Die Verwendung des Suffixes *-end-e(r)* als Signal politischer Korrektheit habe sich in Parteien, Behörden, Hochschulen, Massenmedien, Kirchen und einigen städtischen Milieus weit ausgebreitet.

Der Geflüchtete bedeutet etwas anderes als *der Flüchtling* und kann auch nicht ohne weiteres als Grundwort von Kompositionen verwendet werden (*Wirtschaftsgeflüchtete*[114]), was aber „der etablierten Genderei" „ziemlich gleichgültig" sei[115]. Im Hinblick auf weiter unten geschilderte Beobachtungen ist außerdem zu erwarten, dass von feministischer Seite die Erzeugung genau solcher von Eisenberg für unmöglich gehaltener Komposita zu erwarten ist – was nun auch noch während der Abfassung dieser Studie erfolgte: *Kriegsgeflüchtete*[116].

Argumentationstaktisch bemerkenswert ist, dass die feministische Linguistik im Rahmen des ‚Undoing Gender'[117] Neutralisierung der semantischen Funktion bzw. Doppelfunktion da ausdrücklich anerkennt, wo sie es für *ihre* Zwecke benötigt, nämlich bei den Partizipien. Denn die Kritik, dass etwa der Ausdruck *Studierende* nur für eine Person korrekt sei, die gerade studiert[118], stimme so nicht. Das Partizip I könne eine im Verlauf befindliche Tätigkeit ausdrücken, aber auch einen andauernden Zustand, eine inhärente Eigenschaft (besser wohl: habituelle oder professionelle Handlungen, wie auch das Präsens nicht nur gerade im Augenblick des Sprechens Geschehendes ausdrücken kann[119]):

---

[110] Klein: *Wohin mit Epikoina?*, a. a. O., S. 184.
[111] Glück: *Das Partizip I im Deutschen*, a. a. O., S. 29.
[112] Kotthoff: *Gender-Sternchen*, a. a. O., S. 113–120. Dazu ausführlicher weiter unten.
[113] Glück: *Das Partizip I im Deutschen*, a. a. O., S. 44.
[114] Eisenberg: *Hier endet das Gendern*, a. a. O., S. 69.
[115] Eisenberg: *Hier endet das Gendern*, a. a. O., S. 70.
[116] Deutschlandfunk, 04.07.2022.
[117] Diewald – Nübling: *„Genus – Sexus – Gender"*, a. a. O., S. 18–20.
[118] Vgl. Zifonun: *Die demokratische Pflicht*, a. a. O., S. 47.
[119] Stefanowitsch: *Genderkampf* (2017), a. a. O., S. 127.

„Fliegende Fische sind nicht ständig am Fliegen"[120]. An Gesuchtheit ist dieses aus dem Bereich sachlicher und sprachlicher Exotismen herangezogene Argument kaum zu überbieten[121]. Denn *fliegende Fische* wie *regierende Bürgermeister, rasende Reporter* (Egon Erwin Kisch 1925), *fliegende Händler* und *fliegende Untertassen* (1947 *flying saucer*), die offenbar zum neuen Maßstab für neutralisierende Ausdrucksweisen werden sollen, sind lexikalisiert. Zudem wurde das für das Partizip *fliegend* früh bezeugte[122] Paradigma aus attributivem Partizip Präsens und Bezugssubstantiv in den 200 Jahren, seitdem in Köln im Januar 1823 ein ‚Festordnendes Comité für die Carnevalslustbarkeiten' ins Leben gerufen wurde, kaum ausgebaut. Die aufgrund feministischer Motivation reihenweise erzeugten Neubildungen wie das gegen Ostern 2022 im Fernsehprogramm NDR 3 auftauchende, auch ontologisch bemerkenswerte *Nichtschwimmende* sind aber keineswegs lexikalisiert. Das Partizip I weist als solches dieselbe (aktionale) Bedeutung (+ ‚Unabgeschlossenheit', + ‚Verlauf') auf wie die hier damit verglichene, seit dem 16. Jahrhundert belegte syntaktische Verlaufsform (der *am*-Progressiv[123], etwa in *sie sind am Fliegen*)[124]. Eisenbergs[125] Einwand, dass ein *sterbender Studierender* jemand ist, der beim Studieren, studierend also, stirbt, demnach etwas anderes sei als ein *sterbender Student*, der dem Tod beim Schwimmen, beim Radeln, beim Schlafen, kurz: bei jeder beliebigen Aktivität begegnen könne, wird als eine „persönliche Exegese"[126] abgetan. Nur für *dieses* Lexem ist das berechtigt – von der tendenziösen Formulierung abgesehen –, weil es eine längere Gebrauchsgeschichte hat wie *Reisender* oder *Vorsitzender*.

Für die verbalen *-er*-Ableitungen unterscheiden Fleischer und Barz drei Arten der bezeichneten Tätigkeit, nämlich ‚professionell': *Dreher, Gießer, Lehrer, Schneider, Verkäufer, Lackierer*; ‚habituell': *Anlieger, Denker, Herumtreiber, Raucher* und ‚gelegentlich': *Finder, Gewinner, Überbringer, Verlierer*[127]. Zum Unterschied der Bedeutung von Konversionen aus dem Partizip I und den *-er*-Ableitungen führen sie aus:

> Auch sonst konkurriert die Konversion des Partizips I. Der semantische Unterschied zwischen beiden Bildungsweisen liegt vor allem darin, dass das *-er*-Derivat in stärkerem Maße zur Bezeichnung eines Personenbegriffs mit festen Merkmalen tendiert (vgl. die Untergruppen ‚professionell', ‚habituell'), womit auch eine Demotivation verbunden sein kann: *der Denkende – der Denker, der Schiebende – der Schieber, der Kriechende – der Kriecher*. Nur in den seltensten Fällen hat das konvertierte Partizip I einen ähnlichen semantischen

---

[120] Diewald – Steinhauer: *Handbuch geschlechtergerechte Sprache*, a. a. O., S. 130.
[121] Vgl. Eisenberg: *Weder geschlechtergerecht noch gendersensibel*, a. a. O., S. 33. Zum Partizip I als Bestandteil der Gendersprache s. Glück: *Das Partizip I im Deutschen*, a. a. O.
[122] Jacob Grimm – Wilhelm Grimm: *Deutsches Wörterbuch. Neubearbeitung (A–F)*, digitalisierte Fassung im Wörterbuchnetz des Trier Center for Digital Humanities, Version 01/23, s. *fliegend*.
[123] Zum *am*-Progressiv s. Johanna Flick – Katrin Kuhmichel: *Der am-Progressiv in Dialekt und Standardsprache*, in: *Jahrbuch für Germanistische Sprachgeschichte* 4 (2013), S. 52–76 (mit weiterer Literatur).
[124] Glück: *Das Partizip I im Deutschen*, a. a. O., S. 31.
[125] Eisenberg: *Das missbrauchte Geschlecht*, a. a. O.
[126] Kotthoff – Nübling: *Genderlinguistik*, a. a. O., S. 149; Hinweis bei Glück: *Das Partizip I im Deutschen*, a. a. O., S. 39.
[127] Fleischer – Barz: *Wortbildung der deutschen Gegenwartssprache*, a. a. O., S. 201.

Charakter: *der Vorsitzende* (woneben auch *Vorsitzer*), *Reisende, Streikende* (woneben keine *-er-*Derivate)[128].

Nachdem *Studierender* mit der Bedeutung ‚Studienbeflissener' bei Paracelsus aufkam[129], konnte es später die habituelle oder vielmehr professionelle Bedeutung als Synonym zu *Student* durch Lexikalisierung gewinnen. Wie anderswo spricht auch hier das gleiche sprachliche Mittel durchaus nicht für die gleiche Intention. „Offenbar wurde in der Zeit des Nationalsozialismus *Studierende* (Pl.) erstmals in der Absicht verwendet, beide Sexus zu bezeichnen. Man darf bezweifeln, dass das dem Ziel dienen sollte, ‚Geschlechtergerechtigkeit' herzustellen"[130].

Kotthoff und Nübling[131] räumen selbst ein, dass dieses Muster derzeit gedehnt, oft auch überstrapaziert wird, wenn es zwanghaft auf Verben oder Adjektive [!] angewandt werde, etwa in *Autobahnbenutzende, Forschende, Dozierende, Helfende, Flüchtende*, auch *Geflüchtete* usw. Das gilt sicher für *zu Fuß Gehende, Fahrende von Krankenfahrstühlen oder Rollstühlen* und *am Verkehr Teilnehmende*[132]. „Gelten die Lichtzeichen nur für zu Fuß Gehende oder nur für Rad Fahrende, wird das durch das Sinnbild ‚Fußgänger' oder ‚Radverkehr' angezeigt"[133]. Jedes inflationär verwendete Verfahren wirke eintönig; auf die Mischung komme es an[134]. Wo keine Lexikalisierung vorliegt, haben die neugebildeten Partizipialsubstantive die inhärente Bedeutung ‚gleichzeitige Handlung im Vollzug, gleichzeitiges Geschehen im Ablauf' in Bezug auf das finite Verb. Das mag dort noch angehen, wo das bezeichnete ‚Tun' nicht professionell oder habituell, sondern okkasionell erfolgt[135], wie bei *die Demonstrierenden*. Bei habituellen oder professionellen Bedeutungen der zugrundeliegenden Nomina agentis sind die Partizipialsubstantive semantisch mehr oder weniger unangemessen: *Bäcker* > **der Backende, Erfinder* > **der Erfindende, Jäger* > **der Jagende*. Die feministische Linguistik ignoriert diese Grundbedeutung und behauptet, Partizipia I seien bedeutungsgleich mit Handlungsnomina vom selben Verbstamm. Diese Behauptung ist falsch[136]. Faktisch führt das dazu, dass den Rezipienten durch die medial gepushten Partizipialsubstantive stets eine pragmatische Transferleistung abverlangt wird. So wurde z. B. im Zusammenhang einer Aufführung im Rahmen der Ruhrtriennale im Rundfunksender WDR 5 von den *Musizierenden* gesprochen. Offenbar ging es darum, das genderneutrale Maskulinum *Musiker* oder die Beidnennung *Musikerinnen und Musiker* zu vermeiden. In diesem Fall müssen ‚die Zuhörenden' inferieren, dass damit *das Orchester* gemeint ist, ein Neutrum, das den Redakteuren offenbar nicht eingefallen ist, mithin eine Gruppe von ausgebildeten, hochqualifizierten und künstlerisch tätigen Berufsmusikern. Mit einigem Talent zur Empörung

---

[128] Fleischer – Barz: *Wortbildung der deutschen Gegenwartssprache*, a. a. O., S. 201–202.
[129] Glück: *Das Partizip I im Deutschen*, a. a. O., S. 39.
[130] Glück: *Das Partizip I im Deutschen*, a. a. O., S. 40.
[131] Kotthoff – Nübling: *Genderlinguistik*, a. a. O., S. 149.
[132] Glück: *Das Partizip I im Deutschen*, a. a. O., S. 48.
[133] Hans Jürgen Heringer – Rainer Wimmer: *Sprachkritik. Eine Einführung*, München 2015 (Uni-Taschenbücher 4309), S. 184.
[134] Kotthoff – Nübling: *Genderlinguistik*, a. a. O., S. 149.
[135] Meineke: *Das Substantiv in der deutschen Gegenwartssprache*, a. a. O., S. 356–357.
[136] Glück: *Das Partizip I im Deutschen*, a. a. O., S. 53.

könnte man überlegen, ob so etwas nicht die Diskriminierung eines Berufsstandes darstellt. Wenn im gleichen Sender bei einem Aufruf in der Erzdiözese Köln von dessen *Unterzeichnenden* statt *Unterzeichnern* oder *Unterzeichnerinnen und Unterzeichnern* gesprochen wird, müssen die Hörer hinnehmen, dass zudem eine Verlaufsform für eine punktuelle Handlung gesetzt wird wie bei *die ehrlichen Finder > *die ehrlichen Findenden*. Das Verstehen solcher semantisch-morphologisch kuriosen Wortschöpfungen verbunden mit dem Begreifen, dass hier im ‚geschlechtergerechten Stil' (siehe dazu weiter unten) gesprochen wird, der genau die Ausdrücke vermeidet, die die meisten der Hörer selbst verwendet hätten, gelingt verständigen Sprechern dennoch problemlos – wie umgekehrt auch das Verständnis des genderneutralen Maskulinums in tagtäglichen Zusammenhängen keine Schwierigkeit darstellen würde. Denn dass unter *Musikern* und *Unterzeichnern* nur Männer verstanden werden könnten, liegt bereits qua Weltwissen fern. Die Bochumer und Duisburger Symphoniker sind gemischte Orchester, keine Bergwerkskapellen, und die Unterzeichner des Aufrufs sind gewiss ‚Katholik*innen'.

Das Partizip eignet sich freilich formal gesehen problemlos für Konversionen. So gesehen könnte, satirisch gesagt, der Duden alsbald versucht sein, jede *-er*-Ableitung ‚konstruktivistisch' durch ein substantiviertes Partizip Präsens oder Präteritum zu ersetzen, also *Besserwisser* und *Besserwisserin* durch *der Besserwissende* und *die Besserwissende*, Plural *die Besserwissenden*. Die Betroffenheit der gesamten morphologischen Gruppe der Nomina agentis von Umformung zu *-end-er*-Bildungen spricht bereits Harnisch[137] an. Und Eisenberg ergänzt: „Die Kampagne gegen *-er* betreibt eine Form von Grammatikwandel dadurch, dass man nicht einzelne Wörter stigmatisiert, sondern einen ganzen Bildungstyp. Das ist neu, so etwas hat es im Deutschen noch nie gegeben"[138].

Weiterhin sollen geschlechtergerechte Formulierungen durch die Vermeidung des Genus Maskulinum mittels femininer bzw. neutraler Lexeme erfolgen: „besser nicht: *Informant, Herrscher, Journalisten, Kollegen*; stattdessen mal so: *Quelle, Staatsoberhaupt, Presse, Kollegium*"[139]. Das sind metaphorisierte Sachbezeichnungen, Metonymien und Kollektiva, wodurch im Übrigen weibliche wie männliche Personen gleichermaßen ‚sprachlich unsichtbar' gemacht werden können. Ob so vermehrt Frauen als Akteure assoziiert werden, ist fraglich. Bei näherem Zusehen sind ohnehin die Möglichkeiten, Personenbezeichnungen durch Institutionsbezeichnungen zu ersetzen, begrenzt[140]. Auch völlig eindeutige Ausdrucksweisen sollen ex negativo gegendert werden: *Messebesucher links abbiegen > Zur Messe links abbiegen*[141] – als ob man ansonsten auf den Gedanken kommen könnte, dass in Deutschland Messen nur von Männern besucht werden dürfen. Besonders beliebt sind nicht genderbare Anglizismen, sonstige Epikoina und Konversionen als Ersatzlexeme: „besser nicht *die Anhänger, die Teilnehmer, die Helfer, mein Kontrahent*; stattdessen mal so: *die Fans, die Gäste, die Hilfskräfte, mein Gegenüber*"[142]. Keines der ‚Ersatzwörter' entspricht semantisch dem vermiedenen Wort. Dass der Online-Duden überdies gerade bestrebt ist, den Status von *Gast* als Epikoinon mit dem Artikel

---

[137] Harnisch: *Das generische Maskulinum schleicht zurück*, a. a. O., S. 164.
[138] Eisenberg: *Die Vermeidung sprachlicher Diskriminierung im Deutschen*, a. a. O., S. 12.
[139] Diewald – Steinhauer: *Handbuch geschlechtergerechte Sprache*, a. a. O., S. 131.
[140] Eisenberg: *Weder geschlechtergerecht noch gendersensibel*, a. a. O., S. 30.
[141] Diewald – Steinhauer: *Handbuch geschlechtergerechte Sprache*, a. a. O., S. 131.
[142] Diewald – Steinhauer: *Handbuch geschlechtergerechte Sprache*, a. a. O., S. 132.

Gästin und seinen zahlreichen Kontexten in Abrede zu stellen (siehe oben), sei nur am Rande erwähnt. Besonders umständlich ist der Ersatz genderneutraler Maskulina durch Relativsätze, etwa *Autoren > Die(jenigen), die das Buch geschrieben haben*[143], eine Ausdrucksweise, mit der Kindern in der ‚Sendung mit der Maus' Bedeutungen erläutert werden könnten. Der Typus kommt vor allem in Formularen (*Antragsteller > Personen/Menschen, die einen Antrag stellen*)[144] und Gesetzen (*Wer ein Fahrzeug führt, muss* [...])[145] vor. *Wer* ist genderneutral maskulin und kann keinen Plural bilden, zieht also Maskulina im Singular nach sich[146].

Eine weitere Ausdrucksweise, die dadurch motiviert ist, im Deutschen das genderneutrale Maskulinum zurückdrängen oder abschaffen zu wollen[147], ist der gegenderte oder sogar ‚inklusive' Plural (*Vertreter/innen, VertreterInnen, Vertreterinnen*[148]). Die Schreibvarianten sind ausbaufähig: *Leser!nnen, Leserïnnen, Leserînnen, LeserInnen, Leser?nnen, Millionärîn*[149]. Die Form mit dem großen Binnen-*I* (*HörerInnen*) hat der Journalist Christoph Busch bereits 1981 in seinem Buch über Freie Radios[150] erdacht und beschrieb das Ganze später poetisch als die „Geschlechtsreifung des ‚i' [durch] Auswachsen zum ‚I' infolge häufigen Kontakts zum langen Schrägstrich"[151]. Dass das Binnen-*I* eine Erfindung der Schweizer sei, genauer gesagt der Redaktion der ‚WOZ Die Wochenzeitung'[152], die im Dezember 1983 das Binnen-*I* als offizielle Schreibweise für alle Personenbezeichnungen einführte[153], ist in diesem Fall unzutreffend. Busch stammt aus Brilon und war seinerzeit wohl in Münster/Westf. tätig[154]. 1986 übernahm die Berliner ‚Tageszeitung' (taz) diese Schreibung[155]. Formen mit Binnen-*I* sind grammatisch kaum akzeptabel, orthographisch falsch[156] und laufen praktisch auf das ‚inklusive Femininum' hinaus, was Hildegard Gorny 1995 als „Einübung ins erste generische Femininum"[157] begrüßte. Seinerzeit wurde dem Binnen-*I* vorgeworfen, es sei als Ideologem in die deutsche Sprache eingeschleust worden, verschärfe die Dichotomie der Geschlechtszuord-

---

[143] Diewald – Steinhauer: *Handbuch geschlechtergerechte Sprache*, a. a. O., S. 137.
[144] Bär: *Genus und Sexus*, a. a. O., S. 160.
[145] Glück: *Das Partizip I im Deutschen*, a. a. O., S. 47.
[146] Ebd.
[147] Diewald – Steinhauer: *Handbuch geschlechtergerechte Sprache*, a. a. O., S. 117–139.
[148] Vgl. Wegener: *Grenzen gegenderter Sprache*, a. a. O., S. 280–281.
[149] Luise F. Pusch: *Gendern - gerne, aber wie? Ein Ritt durch die feministische Sprachgeschichte und praktische Tipps von der Linguistin Luise F. Pusch*, in: Neues-Deutschland.de, 23.10.2019.
[150] *Was Sie schon immer über Freie Radios wissen wollten, aber nie zu fragen wagten!* Hg. im Eigenverlag. Christoph Busch, Freundeskreis Freie Radios Münster, Münster 1981.
[151] Noëmi Landolt: *Die Stämme gehören allen!*, in: WOZ. Die Wochenzeitung, Nr. 51/2013 vom 19.12.2013; vgl. Geschlechtergerechte Sprache, in: Wikipedia.
[152] Schröter – Linke – Bubenhofer: *„Ich als Linguist"*, a. a. O., S. 359. So noch Kotthoff: *Gender-Sternchen*, a. a. O., S. 113, Anm. 10.
[153] Gorny: *Feministische Sprachkritik*, a. a. O., S. 535; Schoenthal: *Impulse der feministischen Linguistik*, a. a. O., S. 2071.
[154] Christoph Busch: *Leben*.
[155] Schoenthal: *Impulse der feministischen Linguistik*, a. a. O., S. 2071.
[156] Bär: *Genus und Sexus*, a. a. O., S. 158.
[157] Gorny: *Feministische Sprachkritik*, a. a. O., S. 536.

nung und habe einen polemischen, bekenntnishaften und manchmal auch komischen Effekt. Als Aushängefahne für Gruppenzugehörigkeit diene es gelegentlich einem flotten Profiliergehabe. Andere hielten es für eine elegante Lösung und sprachsystematisch für eine interessante Neuerung. Als Neuschöpfung sei es Ausdruck des sozialen Umdenkens und trage als Teil eines Soziolekts zur Gruppenidentifikation bei[158]. Bereits für die Formen mit Binnen-*I* wurde festgestellt, dass im allgemeinen bei generischem Gebrauch beim Sprechen eine Pause vor dem abgetrennten -*Innen* mit daraus folgendem Glottisverschluss gemacht werde[159], was die queer motivierten Ableitungen ausdrucksseitig vorwegnimmt.

Die medial am weitesten verbreiteten Beidnennungen, wie *Europäerinnen und Europäer*, sind außerhalb spezieller Kontexte kognitiv unnötig und sprachökonomisch überflüssig. Sie können überdies in ihrer komplementären Zweiheit queere Personen nicht ‚sprachlich zeigen', für welche die Sprachen der Welt im Gegensatz zu lexikalischen Bezugnahmen wie *divers*[160] nicht ohne weiteres grammatische Symbolisierungen bieten[161]. Sie wären gesellschaftspolitisch, falls man sich auf eine solche Argumentationslinie begäbe, sogar veraltet und selbst ‚diskriminierend', weil sie einen Teil der Gesellschaft ‚verschweigen' und die Binarität gerade verfestigen würden[162], so wie das große Binnen-*I*[163]. Mit solchen Ansichten ist der Wendepunkt von der ‚geschlechtergerechten' Sprache zur ‚gendergerechten' Sprache erreicht. „Gender als soziale Kategorie, die durch doing gender interaktiv hervorgebracht wird, ist außersprachlich fundiert und prinzipiell unabhängig von Sexus als genital bestimmter Geschlechtsklassenzuweisung"[164]. Daraus folgt logischerweise: „Geschlechtergerechter Sprachgebrauch bleibt dem traditionellen Feminismus verpflichtet, gendergerechter Sprachgebrauch dagegen einer jeweils postulierten Geschlechterideologie"[165].

5. 5 Sprachideologische Register

In diesem Zusammenhang haben Varianten mit Unterstrich (*Vertreter_innen*) und Asterisk (*Vertreter*innen*) eine besondere Bedeutung gewonnen. Denn sie erfordern mit dem ‚Gendergap' auf jeden Fall eine deutliche Sprechpause und anschließend den Knacklaut (Glottisverschluss) vor dem artikulatorisch abgetrennten -*in*-Suffix. Der von dem Philosophiedozenten Steffen Herrmann 2003 kreierte Unterstrich sowie der ab 2009 auf-

---

[158] Schoenthal: *Impulse der feministischen Linguistik*, a. a. O., S. 2071.
[159] Schoenthal: *Impulse der feministischen Linguistik*, a. a. O., S. 2072.
[160] Neef: *Das Konzept des sogenannten ‚Geschlechtergerechten Sprachgebrauchs'*, a. a. O., S. 46.
[161] Heiko Motschenbacher: *Queere Linguistik: Theoretische und methodologische Überlegungen zu einer heteronormativitätskritischen Sprachwissenschaft*, in: Susanne Günthner – Dagmar Hüpper – Constanze Spieß (Hg.): *Genderlinguistik. Sprachliche Konstruktionen von Geschlechtsidentität*, Berlin/Boston 2012 (Linguistik – Impulse und Tendenzen 45), S. 87–125.
[162] Rödder – Rödder: *Sprache und Macht*, a. a. O., S. 6.
[163] Binnen-*I*, in: *Genderleicht.de*.
[164] Diewald – Nübling: *„Genus – Sexus – Gender"*, a. a. O., S. 4.
[165] Eisenberg: *Die Vermeidung sprachlicher Diskriminierung im Deutschen*, a. a. O., S. 7.

kommende Asterisk sollen als Symbolisierung aller denkbaren Gender-Identitäten (queerer Personen) verstanden werden[166]. Zum Unterstrich schreibt Herrmann ebenso poetisch wie schon Busch zur Binnenmajuskel: „Zwischen die Grenzen einer rigiden Geschlechterordnung gesetzt, ist er die Verräumlichung des Unsichtbaren, die permanente Möglichkeit des Unmöglichen"[167]. Daneben sind auch Schreibweisen mit Doppelpunkt und Mediapunkt vorgeschlagen worden[168]. Oder: *Journalist.innen*[169]. Diese Formen ‚beseitigten' also den ‚Mangel' der bloßen Splitting-Formen, im Schriftbild wie in der Aussprache.

Der Übergang von der ‚geschlechtergerechten' Sprache zur ‚gendergerechten' Sprache wird auch von feminismusaffiner wissenschaftlicher Literatur reflektiert und kategorisiert. Die Charakterisierung der vier ‚Register', die Kotthoff[170] für die seit über vierzig Jahren geführte diesbezügliche Diskussion ansetzt, kann die dahinterstehende ideologische Haltung hinsichtlich des ‚Registers Typ 1' überdeutlich zeigen und vor allem die drei weiteren ‚Stile' als sprachideologische Konstrukte erweisen.

Register Typ 1 sei die traditionelle Schreibpraxis mit einem generisch gemeinten, geschlechtsübergreifenden Maskulinum, wie sie etwa von Eisenberg (2017)[171], Glück (2018)[172] oder dem Verein für Deutsche Sprache (VDS) vertreten werde. Man argumentiere strukturalistisch-systemgrammatisch für eine ‚durchgängige Generizität' des auf Personen referierenden Maskulinums. Die traditionelle Schreibpraxis halte Gendern (mit Diewald und Steinhauer 2017[173] seien das Verb und seine Nominalisierung für gendersensible Schreibungen akzeptabilisiert worden) für unnötig. Senta Trömel-Plötz (1978)[174] und Pusch (1979[175]: 1984[176]) beschrieben die Ambiguität des Maskulinums für viele Kontexte als nahegelegte Referenz auf männliche Wesen und das Verschwinden weiblicher

---

[166] *Geschlechtergerechte Sprache*, in: *Wikipedia*.
[167] [Steffen Herrmann]: *Performing the Gap. Queere Gestalten und geschlechtliche Aneignung*, in: *arranca!*, Nr. 28, Herbst 2003.
[168] *Geschlechtergerechte Sprache*, in: *Wikipedia*.
[169] Ute Scheub: *Was wurde aus dem Binnen-I?*, in: *Genderleicht.de*, 18.02.2021.
[170] Kotthoff: *Gender-Sternchen*, a. a. O., S. 105–106.
[171] Sc. Eisenberg: *Das missbrauchte Geschlecht*, a. a. O.
[172] Sc. Helmut Glück: *Eine kleine Sex-Grammatik*, in: *FAZ.net*, 02.05.2018.
[173] Sc. Gabriele Diewald – Anja Steinhauer: *Richtig gendern. Wie Sie angemessen und verständlich schreiben*, Berlin 2017.
[174] Sc. Senta Trömel-Plötz: *Linguistik und Frauensprache*, in: *Linguistische Berichte* 57 (1978), S. 49–68; Wiederabdruck in: Senta Trömel-Plötz: *Frauensprache – Sprache der Veränderung*, Frankfurt am Main 1982, S. 35–57; Wiederabdruck in: Heinz Sieburg (Hg.): *Sprache – Genus/Sexus*, Frankfurt am Main 1997 (Dokumentation Germanistischer Forschung 3), S. 235–257.
[175] Sc. Luise F. Pusch: *Der Mensch ist ein Gewohnheitstier, doch weiter kommt man ohne ihr – Eine Antwort auf Kalverkämpers Kritik an Trömel-Plötz' Artikel über ‚Linguistik und Frauensprache'*, in: *Linguistische Berichte* 63 (1979), S. 84–102; Wiederabdruck in: Heinz Sieburg (Hg.): *Sprache – Genus/Sexus*, Frankfurt am Main 1997 (Dokumentation Germanistischer Forschung 3), S. 279–301; auch Pusch: *Das Deutsche als Männersprache*, a. a. O., S. 20–42; Ingrid Samel: *Einführung in die feministische Sprachwissenschaft*, ²Berlin 2000, S. 69.
[176] Sc. Pusch: *Das Deutsche als Männersprache*, a. a. O.

Personen in der mentalen Repräsentation. Bis heute zeigten psycholinguistische und kognitionspsychologische Experimente immer wieder, dass Frauen eher mitgedacht würden, wenn die syntaktisch-semantische Struktur die explizite Information enthalte, dass neben Männern auch auf Frauen Bezug genommen wird (Scheele und Gauler 1993[177]; Stahlberg und Sczesny 2001[178]; Ferstl und Kaiser 2013[179])[180].

Da die auch von Kotthoff vertretene feministische Position und ihre Postulate das Thema dieser Studie sind und an verschiedenen Stellen auf sie eingegangen wird, sollen die Ausführungen Kotthoffs an dieser Stelle nur kurz kommentiert werden. Sie sind tendenziös, unrichtig oder irrelevant. Die ‚traditionelle Schreibpraxis' wird nicht nur von Eisenberg, Glück und dem Verein Deutsche Sprache [!] „vertreten", sondern ist systematischer Sprachgebrauch der deutschen Sprachgemeinschaft seit den Anfängen der Überlieferung. Es handelt sich nicht um eine Stilfrage, wie die Klassifizierung als ‚Typ 1' nahelegt. Einen stilistischen ‚Typ 1' kann man nur aus der Perspektive feministischen Denkens konstruieren und postulieren, wie ja auch Diewald und Steinhauer[181] behaupten, dass die Verwendung des genderneutralen Maskulinums stilistisch antiquiert sei (dazu weiter unten). Vor dem Hintergrund dieses elementaren Kategorienfehlers den Sachverhalt so wie Kotthoff zu formulieren, also dass dieser ‚Typ 1' etwa von zwei Sprachwissenschaftlern und einem sprachkonservativen Privatverein vertreten werde, ist erstens eine außerordentliche Engführung und suggestiv eine Irreführung. Zweitens: Eine „durchgängige Generizität des auf Personen referierenden Maskulinums" ist nie und von niemandem behauptet worden. Es handelt sich nicht nur um eine tendenziöse und verdrehende Aussage wie die erste, sondern um eine objektiv falsche. Unbestritten, aber argumentativ irrelevant ist die dritte Aussage, „dass Frauen eher mitgedacht werden, wenn die syntaktisch-semantische Struktur die explizite Information enthält, dass neben Männern auch auf Frauen Bezug genommen wird". Das genderneutrale Maskulinum setzt die kognitive Fähigkeit zur Inferenz voraus (*Wiener* ‚Personen [also Menschen aller Gender], die in Wien wohnen'). Explizites sprachliches Nudging (*Wienerinnen und Wiener*) wirkt unmittelbar mit einer sprachlichen Holzhammermethode. In Laborsituationen lässt sich mit genderneutralen Maskulina eine assoziative Unterrepräsentation weiblicher Akteure herbeiführen, aber praktische, voll kontextualisierte Kommunikation unter Menschen erfolgt nicht in Sprachlaboren. Die methodische Validität psycholinguistischer und kognitionspsychologischer Experimente, auf die sich die feministische Linguistik stützt, ist vielfach zu bezweifeln, wofür in dieser Studie Beispiele diskutiert werden. Nichtsdestoweniger

---

[177] Sc. Brigitte Scheele – Eva Gauler: *Wählen Wissenschaftler ihre Probleme anders aus als WissenschaftlerInnen? Das Genus-Sexus-Problem als paradigmatischer Fall der linguistischen Relativitätsthese*, in: *Sprache & Kognition* 12 (1993), S. 59–72.

[178] Sc. Dagmar Stahlberg – Sabine Sczesny: *Effekte des generischen Maskulinums und alternativer Sprachformen auf den gedanklichen Einbezug von Frauen*, in: *Psychologische Rundschau* 52 (2001), S. 131–140.

[179] Sc. Evelyn C. Ferstl – Anelis Kaiser: *Sprache und Geschlecht: Wie quantitative Methoden aus der Experimental- und Neuropsychologie einen Beitrag zur Geschlechterforschung leisten können*, in: *GENDER: Zeitschrift für Geschlecht, Kultur und Gesellschaft* 5 (2013), Nr. 3, S. 9–25.

[180] Kotthoff: *Gender-Sternchen*, a. a. O., S. 105–106.

[181] Diewald – Steinhauer: *Handbuch geschlechtergerechte Sprache*, a. a. O., S. 109.

wird aus der Sicht der Genderlinguistik auch die Position Eisenbergs als ideologisch betrachtet[182]; hinter den in diesem Zusammenhang behandelten ‚Argumentationstopoi' gendersprachkritischer spanischer Linguisten steckten ebenfalls ‚Ideologeme'. „Ein weiterer Topos in der gleichen Argumentationslinie suggeriert, dass ‚es wichtiger ist, für die tatsächliche Gleichstellung in der Gesellschaft, statt gegen die Sprachstruktur zu kämpfen'"[183].

> „Hier an der UNAM gab es kürzlich eine Kampagne, deren Slogan lautete: ‚Gleichheit ist, Architektin genannt zu werden'. Ich sage nein, das ist keine Gleichheit. Gleichheit bedeutet, dass ich für die gleiche Arbeit gleich bezahlt werde. Es ist mir egal, ob man mich Architektin nennt oder nicht", fügte sie [sc. Concepción Company] hinzu[184].

„Auf diese Weise wird die ‚Grammatik' als ‚Naturobjekt' erneut von der ‚Gesellschaft' getrennt"[185]. Der Vorwurf von Concepción Company lautet ausbuchstabiert, dass Vertreter der Genderlinguistik den konstruktivistischen Glauben vertreten, man könne gesellschaftliche Gleichstellung durch angebliche sprachliche Gleichstellung erreichen; wesentlich sei die tatsächliche gesellschaftliche Gleichstellung, nicht zuletzt durch gleiche Bezahlung für gleiche Arbeit. Und wenn nichtfeministische Grammatiker von ‚Natürlichkeit' sprechen, geht es nicht um die Grammatik als Objekt der Natur, sondern es wird entweder auf den nicht politisch gesteuerten Sprachwandel referiert oder ein Terminus der linguistischen Natürlichkeitstheorie[186] verwendet, so dass der Vorwurf, zumal gegenüber einem Forscher wie Eisenberg, die Sprache werde so als ‚Naturobjekt' und die Grammatik als ‚naturgegeben'[187] missverstanden, ins Leere läuft. Insbesondere ist es schief, in diesem Zusammenhang Wilhelm von Humboldt zu bemühen:

> Das Ideologem der Sprache als ‚Naturgegebenheit', das sich in den Ablagerungs- und Versteinerungsmetaphern oder in den Topoi, die auf der Unterscheidung zwischen ‚Grammatik' und ‚Diskurs' bzw. ‚Gesellschaft' oder ‚natürlicher' und ‚künstlicher Sprache' beruhen, ausdrückt, kann bereits durch die aristotelische Dichotomie von Ergon und Energeia widerlegt werden, die von Wilhelm von Humboldt für die Sprachwissenschaft adaptiert wurde. Nach Humboldt ist Sprache kein Ergon, also ein statisches Endprodukt, sondern Energeia, die einer Tätigkeit, einem dynamischen Prozess entspricht[188].

---

[182] Lidia Becker: *Ideologeme und Argumentationsmuster gegen genderneutrale Sprache in der spanischsprachigen und deutschen Linguistik*, in: Genus – Sexus – Gender. Hg. von Gabriele Diewald und Damaris Nübling, Berlin/Boston 2022 (Linguistik – Impulse & Tendenzen 95), S. 319–348.

[183] Becker: *Ideologeme und Argumentationsmuster*, a. a. O., S. 328.

[184] Becker: *Ideologeme und Argumentationsmuster*, a. a. O., S. 329: „'Aquí en la UNAM hubo una campaña hace poco cuya consigna era ‚Igualdad es que te llamen arquitecta'. Yo digo que no, que igualdad no es eso. Igualdad es que me paguen lo mismo por la misma tarea, no me importa que me llamen arquitecta, o que directamente no me llamen', agregó."

[185] Becker: *Ideologeme und Argumentationsmuster*, a. a. O., S. 328.

[186] Meineke: *'Natürlichkeit' und 'Ökonomie'*, a. a. O..

[187] Becker: *Ideologeme und Argumentationsmuster*, a. a. O., S. 329.

[188] Becker: *Ideologeme und Argumentationsmuster*, a. a. O., S. 337.

Kein ernstzunehmender Sprachwissenschaftler bezweifelt das. Aber Humboldts Diktum ist ebenso wenig wie die Erkenntnis „Alle Sprachen sind historisch ‚geschaffene' (nicht einfach ‚entstandene') Produkte der menschlichen Kultur und nicht der Natur"[189] eine Legitimation für ideologisch begründete und sodann staatlich sowie halbstaatlich durchgesetzte Sprachvorschriften. Das hatte sicher auch Coseriu mit seiner Feststellung „In the right perspective, languages are not continually changing: they are continually being produced, being done"[190] nicht im Blick. Und ganz sicher an der Sache vorbei geht das Postulat: „Jede Standardsprache ist ‚künstlich', weil der Prozess ihrer Entstehung eine Reihe von geplanten Interventionen darstellt"[191]. Ebenfalls irreführend ist: „Bei der Auseinandersetzung um die genderneutrale Sprache geht es ganz klar um normative Diskurse in einem Kampf zwischen VertreterInnen von progressiven und konservativen Ideologien"[192]. Denn: „Eine diskursive Strategie von Bosque, Company und Eisenberg besteht darin, die Tatsache zu verschleiern, dass ihre energischen Bemühungen um die Konservierung eines veralteten Sprachzustands mindestens ebenso gut in die Kategorien ‚Ideologie' und ‚Radikalismus' fallen wie die von ihnen kritisierten Vorstöße"[193].

Jedenfalls habe die Kritik von Pusch und Trömel-Plötz, so Kotthoff weiter[194], eine feministisch inspirierte personenreferentielle Praxis (‚Typ 2') hervorgebracht, also die Strategien der Beidnennung, der Kurzschreibung, der Beidnennung mit Binnen-*I* und der Neutralisierung, beispielsweise durch Komposita mit -*kraft* (*Lehrkraft*). ‚Typ 2' und ‚Typ 1' hätten sich in Kontroversen mit- und aneinander konturiert. Objektiv liegt hier kein ‚Typ 2' vor, weil Kotthoffs ‚Typ 1' keine Stilform ist, sondern ‚Typ 2' ist als Stilform der feministische ‚geschlechtergerechte' Typ.

Im teilweisen Gegensatz zu ‚Typ 1' und auch zu einigen Strategien der feministisch inspirierten Sprachpraxis (‚Typ 2') argumentierten, so Kotthoff[195], Vertreter/innen einer queeren Sicht (‚Typ 3'), dass Beidnennungen oder Binnenmajuskeln die Dichotomie der Geschlechtszuordnung stärkten, anstatt referentielle Geschlechtervielfalt herzustellen. Um explizite Feminisierung zu vermeiden, würden hier (wie seit Langem auch bei ‚Typ 2') Neutralformen praktiziert (z. B. Partizipien wie *Studierende*) und neuerdings noch neue Zeichenintegrationen an Morphemgrenzen zur Movierung bei Personenreferenzen vorgeschlagen, speziell der Unterstrich und der Asterisk (auch ‚Genderstern') (z. B. *Lehrer_innen*, *Bäcker*innen*: ‚Typ 3'). Gemäß Lann Hornscheidt (2012)[196] und Persson

---

[189] Becker: *Ideologeme und Argumentationsmuster*, a. a. O., S. 338.
[190] Ebd. nach: Eugenio Coseriu: *„Linguistic change does not exist"*, in: *Energeia und Ergon. Sprachliche Variation – Sprachgeschichte – Typologie. Studia in honorem Eugenio Coseriu*, hg. von Jörn Albrecht, Jens Lüdtke und Harald Thun. Band I. *Schriften von Eugenio Coseriu (1965–1987)*, eingeleitet und hg. von Jörn Albrecht, Tübingen 1988 (Tübinger Beiträge zur Linguistik 300), S. 147–157, hier S. 150.
[191] Ebd.
[192] Becker: *Ideologeme und Argumentationsmuster*, a. a. O., S. 339.
[193] Ebd.
[194] Kotthoff: *Gender-Sternchen*, a. a. O., S. 106.
[195] Ebd.
[196] Sc. Lann Hornscheidt: *feministische w_orte. ein lern-, denk- und handlungsbuch zu sprache und diskriminierung, gender studies und feministischer linguistik*, Frankfurt a. M. 2012 (wissen & praxis 168. transdisziplinäre genderstudien 5).

Perry Baumgartinger (2008)[197] sollen beide Grapheme hauptsächlich zu einer kognitiven Repräsentation von Personen mit nicht-binären Geschlechtsidentitäten ‚einladen' (aber es gebe auch vagere Begründungen in Richtung sexueller Identität). ‚Typ 3' ist demnach der queere ‚gendergerechte' Typ. Die queere Sprachreform „rekonturiert", so Kotthoff[198], die feministisch inspirierten Vorschläge der neunziger Jahre (Pusch 1984[199]) erheblich und setzt für den feministischen ‚geschlechtergerechten' Typ eine „fraktale Rekursivität" in Richtung ‚von gestern' und ‚binär' in Gang. Im Klartext gesagt wird der feministische binäre ‚Typ 2' als veraltet und genderungerecht bezeichnet. Ideologien über Sprache bedienen sich der Ikonisierung. Unter Ikonisierung werden, so Kotthoff[200], soziale Assoziationen zwischen Sprachmerkmalen und deren typischen Verwender(inne)n verstanden.

Faktisch handelt es sich um ideologisch begründete konnotative Zuschreibungen, wie sie auch von Diewald und Steinhauer[201] gegenüber dem Gebrauch des genderneutralen Maskulinums („stilistisch antiquiert") geäußert werden. Solche Zuordnungen beträfen immer auch „fraktal rekursiv" das mitkonstruierte Gegenteil (beispielsweise als Stadt/Land-Kontrast oder als fortschrittlich/rückschrittlich-Kontrast). Mit anderen Worten: Wer (s)ein Paradigma als ‚fortschrittlich' propagiert, bezeichnet automatisch das bekämpfte Paradigma als ‚rückschrittlich'. Betont würden „loadings of moral and political interests" (Irvine 1989), mit denen ein Register ausgestattet wird[202].

> It should be clear, therefore, why this discussion of indexical values of linguistic phenomena, and the topology of linkages between codes and social relationships, does not propose a direct analogy between linguistic and social differentiation that would claim to predict the one from the other. To attempt such prediction would be to ignore the role of linguistic ideology – the cultural (or subcultural) system of ideas about social and linguistic relationships, together with their loading of moral and political interests – which is a crucial mediating factor [203].

---

[197] Sc. Persson Perry Baumgartinger: *Lieb[schtean] Les[schtean], [schtean] du das gerade liest.... Von Emanzipation und Pathologisierung, Ermächtigung und Sprachveränderungen*, in: *Liminalis* 2008, 2, S. 24–39.
[198] Kotthoff: *Gender-Sternchen*, a. a. O., S. 114–115.
[199] Pusch: *Das Deutsche als Männersprache*, a. a. O.
[200] Kotthoff: *Gender-Sternchen*, a. a. O., S. 118.
[201] Diewald – Steinhauer: *Handbuch geschlechtergerechte Sprache*, a. a. O., S. 109.
[202] Kotthoff: *Gender-Sternchen*, a. a. O., S. 108.
[203] Judith T. Irvine: *When talk isn't cheap: language and political economy*, in: *American Ethnologist* 16 (1989), S. 248–267, hier S. 255. Sc. ‚Es sollte daher klar sein, warum diese Diskussion über die indexikalischen Werte sprachlicher Phänomene und die Topologie der Verknüpfungen zwischen Codes und sozialen Beziehungen keine direkte Analogie zwischen sprachlicher und sozialer Differenzierung vorschlägt, die den Anspruch erheben würde, das eine aus dem anderen vorherzusagen. Der Versuch einer solchen Vorhersage würde bedeuten, die Rolle der sprachlichen Ideologie zu ignorieren – das kulturelle (oder subkulturelle) System von Vorstellungen über soziale und sprachliche Beziehungen, zusammen mit ihrer Aufladung mit moralischen und politischen Interessen –, die einen entscheidenden Vermittlungsfaktor darstellt'.

Daneben hätten sich in einigen Medien (z. B. bei Radiosendern und einigen Tageszeitungen) oder auch in den Sozialwissenschaften Stile ‚flexiblen Genderns' (‚Typ 4') herausgebildet, die oft mit Neutralformen und nur punktueller Beidnennung der Geschlechter arbeiten[204]. Es handelt sich also stilistisch um einen ‚gendersensiblen Mischtyp'. Die nicht durchgängige Beidnennung werde in vielen Artikeln des Schweizerischen Tagesanzeigers, der Frankfurter Rundschau und der Süddeutschen Zeitung praktiziert, auch beispielsweise in vielen Hörtexten des Senders Österreich 1 und des Schweizer Radios SRF2. Diese Praxis verzichte weitgehend auf eigene Begründungen; es gebe dazu bis dato keine Metadiskurse[205].

Kotthoff selbst[206] verweist dazu auf Rothmund und Scheele[207], die zu dem Ergebnis kommen, „dass es je nach Kontext und Gegenstand gar nicht nötig ist, einen ganzen Text konsequent durchzugendern, wenn man grundsätzlich um geschlechtersymmetrische Repräsentation bemüht ist"[208]. In der besagten Studie hatte ein Text, in dem geschlechtsübergreifende Maskulina mit Paarformen gemischt auftraten, ähnliche, von den Autorinnen als Assoziationen aufgefasste Ergebnisse erzeugt wie bei der Mischung von Paarformen mit Neutralisierungsformen. Auf diese Studie wird weiter unten näher einzugehen sein. Auch Zifonun[209] kommt zu dem Schluss, dass striktes Gendern ohne Berücksichtigung von referentiellem Modus, aber auch von Kommunikationsgelegenheit und Interaktionsgattung, wenig sinnvoll sei. Sprachsystematisch führe ein Totalverzicht auf maskuline Personenbezeichnungen in geschlechtsneutraler Deutung zu empfindlichen Lücken, etwa bei prädikativem Gebrauch oder in Ableitungen.

Dass die Kategorisierung von vier ‚Stilen' nicht zuletzt dazu dient, die Verwendung des genderneutralen Maskulinums als veraltete, sprachkonservative Ideologie abzuqualifizieren, macht auch folgende Bemerkung Kotthoffs deutlich[210]. Dem Stil des punktuellen Genderns (Stil 4) sei im Unterschied zu allen drei anderen Stilen kaum „missionarischer Eifer" eigen. Silverstein (1996)[211] reserviere ja die Attribution von Sprachideologie für metalinguistische Aussagen, die auf sozial-kognitive Funktionen von Legitimierung eines Sprachgebrauchs abheben und Dominierung anstreben. Dies treffe nur auf Typ 4 nicht zu. Er scheine mit Varianz gut zurechtzukommen, für ihn würden keine Leitlinien entworfen und er kämpfe auch nicht metadiskursiv gegen andere Stile an.

In Wirklichkeit treffen die Aussagen dieses Passus nur für Stil 2 (feministischer geschlechtergerechter Stil), Stil 3 (queerer gendergerechter Stil), aber letztlich auch Stil 4 (flexibles Gendern) zu. Stil 2 und Stil 3 sind, was Kotthoff damit auch für den von ihr vertretenen Stil 2 zugibt, von missionarischem Eifer, sie streben Dominierung an, für sie

---

[204] Kotthoff: *Gender-Sternchen*, a. a. O., S. 118
[205] Kotthoff: *Gender-Sternchen*, a. a. O., S. 108.
[206] Helga Kotthoff: *Zwischen berechtigtem Anliegen und bedenklicher Symbolpolitik*, in: *Aus Politik und Zeitgeschichte* 72, 5–7. 31. Januar 2022, S. 12–13, hier S. 12.
[207] Rothmund – Scheele: *Personenbezeichnungsmodelle*, a. a. O.
[208] Kotthoff: *Zwischen berechtigtem Anliegen und bedenklicher Symbolpolitik*, a. a. O., S. 12.
[209] Zifonun: *Die demokratische Pflicht*, a. a. O., S. 53.
[210] Kotthoff: *Gender-Sternchen*, a. a. O., S. 122.
[211] Sc. Michael Silverstein: *Shifters, Linguistic Categories, and Cultural Description*, in: Keith H. Basso – Henry A. Selby (eds.): *Meaning in Anthropology*, Albuquerque 1996 (A School of American Research Book), S. 11–55.

werden Leitlinien entworfen und sie kämpfen metadiskursiv gegen andere Stile an. Der ‚Stil 1' (Verwendung des genderneutralen Maskulinums) wird lediglich gegen die Falschbehauptungen und Falschbewertungen von Seiten der Vertreter der Stile 2 und 3 verteidigt. Damit liegt jedenfalls für die ‚geschlechtergerechte' Sprache und die ‚genderrechte' Sprache aus der Feder einer feminismusaffinen Wissenschaftlerin *selbst* die Bestätigung vor, dass es sich bei beiden Stilformen um Ideologien über Sprache handelt. Dementsprechend werden in den vorliegenden Studien die Stile 2, 3 und gerade auch 4 als sprachideologische Register angesehen.

Denn wenn eine Vertreterin der geschlechtergerechten Sprache (‚Typ 2') einen hierzu gehörigen Sprachstil (‚Typ 4') als vergleichsweise ideologiefrei klassifiziert, ist besondere Aufmerksamkeit geboten. Offen, ideologiefrei und nicht missionarisch ist der ‚Typ 4' nämlich keineswegs. Er setzt vielmehr sprachideologisch die Stile 2 und 3 voraus und geht lediglich diskurstaktisch geschickter vor. Nachdem die Gendersprache entwickelt, in Ratgebern propagiert, in bestimmten Bereichen durchgesetzt und in Handbüchern vermarktet wurde, ist es deren Protagonisten nunmehr offenbar vor allem darum zu tun, sie so einzusetzen, dass sie die Rezipienten nicht allzu sehr ennuyiert, wie etwa ein konsequent mit Asterisk, Unterstrich oder Binnendoppelpunkten versehener Text, der über kurz oder lang als Beleidigung der Intelligenz der Leser empfunden wird. Vielmehr sollen offenbar die Hörer und Leser auf längere Sicht an die sprachideologisch motivierten Formen, im Potpourri mit sprachsystematisch traditionellen verwendet, gewöhnt werden, so dass auch sie ihnen sprachsystematisch korrekt oder zumindest ‚üblich' erscheinen. So kann man gegenwärtig durchaus Texte lesen, in denen sowohl das genderneutrale Maskulinum (*Nutzer*), die Beidnennung (*Nutzerinnen und Nutzer*) wie auch der ‚inklusive' feminine Plural (*Nutzerinnen*) abwechselnd für die gleiche Personengruppe vorkommen. Ein im Hörfunk vorgetragener Bericht über die Schwierigkeiten, bei ausländischen Anlagegesellschaften seine Mitbestimmungsrechte wahrzunehmen[212], verwendete ein Gemisch aus ‚gendergerechter' Form (*Aktionär*innen*), lexemvariierendem, aber honorativ in der Reihenfolge der Nennung falschem Gender Splitting (*Aktionäre und Investorinnen*) und ‚inklusivem Plural' (*Aktionärinnen*). Englische O-Töne, in denen nicht gegendert wird, werden mit dem genderneutralen Maskulinum übersetzt (*Aktionäre*); Anglizismen wie *Broker* werden ebenfalls nicht gegendert, gleichfalls nicht die Bestimmungswörter in Determinativkomposita (*Aktionärsrechte*). In weitaus weniger harmlosen Zusammenhängen, die mit den hier diskutierten inhaltlich selbstverständlich nicht das Geringste zu tun haben, aber kommunikationstaktisch vergleichbar sind, ist von dieser psychologisch bekannten Methode als dem „schleichenden Gift der Begriffe" gesprochen worden[213]. Das flexible Gendern wird in gegenwärtigen Medientexten oft so verwendet, dass zunächst ein Nudging, auch an Frauen zu denken, durch Beidnennungen wie *Steuerzahlerinnen und Steuerzahler, Mieterinnen und Mieter, Rentnerinnen und Rentner* eingesetzt wird, bevor dann im weiteren Verlauf des Textes nur noch von *Steuerzahlern, Mietern* und *Rentnern* gesprochen wird. Ein typisches Beispiel ist:

---

[212] Deutschlandfunk, 24.01.2023.
[213] L. Joseph Heid: *Das schleichende Gift der Begriffe*, in: *Welt*, 08.06.2013: „'Worte können sein wie winzige Arsendosen; sie werden unbemerkt verschluckt, sie scheinen keine Wirkung zu tun, und nach einiger Zeit ist die Giftwirkung doch da', schrieb Viktor Klemperer."

> [...] Wir wollen die Verkehrswende, aber uns fehlen die Busfahrerinnen und Busfahrer. [...] Der Fahrdienst bedeutet Schichtarbeit, Nachtarbeit, Wochenenddienste und Stress. In Zeiten, in denen Berufskraftfahrer an allen Ecken gesucht werden, dürfte sich schnell ein Arbeitgeber finden, der mehr Gehalt und bessere Arbeitszeiten bieten kann. [...] Wer einen besseren ÖPNV will, der muss den Beruf des Busfahrers aufwerten. In dem Punkt sind sich vermutlich alle einig. Aber damit fangen die Fragen erst an. Wer soll das bezahlen? Der Fahrgast? Der Steuerzahler? Der Stadtwerkskunde über den Strom- und Gaspreis? [...][214]

Anderswo wird im Zusammenhang der Documenta fifteen eine Expertenkommission zunächst als *Wissenschaftlerinnen und Wissenschaftler* bezeichnet und dann als *Experten*, *Expertenrat* und *Expertengruppe*[215]. Man könnte also bei negativer Auslegung den Eindruck gewinnen, dass der Verfasser eines solchen Textes einerseits die Rezipienten für kognitiv zu unterkomplex ausgestattet hält, um bei genderneutralen Maskulina an alle Geschlechter zu denken, dann aber andererseits anschließend im Widerspruch dazu eben diese genderneutralen Maskulina verwendet, deren Verwendbarkeit logischerweise gerade zuvor durch die Beidnennung in Abrede gestellt worden sein müsste. In Wirklichkeit würde also die Existenz und Verstehbarkeit des genderneutralen Maskulinums gar nicht grundsätzlich bezweifelt und die Beidnennungen und ähnlich motivierte Verfahren würden sich als ‚für einen guten Zweck' eingesetzte Komponenten des journalistischen Soziolekts darstellen.

> Aber: ‚Gendern light' kann nicht funktionieren. In einer Sprachwelt, in der *Demonstrierende* durch die Straßen ziehen, kann es keine *Demonstranten* geben. Wenn Sie von *Wählern und Wählerinnen* sprechen, dann können Sie nicht zwei Sätze später *Wähler* sagen, wenn Sie alle Wähler meinen. Das liegt daran, dass Formulierungen wie *Demonstrierende* und *Wähler und Wählerinnen* das generische Maskulinum delegitimieren. Wer *Demonstrierende* sagt, gibt zu verstehen, dass *Demonstranten* sexistisch ist, weil beim generischen Maskulinum alle angeblich nur an Männer denken. Wer von *Demonstrierenden* spricht, der macht *Demonstranten* sprachlich zu einer reinen Männergruppe. Eine Mischung von gegendertem und nicht gegendertem Deutsch in einem Text ist daher unmöglich, weil sich beide Sprachformen gegenseitig ausschließen[216].

Für streng logisch argumentierende Zeitgenossen wie Fabian Payr, den Autor des zitierten Passus, machen journalistische Darstellungen das Unmögliche möglich. Vermutlich werden sich sprachlogisch eigentlich ausschließende Ausdrucksweisen von den Verfassern solcher Texte als stilistische Varianten verstanden. Oder es geht darum, einer der Redaktion auferlegten Verpflichtung, die ‚geschlechtergerechter Sprache' zu praktizieren, zumindest oberflächlich nachzukommen. Ob man hoffen kann, dass sich hier die praktische Vernunft, das ästhetische Bewusstsein und die Sprachökonomie auf Dauer gegen die Ideologie durchsetzen, fragt sich, wenn im Hörfunk Diskussionen geführt werden,

---

[214] Klaus Baumeister: *Prioritätendebatte unumgänglich. Alles geht nicht mehr*, in: *Westfälische Nachrichten*. 21.09.2022. Münsterischer Anzeiger, S. 1.

[215] Nicole Schippers: *Experten-Gremium: Bei der documenta fifteen fehlten Verantwortungsstrukturen. „Nicht angemessen auf die Vorfälle reagiert"*, in: *Westfälische Nachrichten*, 08.02.2023, Kultur.

[216] Payr: *Von Menschen und Mensch*innen*, a. a. O., S. 76.

wie man das Gendern möglichst abwechslungsreich und nicht so schematisch gestalten könne.

Auf jeden Fall verstehen aber die Rezipienten solche Texte mühelos. Das Verstehen des genderneutralen Maskulinums bereitet selbst dann keine Schwierigkeiten, wenn es in einer Umgebung auftritt, in der es aufgrund der vorher gesetzten Beidnennung eigentlich sprachlogisch ausgeschlossen wäre. Ausgerechnet das flexible Gendern als Anwendung der Fuzzy Logic liefert demnach den überzeugendsten Beweis, dass genderneutrale Maskulina kognitiv keine Schwierigkeiten bereiten. Dabei wurde in dem zitierten Beispiel zunächst eine Beidnennung (*Busfahrerinnen und Busfahrer*) verwendet und im Text die Bezeichnung *derselben* Personengruppe mit dem genderneutralen Maskulinum (*Busfahrer*) weitergeführt. Genderneutrale Maskulina werden aber selbst dann verstanden, wenn das flexible Gendern in anderer Reihenfolge praktiziert wird, das heißt zuerst das genderneutrale Maskulinum erscheint und danach die Beidnennung. Und sie werden sogar verstanden, wenn *verschiedene* Personengruppen teils mit dem genderneutralen Maskulinum, teils der Beidnennung bezeichnet werden. So meldet der Deutschlandfunk über die Wahl in Kuba:

> Allerdings ist es eine Wahl ohne *Oppositionskandidaten*. Für 470 Sitze stehen 470 *Bewerber* zur Auswahl, die von staatlichen Kommissionen zugelassen wurden. Wer mehr als 50 Prozent der Stimmen erhält, ist für eine fünfjährige Amtszeit gewählt.
> Die Wahlberechtigten haben die Option, durch Ankreuzen eines großen Kreises in der Mitte des Wahlzettels für alle in ihrem Bezirk antretenden *Kandidaten* auf einmal zu stimmen. Üblicherweise entscheidet sich eine große Mehrheit dafür. Oppositionelle haben dazu aufgerufen, die sogenannte Wahl zu boykottieren. Teilnehmen können rund acht Millionen *Kubanerinnen und Kubaner*[217].

Eigentlich wäre bei dieser Art des flexiblen Genderns logisch ausgeschlossen, unter *Oppositionskandidaten*, *Bewerbern* und *Kandidaten* in Anbetracht des nachgesetzten *Kubanerinnen und Kubaner* Frauen und Männer zu verstehen. Trotzdem vertraut der Verfasser des Nachrichtentextes offenbar auf das Weltwissen der Zuhörer. Denn die Kandidaten für diese Wahl, bei der man keine Wahl hat, sind in der Mehrzahl Frauen.

5. 6   Gruppenpsychologie und Funktionalität des gendergerechten Registers

Im Argumentationszusammenhang der vorliegenden Studie ist nun der ‚Typ 3' ausführlicher vorzustellen, der queere ‚gendergerechte' Typ. *Gender* steht für das soziale, das gelebte und das gefühlte Geschlecht[218]. Die mindestens sieben hinzukommenden Kategorien (LGBTQIA+ mit dem Pluszeichen oder Sternchen als Platzhalter für weitere Möglichkeiten) für sexuelle Orientierungen und Genderidentitäten (lesbisch, schwul [*gay*], bisexuell, transgender, queer, intersexuell, asexuell) werden aber nicht als solche *qua*

---

[217] Deutschlandfunk: *Parlamentswahl in Kuba. Für jeden Sitz nur ein Kandidat. In Kuba wird heute ein neues Parlament gewählt*, 26.03.2023.
[218] Anne Wizorek: *Vom Gender-Kampfplatz zum Sprachspielraum*, in: *Aus Politik und Zeitgeschichte* 72, 5–7. 31. Januar 2022, S. 4–5, hier S. 4.

Grammatik in den Sprachen der Welt abgebildet. Und ausgerechnet von feministischer Seite wird bereits den bisherigen ‚gendergerechten' Schreib- und Sprechvarianten kein überzeugender sprachfunktionaler Sinn zugeschrieben, sondern vor allem die Funktion der Selbstdarstellung (dazu weiter unten).

Die auf der Grundlage der Forderung ‚gendergerechten' Sprachgebrauchs zuerst für die Schriftebene[219] konstruierten Varianten mit Unterstrich bzw. Genderstern (*Schauspieler_innen, Schauspieler*innen*) informieren durch den Unterstrich bzw. den Genderstern etwa in einer Publikumszeitschrift des Landestheaters Detmold, ‚die Theaterliebhaber*innen' explizit über die Tatsache, dass die Schauspielkunst von Leuten jeglichen Geschlechts sowie jeglicher sexueller Orientierung und Genderorientierung ausgeübt wird. Auf der artikulatorischen Ebene kommen Sprechpause (Gendergap) und Glottisverschluss hinzu. Gendergapableitungen sind ebenso wie die Beidnennungen kommunikativ problematische, weil pleonastische, und als solche überdies sprachsystemwidrige Lösungen (dazu ausführlicher weiter unten). Und das sind sie schon a priori, weil sie auf den gleichen falsifizierten Grundlagen basieren wie die feministische Beidnennung im Plural. Außerdem können sie als penetrante Belehrungen empfunden werden:

> Was also soll mit Gender-* und Binnen-I ausgedrückt werden? Individualität und Diversität. Beides ist trivial, beides ständig zu markieren beleidigt den gesunden Menschenverstand und die vorhandene Toleranz. Wenn meine Intelligenz und meine Toleranz permanent unterschätzt werden, weil man glaubt, mich ständig an Selbstverständlichkeiten erinnern zu müssen, ärgert mich das irgendwann[220].

Das typografische Zeichen <*> ist aus der Computersprache übernommen; dort dient es als Platzhalter für eine beliebige Zahl von Buchstaben[221]. Aus Sicht des Sprachwissenschaftlers ist die Verwendung des Asterisks, der nach Auffassung der LGBTQ-Community mit seinen Strahlen alle denkbaren Genderidentitäten symbolisieren soll, freilich eine unglückliche ‚Lösung', weil der Asterisk in der Sprachwissenschaft gerade als Markierung für nur Postuliertes, aber nicht Nachgewiesenes steht.

In jedem Fall ist er kein sprachliches Zeichen. Seine postulierte Funktion beruht nicht auf einer sprachgültigen Vereinbarung, sondern ist eine private Setzung, die der Standardsprache und den Sprechern des Deutschen „unterbreitet"[222], will sagen aufgenötigt werden soll[223]. Der Rat für deutsche Rechtschreibung, der sich erstmals 2015 mit dem Genderstern befasste[224], hat im März 2021 zum zweiten Mal „die Aufnahme von Asterisk (‚Gender-Stern'), Unterstrich (‚Gender-Gap'), Doppelpunkt oder anderen verkürzten

---

[219] Gisela Zifonun: *Eine Linguistin denkt nach über den Genderstern*, in: *Sprachreport* 37 (2021), S. 46–51, hier S. 46.

[220] Stöber: *Genderstern und Binnen-I*, a. a. O., S. 16.

[221] Anja Kühne: *Das Queer-Lexikon. Was soll das Gendersternchen?*, in: *Der Tagesspiegel*, 19.02.2019; anders Katy Steinmetz: *The Oxford English Dictionary Added ‚Trans*.' Here's What the Label Means*, in: *Time*, 03.04.2018: Platzhalter für beliebige Weiterführungen von *trans-*.

[222] Kotthoff: *Gender-Sternchen*, a. a. O., S. 108.

[223] Eisenberg: *Die Vermeidung sprachlicher Diskriminierung im Deutschen*, a. a. O., S. 9.

[224] Fennert: *Das generische Maskulinum*, a. a. O., S. 8 nach Kühne: *Das Queer-Lexikon. Was soll das Gendersternchen?*, a. a. O.

Formen zur Kennzeichnung mehrgeschlechtlicher Bezeichnungen im Wortinnern in das Amtliche Regelwerk der deutschen Rechtschreibung zu diesem Zeitpunkt nicht empfohlen"[225]. Für die Ablehnung sind Kriterien der sachlichen Richtigkeit, der Verständlichkeit und Lesbarkeit, der mündlichen und maschinellen Vorlesbarkeit, der Rechtssicherheit und Eindeutigkeit, der Übertragbarkeit im Hinblick auf deutschsprachige Länder mit mehreren Amts- und Minderheitensprachen (Schweiz, Bozen-Südtirol, Ostbelgien; aber für regionale Amts- und Minderheitensprachen auch Österreich und Deutschland), der Sicherstellung der Möglichkeit zur Konzentration auf die wesentlichen Sachverhalte und Kerninformationen bei „Lesenden bzw. Hörenden" ausschlaggebend. Außerdem betont der Rat, dass geschlechtergerechte Schreibung nicht das Erlernen der geschriebenen deutschen Sprache erschweren dürfe (Lernbarkeit). Dabei gehe es nicht nur um die „Schülerinnen und Schüler", sondern auch um „die mehr als 12 Prozent aller Erwachsenen mit geringer Literalität, die nicht in der Lage sind, auch nur einfache Texte zu lesen und zu schreiben. Auch Menschen, die innerhalb oder außerhalb des deutschsprachigen Raums Deutsch als Zweit- oder Fremdsprache erlernen, sollte der Sprach- und Schrifterwerb nicht erschwert werden"[226]. Diese Kriterien geschlechtersensibler Schreibung würden von den in den letzten Jahren in manchen Bereichen, vor allem Kommunen und Hochschulen, verfügten Vorgaben zur geschlechtergerechten Schreibung nicht erfüllt[227].

Für Blinde und Sehbehinderte sind bestimmte Formen des Genderns nicht praktikabel, so die Formen *Mitarbeiter_innen*, *Mitarbeiter/-innen*, *MitarbeiterInnen*, *Mitarbeiter*innen* und *Mitarbeiter:innen*. „Falls jedoch mit Kurzformen gegendert werden soll, empfiehlt der DBSV, das Sternchen zu verwenden, weil es laut Veröffentlichungen des Deutschen Rechtschreibrates die am häufigsten verwendete Kurzform ist und so dem Wunsch nach einem Konsenszeichen am nächsten kommt" [!][228]. Die letzte Ausführung dürfte teilweise ein Irrtum sein.

Jeder Stern ist ein Orthographiefehler[229]. Entsprechend dem über die Stilformen ‚2' und ‚3' Ausgeführten ist der Stern in feministischen Kreisen umstritten. Alice Schwarzer verwendet wie die Feministinnen der zweiten Welle der Frauenbewegung das Binnen-I als Symbol der Sichtbarmachung von Frauen (und Männern)[230]. „Alice Schwarzer erklärt in der ‚Emma', Gendersternchen oder Gendergap würden nur neue Geschlechterschubladen aufmachen"[231].

> Aber ist es das, was wir Feministinnen wollten? Eine Aufsplitterung des Menschen in X Geschlechtervarianten? Wollten wir nicht eigentlich genau das Gegenteil? Nämlich die Geschlechter abschaffen! Eine Menschwerdung der Geschlechter, bei der das einzelne Individuum nicht länger auf eine Geschlechterrolle festgelegt wird! Wo der Mensch ganz einfach Mensch sein kann. Wo wir nicht länger eingeschlossen sind in eine Geschlechterrolle. Und

---

[225] Rat für deutsche Rechtschreibung: *Geschlechtergerechte Schreibung: Empfehlungen vom 26.03.2021.*
[226] Ebd.
[227] Ebd.
[228] Deutscher Blinden- und Sehbehindertenverband e. V.: *Gendern*, 2021.
[229] Eisenberg: *Weder geschlechtergerecht noch gendersensibel*, a. a. O., S. 30.
[230] Fennert: *Das generische Maskulinum*, a. a. O., S. 7; vgl. Neef: *Das Konzept des sogenannten ‚Geschlechtergerechten Sprachgebrauchs'*, a. a. O., S. 44.
[231] Kühne: *Das Queer-Lexikon. Was soll das Gendersternchen?*, a. a. O.

wo wir auch kein Geschlechter-Hopping machen müssen, um mal „weiblich" oder „männlich" oder „queer" zu sein. Wo wir ganz einfach Ich sind und uns – je nach Möglichkeiten, Lebensphase und Laune – Eigenschaften und Verhaltensweisen erlauben, die uns jeweils individuell gemäß sind, unabhängig vom biologischen Geschlecht. [...] Im universitären Milieu, aus dem die gegenderten Sternchen und Unterstriche kommen – und sich inzwischen sogar in so manches anbiedernde Parteiprogramm geschlichen haben – scheint dieser urfeministische Gedanke der Menschwerdung von Frauen und Männern vor lauter Gendern auf der Strecke geblieben zu sein[232].

Für Pusch ist das Binnen-*I* nur eine Übergangslösung. Den Gender-Stern oder den Gender-Gap lehnt sie ab, da Frauen hierdurch lediglich in der Endung eines gegenderten Wortes sichtbar würden, und empfiehlt stattdessen das generische Femininum. Sie kritisiert ferner, dass der Gender-Stern zu einem identitätspolitischen Streitsymbol geworden sei, und fordert eine bessere Zusammenarbeit und Abstimmung von feministischem und queerem Engagement[233]. Hintergrund ist, dass eine radikale Spielart des Feminismus unter Berufung auf die sprachkonstruktivistische Theorie der Philosophin Judith Butler, nach deren performativem Modell von Geschlecht die Kategorien männlich und weiblich als Produkt einer Wiederholung von Sprechakten verstanden werden [!] und nicht als natürliche oder unausweichliche Materialisierungen[234], den klassischen Feminismus bekämpft[235]. Die dekonstruktivistische Geschlechterforschung (Gender Studies) „stellt die biologische, binäre Konstruktion der Zweigeschlechtlichkeit radikal in Frage und sprengt jede kausallogische Fundierung von körperlichen Geschlechtsmerkmalen und sozialer Geschlechtsidentität. Damit wendet sie sich konsequent von der feministischen Idee einer Unterscheidung von sozialem (Gender) und biologischem Geschlecht (Sex) ab"[236].

Im Leitfaden für geschlechtergerechte Sprache der Stadt Freiburg wird im Vorwort des Bürgermeisters ausgeführt, der Gender-Gap solle die Grenzen der binären Kategorisierung in der Sprache auflösen und binde neben der geschlechtlichen Identität und der sexuellen Orientierung weitere soziale Dimensionen mit ein, unter anderem das Alter, eine mögliche Behinderung, die kulturelle Herkunft, Religion oder Weltanschauung. „Solche Verlautbarungen sind schlichtweg Unsinn"[237]. Mittlerweile kommt sogar bei ausgesprochenen Befürworterinnen des Genderns wie Kotthoff der Verdacht auf, dass „den FreundInnen der laufenden Irritation gar nicht primär an einem machbaren Sprachwandel in Richtung symmetrischer Vorstellungen von Personen verschiedener Geschlechter liegt", sondern es „mehr um eine allgemein progressive Haltungsanzeige"[238] geht. „Die unterschiedlichen Begründungen für die Semantik dieser Grapheme sind linguistisch kaum zu untermauern [...] und zeugen eher von moralischer Aufladung der Texte, die als spezifische Sprachideologie beschreibbar ist und eine erkennbare Gruppenzugehörigkeit

---

[232] Alice Schwarzer: *Sprache und Menschen*, in: *Emma*, 12.12.2018, aktualisiert: 05.02.2019.
[233] Fennert: *Das generische Maskulinum*, a. a. O., S. 7.
[234] *Judith Butler*, in: *Wikipedia*.
[235] Eisenberg: *Die Vermeidung sprachlicher Diskriminierung im Deutschen*, a. a. O., S. 6.
[236] *Judith Butler*, in: *Wikipedia*.
[237] Kotthoff: *Zwischen berechtigtem Anliegen und bedenklicher Symbolpolitik*, a. a. O., S. 13; vgl. Eisenberg: *Weder geschlechtergerecht noch gendersensibel*, a. a. O., S. 33.
[238] Kotthoff: *Zwischen berechtigtem Anliegen und bedenklicher Symbolpolitik*, a. a. O., S. 13.

indiziert und ikonisiert"[239]. Trutkowski und Weiß[240] sprechen von einer Selbstpositionierung bzw. einem positiven *stance taking*[241] in Bezug auf Geschlechtergerechtigkeit – falls der Gebrauch gegenderter Sprache nicht vorgeschrieben wird.

Den Umstand, dass gegenderte Sprache als Signal der Gruppenzugehörigkeit genutzt wird[242], hat Kotthoff[243] wie bereits angedeutet mit einer für diese feminismusaffine Autorin bemerkenswert kritischen Haltung behandelt. Dabei geht es letztlich aber nur darum, den feministischen (‚geschlechtergerechten') stilistischen ‚Typ 2' gegen den queeren (‚gendergerechten') Stil (‚Typ 3') zu rechtfertigen und zu verteidigen, Unterscheidungen im Sprachgebrauch, so die Autorin[244], können symbolisch genutzt werden, um Gemeinschaften rund um Geschichten des Gebrauchs zu formen, die in bestimmten kommunikativen Praktiken sedimentieren und dann zur Identitätsanzeige genutzt werden können. Nach Silverstein „(2003:193)"[245] seien Sprachideologien "sets of beliefs about language articulated by users as a rationalisation or justification of perceived language structure and use."[246] Das Zitat stammt allerdings nicht aus Silverstein 2003, sondern aus Silverstein 1979[247], den Kotthoff nicht im Literaturverzeichnis aufführt. Silverstein spricht dort aber nicht wortwörtlich von ‚Sprachideologien', sondern von „ideologies about language, or linguistic ideologies", also ‚Ideologien über Sprache, oder sprachliche/linguistische

---

[239] Kotthoff: *Gender-Sternchen*, a. a. O., S. 115.
[240] Trutkowski – Weiß: *Zeugen gesucht!*, a. a. O., S. 18.
[241] Vgl. *Stance: Sociolinguistic Perspectives*. Ed. by Alexandra Jaffe, Oxford 2009 (Oxford Studies in Sociolinguistics).
[242] Tim Hirschberg: *Der fundamentale Irrtum der Gendersprachbewegung*, in: *Welt*, 01.02.2023: „Wenn sich jemand gar zu sehr für bildliche Assoziationen interessiert, sollte einen das stutzig machen. Dann befinden wir uns nämlich im Metier der Werbetreibenden, und die wollen nicht die Welt verbessern, sondern ein Image konstruieren und pflegen. Das Gendersternchen folgt der Werbelogik und seine Einführung sorgt für die Reklamisierung der Sprache. Kein Wunder also, dass Wirtschaftsunternehmen so schnell auf diesen Zug aufgesprungen sind. Der Mechanismus gleicht dem Clean Labelling, bei dem Lebensmittel durch ein Etikett wie ‚ohne Geschmacksverstärker' zielgruppengerecht aufgepeppt werden. Das Sternchen ist das Label für die Zielgruppe woke. Dass die vielen akademischen und kulturellen Kreise, die sonst so gern auf Distanz zur oberflächlich-effektheis[ch]erischen Werbung gehen, dies ignorieren, ist zum Schämen. Echte Neutralität und Unbestimmtheit hinsichtlich jeder nur denkbaren Identitätskategorie findet sich im abstrakt-logischen Sprachsystem, sofern dieses nicht mit einem Zeichen wie dem Gendersternchen verpfuscht wird, das vor allem für eines steht – das Anwanzen an den woken Zeitgeist. Im nicht-ikonischen Charakter der Sprache lässt sich am ehesten so etwas wie Gerechtigkeit finden."
[243] Kotthoff: *Gender-Sternchen*, a. a. O.
[244] Kotthoff: *Gender-Sternchen*, a. a. O., S. 106.
[245] Sc. Michael Silverstein: *Indexical order and the dialectics of sociolinguistic life*, in: *Language & Communication* 23 (2003), S. 193–229.
[246] Sc. ‚Überzeugungen über die Sprache, die von den Benutzern als Rationalisierung oder Rechtfertigung der wahrgenommenen Sprachstruktur und des Sprachgebrauchs geäußert werden'.
[247] Michael Silverstein: *Language structure and linguistic ideology*, in: Paul R. Clyne – William F. Hanks – Carol L. Hofbauer (eds.): *The Elements: a Parasession on Linguistic Units and Levels. April 20-21, 1979. Including Papers from the Conference on Non-Slavic Languages of the USSR, April 18, 1979*, Chicago 1979, S. 193–247, hier S. 193.

Ideologien'. Das Bemerken dieser Doppeldeutigkeit und das Spiel mit ihr ist einem englischsprachigen Autor (und einer deutschsprachigen Sprachwissenschaftlerin) zuzutrauen. Zu verweisen ist hier auf das, was weiter oben über Ikonisierungen gesagt wurde, also ideologisch begründete Zuschreibungen von Konnotationen wie ‚fortschrittlich' und ‚gerecht' an favorisierte Sprachformen oder aber ‚antiquiert' an abgelehnte. Der Umweg über Silverstein ist im Übrigen unnötig. Es handelt sich um in der Sprachwissenschaft allseits bekannte sprachliche Zuschreibungsvorgänge, die die Sprachsoziologie analysiert, wenn etwa für Dialektsprecher/Hochsprachesprecher Register wie ‚ungebildet/gebildet', ‚ländlich/städtisch' oder ‚restringiert/elaboriert' herangezogen werden. Das war in Deutschland jahrzehntelang der Fall und führte dazu, dass dialektsprechenden Kindern der Dialekt aberzogen werden sollte[248]. Sprachsoziologische Register werden auch im Zusammenhang gegenderter Sprache verwendet, wenn deren Ablehnungsgrad mit der Schulbildung, der politischen Einstellung und dem Lebensalter der betreffenden Probanden in Bezug gesetzt wird.

Hinter den Praktiken des feministischen ‚geschlechtergerechten' ‚Typs 2', so Kotthoff[249], standen universitäre Schreibstile in geistes- und sozialwissenschaftlichen Bereichen, Gremien von Universitäten, deren Gleichstellungsstellen dahingehende Vorschläge entwickelt hatten, und ähnlich die einiger Städte, dahinter standen feministische Organisationen, linke Zeitungen und pädagogische und künstlerische Einrichtungen. Für den queeren ‚gendergerechten' ‚Typ 3' seien dergleichen Bemühungen stark im Gange (Stadt Hannover, einige universitäre Leitfäden, Kampagnen der Internet-Plattform ‚Pinkstinks', Praktiken der Gruppierung ‚Fridays for Future' usw.), die damit den ‚Typ 2' ablösten. Dieses Register finde sich auch in der Zeitschrift ‚Missy', einigen linken und feministischen Internet-Plattformen wie ‚change.org', im Schrifttum der Partei der schweizerischen und deutschen Grünen, manchmal in der Berliner ‚TAZ' oder dem wöchentlichen ‚Freitag'. Da sich ‚Missy' häufig von ‚Emma' abgrenze, deute sich hier eine fraktale Rekursivität an, die wechselseitig eine Konturierung von ‚feministisch' und ‚postfeministisch' mit sich bringe[250].

‚Typ 2' und ‚Typ 3' sind Kotthoff[251] zufolge besonders in linken und intellektuellen Milieus zu Hause. Den Typen ‚1', ‚2' und ‚3' könne man „Verankerungen in Institutionen" zuschreiben. ‚Typ 3' grenze sich von ‚Typ 1' (genderneutrales Maskulinum) und ‚Typ 2' gleichermaßen ab. ‚Typ 2' wurde und ‚Typ 3' werde derzeit der Öffentlichkeit in zahlreichen Neuauflagen von Richtlinien „unterbreitet". Genau diese Bemühungen, über Richtlinien Schreibweisen zu „vereinheitlichen" [!], riefen nicht nur „Vertreter/innen" des ‚Typs 1' auf den Plan.

Geschlechtersensible Schreibstile würden in gebildeten Kreisen verortet und als Gesinnungsausweis verstanden. Beides sei nicht von der Hand zu weisen. Zunehmend sorge Widerstand gegen den Bildungs- und Richtlinienduktus von Personen, die sich politisch

---

[248] Vgl. Eckhard Meineke: *Besprechung von Johann Matthias Reinshagen: Spracherziehungsstile und Varietätengebrauch. St. Georgen 1991*, in: *Zeitschrift für Dialektologie und Linguistik* 60 (1993), S. 247–249.
[249] Kotthoff: *Gender-Sternchen*, a. a. O., S. 107–108.
[250] Kotthoff: *Gender-Sternchen*, a. a. O., S. 115.
[251] Kotthoff: *Gender-Sternchen*, a. a. O., S. 108.

eher links verorten, dafür, dass ‚Typ 1' auch mit dem Widerstand gegen tonangebende Kultureliten assoziiert werde[252].

Die Begründungen von Unterstrich und Asterisk seien fragwürdig. So werde etwa auf der Web-Seite des Kompetenzzentrums ‚gender and diversity' (TH Nürnberg 2019) ausgeführt, der Unterstrich stelle

> darüber hinaus die Selbstverständlichkeit einer Zwei-Geschlechter-Ordnung und einer heterosexuellen Orientierung als Norm in Frage und will auch denjenigen einen sprachlichen Ort verleihen, die bislang vorwiegend nicht oder nur als „Abweichung" wahrgenommen werden (Intersexuelle, Transsexuelle, Homo- und Bi-Sexuelle, Transgender, Crossdresser, Drags usw.). Der Unterstrich symbolisiert mithin nicht nur die bisweilen sehr fließenden Übergänge zwischen „Männlichkeit" und „Weiblichkeit", sondern auch einen Ort, an dem Überschneidungen und Wanderungen zwischen Geschlechtsidentitäten und sexuellen Orientierungen einen Platz haben[253].

Die Vorschläge für einen geschlechtersensiblen Sprachgebrauch der Gleichstellungsbeauftragten der Universität Freiburg (2018) meldeten über Verwendung von Unterstrich und Sternchen, dies beziehe Personen mit ein, „die sich nicht in das System der Zweigeschlechtlichkeit einordnen": „ein_e Forscher_in" oder „ein*e Stipendiat*in"[254].

Es sei bemerkenswert, so Kotthoff[255], dass die „Verfasser/innen" unterstellten, mit maskulinen und femininen Referenzen seien immer Heterosexuelle gemeint. Einem Lexem wie etwa *Schneider* würden so hinterrücks sexuelle Präferenzen eingeschrieben, die in seiner Semantik aber gar keine Rolle spielten. Solche Behauptungen seien linguistisch und psychologisch fragwürdig und politisch noch mehr. Die durch Referenz flüchtig evozierten Vorstellungen seien vor dem inneren Auge der Rezipienten in all ihrer Flüchtigkeit bildhaft. Woran solle denn die Bisexualität einer Person erkannt werden? Wie könne dergleichen experimentell getestet werden? Experimentelle Untersuchungen stünden in diesem Bereich noch aus.

Sachlich und logisch ist jedoch der Einwand Kotthoffs nicht berechtigt, durch die Ausführung, der Unterstrich stelle „die Selbstverständlichkeit einer Zwei-Geschlechter-Ordnung und einer heterosexuellen Orientierung als Norm in Frage" werde unterstellt, mit maskulinen und femininen Referenzen seien immer Heterosexuelle gemeint. Das geht aus der zitierten Behauptung gar nicht hervor.

Auf jeden Fall ist Kotthoff[256] zufolge die in den Ratgebern getroffene Aussage, der Unterstrich oder das Sternchen stellten die Selbstverständlichkeit der Zwei-Geschlechter-Ordnung in Frage und darüber hinaus auch heterosexuelle Normen, linguistisch kaum für jede Personenreferenz begründbar. Ein graphisches Sonderzeichen leiste sicher nicht an jeder Stelle des Auftretens eine solche Gedankenevokation; es sei außerdem nicht transparent, auch nicht als Zeichen für eine spezifische Personenreferenz. Man könne graphische Zeichen durchaus für eine soziale Gemeinschaft mit Appell-Funktionen aufladen,

---

[252] Kotthoff: *Gender-Sternchen*, a. a. O., S. 112–113.
[253] Kotthoff: *Gender-Sternchen*, a. a. O., S. 115.
[254] Kotthoff: *Gender-Sternchen*, a. a. O., S. 115.
[255] Ebd.
[256] Ebd.

wenn der Metadiskurs darüber intensiv genug betrieben und rezipiert werde. Dann könne ein derartiger Unterstrich für Kreise, die solche Erläuterungstexte rezipieren, einen Wiedererkennungswert symbolisieren. Er könne so zum textuellen Emblem von Gruppenzugehörigkeit werden nach dem Motto: aha, der Text wurde von einer Person verfasst, der viel an der Überwindung der Zweigeschlechtlichkeit liegt. So würden Asterisk und Unterstrich zu Zugehörigkeitszeichen.

Mit den ausdrücklichen Plädoyers für dynamische oder an Morphemgrenzen eingesetzte Unterstriche und Sternchen statt anderer Möglichkeiten der Neutralisierung oder punktuellen Beidnennungen in Personenreferenzen gehe es, so Kotthoff weiter[257], nicht mehr primär um ein Unterlaufen maskulin dominierter Vorstellungen durch die Referenz. Sondern es gehe auch um eine moralische Aufladung von Texten, die in der ‚in-group' erkannt werden könne, welche sich an entsprechenden Metadiskursen beteilige. Die von den feministischen Reformer/innen geforderte höhere Präzision, die durch die Beidnennung erreicht werde, sei bei der durch Unterstrich und Sternchen beabsichtigten Dreifachnennung wieder hinfällig, da auf diese Weise oftmals auf solche Gruppen referiert werde, denen keine nichtbinäre Person angehört. So verweise die Plattform ‚campact' (z. B. am 27.05.2020) beispielsweise auf ‚Minister*innen', die man aus einem Protestgrund telefonisch anrufen möge, und nenne dabei aber nur weibliche und männliche. Die Referenz auf die nichtbinären Minister gehe ins Leere. Der Transcript-Verlag schreibe immer von ‚Autor*innen', auch wenn nur eine Autorin und ein Autor genannt werden, die binär sind. Der Asterisk scheine keine Referenzfunktion zu besitzen.

In einer Studie von Dara Schätzle[258] zeige sich, so Kotthoff, dass selbst von Personen mit akademischem Hintergrund nur die Hälfte den neuen Graphemen Unterstrich und Asterisk eine konkrete Funktion zuordnen könne. Weiterhin belege die Studie, dass die hohe Korrelation einer Wertschätzung für Gendern mit beliebigen Zeichen an der Morphemgrenze mit politisch progressiver Einstellung einhergehe und damit assoziiert werde[259].

Es ist also festzustellen, dass die entschiedenste und differenzierteste, wenngleich teilweise sachlich schiefe Kritik an dem queeren (‚gendergerechten') Register ‚Typ 3' nicht etwa aus ‚konservativen' Kreisen kommt, tatsächlichen oder suggerierten, sondern von einer Vertreterin des feministischen (‚geschlechtergerechten') ‚Typs 2'. Im Hinblick darauf, dass beide Register wissenschaftlich gesehen auf Sand gebaut sind, müsste hier eher von einer sprachideologischen Auseinandersetzung denn einer sprachwissenschaftlichen gesprochen werden, wie ja auch Vertreter des ‚Typs 3' den ‚Typ 2' und die dahinterstehende ideologische Auffassung ablehnen. Es ist deutlich, dass die Klassifizierung der gendersensiblen Schreibweisen mit Unterstrich und Stern als In-Group-Kennzeichen mit mangelhafter referentieller Präzision, demgegenüber der feministische Typ 2 eine präzisere Referenz und vor allem ein ‚Unterlaufen maskulin dominierter Vorstellungen durch die Referenz' ermögliche, vordringlich dazu dient, die Relevanz des feministischen (‚geschlechtergerechten') ‚Typs 2' hervorzuheben.

---

[257] Kotthoff: *Gender-Sternchen*, a. a. O., S. 115.
[258] Dara Schätzle: *Metadiskurse zu gendersensibler Sprache. Kognitivlinguistische, grammatische und textstilistische Argumente* [Masterarbeit in der Germanistischen Linguistik an der Albert-Ludwigs-Universität Freiburg 2019] (Freiburger Papiere zur Germanistischen Linguistik 40).
[259] Kotthoff: *Gender-Sternchen*, a. a. O., S. 117.

Der Gipfel dieser Art Argumentation für die fehlende Relevanz des queeren ‚genderge-rechten' Stiltyps ‚3' ist die Betonung des quantitativen Moments. Auch wenn man nur die These verfolgte, so Kotthoff[260], es würde mit den neuen Graphemen auf nichtbinäre Personen verwiesen, sollte das nachdenklich stimmen, weil es von denen, die sich so auch stilisieren, nur etwa 20 000 Personen in Deutschland gebe[261]. Das sind 0,024 % der Bevölkerung. Die große Mehrheit der Transsexuellen ordne sich weiblich oder männlich zu – nicht divers. Eine laufende Repräsentanz einer solch kleinen Gruppe beim Lesen zu leisten, sei eher unwahrscheinlich. Kognitive Repräsentation funktioniere eben nicht nach abstrakten Moralkategorien, sondern benötige zunächst eine gewisse Frequenz der Personentypen, auf die referiert wird, im alltäglichen Erfahrungsbereich. Wenn man viele nicht-binäre Schneider*innen kenne, werde man sich diese beim Lesen oder Hören auch so vorstellen, wie man sie eben kenne, egal, welches Graphem im Wort stecke. Aber weder bezüglich des Lesens noch des Hörens gebe es bis dato Studien, die etwa für „Leser_innen" mit dem Glottisschlag und dem dadurch separierten „innen" nachweisen würden, dass in der Schnelle des Leseprozesses drei Personentypen vor das innere Auge treten. Es fragt sich auch, in welcher Weise der dritte Personentyp überhaupt vorgestellt werden kann[262].

Dabei nimmt Kotthoff an, dass beim Verwenden von Sprache *überhaupt* bildmäßige Vorstellungen vor das innere Auge treten. Es ist aber grundsätzlich zu bezweifeln, ob das der Fall ist, ob also bei normaler Sprachverwendung der durch Assoziationstests überhaupt erst aktualisierte ‚Bildgenerator' eine Rolle spielt. Die sprachliche Bedeutung dürfte vielmehr ohne ‚Bilder im Kopf' abstrakt funktionieren[263], sie ist nicht-ikonisch.

Kotthoff[264] geht auch auf den bereits weiter oben erwähnten Umstand und seine gesellschaftlichen und persönlichen Konsequenzen ein, dass das queere Register sprachphilosophisch an dem radikalkonstruktivistischen Denken Judith Butlers ausgerichtet ist, das Sprache als zentrales Mittel der Wirklichkeitsherstellung begreift[265]. Entsprechend sehe

---

260 Kotthoff: *Gender-Sternchen*, a. a. O., S. 119.
261 Martin Spiewag: *Diverse Missverständnisse*, in: *Zeit online*, 10.06 2019.
262 Hirschberg: *Der fundamentale Irrtum der Gendersprachbewegung*, a. a. O.: „Doch dieser Ansatz mag zwar ehrenwert anmuten, er ist aber irregeleitet und entbehrt nicht einer gewissen Tragik. Denn das Starkmachen für fluide, nur noch gefühlte Geschlechtsidentitäten macht es doch absurd, nach adäquaten (mentalen) Visualisierungen zu suchen. Wie sollten diese denn aussehen, ohne in ihrer Festgelegtheit klischeehaft, albern oder gar anmaßend auszufallen? Die Gestaltlosigkeit des sozialen Geschlechts sollte seine Un[]anschaulichkeit und die Bildlosigkeit implizieren. Der Versuch, Angemessenheit oder gar Gerechtigkeit in visuellen Darstellungen zu suchen, hat bisweilen etwas Verzweifeltes. Davon zeugen die grafischen Illustrationen in vielen Broschüren, die für das Ziel der politischen Korrektheit alle möglichen Hauttöne, Leibesformen und Lebensstile in eine Abbildung hineinquetschen. Trotz der Anstrengungen bleibt stets eine Gruppe außen vor, seien es die Alten, Hässlichen usw. Der offensichtliche Anspruch, Diversität abzubilden, macht diesen Mangel dabei erst so richtig deutlich."
263 Hirschberg: *Der fundamentale Irrtum der Gendersprachbewegung*, a. a. O.
264 Kotthoff: *Gender-Sternchen*, a. a. O., S. 118.
265 Magnus Pettersson: *Geschlechtsübergreifende Personenbezeichnungen. Eine Referenz- und Relevanzanalyse an Texten*, Tübingen 2011 (Europäische Studien zur Textlinguistik 11), S. 70.

Antje Hornscheidt[266] Referenz als Akt der Herstellung und verwende deshalb den Terminus *Appellation*. Wer jemanden anrufe, mache ihn/sie zum Angerufenen. Der Terminus geht, so Kotthoff, über in der Linguistik gängige Vorstellungen von Referenz hinaus, die aus Sicht Hornscheidts „die Auffassung einer objekthaften Vorgängigkeit der Welt vor der sprachlichen Benennung [tradiert und reproduziert]"[267]. Wenn etwa auf Bäume oder Kinder referiert wird, waren diese bereits in einer (möglichen) Welt vorhanden. Weder ‚Typ 1' noch ‚Typ 2' seien vergleichbar idealistisch-konstruktivistisch konzipiert. Zumindest würden die Grenzen des sprachlich Herstellbaren bei Hornscheidt nicht deutlich. Eine Lehrerin wird, so Kotthoff, nicht zu einer solchen durch den Referenzakt, sondern war es durchaus auch schon vorher, wenn sie professionell gelehrt hat und in entsprechenden Kontexten die Rolle spielt, die die Referenz nachvollziehbar macht. Wenn die Sprachmacht einerseits als so umfassend angesehen werde, andererseits die Funktion der Grapheme nicht deutlich sei, trete die moralische Dimension des (queeren) Registers sehr in den Vordergrund. Das zeige sich auch bei Diskussionsversuchen über das Register. Es gebe inzwischen kritische Berichte von Personen, die heutige Praktiken des Genderns in ihrem Für und Wider beleuchten möchten und sich bei nachdenklichen Äußerungen sofort angegriffen sähen.

Eigene Gesprächserfahrungen, so Kotthoff[268], mit diesem Paradigma Nahestehenden deuteten auch in die Richtung schnellen Beleidigtseins und dezidierten Desinteresses, wenn sie problematisiere, dass einige der Begründungen für die Unterstrich- und Sternchenschreibung dubios und inkonsistent seien. Das ziehe Ausladungen von Vorträgen nach sich.

Es ist bemerkenswert, dass sich hier eine Vertreterin des feministischen ‚geschlechtergerechten' ‚Typs 2' darüber beklagt, dass sich Personen, die sich die Ideologie des queeren ‚gendergerechten' ‚Typs 3' als identitätsstiftendes Moment zu eigen gemacht haben, auf Kritik aggressiv reagieren. Faktum ist, dass gerade die zentrale Begründerin des feministischen ‚geschlechtergerechten' ‚Typs 2', Pusch, mit unsachlicher und aggressiver Polemik nicht sparsam umgeht. Auch im Handbuch ‚Genderlinguistik'[269] lassen sich Ressentiments gegenüber Wissenschaftlern und ‚Laien', die eine andere Auffassung vertreten als die der Autorinnen, nachweisen.

Jenseits sprachideologisch-gruppendynamischer Bezüge und der Kritik einer Sprachideologin an einer konkurrierenden Sprachideologie wirft eine sprachwissenschaftliche Würdigung der Inklusivschreibungen und Inklusivlautungen in der Tat Probleme auf. Hubert Haider[270] will im Glottisverschluss sogar ein Phonem sehen, weil die Pluralform mit Gendergap und dem dadurch zwangsläufig bedingten Glottisverschluss vor dem Suffix -*in* etwas anderes bedeute als die bloße feminine Pluralform. Diese Sicht ist durch

---

[266] Antje Hornscheidt: *Die sprachliche Benennung von Personen aus konstruktivistischer Sicht. Genderspezifizieruzg und ihre diskursive Verhandlung im heutigen Schwedisch*, Berlin/New York 2006 (Linguistik – Impulse und Tendenzen 15).
[267] Hornscheidt: *Die sprachliche Benennung von Personen*, a. a. O., S. 52.
[268] Kotthoff: *Gender-Sternchen*, a. a. O., S. 119.
[269] Kotthoff – Nübling: *Genderlinguistik*, a. a. O.
[270] Hubert Haider: *Phonemicization of the glottal stop due to political correctness in German*. Univ. Salzburg. Dept. of Linguistics & Centre for Neurocognitive Research 2022.

Stefanowitsch auf seiner Internetseite ‚Sprachlog'[271] vorbereitet worden[272], der postulierte, das Sternchen oder die Lücke würden durch einen Glottisschlag wiedergegeben: „Mit dem stimmlosen glottalen Verschlusslaut am Anfang eines Suffixes betreten die Verwender/innen dieser Formen phonologisches Neuland, da der Laut an dieser Stelle bisher nicht stehen konnte"[273]. Stefanowitsch kreiert in der Folge ein Suffix [ʔɪn]:

> Da schon die orthografischen Formen mit Gendergap oder -sternchen bei manchen Kollegen (kein generisches Maskulinum) Ängste vor einer bevorstehenden Zerstörung der deutschen Sprache auslösen, kann man sich vorstellen, wie sie reagieren würden, wenn sie vom [ʔɪn]-Suffix erführen. Da sie nichts zur Kenntnis nehmen, was irgendjemand zum Thema Gender schreibt, wird das zum Glück nicht passieren[274].

Stefanowitsch irrt hier jedoch nicht nur mit seiner letzten Bemerkung, denn der Unterstrich oder das Sternchen wird durch die Sprechpause wiedergegeben, nicht durch den Glottisverschluss. Der Glottisverschluss ist kein Phonem, sondern die zwangsläufige *phonetische* Folge des nach einer Sprechpause zu artikulierenden vokalischen Anlauts. „Eine entsprechende Aussprache setzt *Leser innen* in Kontrast zu *Leser außen*"[275].

> Die Aussprache ist im Deutschen silbisch organisiert und nicht morphematisch (Tän-zer-rinnen und nicht Tänz-er-innen), wie es diese Richtung jetzt für die mit Glottisschlag abgetrennten Femininmorpheme vorschlägt. Ich bin Au-to-rin dieses Artikels (so ist die Silbenstruktur), nicht Au-tor-in. Da die Morpheme innen auch in Komposita eingesetzt werden (z. B. seit einigen Wochen von der Fernsehmoderatorin Anne Will in der sonntäglichen Talkrunde auf ARD und auch im Deutschlandfunk), entstehen solche Wortgebilde *Bürgerinnensaal*. Ist das Gegenstück nicht der Bürgeraußensaal? Die Glottisschläge dürften sich nicht von selbst verstehen. Eisenberg (2020: 9)[276] schreibt, dass wortprosodische Grundregularitäten des Deutschen diese Gruppe nicht kümmern[277].

In dieser Frage ist sich eine führende Vertreterin des feministischen ‚geschlechtergerechten' Stils mit dem führenden Fürsprecher des genderneutralen Maskulinums, Eisenberg, einig. Durch die wissenschaftlich phantasievolle phonologische Deutung ist aber das neue ‚Morphem' mit dem neuen ‚Phonem' zumindest als Postulat konstruktivistisch in der Welt[278]: „Das Suffix -*in* überführt Bezeichnungen für Personen männlichen Geschlechts in Bezeichnungen für Personen beliebigen Geschlechts bzw. Genders"[279]. Bezogen auf das genderneutrale Maskulinum ist diese Ansicht lediglich die Konsequenz eines Irrtums der queeren Linguistik. Entsprechend unplausibel ist die Annahme, dass „ein Merkmal

---

[271] Anatol Stefanowitsch: *Gendergap und Gendersternchen in der gesprochenen Sprache*, in: *Sprachlog*, 09.06.2018.
[272] Zifonun: *Die demokratische Pflicht*, a. a. O., S. 51–52.
[273] Stefanowitsch: *Gendergap und Gendersternchen*, a. a. O.
[274] Ebd.
[275] Neef: *Das Konzept des sogenannten ‚Geschlechtergerechten Sprachgebrauchs'*, a. a. O., S. 47.
[276] Sc. Eisenberg: *Die Vermeidung sprachlicher Diskriminierung im Deutschen*, a. a. O., S. 9.
[277] Kotthoff: *Gender-Sternchen*, a. a. O., S. 119–120.
[278] Dazu Zifonun: *Eine Linguistin denkt nach*, a. a. O., S. 47–48.
[279] Zifonun: *Eine Linguistin denkt nach*, a. a. O., S. 48.

der Basis, nämlich das Sexusmerkmal ‚männlich', durch die Affigierung getilgt"[280] werde. „Die Ableitung hat eine Obermenge der von der Basis bezeichneten Menge als Extension. Ihr Begriff ist ein Hyperonym zum Begriff der Basis. Das [sc. die Überführung von Bezeichnungen für Personen männlichen Geschlechts in Bezeichnungen für Personen beliebigen Geschlechts bzw. Genders] ist in der Derivationssemantik, zumindest des Deutschen, unerhört. Die Prinzipien der Transparenz, der Ökonomie und der Korrespondenz zwischen formalem und semantischem Aufbau sind ausgehebelt"[281]. „Glaubt man neueren Ansätzen der funktionalen Linguistik, sind aber gerade diese Prinzipien wichtige Triebkräfte im Wettbewerb zwischen sprachlichen Alternativen, die im Sprachgebrauch aufkommen"[282]. Denn: „Die Chance, sich in einer Sprachgemeinschaft durchzusetzen und damit den Sprachwandel voranzutreiben, ist nach dieser Theorie umso größer, je transparenter, ökonomischer und semantisch nachvollziehbarer eine Form ist"[283].

Wäre der Glottisverschluss ein Phonem, dann wäre die Distribution dieses ‚Phonems' zum einen extrem restringiert, indem es fast ausschließlich in einer ‚Sprachdummheit', um einen historischen Begriff der Sprachkritik[284] zu zitieren, angetroffen wird. Zum andern werden die Sprecher fortlaufend genötigt, bei jeder Gendergap-Form diesen Glottisverschluss vor betontem [ɪ] zu produzieren, abgesehen davon, dass sich die Wortbetonung vom Stamm auf das Suffix verlagert und damit einer wortprosodischen Grundregularität des Deutschen widerspricht[285]. Der Glottisverschluss steht im Deutschen dort, wo ein Vokal am Wortanfang oder an einem möglichen Wortanfang auftritt, sodass vokalisch anlautende Silben vermieden werden, und gilt als eines der auffälligsten Aussprachecharakteristika der deutschen Sprache überhaupt[286]. In der Gendergapstellung erzeugt er im Verein mit der Änderung der Intonationskontur allerdings eine Aussprachschwierigkeit, die auch mit Scheinargumenten nicht abgestritten werden kann: „Wer ‚Theater' korrekt aussprechen kann, mit einem glottalen Verschlusslaut, also ‚The-kurze Pause-ater' und nicht von ‚Thejater' spricht, kann auch ‚Student-kurze Pause -innen* aussprechen"[287]. Für *Theater* gibt es beide Aussprachen [teˈaːtɐ] und [teˈʔaːtɐ][288], so dass hier niemand gezwungen wird, eine Sprechpause und einen Glottisverschluss zu produzieren. „2021 löste der Sprachwissenschaftler Henning Lobin die angebliche Unklarheit auf und nannte als praktisches Beispiel ‚etwa die Verwendung des Wortes *Bäckerinnung*, das in der Mitte genau

---

[280] Zifonun: *Eine Linguistin denkt nach*, a. a. O., S. 49.
[281] Ebd.
[282] Zifonun: *Eine Linguistin denkt nach*, a. a. O., S. 49 mit Verweis auf Brian MacWhinney – Andrej Malchukov – Edith Moravcsik (eds.): *Competing Motivations in Grammar and Usage*, Oxford 2014.
[283] Zifonun: *Eine Linguistin denkt nach*, a. a. O., S. 49.
[284] Gustav Wustmann: *Allerhand Sprachdummheiten. Kleine deutsche Grammatik des Zweifelhaften, des Falschen und des Häßlichen. Ein Hilfsbuch für alle, die sich öffentlich der deutschen Sprache bedienen*, Leipzig 1891.
[285] Eisenberg: *Die Vermeidung sprachlicher Diskriminierung im Deutschen*, a. a. O., S. 9; vgl. Eisenberg: *Weder geschlechtergerecht noch gendersensibel*, a. a. O., S. 34.
[286] Eisenberg: *Die Vermeidung sprachlicher Diskriminierung im Deutschen*, a. a. O., S. 9.
[287] Pollatschek: *Deutschland ist besessen von Genitalien*, a. a. O.
[288] *Theater*, in: *Wiktionary*.

den glottalen Knacklaut enthält *(Bäcker-Innung)*, der bei *Bäcker-Innen* angeblich so unaussprechlich ist'"[289].

Solche Behauptungen zeigen, dass sich die Diskussion um die Gendersprache nicht stets auf wissenschaftlichem Niveau bewegt. Erstens ist die Notwendigkeit, in einem Wort wie *Bäckerinnung* eine ausdrückliche Sprechpause und einen Anlaut-Glottisverschluss zu produzieren, gar nicht gegeben, denn die beiden Teile des Kompositums können auch mehr oder weniger artikulatorisch verbunden gesprochen werden. Zweitens ist niemand genötigt, jemals im Leben das Wort *Bäckerinnung* auszusprechen, wenn er kein Bäcker ist. Dagegen kommen drittens gendersprachliche Formen nach dem Willen ihrer Urheber frequentiell ständig vor. Viertens weiß jeder Sprachwissenschaftler seit Hermann Pauls ‚Prinzipien der Sprachgeschichte'[290], erstmals erschienen 1880, dass die Sprecher individuell und kollektiv dazu neigen, belastende Aussprecheschwierigkeiten zu beseitigen[291]. Das zeigt sich bereits bei den Beidnennungen. Eine gewisse Abschleifung ist bei ihnen auf der artikulatorischen Ebene zu bemerken, wenn neunsilbige formelhafte Zungenbrecher wie *alle Bürgerinnen und Bürger* im Sprechen eines Politikers mehr oder weniger zu *alle Bürgern und Bürger* und im Dativ zu *allen Bürgern und Bürgern* verschliffen werden. Vor allem aber die Gendergap-Inklusivvariante ist mit ihrer Ausspracheschwierigkeit ein prototypischer Idealkandidat für die Aussprachererleichterung. Die gesprochene Gendergapvariante wird folglich binnen kurzer Zeit durch den ‚inklusiven Plural' (*Bäcker*innen* > *Bäckerinnen*) ersetzt werden, was wie erwähnt bereits gegenwärtig beobachtet werden kann. Damit ist fünftens angesichts der Verwendung einer markierten, a priori geschlechtsspezifischen Form als unspezifischer Ausdruck die Endstufe sprachlicher Paradoxie erreicht.

Sechstens aber beruht der zitierte Passus über *Bäckerinnung* überhaupt nur auf einer kontrafaktischen Behauptung von Lobin[292]:

> Nur am Rande sei erwähnt, dass an anderer Stelle von Krämer [sc. dem Vorsitzenden des Vereins Deutsche Sprache, s. dazu weiter unten] verwendete Sprachbeispiele wie Belege für das Gegenteil wirken, etwa die Verwendung des Wortes „Bäckerinnung", das in der Mitte genau den glottalen Knacklaut enthält („Bäcker-Innung"), der bei „Bäcker-Innen" angeblich so unaussprechlich ist.

Lobin verweist dazu auf Krämer 2020[293], und ‚die Leser*in' fragt sich, wofür Walter Krämer dieses ‚Sprachbeispiel' verwendet haben könnte, da es doch angeblich für das Gegenteil des von ihm Bezweckten steht. Die Antwort ist, dass Krämer *Bäckerinnung* nicht als Sprachbeispiel verwendet hat:

> Keine Frage: Das frühere „Fräulein" ist zu Recht verschwunden, und wenn ich auf der Weihnachtsfeier der Bäckerinnung Heidelberg den Festvortrag halte, dann begrüße ich die Anwesenden natürlich mit „Meine lieben Bäcker und Bäckerinnen". Aber eher würde ich

---

[289] *Geschlechtergerechte Sprache*, in: *Wikipedia*.
[290] Hermann Paul: *Prinzipien der Sprachgeschichte* [¹1880], ¹⁰Berlin/Boston 1995 (Konzepte der Sprach- und Literaturwissenschaft 6).
[291] Paul: *Prinzipien der Sprachgeschichte*, S. 49–73.
[292] Lobin: *Sprachkampf*, a. a. O., S. 75–76.
[293] Walter Krämer: *Weg mit dem Gender-Unfug!*, in: *Cicero*, 21.09.2020.

mir meine Hand abschneiden, als vom Bäcker- und Bäckerinnenhandwerk zu schreiben. Einmal spreche ich konkrete Personen an, und einmal rede ich abstrakt über einen Beruf.

Neben der offensichtlichen Ausspracheschwierigkeit des gesternten Allgenderplurals tritt als grammatisches Problem der in besonders engagierten Kreisen verwendete inklusive Singular auf, der bei *Lehrer*innen* wohl nur *die Lehrer*in* lauten kann[294] und damit das ‚generische Femininum' auch für den Singular anbahnt[295]. Denn: „Und wer glaubt, man könne in jeder Singularverwendung mehrere Artikel und einen Gender-Gap mitsprechen, der sollte das mal ausprobieren (Ein_e gute_r Schauspieler_in weiß, wie er/sie/ihre/seine Zuschauer_innen unterhalten kann)"[296]. Die Schwierigkeiten des Singulars und des Plurals, wie sie bereits bei der Verkürzung von Paarformeln auftreten[297], werden durch die Gendergapvarianten nicht geringer, zumal sie keine Verkürzungen von Paarformeln sind, sondern etwa *Steuerzahler*innen* als ‚Steuerzahler und Steuerzahlerinnen und Menschen anderer Gender, die Steuern zahlen (müssen)' wiedergegeben werden müsste, was Zifonun[298] „kaum so" annehmen möchte, aber genau so gemeint ist. Die Semantik des Plurals gilt aber zu allem Überfluss nicht für den Singular. Denn wenn z. B. eine Kirchengemeinde, die hier ungenannt bleiben soll, „eine*n Hausmeister*in" für die technische Vor- und Nachbereitung der Gottesdienste sucht, also eine Person, die „w/d/m" ist, dann ist das keine ‚Person, die *zugleich* weiblich, divers und männlich ist", sondern eine ‚Person, die *entweder* weiblich, divers *oder* männlich sein *kann*'. Eisenberg hingegen fragt sich, ob nicht für *Lehrer*in* die Bedeutung ‚weiblicher Lehrer beliebiger sexueller Orientierung' angenommen werden müsste, ob das maskuline Gegenstück vielleicht *Lehrer** lauten würde und warum man im Plural dann nicht die Form *Lehr*er* nimmt, die das Gleiche bedeuten müsste wie *Lehrer*innen*, allerdings Maskulinum ist ...[299].

Auf Eisenberg 2021[300] geht die Deutung des Gendersterns als gestisches Zeichen zurück, als „Geste der Anerkennung für ein bestimmtes Verständnis von sprachlicher Sichtbarmachung", eine „Unterwerfungsgeste"[301]. Diese forderten etwa Universitäten von ihren Studierenden ein[302]. Dass dabei „die morphosyntaktischen Eigenschaften des Suffixes *-in* bei *-*in* erhalten" bleiben[303], entspricht nicht der beabsichtigten Deutung durch Befürworter des Gendersterns. Weiterhin wird gefragt, ob für die Gendersternform die Genera Maskulinum und Femininum „aufgrund ihrer Assoziation mit jeweils einem der tra-

---

[294] Vgl. Eisenberg: *Die Vermeidung sprachlicher Diskriminierung im Deutschen*, a. a. O., S. 10; Eisenberg: *Weder geschlechtergerecht noch gendersensibel*, a. a. O., S. 34.
[295] Vgl. Rödder – Rödder: *Sprache und Macht*, a. a. O., S. 6.
[296] Pollatschek: *They: Gendern auf Englisch*, a. a. O., S. 9.
[297] Zifonun: *Eine Linguistin denkt nach*, a. a. O., S. 46.
[298] Zifonun: *Eine Linguistin denkt nach*, a. a. O., S. 47.
[299] Eisenberg: *Weder geschlechtergerecht noch gendersensibel*, a. a. O., S. 34.
[300] Eisenberg: *Unter dem Muff von hundert Jahren*, a. a. O.
[301] Eisenberg: *Unter dem Muff von hundert Jahren*, a. a. O. Vgl. Becker: *Ideologeme und Argumentationsmuster*, a. a. O., S. 333.
[302] Payr: *Von Menschen und Mensch*innen*, a. a. O., S. 136.
[303] Zifonun: *Eine Linguistin denkt nach*, a. a. O., S. 47.

ditionellen Geschlechter ungeeignet" sind, ebenso wie „das Neutrum, weil es für Bezeichnungen von erwachsenen Personen in der Regel ausgeschlossen"[304] sei. Dies trifft in Ansehung der weiter oben genannten Beispiele für Epikoina allerdings nicht zu. Im Plural stellt sich die Frage nicht, im Singular wird sich wegen des schließenden Suffixes -in das Femininum einbürgern und als Kompensationsform ausgleichender Gerechtigkeit angesehen werden.

Immerhin lehnt selbst Lobin[305] die Verwendung des Gendersterns ab[306]. Und von ihm stammt ein für die Genderfraktion bedenkenswerter Satz: „Auch hier gilt das Signalprinzip: Die Verwendung einer gegenderten Form bringt die Anerkenntnis für die Relevanz dieses Themas zum Ausdruck, das Fehlen nicht zwangsläufig das Gegenteil"[307]. Dass das Unmarkierte nicht zwangsläufig das Gegenteil des Markierten bedeutet, gilt auch für das genderneutrale Maskulinum. Lobin argumentiert insofern mit Jakobson, ohne es zu bemerken. Außerdem sind Formen mit Genderstern assoziativ objektiv dysfunktional:

> Die einfachste und verbreitetste Verwendung des Sterns ist die in Formen wie *Antragsteller*innen*, *Kandidat*innen* oder einfacher *Leser*innen*. Er steht hier zwischen der maskulinen Form *er* und der femininen *in*. Die Gesamtform ist Plural der femininen Form *Leserin*. Für Formen mit mehreren Suffixen gilt im Deutschen die fundamentale Regel, dass die Grammatik der Gesamtform vom letzten Suffix bestimmt wird. Das ist die feminine Form auf *in*. Es trifft nicht zu, dass, wie häufig behauptet wird, das maskuline *er* und das feminine *in* gleichberechtigt seien. Dominant ist das feminine Suffix, das maskuline ist für das Genus der Gesamtform bedeutungslos. Man erkennt das schon daran, dass *in* auch ohne *er* auftreten kann, etwa in Wörtern wie *Gattin*, *Lettin*, *Ärztin*. Auch der Stern kommt strukturell nicht zum Zuge, er steht ja nicht am Ende, sondern vor dem femininen Suffix. Die Gesamtform ist auf jeden Fall feminin, gleichgültig, wie der Stern strukturell verortet wird. Wer einmal einen etwas längeren durchgesternten Text gelesen hat, wird den Eindruck bestätigen, es sei ausschließlich von weiblichen Personen die Rede gewesen[308].

Noch verwickelter wird die Angelegenheit, wenn man von dem durch Stefanowitsch postulierten Suffix [ʔɪn] ausgehen würde, was Zifonun[309] herausarbeitet. Da Suffixe bedeutungstragende Einheiten sind, könne die Bedeutung von [ʔɪn] kompositionell rekonstruiert werden. Dann könne sie nur lauten: ‚Personen nicht-männlichen Geschlechts', denn das Suffix wird an maskuline Personenbezeichnungen angeschlossen, die nach feministischer Auffassung keine genderneutrale Bedeutung haben können und nur auf männliche Personen beziehbar sind.

> Im Effekt also haben wir ein Movierungssuffix, das Frauen nicht sichtbar, Männer jedoch umso sichtbarer macht, insofern als das männliche Geschlecht nun gegenüber allen anderen

---

[304] Zifonun: *Eine Linguistin denkt nach*, a. a. O., S. 50.
[305] Christine Olderdissen: „*Sprachkampf*" – *Interview mit Autor Henning Lobin*, in: Genderleicht.de, 11.03.2021.
[306] Lobin: *Sprachkampf*, a. a. O., S. 144–146.
[307] Lobin: *Sprachkampf*, a. a. O., S. 143.
[308] Eisenberg: *Unter dem Muff von hundert Jahren*, a. a. O.; vgl. Eisenberg: *Weder geschlechtergerecht noch gendersensibel*, a. a. O., S. 34.
[309] Zifonun: *Die demokratische Pflicht*, a. a. O., S. 52.

Genderkategorien abgehoben wird. Es tritt also das Gegenteil von dem ein, was Stefanowitsch zunächst postuliert: Lücke und Sternchen „sollen die darin enthaltene Zweigeschlechtlichkeit durchbrechen – die Lücke und das Sternchen sind hier Platzhalter für weitere mögliche Geschlechter". Intendierte Deutung und strukturell gegebener semantischer Status klaffen auseinander[310].

Alle diese Überlegungen von Zifonun und Eisenberg gehen von Wortbildungsprinzipien einer flektierenden Sprache aus. Nach queerer Auffassung ist aber eine Ableitung wie *Leser*in* völlig transparent, ökonomisch und formal-semantisch korrespondierend, denn sie bezeichne eine Person, die männlich, divers oder weiblich sein kann, wobei in dieser Honorativform auf ökonomischste Weise alle Gender-Möglichkeiten ‚sichtbar' gemacht würden. Das ‚Suffix' [ʔɪn] bedeutet also nach queerer Auffassung nicht etwa ‚Personen nicht-männlichen Geschlechts', sondern vielmehr im Singular ‚Person, die queer oder weiblich sein kann' und im Plural ‚Personen, die queer sind/sein können sowie Personen, die weiblich sind/sein können', was natürlich auch eine Deutung von *-er* als ‚Person, die männlich sein kann' im Singular sowie ‚Personen, die männlich sind/sein können' im Plural mit sich bringt.

Der Preis dafür ist, dass der morphologische Sprachtyp der flektierenden Sprache *ausdrucksseitig* durch den morphologisch anreihenden (agglutinierenden) Sprachtyp abgelöst wird. Zu dessen semantischen Prinzipien passt *inhaltsseitig* aber nur eine der beiden Bedeutungen der Pluralform. Die Form *Leser*innen* kann sowohl ‚alle lesenden männlichen, diversen und weiblichen Personen' als auch ‚alle lesenden Personen, ob sie männlich, divers oder weiblich sind' bedeuten. Dabei stimmen die Singularform und die Pluralform in ihrer zweiten Bedeutung aufgrund ihrer potentialen ‚entweder-oder-oder'-Semantik mit keinem bekannten Sprachtyp überein. Die Bedeutung entspricht hier dem, was Pusch für ihr feministisches Projekt mit ‚außerirdischer Linguistik'[311] gemeint haben könnte. Wenn also die genannte Kirchengemeinde „eine*n Hausmeister*in (w/d/m)" sucht, dann sucht sie mit dieser hypertrophen Formulierung ‚eine Hausmeistertätigkeit ausübende Person, die männlich, divers oder weiblich sein kann, die weiblich, divers oder männlich sein kann'.

5.7 Variables Genus

Bestimmte von feministischer Seite geschaffene Bildungen (z. B. *die Pilot, der Piloterich*[312]) wirken auf den ersten Blick noch überzogener. Das gilt vor allem für *Piloterich*, das implizit auf die biologistische Haltung hinweist, die Pusch gegenüber den Männern an anderer Stelle explizit äußert. Denn der männliche Pilot wird mittels des Suffixes *-erich* assoziativ bei den Tieren eingereiht (*Enterich, Gänserich, Mäuserich, Täuberich*). Was *die Pilot* betrifft, gibt es etwa im Tschechischen tatsächlich Nomina mit zwei

---

[310] Zifonun: *Die demokratische Pflicht*, a. a. O., S. 52.
[311] Pusch: *Das Deutsche als Männersprache*, a. a. O., S. 43.
[312] Andrea Lassalle: *-innen, Innen und *innen – feministische Sprachkritik*, in: *Digitales Deutsches Frauenarchiv*, 2019 nach Pusch: *Das Deutsche als Männersprache*, a. a. O., S. 45.

Genusparadigmen maskulin/feminin, etwa *mluvčí* ‚Sprecher(in)'[313]. Bei denen ist allerdings das Maskulinum die unmarkierte Form, die mit privativer Opposition auch auf Frauen referieren kann[314], genauso wie bei den nach beiden Genera flektierten Konversionen aus Adjektiven und Partizipien[315]. Im Französischen kann bei maskulinen Personenbezeichnungen, die für Personen beiderlei Geschlechts verwendet werden, etwa *docteur*, *professeur*, das Genus korrespondierender Einheiten dem Sexus angepasst werden, am ehesten im pronominalen und prädikativen Bereich: *Un professeur de l'université Lyon III, Mme Rolande Gadille, vient d'être nommée recteur de l'académie de Reims*[316]. Bei dem maskulinen Epikoinon *otage* ‚Geisel' sind auf eine weibliche Person bezogen im Fall adnominaler Zusätze wie Artikel und attributivem Adjektiv auch feminine Formen belegt, etwa in *Une otage*_MASK_ *américaine a été libérée en raison de sa maladie*[317], so dass sich das Lexem zu einem Wort mit zwei Genera entwickelt. Dieser Prozess zeigt sich auch bei anderen maskulinen Epikoina wie *architecte*, *auteur*, *docteur*, *écrivain*, *expert*, *maire*, *médecin*, *ministre*, *peintre*, *professeur*, *témoin*[318]. Allerdings setzt sich die Feminisierung neuerdings morphologisch fort: *auteure*, *championne*, *écrivaine*, *ingénieure*, *préfète*, *soldate*[319]. Eine Reihe personaler Substantive, darunter Bildungen auf *-aire* und *-iste*, *-logue* und *-graphe*, die also bereits auf *-e* enden, sind je nach Sexus des Referenten als Maskulina oder Feminina zu verwenden. Das jeweilige Genus wird an den korrespondierenden Einheiten markiert: *collègue*, *élève*, *enfant*, *géographe*, *philologue*, *propriétaire*, *touriste*[320]. In geringerem Ausmaß tritt variables Genus auch im Polnischen (*sierota* ‚Waise') auf[321].

Gerhard Stickel hat vorgeschlagen, das Suffix *-in* und feminine Ableitungen grundsätzlich zu vermeiden; so würden Maskulina alternativlose unspezifische Bezeichnungen[322]. Pusch argumentierte, das verstärke die Ignorierung der Frau. Zwar könne das Suffix wegfallen, stattdessen solle es aber *die Student* : *der Student* usw. heißen neben einer

---

[313] Čmejrková: *Communicating gender in Czech*, a. a. O., S. 37–39.
[314] Čmejrková: *Communicating gender in Czech*, a. a. O., S. 40.
[315] Čmejrková: *Communicating gender in Czech*, a. a. O., S. 39–40; vgl. zum Serbischen Hentschel: *The expression of gender in Serbian*, a. a. O., S. 291–292, zum Polnischen Hoberg: *Grammatik des Deutschen*, a. a. O., S. 21, zum Kurdischen Haig – Öpengin: *Gender in Kurdish*, a. a. O., S. 254–256.
[316] Hoberg: *Grammatik des Deutschen*, a. a. O., S. 19. Sc. ‚Eine Professorin der Universität Lyon III, Frau Rolande Gadille, wurde soeben zur Rektorin der Akademie von Reims ernannt.'
[317] Ebd. Sc. ‚Eine amerikanische Geisel wurde aufgrund ihrer Krankheit freigelassen'.
[318] Hoberg: *Grammatik des Deutschen*, a. a. O., S. 61.
[319] Ebd.
[320] Hoberg: *Grammatik des Deutschen*, a. a. O., S. 60–61.
[321] Hoberg: *Grammatik des Deutschen*, a. a. O., S. 100.
[322] Vgl. Stickel: *Beantragte staatliche Regelungen*, a. a. O., S. 351; Gerhard Stickel: *Der Sprachfeminismus geht in die falsche Richtung*, in: Margot Brunner – Karin M. Frank-Cyrus (Hg.): *Die Frau in der Sprache. Gespräche zum geschlechtergerechten Sprachgebrauch*, Wiesbaden 1998, S. 73–80, hier S. 75–76; Neef: *Das Konzept des sogenannten ‚Geschlechtergerechten Sprachgebrauchs'*, a. a. O., S. 54–55.

unspezifischen Variante *das Student*[323]. So „verrückt", wie Okamura[324] meint, ist dieser Vorschlag angesichts der soeben erwähnten Verhältnisse im Tschechischen, Französischen und Polnischen nicht, sondern eigentlich logisch. Okamuras Prädikat trifft eher auf den von der Sache her erwähnten Vorschlag Puschs zu, unspezifische Maskulina könnten durch movierte Feminina (*Professorin* u. ä.) für *beide* Geschlechter ersetzt werden[325], „obwohl die femininen Suffixe [...] hochgradig diskriminierend sind"[326], weil sie die jahrtausendealte Abhängigkeit der Frau vom Mann konservierten[327]. Herabsetzende Ausdrücke könnten aber mit Aneignung durch die sprachlich Ausgegrenzten neutralisiert oder gar zum Gütezeichen werden: *Proletarier, Lesben, Schwule*[328]. Frauen, die konsequent das umfassende Femininum (für Frauen und Männer gleichermaßen) verwendeten, empfänden das als sehr lustvoll [!][329]. „Die europäische Frauenbewegung", schreibt Samel, „sollte sich nach der Meinung Puschs von ihrem Anglozentrismus emanzipieren und, statt nun immer die Beidnennung zu propagieren, für die nächsten zwei- bis dreitausend Jahre die Totale Feminisierung mit dem den Mann und die Frau umfassenden Femininum praktizieren"[330]. Bei Pusch war das noch ironisch gemeint. Die Annahme einer solchen zeitlichen Perspektive ist zumindest äußerst optimistisch – oder extrem pessimistisch. Auf jeden Fall ist es aus Historikersicht völlig naiv zu glauben, ein eingebildetes Problem im deutschen Sprachraum des späten 20. und frühen 21. Jahrhunderts könne die deutsche Sprachgemeinschaft noch im Jahr 5000 n. Chr. beschäftigen, ganz abgesehen von der Frage, ob es bis dahin überhaupt noch eine deutsche Sprachgemeinschaft geben wird. Im Übrigen hat die Beidnennung mit Anglozentrismus nichts zu tun; das Gegenteil ist der Fall.

---

[323] Pusch: *Das Deutsche als Männersprache*, a. a. O., S. 60–64; Wolf Gewehr: *Zur Genusmarkierung im Deutschen*, in: *Der Gebrauch der Sprache. Festschrift für Franz Hundsnurscher zum 60. Geburtstag*. Hg. von Götz Hindelang, Eckard Rolf und Werner Zillig, Münster 1995, S. 121–134, hier S. 128; Miguel Alfonso Torres Morales: *Feministische Sprachkritik: Zwischenbilanz*, Hannover 2003 (Hannoversche Arbeitspapiere zur Linguistik 15), S. 5.

[324] Okamura: *Sprachliche Lösungsmöglichkeiten*, a. a. O., S. 414–415.

[325] Pusch: *Das Deutsche als Männersprache*, a. a. O., S. 76–77, 97; Morales: *Feministische Sprachkritik*, a. a. O., S. 5.

[326] Pusch: *Das Deutsche als Männersprache*, a. a. O., S. 64.

[327] Pusch: *Das Deutsche als Männersprache*, a. a. O., S. 59.

[328] Pusch: *Das Deutsche als Männersprache*, a. a. O., S. 64.

[329] Luise F. Pusch: *Ein Vorschlag zum Spass*, in: *Basler Magazin (Basler Zeitung)* Nr. 34, 23.08. 1986, S. 15; Stickel: *Beantragte staatliche Regelungen*, a. a. O., S. 347; Samel: *Einführung in die feministische Sprachwissenschaft*, a. a. O., S. 73–75.

[330] Samel: *Einführung in die feministische Sprachwissenschaft*, a. a. O., S. 76 nach Pusch: *Das Deutsche als Männersprache*, a. a. O., S. 47.

6 Funktionale und häufigkeitsstatistische Folgen gendersensitiver Sprechweise

6.1 Funktionale Konsequenzen

Insgesamt führen die feministische und die darauf beruhende queere Argumentation mit der Annahme ‚männlicher Formen' zum circulus vitiosus einer hermetisch gegen Argumente abgeschotteten Weltsicht. Die Vertreter des binären geschlechtergerechten und des queeren gendergerechten Stils haben selbst erfunden, was sie dann als Skandalon an den Pranger stellen. „Gendern ist eine sexistische Praxis, deren Ziel es ist, Sexismus zu bekämpfen"[1]. Es wird abgestritten, dass maskuline Nicht-Epikoina auch Frauen bezeichnen können, denn es geht diesem Denken ausschließlich um die möglichst vollständige Abschaffung der Maskulina als generalisierende Personenbezeichnungen, weil Maskulina schlicht ‚männlich' seien oder vielmehr sein *sollen*:

> Wenn wir Frauen [!] auf dem Femininum bestehen, machen wir damit das Maskulinum geschlechtsspezifisch: In Ausdrücken wie *Kolleginnen und Kollegen* ist *Kollege* geschlechtsspezifisch, bezieht sich nur auf Männer. Wenn maskuline Bezeichnungen sich nur auf Männer beziehen können, sind sie, *per definitionem*, nur noch geschlechtsspezifisch und nicht mehr „auch geschlechtsneutral", wie bisher über sie behauptet [!] wird. Sie bekommen damit den gleichen Status wie die weiblichen Bezeichnungen, die auch nicht „neutral" für das andere, männliche Geschlecht stehen können[2].

Die feministische Klassifizierung der Maskulina als ‚männlich' beruht also auf einer bewussten, geplanten Manipulation der Sprache. Unter dieser Prämisse wird in der Folgezeit von moralisierenden und politisierenden Linguistinnen und Linguisten die Taktik gefahren, die Existenz des genderneutralen Maskulinums gegen besseres Wissen schlichtweg zu leugnen. Grundlage ist der ‚feministische Imperativ': „Bezeichne nie eine Frau, einschließlich dir [sic!] selbst, mit einem grammatischen Maskulinum [!]"[3]. Folglich können (und dürfen) für Bezeichnungen von weiblichen Rollen- und Funktionsträgern keine Maskulina verwendet werden, desgleichen nicht maskuline Pluralformen (*die Touristen*) bei Gruppen, die aus Männern und Frauen oder gänzlich aus Frauen bestehen.

Mit der Nötigung zur ständigen Beidnennung oder sonstigen ‚geschlechtergerechten' und ‚gendergerechten' Sprachformen wird die Fähigkeit des Deutschen beschädigt, genderneutrale Allgemeinbegriffe für einen Menschen zu bilden, der nicht unter geschlecht-

---

[1] Pollatschek: *Deutschland ist besessen von Genitalien*, a. a. O.
[2] Pusch: *Weibliche Personenbezeichnungen*, a. a. O., S. 264.
[3] Jobin: *Genus im Wandel*, a. a. O., S. 63.

lichem Aspekt bezeichnet werden soll. Gegen jedes pragmatische Erfordernis werden immer mehr Zeitgenossen mit dem komplementären *Zeitgenossinnen und Zeitgenossen* bzw. *Zeitgenoss*innen* konfrontiert[4].

Bei Durchsetzung des Gender Splitting bzw. des Zwangs, Frauen nicht mit genderneutralen Maskulina zu bezeichnen, können bestimmte Zusammenhänge nicht mehr logisch korrekt ausgedrückt werden: *Als Eheleute seid ihr nicht Gegner, sondern Partner, ja Freunde! Die Eltern sind die ersten Erzieher der Kinder. Frauen sind die vernünftigeren Autofahrer. Liebe deinen Nächsten!*[5] *Sie ist Sportler des Jahres*[6]. *Mädchen sind die besseren Schüler*[7]. „Die Schriftstellerin Thea Dorn sagte in der ZDF-Sendung ‚Das literarische Quartett' vom 2. März 2018: ‚Ich halte sie [Felicitas Hoppe, G.Z.] nicht nur für eine der wichtigsten Schriftstellerinnen, sondern für einen der wichtigsten Schriftsteller Deutschlands'"[8].

> Die maskuline Form *Schriftsteller* muss hier generisch verstanden werden, aufgrund der vom Subjekt bezeichneten weiblichen Person. Was tun, wenn aber auch hier partout gegendert werden soll? Ich kann natürlich *Schriftsteller/inne/n* schreiben, [...]. Aber eine vernünftige Auflösung in eine Koordination gibt es nicht: Weder *und* noch *oder* noch *bzw.* passen[9].

Dazu käme die geistige Abkoppelung von allem, was vor 1990 geschrieben wurde[10] und eine immer abstrakter werdende Sprache, wenn die lästigen, weil unökonomischen gegenderten Begriffe zugunsten der Bezeichnung der Institution, an der die eigentlich gemeinten Personen tätig sind, aufgegeben werden: *Die Lehrer sollen wieder vermehrt mit den Schülern üben.* → *Die Lehrerinnen und Lehrer sollen wieder vermehrt mit den Schülerinnen und Schülern üben.* → *Aufgabe der Schule ist es, durch gezielte Wiederholungen die Kulturtechniken wieder vermehrt zu festigen.* Oder die *Lehrerinnen und Lehrer* mutieren mittels stereotyper geschlechtsneutraler Wortbildungen zu *Lehrkräften, Lehrpersonen, Lehrpersonal* oder *Teil der Lehrerschaft*, die konsequenterweise *Lehrer- und Lehrerinnenschaft* heißen müsste[11]. Einen ‚Bayerischen Lehrer- und Lehrerinnenverband' gibt es seit längerer Zeit[12]; dieser betreibt aber vorwiegend mit dem Akronym *BLLV* Eigenreferenz[13]. Inklusive Glottisverschlussvarianten wie *Lehrer_innenschaft* und *Schüler*innenvertretung* sind bereits im Gebrauch. Das Theater an der Parkaue – Junges Staatstheater Berlin etwa bietet einen ‚Besucher*innenservice' an[14]. Aus Münster in Westfalen wird berichtet, dass sich der Kulturausschuss der Stadt dafür ausgesprochen

---

[4] Vgl. Brühlmeier: *Sprachfeminismus in der Sackgasse*, a. a. O., S. 242.
[5] Brühlmeier: *Sprachfeminismus in der Sackgasse*, a. a. O., S. 245.
[6] Vgl. für das Niederländische Gerritsen: *Towards a more gender-fair usage in Netherlands Dutch*, a. a. O., S. 101.
[7] Wegener: *Grenzen gegenderter Sprache*, a. a. O., S. 279.
[8] Zifonun: *Die demokratische Pflicht*, a. a. O., S. 52.
[9] Ebd.
[10] Brühlmeier: *Sprachfeminismus in der Sackgasse*, a. a. O., S. 245–246.
[11] Brühlmeier: *Sprachfeminismus in der Sackgasse*, a. a. O., S. 246; von Polenz: *Deutsche Sprachgeschichte*, a. a. O., S. 78.
[12] Wittemöller: *Weibliche Berufsbezeichnungen im gegenwärtigen Deutsch*, a. a. O., S. 112, 127.
[13] BLLV. Stark an Ihrer Seite.
[14] Junges Staatstheater Berlin Parkaue: *Besucher*innenservice*.

habe, den in Münster verliehenen Historikerpreis künftig *Historiker*innenpreis* zu nennen. Opponenten gegen diesen Plan sei vorgeworfen worden, sie hätten für ihre Ablehnung „ideologische Gründe" und wollten es besser wissen als eine eigens mit dieser Frage befasste Jury[15]. In der Ratssitzung, in der dieser Vorschlag angenommen wurde, sagte die Fraktionssprecherin der GAL: „Gendern ist ein politisches Statement"[16]. Das ist die kürzest mögliche und exakteste Beschreibung dessen, was Gendern ist.

6. 2   Gebrauchshäufigkeiten

Die inzwischen eingetretene Häufigkeit solcher ‚geschlechtergerechten' und ‚gendergerechten' Formen auf der Schriftebene ergibt sich aus einer Analyse auf Grundlage des Orthografischen Kernkorpus des Rats für deutsche Rechtschreibung[17]. Statistisch überwiegt danach bei weitem *innerhalb* solcher Ausdrücke für ‚Lehrer' der Ausdruck *Lehrkräfte* mit 68,1 %, gefolgt von *Lehrerinnen und Lehrer* mit 13,66 % und *Lehrende* mit 13,52 %. Das große Binnen-*I* kommt auf 3,33 %, der Asterisk auf 1,22 %, der Gender-Gap auf 0,03 %, der normwidrige Schrägstrich (*Lehrer/innen*) auf 0,1 % und der normgerechte Schrägstrich (*Lehrer/-innen*) auf 0,02 %. Bei den ‚geschlechtergerechten' und ‚gendergerechten' Ausdrucksweisen für ‚Schüler' kommt die Splittingform *Schülerinnen und Schüler* auf 68,5 %, das Partizip *Lernende* auf 21,8 % und das Binnen-*I* auf 6,38 %. Der Asterisk ist mit 2,62 % vertreten, der normwidrige Schrägstrich mit 0,56 %, der normgerechte Schrägstrich mit 0,09 % und der Gender-Gap mit 0,05 %. Bei den Ersatzausdrücken für *Studenten* spielt das Partizip *Studierende* mit 96,48 % die weitaus größte Rolle, die Splittingform *Studentinnen und Studenten* ist mit 2,37 % vertreten, das Binnen-*I* mit 0,81 %. Alles andere bewegt sich darunter, Asterisk 0,27 %, Gender-Gap 0,06 %, normgerechter Schrägstrich 0,005 %, normwidriger Schrägstrich 0,001 %. Auch die Ersatzausdrücke für *Bürger* und *Mitarbeiter* zeigen begriffsspezifische Verteilungen. Bei ‚Bürger' überwiegen Asterisk, Klammerform und Gender Splitting[18], bei ‚Mitarbeiter' das Partizip *Mitarbeitende* mit 65 % und die Splittingform mit 25 %. Alle anderen Varianten kommen maximal auf 5 %[19].

Wie stark die Ausführungen der Autorin[20] von der feministischen Sicht beeinflusst sind, zeigt ihre Bemerkung, dass auch das Kompositum *Lehrerschaft* die „männliche Markierung im Erstbestandteil" enthalte, was „einmal mehr die Schwierigkeit" zeige, „systematisch gendergerecht zu formulieren, auch mit Hilfe geschlechtsübergreifender

---

[15] Dirk Anger: *Kulturausschuss begrüßt Änderung des Namens. Geschichtspreis mit Gendersternchen*, in: *Westfälische Nachrichten*, Samstag, 4. Februar 2023, Münster, S. 1.
[16] Klaus Baumeister: *Neuer Name und erste Preisträgerin. Historiker*innenpreis für Ute Daniel*, in: *Westfälische Nachrichten*, 17.02.2023. Münster, S. 7.
[17] Sabine Krome: *Gendern in der Schule: Zwischen Sprachwandel und orthografischer Norm*, in: *Mitteilungen des deutschen Germanistenverbandes* 69 (2022), S. 86–110, hier S. 95.
[18] Krome: *Gendern in der Schule*, a. a. O., S. 98.
[19] Krome: *Gendern in der Schule*, a. a. O., S. 99.
[20] Krome: *Gendern in der Schule*, a. a. O.

Begriffe"[21]. An anderer Stelle[22] werden Gedanken über „geschlechtergerechte Schreibung als Herausforderung für gelungene Textrealisation" vorgestellt: „Asterisk (*Lehrer*innen*): *Trans** ist als Platzhalter für ein 3. Geschlecht [!] gedacht (*Soziolog*innen*, ?*Ärzt*innen*). In letzterem Beispiel ergibt sich im Singular ein Stammformfehler beim Maskulinum (der **Ärzt*)" [!][23].

Ein Vergleich der Verwendungshäufigkeiten von Bezeichnungen für Studenten der Jahre 1995–2018 nach dem Deutschen Referenzkorpus ergibt, dass das genderneutrale Maskulinum *Studenten* anteilig deutlich dominiert; ab 1997 lässt sich insgesamt ein absteigender Trend ablesen. Am Ende des Beobachtungszeitraums kommt diese Form viermal häufiger vor als die am zweithäufigsten im Korpus registrierte Partizipialform *Studierenden*. Das Partizip ist im Vergleich zum am häufigsten verwendeten geschlechtsübergreifenden Maskulinum die einzige Ausdrucksweise, die in einer skalierenden Abbildung überhaupt sichtbar ist; alle anderen Ausdrucksmöglichkeiten treten sehr viel weniger oft im Korpus auf[24]. Bei den anderen Ausdrücken sind Movierungen mit Binnen-*I* und Beidnennung am häufigsten. Die Frequenz der Movierungen mit Binnen-*I* fällt bis 2000 rasch und in den nächsten Jahren weiter ab, wenn auch nicht mehr so stark. Die Beidnennung ist die vierthäufigste Ausdrucksweise. Ihr Vorkommen nimmt im beobachteten Zeitraum bis 2013 ab, steigt ab 2015 aber wieder leicht an. Alle anderen Ausdrücke kommen im ausgewerteten Zeitraum nur sehr selten vor, auch solche mit Gendergap und Gendersternchen[25].

Eine etwas andere Aufteilung der Bezeichnungen ergab sich bei der Deutschland-Erhebung 2017, einer repräsentativen Erhebung von Meinungen und Einstellungen zur Sprache, die das Leibniz-Institut für Deutsche Sprache in Kooperation mit dem Deutschen Institut für Wirtschaftsforschung (DIW) durchgeführt hat[26]. Grundlage ist eine Einsatzprobe in den Satz *Die neu gestalteten Gruppenräume in der Bibliothek bieten den ... optimale Arbeitsbedingungen*[27]. Die möglichen Varianten waren jeweils vorgegeben. Ihre Auswahl wird mit folgenden Einleitungssätzen getriggert: *Seit einigen Jahren gibt es vermehrt Varianten für die Bezeichnung von Personen.* sowie *Seit einiger Zeit gibt es verschiedene Versuche, die Gleichberechtigung von Männern und Frauen auch sprachlich sichtbar zu machen.* Der Effekt der expliziteren zweiten Variante war nicht signifikant[28]. Dabei kam das Partizip *den Studierenden* auf 48,3 %, die Beidnennung *den Studentinnen und Studenten* auf 17,6 % und das genderneutrale Maskulinum *den Studenten* auf 17,1 %.

---

[21] Krome: *Gendern in der Schule*, a. a. O., S. 95, Anm. 14.
[22] Sabine Krome: *Zwischen gesellschaftlichem Diskurs und Rechtschreibnormierung: Geschlechtergerechte Schreibung als Herausforderung für gelungene Textrealisation*, in: *Muttersprache* 130 (2020), S. 64–78.
[23] Krome: *Zwischen gesellschaftlichem Diskurs und Rechtschreibnormierung*, a. a. O., S. 71.
[24] Astrid Adler – Karolina Hansen: *Studenten, StudentInnen, Studierende? Aktuelle Verwendungspräferenzen bei Personenbezeichnungen*, in: *Muttersprache* 130 (2020), S. 47–63, hier S. 49–50.
[25] Adler – Hansen: *Studenten, StudentInnen, Studierende?*, a. a. O., S. 50; vgl. Glück: *Das Partizip I im Deutschen*, a. a. O., S. 41.
[26] Adler – Hansen: *Studenten, StudentInnen, Studierende?*, a. a. O., S. 51.
[27] Adler – Hansen: *Studenten, StudentInnen, Studierende?*, a. a. O., S. 53.
[28] Adler – Hansen: *Studenten, StudentInnen, Studierende?*, a. a. O., S. 52, Anm. 6.

Die ‚Sparschreibungen' brachten es insgesamt auf 16,6 %. Unter ihnen war die Variante mit normgerechtem Schrägstrich *den Student/-innen* mit 8,7 % am häufigsten vertreten. Es folgen *den StudentInnen* mit 4 %, *Student(innen)* mit 2,3 % sowie die ‚gendergerechten' Ausdrücke *den Student*innen* mit 1 % und *den Student_innen* mit 0,6 %. Sonstige Ausdrucksweisen machen 0,5 % aus[29].

---

[29] Adler – Hansen: Studenten, StudentInnen, Studierende?, a. a. O., S. 57.

7 Sprachvergleichende und prämissenkritische Gesichtspunkte

Guy Deutscher[1] meint zur ideologischen Aufladung grammatischer Sprachformen ironisch, einige Sprachen seien sexuell so aufgeklärt, dass sie selbst an Pronomen keine Sexusunterschiede bezeichnen. Sogar ‚er' und ‚sie' würden zu einem einzigen geschlechtsneutralen Gebilde verschmolzen. Merkwürdig sei nur, dass Gesellschaften, die diese Sprachen sprechen, etwa Türkisch[2], Indonesisch[3] und Usbekisch, nicht gerade für Gleichberechtigung bekannt seien. Der Beobachtung von Deutscher lässt sich der gegensätzliche Befund zur Seite stellen, dass es tatsächlich eine Sprache gibt, in der die grammatische Vertretung von Frau und Mann völlig symmetrisch und ausdrücklich ist, das Korana. Freilich besagt diese Symmetrie und Ausdrücklichkeit im Gegensatz zu feministischen Vorstellungen gerade nichts über die Gleichstellung von Frau und Mann. Die Hottentottensprache Korana gehört zu einer völlig patriarchalischen Gesellschaft[4]. Entsprechend sind Symmetrie und Differenziertheit im Wortfeld deutscher Verwandtschaftsbezeichnungen kein Beleg für die Gleichberechtigung der Geschlechter in früheren und jetzigen Zeiten[5], genauso nicht im gegenwärtigen Wortfeld der Verwandtschaftsbezeichnungen im marokkanischen Arabisch[6]. Und wie es mit der Gleichberechtigung der Frau in der Zeit der demotischen Überlieferung aus dem alten Ägypten bestellt war, in der das Genus in der 2. Person Singular unterschieden wurde[7], sei dahingestellt. „Es zählt zu den grundlegenden Erkenntnissen der modernen Sprachwissenschaft, dass die Komplexität der Grammatik einer Sprache in keinerlei Zusammenhang mit der ‚Zivilisiertheit' der jeweiligen Sprechergruppe steht"[8].

Das ‚Zeigen' und die daraus folgende ‚Sichtbarkeit' von Frau und Mann in der Sprache könnte also gerade aus Gründen der ‚markierenden', damit ‚diskriminierenden' und keineswegs als Ausdruck sprachlicher Gerechtigkeit gemeinten Unterscheidung der Geschlechter[9] geschehen; das ‚Nicht-Zeigen' wäre nicht-diskriminierend. Oder aber das

---

[1] Deutscher: *Im Spiegel der Sprache*, a. a. O., S. 168–169.
[2] Friederike Braun: *The communication of Gender in Turkish*, in: *Gender Across Languages. The linguistic representation of women and men*. Volume I. Ed. by Marlis Hellinger, Hadumod Bußmann, Amsterdam/Philadelphia 2001 (Impact: Studies in language and society 9), S. 283–310.
[3] Vgl. Kuntjara: *Gender in Javanese Indonesian*, a. a. O., S. 207, 224–225.
[4] Doerfer: *Das Korana und die Linguistinik*, a. a. O.
[5] Stickel: *Der Sprachfeminismus geht in die falsche Richtung*, a. a. O., S. 77–78.
[6] Hachimi: *Shifting sands*, a. a. O., S. 33.
[7] Gewehr: *Zur Genusmarkierung im Deutschen*, a. a. O., S. 131.
[8] Fónyad: *Die Grammatik kann nichts dafür*, a. a. O., S. 252.
[9] Vgl. Daniel Scholten: *Der Führerin entgegen!*, in: Antje Baumann – André Meinunger (Hg.): *Die Teufelin steckt im Detail. Zur Debatte um Gender und Sprache*, Berlin 2017, S. 101–120, hier S. 111.

'Zeigen' und ‚Nicht-Zeigen' hat mit Nicht-Abwerten oder Abwerten nichts zu tun. Grammatische Verhältnisse sind das eine, gesellschaftliche Verhältnisse das andere, wie ein Sprachenvergleich eindeutig und selbst für einen ‚sprachwissenschaftlichen Laien' nachvollziehbar zeigt.

> Die muttersprachlich erlernte Grammatik möchte und muss lediglich die erfolgreiche und ökonomische Kommunikation garantieren. Sprachkritik jeder Couleur, ob privat oder öffentlich, institutionell oder staatlich, hat sich daher ausschließlich auf die Verwendung von Sprache zu richten. In der Grammatik hat Sprachkritik nichts zu suchen. Die Beurteilung und Strukturierung der Grammatik einer Sprache kann und darf nicht Aufgabe der Politik sein. Vielmehr ist von ihr zu verlangen, dass sie ein wissenschaftliches Verständnis von Grammatik fördert, welches aufgeklärt und nicht ideologisch, entspannt und nicht polarisierend ist. Sekundär angetragene Pseudoprobleme, die sich auf Missverständnissen gründen und imaginäre Polarisierungen vorgaukeln, sind gefährliche Irrwege[10].

Auch Neef[11] vertritt die Ansicht, dass die Sichtweise produktiver sei, bei der das Sprachsystem als eine abstrakte Größe grundsätzlich neutral sei gegenüber der Frage, wie es zu Aspekten der Wirklichkeit steht. Einer Sprachkritik aus jedweder Perspektive sei immer nur der Gebrauch zugänglich, der von den Möglichkeiten einer Grammatik bzw. eines Sprachsystems gemacht werde[12]. Trutkowski und Weiß[13] sind der Auffassung, dass „Grammatik als System genauso wie die Beschaffenheit unserer Haut oder die Funktionsweise unseres Magens zwischen den Polen von ‚unsichtbarer Hand' (Rudi Keller[14]) gesteuert bis biologisch gegeben schwerlich einer Kritik unterliegen kann". Dabei berufen sie sich auch auf Bayer[15], der wiederum von Vorstellungen Noam Chomskys ausgeht.

Letztlich beruhen die Vorstellungen der feministischen Linguistik auf einer radikalisierten Version des sogenannten linguistischen Relativitätsprinzips (Sapir-Whorf-These), der zufolge die Sprachstruktur das Denken bedinge und im Umkehrschluss aufgrund eines konstruktivistischen Umbaus zur Denkveränderung eingesetzt werden könne.

> Hinter dem Konzept der feministischen Sprachkritik steht letztlich der schon bei Campe [...] vorhandene Gedanke, mittels einer Veränderung der Sprache (Sichtbarmachung der Frau in der Sprache) zunächst ein verändertes Bewusstsein (Wahrnehmung und Akzeptanz der Frau als gleichberechtigtes Mitglied der Gesellschaft) und schließlich sogar eine Veränderung der gesellschaftlichen Wirklichkeit (gesellschaftliche Gleichstellung von Männern und Frauen) hervorrufen zu können. Grundsätzlich genauso, nur mit einer anderen Konstruktion von Geschlechtsidentitäten und mit anderen sprachlichen Mitteln, argumentiert die Genderlinguistik.[16]

---

[10] Hackstein: *Dürfen staatliche Institutionen die Grammatik verändern?*, a. a. O.
[11] Neef: *Das Konzept des sogenannten ‚Geschlechtergerechten Sprachgebrauchs'*, a. a. O., S. 49.
[12] Dgl. z. B. Kalverkämper: *Die Frauen und die Sprache*, a. a. O.
[13] Trutkowski – Weiß: *Zeugen gesucht!*, a. a. O., S. 17.
[14] Sc. Keller: *Sprachwandel*, a. a. O.
[15] Bayer: *Sprachen wandeln sich immer*, a. a. O.
[16] Jörg Kilian – Thomas Niehr – Jürgen Schiewe: *Sprachkritik. Ansätze und Methoden der kritischen Sprachbetrachtung*, ²Berlin/Boston 2016 (Germanistische Arbeitshefte 43), S. 41; vgl. Schiewe: *Die Macht der Sprache*, a. a. O., S. 272–273; Gisela Schoenthal: *Personenbezeich-*

Diese Auffassung zeigt sich auch in der Kritik an der angeblich naiven ‚korrespondenztheoretischen' Sicht der Wirklichkeit zugunsten einer ‚konstruktivistischen' Sicht, nach der Sprache ein wirklichkeitserzeugendes Element sei[17]. Zu solchen Vorstellungen ist Folgendes zu sagen: Ohne dass hier die Einzelheiten der Erkenntnistheorie ausgebreitet werden können, nach der selbstverständlich (und trivialerweise) das Erkennen der Wirklichkeit an kognitive Möglichkeiten und Grenzen der Spezies Mensch gebunden sind, geht es unter Menschen darum, sich intersubjektiv, jenseits der Einzelsprache und des individuellen Vorwissens auf der Ebene gemeinsamer Kognition über eine so weit wie möglich erkennbare Realität zu verständigen und nicht über mehrere gleichberechtigte Wirklichkeiten. Gravitation, Elektromagnetismus, schwache Wechselwirkung und starke Wechselwirkung beispielsweise sind, was sie sind. Sonne und Mond, Atome und Moleküle sind, was sie sind. Die DNA und die Zellen sind, was sie sind. Man kann sie lediglich mehr oder weniger gut in ihrem So-Sein erkennen. Sonst wäre ja Wissenschaft unmöglich. Dabei ist Sprache weder ein Abbild der Wirklichkeit noch eine wirklichkeitserzeugendes Größe. Beide Vorstellungen sind nur etwas für Leute, die sie zur Glaubenssache machen, und das lässt sich auch weithin beobachten[18]. „Ein Verständnis des sprachlichen Zeichens als Abbild der Wirklichkeit stellt heutzutage einen zeichentheoretischen Anachronismus dar, den außerhalb des hier diskutierten Problemzusammenhangs wohl niemand mehr vertreten würde, der auf wissenschaftliche Reputation Wert legt"[19], schreibt Helga Andresen, zieht in ihrem Diskussionsbeitrag aber offenbar nicht die richtigen Schlüsse daraus. Sprache ist als Zeichensystem lediglich ein mehr oder weniger gut geeignetes Instrument des Denkens.

Die sprachliche, d. h. lexikalische Bedeutung ist als Begriffsbezug nicht mit dem Begriff identisch. „Dieser meint ein ‚durch Abstraktion gewonnenes gedankliches Konzept, durch das Gegenstände oder Sachverhalte auf Grund bestimmter Eigenschaften und/oder Beziehungen klassifiziert werden' (Bußmann 2008[20]: 84)"[21]. Erst das Denken in einem mentalen Begriffssystem, in dem Weltwissen organisiert ist[22], und das sich verschiedener sprachlicher Mittel, verschiedener Begriffe und verschiedener Sprachen bedienen kann, ist ein Instrument der Wirklichkeitserfassung.

---

nungen im Deutschen als Gegenstand feministischer Sprachkritik, in: *Zeitschrift für germanistische Linguistik* 17 (1989), S. 296–314, hier S. 299–300; Schoenthal: *Impulse der feministischen Linguistik*, a. a. O., S. 2069.

[17] Claudia Posch – Elisabeth Mairhofer: *Wie männlich ist das Maskulinum? Eine Frage der Ökonomie*, in: *In Simplicitate Complexitas. Festgabe für Barbara Stefan zum 70. Geburtstag*. Hg. von Peter Anreiter, Ivo Hajnal und Manfred Kienpointner, Wien 2012 (Studia Interdisciplinaria Ænipontana 17), S. 327–340.

[18] Vgl. etwa die unkritische Haltung zum Konstruktivismus bei Lautenschläger: *Von Rabenmüttern und geldverdienenden Supermännern*, a. a. O., S. 37–38.

[19] Helga Andresen: *Bemerkungen zur generischen Neutralisation des Mannes*, in: *Erscheinungsformen der deutschen Sprache. Literatursprache, Alltagssprache, Gruppensprache, Fachsprache. Festschrift zum 60. Geburtstag von Hugo Steger*. Hg. von Jürgen Dittmann, Hannes Kästner und Johannes Schwitalla, Berlin 1991, S. 137–147, hier S. 144.

[20] Sc. Hadumod Bußmann (Hg.): *Lexikon der Sprachwissenschaft*, [4]Stuttgart 2008.

[21] Rummel: *Brisantes Suffix?*, a. a. O., S. 16.

[22] Rummel: *Brisantes Suffix?*, a. a. O., S. 15.

Nur von gesellschaftlich-kulturell bedingten, also ideologischen Begriffssystemen kann man sagen, dass sie die Wirklichkeit in den verschiedenen Kulturen kollektiv und individuell-subjektiv in einer je eigenen Weise gliedern:

> The habits of mind that our culture has instilled in us from infancy shape our orientation to the world and our emotional responses to the objects we encounter, and their consequences probably go far beyond what has been experimentally demonstrated so far; they may also have a marked impact on our beliefs, values and ideologies[23].

Diese kulturellen Werte und Begriffssysteme erweisen sich wie die sie vermittelnden Sprachen für jeden Menschen als relativ, nicht zwingend und ablegbar, wenn man beispielsweise reisend aus seiner Kultur heraustritt und eine andere kennenlernt. Sie quasi absolut zu setzen, könnte nur in einem im orwellschen Sinne abgeschlossenen System gelingen. Wissenschaftlich gesehen gibt es jedenfalls letztlich auch hier nur eine Wirklichkeit, die der Mensch mehr oder weniger gut erkennen und über die er sich mehr oder weniger gut intersubjektiv und interkulturell verständigen kann. Keinesfalls darf man das Problem der prinzipiellen Angewiesenheit des Denkens auf sprachliche Mittel soweit simplifizieren und radikalisieren, dass jeder die Sprache beim Wort nehmen und seine eigene Wirklichkeit erschaffen könne wie in Peter Bichsels Geschichte ‚Ein Tisch ist ein Tisch'[24]. Ein solcher ‚Konstruktivismus' öffnet den ‚alternativen Fakten' Tür und Tor und ist in *diesem* Sinne faschistisch.

Den auf der radikalisierten Sapir-Whorf-These basierenden Behauptungen über die Macht der Sprache, so Deutscher[25], seien ebenso undurchdachte wie falsche Voraussetzungen gemeinsam. Erstens die Annahme, dass die Grenzen meiner Sprache die Grenzen meiner Welt bedeuten – eine Spitze gegen Ludwig Wittgenstein[26]. Sodann die Annahme, dass die in einer Sprache durch Wörter ausgedrückten Inhalte (Semantik) mit den Gedankeninhalten (durch Begriffe als übereinzelsprachliche Vorstellungen gebildet) übereinstimmen, welche die Sprecher verstehen können. Und schließlich die Prämisse, dass die in einer Sprachstruktur (Grammatik) vorhandenen Unterscheidungen mit den Unterscheidungen identisch sind, die sich Sprecher gedanklich vorstellen können.

Die Vorstellung, der Mensch sei in der Struktur seiner eigenen Sprache gefangen und könne nur durch die Veränderung dieser Struktur befreit werden, führt in die Irre[27]. Wenn das so wäre, könnte niemand seine eigene Sprache erwerben, denn das bedeutet ein Hin-

---

[23] Guy Deutscher: *Does Your Language Shape How You Think?*, in: *New York Times*, 26.08.2010, zitiert in: *Sapir-Whorf-Hypothese*, in: *Wikipedia*, a. a. O. Sc. ‚Die Denkgewohnheiten, die uns unsere Kultur von Kindesbeinen an eingeimpft hat, prägen unsere Orientierung in der Welt und unsere emotionalen Reaktionen auf die Objekte, denen wir begegnen, und ihre Folgen gehen wahrscheinlich weit über das hinaus, was bisher experimentell nachgewiesen wurde; sie können auch einen deutlichen Einfluss auf unsere Überzeugungen, Werte und Ideologien haben'.
[24] Peter Bichsel: *Ein Tisch ist ein Tisch*, Frankfurt am Main 1995.
[25] Deutscher: *Im Spiegel der Sprache*, a. a. O., S. 168.
[26] Zum Hintergrund Eckhard Meineke: *Die sprachtheoretischen Einsichten in Ludwig Wittgensteins 'Philosophischen Untersuchungen'*, in: *Sprachwissenschaft* 15 (1990), S. 1–64.
[27] Marlis Hellinger: *Kontrastive Feministische Linguistik. Mechanismen sprachlicher Diskriminierung im Englischen und Deutschen*, Ismaning 1990 (Forum Sprache), S. 44.

ausgehen über das bisherige sprachliche Wissen. Niemand könnte andere Sprachen erlernen. Niemand könnte übersetzen. Niemand könnte anders denken als seine Mitmenschen. Niemand könnte Dinge denken, die noch nicht gedacht wurden, also, was jede Sprache erlaubt, sich über mögliche Welten austauschen[28]. Niemand könnte den gleichen Sachverhalt anders ausdrücken. Niemand könnte über seine Sprache nachdenken. Es wäre keine Sprachwissenschaft möglich. Niemand könnte sich an Funktionärsausdrücken unserer Gegenwart wie *Leuchtturm, stärken, Profil schärfen, Sichtbarkeit, hochkarätig, Synergien schaffen, Alleinstellungsmerkmal* und *Kompetenzzentrum* ergötzen. Niemand könnte ein Buch namens ‚Dummdeutsch' schreiben[29]. Und niemand feststellen, dass die Erstausgabe nach fast drei Jahrzehnten stark veraltet ist – abgesehen vielleicht vom Artikel ‚Nullmorphem'. Nur sehr naive Zeitgenossen sind in der Struktur ihrer Sprache so gefangen, dass ihnen Ideologen oder Politmanipulateure Dinge einreden könnten, die es nicht gibt (*Menschenrassen, wissenschaftliche Physiognomik, alternative Fakten*). Früher oder später, bisweilen zu spät, werden solche Unwahrheiten erkannt, wobei aber die sie bezeichnenden Lexeme erhalten bleiben. Daran sieht man, wie weit die Wirklichkeit von der radikalisierten Sapir-Whorf-These entfernt ist.

Diese Vorstellung von der Kraft der Sprache, so Margarete Jäger[30], mache zwar verständlich, weshalb feministische Linguistinnen meinen, durch sprachliche Veränderungen Frauen einen entscheidenden Dienst zu erweisen, weil sie einen mehr oder weniger starken Automatismus gesellschaftlicher Veränderung durch Veränderung der Sprache sähen. Einen derartigen Automatismus gebe es aber nicht. „Er erinnert eher an sprachmagische Vorstellungen vergangener Zeiten, deren Relikte heute noch bei Flüchen und Beschwörungen zu beobachten sind"[31]. Der Einwand Anne Wizoreks[32] gegen Jägers These, dergleichen sei ein Strohmann-Argument, denn schließlich werde nirgendwo behauptet, dass geschlechtergerechtere Sprache wie ein Zauberspruch direkt ins feministische Paradies führe, greift nicht. Erstens unterstellt Jäger das nicht und zweitens geht es darum, dass die konstruktivistische Ideologie auf der Grundlage der von Jäger geschilderten Vorstellungen über hierarchisch organisierte gesetzgeberische, verwaltungstechnische und moralisierende mediale Beeinflussung Massenwirksamkeit erzielen will und erzielt.

Kompromisslos gegen eine ‚gerechtigkeitsfördernde' Sprachmanipulation von oben hat sich vor kurzem Rudolf Stöber[33] aus kommunikationswissenschaftlicher Perspektive geäußert. Sprache, so Stöber[34], beeinflusse unser Denken als gewachsenes Proto-Medium – unreflektiert, nicht intentional. Als soziale Wesen benutzten Menschen Sprache als wichtigstes Verständigungsmittel. Sprache sei die bedeutendste mediale Institution. Sprachträger benutzten sie ständig, sie dächten nicht über jedes Wort nach, das sie sagen.

---

[28] Hellinger: *Kontrastive Feministische Linguistik*, a. a. O., S. 76.
[29] Eckhard Henscheid: *Dummdeutsch. Ein Wörterbuch*. Unter Mitw. von Carl Lierow und Elsemarie Maletzke, Stuttgart 1993 (Universal-Bibliothek 8865); Neuausgabe 2009.
[30] Margarete Jäger: *Gewalt gegen Frauen – durch Sprache?* Unveröffentlichtes Vortragsmanuskript. Duisburger Institut für Sprach- und Sozialforschung, Duisburg 2000, Stand: 25. September 2006.
[31] Jäger: *Gewalt gegen Frauen – durch Sprache?*, a. a. O.
[32] Wizorek: *Gender-Kampfplatz*, a. a. O., S. 5.
[33] Stöber: *Genderstern und Binnen-I*, a. a. O.
[34] Stöber: *Genderstern und Binnen-I*, a. a. O., S. 14.

Das mache das subkutane Beeinflussungspotenzial aus, das dem Sprachgebrauch unterliegt. Wer hingegen bewusst sprachpolitisch eingreife, um durch Sprache Denken zu lenken, der manipuliere. Stöber verweist in diesem Zusammenhang auf Victor Klemperer[35], Dolf Sternberger et al.[36] oder George Orwell[37]; dort lasse sich viel über die Gefährlichkeit der Gedankenmanipulation *via* Sprachlenkung nachlesen. Die Diskussion um Wording und Framing anlässlich des ARD-Gutachtens von Elisabeth Wehling[38] zeige, dass man längst auf der schiefen Ebene der Manipulation stehe.

Die letztgenannte Quelle wird, das sei vom Verfasser der vorliegenden Studie hinzugefügt, von Stöber zu Recht in einem Atemzug mit Klemperer, Sternberger et al. und Orwell genannt. Obwohl sie voraussichtlich nicht im Entferntesten die Bekanntheit der anderen drei Quellen erreichen wird, steht sie immerhin für die ideologische Einstellung zu den Zuschauern, die möglicherweise von der größten öffentlich-rechtlichen Fernsehanstalt Deutschlands vertreten wird oder zumindest nach Willen der Autorin von ihr eingenommen werden soll. Klemperers LTI schildert anschaulich, wie die nationalsozialistische Propaganda durch wenige, ständig wiederholte Schlagworte wirkte. Sternberger et al. zeigen, wie man durch schleichende Änderung die Bedeutung von Wörtern bis in ihr Gegenteil verkehren kann. Orwells Roman ist zwar Fiktion, veranschaulicht aber die Prinzipien kommunistischer und nationalsozialistischer Sprachmanipulation. Die Berechtigung, Wehlings ‚Manual' hier einzureihen, beruht auf zwei Gründen. Erstens erweist sich die suggerierte wissenschaftliche Urheberschaft des Manuals als eine ‚Wissenschaftsattrappe'[39]. Es wird ein ‚Berkeley International Framing Institute' als Urheber oder wissenschaftlicher Rahmen des Papiers genannt. Ein solches Institut gibt es nicht; es ist eine Handelsmarke [!] der Autorin. Zweitens steht in der hier angesprochenen Handreichung wortwörtlich als zentraler Grundsatz Folgendes: „objektives, faktenbegründetes und rationales Denken gibt es nicht, zumindest nicht in der Form, in der es der Aufklärungsgedanke suggeriert. Jedes Verarbeiten von Fakten findet innerhalb von Frames statt"[40]. Framing ist Storytelling, wie es die Werbung praktiziert[41], also dort das Erzählen

---

[35] Victor Klemperer: *LTI. Notizbuch eines Philologen*, Leipzig 1996 [zuerst Berlin 1947].
[36] Dolf Sternberger – Gerhard Storz – W. E. Süskind: *Aus dem Wörterbuch des Unmenschen*, Hamburg 1957; Neue erweiterte Ausgabe mit Zeugnissen des Streites über die Sprachkritik, München 1970.
[37] George Orwell: *Nineteen eighty-four. A novel*, London 1949.
[38] [Elisabeth Wehling:] *Berkeley International Framing Institute. Framing-Manual. Unser gemeinsamer, freier Rundfunk ARD*, o. O. o. J. [2017].
[39] Nach der Begrifflichkeit von Uwe Pörksen: *Das Demokratisierungsparadoxon. Über die zweifelhaften Vorzüge der Verwissenschaftlichung und Verfachlichung unserer Sprache*, in: *Sprachkultur. Jahrbuch 1984 des Instituts für Deutsche Sprache*. Hg. von Rainer Wimmer. Düsseldorf 1985 (Sprache der Gegenwart 63), S. 159–181, hier S. 166.
[40] [Wehling:] *Framing-Manual*, a. a. O., S. 14.
[41] Payr: *Streit ums Gendern*, a. a. O.: „Wie effektiv Storytelling für das Verbreiten von Botschaften aller Art ist, haben Marketingprofis schon lange erkannt. „Facts tell, stories sell" lautet der Titel eines der zahlreichen Fachbücher zum Thema. Fakten sind nett, wer aber verkaufen will, muss Geschichten erzählen. Story beats facts. Für den Bereich der politischen Kommunikation gilt die gleiche Regel. Wer überzeugen will, muss gute Geschichten erzählen. In nüchterner Klarheit bringt es Wikipedia auf den Punkt: ‚Bestimmendes Element hinter einem Narrativ ist weniger der Wahrheitsgehalt, sondern ein gemeinsam geteiltes Bild mit starker Strahlkraft.'"

von Geschichten rund um Produkte, die Behauptungen glaubwürdiger und Produkte begehrenswerter machen sollen. Dabei betreibt das Papier in einer gedanklich äußerst schlichten Weise mit politisch unbedachten Formulierungen wie „deutscher Mensch" letztlich Volkstümelei[42].

> Zweitens, nutzen Sie ganz alltägliche Geschichten, um Ihre Fakten und Gegebenheiten rund um ein Thema greifbar zu machen. Benennen Sie die Stammtische, die Omas, die Kinder und Cousinen. Benennen Sie die Lieblingssendungen Ihrer Eltern. Sagen Sie, dass Sie mit der Sendung mit der Maus und dem Sandmännchen aufgewachsen sind. Sprechen Sie authentisch darüber, dass viele von uns die Lebensumstände unserer Großeltern erst über ARD-Sendungen richtig ‚live und in Farbe' kennenlernen, dass solche Sendungen auch zur emotionalen Anbindung an unsere Familie und zur Identitätsbildung als deutscher Mensch beitragen, an unsere Verwurzelung mit unserem Land und den Generationen vor uns.

‚Deutsche Menschen' ist der Titel eines Buches, einer kommentierten Sammlung von Briefen bedeutender Autoren, von Walter Benjamin aus dem Jahr 1936. „Der ‚Tarntitel' (so Benjamin) ‚Deutsche Menschen' war darauf berechnet, das Buch an der nationalsozialistischen Zensur vorbei auf den deutschen Markt zu schmuggeln"[43]. Er nimmt also die nationalsozialistische Sprechweise auf. Bei Wehling dürfte *deutscher Mensch* aber kaum in dieser Weise subversiv gemeint sein; vom Gesamthabitus des Textes her erscheint eine feinsinnige Anspielung unter literaturgeschichtlich Gebildeten als unwahrscheinlich. Überhaupt ist die Darstellung in ihrem treuherzigen Ton einerseits auf eine eigenartige Weise unfreiwillig komisch[44], andererseits aber sind die Ausführungen zuweilen extremistisch[45] und jedenfalls sprachwissenschaftlich zweifelhaft[46].

---

[42] [Wehling:] *Framing-Manual*, a. a. O., S. 83.
[43] *Deutsche Menschen*, in: *Wikipedia*.
[44] „Denn ein Rundfunk, der von allen finanziert wird, der ist auch für alle da. Und damit gemeint sind wirklich alle. Von unseren Großmüttern, die an langen Nachmittagen gerne mit sinnstiftender oder sanfter Unterhaltung einen Blick auf die sich verändernde Welt werfen über Kultur und Wissenschaftsinteressierte oder jene, die lebensnahe Dokumentationen abseits des Main- und Ramschstreams suchen, bis hin zu allen, die wissen und sich darauf verlassen, dass jeden Abend um 20 Uhr an der Tagesschau die Filterbubble zerplatzt": [Wehling:] *Framing-Manual*, a. a. O., S. 30.
[45] „Bürger, die sich nicht gemäß der demokratischen Vereinbarung am gemeinsamen Rundfunk ARD beteiligen, sind wortbrüchig oder auch illoyal. Sie liegen nicht nur den anderen auf der Tasche, täuschen und betrügen und genießen weiterhin uneingeschränkten Zugang zur gemeinsamen medialen Infrastruktur ARD – sondern sie halten sich nicht an unsere demokratisch getroffenen und damit für alle verbindlichen Vereinbarungen und missachten den allgemeinen Willen des Volkes. Sie sind Beitragshinterzieher, sie begehen Wortbruch, machen sich des Loyalitätsbruchs schuldig": [Wehling:] *Framing-Manual*, a. a. O., S. 63.
[46] „Derzeit dominiert für Bürger, die die Verbindlichkeit der demokratischen Vereinbarungen zum gemeinsamen, freien Rundfunk ARD infrage stellen der Begriff ‚Beitragsverweigerer'. Der Frame, den er aktiviert, wird dem Sachverhalt nicht gerecht. Er macht den demokratischen Wortbruch, oder auch Loyalitätsbruch, zu einer Frage des (moralischen) Prinzips: Man verweigert sich einer Sache in der Regel dann, wenn man ihren Sinn nie anerkannt oder sie nie gewollt hat. Man verweigert sich etwa einer Vereinbarung. Ist die Vereinbarung aber bereits getroffen,

Entscheidend für die in dieser Studie behandelte Thematik, also die Bedeutung, den Gebrauch und die sprachideologische Ablehnung des genderneutralen Maskulinums zugunsten in dieser oder jener Weise als ‚geschlechtergerecht' aufgefasster Sprechweisen ist Folgendes. In der Handreichung werden ‚Mitbürger', die man für die als solche berechtigten und guten demokratischen Ziele der ARD gewinnen möchte, offensichtlich als Leute verstanden, die man nur über taktisch geschicktes Wording, moralisches Framing und Hebbian Learning erreichen könne. Menschen sollen vor allem durch Storytelling überzeugt werden, weniger durch Fakten. Von außen gesehen wirkt der Text wie eine Satire. Es ist zu hoffen, dass die ARD sich damit nicht identifiziert hat. Wenn das aber der Fall sein sollte, würde sich die zentrale Institution des öffentlich-rechtlichen Fernsehens für solches Framing, für ‚betreutes Denken', und damit auch für ‚betreutes Sprechen' (Joachim Gauck)[47] einsetzen. Und dann würde es beispielsweise von einem so um political correctness bemühten Sender hinsichtlich des Framing auch nicht dem Zufall überlassen werden, in welcher Rolle jemand auftritt, der sich in einem von der ARD gesendeten Kriminalfilm[48] gegen das Gendern äußert, nämlich in der Rolle eines Bundeswehroffiziers, der sich als offenbar pathologischer Frauenhasser und -mörder entpuppt.

Wer die Institution Sprache beschädige, so Stöber[49] weiter, dürfe sich über weitergehende Angriffe auf die Institution der Massenmedien nicht beklagen. Wenn die Lenkungswirkung zweiter Ordnung nicht angemessen reflektiert werde, man nur dem Trend eines bestimmten Milieus folge und sich nur den Anschein der Fortschrittlichkeit geben wolle, dann sei der Gebrauch von Gender-* und Binnen-*I* bestenfalls unbedacht, selbstgleichschaltend und latent manipulativ. Diejenigen, die sich offen und bewusst dazu bekennen, mit Hilfe von Sprache das Denken beeinflussen zu wollen, sollten sich zumindest die Frage stellen, ob der Preis, den sie würden zahlen müssen, bzw. der Preis, den sie der Gesellschaft auferlegten, nicht vielleicht zu hoch sei. Manipulation, selbst solche aus ehrenwerten Motiven, bleibe Manipulation. Wollten sich die Sprachen- und Gedankenmanipulateure vorwerfen lassen, die Gesellschaft mit billiger Symbolpolitik zu indoktrinieren und zu polarisieren? Gerade die deutsche Kommunikationswissenschaft müsse vorsichtig sein: Vorgänger des Fachs wie Hans Amandus Münster oder die Äbte im Leipziger Roten Kloster hätten mit manipulativen Volksverführern paktiert und sich dem jeweiligen Zeitgeist angedient.

Nun möge, so Stöber[50], wer es schlicht sehe, glauben, mit Symbolen die Realitäten ändern und mit Gender-* und Binnen-*I* für Emanzipation sorgen zu können. Man möge sich daher als fortschrittlich verstehen. Er, Stöber, halte es eher für magisches Denken, das auf einem Irrtum beruht: Realitäten, hier reale Diskriminierungen, seien durch ‚Neusprech' (George Orwell) nicht aus der Welt zu schaffen. Wer glaube, mit Gender-* und Binnen-*I* die Realitäten zu ändern, weil beides das Denken ändere, wer bewusst Sprache

---

so weigert man sich zwar vielleicht, sie einzuhalten – aber man verweigert sich nicht, sie einzuhalten. Dieser Fall ist nicht in der Frame-Semantik des Wortes ‚verweigern' vorgesehen – und so wird er denn auch nicht gedacht. Das Suffix [sic!] macht den Unterschied": [Wehling:] *Framing-Manual*, a. a. O., S. 62.

47   Payr: *Von Menschen und Mensch*innen*, a. a. O., S. X.
48   Das Erste: *Tatort. Das Verhör*, 04.09.2022; *Tatort: Das Verhör*, in: *Wikipedia*.
49   Stöber: *Genderstern und Binnen-I*, a. a. O., S. 14.
50   Stöber: *Genderstern und Binnen-I*, a. a. O., S. 15.

manipuliere, um zunächst das Denken zu ändern und damit die Emanzipation voranzutreiben, wache vielleicht eines Tages erstaunt auf, weil etwas ganz anderes eingetreten sei: An die Stelle wünschenswerter Emanzipation seien Gender-* und Binnen-*I* getreten – und dabei sei es geblieben. „Universität wie Wissenschaft im allgemeinen und die Kommunikationswissenschaft im besonderen werden sich kaum dadurch profilieren, [...], dass sie die Sprache durch affektierte Kunstpausen und die Schrift durch unästhetische Zeichen verunstalten"[51].

---

[51] Stöber: *Genderstern und Binnen-I*, a. a. O., S. 17.

8 Ursprünge der feministischen Linguistik

8.1 Anfänge und Grundlagen

Die von der feministischen Linguistik im Deutschen verbreiteten gendersensitiven Sprachveränderungen können umso klarer als Instrumente und Konsequenzen eines sprachideologischen Paradigmas erkannt werden, wenn ihre Ursprünge in der Bundesrepublik Deutschland diachron betrachtet werden.

Ab 1970 entwickelt sich in den USA mit dem Feminismus als Bewegung für Gleichberechtigung, Menschenwürde, Selbstbestimmung der Frau und gegen Sexismus[1] ein verstärktes Interesse am unterschiedlichen Sprachgebrauch der Geschlechter[2]. Im englischsprachigen Bereich, besonders in den USA, veröffentlichen Aktivistinnen, Verlage, Berufsverbände, Gewerkschaften, Institutionen und Behörden alsbald ‚Guidelines' zur Vermeidung ‚sexistischen' Sprachgebrauchs[3]. Sprachstrukturell sind die Kritikpunkte im Englischen allerdings begrenzt. Der englische Einheitsartikel zeigt keinen Reflex des Genus, der als Ausdruck des Geschlechts gedeutet werden könnte. Berufs- und Statusbezeichnungen wie *soldier* oder *student* werden zur Bezeichnung weiblicher Personen üblicherweise nicht abgeleitet, aber man nimmt mit sexusanzeigenden Pronomen (*she/he*) Bezug auf das Geschlecht[4]. Bei der Pronominalzuweisung spielten aber auch Klischees, ‚social gender' (*a lawyer/scientist ... he; a secretary ... she*[5]) eine Rolle, das ‚soziale Geschlecht'. Kompositionen wie *woman pilot, female lawyer, lady doctor* oder Ableitungen wie *authoress, majorette, masseuse* hatten einen pejorativen Beigeschmack. Komposition vermittelt damals den Eindruck, dass der betreffende Beruf für Frauen ungewöhnlich oder unangemessen sei. Eine Ableitung hat abschwächende, trivialisierende und gelegentlich sexualisierende Wirkung[6]. Ausdrückliches sprachliches Zeigen ist hier gerade, wie weiter oben als Möglichkeit angesprochen, kein Anzeichen der Geschlechtergleichheit, sondern des Gegenteils: es diskriminiert. So schlägt man im Wesentlichen die Änderung von Personenbezeichnungen (*chairman* → *chairperson*) und den Gebrauch anderer Pronomen

---

[1] *Feminismus*, in: *Wikipedia*.
[2] *Feministische Linguistik*, in: *Wikipedia*.
[3] Hellinger: *Kontrastive Feministische Linguistik*, a. a. O., S. 123–129, 140–152; Klann-Delius: *Sprache und Geschlecht*, a. a. O., S. 183; Romaine: *A corpus-based view of gender*, a. a. O., S. 166.
[4] Vgl. Hellinger: *Kontrastive Feministische Linguistik*, a. a. O., S. 61; Bär: *Genus und Sexus*, a. a. O., S. 153; Nádeníček: *Movierung – ein gemeinsamer Weg des Tschechischen und Deutschen?*, a. a. O., S. 97.
[5] Hellinger: *Kontrastive Feministische Linguistik*, a. a. O., S. 61; Hoberg: *Grammatik des Deutschen*, a. a. O., S. 59.
[6] Hellinger: *Kontrastive Feministische Linguistik*, a. a. O., S. 37; Hoberg: *Grammatik des Deutschen*, a. a. O., S. 58.

(singularisches *they* bei indefinit-pronominalen Antezedenzien wie *someone, everybody*[7] statt *he*) vor[8]. Wobei ‚vorschlagen' ein Euphemismus ist: „Over the last twenty years, this generic pronoun has become the focus of an extensive language planning campaign, a symbol of reaction to the social invisibility of women, and targeted for extinction"[9]. Das traditionelle geschlechtsübergreifende *he* zur Anaphorisierung von Personenbezeichnungen in sexusneutralen Kontexten war unter feministischem Einfluss demnach als sexistisch, als Frauen ausschließend, empfunden worden[10]. Am ehesten akzeptiert scheint die sexusneutrale Lesart von *he* noch bei indefiniter Referenz zu sein[11]. Jedenfalls konnte Hellinger das Thema ‚Gender' für das Englische auf knapp fünf Druckseiten abhandeln[12].

Die Diskussion um das ‚generic' *he* scheint im Englischen ähnliche Ausmaße angenommen zu haben wie die Diskussion um das ‚generische' Maskulinum im Deutschen. Das ist umso bemerkenswerter, als im Englischen die Anzahl der ‚dual gender nouns' wie *cook, doctor, friend, guest, manager, student, teacher, writer*, die sich auf Personen beiderlei Geschlechts beziehen und auf die mit *he* oder *she* Bezug genommen werden kann, weitaus größer ist als die der *he*- und *she*-Substantive zusammengenommen, die lexikalisch männliche oder weibliche Personen denotieren[13]. Insgesamt zeigt die auf dem Gebrauch der anaphorischen Pronomina beruhende semantische Substantivklassifikation im Englischen, dass Belebtheit und Sexus (‚natural gender') als Klassifikationskriterien überlagert werden von anderen Salienzparametern, vor allem soziokulturellen Wertungen (‚social gender') und subjektiv-affektiven Einstellungen (‚psychological/metaphorical gender')[14]. Die Bemühungen um eine lexikalische Vermeidung von Berufsbezeichnungen, die ‚marked for gender' seien, sind aus deutscher Sicht aufschlussreich: „The [US] Department of Labor revised the titles of almost 3.500 jobs so that they are unmarked for gender. Thus, *steward* and *stewardess* are officially ‚out' and *flight attendant* is in. A *hat*

---

[7] Hoberg: *Grammatik des Deutschen*, a. a. O., S. 57.
[8] Hellinger: *Kontrastive Feministische Linguistik*, a. a. O., S. 79–81, 115; Marlis Hellinger: *English – Gender in a global language*, in: *Gender Across Languages. The linguistic representation of women and men*. Volume I. Ed. by Marlis Hellinger, Hadumod Bußmann, Amsterdam/Philadelphia 2001 (Impact: Studies in language and society 9), S. 105–113; Sabine Wierlemann: *Political Correctness in den USA und in Deutschland*, Berlin 2002 (Philologische Studien und Quellen 175), hier S. 62–68; Morales: *Feministische Sprachkritik*, a. a. O., S. 1; Hoberg: *Grammatik des Deutschen*, a. a. O., S. 57; Kotthoff – Nübling: *Genderlinguistik*, a. a. O., S. 96.
[9] Geneviève Escure: *Belizian Creole: Gender, creole, and the role of women in language change*, in: *Gender Across Languages. The linguistic representation of women and men*. Volume I. Ed. by Marlis Hellinger, Hadumod Bußmann, Amsterdam/Philadelphia 2001 (Impact: Studies in language and society 9), S. 53–84, hier S. 64. Sc. ‚In den letzten zwanzig Jahren wurde dieses generische Pronomen zum Mittelpunkt einer intensiven Sprachplanungskampagne, zu einem Symbol der Reaktion auf die gesellschaftliche Unsichtbarkeit von Frauen und zum Ziel der Auslöschung.'
[10] Hoberg: *Grammatik des Deutschen*, a. a. O., S. 58.
[11] Beispiel: *An independent counsel cannot let himself get caught up in a political process.* Hoberg: *Grammatik des Deutschen*, a. a. O., S. 59.
[12] Hellinger: *English – Gender in a global language*, a. a. O.
[13] Hoberg: *Grammatik des Deutschen*, a. a. O., S. 56.
[14] Hoberg: *Grammatik des Deutschen*, a. a. O., S. 59.

check girl [‚Garderobiere'] has become a *hat check attendant*, a *repairman* a *repairer*, a *maid* a *houseworker*, etc."[15].

Lind und Nübling[16] behaupten, im englischen Sprachraum bestehe bei unmovierten Bezeichnungen wie *teacher* keine ‚Sichtbarkeits'-Problematik. Denn das Englische habe kein Genus und benötige darum „natürlich" keine „Femininmovierung" [!]. Deshalb erübrige sich „der von Laien immer wieder vorgebrachte Vorschlag, man möge es im Deutschen doch einfach so wie im Englischen machen". Das Englische unterscheide sich sprachstrukturell vom Deutschen „so grundlegend", dass sich ein Vergleich erledige[17]. Nähme man diese Behauptung über zwei nächstverwandte Sprachen beim Wort, die suggeriert, dass das Deutsche mit dem Englischen so wenig zu tun hat wie mit dem Finnischen, hätte etwa die denkbar umfangreiche vergleichende Arbeit von Heike Baeskow zu den abgeleiteten Personenbezeichnungen im Deutschen und Englischen[18] von vornherein keinen Sinn gehabt. Und es würden auch Stickel[19] und Wegener[20] zu den Laien gehören. Angesichts der vorgestellten amerikanischen Bemühungen um eine lexikalische Vermeidung von Berufsbezeichnungen, die „marked for gender" seien, erweist sich eine solche Argumentation als geradezu teilweise irreführend. Denn im Englischen und den meisten anderen dem Deutschen nächstverwandten Sprachen geht es nicht um das Genus, sondern um die Frage, ob weibliche Akteure durch Ableitung oder Komposition sichtbar gemacht werden sollen oder nicht.

> [...], und noch bevor der Professor die nächste Frage stellen konnte, wusste ich, dass ich auf sie keine Antwort haben würde. „Wie kann es richtig sein, Weiblichkeit in jeder Berufsbezeichnung als Morphem anzuzeigen, wenn es falsch wäre, Religion, Hautfarbe, Orientierung, Gewicht oder eine Behinderung mit einem Morphem sichtbar zu machen?" In diesem Moment wurde mir schlagartig klar: Aus der englischen Perspektive ist das „Gendern", wie wir es in Deutschland betreiben, sexistisch, antiquiert und kein bisschen inklusiv[21].

Die Tatsache, dass sich diese Sprachgemeinschaften größtenteils gegen eine auch hier ungeachtet der Frage des Genus mögliche morphologische Sichtbarkeit entschieden haben, wird von Lind und Nübling nicht erwähnt. Argumentationstaktisch ist ihr Vorgehen durchsichtig. Im Verein mit dem ‚Laien'-Narrativ und dem konnotativ negativ aufgeladenen Maskulinum geht es darum, die für das Deutsche vertretene ‚Sichtbarkeits'-Strategie als die einzig mögliche darzustellen und das Scheitern der in verwandten Sprachen von feministischer Seite verfolgten Sichtbarkeitsstrategien auszublenden.

Ab 1978 gibt es in Europa den amerikanischen entsprechende Bestrebungen[22], in der Bundesrepublik Deutschland auf der Grundlage der Neuen Frauenbewegung; diese ging

---

15 Romaine: *A corpus-based view of gender*, a. a. O., S. 165.
16 Miriam Lind – Damaris Nübling: *Sprache und Bewusstsein*, in: *Aus Politik und Zeitgeschichte* 72, 5–7. 31. Januar 2022, S. 36–42, hier S. 40, Anm. 22.
17 Diewald – Nübling: *„Genus – Sexus – Gender"*, a. a. O., S. 19.
18 Baeskow: *Abgeleitete Personenbezeichnungen*, a. a. O.
19 Vgl. Stickel: *Beantragte staatliche Regelungen*, a. a. O., S. 351.
20 Wegener: *Sichtbar oder gleichwertig?*, a. a. O.
21 Pollatschek: *They: Gendern auf Englisch*, a. a. O., S. 8.
22 Klann-Delius: *Sprache und Geschlecht*, a. a. O., S. 10.

aus der 68er Studentenbewegung hervor[23]. Die ‚feministische Sprachanalyse' der Sprachstrukturen entsteht. Mit Sprachstrukturen seien Wertesysteme verbunden. Sprache drücke sie aus und fördere deren Aufrechterhaltung. Es erscheinen zahlreiche Publikationen zur ‚Frauensprache', ‚Männersprache'[24] und ‚Sprachgewalt'[25]. In der DDR gab es dafür keinen Widerhall: Im Sozialismus sei die Gleichheit von Frau und Mann verwirklicht[26]. Die Frauenfrage galt dort bereits seit 1975 als gelöst[27]. „In der DDR werden freilich nicht nur Ehrentitel wie *Held der Arbeit*, sondern auch *Verdienter Lehrer des Volkes* sowohl Männern wie Frauen verliehen"[28]. „Sogar Männer hier in Bonn", weiß die Bundestags-Vizepräsidentin Renate Schmidt zu berichten, „zucken ja in der letzten Zeit richtig zusammen. wenn eine Frau von sich sagt ‚Ich bin Realist'"[29]. Schmidt bezieht sich mit dem Zitat aus einem Interview von 1991 auf Angela Merkel. Bei Schoenthal wird daraus „ein Sprachgebrauch, der nach der Wende selbst wdt. Nichtfeministen irritiert und das Bewußtsein für die maskuline Sprache gefördert hat"[30]. Die Bevorzugung des genderneutralen Maskulinums zeigt sich auch im Sprachverhalten der jungen Generation der ehemaligen DDR nach der Wende[31]. Für die ‚neuen' Bundesländer wird 2005 festgestellt, dass „auch heute noch" maskuline Berufsbezeichnungen als Zeichen der Gleichberechtigung gewertet werden[32].

---

[23] Samel: *Einführung in die feministische Sprachwissenschaft*, a. a. O., S. 15–23.
[24] Der in der feministischen Diskussion bis in die Gegenwart verwendete Begriff erscheint wohl zum ersten Mal als *Männer Sprache* in einer Publikation von 1783: Felicity J. Rash: *Ein frühes Beispiel der ‚Männersprache'?*, in: *Sprachwissenschaft* 21 (1996), S. 446–464, hier S. 450.
[25] Vgl. etwa: Karsta Frank: *Sprachgewalt: Die sprachliche Reproduktion der Geschlechterhierarchie. Elemente einer feministischen Linguistik im Kontext sozialwissenschaftlicher Frauenforschung*, Tübingen 1992 (Reihe Germanistische Linguistik 130).
[26] *Wortschatz der deutschen Sprache in der DDR. Fragen seines Aufbaus und seiner Verwendungsweise. Von einem Autorenkollektiv unter der Leitung von Wolfgang Fleischer*, Leipzig 1988, S. 104. „Movierungen haben in der Literatursprache der DDR einen anderen Stellenwert: vor dem Hintergrund des öffentlichen Sprachgebrauchs in dem konsequent nicht moviert wurde, (Margot Honecker war selbstverständlich Volksbildungsminister) erweisen sich Movierungen als subversives Sprechen": Schoenthal: *Wirkungen der feministischen Sprachkritik*, a. a. O., S. 232.
[27] Schoenthal: *Impulse der feministischen Linguistik*, a. a. O., S. 2079.
[28] Ljungerud: *Bemerkungen zur Movierung*, a. a. O., S. 158.
[29] Gorny: *Feministische Sprachkritik*, a. a. O., S. 555.
[30] Schoenthal: *Impulse der feministischen Linguistik*, a. a. O., S. 2079.
[31] Christina Gansel – Carsten Gansel: *Aspekte geschlechterdifferenzierenden Sprachgebrauchs in Ost und West*, in: Irmtraud Rösler – Karl-Ernst Sommerfeldt (Hg.): *Probleme der Sprache nach der Wende. Beiträge des Kolloquiums in Rostock am 16. November 1996*, ²Frankfurt am Main [u. a.] 1998 (Sprache – System und Tätigkeit 23), S. 137–151; Becker: *Zum generischen Maskulinum*, a. a. O., S. 67; Schröter – Linke – Bubenhofer: *„Ich als Linguist"*, a. a. O., S. 359, Anm. 1; Kopf: *Ist Sharon Manager?*, a. a. O., S. 78.
[32] Lisa Irmen – Vera Steiger: *Zur Geschichte des Generischen Maskulinums: Sprachwissenschaftliche, Sprachphilosophische und psychologische Aspekte im historischen Diskurs*, in: *Zeitschrift für germanistische Linguistik* 33 (2005), S. 212–235, hier S. 228.

Viele ostdeutsche Frauen bezeichnen sich noch heute stolz als Physiotherapeut, Arzt, Ingenieur, auch junge Frauen: In einem Seminar der Uni Leipzig bestehen 2010 alle 46 ostdeutschen Teilnehmerinnen auf der Bezeichnung „Student", wogegen nur die drei westdeutschen die Form „Studentin" vorziehen (Ross in Emma 3, 2010). Für ostdeutsche Frauen ist die Bezeichnung Ingenieurin und gar die Behauptung, „es gebe einen Ingenieurinnenberuf neben dem Ingenieursberuf, ... eine Beleidigung". (Wendebourg, F.A.Z. 18. Januar, 2021). Ostdeutsche (und schwedische ...) Frauen sind der lebende Beweis dafür, dass Emanzipation möglich ist, ohne sich seine „natürlich gewachsene Sprache zergendern zu lassen" (Stein, Taz 3. Juli 2021)[33].

Senta Trömel-Plötz[34] löst auf der Grundlage der Arbeiten von Mary Ritchie Key und Robin Lakoff[35] die Auseinandersetzung um die geschlechtergerechte Sprache für das Deutsche aus („Aufschlag der Debatte"[36]). Darauf antwortet Kalverkämper[37], der den zwingenden Zusammenhang von Genus und natürlichem Geschlecht sowie die Berechtigung feministischer Sprachkritik bestreitet. „Die vorgebrachten Einwände wurden und werden noch heute in völlig analoger Weise wiederholt, ungeachtet aller bisher erworbenen gegenteiligen Erkenntnisse"[38]. Puschs polemische Erwiderung[39] und weitere Beiträge ‚der außerirdischen Linguistik'[40] in Pusch 1984[41] haben die gleichen Grundlagen:
Erstens wird behauptet, Sprache und Wirklichkeit bzw. Sprache und Denken bedingten sich gegenseitig. Die Wirklichkeit, d. h. die patriarchalische Kultur, habe die Männersprache hervorgebracht. Durch Feminisierung könne das Denken und dann die Wirklichkeit geändert werden (radikalisierte Sapir-Whorf-These[42]). Das Narrativ von der ‚Männersprache' ist vielleicht die erfolgreichste feministische Erzählung[43]. Zweitens werden bei den Personenbezeichnungen Genus und Geschlechtsbezug in eins gesetzt.

---

[33] Wegener: *Sichtbar oder gleichwertig?*, a. a. O.
[34] Trömel-Plötz: *Linguistik und Frauensprache*, a. a. O.
[35] Samel: *Einführung in die feministische Sprachwissenschaft*, a. a. O., S. 31–36.
[36] Diewald – Nübling: *„Genus – Sexus – Gender"*, a. a. O., S. 7.
[37] Kalverkämper: *Die Frauen und die Sprache*, a. a. O.; vgl. Samel: *Einführung in die feministische Sprachwissenschaft*, a. a. O., S. 65–69; Irmen – Steiger: *Zur Geschichte des Generischen Maskulinums*, a. a. O., S. 225–227.
[38] Diewald – Nübling: *„Genus – Sexus – Gender"*, a. a. O., S. 8.
[39] Pusch: *Der Mensch ist ein Gewohnheitstier*, a. a. O.
[40] Pusch: *Das Deutsche als Männersprache*, a. a. O., S. 43.
[41] Pusch: *Das Deutsche als Männersprache*, a. a. O.; vgl. Luise F. Pusch: *Alle Menschen werden Schwestern. Feministische Sprachkritik*, Frankfurt am Main 1990 (edition suhrkamp 1565. Neue Folge 565); Luise F. Pusch: *Deutsch auf Vorderfrau. Sprachkritische Glossen*, Göttingen 2011.
[42] Vgl. Fónyad: *Die Grammatik kann nichts dafür*, a. a. O., S. 253.
[43] Payr: *Streit ums Gendern*, a. a. O.: „Erfolgreich war ebenso die Geschichte vom Deutschen als ‚Männersprache' (Pusch). Hinter diesem Konzept steckt die Idee einer Sprachentwicklung, die über Jahrtausende ausschließlich von Männern geprägt wurde. Der Schriftsteller Daniel Scholten kommentiert dieses Geschichtsbild bissig: ‚Obwohl die Frau seit so langer Zeit sprechen kann wie der Mann und seit jeher die Hälfte jeder Population ausmacht, hat sie jahrtausendelang nichts gesagt und ist erst durch die moderne Frauenbewegung zu Bewusstsein und Sprache gekommen (…). Wenn sie doch gesprochen hat, durfte sie die Sprache höchstens mitbenutzen

Drittens hatte sich um 1970 für Frauen eine differenzierte und unideologische Verwendung maskuliner und mit *-in* abgeleiteter (movierter) femininer Berufs- und Statusbezeichnungen herausgebildet[44]: *Kameradin, Generalin, Konventualin, Partisanin, Konfirmandin, Komödiantin, Biographin, Notarin, Sekretärin, Monarchin, Soldatin, Elevin, Mimin, Pädagogin, Kollegin, Komplizin, Mäzenin, Produzentin, Cutterin, Managerin, Reporterin, Sprinterin, Baronin, Spionin, Interpretin, Direktorin, Doktorin, Seniorin, Friseurin, Gouverneurin, Ingenieurin, Masseurin, Redakteurin, Schofförin, Brigadierin, Kassierin*[45], *Enthusiastin, Fakturistin, Polizistin, Favoritin, Detektivin, Philosophin, Pilotin, Dramaturgin, Substitutin*[46]. Wer auf die Funktion abhob, verwendete die maskuline Bezeichnung für beide Geschlechter. Wer sich oder eine andere Person zugleich als weibliche Ausübende des Berufs oder Angehörige des Status bezeichnen wollte, konnte sich des movierten Femininums auf *-in* bedienen.

> Frau Stadler ist Chefin des Betriebs.
> Tanja arbeitet als Polygrafin.
> Frau Dr. Seibert war die erste Ärztin, die diese Operation gewagt hat.
> Daniela fand als beste Rechnerin der Klasse das Ergebnis zuerst heraus[47].

1976 beschreibt Els Oksaar die Berufsbezeichnungen im Deutschen als von einem mehrfaktoriellen, nicht zuletzt soziokulturellen und soziopsychologischen Bedingungsgefüge gesteuerten Lexembestand[48], der vor allem durch den Strukturwandel der Berufe selbst, durch Internationalisierung, durch sprachliche Ab- und Aufwertung (*Dienstmädchen* → *Hausangestellte*[49]) sowie arbeitspolitische Euphemisierung (*Arbeitskraft* → *Mitarbeiter*[50]) dynamisiert wird.

> Wir können folgende Relationen feststellen: Die Femininendung muß verwendet werden bei älteren Frauenberufen [...]. Auch bei den neueren zeigt sich die Tendenz, durch Movierung den weiblichen Berufsausüber zu kennzeichnen [...], obwohl sie auch in dieser Kategorie, besonders bei vielen höheren Berufen, fehlen kann [...]. Sie fehlt bei alten Handwerksberufen [...], die seit je als typische Männerberufe gelten. Dabei ergibt sich ein wichtiger Zusammenhang: die Variable ‚Unmoviertheit' korreliert hier negativ mit der Variable ‚Zahl der weiblichen Berufsausüber'. Das heutige Deutsch hat somit einen grammatischen Indikator, der es ermöglicht, Aussagen über die berufliche Integration der Frau und die gesellschaftliche Entwicklung im Problem Mann und Frau in der Berufswelt zu machen.

und musste so sprechen, wie es ihr der Mann vorgab. An der Entstehung und Entwicklung des Deutschen hatte sie keinen Anteil.'"

[44] Els Oksaar: *Das heutige Deutsch – ein Spiegel sozialer Wandlungen*, in: *Sprache und Gesellschaft. Beiträge zur soziolinguistischen Beschreibung der deutschen Gegenwartssprache. Jahrbuch 1970*, Düsseldorf 1970 (Sprache der Gegenwart 13), S. 279–294, hier S. 292–294; vgl. Doleschal: *Movierung im Deutschen*, a. a. O., S. 29–30.
[45] *Kassierin* ist eine österreichische und Schweizer Variante; vgl. Wittemöller: *Weibliche Berufsbezeichnungen im gegenwärtigen Deutsch*, a. a. O., S. 33.
[46] Ljungerud: *Bemerkungen zur Movierung*, a. a. O., S. 151.
[47] Gallmann: *Zum Genus bei Personenbezeichnungen*, a. a. O., S. 10.
[48] Oksaar: *Berufsbezeichnungen im heutigen Deutsch*, a. a. O.
[49] Oksaar: *Berufsbezeichnungen im heutigen Deutsch*, a. a. O., S. 116.
[50] Oksaar: *Berufsbezeichnungen im heutigen Deutsch*, a. a. O., S. 125–126.

Das *in*-Morphem und seine Nichtverwendung – {in} : {0} – kann als Index der Unterscheidung zwischen alten und neuen Frauenberufen gelten[51].

Sehr merkwürdig ist in diesem Zusammenhang, dass Oksaar ganz offensichtlich die Neutralisierungstheorie Jakobsons nicht verstanden hat, die ja darauf hinausläuft, dass formal unmarkierte Lexeme in sexusneutraler Funktion auch für diejenigen Personen verwendet werden können, die explizit geschlechtsdifferenzierend mit markierten Lexemen bezeichnet werden müssen:

> Die Analysen haben gezeigt, daß die von Jakobson aufgestellten Relationen der Merkmalhaltigkeit und Merkmallosigkeit bei den deutschen nomina agentis keine Allgemeingültigkeit haben. Die unmovierten und movierten Bezeichnungen ([...]) ergeben zwar einen rein formalen Kontrast als grammatische Kategorie, können im lexikalischen System aber beide für weibliche Berufsträger verwendet werden. Die Genuskongruenz ist daher in vielen Fällen unterbrochen, die merkmallose Kategorie (Typus *Minister*) steht nicht mehr in dem Verhältnis zu der merkmalhaltigen Kategorie (Typus *Ministerin*) wie die Konzeption vorsieht [sic!], sondern kann mit ihr eine Schnittmenge aufweisen. Das spricht dagegen, diese Konzeption uneingeschränkt zu den sprachlichen Universalien zu zählen[52].

Staatlicherseits sind in den späten 70er und den beginnenden 80er Jahren die Bestrebungen zur Gleichbehandlung von Mann und Frau zum eigentlichen Movens der Movierung von Berufsbezeichnungen und damit zum Ursprung des Genderns geworden, noch bevor die feministische Diskussion Breitenwirksamkeit erlangte:

> In der Bundesrepublik wurde schon 1979 eine sprachregelnde Maßnahme von entscheidender Bedeutung auf freiwilliger Basis durchgeführt. In diesem Jahr wurde vom Bundesministerium für Bildung und Wissenschaft beschlossen, in Zukunft alle Ausbildungsberufe nach Bundesbildungsgesetz (BbiG) und Handwerksordnung (HwO) geschlechtsdifferenziert aufzuführen. [...] Am 11. 6. 1979 erschien die ‚Verordnung über die Berufsausbildung zum Koch/zur Köchin' als erste Ausbildungsordnung mit männlicher und weiblicher Bezeichnung. 1980 hat man beschlossen, auch alle bestehenden Ausbildungsberufe in männlicher und weiblicher Form in die Verordnungen aufzunehmen. Die von den Bundesressorts geschaffenen männlichen und weiblichen Berufsbezeichnungen wurden im vom Bundesinstitut für Berufsbildung herausgegebenen ‚Verzeichnis der anerkannten Ausbildungsberufe' erstmals in der Ausgabe von 1980 übernommen. Diese Maßnahme war ursprünglich als Beitrag zur Verbesserung der Chancengleichheit der Frauen gedacht und sollte offensichtlich das Modellversuchsprogramm des Bundesbildungsministeriums zur Öffnung traditioneller Männerberufe für Mädchen unterstützen. Die Mädchen sollten schon durch die sprachliche Form darauf hingewiesen werden, daß vielfältige Ausbildungsmöglichkeiten bestehen[53].

---

[51] Oksaar: *Berufsbezeichnungen im heutigen Deutsch*, a. a. O., S. 85.
[52] Oksaar: *Berufsbezeichnungen im heutigen Deutsch*, a. a. O., S. 88.
[53] Wittemöller: *Weibliche Berufsbezeichnungen im gegenwärtigen Deutsch*, a. a. O., S. 135–136.

Die Bedeutung und Wirkungsweise der geschlechtsdifferenzierten Ausbildungsordnungen, so Regina Wittemöller[54], gehe aber weit darüber hinaus. Die größtenteils „sprachschöpferischen" Maßnahmen seien als fundamentaler Eingriff in den Sprachwandel im lexikalischen Bereich der Berufsbezeichnungen, „speziell der weiblichen Berufsbezeichnungen" [!], zu bewerten. Zum einen sei die konsequente Movierung der Ausbildungsbezeichnungen ein Paradigma mit Signalwirkung, das den Sprachteilnehmer zur Movierung auch bei anderen Berufsbezeichnungen ermutige, bei denen das bislang nicht möglich gewesen sei. Damit nehme die Bedeutung „unmovierter weiblicher Berufsbezeichnungen" in den meisten sprachlichen Kontexten ab. Zum anderen sei bei miteinander konkurrierenden weiblichen Formen die Entscheidung zugunsten einer Alternative gefällt worden.

Festzuhalten ist also, dass die Geschlechterdifferenzierung bei den Berufsbezeichnungen keinen explizit feministischen Hintergrund hat, sondern vom Bundesministerium für Bildung und Wissenschaft im Sinne sozialdemokratischer Politik als Beitrag zur Verbesserung der Chancengleichheit der Frauen initiiert wurde. Der sprachtheoretische Hintergrund und das dahinterstehende Menschenbild sind allerdings ebenso wenig überzeugend wie bei den feministischen Bestrebungen. Nur durch die ‚weibliche' Form sei verbürgt, dass der Beruf auch durch Frauen ergriffen werden könne, und die jungen Frauen wurden offenbar als so wenig intelligent eingeschätzt, dass sie aufgrund der ‚männlichen Form' der Berufsbezeichnungen berufliche Möglichkeiten nicht erkennen könnten. So auch noch 1995 eine feministische Position: „Stelleninserate, die ausschließlich männliche Berufsbezeichnungen enthalten, sind für viele Frauen eine Hemmschwelle. Sie bewerben sich erst gar nicht"[55]. Dass es auch seinerzeit eine Berufsberatung für Schulabgänger gab und dass sich die Berufswahl an gesellschaftlichen Verhältnissen und persönlichen Vorbildern orientiert (dazu ausführlicher weiter unten), nicht an Sprachformen, wird ausgeblendet. Für die praktische Verbreitung der weiblichen Berufsbezeichnungen ist auf Dauer die 1980 im Bürgerlichen Gesetzbuch, § 611b, niedergelegte Bestimmung wirksam, dass ein Arbeitgeber einen Arbeitsplatz weder öffentlich noch innerhalb des Betriebs nur für Männer oder nur für Frauen ausschreiben soll, soweit nicht ein bestimmtes Geschlecht unverzichtbare Voraussetzung für die Ausübung der betreffenden Tätigkeit ist[56]. Aus dieser Bestimmung geht allerdings nicht hervor, welche konkrete sprachliche Form der Vorschrift gerecht wird, und sie war auch nicht mit Sanktionen verbunden, so dass in den ersten Jahren nach deren Erlass die Stellenanzeigen überwiegend mit Berufsbezeichnungen in Allgemeinform oder eindeutig geschlechtsspezifischen Formulierungen erschienen[57]. Das führte sogar zu einer förmlichen Verwarnung durch die EG-Kommission vom 15.01.1982, die damit begründet wurde, dass das EG-Anpassungsgesetz unter anderem die Nichtdiskriminierung in Stellenangeboten nicht gewährleiste[58]. Für eine solche ‚Nichtdiskriminierung' boten sich die in dem ‚Verzeichnis der anerkannten Ausbildungsberufe' niedergelegten nichtmovierten und movierten Bezeichnungen an.

---

[54] Wittemöller: *Weibliche Berufsbezeichnungen im gegenwärtigen Deutsch*, a. a. O., S. 136.
[55] Gorny: *Feministische Sprachkritik*, a. a. O., S. 552.
[56] Wittemöller: *Weibliche Berufsbezeichnungen im gegenwärtigen Deutsch*, a. a. O., S. 379.
[57] Wittemöller: *Weibliche Berufsbezeichnungen im gegenwärtigen Deutsch*, a. a. O., S. 134.
[58] Wittemöller: *Weibliche Berufsbezeichnungen im gegenwärtigen Deutsch*, a. a. O., S. 135.

Die Geschlechtsdifferenzierung der Ausbildungsbezeichnungen ist zugleich ein Modell für die Erfüllung der Vorschriften des § 611b BGB. Es ist nicht auszuschließen, daß die zunehmende Tendenz des Splitting in Stellenangeboten nicht zuletzt auch auf dieses Vorbild zurückgeht. [...] In jedem Fall aber wurden durch die Neuschaffung weiblicher Bezeichnungen und das ‚sanktionierte' Angebot von sprachlichen Mustern für weitere Neubildungen die Voraussetzung für das Splitting mitgeschaffen[59].

Das genderneutrale Maskulinum mit verdeutlichendem *(m/w)* oder später *(m/w/d)* leistet das Gleiche, geriet aber nun in den Fokus der feministischen Linguistik. Auch hier ist der konstruktivistische Optimismus das Eine, die Realität das Andere. Noch 1995 schreibt Gorny aus feministischer Perspektive, angesichts der vielfältigen Diskriminierungen von Frauen in der Arbeitswelt müsse bezweifelt werden, dass sich die Einstellungspraxis durch die sprachlichen Änderungen in den Anzeigetexten wesentlich geändert habe. Die Verpflichtung der Universitäten, Stellenanzeigen grundsätzlich für Frauen und Männer auszuschreiben, habe beispielsweise noch nicht zu einer erkennbaren Steigerung der Anstellung von Frauen geführt[60].

„Die feministische Sprachpraxis hat die Paarform als Ersatz für das generische Maskulinum nicht erfunden, aber ihren Gebrauch massiv forciert"[61]. Den weiteren Ausbau der Movierungen schreibt sich demgemäß die feministische Linguistik zu: „Die Explosion der Movierungen in Deutschland lässt sich eindeutig zum Erfolg der feministischen Sprachkritik und ihrer Forderung nach der sprachlichen Sichtbarmachung von Frauen in Beziehung setzen"[62]. Auf der Grundlage der Politik der deutschen Bundesregierung um 1979/1980 ist diese Entwicklung von statuierten Normen zu subsistenten Normen erwachsen, nämlich nun durch die feministische Diskussion unterstützt und propagiert. In dieser Zeit wurde *generisches Maskulinum* der „wohl bestgehasste"[63] Begriff des feministischen Aktivismus. „Luise Pusch hat ihn früh stigmatisiert mit Formulierungen wie ‚Kurz, der wahre Feind ist das ‚generische Maskulinum', das zu gebrauchen uns die deutsche Grammatik vorschreibt'"[64]. Wobei „vorschreibt" nicht den Tatsachen entspricht. „Eine ihrer Maßnahmen", schreibt Pusch über die deutsche Grammatik, die sie offenbar als Produkt einer Männerverschwörung auffasst, „war das ‚generische Maskulinum'. Diese Selbstvergrößerungsdroge funktioniert offenbar hervorragend"[65]. Inzwischen ist für Frauen die mit *-in* movierte Berufsbezeichnung der Normalfall[66], woneben häufiger

---

[59] Wittemöller: *Weibliche Berufsbezeichnungen im gegenwärtigen Deutsch*, a. a. O., S. 136.
[60] Gorny: *Feministische Sprachkritik*, a. a. O., S. 552.
[61] Schoenthal: *Impulse der feministischen Linguistik*, a. a. O., S. 2071.
[62] Jobin: *Genus im Wandel*, a. a. O., S. 13.
[63] Eisenberg: *Unter dem Muff von hundert Jahren*, a. a. O.
[64] Eisenberg: *Unter dem Muff von hundert Jahren*, a. a. O.; vgl. Eisenberg: *Weder geschlechtergerecht noch gendersensibel*, a. a. O., S. 34.
[65] Pusch: *Alle Menschen werden Schwestern*, a. a. O., S. 100.
[66] Els Oksaar: *Merkmalhaltigkeit, Merkmallosigkeit und Kontextualität. Zu den Veränderungstendenzen bei Nomina agentis in der Gegenwartssprache*, in: *Texttyp, Sprechergruppe, Kommunikationsbereich. Studien zur deutschen Sprache in Geschichte und Gegenwart. Festschrift für Hugo Steger zum 65. Geburtstag*. Hg. von Heinrich Löffler, Karlheinz Jakob und Bernhard

noch (*Kauf-*, *Fach-*)*frau* auftritt und selten die Suffixe *-ess*, *-rice*, *-ière* sowie die suffixoiden Lexeme *-mädchen*, *-schwester* erscheinen.

Viertens wird behauptet, im Wortschatz sei Symmetrie [sc. wie im Korana] notwendig. Dagegen spricht, dass Sprachen tendenziell ökonomische Kommunikationssysteme sind.

> Unökonomisch wäre das Diktat einer generellen sprachlichen Explizitheit, die eine Eins-zu-eins-Kodierung des Gesagten und Gemeinten verlangte. Unter den Beispielen für unökonomische Bildungen mit kommunikativ überflüssigem *innen befinden sich Bürger(*innen)steig, Mitglieder(*innen)befragung, und, hypercharakterisierend: Kanzlerinkandidatin. [...] Die menschliche Sprache ist natürlich und gleicht erst recht keinem Computer, dessen Algorithmen auf nur einer einzigen binären Rechenstruktur basieren. Weil Sprache kein Computer-Algorithmus ist, besitzen grammatische Regeln Beschränkungen, Ausnahmen, historisch bedingte Anomalien und oft rein konventionelle Anwendungsbreiten, die nicht begründbar sein müssen. So sind zu Partizipien mit -nd-, -t- oder Bildungen auf -ling keine Femininbildungen auf *in(nen) möglich. Grammatischer Nonsens sind *Mitwirkend*innen, *Angestellt*innen, *Ankömmling*innen oder das in der katholischen Kirche immer beliebter werdende Lai*innen⁶⁷.

Fünftens wird ein schwarzweißes Feindbild als Ergebnis einer Verschwörungstheorie⁶⁸ suggeriert: der Mann benachteilige die Frau in der Sprache und auch sonst in der Welt, nachdem er es sich in der Welt und der Sprache auf Kosten der Frau bequem gemacht

---

Kelle, Berlin/New York 1994, S. 277–283; Samel: *Einführung in die feministische Sprachwissenschaft*, a. a. O., S. 95–103; Dadková: *Weibliche Berufsbezeichnungen im heutigen Deutsch*, a. a. O., S. 55–60, i–xxi.

⁶⁷ Hackstein: *Dürfen staatliche Institutionen die Grammatik verändern?*, a. a. O. Vgl.: „Bistum Münster. Integrativ, knapp und griffig – das oberste Laiengremium wird in „Diözesankomitee im Bistum Münster" umbenannt. Das haben die Delegierten auf der Herbstvollversammlung am Wochenende in Dülmen beschlossen. Der bisherige Name mit dem Zusatz „der Katholiken" habe Frauen und Menschen, die sich keinem Geschlecht zuordnen, ausgeschlossen. Künftig wolle man mit einem geschlechtergerechten Namen sowie in Wort und Schrift deutlich machen, dass das Diözesankomitee für alle Katholik*innen offen ist. [...] Diözesankomitee – Zusammenschluss katholischer Lai*innen. Das „Diözesankomitee der Katholiken im Bistum Münster" – zukünftig Diözesankomitee im Bistum Münster – ist der Zusammenschluss der organisierten Lai*innen auf Bistumsebene. Ihm gehören Vertreter*innen aus Verbänden und Organisationen, den Räten der Kreis-, Stadt- und Landeskomitees/-konferenzen sowie weitere sachkundige Persönlichkeiten aus Gesellschaft und Kirche an. Die Vertretung der Lai*innen wirkt in Politik und Gesellschaft hinein; gleichzeitig artikuliert sie innerkirchliche Anliegen und gestaltet das kirchliche Leben engagiert mit." Zitate aus: Kolping. Diözesanverband Münster. 21.11.2022: *Neuer Name, mehr Zusammenarbeit und klare Kritik an Rom*.

⁶⁸ Payr: *Streit ums Gendern*, a. a. O.: „Zu diesem Zerrbild einer ausschließlich von Männern geprägten Sprache – paradoxerweise ‚Muttersprache' genannt – gesellt sich die Vorstellung, dass Sprachkonventionen wie das generische Maskulinum Instrumente gezielter Unterdrückung darstellen. Für die Sinologin und Journalistin Dagmar Lorenz beruhen solche Thesen auf der ‚von feministischer Seite suggerierten Verschwörungstheorie, wonach ein fiktives Kollektivum, genannt ‚die Männer', von alters her vorsätzlich darum bemüht sei, den weiblichen Teil der Gesellschaft durch entsprechende Sprachregelungen zu unterdrücken.'"

habe[69], wie es sich in der weiter oben wiedergegebenen Passage aus Romaine 2001 widerspiegelt[70]. Dabei sollte Pusch eigentlich unterstellt werden, dass es ihr wissenschaftlicher Hintergrund verhindert, an Sprache als ein System zu glauben, das zu Ungunsten der Frauen von sexistischen Männern entworfen und durch die Jahrhunderte tradiert worden ist[71].

Aber die beschriebenen Eigenheiten finden sich auch bei Trömel-Plötz 1982[72], die wie Pusch („sprachliche Vernichtung", „geistiger Gynocid")[73] mit einer Rhetorik der grotesken Hyperbolik („Unterdrückung", „Vergewaltigung"[74]) argumentiert[75]. Christiane Schmerl spricht 1989 von ‚Annihilierung'[76] bei der Frauendarstellung in der Presse, also von „Kleinermachen, Unsichtbarmachen und Annulierung"[77]. Zumindest in Bezug auf die Journalistik dürfte die so vorgetragene Kritik inzwischen gegenstandslos sein.

Sechstens legt diese Art des Aktivismus neben weiteren Auffälligkeiten der Argumentation Kritikern nahe, dass hier Dinge ins Spiel kommen, die, vorsichtig ausgedrückt, jenseits des Wissenschaftlichen angesiedelt sind[78]. Beispielsweise postuliere Pusch[79] ein „herbeiphantasiertes"[80] „Strukturgesetz", wonach „das schöne lange Femininum" eine „Grundform" sei, „das kurze, quasi abgehackte Maskulinum" dagegen eine „Schwundform" darstelle, „auch Schrumpf-, reduzierte oder Kümmerform genannt"[81]. Biolinguistinnen hätten die staunende Männerwelt darauf aufmerksam gemacht, dass die Relation zwischen Grund- und Schwundform auffällig an die zwischen X- und Y-Chromosom erinnere[82]. Hier würde folglich eine biologistische (vulgo rassistische) Argumentation vertreten, in welcher der weibliche XX-Chromosomensatz gegen den männlichen XY-Chromosomensatz ausgespielt wird, mit einem Kurzschluss auf die Sprache.

---

[69] Vgl. Scholten: *Der Führerin entgegen!*, a. a. O., S. 115.
[70] Romaine: *A corpus-based view of gender*, a. a. O., S. 156, siehe Kapitel 5. 3.
[71] Bayer: *Seit wann ist Sprache gerecht?*, a. a. O.
[72] Trömel-Plötz: *Frauensprache – Sprache der Veränderung*, a. a. O.
[73] Pusch: *Das Deutsche als Männersprache*, a. a. O., S. 11, 30; vgl. Hartwig Kalverkämper: *Quo vadis linguistica? – Oder: Der feministische Mumpsimus in der Linguistik*, in: *Linguistische Berichte* 63 (1979), S. 103–107, hier S. 105; Orwells „Vaporisierung" Pusch: *Alle Menschen werden Schwestern*, a. a. O., S. 24 und öfter.
[74] *Gewalt durch Sprache. Die Vergewaltigung von Frauen in Gesprächen*. Hg. von Senta Trömel-Plötz, Frankfurt am Main 1984 (Die Frau in der Gesellschaft).
[75] Zimmer: *Redens Arten*, a. a. O., S. 65.
[76] *In die Presse geraten. Darstellung von Frauen in der Presse und Frauenarbeit in den Medien*. Hg. von Christiane Schmerl, ²Köln/Wien 1989, S. 40; Gorny: *Feministische Sprachkritik*, a. a. O., S. 523.
[77] Gorny: *Feministische Sprachkritik*, a. a. O., S. 523.
[78] Dagmar Lorenz: *Gendersprech: Wider die sprachliche Apartheit der Geschlechter*, in: Antje Baumann – André Meinunger (Hg.): *Die Teufelin steckt im Detail. Zur Debatte um Gender und Sprache*, Berlin 2017, S. 230–239, hier S. 238.
[79] Pusch: *Alle Menschen werden Schwestern*, a. a. O., S. 97.
[80] Lorenz: *Gendersprech*, a. a. O., S. 232.
[81] Ebd.
[82] Pusch: *Alle Menschen werden Schwestern*, a. a. O., S. 97.

Nun hat Dagmar Lorenz freilich nicht beachtet, dass Pusch diese Passagen in ihrer hate speech als „ironisch-spielerische Argumente für die totale Feminisierung"[83] bzw. „scherzhaft-ironische Argumente"[84] verstanden wissen will. Die „ernsthaften Argumente" für eine totale Feminisierung[85] sind aber nicht weniger polemisch, und es fragt sich schon, wes Geistes Kind jemand ist, dem ausgerechnet biologistische Argumentationen, für die es nach den Verbrechen gegen die Menschlichkeit im 20. Jahrhundert keine Narrenfreiheit mehr gibt, als „ironisch-spielerisch" einfallen. Auch ein „scherzhaft" gemeintes Argument ist konstruktivistisch gesehen auf der Welt und wird, wie zu sehen war, selbst von einer wissenschaftlichen Autorin für ernst gemeint gehalten. Zumal es danach im gleichen Sinne weitergeht: Der Mann sei eine Spezialform, irgendwann in der langen tierischen Stammesgeschichte als Abweichung des weiblichen Bauplans entstanden. Die Natur habe eigens für den Zweck der Fortpflanzung [!] die Sonderform des männlichen Geschlechts geschaffen. Er sei nur ein Ableger der Frau, eine Sonderform für die Fortpflanzung. Der Mann sei das sekundäre Geschlecht, aus der Rippe der Frau gemacht[86]. Jeder Mann sei vor der Geburt tatsächlich in der weiblichen Form enthalten gewesen[87]. Und weiter: Es bestehe kein Zweifel daran, dass die Frau sprachlich (und natürlich auch in jeder anderen Hinsicht) extrem benachteiligt sei. Der Frau stehe zu und sie brauche nicht Gleich-, sondern Besserbehandlung, kompensatorische Gerechtigkeit[88]. Es werde dem Mann guttun, es im eigenen Gemüt zu erleben, wie es sich anfühle, mitgemeint zu sein, sprachlich dem anderen Geschlecht zugezählt zu werden, diesen ständigen Identitätsverlust hinzunehmen[89].

Die solchen Ausführungen zugrundeliegende Psychologie wird folgendermaßen beschrieben: „Wer ein Narrativ durchsetzen kann, das ihn als Opfer etabliert, erwirbt damit einen Anspruch auf Wiedergutmachung, den er allerdings auch nur um den Preis einlösen kann, dass er sich als Opfer präsentiert und es nicht als eine eigene, sondern als Aufgabe der Privilegierten betrachtet, Benachteiligungen auszugleichen"[90]. Unwissenschaftliche Ressentiments sind auch bei Trömel-Plötz zu vermuten[91].

> Als ob das noch nicht genügte fordern sie die Enthabilitation für Luise Pusch und meinen Rücktritt. Was wir schreiben ist für sie ein großes Ärgernis [...]. Mein Rücktritt ist längst von solchen Männern, namenlosen Männern, gänzlich unbedeutenden Männern, die keinen Namen haben, außer durch ihre bodenlose Kritik an uns, besorgt worden. Es sind Männer,

---

[83] Pusch: *Alle Menschen werden Schwestern*, a. a. O., S. 97.
[84] Pusch: *Alle Menschen werden Schwestern*, a. a. O., S. 98.
[85] Pusch: *Alle Menschen werden Schwestern*, a. a. O., S. 99.
[86] Pusch: *Alle Menschen werden Schwestern*, a. a. O., S. 97.
[87] Pusch: *Alle Menschen werden Schwestern*, a. a. O., S. 98.
[88] Pusch: *Alle Menschen werden Schwestern*, a. a. O., S. 100. Vgl. dazu Neef: *Das Konzept des sogenannten ‚Geschlechtergerechten Sprachgebrauchs'*, a. a. O., S. 44.
[89] Pusch: *Alle Menschen werden Schwestern*, a. a. O., S. 100; Lorenz: *Gendersprech*, a. a. O., S. 233.
[90] Maria-Sibylla Lotter: *Moral statt Wahrheit: Allzu oft wird Wissenschaft als Wiedergutmachungsprojekt betrieben*, in: Neue Zürcher Zeitung, 24.06.2020.
[91] Senta Trömel-Plötz: *Vatersprache – Mutterland. Beobachtungen zu Sprache und Politik*, München 1992, S. 27–28.

von denen nie jemand hörte, die nie über ihren Fachbereich hinaus eine Einladung bekamen, nie im Ausland einen Vortrag hielten, nie ein Rundfunkinterview gaben, nie in ein Parlament geladen wurden, gänzlich unbekannte akademische Nullen, die kein einziges Buch veröffentlichten, das von mehr als einer Handvoll Männer, die genauso unbedeutend sind wie sie, gelesen wurde.

Die Punkte 1–4 ergeben sich offensichtlich aus Punkt 5, der Verschwörungstheorie[92], und hinter allem steht (6.) eine biologistische Ideologie. „Die von Pusch anvisierte ‚Feminisierung' der Sprache beruht allein auf der Absicht, Rache am männlichen Geschlecht zu üben"[93].

8. 2   Die Sprache der Gesetze und Verwaltungen

Die ersten deutschsprachigen Richtlinien gegen ‚sexistischen Sprachgebrauch' wurden 1980 publiziert. Sie waren an alle gerichtet, die, so die Autorinnen, professionell und offiziell geschriebene und gesprochene Sprache produzieren, vor allem an diejenigen, die Sprache lehren, ob im Kindergarten, an der Schule oder in der Universität, und an die, die in den Medien, in der Verlagsarbeit und anderswo Sprache verbreiten, an die Verfasserinnen und Verfasser von Lehr- und Fachbüchern, Berufsberatungstexten, Radio- und Fernsehtexten, Sachtexten, Wörterbüchern, Enzyklopädien, Werbetexten, Wettbewerbsausschreibungen, Zeitungs- und Zeitschriftenartikeln jeglicher Art[94]. Für die Rechts- und Verwaltungssprache entwickelt Guentherodt[95] Umgestaltungsvorschläge[96]. Der Eröffnungsvortrag der 27. Arbeitstagung des Deutschen Juristinnenbundes in Hannover im September 1987 trug den Titel: ‚Die Rechtssprache ist männlich!'[97].

Stickel[98] greift die Bestrebungen zur Änderung der Ausdrucksweise in Gesetzestexten kritisch auf[99]. Die Sprache des Rechts, die in erster Linie in Gesetzestexten erscheint, ist eine Textgattung, in der praktisch ausschließlich im essentiellen Modus auf Personen Bezug genommen wird[100]. Es kommt bei dem essentiellen Gebrauch nur auf den mit der

---

[92] Lorenz: *Gendersprech*, a. a. O., S. 238.
[93] Lorenz: *Gendersprech*, a. a. O., S. 233.
[94] Ingrid Guentherodt – Marlis Hellinger – Luise F. Pusch – Senta Trömel-Plötz: *Richtlinien zur Vermeidung sexistischen Sprachgebrauchs*, in: Linguistische Berichte 69 (1980), S. 15–21, hier S. 15–16; vgl. Schoenthal: *Wirkungen der feministischen Sprachkritik*, a. a. O., S. 225.
[95] Ingrid Guentherodt: *Androzentrische Sprache in deutschen Gesetzestexten und der Grundsatz der Gleichbehandlung von Männern und Frauen*, in: Muttersprache 94 (1983/84), S. 271–289; vgl. Ingrid Guentherodt: *Behördliche Sprachregelungen gegen und für eine sprachliche Gleichbehandlung von Frauen und Männern*, in: Linguistische Berichte 69 (1980), S. 22–35; Guentherodt: *Sprachliche Gleichbehandlung*, a. a. O.
[96] Morales: *Feministische Sprachkritik*, a. a. O., S. 2.
[97] Ulrich: *‚Neutrale' Männer – ‚markierte' Frauen*, a. a. O., S. 383.
[98] Stickel: *Beantragte staatliche Regelungen*, a. a. O.
[99] Vgl. zur Gesetzessprache Antje Baumann: *Gendern in Gesetzen? Eine spezielle Textsorte und ihre Grenzen*, in: Antje Baumann – André Meinunger (Hg.): *Die Teufelin steckt im Detail. Zur Debatte um Gender und Sprache*, Berlin 2017, S. 196–226.
[100] Zifonun: *Die demokratische Pflicht*, a. a. O., S. 50.

Nominalphrase ‚gesetzten' Gegenstand an. Bestimmte Personen sind nicht im Blick[101]. ‚Essentieller Gebrauch' ist ähnlich zu verstehen wie ‚attributiver Gebrauch' im Sinne von Keith S. Donnellan[102]. Dabei wird der entsprechende Satz als allgemein und situationsunabhängig gemeinte Aussage gelesen[103]. Gerade in Gesetzen haben maskuline Personenbezeichnungen keine geschlechtsspezifische Bedeutung[104]. Deshalb ist die Auffassung, dass sie „je nachdem das Femininum mitmeinen sollen oder nicht"[105], sowohl in der Formulierung als auch in der Sache nicht nachvollziehbar.

Viele Forderungen der vier Autorinnen, die Pusch mit der Formulierung „*wir Frauen*"[106] als die „Forderungen *der* [!] Frauen"[107] darstellt, werden alsbald von der Politik aufgegriffen und in Gesetzgebung, Recht und Verwaltung verbindlich gemacht[108]. Die Erfolge der feministischen Bemühungen im Bereich der Verwaltungs-und Gesetzessprache schildert Schoenthal[109] aus ihrer Sicht der Dinge: „Kein anderes Sprachproblem hat die deutschen Parlamente und die öffentliche Diskussion bisher mehr beschäftigt [...]"[110]. Beim Expertinnenhearing des Hessischen Landtags vom 6. März 1986 trugen Linguistinnen Vorschläge zur ‚Neutralisierung' von geschlechtsbezogenen Ausdrücken und Formulierungen im Sinne der ‚sprachlichen Gleichberechtigung der Geschlechter' vor[111]. Der Tagesordnungspunkt Nr. 22 der 37. Sitzung des Deutschen Bundestages vom 6. November 1987 lautete ‚Geschlechtsbezogene Formulierungen in Gesetzen, Rechtsverordnungen und Verwaltungsvorschriften'. In Bonn wird 1987 vom Bundestag eine interministerielle Arbeitsgruppe ‚Rechtssprache' gebildet, die Vorschläge für ‚geschlechtsneutrale Formulierungen in der Gesetzessprache' erarbeiten soll. Und: „Bei der Volkszählung 1987 hat man alle Fragebögen eingestampft und neu so gestaltet, daß Frauen sich angesprochen fühlten, aus Angst, sie würden sonst die Befragung verweigern"[112].

Im Januar 1990 legte die interministerielle Arbeitsgruppe ihren Bericht „Maskuline und feminine Personenbezeichnungen in der Rechtssprache" vor. Sie kommt zu dem Ergebnis, dass der generische Gebrauch maskuliner Personenbezeichnungen in der Vorschriftensprache zu *keiner* rechtlichen Diskriminierung von Frauen führe. Nach Ansicht

---

[101] Zifonun: *Die demokratische Pflicht*, a. a. O., S. 49–50.
[102] Keith S. Donnellan: *Reference and definite descriptions*, in: The Philosophical Review 75 (1966), S. 281–304.
[103] Zifonun: *Die demokratische Pflicht*, a. a. O., S. 55, Anm. 7.
[104] Stickel: *Beantragte staatliche Regelungen*, a. a. O., S. 344.
[105] Guentherodt: *Androzentrische Sprache in deutschen Gesetzestexten*, a. a. O., S. 282.
[106] Pusch: *Das Deutsche als Männersprache*, a. a. O., S. 93.
[107] Dietrich: *„Gerechtigkeit gegenüber jedermann"*, a. a. O., S. 192.
[108] Stickel: *Beantragte staatliche Regelungen*, a. a. O.; Ingrid Guentherodt: *Sprachliche Gleichbehandlung: Erkennen und Verwirklichen. Praktische Erläuterungen und Beispiele zur deutschen Rechtssprache*, in: Marianne Grabrucker: *Vater Staat hat keine Muttersprache*, Frankfurt am Main 1993 (Die Frau in der Gesellschaft), S. 246–262; Samel: *Einführung in die feministische Sprachwissenschaft*, a. a. O., S. 111–122, 143–146; Krome: *Zwischen gesellschaftlichem Diskurs und Rechtschreibnormierung*, a. a. O., S. 71–73.
[109] Schoenthal: *Wirkungen der feministischen Sprachkritik*, a. a. O., S. 226–229.
[110] Schoenthal: *Impulse der feministischen Linguistik*, a. a. O., S. 2064.
[111] Ulrich: *‚Neutrale' Männer – ‚markierte' Frauen*, a. a. O., S. 383.
[112] Schoenthal: *Wirkungen der feministischen Sprachkritik*, a. a. O., S. 227; vgl. Schoenthal: *Impulse der feministischen Linguistik*, a. a. O., S. 2075.

der Arbeitsgruppe ist durch Artikel 3 des Grundgesetzes, der besagt, dass Männer und Frauen gleichberechtigt sind und niemand wegen seines Geschlechts benachteiligt werden darf, garantiert, dass grundsätzlich alle Vorschriften gleichermaßen auf Frauen und Männer Anwendung finden[113]. „Obwohl keine rechtliche Notwendigkeit für sprachliche Veränderungen besteht, hält die Arbeitsgruppe aber viele Änderungen aus frauenpolitischen Erwägungen für berechtigt und macht deshalb detaillierte Vorschläge für Verbesserungen"[114]. Das Bundeskabinett stimmte dem Bericht im Juli 1991 zu. Die dort vorgeschlagene durchgehende Verwendung weiblicher und männlicher Personenbezeichnungen wurde abgelehnt. Stattdessen wurden geschlechtsneutrale Formulierungen angestrebt (*kann im Bedarfsfall einen Arzt, einen Juristen hinzuziehen → kann ärztliche, juristische Fachberatung hinzuziehen*; *Antragsteller → der Antrag wird gestellt von*)[115].

Auf Länderebene gibt es in dieser Zeit Empfehlungen und Beschlüsse zur ‚geschlechtergerechten Sprache'[116]. Ein Beispiel sind Neuregelungen, die Niedersachsen, seinerzeit sozialdemokratisch regiert, für Verwaltungs- und Gesetzestexte einführt (Beschluß des Landesministeriums über Grundsätze für die Gleichbehandlung von Frauen und Männern in der Rechtssprache 9. Juli 1991)[117]. Nordrhein-Westfalen und Hessen übernehmen sie mit wenigen Änderungen[118]. Im Einzelnen wird verfügt:

1. Bezeichnungen natürlicher Personen sollen „auf Parallelformulierungen umgestellt werden" (*die Studentin oder der Student*): Femininum zuerst[119], voll ausgeschrieben und durch Konjunktion verbunden („syndetische Vollform"). Es sind nur *und* bzw. *oder* erlaubt, nicht *beziehungsweise* oder *und/oder*. So soll Geschlechtergerechtigkeit und Eindeutigkeit erzielt werden[120].

2. Maskuline Personenbezeichnungen, „die sich ausschließlich auf juristische Personen, Gremien oder sonstige Institutionen beziehen", werden beibehalten (*Gewährträger*, *Dienstherr*). Margot Dietrich schreibt, dass es „tatsächlich" [!] sinnlos wäre, einen Geschlechterunterschied zu formulieren, wo es kein natürliches Geschlecht gibt[121].

3. Für Gruppen aus natürlichen und juristischen Personen kann bei besonders hohem Anteil juristischer Personen auf die Paarform verzichtet werden (*Veranstalter*, *Arbeitgeber*, *Abfallerzeuger*), so auch bei sehr abstrakten und personenfernen Bezeichnungen wie *Hersteller*, *Gläubiger*, *Gewahrsamsinhaber*. Zu prüfen sei, welchen Beitrag diese Regelung zur Verständlichkeit und Lesbarkeit leiste „und in welchem Umfang Paarformen dadurch umgangen [!] werden"[122].

---

[113] Gorny: *Feministische Sprachkritik*, a. a. O., S. 554.
[114] Ebd.
[115] Ebd.
[116] Klann-Delius: *Sprache und Geschlecht*, a. a. O., S. 188 nach Grabrucker: *Vater Staat hat keine Muttersprache*, a. a. O., S. 269–270; Lieb – Richter: *Zum Gebrauch von Personenbezeichnungen*, a. a. O.; Wittemöller: *Weibliche Berufsbezeichnungen im gegenwärtigen Deutsch*, a. a. O., S. 130–148, 379–392 (Dokumente).
[117] Dietrich: *„Gerechtigkeit gegenüber jedermann"*, a. a. O., passim.
[118] Dietrich: *„Gerechtigkeit gegenüber jedermann"*, a. a. O., S. 192.
[119] Vgl. Neef: *Das Konzept des sogenannten ‚Geschlechtergerechten Sprachgebrauchs'*, a. a. O., S. 48.
[120] Dietrich: *„Gerechtigkeit gegenüber jedermann"*, a. a. O., S. 193.
[121] Ebd.
[122] Ebd.

4. Zusammensetzungen und Ableitungen mit maskuliner Personenbezeichnung sollen beibehalten werden, „soweit ihre Benutzung nicht vermieden werden kann" (*Schülervertretung*, *Studentenschaft*). Auch dies diene einer einfacheren Textgestaltung[123].

5. Wenn „Paarformen die Textgestaltung erheblich erschweren", soll „geschlechtsneutral" formuliert werden: durch neutrale Personenbezeichnungen (*das Mitglied*), substantivierte Adjektive und Partizipien (*die Studierenden* statt *die Studentinnen und Studenten*) und Umschreibungen (*das Amt eines Abgeordneten übernehmen → ein Landtagsmandat übernehmen*[124]). „Es ist kein leichtes Unterfangen, die männlich geprägten Strukturen des Sprachsystems zu überwinden und Frauen sprachlich zur Geltung zu bringen: [...]"[125].

Zwei Jahre später, am 15.01.1993, beschließt der Bundestag auf Grundlage des erwähnten Berichts „Maskuline und feminine Personenbezeichnungen in der Rechtssprache" genau jene „Änderungen aus frauenpolitischen Erwägungen", die das Bundeskabinett seinerzeit abgelehnt hatte. Beschlossen wird, in der Amtssprache die voll ausgeschriebene Parallelformulierung als die sinnvollste Lösung anzusehen, auf die Verwendung des unspezifischen Maskulinums in der Amtssprache ganz zu verzichten, in der Vorschriftensprache so weit wie möglich, und stattdessen Pluralformen substantivierter Partizipien und Adjektive, andere Satzgestaltungen und „geschlechtsindifferente" Substantive zu verwenden. Kurzformen wie Schrägstrich- oder Klammerausdrücke und das große Binnen-*I* sollten nicht gebraucht werden[126]. Dieser Beschluss markiert auf Bundesebene den Übergang von einer sprachwissenschaftlich begründbaren zu einer frauenpolitisch motivierten Regelung der Amtssprache.

Weiterhin beinhalten die Vorschläge zur Gesetzessprache, dass Ausdrücke, die sich auf juristische Personen beziehen, nicht „in den Kreis der reformbedürftigen Worte"[127] einbezogen werden sollen. Bei Gruppen, die juristische wie auch natürliche Personen umfassen (der Eigentümer, der Arbeitgeber), wird eine neutrale Formulierung (*der Patentinhaber → die Person, die ein Patent inne hat*) vorgeschlagen[128].

Die diesen Vorschlägen seit Längerem zugrundeliegende „Erkenntnis" der „Volksvertreter", so Stickel, ist „volkslinguistisch", „kurios" formuliert und „als deskriptive Aussage falsch"[129]: „Die männliche Form einer Bezeichnung kann nicht als Oberbegriff angesehen werden, der die weibliche und männliche Form einschließt"[130], so als habe der

---

[123] Dietrich: „*Gerechtigkeit gegenüber jedermann*", a. a. O., S. 193.
[124] Dietrich: „*Gerechtigkeit gegenüber jedermann*", a. a. O., S. 194.
[125] Ebd.
[126] Klann-Delius: *Sprache und Geschlecht*, a. a. O., S. 188.
[127] Marianne Grabrucker: *Vater Staat hat keine Muttersprache*, Frankfurt am Main 1993 (Die Frau in der Gesellschaft), S. 229; Klann-Delius: *Sprache und Geschlecht*, a. a. O., S. 189.
[128] Klann-Delius: *Sprache und Geschlecht*, a. a. O., S. 189.
[129] Stickel: *Beantragte staatliche Regelungen*, a. a. O., S. 336, 346–347.
[130] Stickel: *Beantragte staatliche Regelungen*, a. a. O., S. 333–334; vgl. S. 341, 346; vgl. Lieb – Richter: *Zum Gebrauch von Personenbezeichnungen*, a. a. O., S. 154, Anm. 3; Wittemöller: *Weibliche Berufsbezeichnungen im gegenwärtigen Deutsch*, a. a. O., S. 139–140 zu Runderlassen der Länder Bremen, Berlin und Hessen; Dokumentation eines entsprechenden Rundschreibens des Berliner Senators für Inneres von 1986 zur Gestaltung von Vordrucken, S. 381–382. Darin heißt es: „Die männliche Form einer Bezeichnung kann grundsätzlich *nicht* als ein Oberbegriff angesehen werden, der die weibliche und männliche Person einschließt. Es sollen daher

gleiche sprachliche Ausdruck bei verschiedenen Verwendungen stets die gleiche Bedeutung[131]. Der zitierte Satz ist also keine Tatsachenfeststellung, sondern ein Verbot[132]. „Das Verständnis der gegebenen Komplexitäten kann die Fähigkeiten politischer Handlungsträger möglicherweise übersteigen. Eine Laienlinguistik als Grundlage institutioneller Empfehlungen oder Anweisungen hat keinen Bestand"[133] – jedenfalls wissenschaftlich gesehen. Im Land Berlin und in Bremen wird 1986 in der geschilderten Weise argumentiert, in Hessen bereits 1984, und zwar exakt mit der hier im Text zitierten Formulierung[134]. Allein das Land Bayern macht sich in einer gemeinsamen Bekanntmachung der Bayerischen Staatskanzlei und der Bayerischen Staatsministerien zur Gleichbehandlung von Mann und Frau in Vordrucken vom 24. Juli 1981 diese Auffassung nicht zu eigen, sondern führt aus:

> Um die durch Wortbruchstücke verursachten unrationellen Streichungen [...] zu vermeiden, bestehen jedoch keine Bedenken dagegen, daß Formulierungen wie „Antragsteller", „Kfz-Halter", „Bauherr" u. a. als Oberbegriff für die männliche und weibliche Form angesehen werden. Diese Begriffe stellen nicht darauf ab, ob es sich um eine Person männlichen oder weiblichen Geschlechts, um ein Kind oder um eine juristische Person handelt.[135]

Diese Ausführungen sind als impliziter Kommentar zur gegenteiligen Auffassung in anderen Bundesländern zu werten und zeigen, wie früh auf politischer Ebene diesbezügliche Diskussionen geführt wurden. Auch die den Splittingformen zugrundeliegende Theorie, dass Sprache Bewusstseinsträger sei (und damit Bewusstsein verändern könne), zeigt sich explizit spätestens in politischen Verlautbarungen auf Länderebene 1986, auch in CDU-geführten Ländern. So heißt es in einer Beschlussempfehlung des Ausschusses für Inneres, Sicherheit und Ordnung des Abgeordnetenhauses Berlin auf Grundlage eines Antrags der Fraktion der AL vom 10. November 1986: „Die Gleichberechtigung von Frau und Mann soll in allen Äußerungen des Abgeordnetenhauses und des Senats durch geschlechtsneutrale Begriffe oder die weibliche und die männliche Form, soweit dies die künftig entweder neutrale Bezeichnungen oder die weibliche und männliche Form vorgegeben werden."

[131] Stickel: *Beantragte staatliche Regelungen*, a. a. O., S. 336.
[132] Stickel: *Beantragte staatliche Regelungen*, a. a. O., S. 347.
[133] Olav Hackstein: *Grammatik im Fegefeuer*, in: *FAZ.net*, 18.10.2021.
[134] Wittemöller: *Weibliche Berufsbezeichnungen im gegenwärtigen Deutsch*, a. a. O., S. 381–382: Dokumentation eines Rundschreibens des Berliner Senators für Inneres von 1986 zur Gestaltung von Vordrucken: „Die männliche Form einer Bezeichnung kann grundsätzlich *nicht* als ein Oberbegriff angesehen werden, der die weibliche und männliche Person einschließt. Es sollen daher künftig entweder neutrale Bezeichnungen oder die weibliche und männliche Form vorgegeben werden. [...] Die Bürgerinnen und Bürger sollen sich auch im Text persönlich angesprochen fühlen, soweit das durch einen Vordruck möglich und zweckmäßig ist". Der erste Satz gleichlautend im Runderlaß des Senats der Freien Hansestadt Bremen über die Gleichbehandlung von Frauen und Männern in Vordrucken, S. 387. Zum diesbezüglichen Runderlass des Landes Hessen von 1984 siehe S. 388.
[135] Wittemöller: *Weibliche Berufsbezeichnungen im gegenwärtigen Deutsch*, a. a. O., S. 392.

Lesbarkeit des Textes nicht wesentlich beeinträchtigt, erkennbar sein, da Sprache Bewußtseinsträger ist"[136]. Eine Pressemitteilung des Niedersächsischen Sozialministers vom 21. März 1986 führt unter anderem aus: „Die Notwendigkeit, schon bei der Ausschreibung der Stelle beide Geschlechter anzusprechen, trägt zur Bewußtseinsbildung bei Arbeitgebern und Arbeitgeberinnen bei und kann Frauen dazu ermutigen, sich auch dort zu bewerben, wo die Beschäftigung einer Frau auf einem bestimmten Arbeitsplatz bisher unüblich war"[137].

Etliche Jahre später gibt es Stadtverwaltungen, die sogar die Bezeichnungen von Institutionen gendern.

> Wenn es [...] nach den Sprachpflegern der Stadtverwaltungen in Hannover und Lübeck geht, ist eine Institution wie die Kirche nicht mehr ‚Arbeitgeber', sondern als ‚Arbeitgeberin' zu bezeichnen und eine Stadt nicht mehr ‚Herausgeber', sondern als ‚Herausgeberin' eines Leitfadens für sogenannte gendersensible Sprache. Wortwörtlich heisst es darin: ‚Institutionen, die einen weiblichen Artikel haben, sollten grammatikalisch korrekt behandelt werden'[138].

Der Leitfaden der Geschäftsstelle Gender & Diversity der Stadt Freiburg dehnt die Schreibweise sogar mit dem queeren Register [!] auf Referenzen auf die Stadtverwaltung aus, also auf die Bezeichnung einer Behörde[139]: „Wir sind sowohl Dienstleister_in für die Bürger_innen wie [...]. Ebenfalls handeln wir als zweitgrößte Arbeitgeber_in der Stadt [...]"[140].

Das passt zur Beobachtung Eisenbergs[141], dass untere Behörden besonders stark an der Verbreitung der Gendersprache beteiligt sind, wie es seit je Tradition für vorauseilenden bürokratischen Gehorsam in Deutschland gewesen sei. „Ein Berliner Lehrer berichtet von der Aufforderung der zuständigen Gleichstellungsbeauftragten, alle Substantive auf -er zu feminisieren, auch solche wie *Leiter, Mauer* oder *Fenster* (*Fensterin* etc.; *FAZ* vom 24.11.2018)"[142].

> Als ich für ein Berliner Gymnasium das Schulprogramm auf den neuesten Stand bringen sollte, wurde ich zum ersten Mal mit der Verpflichtung zur „geschlechtergerechten Sprache" konfrontiert, die der Berliner Senat für alle Verwaltungen, also auch die Schule, vorgeschrieben hat.
> Eine freundliche junge Kollegin, Gleichstellungsbeauftragte ihres Zeichens, kam auf mich zu und sagte mir, die Schule habe sich auf den Genderstern geeinigt. Alle Wörter, die die „männliche" Endung „-er" besitzen, müsse ich mit dem Stern und der „weiblichen" Endung „-innen" versehen. Behutsam versuchte ich ihr den Unterschied zwischen Sexus (natürli-

---

[136] Wittemöller: *Weibliche Berufsbezeichnungen im gegenwärtigen Deutsch*, a. a. O., S. 382.
[137] Wittemöller: *Weibliche Berufsbezeichnungen im gegenwärtigen Deutsch*, a. a. O., S. 383.
[138] Ewa Trutkowski: *Vom Gendern zu politischen Rändern*, in: Neue Zürcher Zeitung, 22.07.2020.
[139] Kotthoff: *Gender-Sternchen*, a. a. O., S. 115.
[140] Kotthoff: *Gender-Sternchen*, a. a. O., S. 116.
[141] Eisenberg: *Die Vermeidung sprachlicher Diskriminierung im Deutschen*, a. a. O., S. 8.
[142] Eisenberg: *Die Vermeidung sprachlicher Diskriminierung im Deutschen*, a. a. O., S. 10, Anm. 7.

chem Geschlecht) und Genus (grammatischem Geschlecht) zu erklären. Es gebe auch Wörter mit der vermeintlich männlichen Endung „-er", die im System der Grammatik weiblich oder sächlich sind: „die Leiter", „die Schulter", „das Fenster". Das Diktat der Feminisierung greife also zu kurz. Vergeblich.
Die Kollegin bestand darauf, dass ich die Vorgaben des Senats auch in meinem Text umsetze.[143]

Ob sich in dem Schulprogramm dann tatsächlich eine Sachbezeichnung mit Genderstern findet, geht aus dem Artikel nicht hervor. Sollte das der Realität entsprechen, hätte die Wirklichkeit als Satire ihrer selbst zur Komödie des Aristophanes aufgeschlossen. Entscheidend ist das sich hier zeigende intellektuell unterkomplexe Niveau, auf dem sich die Genderpraxis bewegt.

Das Argument der Vielfalt und Individualität, die Gendersprache ausdrücken soll, lässt sich aber gerade im Sinne des gesellschaftlichen Ziels der Vielfalt und Individualisierung gegen eine von oben verordnete Ausdrucksweise einsetzen:

> *Finden Sie, dass der nächste Rahmenlehrplan vorgeben sollte, ob und wie an Berliner Schulen in Zukunft gegendert werden soll?*
> Nein, das sollte man nicht so genau vorgeben. Das führt nur zu sinnlosen Diskussionen. Warum sollte man als Landesbehörde so stark in den Unterricht hineinregieren? Und wieso in diesem Punkt auf Vereinheitlichung dringen, wenn man sonst überall auf Vielfalt setzt und auf die Individualisierung des Lernens? Das passt nicht zusammen[144].

Besonders engagiert in Bezug auf die geschlechtergerechte Sprache ist die Stadtverwaltung der niedersächsischen Landeshauptstadt Hannover, welche „die Regeln zur sprachlichen Gleichbehandlung zu einer geschlechtergerechten Amts- und Rechtsprache weiterentwickelt" habe. Dabei sieht sie sich durch ein Gutachten der Berliner Professorin für Öffentliches Recht und Geschlechterstudien Ulrike Lembke von 2021 „zur Einschätzung der Rechtswirksamkeit von Handlungsformen der Verwaltung bei Verwendung des Gendersterns oder von geschlechtsumfassenden Formulierungen"[145] bestätigt. Lembke versteht gendersensible Sprache als „eine logische Folge aus der gültigen Rechtslage". „Der persönliche Achtungsanspruch jedes Menschen in der jeweiligen Geschlechtsidentität aus Artikel 2 und das Verbot der Geschlechtsdiskriminierung aus Artikel 3 Grundgesetz forderten zwingend Geschlechtergerechtigkeit im staatlichen Sprachhandeln" einschließlich des Gendersterns[146]. „Der Expertise zufolge entfalten Auffassungen des Deutschen Rechtschreibrates keinerlei Einfluss auf die Rechtswirksamkeit und Verbindlichkeit des Verwaltungshandelns. Die Rechtschreibregelungen hätten eine reine Ordnungsfunktion"[147]. Eine solche Auffassung vertritt nicht einmal das Bundesministerium für Familie,

---

[143] Rainer Werner: *Genderstern in Aktion*, in: *Frankfurter Allgemeine Zeitung*, 24.11.2018, Nr. 274, S. 22.
[144] Eva Corino: *Berliner Schulleiter und die Gretchenfrage: Wie hältst du's mit dem Gendern?*, in: *Berliner Zeitung.* 24.08.2022.
[145] Lembke: *Geschlechtergerechte Amtssprache*, a. a. O.
[146] Stadt Hannover: *Geschlechtergerechte Sprache. Gutachten bestätigt: Genderstar verwirklicht Verfassungsauftrag*, 15.12.2021.
[147] Stadt Hannover: *Geschlechtergerechte Sprache*, a. a. O.

Senioren, Frauen und Jugend. Es fordert in einem Schreiben vom September 2021 die Bundesverwaltung zur Abkehr vom generischen Maskulinum auf, rät aber gleichzeitig vom Gendern mit Sonderzeichen ab: „Solche Schreibweisen gelten derzeit als rechtschreibwidrig"[148].

Das Gutachten von Lembke ist aus einer dezidierten, wenn nicht polemischen LGBTQ-Position heraus bei unkritischer Benutzung sprachfeministischer Literatur geschrieben und enthält die dort vorfindlichen theoretischen Irrtümer, empirischen Defizite und Falschbehauptungen. „Das sogenannte ‚generische Maskulinum' ist nur eine sehr junge und wenig stabile Konvention des Sprachgebrauchs, die nicht geschlechtsneutral (sondern in ihrer Bedeutung spezifisch männlich) ist und deren Verwendung alle nichtmännlichen Personen benachteiligt, während der Verzicht auf diese Konvention keine Regeln des Sprachsystems verletzt"[149] heißt es da unter Berufung auf Diewald[150]. Dass das geschlechtsübergreifende Maskulinum eine sehr junge und wenig stabile Konvention des Sprachgebrauchs sei, ist angesichts seines seit 1200 Jahren zu beobachtenden systematischen Gebrauchs eine inkompetente Aussage. Dass es nicht geschlechtsneutral (sondern in seiner Bedeutung spezifisch männlich) sei, ist unzutreffend. Es ist semantisch neutralisiert. Darum können auch keine nicht-männlichen Personen ‚benachteiligt' werden. Dieser Umstand ist nicht zuletzt, was zumindest einer Juristin bekannt sein müsste, im Urteil des Bundesgerichtshofs in der Sache Krämer 2018 eindeutig festgehalten. Die Aussage, dass „der Verzicht auf diese Konvention keine Regeln des Sprachsystems verletzt", hat vergleichsweise die Qualität der Aussage, dass derjenige, der bei einer Reise von Stockholm nach Wien auf den Fernzug verzichtet und stattdessen mit der Pferdekutsche, dem Lastenfahrrad und dem Handkarren reist, keine Regeln für effektiv durchgeführte Reisen verletzt. Außerdem stimmt sie auch in sprachwissenschaftlicher Hinsicht nicht. Die Gendergapformen sind nicht nur systemwidrig, sondern sogar, wie weiter oben beschrieben, sprachtypuswidrig, nicht nur für den flektierenden, sondern auch den agglutinierenden Sprachtypus.

Der vielfältige Aufwand für eine restlose Tilgung der ‚männlich geprägten Strukturen' hätte vermieden werden können, wenn man der sprachwissenschaftlichen Empfehlung gefolgt wäre, in § 1 oder im Vorspann eines Textes klarzustellen, dass maskuline und sonstige Personenbezeichnungen geschlechtsneutral zu verstehen sind, soweit sie nicht in spezifischen Kontexten vorkommen[151]. Dieses Verfahren („Legaldefinition"[152]) wurde und wird auch verschiedentlich praktiziert, doch gilt das bei entschiedenen Feministen nur als ‚Entschuldigung' und als Alibilösung[153], die man sich mitunter auf geradezu aggressive Weise verbittet:

---

[148] Fennert: *Das generische Maskulinum*, a. a. O., S. 8 nach RND. RedaktionsNetzwerk Deutschland: *Gendersternchen ist „rechtschreibwidrig": Frauenministerin Lambrecht gibt andere Empfehlung aus*, 06.10.2021.
[149] Lembke: *Geschlechtergerechte Amtssprache*, a. a. O., S. 57.
[150] Diewald: *Geschlechtergerechte Sprache als Thema der germanistischen Linguistik*, a. a. O.
[151] Lieb – Richter: *Zum Gebrauch von Personenbezeichnungen*, a. a. O., S. 153, 157.
[152] Schoenthal: *Impulse der feministischen Linguistik*, a. a. O., S. 2082.
[153] Friederike Braun: *Das große I und seine Schwestern – eine kritische Bewertung*, in: *Der Deutschunterricht* 48 (1996), S. 54–62, hier S. 57.

In einer Seminararbeit ist auf geschlechtergerechte Sprache zu achten. Grundsätzlich gilt: Es sind Vorurteile, dass eine geschlechtergerechte Sprache unlesbar ist oder das Verstehen eines Textes erschwert. Sprache ist einerseits ein Spiegelbild der Realität und gibt andererseits aktiv das wieder, was das Denken bestimmt. Ziel ist es, beide Geschlechter in der Seminararbeit sichtbar zu machen. Der beliebte Fußnotenhinweis auf das generische Maskulinum, in dem das andere Geschlecht „mitgemeint" sei, gehört in die Mottenkiste – er liefert keine Lösung, sondern nur die schlichte Beschreibung des Problems![154]

Oder es wird mit dem Gleichstellungsgesetz argumentiert. Das Referat für Gleichberechtigung und Chancengleichheit der Stadt Duisburg führt unter der Überschrift *Geschlechtergerechte Sprache* Folgendes aus:

Die geschlechtergerechte Sprache

In § 4 des Gesetzes zur Gleichstellung von Frauen und Männern NRW (Landesgleichstellungsgesetz - LGG) heißt es zur Sprache: „Gesetze und andere Rechtsvorschriften tragen sprachlich der Gleichstellung von Frauen und Männern Rechnung. In der internen wie externen dienstlichen Kommunikation ist die sprachliche Gleichbehandlung von Frauen und Männern zu beachten. In Vordrucken sind geschlechtsneutrale Personenbezeichnungen zu verwenden. Sofern diese nicht gefunden werden können, sind die weibliche und die männliche Sprachform zu verwenden."
Diese Verpflichtung ist in den Verwaltungen in der Vergangenheit häufig umgangen worden. Im Zuge der Novellierung wurde die geschlechtergerechte Sprache nunmehr rechtlich verpflichtend festgeschrieben. Die nachfolgenden aufgeführten Schreibweisen sind in der täglichen internen und externen Kommunikation *nicht mehr zulässig*[155]:
„Binnen-I" (z. B. MitarbeiterInnen)
„Generische Maskulinum"
(Aus Gründen der besseren Lesbarkeit wird im Folgenden auf die gleichzeitige Verwendung weiblicher und männlicher Sprachformen verzichtet und das generische Maskulinum verwendet. Sämtliche Personenbezeichnungen gelten gleichermaßen für beide Geschlechter.)
Grundsätzlich sind geschlechtsneutrale Begriffe zu benutzen. Alternativ oder wenn diese nicht gefunden werden können, sind die weiblichen und männlichen Sprachformen als Paarformel, die mit einem „und" bzw. „oder" verbunden werden, zu verwenden. Der Schrägstrich zur Abkürzung der Paarformel (z. B. Mitarbeiter/innen) kann derzeit noch weiterhin in Aufzählungen oder Vordrucken verwendet werden, ist in einem Fließtext aber auf jeden Fall zu vermeiden.

Diversity im Sprachgebrauch

Unabhängig der Regelungen des LGG NRW haben sich inzwischen weitere Schreibweisen entwickelt, die nicht nur auf das weibliche und männliche Geschlecht abzielen, sondern auch die Vielfalt einer Gruppe von Menschen umfassen soll.

---

[154] Ernst-Moritz-Arndt-Universität Greifswald. Theologische Fakultät: *Handreichung zum Verfassen von wissenschaftlichen Arbeiten*, [Greifswald] 2012, S. 111; Hinweis bei Payr: *Von Menschen und Mensch*innen*, a. a. O., S. 138.
[155] Im Original fett gesetzt.

> In Sinnzusammenhängen, in denen Wert darauf gelegt wird, dass sich auch alle anderen geschlechtlichen Identitäten willkommen fühlen sollen, wird mittlerweile häufig ein Gender-Gap (z. B. Mitarbeiter_innen) oder der Gender-Star (z. B. Mitarbeiter*innen) benutzt. Auf diese Weise sollen alle Menschen auch aus dem LSBTTI-Bereich mitgedacht und sichtbar gemacht werden. Eine eindeutige Handlungsempfehlung gibt es hier allerdings nicht[156].

Auch hier wird das Urteil des Bundesgerichtshofs in der Angelegenheit Marlies Krämer ignoriert, so als könne jede subalterne Behörde ihre eigenen Sprachvorschriften erlassen. Bis auf die Ablehnung des Binnen-*I* ist keines der Gebote, Verbote und keine der Empfehlungen durch sprachwissenschaftliche Expertise gestützt, und das abgesehen von den Gendergapwortbildungen eigentlich mit Kalverkämper 1979[157] von Anfang an.

Zeitgleich mit dem Aufsatz von Stickel erscheint 1988 der bereits oben erwähnte grundlegende Aufsatz von Miorita Ulrich[158], der zusammen mit der Stellungnahme von Lieb und Richter[159] und schließlich der Monographie von Gisela Klann-Delius[160] die feministische Linguistik wissenschaftlich im Wesentlichen abschließend bewertet – als eine im Habitus und mit dem Anspruch der Wissenschaftlichkeit auftretende Sprachideologie. Sie erzeugt selbst das, was sie zu bekämpfen vorgibt, die Sexualisierung der Grammatik, weil sie einseitig festschreibt, was vorher offen und konstruktionell frei verfügbar war[161].

Anfang der 1990er Jahre war die linguistische Diskussion um diese Thematik abgeebbt, wie Andresen 1991 ausführt:

> Nicht wenige selbst derjenigen Kollegen, die sich vormals engagierten, betrachten die Beschäftigung mit diesem Thema mittlerweile als eine vorübergehende Modeerscheinung, die aber immerhin die Einsicht gebracht habe, daß Genus und Sexus verschiedene Kategorien seien und daß maskuline Personenbezeichnungen als die unmarkierten Formen generisch gebraucht würden, also auf männliche und weibliche Personengruppen referierten. Weitere inhaltliche Diskussionen erübrigten sich daher[162].

Dessen ungeachtet bleiben die Behauptungen in der ‚Repetitions- und Multiplikationsliteratur'[163] seit über 40 Jahren gleich[164], was die Genderlinguistik umgekehrt auch von

---

[156] Das Referat für Gleichberechtigung und Chancengleichheit der Stadt Duisburg: *Geschlechtergerechte Sprache*.
[157] Kalverkämper: *Die Frauen und die Sprache*, a. a. O.
[158] Ulrich: *‚Neutrale' Männer – ‚markierte' Frauen*, a. a. O.
[159] Lieb – Richter: *Zum Gebrauch von Personenbezeichnungen*, a. a. O.
[160] Klann-Delius: *Sprache und Geschlecht*, a. a. O.
[161] Dieter Cherubim: *Mannomann!*, in: *Muttersprache* 106 (1996), S. 117–134, hier S. 119–120.
[162] Andresen: *Bemerkungen zur generischen Neutralisation des Mannes*, a. a. O., S. 138.
[163] Pörksen: *Das Demokratisierungsparadoxon*, a. a. O., S. 166.
[164] Vgl. Marlis Hellinger – Beate Schräpel: *Über die sprachliche Gleichbehandlung von Frauen und Männern*, in: *Jahrbuch für Internationale Germanistik* 15 (1983), S. 40–69 mit Hellinger: *Kontrastive Feministische Linguistik*, a. a. O., S. 133–138 mit Marlis Hellinger: *Feministische Sprachpolitik und politische Korrektheit – der Diskurs der Verzerrung*, in: Karin M. Eichhoff-Cyrus – Rudolf Hoberg (Hg.): *Die deutsche Sprache zur Jahrtausendwende. Sprachkultur oder Sprachverfall?*, Mannheim/Wien/Zürich 2000 (Thema Deutsch 1), S. 177–191; Samel: *Einführung in die feministische Sprachwissenschaft*, a. a. O.; Wierlemann: *Political Correctness*, a. a.

Positionen der feminismuskritischen Forschung behauptet[165], und werden mittlerweile auch mitsamt dem anklagenden Ton und der politischen Zuschreibung von Fachfremden als unbezweifelte Wahrheit übernommen[166].

Für die Durchsetzung der ‚geschlechtergerechten' Sprache in der Diktion der Gesetze und Verordnungen, weiteren behördlichen Textsorten und Teilen der Publizistik ist sowohl der bereits zuvor vorhandene politische Wille als auch ihre unkritische Übernahme verantwortlich. Denn tatsächlich dürften die feministischen Forderungen von der Politik bereitwillig aufgegriffen worden sein, weil sie ohnehin der bereits ins Werk gesetzten fortschrittlichen zeitgenössischen Gleichstellungspolitik entsprachen, die mit der ‚geschlechtergerechten' Neufassung der Ausbildungsordnungen von 1979 und 1980 durch das sozialdemokratisch geführte Bundesministerium für Bildung und Wissenschaft und der Bestimmung im BGB 1980, Stellen nicht nur für Männer oder Frauen auszuschreiben, begann. Von daher ist die Frage zu stellen, wer hier als faktischer Unterstützer für wen auftritt. Die sich bis in die Gegenwart in sprachwissenschaftlichen Fachzeitschriften fortsetzende „leidenschaftliche Auseinandersetzung"[167], die sich an einem mit auffälliger Unbelehrbarkeit aufrechterhaltenen pseudowissenschaftlichen Paradigma abarbeitet, trägt dazu bei, von der Politik längst statuierte (staatlich beschlossene) Normen in subsistente (gesellschaftlich-soziale) Normen zu überführen.

8.3 Psycholinguistische Assoziationstests

In der Frühzeit des sprachlichen Feminismus wird einfach postuliert, dass sich Frauen durch das ‚generische Maskulinum' nicht ‚mitgemeint' fühlen. Später weisen psycho- und soziolinguistische Tests[168] wenig überraschend nach, dass Probanden bei einem Maskulinum weitgehend unabhängig vom eigenen Geschlecht, zumindest im Singular (z. B.

O., S. 144–159; Jobin: *Genus im Wandel*, a. a. O.; Diewald – Steinhauer: *Handbuch geschlechtergerechte Sprache*, a. a. O.; Anatol Stefanowitsch: *Diagnose: „Männersprache"*, in: *Aus Politik und Zeitgeschichte* 72, 5–7. 31. Januar 2022, S. 10–11; Carolin Müller-Spitzer: *Geschlechtergerechte Sprache: Zumutung, Herausforderung, Notwendigkeit?*, in: *Sprachreport* 37 (2021), Nr. 2, S. 1–12; Carolin Müller-Spitzer: *Zumutung, Herausforderung, Notwendigkeit? Zum Stand der Forschung zu geschlechtergerechter Sprache*, in: *Aus Politik und Zeitgeschichte* 72, 5–7. 31. Januar 2022, S. 23–29; Diewald – Nübling: *„Genus – Sexus – Gender"*, a. a. O., S. 9–13.

[165] Diewald – Nübling: *„Genus – Sexus – Gender"*, a. a. O., S. 11.
[166] Vgl. z. B. Degele: *Der schwangere Arzt im Praktikum*, a. a. O.
[167] Ulrich: *‚Neutrale' Männer – ‚markierte' Frauen*, a. a. O., S. 383.
[168] Etwa Josef Klein: *Benachteiligung der Frau im generischen Maskulinum – eine feministische Schimäre oder psycholinguistische Realität?*, in: *Germanistik und Deutschunterricht im Zeitalter der Technologie: Selbstbestimmung und Anpassung. Vorträge des Germanistentages Berlin 1987. Bd. 1. Das Selbstverständnis der Germanistik: aktuelle Diskussionen*, hg. von Norbert Oellers, Tübingen 1988, S. 310–319; Scheele – Gauler: *Wählen Wissenschaftler ihre Probleme anders aus als WissenschaftlerInnen?*, a. a. O.; Friederike Braun – Anja Gottburgsen – Sabine Sczesny – Dagmar Stahlberg: *Können Geophysiker Frauen sein? Generische Personenbezeichnungen im Deutschen*, in: *Zeitschrift für Germanistische Linguistik* 26 (1998), S. 265–283; Elke

ein Arzt), *eher* prototypisch an einen Mann denken als bei explizit ‚geschlechtergerechten' Ausdrucksweisen[169]. Auf dieser Grundlage sollen in einer Sprachreform bereits Kinder dazu ermuntert werden, sich als Mädchen mehr in ‚männlichen' Berufen zuzutrauen: „a language reform in the respective countries [deren Sprache Genus aufweist] could contribute to reducing the skill shortage in traditionally male occupations in the long term, as it empowers young children to believe: „YES I CAN!""[170]. Das entspricht in seiner gedanklichen Schlichtheit dem sich bereits 35 Jahre früher in der Neufassung der Ausbildungsordnungen durch die damalige Deutsche Bundesregierung manifestierenden Denken und ist ein Kurzschluss, mit dem Sprachformen monokausal eine Rolle zugeschrieben wird, die sie nicht haben können. Der Glaube an die verändernde Kraft der Sprache lässt sich bis in die Gegenwart dokumentieren[171].

Der Unterschied zwischen solchen sprachpsychologischen Ansichten und der Wirklichkeit sorgt hier geradezu für ein kleines Lehrstück. Die Gründe für das mangelnde Interesse von jungen Frauen an technischen Berufen und Studienfächern sind nämlich vielfältig und liegen woanders. Objektivere Daten gehen aus der Studie „MINT-Bildung. Was junge Frauen darüber denken"[172] der iu Internationale Hochschule Erfurt hervor. Zwar haben 70,0 Prozent der Befragten ein persönliches Interesse an Themen aus den Bereichen Mathematik, Informatik, Naturwissenschaften, Technik. Gleichzeitig geben 44,6 % der Befragten an, dass ihnen der Bereich zu schwierig sei, und 42,7 %, dass sie

Heise: *Sind Frauen mitgemeint? Eine empirische Untersuchung zum Verständnis des generischen Maskulinums und seiner Alternativen*, in: *Sprache & Kognition* 19 (2000), S. 3–13; Stahlberg – Sczesny: *Effekte des generischen Maskulinums*, a. a. O.; Lisa Irmen – Nadja Roßberg: *Gender Markedness of Language: The Impact of Grammatical and Nonlinguistic Information on the Mental Representation of Person Information*, in: *Journal of Language and Social Psychology* 23, 2004, S. 272–307; Christopher Blake – Christoph Klimmt: *Geschlechtergerechte Formulierungen in Nachrichtentexten*, in: *Publizistik* 55 (2010), S. 289–304; Kusterle: *Die Macht von Sprachformen*, a. a. O.; De Backer – De Cuypere: *The interpretation of masculine personal nouns in German and Dutch*, a. a. O.; Dries Vervecken – Bettina Hannover – Ilka Wolter: *Changing (S)expectations: How gender fair job descriptions impact children's perceptions and interest regarding traditionally male occupations*, in: *Journal of Vocational Behavior* 82 (2013), S. 208–220; Dries Vervecken – Bettina Hannover: *Yes I Can! Effects of Gender Fair Job Descriptions on Children's Perceptions of Job Status, Job Difficulty, and Vocational Self-Efficacy*, in: *Social Psychology* 46 (2015), S. 76–92; vgl. Kotthoff – Nübling: *Genderlinguistik*, a. a. O., S. 91–127; Diewald – Steinhauer: *Handbuch geschlechtergerechte Sprache*, a. a. O., S. 88–101.

[169] Vgl. Hellinger: *Kontrastive Feministische Linguistik*, a. a. O., S. 44.

[170] Vervecken – Hannover: *Yes I Can!*, a. a. O., S. 88. Sc. ‚Eine Sprachreform in den jeweiligen Ländern könnte langfristig dazu beitragen, den Fachkräftemangel in traditionell männlichen Berufen zu verringern, da sie kleinen Kindern die Überzeugung vermittelt: "YES I CAN!"'.

[171] Stefan Brandenburg: *Entspannt euch mal!*, in: *WDR*, 06.02.2023: „Gerne, wenn's passt, eine intelligente Beidnennung. Eine, die hilft, Stereotype zu durchbrechen. Wenn ich bei uns im Programm höre, dass es nicht nur Piloten gibt, sondern auch Pilotinnen, Installateurinnen und Maschinenbauerinnen, dann freue ich mich, weil ich in dem Moment an meine Tochter denke. Sie weiß noch nicht, was sie einmal werden will. Sie soll aber alle Möglichkeiten in sich spüren können."

[172] iu Internationale Hochschule: *Kurzstudie 2022. MINT-Bildung. Was junge Frauen darüber denken*.

sich mit MINT-Themen überfordert fühlten. Wo allerdings der inhaltliche Unterschied zwischen beiden Aussagen liegen soll, sollten die Verfasser der Studie vielleicht einmal erläutern. Ihr Vorwissen für eine Ausbildung oder ein Studium im MINT-Bereich schätzen die befragten jungen Frauen als gering ein[173]. Denn: „In der Schule sorgen sowohl die MINT-Fächer als auch diejenigen, die die Fächer lehren, für Langeweile. Das gibt jeweils fast die Hälfte der befragten Schülerinnen an. Etwas mehr als einem Drittel sind die Inhalte zu kompliziert[174]. Entsprechend ist in der Studie davon die Rede, dass man früh in der Schule ansetzen müsse, um etwas gegen eine Entscheidung gegen den MINT-Bereich zu tun. Mit „gendersensiblem Unterricht" ist allerdings ein Unterricht gemeint, der Mädchen und Jungen gleichermaßen anspreche, nicht etwa eine Sprachreform. Vor allem brauche es mehr weibliche Vorbilder aus dem MINT-Bereich[175]. Nur wenige der Befragten haben Freundinnen oder weibliche Verwandte, die in MINT-Berufen arbeiten. Über ein Drittel kennt niemanden, der mit MINT beruflich zu tun hat[176]. Abhilfe schaffen könnten nach Ansicht der Verfasser Orientierungsangebote für die Berufs- oder Studienwahl. 65 % der Schülerinnen, die bereits Praktika absolviert oder in den Ferien gearbeitet haben, fanden das nützlich. 62,3 % bauen auf Gespräche mit Freundinnen oder Freunden, Familie oder Mentoren. Informationsveranstaltungen wie Jobmessen, Girl's Day oder Thementage befinden sich mit 45 % auf Platz 3. Ähnlich beliebt sind mit 43,5 % digitale Informationskanäle, vor allem Instagram, Facebook, TikTok und firmeneigene Webseiten. Es folgen professionelle Berufsberatung (z. B. BIZ, Arbeitsagentur) mit 36,7 %, Persönlichkeitstest / Eignungstest / Berufswahltest mit 35,9 % und Frühstudium an Universitäten und Kurse wie Master Classes mit 20,2 %[177]. Im Übrigen bietet die Hochschule für Technik und Wirtschaft Berlin einen Bachelor-Frauenstudiengang ‚Informatik und Wirtschaft' an[178], mit dem Studentinnen gute Erfahrungen gemacht haben[179].

Nach der Studie von Braun et al. 1998 sind Pluralformen für die höhere Einschätzung von Frauenanteilen in typisch weiblichen, typisch männlichen und neutralen Aktionskontexten wirksamer bei der Beidnennung, während Neutralformen nicht signifikant vorteilhafter gegenüber generischen Maskulina sind. Besonders dramatisch sind die Nachteile des generischen Maskulinums nicht, gerade weil die jeweiligen Kontexte den signifikantesten Einfluss auf die Einschätzung der Höhe des Frauenanteils ausüben. Braun et al. 1998 bemerken selbst, dass die Beidnennung in Texten durch andere Strategien stilistisch ausgeglichen werden muss, um nicht penetrant [!] zu wirken[180].

Das prinzipiell immer gleiche Ergebnis dieser Studien überrascht wie gesagt keineswegs, sondern ist völlig voraussehbar. Der Grund ist bereits weiter oben referiert worden.

---

[173] iu Internationale Hochschule: *Kurzstudie 2022*, S. 2.
[174] Ebd.
[175] iu Internationale Hochschule: *Kurzstudie 2022*, S. 3.
[176] Ebd.
[177] iu Internationale Hochschule: *Kurzstudie 2022*, S. 4.
[178] Hochschule für Technik und Wirtschaft Berlin: *Frauenstudiengang - Bachelor. Informatik und Wirtschaft*.
[179] Yannick von Eisenhart Rothe: *Informatik-Studium: Was sich ändert, wenn Frauen unter sich sind*, in: Spiegel, 06.05.2019.
[180] Braun – Gottburgsen – Sczesny – Stahlberg: *Können Geophysiker Frauen sein?*, a. a. O., S. 281.

Auch lexikalisch geschlechtsneutrale Personenbezeichnungen wie die Epikoina erzeugen durch ihr jeweiliges Genus entsprechende geschlechtsspezifische Assoziationen aufgrund des analogen Rückschlusses der Gewährspersonen aus genus-sexus-konsonanten Personenbezeichnungen. Umso mehr genderneutrale Maskulina, zu denen es ja auch geschlechtsspezifische Gegenstücke gibt. Überraschend ist dagegen, dass sich immer wieder Wissenschaftler in zahlreichen solchen Studien mit Forschungsfragen befassen, deren Ergebnis bei definit-spezifischer Referenz, dem Fokus auf die Rezipienten, ohne genügende kontextuelle Einbindung und ohne die Berücksichtigung des Unterschieds von Singular und Plural von vornherein feststehen muss. Das hängt auf Grundlage der grammatisch getriggerten Suggestion, wie weiter oben ausführlicher dargelegt, nicht zuletzt damit zusammen, dass einzelne Personen, je direkter und definiter die Referenz ist (vor allem als Subjekt, weniger als Prädikat, am wenigsten in adverbialen Wendungen), kognitiv nicht ohne Geschlechtszuweisung vorgestellt werden können. Im Singular hat sich zudem in der deutschen Sprache seit über 50 Jahren der Usus herausgebildet, bei Funktionsbezeichnungen für weibliche Personen bevorzugt die Ableitung auf -in zu verwenden, obwohl das systematisch nicht notwendig wäre. Dass dann bei entsprechenden Tests die Zuweisung des Maskulinums im Singular primär zu einer männlichen Person assoziiert wird, ist zu erwarten.

In der Praxis geht es um die Verwendung im Plural, bei dem die stärksten geschlechtsübergreifenden Assoziationen von Maskulina zu erwarten sind, weil bei der Bezeichnung von Gruppen kognitiv die Geschlechtsvorstellung zurücktritt. Zudem geht es um Texte, bei denen die inhaltlichen Bezüge klar sind, nicht um isolierte Einzelsätze. Tatsächlich werden geschlechtsübergreifende Maskulina überwiegend mit nicht-spezifischer Referenz verwendet (vgl. die oben wiedergegebene Referenzskala), Beidnennungen zeigen hingegen spezifische geschlechtsübergreifende Referenz[181]. Der von der feministischen Linguistik geforderte Stimulus, bei Personenbezeichnungen auch an Frauen zu denken, ist selbstverständlich bei markierten expliziten Formen, die weibliche Referenten ausdrücklich lexikalisch und morphologisch indizieren (z. B. *Schülerinnen und Schüler* sowie *Lehrerinnen und Lehrer*), voraussehbar größer als bei maskulinen Formen *Schüler* und *Lehrer*. Solche Formen erfordern lediglich mehr inferierende Intelligenz. Das ist allerdings nur die testbezogene Rezipientenperspektive. Es ist nicht die Perspektive von Sprachträgern, die jeden Tag mit der Betonung von außersprachlich völlig Klarem und damit aussagebezogen Irrelevantem und Redundantem (*Athletinnen und Athleten* bei Olympia, *Bewohnerinnen und Bewohner Hannovers*, *Bürgerinnen und Bürger Deutschlands*, *Verbraucherinnen und Verbraucher* im Kontext der Energiepreise) intellektuell unterfordert werden, und erst recht nicht die Produzentenperspektive. Die Betroffenen scheinen diese Redundanz inzwischen erkannt zu haben: „Was Teenager vom Gendern halten, zeigen sie, indem sie die in Schulen üblichen Kürzel SuS (Schüler & Schülerinnen) und LuL (Lehrer & Lehrerinnen) nicht dreisilbig wie SOS, sondern einsilbig aussprechen: die Sus und die Lul"[182].

---

[181] Kotthoff – Nübling: *Genderlinguistik*, a. a. O., S. 112 nach Pettersson: *Geschlechtsübergreifende Personenbezeichnungen*, a. a. O., S. 92.
[182] Wegener: *Sichtbar oder gleichwertig?*, a. a. O.

Es wäre falsch und unwissenschaftlich, die Existenz von Assoziationseffekten zu leugnen: Dass Genus bestimmte, oft stereotype Assoziationen zum Sexus auslöst, kann man sprachübergreifend feststellen (so assoziierten italienische Probanden bei unbelebten Nomen mit „-a"-Endungen „lieblichere" Vorstellungen als bei welchen mit „-o"-Endungen), es fragt sich allerdings, warum daraus die Notwendigkeit zu gendern folgen sollte, denn ob Wortformen wie „Kosmetiker" oder „Lehrer" generisch oder spezifisch männlich interpretiert werden, hängt von vielen sprachlichen – und aussersprachlichen – Faktoren ab. Man vergleiche etwa die Sätze „Ein Lehrer ging die Strasse entlang", „Ein Lehrer verdient ganz gutes Geld", „Hans und Maria sind Lehrer" und „Alle neu eingestellten Lehrer sind Frauen". Jeder Leser wird bemerken, dass die Wortform „Lehrer" von Fall zu Fall unterschiedliche Assoziationen auslöst. Doch Assoziationsstudien, die so differenziert vorgehen, gibt es nicht. Das zeigt einerseits, wie wenig wir noch wissen, aber andererseits auch, auf welch dünnem Eis sich viele Befürworter des Genderns bewegen[183].

Für die umfassend kontextualisierte Praxis des alltäglichen Sprechens sind die in Laborsituationen mit teilweise methodisch problematischem Versuchsdesign ermittelten Erkennensprobleme in Bezug auf das genderneutrale Maskulinum irrelevant. Trotzdem würden die Ergebnisse der genannten Psychotests von Nübling und Lobin in einem Beitrag für die ‚Süddeutsche Zeitung'[184], „der gendergerechte Sprache im schönsten Zonen-Aktivisten-Jargon als ‚demokratische Pflicht' anpreist", behandelt, als bewiesen sie irgendetwas, schreibt Matthias Heine[185]. Dabei deuten schon die Vergleichsergebnisse aus dem genusschwachen Englischen an, dass die soziale Realität die Vorstellung von den Geschlechtern bestimmter Berufsgruppen am stärksten präge.

Zifonun[186] weist darauf hin, dass bei einem psycholinguistischen Experiment[187], von dem Lobin und Nübling[188] berichten, zudem nur eine einzige Form der Kontextualisierung und ein bestimmter referentieller Modus für die Personengruppen getestet werde. Probandinnen und Probanden wurde der Anfang einer Geschichte im generischen Maskulinum erzählt, um zu messen, welche Fortsetzung sie wie schnell als plausibel erkannten: eine, in der sich die Figuren als männlich, oder eine, in der sie sich als (zum Teil) weiblich herausstellten. Die männliche ‚Lösung' hätten die Leute dabei häufiger und schneller richtig gefunden. Es handelte sich darum, Fortsetzungen von Sätzen des Typs *Die Spione kamen aus dem Besprechungsraum* zu bewerten. Dabei schnitt die vorgeschlagene Fortsetzung *Offensichtlich war einer der Männer verärgert* besser ab als die Fortsetzung *Offensichtlich war eine der Frauen verärgert*. Und dieser Trend war nicht nur

---

[183] Trutkowski: *Vom Gendern zu politischen Rändern*, a. a. O.; vgl. Trutkowski in Marcus Lorenz: *„Der Duden missbraucht hier seine Deutungshoheit über die deutsche Sprache"* [Interview mit Ewa Trutkowski], in: *Welt*. 09.01.2021.
[184] Sc. Lobin – Nübling: *Tief in der Sprache lebt die alte Geschlechterordnung fort*, a. a. O.
[185] Matthias Heine: *Warum die Gendersternchen-Debatte so deprimierend ist*, in: *Welt*, 08.06.2018.
[186] Zifonun: *Die demokratische Pflicht*, a. a. O., S. 45, 51.
[187] Gygax – Gabriel – Sarrasin – Oakhill – Garnham: *Generically intended, but specifically interpreted*, a. a. O.
[188] Henning Lobin – Damaris Nübling: *Genus, Sexus, Nexus*, in: *Süddeutsche Zeitung*, 07.06.2018, S. 11. Dazu: Daniel Scholten: *Das Genus ist dem Sexus sein Nexus. Die empirische Forschung der feministischen Linguistik*, in: *Belles Lettres. Deutsch für Dichter und Denker*, 2018.

bei stereotyp männlichen Tätigkeiten (Spion) zu beobachten, sondern auch bei stereotyp weiblichen (Kosmetiker). Bei der vorgelegten fiktionalen Kürzest-Geschichte werden die einschlägigen Nominalphrasen *die Spione* oder *die Kosmetiker* nicht essentiell gebraucht, sondern beziehen sich auf bestimmte Personen in einer konkreten Situation. Die Probanden könnten somit nach der Maxime verfahren sein, dass in einem solchen Fall eine eindeutige Sexuszuordnung, ggf. durch Doppelformen, angemessen wäre. Wenn also von den Spionen oder, überraschend, den Kosmetikern die Rede ist, liegt männlicher Sexus weitgehend unabhängig vom sozialen Stereotyp nahe.

„Auch das in Nübling (2018, S. 45[189]) zitierte Beispiel aus Gygax et al. (2008), nämlich „Die Sozialarbeiter liefen durch den Bahnhof. – Wegen der schönen Wetterprognose trugen mehrere der Frauen / der Männer keine Jacke." ist von der definit-spezifischen Art"[190]. Ob bei anders gearteter Kontextualisierung und bei verändertem referentiellen Modus in ähnlicher Weise das männliche Geschlecht bevorzugt werde, sei keineswegs sicher[191]. „Kurz gesagt: Tests dieser Art sagen nichts aus über eine generell mit dem generischen Maskulinum assoziierte mentale Sexus-Zuweisung, schon gar nicht im essentiellen Gebrauch"[192]. Ohnehin sei die Reduktion von sprachlicher Bezugnahme (Referenz) auf ‚Bilder im Kopf' unterkomplex. Wenn nach Aussage der Autoren in der Vergangenheit das Sprachsystem verabsolutiert worden sei, so werde nun der Sprachgebrauch oder seine vermeintlich experimentell erfassbare psychosoziale Sedimentierung in den Köpfen verabsolutiert[193]. Auch Tim Hirschberg bezweifelt grundsätzlich, dass Sprache über ‚Bilder im Kopf', die man mit psycholinguistischen Tests als Assoziationen feststellt, in der Praxis der Alltagskommunikation funktioniert, bei denen die Bedeutungen vermutlich bildlos abstrakt (nicht-ikonisch) bleiben[194].

---

[189] Sc. Nübling: *Und ob das Genus mit dem Sexus*, a. a. O.
[190] Zifonun: *Die demokratische Pflicht*, a. a. O., S. 55, Anm. 8.
[191] Zifonun: *Die demokratische Pflicht*, a. a. O., S. 51.
[192] Ebd.
[193] Zifonun: *Die demokratische Pflicht*, a. a. O., S. 45.
[194] Vgl. Hirschberg: *Der fundamentale Irrtum der Gendersprachbewegung*, a. a. O.: „Der Ratgeber der Universität zu Köln plädiert dafür, typographische Sonderzeichen wie * einzusetzen, um ‚für eine korrekte mentale Repräsentanz' zu sorgen. Darunter seien die ‚bildlichen Vorstellungen zu verstehen, die Sprache in uns hervorruft'. Liest man das, könnte man glauben, wir projizierten uns gegenseitig eine Art Diashow ins Hirn, wenn wir uns unterhalten oder schriftlich miteinander kommunizieren. Doch das ist eine ausgesprochen naive Vorstellung. Die Fokussierung auf die mentalen Bilder, die Sprache angeblich heraufbeschwört, bedeutet eines der größten und vielleicht auch folgenreichsten Missverständnisse des Gender-Diskurses. [...] Doch sind es nicht eigentlich erst Fragen wie ‚Woran denken Sie?', ‚Was sehen Sie vor Ihrem inneren Auge?' oder „Was stellen Sie sich vor?", die uns aus dem rein sprachlichen in den bildlichen Modus hineinkatapultieren? So wie wenn uns jemand auffordert, sich plötzlich ein Bild vom Ich-Erzähler eines Romans zu machen. Vorher hat es uns wahrscheinlich nicht im Geringsten tangiert, einem geschlechts-, gesichts- und körperlosem Abstraktum hunderte Seiten lang zuzuhören. Es gibt eine lange philosophische Tradition – an vorderster Stelle ist Gottlob Frege zu nennen – die überzeugend darlegt, warum (mentale) Bilder für die Sprache eher unwichtig sind. [...] In diesem Sinne stellt sich sprachliche Bedeutung nicht als etwas Bildliches, sondern als etwas Abstrakt-Logisches dar – im Fachjargon spricht man von Propositionen. Freges Begründung hob auf die großen individuellen Unterschiede ab, die bei den an die Sprache gekoppelten

Zum Aufsatz von Gygax et al. 2008 ist aus der Sicht des Verfassers der vorliegenden Studie nur ironisch anzumerken, dass hier sozusagen die ‚ideale' Methode gefunden wurde, um grammatisch erzeugte Assoziation herauszufinden. Bereits die Formierung der sprachlichen Trigger führt, wie von Zifonun beschrieben, zu einseitigen Ergebnissen: Vordersätze ohne Kontext mit pluralischen Maskulina von definit-spezifischer Referenz, die prototypisch männliche, weibliche und neutrale Funktionen bedeuten; Folgesätze, die explizit als Teilmenge der Gruppe Frauen oder Männer nennen, sollen als akzeptabel oder nicht beurteilt werden. Das Ganze aber, und das ist der für die Aussagekraft des Experiments entscheidende Punkt, soll nun möglichst schnell nach allererstem Eindruck des Gelesenen geschehen. Wie eine Aufforderung zu möglichst schneller Entscheidung mit dem einen Finger auf dem *Yes-* und dem anderen Finger auf dem *No-*Button in der Praxis wirkt, kann jeder im Selbstversuch feststellen, wenn er z. B. an einem der im Internet unter ‚Project Implicit'[195] verfügbaren Assoziationstests teilnimmt und dann möglicherweise als Ergebnis erhält, dass seine Vorurteile andere seien als seine bewussten Überzeugungen.

Faktisch schlägt bei der Versuchsanordnung von Gygax et al. 2008 die grammatische Oberfläche im Deutschen und Französischen durch; sie ‚überschreibt' alles andere. Das heißt, die Kognition kommt bei dem Imperativ zu möglichst schneller Antwort gegenüber der grammatischen Assoziation gar nicht erst zum Zuge. Und bezeichnenderweise wirken sich nicht einmal die Assoziationen aufgrund der prototypischen Berufsfelder aus, wobei hier vor allem diejenigen interessieren, die Gygax et al. 2008 für ‚weiblich' ausgeben. Für ‚weiblich' werden dabei gehalten: *Kosmetiker, Geburtshelfer, Wahrsager, Kassierer, Krankenpfleger, Coiffeure, Psychologiestudenten, Diätberater, Schneider/Näher, Tänzer, Verkäufer, Sozialarbeiter*[196]. Bis auf *Diätberater, Geburtshelfer* und *Näher* sind diese Annahmen qua beruflicher Tätigkeit *als solcher* aber zweifelhaft und überdies sprachlich verfehlt. Denn im Deutschen werden weibliche Geburtshelfer üblicherweise *Hebammen* genannt und weibliche Krankenpfleger zumindest nichtfachsprachlich *Krankenschwestern*. Gerade *Krankenpfleger* ist zunächst eine speziell geschlechtsspezifische Parallelbildung zu älterem *Krankenschwester*[197]. Maskulina wie *Geburtshelfer*, das offizielle *Entbindungspfleger*, auch zunächst eine Bezeichnung mit geschlechtsspezifischer Bedeutung, und *Krankenpfleger* können zwar sekundär zu genderneutralen Maskulina werden,

---

Vorstellungen zu beobachten sind. [...] Hätten solche Vorstellungen eine maßgebliche Funktion in der Sprache, müsste Kommunikation jämmerlich scheitern, denn alle wären in ihrer privaten Semantik gefangen. Ferner wäre zu erwarten, dass all die Menschen, die von Aphantasie betroffen sind, sprachlos blieben. Bei diesem Phänomen ist die bildliche Vorstellungskraft eingeschränkt oder überhaupt nicht vorhanden. [...] Dennoch stört Aphantasie – sofern man das angesichts der noch eher dünnen Forschungslage sagen kann – die Sprachfähigkeit nicht. Es spricht also einiges dafür, dass unser mentaler Bildgenerator bei Sätzen mit dem generischen Maskulinum im Standby-Modus bleibt. ‚In Deutschland leben Studenten meistens in Wohngemeinschaften', so eine Aussage rauscht im normalen Sprachgebrauch – das heißt wenn keine Psycholinguistin es ganz genau wissen will – ziemlich abstrakt durchs Hirngewinde."

[195] *Project Implicit.*
[196] Gygax – Gabriel – Sarrasin – Oakhill – Garnham: *Generically intended, but specifically interpreted*, a. a. O., S. 473.
[197] Schoenthal: *Impulse der feministischen Linguistik*, a. a. O., S. 2065.

die den ganzen Berufsstand bezeichnen, doch dürfte zunächst aufgrund der alten gemeinsprachlichen *Hebamme* und *Krankenschwester* die geschlechtsspezifische Lesart bei weitem überwiegen. *Krankenpfleger* war offiziell zur Zeit der Studie von Gygax et al. eine ‚männliche' Berufsbezeichnung, *Krankenpflegerin* die ‚weibliche'[198]; das ist sie auch gegenwärtig. *Kosmetiker* ist wie *Kindergärtner* aus *Kindergärtnerin* eine maskuline Rückbildung aus *Kosmetikerin* speziell für die männlichen Ausübenden des Berufs[199], kann also von vornherein nicht als ‚weiblich' gelesen werden.

Das Untersuchungsdesign der Studie erzeugt schon durch die ohne Kontext als Subjekt des ersten Satzes gesetzten Maskulina eine bevorzugt geschlechtsspezifische Lesart. Abgesehen von der Tatsache, dass *Kosmetiker* eine Rückbildung ist, wird spätestens nach der Durchsetzung movierter Feminina für weibliche Berufsbezeichnungen zumal bei gendersegregierten Berufen wie dem der Kosmetikerin ein Maskulinum *Kosmetiker* oder *Näher* schon *deshalb* als spezifisch ‚männlich' verstanden[200]. Die Studie bewegt sich am Rande der petitio principii. Ihr Schlusswort sollte als Forschungsaufgabe verstanden werden:

> To conclude, we believe that our results on the overriding effect of grammar over stereotypicality, taken together with previous research on the automatic representation of gender, demonstrate that people construct representations of gender, and that they base their representations on grammar when available, and on stereotype information when grammatical cues are not available. Future research, however, might investigate the influence of other variables (e. g., additional gender-related context information or additional gender-marked grammatical features) that could moderate the strong masculine bias imposed by the masculine form in French and German[201].

Zu oft entsteht der Eindruck, das eigentliche Ziel solcher Untersuchungen sei, eine vorgefasste feministische Überzeugung zu bestätigen oder zumindest zu suggerieren[202]. Dem entspricht jedenfalls die provokante und unzutreffende Überschrift der Studie von Gygax et al.: „When beauticians, musicians and mechanics are *all* men"[203]. Das Französische und das Deutsche weisen zwar im Vergleich zum ausgeglichenen Englischen (Verhältnis

---

[198] *Krankenpfleger*, in: *Wikipedia*.
[199] Schoenthal: *Impulse der feministischen Linguistik*, a. a. O., S. 2080.
[200] Vgl. weiter oben zu Schröter – Linke – Bubenhofer: *„Ich als Linguist"*, a. a. O., S. 368.
[201] Gygax – Gabriel – Sarrasin – Oakhill – Garnham: *Generically intended, but specifically interpreted*, a. a. O., S. 483. Sc. ‚Zusammenfassend glauben wir, dass unsere Ergebnisse über den übergeordneten Effekt der Grammatik gegenüber der Stereotypie zusammen mit früheren Forschungen über die automatische Repräsentation von Gender zeigen, dass Menschen Repräsentationen des Geschlechts konstruieren und dass sie ihre Repräsentationen auf Grammatik stützen, wenn sie verfügbar ist, und auf Stereotypinformationen, wenn grammatikalische Hinweise nicht verfügbar sind. Zukünftige Forschungen könnten jedoch den Einfluss anderer Variablen untersuchen (z. B. zusätzliche geschlechtsbezogene Kontextinformationen oder zusätzliche gender-markierte grammatikalische Merkmale), die den starken maskulinen Bias, der durch die maskuline Form im Französischen und Deutschen entsteht, abmildern könnten.'
[202] Stefan Beher: *Warum geschlechtergerechte Sprache nicht gerecht ist*, in: *FAZ.net*, 22.06. 2022.
[203] Sc. ‚Wenn Kosmetiker, Musiker und Mechaniker *allesamt* Männer sind'.

der addierten Prozentwerte 231/235 = 0,983/1) einen beträchtlichen Überhang pro-männlicher Antworten gegenüber den pro-weiblichen Antworten auf (Verhältnis 233/173 = 1,347/1 für das Französische, 206/120 = 1,717/1 für das Deutsche), aber eben durchaus nicht nur ‚männliche' Antworten (*Verhältnis 1/0 = unendlich). Der Unterschied zwischen den beiden Genussprachen wäre dann erklärungsbedürftig.

Man sollte sich lieber fragen, warum die real existierenden Sprecher der deutschen Sprache das geschlechtsübergreifende Maskulinum seit Anfang der Überlieferung verwenden und wieso und in welchen Referenzstufen und kontextuellen Umgebungen sie damit kognitiv und funktional offensichtlich keine schwerwiegenden Probleme haben[204]. Das wird im Prinzip sogar im Handbuch ‚Genderlinguistik' gefordert[205]. Kotthoff und Nübling selbst nennen ein typisches Beispiel für ein funktionierendes genderneutrales Maskulinum: „Kaum jemand behauptet, dass mit *Berlin hat 3,5 Mio Einwohner* nur männliche Einwohner gemeint [sc. sind] und dort in Wirklichkeit 7 Mio Menschen leben"[206]. Der vertrauensvolle Duden-Leser müsste aber gerade das annehmen.

Zu den beschriebenen kognitionspsychologischen Stereotypen für bestimmte Typen der singularischen und möglicherweise auch pluralischen Referenz kommt das seit über vier Jahrzehnten von der feministischen Sprachkritik vertretene Postulat, dass Maskulina pseudogenerisch seien. Das hat sich bereits in aller Konsequenz in der sprachlichen Gestaltung von Gesetzes-, Verordnungs- und Verwaltungstexten niedergeschlagen und betrifft nicht nur, wie oben beschrieben, den Singular, sondern mittlerweile auch ideologisch motivierte Beidnennungen im Plural. Folglich wirkt es sich aus im Sprachgebrauch der Schulen und Hochschulen (*Studentinnen und Studenten, Professorinnen und Professoren*) und der Kirche (*Christinnen und Christen, Jüngerinnen und Jünger* [!], *jede und jeder*): „Sie [sc. Frauen] wollen hören und lesen, daß es Prophetinnen und Jüngerinnen, Gemeindeleiterinnen und Apostelinnen gab"[207].

---

[204] Vogel: *Ist Gendern links?*, a. a. O.: „An dieser Stelle werden dann psycholinguistische Studien zitiert, die angeblich beweisen sollen, dass Ausdrücke wie *Kunden* von uns eben doch unbewusst (womit auch unterstellt wird: *in Wirklichkeit*, als ob das Unbewusste die Wirklichkeit wäre) als männlich interpretiert werden. Sehen wir einmal davon ab, dass die hier meist prominent genannten Studien nach meiner Einschätzung teils katastrophale methodische Fehler beinhalten und dass die so ‚gemessenen' Effekte selten die klaren Schlussfolgerungen erlauben, die aus ihnen gezogen werden. Das Grundproblem bleibt dabei das Folgende: Es ist überhaupt nicht zu erkennen, wieso solche vermeintlichen psychologischen Tatsachen für die Bewertung von Sprache relevant sein sollen, die wie gesagt primär ein soziales Phänomen ist. Wenn es wirklich so wäre, dass wir uns bei der Verwendung generischer Maskulina ständig missverstehen, dann wäre uns das längst aufgefallen. Es gibt keinerlei Anhaltspunkte aus der Beobachtung der tatsächlich stattfindenden Kommunikation, dass dem so wäre. Sprache ist nicht perfekt, und Missverständnisse kommen immer wieder vor, aber die generischen Maskulina sind hier in keiner Weise auffällig. Es gibt also keinerlei Hinweise aus dem realen Sprachgebrauch, dass die deutsche Sprache an dieser Stelle reformbedürftig wäre."
[205] Kotthoff – Nübling: *Genderlinguistik*, a. a. O., S. 116–117.
[206] Kotthoff – Nübling: *Genderlinguistik*, a. a. O., S. 117.
[207] Hildburg Wegener: *„Siehe, das ist meine Beauftragte". Frauengerechte Sprache in der Übersetzung der Bibel*, in: *Frauen fordern eine gerechte Sprache. Mit Beiträgen von Hanne Köhler, Cordelia Kopsch, Ina Praetorius, Dorle Schönhals-Schlaudt und Hildburg Wegener*. Hg. von

Dann wirkt es sich aus im Sprachgebrauch von Parteien (*Bürgerinnen und Bürger, Wählerinnen und Wähler*. Die Partei Die Grünen hat 2015 beschlossen, das Gendersternchen für ihre Klientel verpflichtend zu machen, so dass das Sternchen und die Absicht, es durchzusetzen, sozusagen zum Parteiprogramm gehören:

> Selbst Muslime und Imame wurden [im Bundestagswahlprogramm 2021] zu Muslim*innen und Imam*innen gegendert. Das blieb anderen Religionsgemeinschaften erspart. Überraschenderweise ist von Jüdinnen und Juden, von Judenhass und Judenfeindlichkeit die Rede. Vielleicht weil schon Protest laut geworden war. In der „Jüdischen Allgemeinen" vom 11. März dieses Jahres bemerkte eine Betroffene, mit Jüd*innen würde ihr auf neue Weise ein Stern verpasst[208].

Dabei können politische Beobachter im Einzelfall durchaus den Eindruck haben, dass die als ‚demokratische Pflicht' bezeichnete Gendersprache in der Praxis eher eine formale politische Pflichtübung ist. Im Zusammenhang der Flutkatastrophe an der Ahr vom 14. Juli 2021 ließen das zumindest durchgestochene Nachrichten aus dem politischen ‚Maschinenraum' vermuten: „Konnte nur kurz draufschauen, bitte noch gendern (…), ansonsten Freigabe"[209]. Im Nachhinein ist es der betreffenden Ministerin vor allem um ein „Wording" zu tun, das sie und ihr Ministerium in möglichst günstigem Licht erscheinen lässt, aber nicht primär vor den um ihr Hab und Gut gekommenen ‚Bürgerinnen und Bürgern', sondern um vor allem gegenüber den Kabinettskollegen einem „blame game" zu entgehen.

Es prägt ferner die Sprache von Gewerkschaften (*Arbeitnehmerinnen und Arbeitnehmer*) und Unternehmen (*Mitarbeiterinnen und Mitarbeiter*)[210]. Es beeinflusst den Sprachgebrauch von Zeitungen und Zeitschriften (*Leserinnen und Leser*) und der Nachrichtenagenturen. Es kennzeichnet die Sprechweise des Rundfunks (*Hörerinnen und Hörer*) und des Fernsehens (*Zuschauerinnen und Zuschauer*). In diesen Medien erscheinen etwa *Demonstrierende* statt *Demonstranten* oder der eindeutig hypertrophe Gebrauch des allgemeinen Hyperonyms *Menschen* dort, wo den Redakteuren *Leute* offenbar als zu leutselig erscheint und sie wohl *Patienten, Teilnehmer* und *Verbraucher* nicht verwenden wollen, wo die Beidnennungen lästig zu sein scheinen und Partizipialsubstantive wie *Verbrauchende* und *Bewohnende* möglicherweise (noch) als zu ungewohnt empfunden werden. Zur Grünen Woche in Berlin werden neuerdings keine *Besucher* erwartet, sondern ‚Menschen' – als ob sich dort ansonsten auch intelligente Angehörige der Fauna oder gar Außerirdische als ‚Besuchende' einstellen könnten. In Zügen reisen keine *Passagiere, Rei-*

Hildburg Wegener, Hanne Köhler und Cordelia Kopsch, Gütersloh 1990 (Gütersloher Taschenbücher Siebenstern 484), S. 84–101, hier S. 95. Vgl. Schoenthal: *Wirkungen der feministischen Sprachkritik*, a. a. O., S. 229–230.

[208] Horst-Haider Munske: *Zwangsbeglückung der Sprachgemeinschaft*, in: *FAZ.net*, 25.07.2021.
[209] Florian Harms: *Ex-Ministerin Anne Spiegel: Da ist noch was*, in: *t-online.de*, 17.04.2022; vgl. Julian Staib: *Das Umweltministerium hätte vor der Flut warnen können*, in: *FAZ.net*, aktualisiert am 08.03.2022.
[210] Christine Haas – Philipp Vetter: *Jede dritte deutsche Firma gendert – aber viele nur nach außen*, in: *Welt*, 05.07.2021.

sende oder *Fahrgäste* mehr, sondern ‚Menschen'. Der Synodale Weg in Deutschland betrifft keine *Katholiken*, sondern ‚katholische Menschen'[211]. Da ist der Weg zu den ‚deutschen Menschen' nicht mehr weit.

Insgesamt liegt mittlerweile bei den einschlägigen psychologischen Tests methodisch teilweise eine Nähe zur petitio principii und der self-fulfilling prophecy vor, wenn festgestellt wird, dass Frauen durch generische Maskulina assoziativ nicht angemessen repräsentiert würden. „Zur Stützung dieser Behauptung wird in der umfangreichen Forschung immer wieder gezeigt, wie man das Wort Lehrer verwenden kann, damit das Merkmal „männlich" in Erscheinung tritt. Niemand bestreitet diese Möglichkeit. Bestritten wird allerdings die Behauptung, das Maskulinum sei nur so verwendbar. Jede Behauptung dieser Art ist unzutreffend, [...]"[212].

Dass für die Assoziation männlicher Personen bei Verwendung genderneutraler Maskulina auch andere, außersprachliche Momente eine Rolle spielen, zeigt bereits der erste dieser Tests von Josef Klein (1988)[213]. Unter dem Vorwand (‚Coverstory'), neueste Anredekonventionen ermitteln zu wollen, untersucht er die Triggerwirkung von geschlechtsübergreifenden Maskulina im Vergleich zu Beidnennungen. Das geschieht durch Einsatzproben (*Jeder Einwohner der Stadt Aachen sollte sich zu dem Problem des hohen Verkehrsaufkommens äußern. (Anrede _____/Vorname _____ Meier meinte dazu, daß man mehr Straßen zu Fußgängerzonen umgestalten sollte.)*). Bei der zweiten Versuchsgruppe wurden Paarformen verwendet (*Jede Einwohnerin / jeder Einwohner der Stadt Aachen*). Offenbar war Klein davon ausgegangen, dass die sprachliche Hervorhebung der Tatsache, dass in einer Stadt Frauen und Männer leben, die Probanden dazu bringen würde, hälftig Frauennamen einzutragen. Sie hätten also eine sprachliche Formulierung aufgrund einer entsprechenden ‚Assoziation' 1:1 umgesetzt. Zu einem solchen Verhalten sahen die Gewährsleute offenbar keine zwingende Veranlassung. Der Prozentsatz der Einträge von Männernamen verringerte sich dementsprechend nur von 69 % auf 61 %, während der Anteil der Einfügungen von Frauennamen von 20 % auf 30 % stieg[214]. Das situationsübergreifende Stereotyp der Dominanz des Mannes, so Josef Kleins Schlussfolgerung, sei offenbar in tieferen kognitiven Schichten verankert als in der Grammatik der Wortbildung[215]. Bei anderen Tests trat die Assoziation einer männlichen Person auch, weniger stark, bei neutralem (z. B. *ein Kind*) oder „fast neutralem" Stimulus (z. B. *ein Mensch / eine Person*) auf[216]. Restbestände dieser Tendenz zeigt möglicherweise der Test von Andreas Klein, bei dem die dominant weibliche Assoziation von *Person* etwas weniger ausgeprägt ist als die dominant männliche Lesart von *Mensch*[217], was Diewald und Nübling mit einem „generellen male bias" erklären[218]. Gemeint ist Folgendes:

---

[211] Deutschlandfunk, 26.01.2023.
[212] Eisenberg: *Weder geschlechtergerecht noch gendersensibel*, a. a. O., S. 35.
[213] Klein: *Benachteiligung der Frau im generischen Maskulinum*, a. a. O.
[214] Kotthoff – Nübling: *Genderlinguistik*, a. a. O., S. 100–101.
[215] Klein: *Benachteiligung der Frau im generischen Maskulinum*, a. a. O., S. 319.
[216] Samel: *Einführung in die feministische Sprachwissenschaft*, a. a. O., S. 85–86.
[217] Klein: *Wohin mit Epikoina?*, a. a. O., S. 178.
[218] Diewald – Nübling: *„Genus – Sexus – Gender"*, a. a. O., S. 23.

> Schließlich ergab die Fragebogenstudie in diesem Beitrag auch, dass Feminina ebenfalls zu einem gewissen Grad dem androzentristischen Weltbild unterlagen, also insgesamt geschlechtsneutraler verstanden wurden als Maskulina, bei denen sich genusinduzierte Männlichkeit und außersprachlicher Androzentrismus gegenseitig verstärken.[219]

Dabei besagen die in Andreas Kleins Test für die singularischen *Mensch* und *Person* festgestellten Assoziationen auf kognitiver Ebene wenig bis nichts, denn sonst wäre *Menschen* in der Pressesprache nicht zum inflationär gebrauchten Epikoinon geworden, und zwar vor dem Hintergrund der ‚geschlechtergerechten' Sprache, die genderneutrale nichtepizöne Maskulina selbst im Plural vermeidet. Dabei ist gegen Samel[220] festzuhalten, dass der Plural *Menschen* Maskulinum ist, nicht Neutrum. Bei Heise[221] erzeugen sowohl geschlechtsübergreifende Maskulina im Plural als auch pluralisches *Kinder* und *Angestellte* die meisten männlichen Zuschreibungen[222].

> So muss man beispielsweise in einer Studie von Elke Heise (Heise 2000)[223] nur einmal einen kurzen Blick auf die acht Sätze werfen, die den Probanden zur Weiterführung vorgelegt wurden: Nur *einer* dieser Sätze verwendet das generische Maskulinum korrekt im Rahmen einer allgemeinen Aussage. Alle anderen Sätze sind auf konkrete Individuen bezogen. Was aber kann eine Studie „beweisen", in der das inklusive Maskulinum noch nicht einmal korrekt verwendet wird? Der Verzicht auf sprachwissenschaftliche Expertise führt bei diesen Studien zu letztlich unbrauchbaren Ergebnissen[224].

Am klarsten zeigt sich die geschlechtsübergreifende Funktion pluralischer Maskulina in einer Studie, die den Plural methodisch angemessen einbezieht. Die Untersuchung von De Backer und De Cuypere[225] für das Deutsche und das Niederländische beruht auf direkter Befragung und nicht auf indirekt erhobenen „Assoziationen"[226]. Die 64 deutschen und 64 niederländischen Studierenden, jeweils zur Hälfte Frauen und Männer, erhielten einen Fragebogen zu 22 Sätzen mit maskulinen und femininen Personenbezeichnungen, bei dem nach dem natürlichen Geschlecht der Referenzperson(en) gefragt wurde. Die drei möglichen Antwortoptionen waren „männlich", „weiblich" sowie „männlich und/oder weiblich", also „geschlechtsneutral". Sechs Sätze zeigen movierte Feminina, die aus der Auswertung ausgeschlossen werden konnten, da sie niemals ambig interpretiert wurden. Die verbleibenden 16 Sätze mit referenziellen Maskulina waren lexikalisch nicht männlich genderisiert (keine *Soldaten*, *Piloten* usw.), sondern möglichst neutral gehalten. Unter den 16 Maskulina erscheinen acht Berufsbezeichnungen wie *Apotheker*, *Künstler* und acht Rollenbezeichnungen wie *Zuschauer*, *Schüler*. Neben der lexikalischen Zweiteilung wurden Numerus (Singular versus Plural) und Indefinitheit versus Definitheit getestet, so

---

[219] Klein: *Wohin mit Epikoina?*, a. a. O., S. 184.
[220] Samel: *Einführung in die feministische Sprachwissenschaft*, a. a. O., S. 86.
[221] Heise: *Sind Frauen mitgemeint?*, a. a. O.
[222] Kotthoff – Nübling: *Genderlinguistik*, a. a. O., S. 103.
[223] Sc. Heise: *Sind Frauen mitgemeint?*, a. a. O.
[224] Payr: *Von Menschen und Mensch*innen*, a. a. O., S. 31.
[225] De Backer – De Cuypere: *The interpretation of masculine personal nouns in German and Dutch*, a. a. O.
[226] Vgl. Kotthoff – Nübling: *Genderlinguistik*, a. a. O., S. 114–115.

dass vier Typen (*der Besucher – ein Besucher; die Besucher – Besucher*) entstanden. Als Hintergrund diente das relative frequentielle Verhältnis dieser Maskulina zu ihren movierten Korrelaten im Deutschen und Niederländischen. So kommt im Deutschen *Zuschauer* 85mal so häufig vor wie *Zuschauerin*, *Bewohner* 14mal so häufig vor wie *Bewohnerin* und *Schauspieler* dreimal so häufig vor wie *Schauspielerin*. Im Niederländischen waren die betreffenden Werte deutlich höher, da dort generell weniger moviert wird als im Deutschen.

Als Ergebnis wurde Folgendes für das Deutsche ermittelt: Der Numerus ist die wichtigste Variable. Maskuline Plurale wurden zu 97 % als neutral, also geschlechtsübergreifend, eingestuft, maskuline Singulare dagegen zu 83 % als männlich. Die zweitwichtigste Variable ist der lexikalische Typ. Maskuline Berufsbezeichnungen wurden im Singular zu 92 % als männlich interpretiert, Rollenbezeichnungen nur zu 74 %. Pluralische Berufsbezeichnungen wurden zu 94 % als neutral interpretiert und Rollenbezeichnungen sogar zu 99 %. Die relative Frequenz bewirkt, dass maskuline Formen umso neutraler interpretiert werden, je mehr sie die femininen Formen überwiegen. Somit hat ein Satz wie *45 Millionen Bürger sind zur Bundestagswahl aufgerufen* eine Wahrscheinlichkeit von 97 %, neutral gelesen zu werden. Das dürfte auch für *Einwohner, Zuschauer, Passanten* gelten. Als irrelevant erwies sich die Geschlechtszugehörigkeit der Versuchspersonen sowie die Definitheit bzw. Indefinitheit des Nomens. Dieselbe Rangfolge von Numerus, lexikalischer Gruppe und relativer Frequenz bestätigte sich für das Niederländische, das höhere Werte für neutrale Interpretationen kennt.

Frauen schätzen den Gebrauch des pluralischen geschlechtsübergreifenden Maskulinums zur Bezeichnung einer gemischtgeschlechtlichen Gruppe hinsichtlich Akzeptabilität, Üblichkeit und eigener Verwendung weitaus positiver ein als den des (durchaus nicht abgelehnten) singularischen Maskulinums für eine einzelne Frau, was die Studie von Schröter, Linke und Bubenhofer[227] zeigt. Die Studie ergibt auch, „dass die Maskulinformen gerade bei jüngeren Menschen als geschlechtsneutralisierende Formen interpretiert und verwendet werden"[228]. Die Autoren[229] sehen hier entweder einen Einfluss der Lebensphase oder einen Generationenunterschied, und damit eine „Renaissance des generischen Maskulinums". Dabei geht es um nicht-referenzielle Verwendungen solcher Formen im Prädikativum („ich als Physiker, Student" etc.), „in denen das Geschlecht durch das Subjekt *ich* als Selbstbezeichnung der Versuchsperson schon gesetzt ist"[230]. Gemeint ist, dass jemand, der von sich spricht, sein Geschlecht kennt. Der gewusste Kontext ermöglicht also einen solchen Gebrauch.

Wie stark die Aussagekraft solcher Assoziationsuntersuchungen von ihrer Anlage abhängt, zeigen nicht nur Gygax et al. 2008, sondern zeigt auch die erwähnte, bis heute zitierte[231] Studie von Jutta Rothmund und Brigitte Scheele[232]. Die Autorinnen geben sich

---

[227] Schröter – Linke – Bubenhofer: „*Ich als Linguist*", a. a. O., S. 367.
[228] Diewald – Nübling: „*Genus – Sexus – Gender*", a. a. O., S. 20.
[229] Schröter – Linke – Bubenhofer: „*Ich als Linguist*", a. a. O., S. 374–375; Kopf: Ist Sharon Manager?, a. a. O., S. 76.
[230] Diewald – Nübling: „*Genus – Sexus – Gender*", a. a. O., S. 20.
[231] Kotthoff: *Zwischen berechtigtem Anliegen und bedenklicher Symbolpolitik*, a. a. O., S. 12.
[232] Rothmund – Scheele: *Personenbezeichnungsmodelle*, a. a. O.

durch die Personenbezeichnung mit Binnenversalie (*SprachbenutzerInnen*) von vornherein als Anhänger der feministischen Linguistik zu erkennen. Noch mehr erstaunt, dass *generisches Maskulinum* als „präskriptiver Begriff" ausgegeben wird[233]. *Generisches Maskulinum* ist zwar eine wenig glückliche Bezeichnung, aber das geschlechtsübergreifende Maskulinum ist eine empirische Tatsache. Seine Benennung ist also ein deskriptiver Terminus.

In der besagten Studie wird das Assoziationspotential von mehreren „Personenbezeichnungsmodellen" mit einem längeren fiktiven Reiseführertext geprüft. Die Coverstory gibt an, dass es sich um eine Studie zur Verständlichkeit und Wirkung verschiedener Textsorten handle[234]. Gegenstand sind Budapester Bäder mit ihren orientalischen Einflüssen und fiktive Erlebnisbäder auf Sylt. Geprüft werden erstens ‚generische' Maskulina im Plural (*Touristen*) sowie zweitens ‚generische' Maskulina, zu denen eine Fußnote erläutert, dass sich die pluralischen maskulinen Personenbezeichnungen des Textes sowohl auf männliche als auch auf weibliche Personen beziehen. Drittens wird der Text gemischt mit ‚generischen' Maskulina und Gendersplitting-Syntagmen (*Touristinnen und Touristen*) vorgelegt und viertens gemischt mit Gendersplitting-Syntagmen und Neutralisierungsformen (*Personen, Berufstätige*). Im zweiten Test wird die Variante generisches Maskulinum / Fußnote nicht mehr berücksichtigt, weil sie im ersten Test bereits ‚durchgefallen' sei, und als viertes Personenbezeichnungsmodell wird die Bezeichnung mit Versalien-I (*BudapesterInnen*) durchgängig eingesetzt. Die jeweils verschiedenen Versuchspersonen für jeden der beiden Tests werden in vier Gruppen aufgeteilt; jede der acht verschiedenen Gruppen bearbeitet eine der Varianten. Die „Assoziationsprobe" erfolgt durch ein reaktives Verfahren, bei dem ziemlich am Ende des Textes ein Satz komplettiert werden soll. Der unmittelbare Kontext für die Budapester Variante lautet:

Hier und da sieht man kleine Grüppchen von
(1, 2) Badbesuchern
(3) Badbesucherinnen und Badbesuchern
(4) badenden Personen
im warmen Wasser stehen, sitzen oder liegen und angeregte Gespräche führen. Sie reden über Gott und die Welt, über _____.

Vorgegebene Einsatzvarianten sind 1. *Wirtschaft und Politik*, 2. *Autos und Sport* (beide ‚männlich'), 3. *Haut- und Figurprobleme*, 4. *Liebeskummer und Männer* (beide ‚weiblich'), 5. *Essen und Trinken*, 6. *Schul- und Studienzeit* (beide ‚sexusgeneralisierend'). Es kann immer nur *eine* Variante gewählt werden.

Test 1. Kontext: Bäder in Budapest mit orientalischen Einflüssen[235]
GM = generisches Maskulinum; Paarform = Gendersplitting-Syntagma; m = „männliche",
w = „weibliche", g = „gemischtgeschlechtliche" Bearbeitung des Füllsatzes; danach Anzahl
der Versuchspersonen, die sich für eine der Varianten entschieden haben, deren Summe
und die prozentualen Anteile der Bearbeitungsweisen an der Anzahl der Versuchspersonen

---

[233] Rothmund – Scheele: *Personenbezeichnungsmodelle*, a. a. O., S. 40–41, Anm. 1.
[234] Rothmund – Scheele: *Personenbezeichnungsmodelle*, a. a. O., S. 45.
[235] Vgl. Rothmund – Scheele: *Personenbezeichnungsmodelle*, a. a. O., S. 46–47.

GM-Plural: m 30 w 7 g 12 = 49 = 61,22 14,28 24,49 %
GM Fußnote: m 38 w 4 g 16 = 58 = 65,52 6,9 27,59 %
GM / Paarform: m 31 w 9 g 21 = 61 = 50,82 14,75 34,43 %
Paarform / Neutralisierung: m 27 w 13 g 12 = 52 = 51,92 25,0 23,08 %

Test 2. Kontext: Erlebnisbäder auf Sylt[236]
GM-Plural: m 23 w 11 g 15 = 49 = 46,94 22,45 30,61 %
GM / Paarform: m 12 w 15 g 18 = 46 = 26,09 32,61 39,13 %
Paarform / Neutralisierung: m 11 w 14 g 28 = 53 = 20,75 26,42 52,83 %
Versalien-*I*: m 5 w 20 g 22 = 47 = 10,64 42,55 46,81 %

Die Versuchspersonen hatten vor der Lektüre zumeist angegeben, sich eine Gleichverteilung der Geschlechter vorzustellen (61 % Budapest, 78,8 % Sylt); jeweilige Minderheiten nahmen ein Überwiegen des männlichen (22 % Budapest, 4 % Sylt) oder weiblichen Geschlechts (16 % Budapest, 17,17 % Sylt) an, nicht aber ein völliges Fehlen. Welchen Umfang dieses Überwiegen haben könnte, wurde nicht erhoben.

Die Frage ist nun, was es besagt, wenn sich eine Versuchsperson für eine ‚männliche', ‚weibliche' oder ‚neutrale' Themenangabe entscheidet. Soll durch ‚Assoziationsverteilungswerte', genauer Ergänzungsverteilungswerte, suggeriert werden, dass die Versuchspersonen annehmen, das Badpublikum bestehe *nur* aus Frauen oder *nur* aus Männern, wenn sie sich für eine ‚weibliche' oder ‚männliche' Ergänzung entscheiden? Wird ihnen also möglicherweise eine ausschließliche Referenz auf eines der beiden Geschlechter unterstellt? Der Kommentar der Studie ist in dieser Hinsicht völlig unklar.

Dann hätte aber die ‚Assoziation' die vorherige kognitive Annahme, im Publikum seien beide Geschlechter vorhanden, vollständig ‚überschrieben'. Das ist gerade bei den ‚Personenbezeichnungsmodellen', welche die männlichen und weiblichen Personen explizit nennen, unmöglich und deshalb auszuschließen. Aber selbst bei der Variante GM / Fußnote gibt es noch Versuchspersonen, die sich für eine ‚weibliche' Antwort entscheiden. Hierbei ist zu beachten, dass die Versuchspersonen stets nur *eine* Antwort geben konnten und keine multiple-choice-Möglichkeit bestand. Bei grundsätzlicher kognitiver Annahme eines gemischten Publikums sind jedoch alle ‚männlichen' oder ‚weiblichen' Antworten so, wie sich die Autoren der Studie möglicherweise deren ‚Referenz' vorstellen, a priori unzutreffend. Es wird niemand, der vorher das Vorhandensein beider Geschlechter angenommen hat, durch das Eingeben eines ‚weiblichen Themas' kognitiv davon ausgehen, dass auf einmal das gesamte Publikum eines Bades ausschließlich aus Frauen besteht, die sich über Liebeskummer und Männer oder Haut- und Figurprobleme austauschen.

Die geschlechtsspezifisch ‚weiblichen' Satzergänzungen scheinen sowieso aus einer Klischeewelt des letzten Jahrhunderts zu stammen, die sich in Trivialromanen sowie der Werbung für Hautpflege und Appetitzügler spiegelt. Dass ausgerechnet Feministinnen mit derart kruden Stereotypen operieren, muss schon erstaunen. Den Autorinnen fehlt offenbar jedes Gespür dafür, über welche Themen man sich mit wem an welchem Ort in welcher Situation unterhält. Liebeskummer und Männer sowie Haut- und Figurprobleme sind (vielleicht) Themen für ein Gespräch mit der besten Freundin im Lieblingsrestaurant

---

[236] Vgl. Rothmund – Scheele: *Personenbezeichnungsmodelle*, a. a. O., S. 49.

oder am Telefon, aber kein Gegenstand für den small talk mit wildfremden Urlaubsbekanntschaften im Spaßbad. Schon von daher waren die Versuchspersonen gut beraten, gerade die allzu intimen ‚Frauenthemen' bevorzugt *nicht* anzugeben. Durch die Wahl unwahrscheinlicher Themen werden die ‚weiblichen Assoziationen' geradezu künstlich klein gehalten. Niemand unterhält sich bei Rothmund und Scheele, im Gegensatz zur erfahrbaren Realität, über die technische Art und Weise von Urlaubsreisen (mit dem Auto, dem Wohnmobil, dem Flugzeug, dem Schiff usw.). Weitere Gesprächsthemen in der angenommenen Situation wären z. B. ins Auge gefasste und schon bereiste Urlaubsländer, das Urlaubshotel oder die gebuchte Ferienwohnung, Urlaubsaktivitäten und zum Besuch anstehende Sehenswürdigkeiten. Sodann Wetter und Klima, Sitten und Gebräuche des Urlaubslandes, Mode, Shopping und Kultur. Schließlich Themen wie Herkunftsort und Heimatlandschaft, persönliche Herkunft, Lebensgeschichte, Familie, Kinder, Verwandte und Freunde, Beruf, Hobbys und Haustiere, Hausbau und Einrichten.

Wenn nach den Ergebnissen überhaupt ein Schluss gezogen werden kann, dann der, dass die Eingabe einer ‚männlichen' oder ‚weiblichen' Antwort auf die von den Versuchspersonen gezogene Inferenz (eine implizite Hypothese) schließen lässt, sie könnten mit der spezifischen Antwort die Vorstellung eines *Überwiegens* eines der beiden Geschlechter signalisieren. Das liegt bei dem Budapester Kontext auf der Hand, der aufgrund des erwähnten orientalischen Einschlags eine gewisse Mehrzahl männlicher Badegäste anzunehmen erlaubt. Und mehr zeigt die Studie kaum. Wie *groß* dieses Übergewicht aber ist, ob ein Prozent oder zehn oder fünfzig, kann mit der Versuchsanordnung und dem dort aufgebauten, auf den ersten Blick beeindruckenden statistischen Apparat nicht ermittelt werden. Nirgendwo wird er in Bezug auf das verwendete Statistikprogramm, das genutzte Berechnungsmodell, die Parameter und die Aussagekraft der Messwerte erläutert, aber mit auffälliger Präsenz mitsamt Chi-Quadrat, Anzahl der Freiheitsgrade, Mittelwert, Standardabweichung, Punktschätzung, Konfidenzintervall, *p*-Werten und Signifikanzniveau vorgeführt. Was diese Angaben zur Exaktheit und inhaltlichen Vertiefung der Ergebnisse beitragen könnten, erschließt sich nicht.

Nicht einmal eine prozentuale Verteilung der Antworten wird angegeben. Deshalb täuschen sich die Autorinnen sogar in einem Fall über die eigenen Ergebnisse, wenn sie behaupten, die sexusspezifischen ‚Assoziationen' überwögen immer die sexusgeneralisierenden[237]. Für den Sylt-Kontext trifft das bei Paarform / Neutralisierung nicht zu. Die Versuchspersonen sind zwar *vor* der Lektüre gefragt worden, ob sie sich Gleichverteilung der Geschlechter vorstellen oder ein *Überwiegen* des einen oder anderen Geschlechts (aber nicht in welchem *Ausmaß*), nicht aber *danach*, und vor allem nicht in welchem *Ausmaß*. Dass den Autorinnen nicht klar sein könnte, was ihre Ergebnisse bedeuten, zeigt bereits ihre Einschätzung des Ergebnisses der Variante generisches Maskulinum mit erläuternder Fußnote, welche die Werte m 38, w 4, g 16 = 58 = m 65,52 %, w 6,9 %, g 27,59 % produziert. Weil sie die ‚schlechtesten' Werte bei der ‚Assoziation von Frauen' ergeben hat, wird sie einfachhin aus dem zweiten Test ausgeschlossen. Deutet man aber den Prozentsatz der ‚männlichen' Ergänzungen als Reflex einer Assoziation des *Überwiegens* des männlichen Publikums, ist das Ergebnis in puncto ‚Sprachgerechtigkeit' völlig unproblematisch.

---

[237] Rothmund – Scheele: *Personenbezeichnungsmodelle*, a. a. O., S. 48.

Die Texte sind in ihrer Aussage pragmatisch eindeutig bis semantisch intensiv (um nicht zu sagen penetrant) eindeutig. Da die Coverstory bereits auf ‚Verständlichkeit und Wirkung' abhob, hätte die Kognition der Versuchspersonen ernst genommen werden sollen. So wäre etwa danach zu fragen gewesen, ob sich durch die Lektüre die Vorannahmen über den Geschlechteranteil des Publikums bestätigt hätten oder nicht, und wenn nicht, in welcher Richtung. Die Studie zeigt mit großer Wahrscheinlichkeit nicht das, was die Autorinnen damit zeigen wollten.

8. 4 Studien zur kognitiven Verständlichkeit

Dass es bei dieser zuletzt skizzierten Studie methodische Mängel geben dürfte und, wie vermutet, das genderneutrale Maskulinum das *kognitive* Textverständnis nicht beeinträchtigt, dürfte ausgerechnet die ein Jahr früher veröffentlichte Studie von Jutta Rothmund und Ursula Christmann[238] zeigen. Sie konzentriert sich auf die Frage, ob ‚geschlechtergerechte' Formulierungen dazu führen, dass Texte subjektiv schwerer verständlich und schlechter lesbar sind. Teilnehmer lasen einen Text über Thermalbäder in Budapest [!]. Dieser Text lag in einer konsequent maskulin gehaltenen Form vor, in einer Mischung aus Paarformen und genderneutralen Maskulina, in einer Mischung aus Paarformen und Verwendung des Wortes *Person* und in einer maskulinen Version mit einer Fußnote, die auf die Einbeziehung von Frauen hinwies. Die Teilnehmer beurteilten jeweils eine Textversion im Hinblick auf die Lesbarkeit und andere Aspekte der Textqualität (z. B. sprachliche Ästhetik). Die Ergebnisse zeigen, dass verschiedene Formulierungen weder einen Einfluss auf die Bewertung der Lesbarkeit noch der anderen Aspekte der Textqualität haben. Demnach bewirken die getesteten Alternativen zum genderneutralen Maskulinum keine *Verschlechterung* der Textverständlichkeit [!]. Ein signifikanter Effekt ergab sich lediglich für die sprachliche Ästhetik, weil die Version Paarform + *Person* diesbezüglich als *schlechter* beurteilt wurde als die Version mit genderneutralem Maskulinum. Das Geschlecht der Befragten und ihre Einstellung zu ‚geschlechtergerechten' Formulierungen hatten keinen Einfluss auf die Bewertungen. Insgesamt, resümieren Braun et al. 2007[239], deuten diese Befunde darauf hin, dass sowohl die wahrgenommene Verständlichkeit als auch die stilistische Qualität eines Textes *abnehmen* können, wenn bestimmte Formen geschlechtergerechter Formulierung verwendet werden, dass dies aber nicht grundsätzlich und nicht bei allen untersuchten Varianten geschehe.

Wenn die *kognitive* Verständlichkeit gegenderter Texte gegenüber denen mit genderneutralem Maskulinum nicht signifikant *schlechter* ist[240], heißt das im Umkehrschluss:

---

[238] Rothmund – Christmann: *Auf der Suche nach einem geschlechtergerechten Sprachgebrauch*, a. a. O.

[239] Braun – Oelkers – Rogalski – Bosak – Sczesny: *„Aus Gründen der Verständlichkeit ..."*, a. a. O., S. 185.

[240] Friedrich – Heise: *Does the Use of Gender-Fair Language Influence the Comprehensibility of Texts?*, a. a. O., Braun – Oelkers – Rogalski – Bosak – Sczesny: *„Aus Gründen der Verständlichkeit ..."*, a. a. O., Rothmund – Christmann: *Auf der Suche nach einem geschlechtergerechten Sprachgebrauch*, a. a. O., Frank-Cyrus – Dietrich: *Sprachliche Gleichbehandlung von Frauen und Männern in Gesetzestexten*, a. a. O.

Die kognitive Verständlichkeit von Texten mit genderneutralem Maskulinum ist gleich gut oder *besser* als die der gegenderten. So das Resumé bei Marcus C. G. Friedrich und Elke Heise 2019[241]: „Participants who had read a text in gender-fair language did not give statistically significant lower ratings of comprehensibility than participants who had read a text that used masculine-only forms (partial $\eta^2 < .01$; $p > .05$). The results indicate that the use of gender-fair language does not impair the comprehensibility of texts"[242]. Umgekehrt beeinträchtigt der Gebrauch genderneutraler Maskulina die Verständlichkeit auch nicht.

Wie Assoziation und Kognition in der Realität jenseits der Assoziationstests zusammenspielen, zeigt bereits die Studie von Karin M. Frank-Cyrus und Margot Dietrich[243]. Die Autorinnen legten den Teilnehmern in einer Meinungsumfrage zur Formulierung von Gesetzestexten jeweils denselben Auszug aus dem Pflegeversicherungsgesetz vor. Eine Version war mit genderneutralem Maskulinum (*Vertreter der Pflegekassen*) formuliert, eine weitere mit Neutralisierung (*die Pflegekassen*) und eine dritte mit Beidnennung (*Vertreter oder Vertreterinnen der Pflegekassen*). Die Teilnehmer beantworteten dazu Fragen zur Geschlechterberücksichtigung, zur Textverständlichkeit sowie zu einer von ihnen gewünschten Version des Gesetzestextes. Ergebnis war, dass sich nur 19 % der Befragten die Originalfassung in generisch maskuliner Form als Gesetzestext wünschten, 42 % wünschten die neutralisierte Form und 37 % die Form mit Beidnennung. Die genderneutrale maskuline Fassung wurde als am verständlichsten und stilistisch besten beurteilt (je 70 % positive Bewertungen für diese Aspekte). Allerdings bezeichneten auch 62 % der Befragten die Beidnennung als gut verständlich und 57 % der Befragten die neutralisierte Version. Die Version mit genderneutralen Maskulina wurde im Unterschied zu alternativen Formen als wenig geschlechtergerecht empfunden. Ein Einfluss des Geschlechts der Befragten zeigte sich darin, dass weibliche Befragte häufiger die Beidnennung, männliche Befragte dagegen häufiger die Neutralisierung favorisierten. Insgesamt belegt diese Studie eine hohe Akzeptanz geschlechtergerechter Formulierungen[244]. Sie demonstriert also zweierlei, einerseits die beste Verständlichkeit und stilistische Qualität der Fassung mit genderneutralem Maskulinum, andererseits die bereits weitgehende psychologische Beeinflussung der Versuchspersonen durch feministische Vorstellungen.

---

[241] Friedrich – Heise: *Does the Use of Gender-Fair Language Influence the Comprehensibility of Texts?*, a. a. O., S. 51.

[242] Sc. ‚Teilnehmer, die einen Text in geschlechtergerechter Sprache gelesen hatten, bewerteten die Verständlichkeit nicht statistsch signifikant schlechter als Teilnehmer, die einen Text gelesen hatten, in dem nur männliche Formen verwendet wurden (partieller $\eta^2 < .01$; $p > .05$). Die Ergebnisse deuten darauf hin, dass die Verwendung von geschlechtergerechter Sprache die Verständlichkeit von Texten nicht beeinträchtigt.'

[243] Frank-Cyrus – Dietrich: *Sprachliche Gleichbehandlung von Frauen und Männern in Gesetzestexten*, a. a. O.

[244] Braun – Oelkers – Rogalski – Bosak – Sczesny: *„Aus Gründen der Verständlichkeit ..."*, a. a. O., S. 185.

Die Studie von Friederike Braun et al. 2007[245] untersucht die Erinnerungsleistung sowie die Bewertung der Textqualität (Verständlichkeit, Güte der Formulierungen, Lesbarkeit) auf der Grundlage einer fiktiven Medikamentenpackungsbeilage. Sie wird in drei Fassungen vorgelegt: erstens in einer Variante mit genderneutralen Maskulina (z. B. *Diabetiker*, *Patienten*), zweitens in einer ‚geschlechtergerechten' Version, die den Empfehlungen zur geschlechtergerechten Sprache entspricht und Beidnennung mit Neutralisierungen kombiniert (z. B. *Diabetikerinnen und Diabetiker*, *Personen* etc.), und drittens in einer Version mit Binnen-*I* (z. B. *DiabetikerInnen*, *PatientInnen*). Das Fazit von Braun et al.[246] lautet: „Zusammengefasst deutet die vorliegende Studie darauf hin, dass entgegen der Kritik an den potenziellen Konsequenzen sprachlicher Gleichbehandlung die kognitive Verarbeitung von geschlechtergerechten Texten ähnlich erfolgreich [!] verläuft wie die Verarbeitung von generisch maskulinen Texten. Nach den vorliegenden Befunden scheint es also nicht erforderlich zu sein, aus Gründen der Verständlichkeit Texte im generischen Maskulinum zu formulieren." Das gilt im Umkehrschluss allerdings auch für das Gegenteil.

Die feministische Diskussion agiert mit Assoziationstests, die allenfalls etwas über vorkognitive, grammatisch erzeugte Suggestionen aussagen, die kognitiv in einer Deutschunterrichtsstunde besprochen und damit aus der Welt geschafft werden könnten, während das genderneutrale Maskulinum das *kognitive* Textverständnis nicht beeinflusst. Nach einer Flut von Assoziationstests bleibt dieses Faktum der breiten Öffentlichkeit aber verborgen, weil es weder von den feminismusaffinen Wissenschaftlern erwähnt wird – aus nachvollziehbaren Gründen – noch deren Opponenten bekannt zu sein scheint.

8. 5 Zur Rolle sozialer Klischees

Der assoziative ‚Sexismus' ist zumindest nicht nur im Sprachsystem begründet, also in grammatischen und morphologischen Strukturen des Deutschen (und anderer Sprachen), sondern auch in der Erfahrung und Annahme gesellschaftlicher Realität. Wo Genus nicht einwirken kann, zeige sich das Male-As-Norm-Prinzip, der Mann als menschlicher Prototyp[247]. Hier wirkt das ‚soziale Geschlecht', das sich auch in genuslosen Sprachen wie dem Englischen bemerkbar macht[248]. Genera wurden nicht „nach den Vorstellungen der patriarchalischen Gesellschaft verteilt, in der wir seit Jahrhunderten leben"[249], sondern bestimmte Berufe wurden in der Vergangenheit nur von Frauen oder nur von Männern ausgeübt bzw. konnten nur von dem einen oder anderen Geschlecht ausgeübt werden. Das ist aber ein Umstand, der veränderbar ist und auch verändert wurde. Die Assoziation

---

[245] Braun – Oelkers – Rogalski – Bosak – Sczesny: „*Aus Gründen der Verständlichkeit ...*", a. a. O.

[246] Braun – Oelkers – Rogalski – Bosak – Sczesny: „*Aus Gründen der Verständlichkeit ...*", a. a. O., S. 189.

[247] Kotthoff – Nübling: *Genderlinguistik*, a. a. O., S. 104.

[248] Zu entsprechenden Verhältnissen im Englischen s. Hellinger: *Kontrastive Feministische Linguistik*, a. a. O., S. 61.

[249] Nádeníček: *Movierung – ein gemeinsamer Weg des Tschechischen und Deutschen?*, a. a. O., S. 96.

eines männlichen Prototyps ist eher ein soziologisches Phänomen als ein sprachlich erzeugtes[250]. Die entsprechenden Tests, in der Blütezeit feministischer Linguistik als Beleg dafür aufgefasst, dass die ‚traditionelle Linguistik' mit ihrer, in dieser Einfachheit für die Bezeichnungen von Menschen ja nie aufgestellten, These, „dass Genus und Geschlecht voneinander unabhängige Kategorien seien", Unrecht habe[251], zeigen neben grammatisch getriggerter Suggestion nicht zuletzt Klischeevorstellungen des Weltwissens.

Die Abwehr dieser angeblichen These erfolgt mit einem logisch unzulässigen Argument: „Dass etwas mit der ‚Genus ist nicht Sexus'-These nicht stimmen kann, sieht man schon daran, dass das Genus in bestimmten Fällen das einzige Mittel ist, das natürliche Geschlecht zu bezeichnen. Substantivierte Adjektive werden allein durch das Genus auf Männer oder Frauen bezogen: die Kranke gegenüber der Kranke"[252]. „Hier zeigt einzig der Artikel als Genusträger das persönliche Geschlecht an"[253]. Beim unbestimmten Artikel trifft das nicht zu und im Plural wird kein Geschlechtsunterschied angezeigt. Vor allem aber sind die substantivierten Adjektive und Partizipien, die von feministischer Seite für den Singular als Mittel zur sprachlichen Sichtbarmachung der Frau, für den Plural als geschlechtsneutrale Bezeichnungen empfohlen werden[254], motivierte Bildungen. Sie werden *ausgehend* von der Annahme erzeugt, dass die Genera Maskulinum und Femininum eindeutige Indizien für die Bedeutung ‚männlich' und ‚weiblich' sind, um so zumindest für den Singular komplementär oppositive Bezeichnungen für männliche und weibliche Personen zu erhalten. Diese Möglichkeit besteht in *diesem* Fall, also bei einem Teilbereich des Wortschatzes. Wenn *umgekehrt* aus diesen Kunstprodukten, die eigens mit bestimmten grammatischen und davon abhängigen semantischen Eigenschaften designt und quantitativ ausgebaut wurden, das *generelle* Verhältnis von Genus und Sexus abgeleitet wird, ist das ein klassischer methodischer Fehler, eine petitio principii. Dieser Zirkelschluss, bei dem eine Behauptung durch Aussagen begründet wird, welche die zu beweisende Behauptung schon als wahr voraussetzen, ist logisch verfehlt und entspricht der feministischen *Derdiedas*-Linguistik: „Genusunterschiede wie *der*, *die*, *das* u. v. a. sind Mittel, um das Geschlecht von Menschen zu signalisieren"[255]. So etwas wird vermutlich nicht einmal in der ‚Sesamstraße' behauptet.

Dass Klischeevorstellungen bei Assoziationstests eine Rolle spielen, hätte die feministische Linguistik beispielsweise anhand einer genuslosen Sprache wie dem Finnischen[256] erkennen können, zu dem ein Test zeigte, dass auch dort a priori neutrale Berufs- und Amtsbezeichnungen ‚männerlastig' interpretiert wurden[257]. Weitere Tests[258] verdeutlichten letztlich die Auswirkungen einer androzentrischen Kultur auf die Interpretation

---

[250] *Geschlechtergerechte Sprache*, in: *Wikipedia*; ausführlich Klann-Delius: *Sprache und Geschlecht*, a. a. O., S. 49–55; anders Ursula Athenstaedt – Dorothee Alfermann: *Geschlechterrollen und ihre Folgen. Eine sozialpsychologische Betrachtung*, Stuttgart 2011, S. 54–55.
[251] Braun: *Das große I und seine Schwestern*, a. a. O., S. 56.
[252] Lobin – Nübling: *Tief in der Sprache lebt die alte Geschlechterordnung fort*, a. a. O.
[253] Diewald – Nübling: *„Genus – Sexus – Gender"*, a. a. O., S. 6.
[254] Schoenthal: *Impulse der feministischen Linguistik*, a. a. O., S. 2082.
[255] Doleschal: *Konzeptualisierung von Geschlecht und Sprachvergleich*, a. a. O., S. 177.
[256] Engelberg: *The communication of gender in Finnish*, a. a. O.
[257] Braun: *Das große I und seine Schwestern*, a. a. O., S. 58, Anm. 6.
[258] Engelberg: *The communication of gender in Finnish*, a. a. O., S. 116–122.

solcher Bezeichnungen, selbst bei finn. *ihminen* ‚Mensch', wo weder die morphologische Struktur einer Bildung mit finn. *mies* ‚Mann' wie *maanmies* ‚Landsmann, Landsmännin' noch die prototypische kontextuale Einbindung wie bei finn. *komissaari* ‚Kommissar' eine Rolle spielen konnten[259]. Es ist daher nicht ohne Weiteres zu erwarten, dass ein Ersatz etwa von *mies* durch das Agens-Suffix *-ja* wie z. B. in finn. *näyttelijä* ‚Schauspieler(in)[260] zu *näytellä* ‚darstellen' solche Verhältnisse beendet. Auf jeden Fall wird aber für das Finnische die Bildung genderneutraler Bezeichnungen als ein Weg zur diskriminierungsfreien Sprache angesehen, nicht das Gender Splitting[261]. Das hängt nicht zuletzt damit zusammen, dass finn. *nainen* ‚Frau' für spezifisch-weibliche Bildungen wie *liikenainen* ‚Geschäftsfrau'[262] eine konnotative Schlagseite hat, so dass Frauen solche Bildungen als diskriminierend empfinden könnten[263]. Auch die strukturell analogen Bildungen *Karrieremann* und *Karrierefrau* im Deutschen sind nach der gesellschaftlichen Einbindung der bezeichneten Personen konnotativ verschieden verortet[264].

Das genuslose Estnische zeigt soziales Geschlecht bei Berufen, in denen eines der beiden Geschlechter überwiegt, so ‚weiblich' bei estn. *arst* ‚Arzt' oder *õpetaja* ‚Lehrer', ‚männlich' bei Bezeichnungen wie estn. *president* ‚Präsident', *minister* ‚Minister' oder *professor* ‚Professor'[265]. Wie im Finnischen und den skandinavischen Utrumsprachen (s. unten) gibt es geschlechtsübergreifende Bezeichnungen, die als Kompositionen mit estn. *mees* ‚Mann' gebildet sind, so *esimees* ‚Vorsitzende(r)'. Die geschlechtsspezifische Bildung *esinaine* ‚Vorsitzende' wird nur für Vorsitzende von Organisationen gebraucht, die exklusiv aus Frauen bestehen[266]. Umgekehrt werden Krankenpfleger mit den lexikalisch weiblich gebildeten estn. *meditsiiniõde* ‚Krankenschwester' oder *õde* ‚Schwester' bezeichnet[267], die also lexikalisiert sind. Social gender bei grammatisch neutralen Bezeichnungen wird auch für das genuslose Ungarische festgestellt[268].

Entsprechendes gilt für das genuslose Türkische mit jeweils spezifisch männlich und spezifisch weiblich gelesenen Bezeichnungen für landestypische Männerberufe und Frauenberufe und sogar *primär* männlich *assoziierten* Bezeichnungen für Bedeutungen

---

[259] Engelberg: *The communication of gender in Finnish*, a. a. O., S. 121–122.
[260] Engelberg: *The communication of gender in Finnish*, a. a. O., S. 127–128.
[261] Engelberg: *The communication of gender in Finnish*, a. a. O., S. 128.
[262] Engelberg: *The communication of gender in Finnish*, a. a. O., S. 113.
[263] Engelberg: *The communication of gender in Finnish*, a. a. O., S. 128.
[264] Constanze Spieß: *Linguistische Genderforschung und Diskurslinguistik. Theorie – Methode – Praxis*, in: Susanne Günthner – Dagmar Hüpper – Constanze Spieß (Hg.): *Genderlinguistik. Sprachliche Konstruktionen von Geschlechtsidentität*, Berlin/Boston 2012 (Linguistik – Impulse und Tendenzen 45), S. 53–85, hier S. 69–78.
[265] Cornelius Hasselblatt: *The representation of gender in Estonian*, in: *Gender Across Languages. The linguistic representation of women and men*. Volume 4. Ed. by Marlis Hellinger, Heiko Motschenbacher, Amsterdam/Philadelphia 2015 (Impact: Studies in language and society 36), S. 125–151, hier S. 129–130.
[266] Hasselblatt: *The representation of gender in Estonian*, a. a. O., S. 130, 143–144.
[267] Hasselblatt: *The representation of gender in Estonian*, a. a. O., S. 130.
[268] Louise O. Vasvári: *Gender trouble in a grammatical genderless language: Hungarian*, in: *Gender Across Languages. The linguistic representation of women and men*. Volume 4. Ed. by Marlis Hellinger, Heiko Motschenbacher, Amsterdam/Philadelphia 2015 (Impact: Studies in language and society 36), S. 203–225, hier S. 207.

wie ‚Dorfbewohner', ‚Person', ‚Passagier' entsprechend den gesellschaftlichen Rollen der beiden Geschlechter in der Türkei[269]. Diese kann man durch feministische Sprachänderungen nicht abschaffen, so dass stattdessen vorgeschlagen wird: „It might therefore be more promising to avoid explicit female markings in the hope of including females in those categories whose covert gender is originally male"[270].

8. 6   Die Argumentation mit stilistischen und moralischen Kriterien

Da das Postulat vom angeblich nur spezifischen und allenfalls pseudogenerischen Maskulinum eine grundlegende Überzeugung der feministischen Linguistik ist und erst seit kurzem selbst von Vertretern der Genderlinguistik als unzutreffend bezeichnet wird, wird die Verwechslung von grammatikalisch indizierter assoziativer Suggestion und prototypischen Klischeevorstellungen mit lexikalischer Bedeutung und kognitivem Textverständnis von aktivistischer Seite schwerlich alsbald zugegeben werden. Alle diesbezüglichen Erfahrungen aus dem politischen Raum, gerade auch aus der jüngsten Vergangenheit, zeigen, dass einmal entwickelte Narrative nicht aufgegeben und als solche eingestanden werden. Vielmehr wird versucht, sie fortzuschreiben und zu bestärken. Die Auffüllung des Dudens mit Artikeln für movierte Feminina zum Zweck der Infragestellung genderneutraler Bedeutung bei Maskulina ist dafür ein überzeugendes Beispiel. Die gegenwärtigen Ereignisse haben auch das Bewusstsein dafür geschärft, dass gezielt behauptete Unwahrheiten ein Mittel der Politik sind. Eisenberg sieht offensichtlich kontrafaktische Behauptungen politisierender Sprachwissenschaftler in diesem Kontext, was er mit der Formulierung „Lügen haben kurze Beine, bewusste Fehlanalysen ebenfalls"[271] andeutet.

Das Endstadium solcher Entwicklungen ist dann erreicht, wenn es bei der beanspruchten Geltung gar nicht mehr um die objektiv feststellbare Wahrheit des Narrativs geht. Im vorliegenden Fall wird ‚geschlechtergerechte' und ‚gendergerechte' Sprache zur stilistisch modernen und überdies moralisch allein vertretbaren erklärt, also nur noch mit subjektiven und ideologischen Kategorien argumentiert. Der Begriff *geschlechtergerechte Sprache* ist a priori selbst ein machtpolitisches Instrument, weil er andere Formen des Sprechens implizit als ungerecht bezeichnet und ihnen damit Legitimität abspricht[272]. „Genus ist ein grammatischer Mechanismus, über den niemand nach Gusto verfügen kann. Die Behauptung eines amtierenden Professors für Linguistik, das Gendern sei eine Frage der Moral und des Anstands[273], ist eine sozialpädagogische Anmaßung und hat

---

[269] Braun: *The communication of Gender in Turkish*, a. a. O., S. 287–294.
[270] Braun: *The communication of Gender in Turkish*, a. a. O., S. 304. Sc. ‚Es könnte daher erfolgversprechender sein, explizite weibliche Markierungen zu vermeiden, in der Hoffnung, dass Frauen in die Kategorien aufgenommen werden, deren verdecktes Geschlecht ursprünglich männlich ist.'
[271] Eisenberg: *Unter dem Muff von hundert Jahren*, a. a. O.
[272] Rödder – Rödder: *Sprache und Macht*, a. a. O., S. 6.
[273] Sc. Stefanowitsch: *Eine Frage der Moral*, a. a. O.

keine grammatische Grundlage"[274]. Wo gegenderte Sprache mit angemaßter höherer Moral der eigenen Auffassungen einhergeht und den Anderen moralisch diskreditiert, schlägt ein emanzipatorisches Anliegen in repressiven Konformitätsdruck um[275].

Erziehungs- und Aufklärungsarbeit sollten verstärkt und nachhaltig die Überzeugung verbreiten, dass Prototypen eben nicht männlich sein müssen und Klischeevorstellungen über Frau und Mann[276], gerade auch im beruflichen Kontext[277], keine Wirklichkeit sind, anstatt diese Klischees noch zu verstärken. „Wer die sozialen Verhältnisse ändern will, muss die sozialen Verhältnisse ändern, nicht die Sprache"[278]. Die Verhaltensökonomin Iris Bohnet „plädiert für *Verhaltens*design, nicht *Sprach*design. Könnte es also eine Fehlüberlegung sein, dass geschlechtsspezifisch gekennzeichnete Wörter Frauen zu Respekt und Durchbruch verhelfen? Möglich wär's. Rassismus und Antisemitismus sind in Wirklichkeit nicht verschwunden dank Sprachverboten und neuen Begriffsregelungen"[279]. Wie dem Deutschen verwandte Sprachen (siehe weiter unten) zeigen, kann die nicht abgeleitete Funktionsbezeichnung gerade umgekehrt als Zeichen der Emanzipation interpretiert werden – wenn sie nicht ständig als frauenfeindlich abgewertet wird.

8. 7 Argumente aus der Sprachgeschichte

Argumentativ verfehlt sind auch feministisch angeregte sprachgeschichtliche Arbeiten, die mit außerordentlichem Aufwand unter Bezugnahme auf Verhältnisse im Mittelalter und/oder der frühen Neuzeit demonstrieren wollen, dass das ‚generische' Maskulinum auch in der Gegenwart nicht wirklich verwendet werde. Die Arbeiten beweisen für die Gegenwart nichts und für die Vergangenheit ungewollt etwas Anderes. In früherer Zeit kann eine *-in*-Ableitung für die Ehefrau (*Müllerin*), die Tochter des in der Basis (*Müller*) bezeichneten Berufstätigen sowie für eine berufstätige Frau gebraucht werden (*Müllerin* ‚Besitzerin einer Mühle')[280]. Dabei sei einmal davon abgesehen, dass bereits im Mittelhochdeutschen, in Konrads von Würzburg „Goldener Schmiede", Maria als *müllerin* bezeichnet wird, „weil sie das korn der gottheit gedroschen, gemalen und zu himmelbrot gebacken hat"[281].

---

[274] Glück: *Eine kleine Sex-Grammatik*, a. a. O.
[275] Rödder – Rödder: *Sprache und Macht*, a. a. O., S. 7.
[276] Vgl. Hellinger: *Kontrastive Feministische Linguistik*, a. a. O., S. 44–57, 99–101.
[277] Hellinger: *Kontrastive Feministische Linguistik*, a. a. O., S. 101–105.
[278] Wegener: *Grenzen gegenderter Sprache*, a. a. O., S. 292.
[279] Schwartz: *Es braucht kein Verbot von Gendersprache*, a. a. O.
[280] Grimm – Grimm: *Deutsches Wörterbuch*, a. a. O., VI, Sp. 2656.
[281] Georg Friedrich Benecke – Wilhelm Müller – Friedrich Zarncke: *Mittelhochdeutsches Wörterbuch*, I–III, Leipzig 1854–1866. Digitalisierte Fassung im Wörterbuchnetz des Trier Center for Digital Humanities, Version 01/21, II, 1, Sp. 28a.

Die Behauptung Diewalds[282], die Dana Fennert ungeprüft übernommen hat[283], als *Müllerin* sei also zunächst keine berufstätige Frau, sondern die Frau des Müllers angesprochen worden, ist zumindest für dieses Lexem eine Viertelwahrheit. Für ihr Material aus dem 16. bis 19. Jahrhundert unterscheidet Sonja Iris Eisermann[284] nicht weniger als sieben verschiedene Funktionen des Suffixes *-in*:

-*in*^{1a} funktionelle Movierung (*Tätigkeitsbeschreibung*)
-*in*^{1b} funktionelle Movierung (*Berufsbezeichnung*)
-*in*^{2a} matrimonielle Movierung (*Ehefrau des X*)
-*in*^{2b} verwandtschaftliche Movierung (*Tochter des X*)
-*in*^{2c} erweiterte matrimonielle Movierung (*Witwe des X*)
-*in*^{2d} verwandtschaftliche Movierung (*Familienname*)
-*in*^{3} funktionelle und matrimonielle Movierung (*Berufsbezeichnung* und *Ehefrau*)

Insoweit werden im Mittelalter auf der Grundlage der gesellschaftlichen Verhältnisse mit *-er* abgeleitete Maskulina bei *Berufs*bezeichnungen faktisch für männliche Personen verwendet. Das gilt nicht für Maskulina aus anderen Bezeichnungsfeldern, die seit Anfang der deutschen Überlieferung auch geschlechtsübergreifend vorkommen[285]. Allerdings kann das bei den Berufsbezeichnungen (mit Coseriu ausgedrückt) eine Sache der Bezeichnung sein, nicht unbedingt der lexikalischen Bedeutung[286]. Jedenfalls liegt es daran, dass die Berufstätigkeit von Frauen seinerzeit etwas Besonderes war, nichts selbstverständlich Mögliches. Das Miteinander von spezifisch bezeichnenden maskulinen Berufsbezeichnungen und femininen, abgeleiteten Bezeichnungen für Ehefrauen, Töchter und berufstätige Frauen wäre gerade ‚Spiegel' des ‚Patriarchats', nicht einer besseren Rechtsstellung der Frau, wie Diewald[287] annimmt, wenn sie ausführt:

> Zum Beispiel dokumentiert Doleschal (2002: 65)[288] mit Verweis auf Grabrucker 1993[289], dass für eine kurze Spanne im Hoch- und Spätmittelalter, in der Frauen eine bessere Rechtsstellung hatten, in Rechtstexten wie z. B. Stadtordnungen konsequent die Beidnennung von Männern und Frauen bei Berufsbezeichnungen (z. B. *koufeler* ‚Händler' und *koufelerin* ‚Händlerin') erfolgt. Auch hier wird die spezifisch männliche Bedeutung der Ableitungen auf *-er* evident.

---

[282] Diewald: *Mitgemeint, aber ausgeschlossen*, a. a. O.; vgl. Diewald: *Geschlechtergerechte Sprache als Thema der germanistischen Linguistik*, a. a. O., S. 293–294.
[283] Fennert: *Das generische Maskulinum*, a. a. O., S. 3.
[284] Sonja Iris Eisermann: *Berufsbezeichnungen für Frauen vom 16. - 19. Jahrhundert. Eine sprachhistorische Untersuchung insbesondere des* in*-Derivationsmorphems unter Berücksichtigung prototypensemantischer Aspekte beim Bedeutungswandel*, Dissertation Oldenburg 2003, S. iv.
[285] Eisermann: *Berufsbezeichnungen für Frauen vom 16. - 19. Jahrhundert*, a. a. O.
[286] Siehe dazu oben das Zitat aus Pollatschek: *Deutschland ist besessen von Genitalien*, a. a. O.
[287] Diewald: *Geschlechtergerechte Sprache als Thema der germanistischen Linguistik*, a. a. O., S. 294.
[288] Sc. Ursula Doleschal: *Das generische Maskulinum im Deutschen. Ein historischer Spaziergang durch die deutsche Grammatikschreibung von der Renaissance bis zur Postmoderne*, in: Linguistik online 11, 2 (2002), S. 39–69.
[289] Sc. Grabrucker: *Vater Staat hat keine Muttersprache*, a. a. O., S. 89–92.

Dass dort, wo weibliche und männliche Gewerbetreibende im gleichen Kontext separat aufgeführt werden, das Maskulinum eine ‚spezifisch männliche Bedeutung' aufweist, versteht sich von selbst. Die bessere Rechtsstellung, von der Diewald schreibt, bezieht sich darauf, dass Frauen an vielen Orten Geschäfte des täglichen Lebens selbsttätig abschließen konnten. Mit der sogenannten Schlüsselgewalt ausgestattet konnte die Frau im Rahmen der Haushaltsführung Rechtsgeschäfte ohne den Mann tätigen, etwa Gemüse auf dem Markt einkaufen. Die Frau wurde im Erbrecht allmählich den männlichen Erben gleichgestellt; je nach regional herrschendem Recht konnte sie zwischen dem 18. und dem 25. Lebensjahr aus der ‚Munt' des Hausvaters entlassen werden. Die Frau hatte als Gewerbetreibende und Kauffrau in ihren geschäftlichen Angelegenheiten, aber nur in diesen, weitgehend Rechte des Mannes. Diese rechtlichen Entwicklungen sowie der Frauenüberschuss der Zeit führten dazu, dass es sehr viele unverheiratete und auch durch geerbtes Vermögen unabhängige Frauen gab, die ohne ‚männlichen Beistand' agierten. Und eben deshalb wurden sie in der hoch- und spätmittelalterlichen Gesellschaft teilweise als Mithandelnde definiert, was die Sprache widerspiegelt[290]. Die Benennung von Frauen und Männern nebeneinander war „im Gegensatz zu heutiger Sprachgewohnheit" möglich, wie Grabrucker schreibt; „Sprachsymmetrie"[291] sei zu belegen.

Solche Belege besagen lediglich Folgendes: In Zusammenhängen, in denen weibliche Vertreter eines Berufs mittels movierter Nomina agentis ausgewiesen werden, bekommen die nichtmovierten Bezeichnungen entweder (wie es Becker vorschlägt) eine pragmatische Gebrauchsbedeutung ‚männlich' zugeschrieben oder es wird die systematische geschlechtsspezifische Variante aktualisiert. Das ist so auch bei entsprechenden Verhältnissen in der Gegenwart der Fall (etwa *Rockmusiker* vs. *Rockmusikerinnen und Rockmusiker*). Die Verfasser mittelalterlicher Quellen fühlen sich offenbar veranlasst, in beruflichen Kontexten bei Nennung einer Gesamtgruppe Männer und Frauen getrennt auszuweisen, weil die Frauen als Akteure neu in Erscheinung traten. Die von feministischer Seite unterschwellig vermittelte Auffassung, solche geschlechtsmäßig getrennten Nennungen würden für ‚Geschlechtergerechtigkeit' und ‚Sichtbarkeit' im heutigen Sinne sprechen, ist ahistorisch und naiv. Die Kauffrauen kommen separat vor, weil sie Rechtssubjekte und Rechtsobjekte mit möglicherweise partiell nur für sie geltenden rechtlichen Bestimmungen sind. Mit grundsätzlicher Gleichstellung von Frauen haben solche Belege einer ‚Sprachsymmetrie' sicher nichts zu tun, wie etwa ein Zitat aus der Handfeste der Stadt Freiburg im Üechtland von 1249 zeigt:

> *Was wip mügen gen*. Eines burgers wip mag nüt geben noch gevordern (gefromeden) noch enkein gedinge gemachen an irs mannes willen, wan vntzan vier phenning. Ist aber si ein koufferin, also das si offenliche kouffet vnd verkouffet, so sol si gelten was si sol vnd ir man waz ez ist[292].

---

[290] Grabrucker: *Vater Staat hat keine Muttersprache*, a. a. O., S. 89.
[291] Ebd.
[292] *La Handfeste de Fribourg dans l'Uechtland de l'an MCCXLIX. Textes latin, français et allemand, traduction, commentaire, glossaire, étude comparative sur le droit des trois villes kybourgeoises de Fribourg, Thoune et Berthoud au XIIIe siècle par Ernest Lehr*, Lausanne 1880, S. 61.

Ebenso wenig spielt das Kriterium der ‚Sichtbarkeit' eine Rolle, wenn in mittelalterlichen Rechten verschiedene Stände vom Freien über den Halbfreien bis zum Hörigen zur Sprache kommen. Sie werden explizit genannt, weil für sie unterschiedliches Recht gilt. Die Ansicht von Bettina Jobin[293], *Nicht*movierung spreche für die Herrschaft des Mannes, hätte so bereits Eisermann[294] mit überwältigendem Material widerlegt. „Ganz selten tritt dazwischen auch ein generisches Maskulinum auf, das eindeutig geschlechtsabstrahierend zu verstehen ist"[295].

Letztlich führt ein einseitiges Geschichtsbild nicht weiter. Geschichte ist kein finaler Prozess, sondern mit Keller[296] ein Phänomen der dritten Art, weder rein kausal noch rein final deutbar. Das verschwörungstheoretische Geschichtsbild hingegen ist final. Gesellschafts- und Wirtschaftsformen vergangener Zeiten beherrschen aber *alle* Menschen. Sie beherrschen sie durch autokratische Herrschaft und ihr entsprechende Standesrechte. Dazu kommen arbeitsintensive, aber ineffektive Produktionsmethoden, periodische Nahrungsmittelknappheit und Hungerkatastrophen. Weiterhin sind zu nennen fehlende Möglichkeiten der Geburtenkontrolle und sowieso deren religiös begründeter apriorischer Ausschluss. Diese Zeiten sind ferner geprägt durch mangelnde Möglichkeiten zur Hygiene, durch nicht oder kaum heilbare Krankheiten, durch Pandemien und Kriege. Zeitgenössisches begrenztes Wissen und zeitgenössische Ideologien, zeitgenössische Bildungsmöglichkeiten sowie eingeschränkte Möglichkeiten der überregionalen Kommunikation sind verbunden mit religiösen Vorstellungen und religiösem Wahn. All das führt zu spezifischen Lebensentwürfen, *wechselseitigen* Rollenerwartungen und Abhängigkeiten, Lebensmöglichkeiten und Lebensgefährdungen. Vergangene Geschichtsperioden werden ohne hermeneutische Distanz aus der Perspektive der aufgeklärten und emanzipierten Vorstellungen des späten 20. und frühen 21. Jahrhunderts beurteilt und verurteilt als ‚von den Männern' final herbeigeführt. Ebenso gut könnte man einen Stau auf der Autobahn als von den Autofahrern gewollt, geplant und wissentlich herbeigeführt auffassen. Entsprechend wenig zielführend ist die Projektion von Wortbedeutungen oder gar grammatischen Klassifizierungen auf dieses Zerrbild, das selbst alle Merkmale eines religiösen Narrativs enthält[297].

---

[293] Jobin: *Genus im Wandel*, a. a. O., S. 54.
[294] Eisermann: *Berufsbezeichnungen für Frauen vom 16. - 19. Jahrhundert*, a. a. O. Vgl. Robert Möller: *Euphrosina kolerin, Beckhin vonn Paindten, die Berndt bonesche und andere beclagtinnen. Feminin-Movierung von Appellativen und Namen in Hexenverhörprotokollen des 16./17. Jahrhunderts*, in: Markus Denkler – Stephan Elspaß – Dagmar Hüpper – Elvira Topalović (Hg.): *Deutsch im 17. Jahrhundert. Studien zu Sprachkontakt, Sprachvariation und Sprachwandel. Gedenkschrift für Jürgen Macha*, Heidelberg 2017 (Sprache – Literatur und Geschichte 46), S. 129–159.
[295] Dolescahl: *Das generische Maskulinum im Deutschen*, a. a. O., S. 65.
[296] Keller: *Sprachwandel*, a. a. O.
[297] Payr: *Streit ums Gendern*, a. a. O.: „Von Täter-Opfer-Erzählungen dieser Art lässt sich der Bogen schlagen zur scharfen Kontrastierung von Gut und Böse, die typisch ist für Märchen, aber auch für religiöse Narrative. Viele zentrale Elemente im Themenkomplex Gendersprache erinnern an die Sphäre des Religiösen: eine zentrale Erzählung (Mythos von der unsichtbaren Frau), die Identifikation des Bösen (das generische Maskulinum und seine Nutzer/der Patriarch), eine gemeinsame Praxis als Distinktionsmerkmal (Nutzung gendersensibler Sprache),

Denn in der deutschen Sprachgeschichte kommt beides vor, geschlechtsübergreifendes sowie geschlechtsspezifisches Maskulinum:

> Seit Jahrhunderten, vermutlich seit Bestehen der deutschen Sprache, werden die Grundformen auch geschlechtsübergreifend verwendet. So werden sie z. B. im Nibelungenlied gebraucht, in der Szene, „wie Prünhilt in Worms empfangen wurde". Da reiten die Burgunden den Isländern entgegen, dass Frauen dabei waren, geht aus dem Text hervor: die Frauen Prünhilts werden mehrfach erwähnt, die der Gastgeber sogar mit Zahlenangaben: 86 Frauen und 54 schöne Mädchen begleiten Kriemhilt, die Prünhilt mit den Worten begrüßt: ‚Ihr sollt in Burgund mir und ... allen unseren Freunden willkommen sein.' Es gibt keinen Grund anzunehmen, der Dichter habe mit ‚Burgunden, Isländer und Freunde' nur Männer gemeint[298].

Was speziell diesen herangezogenen Zusammenhang betrifft, lohnt ein Blick in den Text. Die Stelle in der 10. Âventiure, Strophe 580 der Fassung B lautet: *Dô die von Îslande zen schiffen kômen dan / unt ouch von Nibelungen die Sîfrides man, / si gâhten zuo dem lande (unmüezec wart ir hant), / dâ man des küneges vriunde des stades anderthalben vant*[299]. ‚Als die aus Island und auch die aus Nibelungen, die Leute Siegfrieds, sich eingeschifft hatten, ruderten sie eifrig an das jenseitige Ufer, auf dem die Freunde des Königs standen.' Von „Burgunden, Isländer und Freunde" bleibt morphologisch also nur, aber immerhin, *friunde* ‚Freunde' übrig. Das ist auch in der Begrüßung Brünhilts durch Kriemhilt in Strophe 588 belegt: *Dô sprach gezogenlîche Kriemhilt daz mägedîn: / „ir sult zuo disen landen uns willekomen sîn / mir unt mîner muoter unt allen, die wir hân / der getriuwen friunde." dô wart dâ nîgen getân*[300]. Die Burgonden kommen in der 10. Âventiure erst in Strophe 646 zum Zuge: *sich huop vil michel vreude in Búrgónden lant*[301]. In der 9. Âventiure erscheinen sie in Strophe 562 als Akteure: *dô tâten Búrgónden als in Sîfrit geriet*[302], nämlich Kriemhilt, ihre Mutter Uote und die Hofleute, die den Empfang Gunthers und Brünhilts in Worms vorbereiten. In Strophe 564 wird berichtet, wie Ortwîn und Gêre keine Zeit verloren, überall die ‚Freunde' Gunthers einzuladen (*sie sanden nâch den friunden allenthalben dan*), worauf sich viele schöne junge Frauen in fröhlicher Erwartung schmückten (*dâ zierten sich engegene diu vil schœnen magedîn*[303]). Offenbar hatte

---

die scharfe Gegenüberstellung von In-Group (progressive Befürworter) und Out-Group (konservative Kritiker), das Inszenieren der eigenen Wahrheit als absolut und unhinterfragbar, das Belegen von Kritik mit einem Tabu. In diesen religiösen Narrativen mögen auch die Wurzeln liegen für den hohen moralischen Ton, der in Diskussionen von Genderbefürwortern oft angeschlagen wird und eine sachliche Debatte meist vereitelt. Es ist eine manichäische Weltsicht, die hier zum Tragen kommt: gut/böse, jung/alt, links/rechts sind die Koordinaten dieses unterkomplexen Lagerdenkens."

[298] Wegener: *Sichtbar oder gleichwertig?*, a. a. O.
[299] *Das Nibelungenlied*. Nach der Ausgabe von Karl Bartsch hg. von Helmut de Boor. Zweiundzwanzigste revidierte und von Roswitha Wisniewski ergänzte Auflage, Wiesbaden 1996, S. 101.
[300] *Das Nibelungenlied*, S. 103.
[301] *Das Nibelungenlied*, S. 112.
[302] *Das Nibelungenlied*, S. 98.
[303] Ebd.

man im 13. Jahrhundert, nicht nur aus Gründen der Metrik, Gespür für Pragmatik und Sprachökonomie. Dem entspricht, dass sich das st. sw. Maskulinum *mâc, mâge* ‚Verwandte(r)'[304], etwa in Strophe 566 des Nibelungenliedes, auch auf Frauen bezieht.

Fennert[305] behauptet mit Berufung auf Carolin Müller-Spitzer[306], die sich wiederum auf Lisa Irmen und Vera Steiger 2005 sowie Doleschal[307] stützt, seit wann maskuline Personenbezeichnungen in der deutschen Sprache geschlechtsabstrahierend verwendet wurden, sei nicht bekannt. Das liege vor allem an historischen Dokumenten, in denen nicht zweifelsfrei erkennbar sei, ob maskuline Formen auch Frauen mit einbezogen hätten. Nach der empirischen Beleglage trifft das nicht zu und zeigt zudem, dass bereits Publiziertes übersehen worden ist. Überdies kommen geschlechtsabstrahierende Maskulina, etwa in Belegen für das st. M. *burgāri*[308], seit Anfang der deutschen Überlieferung vor, nicht erst im 13. Jahrhundert. Im Evangelium des Matthäus 8,28–34 wird von der Heilung der Besessenen von Gadara berichtet. Matth. 8,34 lautet in der althochdeutschen Fassung der Monseer Fragmente, um 800 geschrieben[309], I, Z. 2: (*et ecce tota ciuitas exiit obuiam iesu: et uisu eo rogabant, ut transiret a finibus eorum*) *enti see saar alle dhea burgara fuorun ingegin ihuse enti so inan gahsahhun batun daz er aufuori uz fona iro marchom*[310] ‚Und siehe, sogleich zogen alle Einwohner Jesus entgegen, und als sie ihn sahen, baten sie, dass er aus ihrem Gebiet weggehen möge'. Und Anfang des 11. Jahrhunderts bezieht sich ein Beleg des Wortes in Notkers des Deutschen Psalmenübersetzung zu Psalm 146,2 auf die Bürger des Himmels: *so ist diu burg kezimberot . so er (Gott) die burgara gesamenot*[311]. Die damalige und die heutige Theologie gehen davon aus, dass auch Frauen in den Himmel kommen. Vor allem Trutkowski und Weiß[312] weisen im Einzelnen nach, dass die Maskulina *Gast, Nachbar, Freund, Feind, Bürger, Richter, Lügner* und *Sünder* bzw. ihre Vorstufen zum Teil im Althochdeutschen und spätestens seit dem Mittelhochdeutschen im Plural und teilweise auch im Singular geschlechtsübergreifend verwendet werden können. Damit ist die Behauptung, das ‚generische' Maskulinum sei eine sehr junge und wenig stabile Gebrauchsgewohnheit, falsifiziert.

8. 8 Argumente aus der Grammatiktradition

Argumentativ irrelevant für gegenwärtige Verhältnisse ist neben der möglichen ideologischen Einbindung des Maskulinumgebrauchs früherer Zeiten auch die Geschichte der

---

[304] Lexer: *Mittelhochdeutsches Handwörterbuch*, a. a. O., I, Sp. 2001.
[305] Fennert: *Das generische Maskulinum*, a. a. O., S. 3.
[306] Müller-Spitzer: *Geschlechtergerechte Sprache*, a. a. O., S. 2.
[307] Doleschal: *Das generische Maskulinum im Deutschen*, a. a. O.
[308] Karg-Gasterstädt – Frings (Hg.): *Althochdeutsches Wörterbuch*, a. a. O., I, Sp. 1530.
[309] *Althochdeutsche und altsächsische Literatur*. Hg. von Rolf Bergmann, Berlin/Boston 2013 (De Gruyter Lexikon), S. 204.
[310] George Allison Hench: *The Monsee Fragments. Newly collated Text with Notes and a grammatical Treatise*, Strassburg 1890, S. 3.
[311] Karg-Gasterstädt – Frings (Hg.): *Althochdeutsches Wörterbuch*, a. a. O., I, Sp. 1530.
[312] Trutkowski – Weiß: *Zeugen gesucht!*, a. a. O., S. 24–34; vgl. Ewa Trutkowski – Helmut Weiß: *Seit 1000 Jahren können Frauen auch Sünder, Richter und Freunde sein*, in: Welt, 25.04.2022.

deutschen Grammatikschreibung. Hier sei angeblich der Unterschied zwischen unspezifischem (‚generischem') und spezifischem Maskulinum erst ab den 60er Jahren des 20. Jahrhunderts einigermaßen klar erkannt bzw. überhaupt thematisiert worden[313]. Auch hier irrt Doleschal, denn diesen Unterschied hat zuerst Grimm in seiner ‚Deutschen Grammatik' beschrieben, auch mit frühen Belegen (dazu weiter unten). Die Diskussion verläuft im 20. Jahrhundert ab Hennig Brinkmann[314] über etwa Wilhelm Schmidt[315], Karl-Erich Heidolph, Walter Flämig und Wolfgang Motsch[316] bis zu Eisenberg[317]. Erstmalig wurde der Begriff *generisch* in der Dudengrammatik in diesem Zusammenhang 1995[318] genannt, allerdings nicht überhaupt zum ersten Mal, wie Doleschal[319] und Fennert[320] schreiben. Das alles ändert nichts daran, dass das geschlechtsübergreifende Maskulinum als solches, als Faktum, im Deutschen bereits seit jeher auftrat. Sei es um 800 in den Monseer Fragmenten, im 11. Jahrhundert bei Notker, im 13. Jahrhundert im Nibelungenlied, im 16. Jahrhundert bei Luther, im frühen 19. Jahrhundert bei Goethe, im frühen 20. Jahrhundert bei Thomas Mann oder in den 40er Jahren des letzten Jahrhunderts, wie in dem oben zitierten Briefkontext. Jobin als Parteigängerin Puschs treibt die Aussagen Doleschals auf die Spitze, wenn sie schreibt, dass das ‚generische' Maskulinum „recht *ad hoc* aus der Taufe gehoben" worden sei[321].

Argumentationstaktisch sind die Aussagen Doleschals und Jobins leicht durchschaubar. Aus der Periode einer auch ideologisch behaupteten Ungleichheit von Frau und Mann stammen vorwissenschaftliche, undurchdachte, ideologische Darstellungen, aus denen nach den Regeln der Logik keine Beweisführungen in der Sache zu gewinnen sind, ebenso wenig wie aus neueren einführend-grobmaschigen Darstellungen[322]. Sie sind selbst Zeichen ihrer Zeit oder ihres Darstellungsanspruchs. Insoweit sie in die Epoche der Nicht-Gleichberechtigung der Geschlechter gehören, in der eine Olympe de Gouges wohl nicht zuletzt wegen ihres Eintretens für die Menschenrechte der Frau zum Tode verurteilt wurde[323], sind sie auch Anzeichen zu überwindender gesellschaftlicher Vorzeit. Insbesondere ist es verfehlt, unplausible Behauptungen aus der protowissenschaftlichen Periode deutscher Grammatikschreibung, etwa einschlägigen Nonsens aus Gottscheds

---

[313] Doleschal: *Das generische Maskulinum im Deutschen*, a. a. O., S. 59–62.
[314] Hennig Brinkmann: *Die deutsche Sprache. Gestalt und Leistung*, Düsseldorf 1962 (Sprache und Gemeinschaft. Grundlegung 1), S. 19–20.
[315] Wilhelm Schmidt: *Grundfragen der deutschen Grammatik. Eine Einführung in die funktionale Sprachlehre*, ⁵Berlin 1977, S. 101–102.
[316] *Grundzüge einer deutschen Grammatik*, a. a. O., S. 574–575.
[317] Peter Eisenberg: *Grundriß der deutschen Grammatik*, Stuttgart 1986, S. 165.
[318] Duden: *Grammatik der deutschen Gegenwartssprache.* 5., völlig neu bearb. und erweiterte Auflage. Hg. und bearbeitet von Günther Drosdowski in Zusammenarbeit mit Peter Eisenberg, Mannheim [u. a.] 1995 (Der Duden in 12 Bänden 4), S. 200.
[319] Doleschal: *Das generische Maskulinum im Deutschen*, a. a. O., S. 62.
[320] Fennert: *Das generische Maskulinum*, a. a. O., S. 3.
[321] Jobin: *Genus im Wandel*, a. a. O., S. 56.
[322] Irmen – Steiger: *Zur Geschichte des Generischen Maskulinums*, a. a. O., S. 214–223.
[323] Waltraud Harth-Peter: *Sexismus in der Sprache. Ein Literaturbericht*, in: *Mann und Frau - Frau und Mann. Hintergründe, Ursachen* Winfried *und Problematik der Geschlechterrollen. 5. Würzburger Symposium der Universität Würzburg.* Hg. von Winfried Böhm und Martin Lindauer, Stuttgart [u. a.] 1992, S. 325–335, hier S. 326–327.

‚Grundlegung einer deutschen Sprachkunst' von 1748, als Beleg für die Richtigkeit der eigenen, genauso unplausiblen Thesen zu werten[324]. Bei Jobin wird die Wirklichkeit auf den Kopf gestellt. Nicht das ‚generische' Maskulinum, das bereits der römische Rechtsgelehrte Ulpian (3. Jh. n. Chr.) kennt[325], wurde ad hoc aus der Taufe gehoben. Vielmehr hat die feministische Linguistik das ‚generische' Maskulinum als ‚pseudogenerisches und immer schon spezifisches' diskreditiert. Erstens ist, wie gezeigt, im frühen und hohen Mittelalter sowie in der frühen Neuzeit das geschlechtsübergreifende Maskulinum belegt. Zweitens hat die bekanntermaßen größere öffentliche Präsenz des Mannes zu diesen Zeiten für den jetzigen Gebrauch genderneutraler Maskulina nach der elementaren methodischen Unterscheidung von Diachronie und Synchronie, von Geschichte und Gegenwart keine Relevanz. Wenn in der Gegenwart davon gesprochen wird, dass eine Ferieninsel die *Urlauber* schmerzlich vermisst habe und die *Touristen* freudig erwarte, dann sind erstens alle Geschlechter und Gender angesprochen, und zweitens in ihrer gegenwärtigen gleichberechtigten Rechtsstellung.

Das gleiche sprachliche Mittel kann in veränderten gesellschaftlichen Verhältnissen eine völlig andere Konnotation und Funktion gewinnen und sprachliche Mittel, mit denen man die Gleichberechtigung der Geschlechter auszudrücken glaubt, müssen umgekehrt in Geschichte und erweiterter Gegenwart durchaus nicht so verstanden worden sein, sondern können geradezu für das Gegenteil stehen. Das ist weiter oben bereits am Sprachvergleich gezeigt worden und gilt auch für „das feministische Projekt einer *geschlechtergerechten* Sprache, dessen zentrales Element die Vermeidung bzw. Reduktion des generischen Maskulinums und die explizite Benennung von Frauen ist"[326]. Zutreffender kann man die Essenz der feministischen Linguistik wohl kaum beschreiben.

„Vom Stand der grammatischen Forschung weiß sie wenig, und sie will in der Regel auch nichts davon wissen. Denn die irrtümliche Gleichsetzung von Sexus und Genus ist ihr Grundaxiom, die Bekämpfung von Maskulina (Genus) als ‚männlich' (Sexus) ist ihr Hauptziel"[327]. Als identitätsstiftend und Movens der Genderbewegung, die man als feministischen Neosexismus bezeichnet hat[328], wird dieses Ziel mit allen Mitteln verfolgt und verteidigt[329]. Um ihre Kernprämisse abzusichern, so Glück[330], werden ihr widersprechende linguistische Einsichten (Gegenstandsbestimmungen, Methoden, Terminologien, Theorien) für gegenstandslos erklärt. In der Sprache sollen alternative Fakten geschaffen werden. Öffentlich vertreten werde die „Reduktionsgrammatik der Gleichstellungsbeauftragten" im Wesentlichen von Personen, die keine Sprachwissenschaftler sind, sondern Soziologen, Pädagogen, Sozialarbeiter, Journalisten und Politiker beiderlei Geschlechts.

---

[324] Diewald – Nübling: *„Genus – Sexus – Gender"*, a. a. O., S. 13.
[325] Vgl. Irmen – Steiger: *Zur Geschichte des Generischen Maskulinums*, a. a. O., S. 215.
[326] Schröter – Linke – Bubenhofer: *„Ich als Linguist"*, a. a. O., S. 359.
[327] Glück: *Das Partizip I im Deutschen*, a. a. O., S. 37–38.
[328] Glück: *Das Partizip I im Deutschen*, a. a. O., S. 38.
[329] Eisenberg: *Weder geschlechtergerecht noch gendersensibel*, a. a. O., S. 34.
[330] Glück: *Das Partizip I im Deutschen*, a. a. O., S. 38.

9 Zur sexualisierten Genustheorie

Die Sexualisierung der Grammatik im 19. Jahrhundert durch Jacob Grimm und in seiner Nachfolge[1] beruht auf der Verknüpfung von Femininum mit weiblichem Geschlecht, Maskulinum mit männlichem. Die Theorie vom Genus als Metapher für den menschlichen Sexus setzt im 18. Jahrhundert mit Johann Gottfried Herder, Johann Christoph Adelung, Friedrich Schlegel und Friedrich Schelling ein[2], wird von Wilhelm von Humboldt in seiner Schrift ‚Über den Dualis' 1827 weitergeführt[3] und von Grimm in die historisch-vergleichende Sprachwissenschaft übertragen[4]. Grimms Genustheorie ist in sich widersprüchlich und wissenschaftlich widerlegt[5]. Sie kann weder die Genusverhältnisse bei den Abstrakta erklären noch ist es plausibel, dass das Genus bei den Konkreta angesichts einer so großen Zahl von bedeuteten Dingen von einer sehr kleinen Menge sexusbezeichnender Nomina ausgegangen sein soll. Als Grundlage für die Zuweisung des Genus verwendet Grimm die sozial und kulturell festgeschriebenen Geschlechtscharaktere seiner Zeit, des 19. Jahrhunderts, obwohl er sich bei der Darstellung seiner Genustheorie wiederholt auf das Denken der ‚primitiven' Menschen bezieht. „Da sich die Zuschreibungen zu den Geschlechtern im Laufe der Zeit allerdings immer wieder gemeinsam mit den übrigen sozialen Normen verändern, müssen an der Glaubwürdigkeit dieses Verfahrens große Zweifel entstehen"[6]. Grimm setzt die Begriffe Genus und Sexus gleich bzw. vermischt sie, obwohl die Kategorie Sexus keine grammatische, sondern eine biologische ist. Die Erklärungen der sexualistischen Genustheorie beruhen allesamt auf psychologischen sowie soziologischen Motiven und nicht auf sprachwissenschaftlichen[7].

Grimms Genustheorie entspringt einer seit dem 18. Jahrhundert aufkommenden Menschenkunde. Das ist nicht mehr die Wissenschaft vom Menschen, sondern die Wissenschaft vom *anderen* Menschen: die ‚Wilden', die ‚Schwarzen', die ‚hoch oder tief stehenden Nationen' – und das ‚andere' Geschlecht, die Frauen[8]. „Vor diesem ideologischen

---

[1] Fónyad: *Die Grammatik kann nichts dafür*, a. a. O., S. 254; Gewehr: *Zur Genusmarkierung im Deutschen*, a. a. O., S. 125–126; Hellinger: *Kontrastive Feministische Linguistik*, a. a. O., S. 62; Samel: *Einführung in die feministische Sprachwissenschaft*, a. a. O., S. 59–61; Weber: *Genus*, a. a. O., S. 18–27; Werner: *Genus ist nicht Sexus*, a. a. O., S. 263–264.
[2] Bär: *Genus und Sexus*, a. a. O., S. 160–162.
[3] Weber: *Genus*, a. a. O., S. 17–18.
[4] Stickel: *Beantragte staatliche Regelungen*, a. a. O., S. 336–337; Weber: *Genus*, a. a. O., S. 18–27; Bär: *Genus und Sexus*, a. a. O., S. 162–165; Klann-Delius: *Sprache und Geschlecht*, a. a. O., S. 22–24; Neef: *Das Konzept des sogenannten ‚Geschlechtergerechten Sprachgebrauchs'*, a. a. O., S. 58.
[5] Weber: *Genus*, a. a. O., S. 22–24.
[6] Weber: *Genus*, a. a. O., S. 23.
[7] Weber: *Genus*, a. a. O., S. 24.
[8] Irmen – Steiger: *Zur Geschichte des Generischen Maskulinums*, a. a. O., S. 217–223; Elisabeth Leiss: *Genus und Sexus. Kritische Anmerkungen zur Sexualisierung der Grammatik*, in: Heinz

Hintergrund konnte es eine Genustheorie, die Genus mit Sexus gleichsetzte und Genus somit sexierte, zu weit mehr Popularität bringen, als rein grammatisch orientierte formale Erklärungen, für die das große Publikum kein Interesse aufzubringen vermochte"[9]. Im vorwissenschaftlichen Sprachverständnis ist Grimms Genustheorie nach wie vor weit verbreitet, weil es wie gesehen im Bereich der Personenbezeichnungen eine zwar nicht notwendige, aber bei den Feminina weitreichende Korrespondenz von Genus und Sexus gibt[10].

Grimm unterscheidet natürliches Genus, also dasjenige, das dem Geschlecht entspricht, und grammatisches Genus, wie etwa bei den Epikoina für Tiere.

> Entweder ist das geschlecht *natürlich* oder bloß *grammatisch*. [...] Das natürliche des substantivs gründet sich auf die beobachtung der sexualverschiedenheit bei lebenden wesen, d. h. dem menschen und den thieren. [...] Gleichwohl unterscheidet die sprache lange nicht das genus aller thiere, sondern wählt, wenn es sich sinnlicher wahrnehmung verhüllt, oder für sie keine bedeutung hat, das bloß grammatische, welches dann *epicoenum* wird[11].

> Das natürliche geschlecht umfäßt eine, im vergleich zu den übrigbleibenden, sehr geringe anzahl von wörtern. Bei den meisten und den ihnen zum grund liegenden begriffen konnte die sprache gar keine wirklichen geschlechtsverhältnisse wahrnehmen, oder es muste ihr selbst da, wo sie noch wahrnehmbar waren (wie bei vielen thiernamen, denen man bloß grammatisches geschlecht zuschreiben darf), wenig daran gelegen sein, sie physisch hervorzuheben[12].

Ausführlich behandelt Grimm Tierbezeichnungen mit ‚grammatischem' (sexusunspezifischem) Genus, also die Epikoina[13] für Säugetiere, Vögel und Fische, Reptilien, Kriechtiere, Insekten, Spinnen und Käfer. Von hier aus wäre es nur ein einziger kleiner Schritt gewesen, beim genderneutralen Maskulinum vom Übergang vom ‚natürlichen' (sexusspezifischen) zum ‚grammatischen' (sexusunspezifischen) Genus zu sprechen. Daran hindert Grimm offenbar seine Sichtweise, dass das ‚grammatische' Genus aus dem ‚natürlichen' erwachsen sei: „Das grammatische genus ist demnach eine in der phantasie der menschlichen sprache entsprungene ausdehnung des natürlichen auf alle und jede gegenstände."[14]

Die Frage des Neutrums wird ‚gelöst', indem die Urbedeutung des Neutrums mit einem noch nicht entwickelten Geschlecht erklärt wird, eine Ansicht, die sich, wie weiter oben gezeigt wurde, auch im Handbuch ‚Genderlinguistik' findet, also offenbar auf Grimm zurückgeht.

Sieburg (Hg.): *Sprache – Genus/Sexus*, Frankfurt am Main 1997 (Dokumentation Germanistischer Forschung 3), S. 322–345, hier S. 338–339.

[9] Leiss: *Genus und Sexus*, in: Sieburg (Hg.): *Sprache – Genus/Sexus*, a. a. O., S. 339. Vgl. Weber: *Genus*, a. a. O., S. 24.

[10] Weber: *Genus*, a. a. O., S. 24.

[11] Grimm: *Deutsche Grammatik 3 (1890)*, a. a. O., S. 313–314.

[12] Grimm: *Deutsche Grammatik 3 (1890)*, a. a. O., S. 342.

[13] Grimm: *Deutsche Grammatik 3 (1890)*, a. a. O., S. 357–366.

[14] Grimm: *Deutsche Grammatik 3 (1890)*, a. a. O., S. 343.

urbedeutung des neutrums scheint, daß es die *unentwickelung des geschlechts*, nicht gerade geschlechtslosigkeit, bezeichne. Daher wird das junge, dessen geschlecht sowohl männlich als weiblich sein kann, sich aber noch unwirksam darstellt, oder das allgemeine, collective durch das neutrum ausgedrückt; man vergleiche die wörter kind, barn, kalb, lamm, rind, schwein, vieh u. s. w. [...].[15]

Für die Motivation des ‚grammatischen' (‚unnatürlichen') Genus der Bezeichnungen sinnlicher und abstrakter Gegenstände sei, so Grimm, folgender Grundsatz anzunehmen: „Das *masculinum* scheint das *frühere, größere, festere, sprödere, raschere*, das *thätige, bewegliche, zeugende*; das *femininum* das *spätere, kleinere, weichere, stillere*, das *leidende, empfangende*; das neutrum das *erzeugte, gewirkte, stoffartige, generelle, unentwickelte, collective* [das *stumpfere, leblose.* [...]]."[16]

Hadumod Bußmann sieht darin intuitive geschlechtsspezifische Assoziationen, anscheinend natürlichen geschlechtsspezifischen Merkmalen auf antithetische Weise zugeordnet, die auf naive Weise die soziale Hierarchie widerspiegelten. Bußmanns Kritik gilt vor allem dem angenommenen Versäumnis, dass Grimm ohne Einsicht in die kulturspezifische und historische Bedingtheit von Geschlechtsattributen als essentiell angenommene, missverstandene Geschlechtsunterschiede auf sprachliche Phänomene abbilde[17]. Dadurch leiste er deren Essentialisierung Vorschub, d. h. der Festschreibung der Geschlechter auf jeweils ‚natürliche' Eigenschaften. Sie wirft Grimms Genuslehre vor, dass „kaum je Wissenschaft offenkundiger der Festigung der eigenen (männlichen) Identität und Vorherrschaft" gedient habe[18].

Der Standpunkt, dass das Maskulinum als das „lebendigste, kräftigste und ursprünglichste unter allen [Genera]" wahrgenommen werden könne[19], führt bei Grimm zu der Vorstellung, das Maskulinum könne stellvertretend für das Femininum verwendet werden, aber nicht umgekehrt, was ihm auch die feministische Kritik vorwirft[20]. Die Charakterisierung des Maskulinums als das „lebendigste, kräftigste und ursprünglichste unter allen" rechtfertige Grimm mit der natürlichen Unterordnung der Frau[21]. Die Verwendung des Maskulinums als geschlechtsübergreifende Bezeichnung hat Grimm als erster beschrieben[22] und sie als einen der vielen Gründe für seine eben genannte Einschätzung des maskulinen Genus aufgezählt: „13. Über *freund, feind, gast, liebhaber* etc. von frauen vgl. gramm. 4, 266. 294. der *koch* meint auch die köchin"[23].

Hinzu kommen weitere Belege, auch solche, die Grimm aus früheren Sprachstufen des Deutschen bezieht:

---

[15] Grimm: *Deutsche Grammatik 3 (1890)*, a. a. O., S. 312.
[16] Grimm: *Deutsche Grammatik 3 (1890)*, a. a. O., S. 357.
[17] Hadumod Bußmann: *Das Genus, die Grammatik und – der Mensch: Geschlechterdifferenz in der Sprachwissenschaft*, in: Hadumod Bußmann – Renate Hof (Hg.): *Genus – zur Geschlechterdifferenz in den Kulturwissenschaften*, Stuttgart 1995, S. 114–160, hier S. 126.
[18] Ebd. Vgl. Eberharter-Aksu: *Das Generische Maskulinum bei Jacob Grimm*, a. a. O., S. 70.
[19] Grimm: *Deutsche Grammatik 3 (1890)*, a. a. O., S. 309.
[20] Eberharter-Aksu: *Das Generische Maskulinum bei Jacob Grimm*, a. a. O., S. 71–72.
[21] Eberharter-Aksu: *Das Generische Maskulinum bei Jacob Grimm*, a. a. O., S. 70.
[22] Eberharter-Aksu: *Das Generische Maskulinum bei Jacob Grimm*, a. a. O., S. 72.
[23] Grimm: *Deutsche Grammatik 3 (1890)*, a. a. O., S. 311.

> Mhd. steht das schwache *adj. masc.* substantivisch auch für die *weibliche* bedeutung: *der tôte, der heilige* [...][24] nhd. sagt eine frau: das gefällt *einem*, schadet *einem* (nicht: einer) [...] Daher die bezeichnung der frau vielfach durch *masc.* substantiva mit vertreten [...] nhd. die jungfer mir zum freunde machen [...] mhd. ein herr hatt einen lieben *bulen* [...][25]. Sogar *man, ieman* unpersönlich auch von frauen: mhd. die nîdent daz ob *ieman guoter* (einer frau) liep geschehe [...][26].

Alles das ist aber nicht als Präskription gemeint, sondern als eine auf Empirie fußende sprachgeschichtliche Beobachtung[27], welche die Sprache in die Kulturgeschichte der sie verwendenden Gesellschaft stellt[28]. Die feministische Linguistik kritisiert zwar die Begründung Grimms für die Verwendung des genderneutralen Maskulinums, übernimmt aber von ihm die Vorstellung der ‚männlichen' Maskulina, zumal als Basis femininer Movierungen: „Namentlich werden alle männlichen wörter auf *-er* so verwandelt: *gärtner, gärtnerin; sieger, siegerin;* auch volksnamen: *Hesse, Hessin; Sachse, Sächsin; Baier, Baierin;* [...]"[29].

Die feministische Linguistik bewegt sich also auf eigentümliche Weise zwischen Ablehnung und Adaption der Auffassung Grimms[30]. Sie hält dabei Deskription für Präskription[31], vertritt aber mit der Auffassung der stets ‚männlichen' Maskulina, welche die patriarchalische Ideologie des ‚male as norm' beinhalteten und bei jeder Verwendung perpetuierten, paradoxerweise genau jene sexualisierte und wissenschaftlich widerlegte Genustheorie, die aus der Zeit der Benachteiligung der Frau stammt. Und sie selbst vertritt eine Auffassung von Sprache, die in größtem Ausmaß zu Präskription geführt hat.

> Für Grimm drücken sich in der Sprache eines Volkes sein Leben und seine Kultur aus, dem er mit Hilfe des historischen Prinzips durch die Sprachentwicklung nachgeht. Der Schwerpunkt von Grimms historischer Grammatik liegt darum nicht in der Etymologie, sondern in der Kulturgeschichte. Insofern ist die Genuslehre ein kulturhistorisches Artefakt der Stellung von Mann und Frau. Grimm entwickelt diese historisch gewachsenen Beziehungen der Geschlechter in der Gesellschaft aus ihrer Sprache selbst [...]. Bußmanns Kritik, dass Grimm auf naive Weise Geschlechterstereotypen in seiner Genuslehre reproduziere und patriarchale Verhältnisse quasi grammatikalisch legitimiere[32], wird damit Grimms deskriptiver Methode nicht gerecht. Im Gegenteil erfahren Grimms Ansichten eine erneute Aktualität, als Sprache vermehrt als ein Ausdruckssystem einer bestimmten historischen Epoche und Kultur gesehen wird. Letztlich ist dies eine Sicht auf Sprache, die gerade auch von der feministischen Linguistik eingenommen wird[33].

---

[24] Jacob Grimm: *Deutsche Grammatik 4, 1. Teil (1898). Besorgt durch Gustav Roethe und Edward Schröder*, Hildesheim/Zürich/New York 1989 (Jacob Grimm und Wilhelm Grimm. Werke. Forschungsausgabe. Abteilung I. Band 13), S. 333.
[25] Grimm: *Deutsche Grammatik 4, 1. Teil (1898)*, a. a. O., S. 334.
[26] Grimm: *Deutsche Grammatik 4, 1. Teil (1898)*, a. a. O., S. 335.
[27] Eberharter-Aksu: *Das Generische Maskulinum bei Jacob Grimm*, a. a. O., S. 72.
[28] Eberharter-Aksu: *Das Generische Maskulinum bei Jacob Grimm*, a. a. O., S. 74.
[29] Grimm: *Deutsche Grammatik 3 (1890)*, a. a. O., S. 335.
[30] Eberharter-Aksu: *Das Generische Maskulinum bei Jacob Grimm*, a. a. O., S. 67–76.
[31] Eberharter-Aksu: *Das Generische Maskulinum bei Jacob Grimm*, a. a. O., S. 74.
[32] Sc. Bußmann: *Das Genus, die Grammatik und – der* Mensch, a. a. O., S. 126.
[33] Eberharter-Aksu: *Das Generische Maskulinum bei Jacob Grimm*, a. a. O., S. 74–75.

10   Zu Entstehung und Funktion des Genus

Entsprechend der bereits weiter oben erwähnten nicht-funktionalen formal-grammatischen Theorie des Genus wird in Teilen der Forschung angenommen, dass das Genus eine zumeist rein strukturell (phonologisch oder morphologisch) bedingte[1], formalgrammatische Kategorie[2] mit zumeist rein satz- und textstruktureller Aufgabe[3] sei. „Eine diachrone Betrachtung des Phänomens Genus ergibt, dass dieses syntaktischen Ursprungs ist"[4]. Eine durchweg aus der Semantik begründete Genuszuweisung ist jedenfalls nicht möglich[5].

Der Kurz-Schluss von substantivischem Genus auf biologisches Geschlecht beruht nicht zuletzt auf in der Barockzeit (siehe oben) bei der Übersetzung von *Genus* geprägten (grund-)schulgrammatischen Begriffen wie *grammatisches* oder gar *weibliches/männliches Geschlecht*[6]. Der Begriff *Genus* bedeutet aber ‚Art' oder ‚Gattung'[7] und hat mit dem biologischen Geschlecht so wenig zu tun wie das sogenannte Genus verbi (Aktiv/Passiv/Medium). Die Genuszuweisung beim deutschen Substantiv lässt sich bei fast 90 % aller im Duden aufgeführten Substantive aufgrund der lautlichen Form erschließen[8], beim Französischen anhand des Auslauts bei 85 % der Substantive[9]; im Polnischen ist der Zusammenhang von phonologischer Struktur und Genus besonders evident bei vokalischem Auslaut[10]. „Die phonologischen Regularitäten können somit in diesen Sprachen als Generalisierungen von morphologischer Genuszuweisung gelten"[11]. Für das Deutsche wären diese Feststellungen noch um die Aussage zu ergänzen, dass der Deutschlerner das

---

[1]   Gewehr: *Zur Genusmarkierung im Deutschen*, a. a. O., S. 124.
[2]   Stickel: *Beantragte staatliche Regelungen*, a. a. O., S. 336; dazu aber Leiss: *Genus und Sexus*, in: Sieburg (Hg.): *Sprache – Genus/Sexus*, a. a. O., S. 333.
[3]   Vgl. Hoberg: *Grammatik des Deutschen*, a. a. O., S. 5–6; Klann-Delius: *Sprache und Geschlecht*, a. a. O., S. 21.
[4]   Hajnal: *Feministische Sprachkritik*, a. a. O., S. 36.
[5]   Klann-Delius: *Sprache und Geschlecht*, a. a. O., S. 23–24.
[6]   Vgl. Stickel: *Beantragte staatliche Regelungen*, a. a. O., S. 336, 339.
[7]   Leiss: *Genus und Sexus*, in: Sieburg (Hg.): *Sprache – Genus/Sexus*, a. a. O., S. 332; Hoberg: *Grammatik des Deutschen*, a. a. O., S. 5: ‚Sorte, Art, Klasse'.
[8]   Klaus-Michael Köpcke – David A. Zubin: *Die kognitive Organisation der Genuszuweisung zu den einsilbigen Nomen der deutschen Gegenwartssprache*, in: *Zeitschrift für germanistische Linguistik* 11 (1983), S. 166–182; vgl. Klaus-Michael Köpcke – David A. Zubin: *Sechs Prinzipien für die Genuszuweisung im Deutschen: Ein Beitrag zur natürlichen Klassifikation*, in: *Linguistische Berichte* 93 (1984), S. 26–50; Hoberg: *Grammatik des Deutschen*, a. a. O., S. 96–99.
[9]   Hoberg: *Grammatik des Deutschen*, a. a. O., S. 46–49.
[10] Hoberg: *Grammatik des Deutschen*, a. a. O., S. 49–52.
[11] Hoberg: *Grammatik des Deutschen*, a. a. O., S. 52.

Genus der Substantive vor allem anhand der Ableitungssuffixe zuweisen kann[12]. Corbett[13] stellt fest, dass sich 85 % der Substantive von 200 Sprachen aufgrund formaler (phonologischer und morphologischer) Eigenheiten bestimmten Klassen zuordnen lassen; bei den Bezeichnungen lebloser Gegenstände sind sie ausschlaggebend[14].

Nach Brugmann[15] wird das biologische Geschlecht bevorzugt durch die Wortbedeutung (lexikalische Bedeutung) und durch die Femininmovierung versprachlicht[16]. Das Genussystem des Indogermanischen fuße auf der Unterscheidung von Konkretheit (körperliche Präsenz)/Belebtheit (→ Maskulinum) und Unbelebtheit/Abstraktheit (nichtkörperlicher gedanklicher Inhalt) (→ Neutrum). Ein drittes Genus (→ Femininum) kommt Brugmann zufolge für Kollektiva und Abstrakta hinzu[17]. Von daher könnte man statt *Maskulinum* den Terminus *Vivumkonkretum* verwenden und statt Femininum den Terminus *Kollektivabstraktum*[18]. In der Bedeutung sind Abstrakta und Kollektiva verwandt, wobei oft ein und dasselbe Wort wie ein Vexierbild in beiden Funktionen auftreten kann, etwa *Jugend* für den Lebensabschnitt (Abstraktum) wie für die Gruppe (Kollektivum[19]). Und das Kollektivum (Gesamtheit von Einzelnen) wiederum ist semantisch mit dem Plural (Vielheit von Einzelnen) verwandt. Deshalb könne beim Artikel die Ausdrucksgleichheit von Genus Femininum und Plural im Deutschen (*die*) nicht auf Zufall beruhen[20]. Aus abstrakten Feminina entstehe erst sekundär durch Konkretisierung die Bezeichnung für ‚weibliches Wesen'. So kann z. B. das Abstraktum *Schönheit* auch in der Gegenwartssprache auf eine weibliche Person bezogen werden.

Das Zeugnis des Althethitischen spricht nach Hajnal[21] eindeutig für die grundsprachliche Existenz eines Zweiklassensystems beim Genus. Die Differenzierung sei teils semantisch, teils funktional: Unterschieden werde einerseits zwischen Belebtem und Unbelebtem, andererseits zwischen Subjektfähigem und Nicht-Subjektfähigem. Dagegen sei die Etablierung eines femininen Genus und damit der Ausbau des Zweiklassensystems zu einem teilweise semantisch motivierten Dreigenussystem eine einzelsprachliche Entwicklung[22]. Dabei geht es um „a.) die Umdeutung von Kollektiva auf *-ah₂ zu ā-stämmigen Singulativa (Abstrakta oder Personalia), b.) die Etablierung eines vollständigen Flexionsparadigmas für die neuen ā-Stämme und c.) die Einführung der Konkordanz bei

---

[12] Gewehr: *Zur Genusmarkierung im Deutschen*, a. a. O., S. 122–123; vgl. Hoberg: *Grammatik des Deutschen*, a. a. O., S. 85–89.
[13] Corbett: *Gender*, a. a. O.
[14] Irmen – Steiger: *Zur Geschichte des Generischen Maskulinums*, a. a. O., S. 224.
[15] Karl Brugmann: *Zur Frage der Entstehung des grammatischen Geschlechts*, in: Beiträge zur Geschichte der deutschen Sprache und Literatur 15 (1891), S. 523–531.
[16] Leiss: *Genus und Sexus*, in: Sieburg (Hg.): *Sprache – Genus/Sexus*, a. a. O., S. 334.
[17] Leiss: *Genus und Sexus*, in: Sieburg (Hg.): *Sprache – Genus/Sexus*, a. a. O., S. 335; Klann-Delius: *Sprache und Geschlecht*, a. a. O., S. 24; Eisenberg: *Das missbrauchte Geschlecht*, a. a. O.
[18] Eisenberg: *Die Vermeidung sprachlicher Diskriminierung im Deutschen*, a. a. O., S. 4.
[19] Leiss: *Genus und Sexus*, in: Sieburg (Hg.): *Sprache – Genus/Sexus*, a. a. O., S. 335–336.
[20] Leiss: *Genus und Sexus*, in: Sieburg (Hg.): *Sprache – Genus/Sexus*, a. a. O., S. 336.
[21] Hajnal: *Feministische Sprachkritik*, a. a. O., S. 40.
[22] Hajnal: *Feministische Sprachkritik*, a. a. O., S. 45.

thematischen Adjektiven"²³. Da die Nominalklasse der *ah₂*-Stämme (bzw. bereits einzelsprachlich der *ā*-Stämme) mehrheitlich weibliche Personalia enthalte, schlössen sich ihr auch andersstämmige Lexeme mit „weiblichem Sexus" an, in erster Linie die Stämme auf *-ih₂(-)* (bzw. einzelsprachl. */-ī(-)/*). Die neue Konkordanz- bzw. Nominalklasse werde fortan neben formalen Gesichtspunkten auch semantisch definiert und spalte sich von den Animata [sc. ‚Maskulina'] ab. Der femininen Nominalklasse, welche die Stämme auf **-ah₂(-)*, **-ih₂(-)* (bzw. */- ā(-), -ī(-)/*) sowie alle Lexeme weiblichen Sexus enthalte, schlössen sich letztlich auch Abstrakta und Konkreta aus anderen Stammklassen (u. a. den Konsonantstämmen) an²⁴. So förderten alte weibliche Motionsbildungen **-ih₂(-)*, deren Ausgang *-h₂* als Sexusmarker verstanden worden sei, die Konnotierung von **-ah₂(-)* mit weiblichem Sexus. Umgekehrt vollziehe sich die für die Entstehung eines grammatikalisierten Genus entscheidende Konkordanz beim thematischen Adjektiv und Pronomen primär zu den auf **ah₂(-)* (bzw. bereits */* ā(-)/*) ausgehenden Personalia und Abstrakta²⁵. Nachdem sich einmal die Sexus-Vorstellung an das Genus angelagert hatte, ist für die letzte Phase der Genuszuteilung in der Indogermania nicht ausgeschlossen, dass auch bei den Sachbezeichnungen neben formaler Analogie prototypische Vorstellungen über typisch weibliche bzw. männliche Eigenschaften wirksam werden konnten²⁶. In diesen Fällen wird also eine Kategorie sekundär semantisch motiviert, die als solche keine eindeutig auszumachenden Funktionen besitzt²⁷ und gerade deshalb „das Bedürfnis nach zunehmender semantischer Aussagekraft"²⁸ weckt.

Im Zusammenhang dieser Studie ist dazu zu sagen, dass eine Parallele zum feministischen Denken offensichtlich wird. Etwas, was sich grammatisch unterscheidet, muss bei diesem Denken auch eine deutlich unterschiedene, wenn nicht sogar polarisierende semantische Funktion haben; es handelt sich sozusagen um spiegelverkehrten spekulativen Strukturalismus. Der methodische Fehler besteht darin, die eindeutige grammatische Korrelatfunktion, die das Genus Femininum bei den movierten, markierten Feminina hat, umgekehrt auch für die unmarkierten Maskulina einzufordern und sexuell zu deuten, weil man Jakobsons Markiertheitstheorie nicht zur Kenntnis nehmen will.

Der geschlechtsübergreifende Gebrauch des Maskulinums ist jedenfalls, wie selbst Hajnal²⁹ zugestehen muss, eine Kontinuante aus der Zeit des sprachlichen Systems mit zwei Genera (ohne Geschlechtsbezug) und kann bereits deshalb kein Unrechtspotential für die Bezeichnung der Frauen aufweisen. „Die Analyse von Wurzel 1970³⁰, 46, wonach generischer Genusgebrauch lexeminhärent ist, bleibt aus synchroner Sicht sinnvoll. Es scheint daher [...] plausibel, in einer synchronen Beschreibung des Deutschen neben einem *der Student*¹ {+Sexus} ein generisches *der Student*² {-Sexus} zu unterscheiden"³¹.

---

[23] Hajnal: *Feministische Sprachkritik*, a. a. O., S. 46.
[24] Hajnal: *Feministische Sprachkritik*, a. a. O., S. 47.
[25] Hajnal: *Feministische Sprachkritik*, a. a. O., S. 50.
[26] Hajnal: *Feministische Sprachkritik*, a. a. O., S. 53–54.
[27] Hajnal: *Feministische Sprachkritik*, a. a. O., S. 54.
[28] Ebd.
[29] Hajnal: *Feministische Sprachkritik*, a. a. O., S. 65–67.
[30] Sc. Wolfgang Ullrich Wurzel: *Studien zur deutschen Lautstruktur*, Berlin 1970 (studia grammatica 8).
[31] Hajnal: *Feministische Sprachkritik*, a. a. O., S. 68.

„Diskriminierend", so Hajnal[32], sei eher die Movierung zu Feminina auf -in, weil diese zunächst die Zugehörigkeit der bezeichneten Frau zu dem mit dem maskulinen Ausgangswort Bezeichneten bedeutet hätte, also *Meisterin* ‚Frau des Meisters'. Später werde das Sem ‚Zugehörigkeit' zugunsten des Sems ‚(speziell) weiblicher Vertreter des in der Basis Bedeuteten' aufgegeben, also *Meisterin* ‚weiblicher Meister', was mit den bekannten gesellschaftlichen Veränderungen zusammenhänge – und sei nun nicht diskriminierend[33]. Erst in dieser Phase könne auch die Basis die Kontrastbedeutung ‚männlicher Vertreter des in der Basis Bedeuteten' (*Meister* ‚männlicher Meister') als zweite [!] Bedeutung erhalten und insofern die geschlechtsübergreifende Lesart einschränken.

Ob aber der Sprachwandel dazu führen wird, dass sich die spezifisch-komplementäre Lesart (‚männlich') zulasten der genderneutralen durchsetzt, wie Hajnal[34] annimmt, weil ihm kontrafaktisch „das generische Maskulinum nicht als unmarkiert, sondern gerade als sexusindifferent und somit markiert erscheint"[35], ist fraglich. Denn die Zuweisung eines nicht ikonisch ausgedrückten Sems ‚sexusindifferent' beruht auf einer falschen Analyse Hajnals, die aus Fehlendem, einem Nichts, ein Etwas macht. Zumindest könnte die feministische Auffassung mit ihren Sprachveränderungen zur Verbreitung des nur-spezifischen Maskulinums beitragen[36], also eine nach Hajnals Auffassung ohnehin bestehende Sprachwandeltendenz verstärken. Den Weg zu zweifellosen Generika sieht Hajnal[37] wie die feministische Linguistik im Lexemersatz: „Es lässt sich ferner voraussehen, dass Generika oder Gattungsbegriffe in Zukunft also zunehmend lexikalisch differenziert sein werden: so kann etwa generisches *der Lehrer*² (im Gegensatz von *der Lehrer*¹, *die Lehrerin* als „der/die männliche/weibliche Lehrer/in") durch *die Lehrkraft* ersetzt werden."

Eine sekundäre Anlagerung des Sexus an das Genus nimmt auch Roland Litscher[38] an. Der Weg dahin führt für ihn ebenfalls über das Kollektivum. In außeranatolischen indogermanischen Sprachen habe es Kollektiva für in Herden gehaltene weibliche Haustiere wie Kühe und Pferde gegeben. Sekundär individualisierte Kollektiva (wie nhd. *Stute* 'weibliches Pferd', das auf ahd. *stuot* 'Pferdeherde, Gestüt' zurückgehe) hätten demnach weibliche Tiere bezeichnet und so zur Anlagerung der Vorstellung der Weiblichkeit an die betreffende Kongruenzklasse geführt.

> Nachdem so der Zusammenhang der durch *-ah_2- charakterisierten Kongruenzklasse mit dem Merkmal "Weiblichkeit" einmal hergestellt war, lässt sich der Weg zu den durch die ausseranatolischen indogermanischen Sprachen bezeugten Verhältnissen als sukzessive Umverteilung und Regularisierung begreifen. Dabei standen einmal semantische Kriterien

---

[32] Hajnal: *Feministische Sprachkritik*, a. a. O., S. 67.
[33] Ebd.
[34] Hajnal: *Feministische Sprachkritik*, a. a. O., S. 69.
[35] Hajnal: *Feministische Sprachkritik*, a. a. O., S. 68.
[36] Vgl. Hajnal: *Feministische Sprachkritik*, a. a. O., S. 69.
[37] Ebd.
[38] Roland Litscher: *Die Genese des dritten Genus: ein neuer Versuch*, in: *Protolanguage and Prehistory. Akten der XII. Fachtagung der Indogermanischen Gesellschaft, Krakau, vom 11.-15.10.2004*. Hg. von Rosemarie Lühr und Sabine Ziegler, Wiesbaden 2009, S. 271–285; vgl. Roland Litscher: *Die Entstehung des femininen Genus in den indogermanischen Sprachen*. Dissertation Zürich 2018.

im Vordergrund – so übernahmen etwa sämtliche Wörter mit Referenz auf weiblichen Sexus und ein grosser Teil der Abstrakta die ah_2-Kongruenz; in andern Fällen erfolgte die Einordnung nach formalen Gesichtspunkten – so etwa bei den ah_2-stämmigen Sachbezeichnungen, die durchweg feminines Genus aufweisen[39].

Daniel Scholten[40] fasst die Funktion des Genus vom Späturindogermanischen bis in unsere Zeit folgendermaßen zusammen: Das ‚Maskulinum' ist das Standardgenus. Zum ‚Neutrum' gehören Substantive, die den Inhalt oder das Ergebnis einer konkreten Handlung bezeichnen. Zum ‚Femininum' gehören Ableitungen mit komplexer abstrakter Bedeutung und einem speziellen Suffix. Ableitungen auf -er wie *Geschäftsführer* gehörten zum Standardgenus und seien geschlechtsindifferent, genauso wie *Bürger* geschlechtsindifferent alle Menschen bedeute, die Bürger sind; *Bürgerin* bedeute nur weibliche[41].

Untersuchungen zum Gegenwartsdeutschen zeigen, dass die Funktion des Genus mit der Quantifizierung verbunden ist. Demnach bezeichnet ein Lexem im Maskulinum Singular zählbare Entitäten wie *Professor*, die zu *Professor* gebildete feminine Ableitung bezeichnet abstrakte und kollektive Größen (‚singularische Plurale') wie *Professorenschaft*. Von derselben Basis gebildete Neutra sind Kontinuativa (wie *Professorentum* oder *das Professorenhafte*)[42]. Maskulina sind deshalb pluralisierbar, davon abgeleitete Feminina aufgrund ihrer inhärenten Pluralsemantik selten und davon abgeleitete Neutra wiederum, insofern sie Kontinuativa sind, gar nicht (*der/die Knaller – der/die Knallerei(en) – das/*die Knallen*)[43]. Die Suffixe für die genannten Funktionen sind im Neuhochdeutschen obligatorisch und stützen damit das Genussystem und seine Grammatikalisierung[44].

Die Arbeiten zur Feststellung einer eigenen Genusbedeutung werden von Hoberg[45] kritisch gesehen. Die z. T. ziemlich spekulative Etablierung von Genusbedeutungen trage wenig zu einer allgemein akzeptierbaren semantischen Nomenklassifikation bei. Auch die historische Herleitung der Perspektivierungsfunktion aus indoeuropäisch angenommener Genusvariabilität des Nomens bei Elisabeth Leiss 1997[46] könne nicht überzeugen. Fragwürdig erscheine aber vor allem der Grundansatz, dass Genus eine eigenständige Bedeutung bzw. Funktion habe, die der Substantivbedeutung hinzugefügt werde, wie es bei der Numerus- und Kasus-Kategorisierung der Fall ist. Bezeichnenderweise würden die Genusbedeutungen in erster Linie an derivierten Substantiven gewonnen; es scheine, dass hier die primäre Leistung des Derivationssuffixes auf das sekundär mit ihm gegebene Genus übertragen werde. Genus könne in bestimmten Bereichen Substantivbedeutungen bündeln; weder leiste es damit einen Beitrag zur Bedeutung des einzelnen Substantivs noch lasse sich daraus eine allgemeine Bedeutung der Genera ableiten. Genus fügt nach

---

[39] Litscher: *Die Genese des dritten Genus*, a. a. O., S. 285.
[40] Scholten: *Der Führerin entgegen!*, a. a. O., S. 110.
[41] Scholten: *Der Führerin entgegen!*, a. a. O., S. 111.
[42] Werner: *Genus ist nicht Sexus*, a. a. O., S. 268.
[43] Werner: *Genus ist nicht Sexus*, a. a. O., S. 269.
[44] Ebd.
[45] Hoberg: *Grammatik des Deutschen*, a. a. O., S. 54.
[46] Elisabeth Leiss: *Genus im Althochdeutschen*, in: *Grammatica ianua artium. Festschrift für Rolf Bergmann zum 60. Geburtstag*. Hg. von Elvira Glaser und Michael Schlaefer unter Mitarbeit von Ludwig Rübekeil, Heidelberg 1997, S. 33–48.

Hoberg, wie auch von Kotthoff und Nübling festgestellt[47], der lexikalischen Bedeutung von Substantiven keine weitere Bedeutung hinzu.

Auch die übrigen grammatischen Kategorien fügen der *lexikalischen* Bedeutung von Substantiven keine weitere *lexikalische* Bedeutung hinzu. Der Numerus bezieht sich auf die Einzahl oder Mehrzahl, der Kasus auf die Theta-Rolle des Bezeichneten. Für das Genus nimmt Doris Weber[48] nach einer Sichtung vorliegender Genustheorien und in Ansehung der Genussysteme indoeuropäischer und nichtindoeuropäischer Sprachen eine perspektivierende Funktion an, also die Bereitstellung eines nominalen Aspekts. Das Maskulinum gilt danach mit dem Merkmal ‚+partikularisierend' als unmarkiertes Genus des Deutschen. Es kennzeichne Individuativa und sei auch formal unmarkiert. Das Femininum sei aufs Ganze gesehen demgegenüber sowohl funktional-semantisch als auch formal stark markiert. Es werde überwiegend zur Erzeugung von Abstrakta verwendet, die potentiell individuierbar und pluralisierbar sind. Der Einwand von Hoberg, Genusbedeutungen würden in erster Linie an derivierten Substantiven gewonnen, es scheine, dass hier die primär vom Derivationssuffix erbrachte Leistung auf das sekundär mit ihm gegebene Genus übertragen werde, ist dabei im Blick zu behalten. Das Neutrum, so Weber, sei ein weniger stark markiertes Genus, da es Anteile von beiden Oppositionspolen trage. Es sei funktional-semantisch markiert, formal gesehen aber weniger explizit gekennzeichnet als das stark durch das Auftreten von Derivationssuffixen gekennzeichnete Femininum. Das Neutrum trete überwiegend bei nicht pluralisierbaren Massennomina auf. Zusammen mit anderen grammatischen Kategorien sorge das Genus für die Kongruenz in der Nominalphrase[49]. Nicht nur der aus der Frühzeit der deutschen Grammatik stammende Begriff *grammatisches Geschlecht* ist demnach missverständlich und damit ungeeignet, auch die aus der lateinischen Grammatik stammenden Begriffe *Maskulinum*, *Femininum* und *Neutrum* sind es. Sie machen die bei den Personenbezeichnungen, also nur einem Teilbereich der Nomina, ohnehin nur teilweise geltenden Korrelationen zwischen Genus und Sexus zum Maßstab der Terminologie und begünstigen die überkommene sexualistische Genustheorie ebenso wie die irreführende Auffassung von Genus im vorwissenschaftlichen und ideologischen Verständnis von Sprache.

Die Personenbezeichnungen seien nun aber, so Weber, wegen der Überlagerung durch die Sexuskorrelation von den erarbeiteten Kriterien der Genusfunktion ausgenommen[50]. Diese Folgerung Webers ist jedoch in ihrer Absolutheit zu bezweifeln. Weil Personenbezeichnungen eo ipso Individuativa sind, dürfte das Durchschlagen der Unmarkiertheit und Partikularisierungsfunktion des Maskulinums auch hier gelten – ebenso wie das Durchschlagen der Markiertheit bei den movierten Feminina. Die unmarkierten und relativ unmarkierten, partikularisierenden ‚Maskulina' unter den Personenbezeichnungen würden demnach primär nicht auf den Sexus bezogen sein, die movierten und damit markierten Feminina unter den Personenbezeichnungen kraft ihrer Eigenschaft als Derivate spezifisch auf den Sexus. „In unserem Zusammenhang ist es wichtig, festzuhalten, dass die primäre Funktion des sogenannten Maskulinums also darin besteht, Individuativa zu kennzeichnen. Sie machen über das biologische Geschlecht keine Aussage und sind ihm

---

[47] Kotthoff – Nübling: *Genderlinguistik*, a. a. O., S. 70.
[48] Weber: *Genus*, a. a. O., S. 117.
[49] Weber: *Genus*, a. a. O., S. 117.
[50] Ebd.

gegenüber neutral"[51]. Bei den movierten Feminina wird das Sem ‚weiblich' durch das Derivationssuffix erzeugt; das feminine Genus ist ein Korrelat. So gesehen stützen die etymologischen und sprachgeschichtlichen Erwägungen die im Kapitel über das Epikoinon vorgestellte Annahme eines asymmetrischen, ‚lexikalischen' Systems (‚human' → Maskulinum, ‚weiblich' → Femininum).

---

[51] Hackstein: *Dürfen staatliche Institutionen die Grammatik verändern?*, a. a. O.

11 Genus und Movierung in nichtverwandten und verwandten Sprachen

Die Sprachen der Welt verfügen entweder über ein System von Nominal- bzw. Genusklassen oder nicht. Genus ist ein Kennzeichen der indoeuropäischen Sprachfamilie und findet sich darüber hinaus in kaukasischen, afrikanischen, afro-asiatischen (z. B. semitischen) und australischen Sprachen. Kein Genus gibt es mit wenigen, isolierten Ausnahmen in den Sprachen der Ureinwohner Amerikas, den Sprachen des südostasiatischen Raumes und im Ural-Altaischen, mit dem Finno-Ugrischen in Europa[1], also im Finnischen und im Ungarischen. Verfügen die Sprachen der Welt über ein Genussystem, kann es Sexusunterschiede berücksichtigen oder nicht. Wenn Sexusunterschiede berücksichtigt werden, gibt es Sprachen, bei denen die Zuweisung zu den Klassen ausschließlich nach semantischen Kriterien erfolgt, und andere Sprachen, bei denen das nicht der Fall ist[2]. „Nominal- bzw. Genusklassen müssen keineswegs auf einer Unterscheidung von Sexusverhältnissen aufbauen"[3]. Das trifft auch für die Genese von Genussystemen zu[4].

Abgesehen davon haben mit dem Deutschen urverwandte, verwandte und nichtverwandte Sprachen trotz „patriarchalischer" Vergangenheit (und teilweise Gegenwart) der sie sprechenden Gesellschaften andere Genusverhältnisse oder gar kein Genus[5]. Zu nennen ist hier etwa Bengali[6]: „In Bengali – das ist immerhin die derzeit siebtgrösste Sprache der Welt – gibt es keinen Genus/Gender-Unterschied. Waren die Bengalen zu dumm, um daran zu denken? Oder war ihnen der Unterschied nicht so wichtig, weil Männer und Frauen in Indien und Bangladesh sowieso schon seit Jahrhunderten gleichberechtigt leben?"[7]

---

[1] Hoberg: *Grammatik des Deutschen*, a. a. O., S. 6.
[2] Ivo Hajnal – Katharina Zipser: *Genus: Eine Kategorie zwischen Grammatik und Semantik*, in: Antje Baumann – André Meinunger (Hg.): *Die Teufelin steckt im Detail. Zur Debatte um Gender und Sprache*, Berlin 2017, S. 129–147, hier S. 138.
[3] Hajnal – Zipser: *Genus*, a. a. O., S. 139; zum Gesamtzusammenhang s. Alexandra Y. Aikhenvald: *A Typology of Noun Categorization Devices*, in: *The Cambridge Handbook of Linguistic Typology*, ed. by Alexandra Y. Aikhenvald and R. M. W. Dixon, Cambridge 2017 (Cambridge Handbooks in Language and Linguistics), S. 361–404.
[4] Hajnal – Zipser: *Genus*, a. a. O., S. 143.
[5] Vgl. Bayer: *Sprachen wandeln sich immer*, a. a. O.; Deutscher: *Im Spiegel der Sprache*, a. a. O., S. 229; Fónyad: *Die Grammatik kann nichts dafür*, a. a. O., S. 255; Intelmann: *„Man sollte die Sprache so lassen"*, a. a. O.; Ulrich: *‚Neutrale' Männer – ‚markierte' Frauen*, a. a. O., S. 386.
[6] Bayer: *Sprachen wandeln sich immer*, a. a. O.
[7] Bayer: *Sprachen wandeln sich immer*, a. a. O.

Weitere Sprachen ohne Genus sind etwa Chinesisch[8], Estnisch[9], Ungarisch[10], Finnisch[11], Türkisch[12], Ga[13], Igbo[14], Suaheli[15], Indonesisch[16], Vietnamesisch[17], Japanisch[18]. „Würde unsere Gesellschaft [sc. ohne Genus] anders aussehen? Der Konjunktiv ist hier überflüssig, da etwa ein Blick in das Nachbarland Ungarn eine mögliche Antwort liefert"[19]. Das Türkische kennt „kein Genus, also nur eine Form der Personenbezeichnung, die Sprache entspricht also dem Ideal der feministischen Linguistik. Aber ist die Gleichberechtigung der Frauen dort weiter entwickelt?"[20] „Den Frauen in China ging und geht es bestimmt nicht deshalb besser, weil es seit jeher eine neutrale Form gibt"[21]. „However, a lack of grammatical gender does not automatically reflect a (more) gender-neutral society [...]"[22].

---

[8]   Charles Ettner: *In Chinese, men and women are equal – or – women and men are equal?*, in: *Gender Across Languages. The linguistic representation of women and men*. Volume 2. Ed. by Marlis Hellinger, Hadumod Bußmann, Amsterdam/Philadelphia 2002 (Impact: Studies in language and society 10), S. 29–55.
[9]   Hasselblatt: *The representation of gender in Estonian*, a. a. O.
[10] Vasvári: *Gender trouble*, a. a. O.
[11] Engelberg: *The communication of gender in Finnish*, a. a. O.
[12] Braun: *The communication of Gender in Turkish*, a. a. O.
[13] Benedicta Adokarley Lomotey: *Probing the manifestations of gender in Ga*, in: *Gender Across Languages. The linguistic representation of women and men*. Volume 4. Ed. by Marlis Hellinger, Heiko Motschenbacher, Amsterdam/Philadelphia 2015 (Impact: Studies in language and society 36), S. 153–171.
[14] Arua E. Arua: *The linguistic representation and communication of gender in Igbo*, in: *Gender Across Languages. The linguistic representation of women and men*. Volume 4. Ed. by Marlis Hellinger, Heiko Motschenbacher, Amsterdam/Philadelphia 2015 (Impact: Studies in language and society 36), S. 227–245.
[15] Rose Marie Beck: *Perceptions of gender in Swahili language and society*, in: *Gender Across Languages. The linguistic representation of women and men*. Volume 3. Ed. by Marlis Hellinger, Hadumod Bußmann, Amsterdam/Philadelphia 2003 (Impact: Studies in language and society 11), S. 311–337.
[16] Kuntjara: *Gender in Javanese Indonesian*, a. a. O.
[17] Hoa Pham: *Gender in adressing and self-reference in Vietnamese. Variation and change*, in: *Gender Across Languages. The linguistic representation of women and men*. Volume 2. Ed. by Marlis Hellinger, Hadumod Bußmann, Amsterdam/Philadelphia 2002 (Impact: Studies in language and society 10)2, S. 281–312, hier S. 283.
[18] Janet S. Shibamoto Smith: *Gendered structures in Japanese*, in: *Gender Across Languages. The linguistic representation of women and men*. Volume 3. Ed. by Marlis Hellinger, Hadumod Bußmann, Amsterdam/Philadelphia 2003 (Impact: Studies in language and society 11), S. 201–225; Sachiko Ide: *Woman's language as a group identity marker in Japanese*, in: *Gender Across Languages. The linguistic representation of women and men*. Volume 3. Ed. by Marlis Hellinger, Hadumod Bußmann, Amsterdam/Philadelphia 2003 (Impact: Studies in language and society 11), S. 227–238; Okamura: *Sprachliche Lösungsmöglichkeiten*, a. a. O.
[19] Fónyad: *Die Grammatik kann nichts dafür*, a. a. O., S. 255.
[20] Wegener: *Grenzen gegenderter Sprache*, a. a. O., S. 292.
[21] Intelmann: *„Man sollte die Sprache so lassen"*, a. a. O.
[22] Vasvári: *Gender trouble*, a. a. O., S. 204. Sc. ‚Das Fehlen des grammatikalischen Geschlechts ist jedoch nicht automatisch Ausdruck einer (eher) geschlechtsneutralen Gesellschaft.'

Weltweit gibt es rund 144 Sprachen [bezogen auf die Stichprobe von 256 Sprachen, die von Corbett 2006[23] analysiert wurde, d. Verf.] ohne ein Genussystem (Mendívil 2020[24], S. 45). [Ein] Zusammenhang zwischen einer Grammatik ohne Genussystem und der gesellschaftlichen Situation (Rolle der Frau) lässt sich nirgendwo beobachten. Es gibt auch Sprachen mit einem generischen Femininum. Auf den gesellschaftlichen Status von Frauen hat dies nirgendwo einen Einfluss[25].

Was die dem Deutschen enger verwandten Sprachen betrifft, so haben neben dem Deutschen das Luxemburgische, das Jiddische, das Ost- und teilweise das Nordfriesische sowie das Isländische drei Genera[26]. Das Niederländische[27], Westfriesische, Dänische und Schwedische haben zwei Genera, Neutrum und Utrum, den ausdrucksseitigen Zusammenfall aus Maskulinum und Femininum[28], das im Verein mit dem Neutrum wesentlich auf Belebtheitsopposition beruht[29]. Das Norwegische kennt für die Standardvarietäten Nynorsk und Bokmål und die meisten Dialekte die drei Genera Maskulinum, Femininum und Neutrum. Riksmål und konservatives Bokmål haben aber wie das Dänische nur Utrum und Neutrum[30]. Englisch und Afrikaans haben kein Nominalgenus. Die drei Genera des Isländischen werden im Unterschied zum Deutschen auch im Plural unterschieden. Dabei wird jedes Wort seinem Genus entsprechend flektiert. Das Englische hat keine genusunterschiedenen Artikel, aber wie die meisten germanischen Sprachen bei den Pronomen drei Genera[31]. Das Schwedische hat sogar vier, *han* [männl., belebt], *hon* [weibl., belebt], *det* [Neutr., unbelebt], *den* [Utrum, unbelebt][32]. Neuerdings wird ein geschlechtsübergreifendes Pronomen *hen* für die Animata propagiert[33]. Im Englischen kann nicht weiter abgeleitetes (,unmarkiertes') *teacher* (*cousin*, *doctor*, *singer*, *student*) mit *she* oder *he* aufgenommen werden.

SprecherInnen des Niederländischen, ob sie nun aus den Niederlanden oder aus Belgien kommen, sind oft sehr verwundert über den Aufwand, den wir in sprachlicher Hinsicht treiben, um Frauen ,sichtbar' zu machen. Sie bezweifeln, dass dies in irgendeiner Form zu

---

[23] Corbett: *Agreement*, a. a. O.
[24] Sc. Mendívil Giró: *El masculino inclusivo en español*, a. a. O.
[25] Payr: *Von Menschen und Mensch*innen*, a. a. O., S. 72.
[26] Kotthoff – Nübling: *Genderlinguistik*, a. a. O., S. 71.
[27] Gerritsen: *Towards a more gender-fair usage in Netherlands Dutch*, a. a. O., S. 82–84.
[28] Gomard – Kunøe: *Equal before the law – unequal in language*, a. a. O., S. 61; Hoberg: *Grammatik des Deutschen*, a. a. O., S. 17–18; Stickel: *Beantragte staatliche Regelungen*, a. a. O., S. 341 u. Anm. 20; Kotthoff – Nübling: *Genderlinguistik*, a. a. O., S. 71; Steffen Höder: *Die Lehrer, der Krankenschwester und ein neues Pronomen. Sprachliche Gleichstellung im Schwedischen*, in: *Muttersprache* 130 (2020), S. 79–82, hier S. 80.
[29] Zifonun: *Die demokratische Pflicht*, a. a. O., S. 55, Anm. 14.
[30] Tove Bull – Toril Svan: *The representation of gender in Norwegian*, in: *Gender Across Languages. The linguistic representation of women and men*. Volume 2. Ed. by Marlis Hellinger, Hadumod Bußmann, Amsterdam/Philadelphia 2002 (Impact: Studies in language and society 10), S. 219–249, hier S. 223.
[31] Hoberg: *Grammatik des Deutschen*, a. a. O., S. 17; Bär: *Genus und Sexus*, a. a. O., S. 153.
[32] Hornscheidt: *Linguistic and public attitudes towards gender in Swedish*, a. a. O., S. 342; Kotthoff – Nübling: *Genderlinguistik*, a. a. O., S. 71.
[33] Höder: *Die Lehrer, der Krankenschwester und ein neues Pronomen*, a. a. O., S. 81–82.

mehr Gerechtigkeit zwischen den Geschlechtern führt. Die Heftigkeit der Debatte im deutschen Sprachraum erstaunt und irritiert sie[34].

Das Niederländische hat zwar das gemeinsame Utrum für Personenbezeichnungen, aber genderdifferenzierte Bezeichnungen für Berufe, wobei die Wörter für Frauen Ableitungen sind (*leraar* ‚Lehrer' – *lerares* ‚Lehrerin'). Unter diesen gibt es aber solche, die sowohl Männer als auch Frauen bezeichnen können, während die spezifisch weiblichen Ableitungen Tätigkeiten von geringerem Status im gleichen beruflichen Umfeld bezeichnen. So verdient eine *secretaresse* ‚Sekretärin' weitaus weniger als ein(e) *secretaris* ‚Sekretär(in), Schriftführer(in), (Gemeinde-, Stadt-)Direktor(in)' und könnte für eine(n) *secretaris* arbeiten, aber nicht umgekehrt[35]. Darüber hinaus gibt es lexikalisch genderneutrale (für beide Geschlechter gebrauchte) Begriffe, grammatisch als Maskulina behandelt, zu denen keine femininen Ableitungen gebildet werden: *dokter* ‚Arzt', *minister* ‚Minister', *ingenieur* ‚Ingenieur' und andere mehr[36]. Für die niederländische feministische Bewegung, die ‚Sichtbarkeit' der Frauen anstrebt, entstand dadurch das ‚Problem', dass sich das grammatische Genus (maskulin) auf solche faktischen Maskulina bezogener Pronomen bei der Referenz auf Frauen nicht mit dem referentiellen Gender (weiblich) deckte. Entsprechende Veränderungen im Sprachgebrauch führten dazu, dass bei bekannten (nicht aber unbekannten) Referenzobjekten sowohl feminine wie maskuline Pronomen verwendet werden können. Auf *arts* ‚Arzt' kann also mit *zij* ‚sie' referiert werden[37]. Bei den Berufsbezeichnungen läuft die Entwicklung nach verschiedenen Etappen der wissenschaftlich begleiteten öffentlichen sprachkritischen Diskussion darauf hinaus, eher nicht abgeleitete Bezeichnungen für beide Geschlechter zu verwenden. Denn im beruflichen Kontext sei es nicht wesentlich, welches Geschlecht ein Mitarbeiter habe; beim zunehmenden Eintreten weiblicher Berufstätiger in bisherige Männerdomänen würden sich auch die prototypischen Klischeevorstellungen ändern[38].

Diese Argumentation hat durch die neuere Debatte um nicht binäre Geschlechtsauffassungen noch an Gewicht gewonnen; durch die Verwendung der weiblichen Form würde das binäre Denken nur noch verstärkt werden. Diese Auffassungen haben dazu geführt, dass große und wichtige Tageszeitungen in den Niederlanden (*de Volkskrant*, *NRC Handelsblad*) 2016 entschieden haben, weibliche Berufs- und Funktionsbezeichnungen nicht mehr zu verwenden[39].

---

[34] Matthias Hüning: *Geschlechtergerechtigkeit auf Niederländisch*, in: *Muttersprache* 130 (2020), S. 83–87, hier S. 84.
[35] Gerritsen: *Towards a more gender-fair usage in Netherlands Dutch*, a. a. O., S. 85.
[36] Gerritsen: *Towards a more gender-fair usage in Netherlands Dutch*, a. a. O., S. 86.
[37] Gerritsen: *Towards a more gender-fair usage in Netherlands Dutch*, a. a. O., S. 92–93.
[38] Vgl. Hüning: *Geschlechtergerechtigkeit auf Niederländisch*, a. a. O., S. 84.
[39] Hüning: *Geschlechtergerechtigkeit auf Niederländisch*, a. a. O., S. 85.

Abgeleitete Bezeichnungen neigten zum Ausdruck sozialer Unterschiedlichkeit und von Pejorisierung. „Anders als im Deutschen ist das generische Maskulinum im Niederländischen weitgehend als neutrale Form akzeptiert"[40]. Im Übrigen werden niederländische Bezeichnungen zunehmend durch englische ersetzt[41].

Dass im Dänischen für weibliche Berufsbezeichnungen keine movierten Lexeme auf -inde und -ske mehr verwendet werden, weil sie als altmodisch gelten, sondern ein einziges Lexem für Frauen und Männer, hängt nicht entscheidend damit zusammen, dass es beim Substantiv nur die Genera Utrum und Neutrum gibt. Denn die von Frauen ausgeübten Berufe, deren Bezeichnungen mit den beiden genannten Suffixen gebildet worden waren, hatten nicht den gleichen Status und die gleiche Entlohnung wie die entsprechend bezeichneten von Männern ausgeübten Berufe. Die movierten Bezeichnungen waren in Einzelfällen auch auf verschiedene Weise, nicht zuletzt sexuell, negativ konnotiert: „In the interest of equal status it became important to stress that what counted was qualification and not gender, and consequently gender-specific linguistic forms had to be discarded"[42]. „Generally, the structual properties of the Danish language – similar to English – present only minor problems for those who wish to adopt a gender-fair language"[43]. Dass einige der a priori grammatisch genderneutralen Berufsbezeichnungen ein ‚soziales Geschlecht' haben wie *skorstensfejer* ‚Schornsteinfeger' einerseits und *kontorassistent* ‚Büroangestellte(r)' andererseits, so dass auf sie mit den Pronomen *han* ‚er' bzw. *hun* ‚sie' referiert wird, wenn sie genderneutral gebraucht werden, werde mit dem vermehrten Eintritt Angehöriger des jeweils anderen Geschlechts in die betreffenden Berufe sicher verschwinden[44]. Die linguistischen ‚Laien' denken jedenfalls anders als feministische Linguistinnen, die „a widespread public indifference towards equality issues in language"[45] feststellen:

> Discussing the issue with a female local politician who chairs the municipal Equal Status Committee in Aarhus and calls herself *formand* ‚chairman', we received the answer that she did not believe that language was so important. What mattered was social change. The female chair of the former Equal Status Council on the national level had the same attitude. There is a general feeling that if a linguistic form is too unusual, people will make the speaker the object of ridicule rather than considering the message[46].

---

[40] Hüning: *Geschlechtergerechtigkeit auf Niederländisch*, a. a. O., S. 83.
[41] Gerritsen: *Towards a more gender-fair usage in Netherlands Dutch*, a. a. O., S. 97–105.
[42] Gomard – Kunøe: *Equal before the law – unequal in language*, a. a. O., S. 65. Sc. ‚Im Interesse der Gleichstellung wurde es wichtig zu betonen, dass die Qualifikation und nicht das Geschlecht zählte, und folglich mussten geschlechtsspezifische sprachliche Formen aufgegeben werden.'
[43] Gomard – Kunøe: *Equal before the law – unequal in language*, a. a. O., S. 67. Sc. ‚Im Allgemeinen stellen die strukturellen Eigenschaften der dänischen Sprache – ähnlich wie im Englischen – nur geringe Probleme für diejenigen dar, die eine geschlechtergerechte Sprache verwenden möchten.'
[44] Gomard – Kunøe: *Equal before the law – unequal in language*, a. a. O., S. 69–70.
[45] Gomard – Kunøe: *Equal before the law – unequal in language*, a. a. O., S. 82. Sc. ‚eine weit verbreitete Gleichgültigkeit der Öffentlichkeit gegenüber Gleichstellungsfragen in der Sprache'.
[46] Ebd. Sc. ‚In einem Gespräch mit einer Kommunalpolitikerin, die den Vorsitz des kommunalen Gleichstellungsausschusses in Aarhus innehat und sich selbst als „Vorsitzender" bezeichnet,

Bei dieser Gelegenheit wird deutlich, dass einzelne Vertreter der feministischen Linguistik die semantischen Sprachentwicklungen der Verzeichlichung und Lexikalisierung[47] offenbar nicht kennen, sondern die Sprache stets beim Wort nehmen. *Formand* müsste im Englischen mit ‚chairperson' wiedergegeben werden.

Entsprechend gibt es im Schwedischen Komposita auf *-man*, die für Angehörige beider Geschlechter gebraucht werden können und so eine Tendenz zur Lexikalisierung zeigen[48]. Bei den Derivationen des Schwedischen können die morphologisch unmarkierten Formen gegenüber den spezifisch femininen auf *-inna*, *-ska* und *-a*[49] geschlechtsübergreifend gebraucht werden[50], wobei es um Paare wie *lärare* ‚(männlicher) Lehrer' und *lärarinna* ‚Lehrerin' geht[51].

> Im Schwedischen ist die Tendenz, die Verwendung femininer Suffixe aufzugeben, in den Frauenemanzipationsberufen viel stärker als im Deutschen. Dazu trägt die Tatsache bei, daß in vielen Fällen wie bei schw. *minister, arkitekt, advokat, dekan*, eine feminine Form aus strukturellen Gründen nie üblich gewesen ist. Auch in den Registern, wo die Frau durch den Titel des Mannes identifiziert wurde und noch wird, entstehen keine Konflikte, da für die Berufsausüberin die neutralisierte Form, für die Ehefrau die Form mit *-ska*-Suffix gilt: *professor – professorska, ambassadör* „Botschafter" *– ambassadörska, prost* „Probst" *– prostinna*[52].

Stickel schreibt, skandinavische Frauen wehren sich gegen die Verwendung movierter Funktions- und Berufsbezeichnungen mit Bezug auf Frauen. Schwedische Frauen im Lehrberuf etwa verbitten sich entschieden, als *lärarinna* ‚Lehrerin' angeredet oder bezeichnet zu werden, „weil sie nicht wollen, daß auf ihr Geschlecht Bezug genommen wird, wenn sie in ihrem professionellen Status gemeint sind"[53]. Der Gebrauch der weiblichen Movierungsformen bei Berufsbezeichnungen gilt im Schwedischen als veraltet und eher diskriminierend[54]. Das Mittel der Wahl für eine geschlechtergerechte Sprache ist im Schwedischen nicht Ausgleich/Feminisierung, sondern Neutralisierung, auch dann, wenn Männer vormals typische Frauenberufe ausüben[55]. In Dänemark, Schweden und

> erhielten wir die Antwort, dass sie die Sprache nicht für so wichtig halte. Was zähle, sei der soziale Wandel. Die Vorsitzende des früheren Gleichstellungsrates auf nationaler Ebene vertrat die gleiche Auffassung. Es herrscht die allgemeine Auffassung, dass die Menschen, wenn eine sprachliche Form zu ungewöhnlich ist, den Sprecher zum Objekt des Spottes machen, anstatt die Botschaft zu berücksichtigen.'

[47] Elmar Seebold: *Etymologie. Eine Einführung am Beispiel der deutschen Sprache*, München 1981 (Beck'sche Elementarbücher), S. 219–221.
[48] Hornscheidt: *Linguistic and public attitudes towards gender in Swedish*, a. a. O., S. 345–346, 355–356.
[49] Hornscheidt: *Linguistic and public attitudes towards gender in Swedish*, a. a. O., S. 348–349.
[50] Hornscheidt: *Linguistic and public attitudes towards gender in Swedish*, a. a. O., S. 347.
[51] Hornscheidt: *Linguistic and public attitudes towards gender in Swedish*, a. a. O., S. 348.
[52] Oksaar: *Berufsbezeichnungen im heutigen Deutsch*, a. a. O., S. 89.
[53] Stickel: *Der Sprachfeminismus geht in die falsche Richtung*, a. a. O., S. 74; vgl. Hornscheidt: *Linguistic and public attitudes towards gender in Swedish*, a. a. O., S. 357: *lärarinna* als „historical term for primary schoolteachers".
[54] Hoberg: *Grammatik des Deutschen*, a. a. O., S. 59.
[55] Oksaar: *Berufsbezeichnungen im heutigen Deutsch*, a. a. O., S. 91.

Norwegen werden in allen Rechts- und Verwaltungstexten, „die sich in allgemeiner Form auf Menschen nach ihren Berufen und Funktionen beziehen, konsequent nur unmovierte [...] Bezeichnungsformen wie *lärare* verwendet, nicht aber *lärarinna*. Daß die praktische Verwirklichung der Gleichberechtigung in diesen Ländern hinter der in Deutschland zurück sei, läßt sich wohl nicht behaupten"[56]. Bemerkenswert ist die Argumentation von Höder[57] für das Schwedische:

> So waren früher ein *lärare* oder ein *frisör* Männer (,Lehrer', ,Frisör'); die weiblichen Pendants hießen *lärarinna* oder *frisörska*. Heute werden dagegen die ursprünglich männlichen Formen genderneutral gebraucht und der Sexus wird nur über die Pronominalisierung ausgedrückt. Vordergründig ähnelt diese Verwendung einem generischen Maskulinum. ,Unsichtbar' werden dabei jedoch nicht die Frauen (dies ist etwa ein klassisches Argument feministischer Sprachkritik gegen den Gebrauch maskuliner Formen im Deutschen), sondern vielmehr der Sexus als Kategorie.

„On the whole, then, official Norwegian guidelines follow the strategy of gender-neutralization rather than gender-specification, in line with what most Norwegian feminists choose, and in line with what Hellinger (1984)[58] calls the ,generic strategy'"[59]. Das sei, so Hellinger, typisch für Englisch und Norwegisch, während die Deutsch sprechenden Länder eine ,visibility strategy' favorisieren würden. Die Neutralisierungsstrategie als explizites Gegenmodell zur Sichtbarkeitsmachungsstrategie wird etwa auch im Walisischen angewandt[60].

In Island, einem Staat, der Gleichberechtigung nicht nur propagiert, sondern verwirklicht, erzeuge Gendern nur schallendes Gelächter[61]. „The common opinion today, even among feminists, is that linguistic gender is strictly grammatical and has no correspondence with gender bias"[62], stellt Anna Gunnarsdotter Grönberg[63] mit einer gewissen Verstimmung über die weitestgehende Akzeptanz des geschlechtsübergreifenden Maskuli-

---

[56] Stickel: *Der Sprachfeminismus geht in die falsche Richtung*, a. a. O., S. 74.
[57] Höder: Die Lehrer, der Krankenschwester *und ein neues Pronomen*, a. a. O., S. 81.
[58] Sc. Marlis Hellinger: *Effecting social change through group action: Feminine occupational titles in transition*, in: Language and power, ed. by Cheris Kramarae, Muriel Schulz, William M. O'Barr, Beverley Hills, Calif. 1984, S. 136–153.
[59] Bull – Svan: *The representation of gender in Norwegian*, a. a. O., S. 247. Sc. ,Im Großen und Ganzen folgen die offiziellen norwegischen Richtlinien also eher der Strategie der Geschlechtsneutralisierung als der Geschlechtsspezifikation, im Einklang mit dem, was die meisten norwegischen Feministinnen wählen, und im Einklang mit dem, was Hellinger (1984) die „generische Strategie" nennt.'
[60] Awberry – Jones – Morris: *The politics of language and gender in Wales*, a. a. O., S. 324–329, besonders S. 328.
[61] Scholten: *Der Führerin entgegen!*, a. a. O., S. 114.
[62] Sc. ,Selbst unter Feministen herrscht heute die Meinung vor, dass das sprachliche Geschlecht rein grammatikalisch ist und nichts mit dem Gender Bias zu tun hat.'
[63] Anna Gunnarsdotter Grönberg: *Masculine generics in current Icelandic*, in: Gender Across Languages. The linguistic representation of women and men. Volume 2. Ed. by Marlis Hellinger, Hadumod Bußmann, Amsterdam/Philadelphia 2002 (Impact: Studies in language and society 10), S. 163–185, hier S. 181.

nums in Island fest. Und gibt der Hoffnung Ausdruck, „that future change is not inconceivable if a small group of language users no longer consider the generic masculine as generic or unmarked"[64]. Solche Äußerungen mit der auffälligen Vorstellung von einer kleinen ‚fortschrittlichen' Elite des gesteuerten Sprachwandels, die auch von anderen Vertretern der feministischen Linguistik und der Genderlinguistik vorgetragen wurden und werden, erweisen die geschlechtergerechte Sprache hier und anderswo als eine Sache der ideologischen Überzeugung. Darauf ist im Kapitel 14 dieser Studien zurückzukommen.

> Ein Blick über den Tellerrand zeigt, wie eine prominente Frau in anderen Sprachen benannt wird. Kamala Harris ist englisch „vice president, senator", schwedisch „politiker, jurist, justitie minister", deutsch „Politikerin, Vizepräsidentin, Senatorin". Gendern ist also nicht selbstverständlich, englisch „senatress" ist ebenso veraltet wie schwedisch „laerarinna". Nirgends wird so intensiv, so penetrant gegendert wie im Deutschen. Ist die Opfermentalität hier stärker verbreitet? Besonders interessant ist Schweden, das im Global Gender Gap Report deutlich vor Deutschland liegt. Für einen Zusammenhang zwischen sprachlicher Sichtbarkeit und sozialer Gleichstellung spricht das nicht. In England wird eine Frau an der Spitze der Regierung respektvoll „Prime Minister", nicht Ministress, genannt. Briten und Amerikaner wundern sich, warum wir für die mächtigste Frau der Welt eine so herablassende Bezeichnung wie „Kanzlerin" gebrauchen. Die Feministische Linguistik verkennt, dass diese Formen abwertend sein können. Nicht weil das Merkmal ‚weiblich' negativ wäre, sondern weil jede Abgrenzung eine Ausgrenzung darstellt, eine Diskriminierung[65].

Entsprechend müssen auch die mit -*a* abgeleiteten Bezeichnungen für weibliche Berufstätige im marokkanischen Arabisch (*ṭbib* ‚Arzt' – *ṭbiba* ‚Ärztin'[66]) nicht für die durchgesetzte Gleichstellung der Frau sprechen.

Ein von Sprachwissenschaftlern zu erwartender vergleichender Blick auf die entspannten Verhältnisse in den dem Deutschen nächstverwandten Sprachen hätte demnach die hiesige polarisierende Auseinandersetzung von vornherein hinfällig machen können.

---

[64] Sc. ‚dass ein künftiger Wandel nicht undenkbar ist, wenn eine kleine Gruppe von Sprachbenutzern das generische Maskulinum nicht mehr als generisch oder unmarkiert betrachtet.'
[65] Wegener: *Sichtbar oder gleichwertig?*, a. a. O.
[66] Hachimi: *Shifting sands*, a. a. O., S. 36.

12 Geschlechtergerechte Sprache als Gleichstellungsinstrument

12.1 Geschlecht als soziale Kategorisierung

Im 20. Jahrhundert, als zunehmend mehr Frauen in die Berufswelt eintraten, wurde auch die unmarkierte Form gebraucht, möglicherweise eben gerade deswegen, weil sie genderneutral ist. Sie wäre Zeichen der Emanzipation. Berufstätige Frauen waren nicht mehr (negativ) ‚markiert', entsprechend den Verhältnissen im Niederländischen, Englischen, Dänischen, Schwedischen, Norwegischen und Isländischen. „Von Anfang an haben sich Frauen gegen sexusspezifische akademische Grade gewehrt. Welche Frau will sich „Frau Doktorin", ihre Dissertation eine „Doktorinnenarbeit" nennen?"[1]. Deshalb war auch der Rat von Stickel angebracht, im Sprachalltag immer dann, wenn Rechte, Pflichten, professionelle Aufgaben und Leistungen *nicht* nach den Merkmalen ‚männlich' oder ‚weiblich' unterschieden und bewertet werden sollten, den Gebrauch movierter Feminina bewusst zu vermeiden und sich nicht mit solchen Ausdrucksformen anreden oder bezeichnen zu lassen[2].

> Den Widerspruch zwischen der zu Recht geforderten rechtlichen und beruflichen Gleichheit von Frauen und Männern einerseits und sprachlich betonter Unterscheidung andererseits haben mir die frauenpolitisch engagierten Sprachwissenschaftlerinnen bisher nicht auflösen können. [...] Für einen falschen Weg halte ich das Bemühen um eine Sprachlenkung, bei der die Unterscheidung zwischen Männern und Frauen im Beruf und in der Gesellschaft auf Dauer sprachlich besonders hervorgehoben werden soll, statt daß diese sprachliche Unterscheidung (Diskriminierung) der Geschlechter im Interesse einer auch sprachlich gemeinsamen Zukunft mehr und mehr zurückgenommen wird[3].

Stattdessen hat der Sprachfeminismus ausdrucksseitig mit seiner gutgemeinten Sprachveränderungsstrategie im Sinne des mandevilleschen Paradoxons das Gegenteil des Beabsichtigten erreicht, nämlich den Sexismus forciert[4]. Die geschlechtergerechte Sprache bekräftige die „Relevanz von Geschlecht als sozialer Kategorisierung" weiter, obwohl die Intention des Gleichstellungsgedankens eigentlich in die gegenteilige Richtung ziele[5]. Durch die fortgesetzte Betonung des Selbstverständlichen, der Mehrgeschlechtlichkeit, werde der Unterschied nicht aufgehoben, sondern zementiert:

---

[1] Wegener: *Sichtbar oder gleichwertig?*, a. a. O.
[2] Stickel: *Beantragte staatliche Regelungen*, a. a. O., S. 352.
[3] Stickel: *Der Sprachfeminismus geht in die falsche Richtung*, a. a. O., S. 80.
[4] Stickel [Stellungnahme], in: Margot Brunner – Karin M. Frank-Cyrus (Hg.): *Die Frau in der Sprache. Gespräche zum geschlechtergerechten Sprachgebrauch*, Wiesbaden 1998, S. 115.
[5] Klann-Delius: *Sprache und Geschlecht*, a. a. O., S. 186; Jobin: *Genus im Wandel*, a. a. O., S. 65; vgl. Stickel: *Beantragte staatliche Regelungen*, a. a. O., S. 350.

Denn ständig wird da implizit betont, dass es kein Miteinander gibt, keine Komplementarität der Geschlechter, keine Übergeschlechtlichkeit, die einfach nur alle Menschen umfasst. Immer wird extra hervorgehoben, dass immer Männer und Frauen da sind. Die Dichotomie, die man gutmenschlich aufzuheben meint, wird in jedem Satz neu geschaffen, und der gesellschaftliche Graben wird und wird nicht flacher[6].

Es sei unmöglich, beim Wort *Student*innen* nicht sofort an die Verschiedenheit der offenbar beteiligten Geschlechter zu denken, schreibt Mäder[7]. Denn eine Schreibung wie *Student*innen* sei keine skurrile Schnörkelei, sondern ein ernsthaftes Problem: Sie verforme unser Verständnis des allgemein Menschlichen und hole das Geschlecht mit Wucht zurück in einen Raum, in dem es nichts mehr verloren habe[8].

Im übergeordneten öffentlichen Leben aber ist das Geschlecht doch endlich wirkungslos geworden: Nach schier unendlich langem Ringen haben wir allmählich jene Systeme überwunden, die aus permanenten Referenzen auf die Geschlechter irgendwelche „Thatbestände" konstruierten und die Unterschiede zwischen den Menschen betonten, um ihre umfassende Ungleichheit zu begründen[9].

„Und warum sagen Frauen das nicht öfter und dezidierter? Vielleicht haben sie einfach andere Sorgen"[10]. Außerdem sei die feministische Sprache von Seiten der Männer allenfalls ein Lippenbekenntnis. Es mache sie immer ein bisschen misstrauisch, wenn sich Männer „so für das Fortkommen von uns Frauen ins Zeug" legten, so Claudia Schwartz[11]. Zumal es hier um das Gendersternchen gehe, das weniger koste als einmal Küche-Aufräumen.

---

[6] Ingrid Thurner: *Der Gender-Krampf verhunzt die deutsche Sprache*, in: *Welt*, 02.02.2013.
[7] Mäder: *Lassen wir die Sprache menschlich sein*, a. a. O.
[8] Ebd.
[9] Ebd. Vgl. Susanne Kusicke: *Gendern diskriminiert*, in: *FAZ.net*, 26.11.2022: „Aber warum reden und schreiben Frauen seltener über das Gendern? Ist das Zustimmung? Gleichgültigkeit? Ein typisch weiblicher Widerwillen, an den oft unsachlichen Diskussionen teilzunehmen? Das mögen Gründe sein. Doch womöglich steckt dahinter ein Gefühl, dass ihnen hier etwas für gut verkauft werden soll, was ihnen in Wirklichkeit nicht nur nicht hilft, sondern vielleicht sogar schadet. Denn es erinnert Frauen immer wieder daran, dass sie eben Frauen sind – nicht Menschen, die sich für etwas interessieren, engagieren, kämpfen. Als täte die Natur nicht schon genug, um sie diese Tatsache nicht vergessen zu lassen! Das ist im Kern eine neue Art der Diskriminierung, und zwar keine positive. Frauen werden dadurch immer wieder zurückgeworfen auf ihr Frau-Sein, das sie durch ihre gesellschaftliche Emanzipation doch eigentlich überwinden wollen, zumindest in sozialer Hinsicht. Sie wünschen ja gerade, dass es keine Rolle mehr spielen möge, dass sie eine Frau sind, denn genau das war früher die Begründung, warum sie so vieles nicht tun durften. Der wahrhaft universelle, wirklich gleichberechtigte Anspruch müsste darum lauten: an einer Gesellschaft als Mensch mitwirken zu können. Alles andere spaltet nur."
[10] Schwartz: *Es braucht kein Verbot von Gendersprache*, a. a. O.
[11] Ebd.

Heutzutage wird die Sprachgerechtigkeit den Frauen von den Männern als Geschenk dargebracht, ist aber bloß ein Ablenkungsmanöver. Diesen Eindruck hat man an den Universitäten: Ihr Frauen bekommt die Binnenversalien, und wir bescheiden uns mit den Ordinariaten. [...] Da Frauen die Mehrheit des Stimmvolks stellen, wird stillschweigend angenommen, dass ihnen Verrenkungen und redundante Windungen gefallen, die man zu ihren Gunsten anbringt. Aber darauf mag manche gern verzichten, der gute Rhetorik und Sprachästhetik wichtiger sind als fantasierte Verbalgerechtigkeit[12].

Das ist freilich eine etwas unhistorische Sicht auf die Tatsachen: Zwar hat die Politik das Gender Splitting bei den Berufsbezeichnungen in die Welt gesetzt, aber zum umfassenden ideologischen Konstrukt wurde die ‚geschlechtergerechte Sprache' erst durch Vertreterinnen feministischer Linguistik, auf deren aktivistische Argumente sich die Politik allerdings allzu gern einließ. Erst danach konnte die ‚geschlechtergerechte Sprache' (auch) zum Jargon des bloßen Scheins werden.

Anstatt einer Machtverschiebung zugunsten von geschlechtermäßig Marginalisierten zu dienen, so Trutkowski und Weiß[13], erscheine sogenannte geschlechtergerechte Sprache immer mehr als funktionales Pride-Design für Sprache. Fernab der Realität, auf Internetseiten von Unternehmen, die sich dadurch ‚pinkwashen' und entsprechende ‚awareness' signalisieren wollten[14], aber bis zum Hals im Gender-Pay-Gap steckten. In perfekt inszenierten, sich um die ‚richtige' gesellschaftliche Positionierung bemühenden Beiträgen von Journalisten und Politikern. In Behördenbriefen, deren Verfasser Inklusion suggerierten, aber womöglich gar nicht wüssten, was das ist. Deshalb frage sich: Wer außer denen, die so tun, spreche wirklich so? Finde der von Pro-Gender-Seite vielfach beschworene Sprachwandel irgendwo da draußen wirklich statt? Und wenn ja, wo? Als Linguist würde man das gerne mitbekommen, so Trutkowski und Weiß, aber man werde kaum fündig: weder im Alltag, also im Supermarkt, beim Sport oder an der Bar, wo die Klassenzugehörigkeiten sich vermischten, noch bei Gesprächen zwischen privilegierten ‚Eliten', denen der Gebrauch sogenannter geschlechtergerechter Sprache zugeschrieben werde. All das deute darauf hin, dass Gendern kein integrativer Teil des Deutschen ist.

Und das sei auch nicht wirklich schlimm: Denn ob die sprachliche Repräsentation der Geschlechter durch gegenderte Wortformen oder durch generische Maskulina stattfinde, sei praktisch gesehen gleichgültig: Während gegenderte Formen wie *Lehrer*innen* auf Lehrer aller möglichen Geschlechter verwiesen, verweise das generische Maskulinum *Lehrer* auf Lehrer unabhängig von deren Geschlecht. Der Bedeutungsinhalt (Spezifikation aller Geschlechter vs. Unterspezifikation von Geschlecht) variiere, der Bedeutungsumfang (im Sinne von „wer ist gemeint?") aber sei derselbe und erstrecke sich gleichermaßen auf Männer, Frauen und nicht binäre Personen.

---

[12] Thurner: *Gender-Krampf*, a. a. O.
[13] Trutkowski – Weiß: *Seit 1000 Jahren können Frauen auch Sünder, Richter und Freunde sein*, a. a. O.
[14] Vgl. Ackermann: *Die neue Schweigespirale*, a. a. O., S. 153.

12.2 Der Kanon der geschlechtergerechten Sprache

Aus der frauenpolitisch motivierten Willenserklärung, das genderneutrale Maskulinum nicht mehr verwenden zu wollen, weil es Frauen nicht sichtbar werden lasse, wurde die apodiktische Falschbehauptung, dass es nur sexusspezifische Maskulina gebe. Und auf dieser Falschbehauptung wurde, wie von Kotthoff[15] beschrieben, eine umfassende Sprachideologie aufgesetzt, die zur Gruppenidentitätsbildung führt und mit moralischen Argumenten gesellschaftlich durchgesetzt werden soll. Der ‚geschlechtergerechten Sprache' wurde durch gesellschaftliche Gruppen in Politik und Medien der Status der political correctness verschafft, indem sie zum Instrument der vom Grundgesetz vorgeschriebenen Gleichberechtigung erklärt wird: „Gendern, also die Anwendung geschlechtergerechter Sprache im Sprachgebrauch, ist ein wichtiges Gleichstellungsinstrument. Auf diese Weise wird die Forderung zur Durchsetzung der Gleichberechtigung von Männern und Frauen, die ja im Grundgesetz formuliert ist, in der sprachlichen Kommunikation ernst genommen"[16]. So auch Lobin und Nübling[17]: „Gerade das Genus-System jedoch ist darauf zugeschnitten [!], eindeutig [!] auf Männer und Frauen zu verweisen. Deshalb ist und bleibt der Gebrauch geschlechtergerechter Sprache eine einfache, direkte und wirkungsvolle Möglichkeit, an der Gleichstellung der Geschlechter mitzuwirken [!]." Dieser auf einer grundsätzlich falschen Auffassung von der eindeutigen Indexfunktion der Genera aufgesetzte, aber taktisch geschickte Kurzschluss von Gleichberechtigung auf Gendern macht eine rationale Argumentation gegen die ideologischen Grundlagen des Genderns nicht leichter, da vernünftigerweise niemand gegen Gleichberechtigung sein kann, dafür aber ein a priori verfehltes Mittel zum Einsatz kommen soll.

Bei der Frage, wie eine Gleichbehandlung am ehesten zu erreichen sei, wurden auch in der Zeit vor der gesetzlichen Regelung im Allgemeinen Gleichbehandlungsgesetz zwei Positionen vertreten. Die eine Position besagt, dass die Eigenschaften einer Person im Sinne der im Gesetz genannten Parameter außer Betracht bleiben; das ist mit Antidiskriminierung als Forderung nach Gleichbehandlung gemeint. Die andere Position insistiert darauf, dass die Eigenschaften einer Person im Sinne des Gesetzes explizit zu machen sind. Einerseits sollen sie bewusst sein, andererseits nicht zu Benachteiligung führen[18].

Die Grundsätze der ‚geschlechtergerechten Sprache' sind in Kurzform unter dem betreffenden Stichwort im Internet aufrufbar[19] und im ‚Handbuch geschlechtergerechte Sprache'[20] ausführlich dargestellt, dessen Vorläufer drei Jahre zuvor veröffentlicht wurde[21]. Das Kompendium sieht unter anderem Sätze wie *Heutzutage findet man beim Bäcker sehr viele verschiedene Brotsorten* oder *Herta Schulz und Walter Müller sind Ärzte* als nicht geschlechtergerecht an. Stattdessen wird der Ersatz von *beim Bäcker* durch *in der Bäckerei* bzw. *sind Ärzte* durch *üben den Arztberuf aus/sind beide im Arztberuf*

---

[15] Kotthoff: *Gender-Sternchen*, a. a. O.
[16] Diewald – Steinhauer: *Handbuch geschlechtergerechte Sprache*, a. a. O., S. 8.
[17] Lobin – Nübling: *Tief in der Sprache lebt die alte Geschlechterordnung fort*, a. a. O.
[18] Eisenberg: *Die Vermeidung sprachlicher Diskriminierung im Deutschen*, a. a. O., S. 6.
[19] *Geschlechtergerechte Sprache*, in: Wikipedia.
[20] Diewald – Steinhauer: *Handbuch geschlechtergerechte Sprache*, a. a. O.
[21] Diewald – Steinhauer: *Richtig gendern*, a. a. O.

tätig vorgeschlagen[22], wie der Ersatz von *Arzt* durch *Person im ärztlichen Dienst* alltagssprachlich unbrauchbare Schreibtischprodukte[23]. Mit der geschlechtergerechten Sprache werde eine Sache allseits anerkannten gesellschaftlichen Fortschritts vertreten:

> Es hat sich viel verändert. Seit im Herbst 2017 der Duden-Ratgeber „Richtig gendern" [...] erschien, ist auf dem Feld der geschlechtergerechten Sprache viel geschehen. Man könnte sagen, es hat ein vollständiger Wechsel der Perspektive stattgefunden. Nicht mehr diejenigen, die sprachlich fair und nicht diskriminierend kommunizieren wollen, sind in der Rechtfertigungspflicht, sondern diejenigen, die die Auffassung vertreten, dass es so, wie es bisher war, auch bleiben soll[24].

Dass sich jemand rechtfertigen müsse, der keine Gendersprache verwendet, ist eine bislang unerreichte Stufe der Ideologisierung von Sprachformen und der Anmaßung ihrer Propagandisten.

Doch war Gendern bisher ein Signet selbstverantwortlicher politischer Verortung, bekommt der, der es nicht tut, mittlerweile auch einen Stempel aufgedrückt. Grund hierfür ist die mit einer überheblichen Gerechtigkeitsattitüde vorangetriebene Institutionalisierung der Gendersprache durch Parteien, Verwaltungen und Universitäten (keine, die keinen Leitfaden hat) – wer sich nicht beugt, gerät schnell unter Verdacht[25].

Vielmehr sollten die neu eingeführten Formen, zumal als eingefordertes Novum, der Begründungspflicht unterliegen[26] und nicht das geschlechtsübergreifende Maskulinum, dessen Eigenschaft als inklusives ‚genus commune' bislang sachlogisch nicht widerlegt wurde[27]. „Die Bringschuld ist bei der feministischen Linguistik. Und diese hat leider bisher nichts liefern können, was ihr Anliegen überzeugend unterstützt. Sie hat sich längst aus der wissenschaftlichen Erforschung der Sprache entfernt und ist zu einer präskriptiven Ideologie geworden"[28].

Die deutsche Sprachgemeinschaft hält, auch in der Schweiz[29] den Umfragen zufolge das Gendern zum größten Teil für nicht wichtig oder weniger wichtig[30]. Auch bei der

---

22 Diewald – Steinhauer: *Handbuch geschlechtergerechte Sprache*, a. a. O., S. 114.
23 Eisenberg: *Weder geschlechtergerecht noch gendersensibel*, a. a. O., S. 31.
24 Diewald – Steinhauer: *Handbuch geschlechtergerechte Sprache*, a. a. O., S. 5.
25 Trutkowski: *Vom Gendern zu politischen Rändern*, a. a. O.
26 Stöber: *Genderstern und Binnen-I*, a. a. O., S. 16.
27 Rödder – Rödder: *Sprache und Macht*, a. a. O., S. 7.
28 Bayer: *Seit wann ist Sprache gerecht?*, a. a. O.
29 Glück: *Das Partizip I im Deutschen*, a. a. O., S. 21.
30 Glück: *Das Partizip I im Deutschen*, a. a. O., S. 21; Schwartz: *Es braucht kein Verbot von Gendersprache*, a. a. O.; Krome: *Zwischen gesellschaftlichem Diskurs und Rechtschreibnormierung*, a. a. O., S. 68; Payr: *Von Menschen und Mensch*innen*, a. a. O., S. 127–130; Krome: *Gendern in der Schule*, a. a. O., S. 88; Eisenberg: *Weder geschlechtergerecht noch gendersensibel*, a. a. O., S. 30; infratest dimap: *Weiter Vorbehalte gegenüber gendergerechter Sprache*. Erhebungszeitraum 10. bis 11. Mai 2021; *Umfrage von infratest dimap. Die Bürger wollen keine Gendersprache*, in: *FAZ.net*, 23.05.2021; *Studien und Umfragen zu geschlechtergerechter Sprache*, in: *Wikipedia*; WDR: *WDR-Studie: So gendern die Deutschen*, 06.02.2023.

Schuljugend hält sich die Zustimmung in Grenzen[31]. Die Ergebnisse einer Umfrage von infratest.dimap, die im September 2022 durchgeführt und im Februar 2023 veröffentlicht wurde[32], können mit den erhobenen Daten einer Umfrage vom September 2020 verglichen werden. „Geschlechtsneutrale Formulierungen", offenbar ist da das Gesamtrepertoire gemeint, werden beim Lesen von 52 % (vormals 42 %) als ‚weniger gut' und ‚gar nicht gut' bewertet, beim Hören von 53 % (vormals 41 %). Mehrheitlich wird allerdings von mehr als zwei Dritteln der Befragten die Beidnennung in Medientexten akzeptiert (69 %), die auch „von mehr als der Hälfte genutzt" werde – für Letzteres werden allerdings keine genauen Daten angegeben, ob beim privaten oder öffentlichen Sprechen, beim Schreiben und in welchem Kommunikationskontext. Auch der Typus *das Publikum* statt *die Zuschauer* in Medientexten bekommt 63 % Zustimmung, der Typus *Studierende* statt *Studenten* 56 %. Geschriebene Gendergapformen werden mit 59 % abgelehnt, gesprochene Gendergapformen mit 69 %. Wie gesagt geht es nur um Rezeptionsakzeptanzwerte, nicht um die Verhältnisse bei der eigenen Sprachproduktion der Probanden in gesprochener und geschriebener Sprache. Hier ist zunächst auf die grundlegenden Unterscheidungen von Rezeption und Produktion, von privat und öffentlich, von Type und Tokenfrequenz zu verweisen, die in der methodisch subkomplexen Umfrage offenbar nicht zum Tragen kommen, vor allem bei der Akzeptanz der Beidnennungen. Dass im Sprachgebrauch bezüglich des genderneutralen Maskulinums eine Unterscheidung von öffentlichen bzw. veröffentlichten Texten und informeller, privater Rede zu beobachten bzw. eingetreten ist, hat Hoberg, wie weiter oben ausgeführt, bereits 2004 festgestellt[33]. In öffentlicher Rede hatte sich schon seinerzeit weitgehend das sexusspezifische Maskulinum, verbunden mit dem movierten Femininum, durchgesetzt. Außerdem ist das Splittingparagdigma bereits seit über 40 Jahren politisch gefördert worden und beruht nicht einmal auf feministischer Sprachkritik. Hier wird nichts Neues ermittelt, und es fragt sich auch, was die Probanden von einem Text halten würden, bei dem an jeder möglichen Stelle von *Busfahrerinnen und Busfahrern*, *Opernbesucherinnen und Opernbesuchern* und *Wienerinnen und Wienern* gesprochen würde. Was den zweiten positiv bewerteten Typus *das Publikum* statt *die Zuschauer* betrifft, ist eine solche Ersetzung als stilistische Variation kein Problem. Hier ist aber nicht gewiss, ob den Gewährspersonen klar war, dass durch eine solche Ersetzung das weitestgehende Verschwinden des genderneutralen Maskulinums beabsichtigt wird. Und beim dritten positiv bewerteten Typus *Studierende* statt *Studenten* wird ausgerechnet mit dem Beispiel *Studierende* operiert, das mittlerweile fast ein halbes Jahrtausend Zeit für seine Lexikalisierung hatte, aber nicht mit Fällen wie *Musizierende*, *Unterzeichnende* und *Nichtschwimmende*. Das ‚inklusive Femininum' wird nicht einmal berücksichtigt. Vor allem sind primär die generellen Aussagen der Probanden zu würdigen. In der Berichterstattung stößt genderneutrale Sprache auf weniger Zustimmung als zuvor: 41 statt 54 % (2020) gaben an, diese in Zeitungen, Internet und Apps gut zu finden, mit Blick auf Radio, Fernsehen und Podcasts sind es 41 statt 52 %. Insgesamt ist für 41 % der Gewährsleute (vormals 30 %) Gendern ‚gar nicht wichtig', 21 %

---

[31] Sebastian Geisler: *Bayerischer Rundfunk blamiert sich mit Gender-Sendung*, in: *Berliner Zeitung*, 28.07.2022.
[32] WDR: *WDR-Studie: So gendern die Deutschen*, 06.02.2023.
[33] Hoberg: *Grammatik des Deutschen*, a. a. O., S. 104.

(vormals 30 %) ‚weniger wichtig', 20 % (vormals 19 %) ‚etwas wichtig'; 16 % (vormals 19 %) ‚sehr wichtig'. Die generelle Ablehnung zeigt demnach eine zunehmende Tendenz. Eine von den Autorinnen suggerierte Revolution der deutschen Sprache binnen dreier Jahre hat es also nicht gegeben. Offenbar wird die Sprache derjenigen, die sich an sprachliche Empfehlungen, Ratgeber und Anweisungen halten (müssen) oder die Sprache als identitäres Symbol verwenden, mit derjenigen der Allgemeinbevölkerung verwechselt. Der Anspruch, den Diewald und Steinhauer mit ihrem ‚Handbuch' erheben, ist unbegründet.

>Der bis 1996 tatsächlich noch bestehende amtliche Auftrag im Bereich der deutschen Rechtschreibung, der beim Wort „Duden" nachklingt, führt zu der Annahme, dass mit einem solchen Ratgeber [sc. Diewald und Steinhauer 2017] zugleich eine Normierung oder zumindest eine normartige Empfehlung verbunden ist. Weitere Werke zur geschlechtergerechten Sprache wie das „Handbuch geschlechtergerechte Sprache", das von den gleichen Autorinnen danach erschienen ist, oder die bereits erwähnte Darstellung des Themas in der 28. Auflage des Rechtschreibdudens vertiefen diese falsche Annahme[34].

Die Annahme einer normartigen Empfehlung sei falsch, so Lobin, auch wenn es in dem Buch ausdrücklich heiße, dass man denjenigen einen Ratgeber an die Hand geben möchte, „die in Schulen, Universitäten und Behörden aufgrund entsprechender Erlasse [sic!] konkret mit der Aufgabe konfrontiert sind, Texte in geschlechtergerechter Sprache zu verfassen". Die Verfasserinnen wollten sich damit gerade abgrenzen von ideologisch behafteten Hinweisen oder allgemeinen Stellungnahmen zum Thema, um durch praktische Formulierungsempfehlungen das Thema zu ‚versachlichen'[35].

Solche Äußerungen sprechen gegen sich selbst, aber nicht für die Sache. Das Buch ist für Leute geschrieben, die durch Erlasse genötigt werden, ‚geschlechtergerechte Sprache' zu verwenden. Lobin scheint Sprachvorschriften für völlig normal zu halten. In Wirklichkeit sind sie Bestandteile eines schleichenden und zu allem Überfluss von deren Protagonisten nicht einmal bemerkten, sondern im Gegenteil sogar gutgeheißenen Verfalls demokratischer Kultur. Von Ideologiefreiheit und Sachlichkeit ist in der Veröffentlichung nichts zu bemerken, weil die Autorinnen parteilich für die Gendersprache eintreten. Das ist bei einem solchen Vorhaben nicht anders möglich, denn andernfalls müsste man es unterlassen. Das Einzige, was in diesem Buch fast konsequent unterlassen wird, ist die Rezeption kritischer wissenschaftlicher Literatur zur ‚geschlechtergerechten Sprache', die als Selbstverständlichkeit daherkommt wie schon 20 Jahre früher bei Schoenthal[36]. Es geht wie stets bei vergleichbaren Veröffentlichungen im Kern darum, das genderneutrale Maskulinum (*die Mitarbeiter*) als ‚pseudogenerisch' zu diskreditieren, möglichst zu eliminieren und durch eine der Ersatzkonstruktionen (*die Mitarbeitenden*), Doppelnennungen (*Mitarbeiterinnen und Mitarbeiter*) oder sonstigen Umschreibungsstrategien aus dem feministischen Repertoire zu ersetzen.

---

[34] Lobin: *Sprachkampf*, a. a. O., S. 50–51.
[35] Lobin: *Sprachkampf*, a. a. O., S. 50.
[36] Schoenthal: *Impulse der feministischen Linguistik*, a. a. O.; Schoenthal: *Wirkungen der feministischen Sprachkritik*, a. a. O.

Die aufgeführten Vorschläge lassen sich auf wenige Annahmen zurückführen: 1. Bei spezifischer Referenz sei die Genderrelevanz am höchsten, geringer bei der nichtspezifischen und am geringsten bei klassenmäßiger Referenz. Praktisch heißt das, dass bei spezifischer Referenz (*Susanne, unsere Dozentin, ...*) auf jeden Fall gegendert werden soll[37]. Gendern oder Umschreibung wird aber auch bei nichtspezifischer Referenz (*..., Ihr Verein „Rettet das Huhn" holt von Landwirten Legehennen ab. → ... von landwirtschaftlichen Betrieben ...*)[38] und klassenmäßiger Referenz nahegelegt (*Bürgerinnen und Bürger in einer Demokratie haben das Recht auf freie Meinungsäußerung.*). Die ausschließliche Verwendung der maskulinen Form sei „stilistisch antiquiert" und erzeuge ein mentales Bild, das eine männliche Person zum Stereotyp habe[39].

2. Hinsichtlich der syntaktischen Funktion habe das Subjekt die höchste Genderrelevanz, das Prädikativ eine geringere und die Präpositionalphrase die geringste: „Sorgen Sie immer für semantische Kongruenz zwischen Subjekt und Prädikativ. Wenn der Subjektausdruck eine gemischte Gruppe bezeichnet, gibt es mehrere Möglichkeiten für das Prädikativ. Die deutlichste Lösung ist die Beidnennung: *Unsere Dozentinnen und Dozenten sind geschickte Didaktikerinnen und Didaktiker*"[40]. Nicht selten als Prädikativ anzutreffen seien maskuline Personenbezeichnungen im Plural (*Unsere Dozentinnen und Dozenten sind geschickte Didaktiker.*). Diewald und Steinhauer[41] empfehlen das „ausdrücklich nicht", doch sei bei Pluralformen die „Verletzung des Prinzips der Gendergerechtigkeit" weniger gravierend als im Singular. Bei einer Personenbezeichnung in Subjektposition sei das korrekte Gendern „absolut unverzichtbar", während das für die Funktion des Prädikativs oder einer Präpositionalphrase (siehe oben *beim Bäcker > in der Bäckerei*) von etwas geringerer Relevanz sei[42].

Als dritter sprachlicher Faktor der Genderrelevanz wird die textuelle Funktion betrachtet. So sei die Ersterwähnung im Text in Bezug auf das Gendern von höchster Bedeutung. Wiederaufnahmeformen hingegen stünden nicht allein und müssten daher nicht die volle Last [!] des „richtigen Genderns" tragen. Deshalb sei bei ihnen tendenziell eine geringere Relevanz der gendergerechten Formulierung festzustellen[43].

Die letzte systematisch wichtige Differenzierung für die Genderrelevanz ergebe sich aus der Problematik von Personenbezeichnungen innerhalb komplexer Wörter. Wenn in einem komplexen Wort auf konkrete Personen verwiesen werde, sei Gendern notwendig, zum Beispiel in *Professoren- und Professorinnengruppe*. Wenn hingegen Gegenstände bezeichnet würden, sei die Verwendung von Beidnennungen nicht unbedingt relevant bzw. könne das den unerwünschten Effekt haben, „die Aufmerksamkeit auf das modifizierende Element anstatt auf den Kern der Wortbildung zu lenken"[44]. Bildungen wie

---

[37] Diewald – Steinhauer: *Handbuch geschlechtergerechte Sprache*, a. a. O., S. 107.
[38] Diewald – Steinhauer: *Handbuch geschlechtergerechte Sprache*, a. a. O., S. 108.
[39] Diewald – Steinhauer: *Handbuch geschlechtergerechte Sprache*, a. a. O., S. 109.
[40] Diewald – Steinhauer: *Handbuch geschlechtergerechte Sprache*, a. a. O., S. 112–113.
[41] Diewald – Steinhauer: *Handbuch geschlechtergerechte Sprache*, a. a. O., S. 113.
[42] Diewald – Steinhauer: *Handbuch geschlechtergerechte Sprache*, a. a. O., S. 114.
[43] Diewald – Steinhauer: *Handbuch geschlechtergerechte Sprache*, a. a. O., S. 115.
[44] Diewald – Steinhauer: *Handbuch geschlechtergerechte Sprache*, a. a. O., S. 116.

*Bürger- und Bürgerinnensteig, *Fleischer- und Fleischerinnenmesser, *Arzt- und Ärztinnenkoffer* [!] werden deshalb nicht empfohlen[45]. Wer daraus folgert, dass geschlechtsübergreifende Maskulina als Determinans komponierter Sachbezeichnungen nicht weiter ins Visier geraten würden, täuscht sich. Selbst Komposita wie *Anfängerkurs, Benutzerordnung, Rednerliste, Wählerverzeichnis* sollen durch Alternativen wie *Einstiegskurs, Nutzungsordnung, Redeliste, Wahlverzeichnis* ersetzt werden[46]. Das ist ein Beitrag zur Entpersönlichung der Sprache[47].

Insgesamt ergeben diese Anweisungen ein in sich geschlossenes ideologisches Vademecum für Anhänger des Genderns oder die zum Gendern Genötigten. Das hinter diesem ‚Katechismus' stehende ‚Credo' lautet erwartungsgemäß:

> Einer der Hauptstreitpunkte in den Debatten um geschlechtergerechte Sprache seit den 1970er-Jahren ist das sogenannte generische Maskulinum. Diese Diskussion ist so wichtig wie kompliziert. [...] Selbstverständlich raten alle Leitfäden für gendergerechte Sprache von der Verwendung dieser Gebrauchsgewohnheit – denn das ist das ‚generische Maskulinum' letztlich – ab. [...] Männer sind durch diese Form immer explizit angesprochen und können sich somit in jedem Fall gemeint fühlen. Frauen hingegen sind durch diese Form nicht direkt angesprochen. Sie wissen nie, ob sie in einem konkreten Fall ‚mitgemeint' sind und sich also angesprochen fühlen sollen oder ob sie nicht gemeint, also ausgeschlossen sind. [...] Denn die maskuline Form bei paarigen Personenbezeichnungen ist keine geschlechtsneutrale Form. Der Ausdruck ‚generisches Maskulinum' ist daher sachlich unzutreffend und irreführend. Das ‚generische Maskulinum' verstößt zudem gegen das grundlegende Kommunikationsprinzip der Klarheit und Vermeidung von Mehrdeutigkeit. Schon aus diesem Grund sollte es nicht verwendet werden. Die offenkundige Benachteiligung von Frauen durch diesen Sprachgebrauch ist ein weiteres, nicht weniger wichtiges Argument gegen die Fortführung dieser Angewohnheit. [...] Zugleich ist es eine der Sollbruchstellen des geschlechtergerechten Formulierens: Es ist nicht möglich, sich geschlechtergerecht auszudrücken und zugleich das ‚generische Maskulinum' beizubehalten[48].

Es handelt sich um die seit über 40 Jahren wiederholte feministische Position, die insbesondere Schoenthal mit ihrer schlichten Verkennung und Verdrehung der Tatsachen formuliert hat:

> Die bisher praktizierten Möglichkeiten zur Personenbezeichnung sind asymmetrisch, sie bevorzugen Männer und machen Frauen unsichtbar, was manchmal falsch, häufig ungenau oder mißverständlich ist und subjektiv als diskriminierend empfunden wird. [...] Personenbezeichnungen stellen als Teilwortschatz des Deutschen eine Ausnahme dar, weil sie in der Regel nicht arbiträr sind, sondern in grammatischem und natürlichem Geschlecht übereinstimmen, von Ausnahmen wie *das Weib, das Mädchen, der Gast, die Person, das Mitglied* abgesehen[49].

---

[45] Diewald – Steinhauer: *Handbuch geschlechtergerechte Sprache*, a. a. O., S. 117.
[46] Diewald – Steinhauer: *Handbuch geschlechtergerechte Sprache*, a. a. O., S. 149.
[47] Zifonun: *Die demokratische Pflicht*, a. a. O., S. 53.
[48] Diewald – Steinhauer: *Handbuch geschlechtergerechte Sprache*, a. a. O., S. 81, 82, 83, 84, 88; vgl. Diewald – Nübling: *„Genus – Sexus – Gender"*, a. a. O., S. 10.
[49] Schoenthal: *Impulse der feministischen Linguistik*, a. a. O., S. 2065.

Bekannt ist das unterkomplexe Sprachverständnis, wonach das ‚generische Maskulinum' gegen das grundlegende Kommunikationsprinzip der Klarheit und Vermeidung von Mehrdeutigkeit verstoße – von den Prinzipien der Pragmatik und der Sprachökonomie sowie den elementaren Konversationsmaximen wie die der Relevanz und der Quantität ist nicht die Rede. Bekannt ist zweitens die unzutreffende Behauptung, dass bei paarigen Personenbezeichnungen das Maskulinum nicht als geschlechtsneutral aufgefasst wird. Bei diesem Postulat geht es nicht darum, dass im unmittelbaren Kontext eines geschlechtsspezifisch markierten Femininums (*Ministerinnen und Minister*) das entsprechende Maskulinum das Bedeutungsmerkmal ‚männlich' hat, was zutrifft und eine Trivialität wäre, sondern darum, dass fälschlich unterstellt wird, ein Maskulinum sei ausschließlich geschlechtsspezifisch, wenn dazu *überhaupt* eine feminine Ableitung existiert. Damit wäre bei rund 12.000 maskulinen Funktions-, Rollen- und Statusbezeichnungen, zu denen der Online-Duden jüngst in Konsequenz feministischen Denkens Parallelartikel für die abgeleiteten Feminina angelegt hat, überhaupt keine Verwendung als genderneutrale Maskulina möglich. Und das zu insinuieren war der Zweck dieses Vorgehens. Dem entspricht drittens die falsche Behauptung, dass das geschlechtsübergreifende Maskulinum eine bloße Gebrauchsgewohnheit oder gar „Angewohnheit" [!] sei. Das ist eine andere Formulierung für die feministische These, genderneutrale Maskulina seien allenfalls pseudogenerisch. Dass eine bloße ‚Gebrauchsgewohnheit' unter Beibehaltung der postulierten ‚männlichen' Bedeutung – „handelt es sich um eine Gebrauchskonvention dieser Formen, die deren lexikalischen Gehalt nicht ändert. Die Formen selbst werden dadurch nicht „geschlechtsneutral""[50] – in der festgestellten Breite seit 1200 Jahren funktionieren soll, ist sachlich nicht nachvollziehbar. In Wirklichkeit hat das geschlechtsübergreifende Maskulinum kein Sem ‚männlich'. Es ist deshalb keine ‚Gebrauchsgewohnheit' nach der von Stefanowitsch[51] vertretenen These, also als bloße metonymische Redefigur pars pro toto mittels eines ‚eigentlich männlichen' Substantivs, das bei passender Gelegenheit als rhetorischer Schmuck auch einmal für die gesamte Gruppe aus Frauen und Männern gebraucht wird. Es ist, wie weiter oben bereits dargelegt, systematisch lexikalisiert.

> Dasselbe gilt für die Einlassung des Dudens, das generische Maskulinum sei eine Gewohnheit im Sprachgebrauch, die man ändern könne. Im System sei es nicht verankert. Was glaubt der Duden, wo grammatische Kategorien verankert sind, wenn nicht im Sprachgebrauch? Vielleicht in einer frei erfundenen Sprachnorm, die sich der Duden, die Genderfraktion oder Bastian Sick ausgedacht hat?[52].

Zumindest als kulturelles Wissen sollte man Wittgensteins Diktum kennen, dass die Bedeutung eines Wortes sein Gebrauch in der Sprache sei. Die Konsequenz der unzutreffenden feministischen These wäre, dass ein Maskulinum ein Epikoinon sein müsste, um

---

[50] Diewald: *Geschlechtergerechte Sprache als Thema der germanistischen Linguistik*, a. a. O., S. 292–293.
[51] Stefanowitsch: *Genderkampf* (2014), a. a. O., S. 849; Stefanowitsch: *Genderkampf* (2017), a. a. O., S. 123–124.
[52] Eisenberg: *Unter dem Muff von hundert Jahren*, a. a. O.

genderneutral verwendet werden zu können, und genau das soll suggeriert werden. Diewald[53] behauptet das an anderer Stelle auch explizit.

Weitergeführt wird das Narrativ viertens mit der feministischen Standardklage, dass Frauen nicht wüssten, ob sie durch ein generisches Maskulinum ‚mitgemeint' seien oder ausgeschlossen würden. Zur Demonstration der angeblichen Unklarheit wird an anderer Stelle, aber unter Berufung auf dieses ‚Handbuch', Folgendes ausgeführt:

> Beispiel für diese durchgängige semantische bzw. referentielle Mehrdeutigkeit ist ein Satz wie (s. Diewald & Steinhauer 2020: 81–88)
>
> *In den Kitas fehlen Erzieher.*

Ohne weiteren Kontext bleibt offen, ob Erzieher ein „generisches Maskulinum" darstellen soll oder nicht. Eine Monosemierung kann durch eine entsprechende Textumgebung erfolgen. Ein möglicher Kontext, der die geschlechtsübergreifende Lesart dominant setzt, ist zum Beispiel:

> *In den Kitas fehlen Erzieher. Da sich zu wenige qualifizierte Personen bewerben, kann ein Viertel aller Stellen nicht besetzt werden.*

In anderen Kontextualisierungen hingegen erfolgt eine Monosemierung zugunsten der spezifisch männlichen Leseart. Dies ist in folgendem Beispiel der Fall:

> *In den Kitas fehlen Erzieher. Laut Statistik gibt es nur ca. 2 % Männer in diesem Berufsfeld.*

Frauen sind hier ausgeschlossen. Während also Männer mit dieser Form immer angesprochen werden, wissen Frauen – allein anhand der Form der Personenbezeichnung selbst – nie, ob sie sich angesprochen oder ausgeschlossen fühlen sollen. Sie müssen in jedem Fall (mehr oder weniger akut) damit rechnen, dass ihre Interpretation ein Missverständnis sein könnte und sie sich entweder fälschlicherweise als mitgemeint oder fälschlicherweise als ausgeschlossen verstehen[54].

Die Auslegung der drei Sätze und der abschließende Kommentar sind nicht plausibel. Vom ersten Satz, wie er in Überschriften von Zeitungsartikeln vorkommen mag, können sich alle ‚Erziehenden' angesprochen fühlen. Der zweite Satz macht unmissverständlich klar, dass alle ‚Erziehenden' gemeint sind, was der weitere Kontext auch beim ersten Satz leisten dürfte. Im dritten Satz wird *Erzieher* geschlechtsspezifisch gebraucht; auch macht das der weitere Kontext deutlich. Die Kommentierung „Frauen sind hier ausgeschlossen" ist tendenziös. Es geht hier schlicht einmal um Männer, genauso wie es in einem Satz *In den Kitas fehlen Erzieherinnen* nur um Frauen gehen würde, falls der Sprecher nicht das ‚inklusive Femininum' verwendet. Die angebliche Unsicherheit – Frauen wüssten nie, ob sie sich angesprochen oder ausgeschlossen fühlen „sollen", besteht in der Praxis nicht; hier schlägt in der Kommentierung das feministische Opfernarrativ durch (wie bei

---

[53] Diewald: *Geschlechtergerechte Sprache als Thema der germanistischen Linguistik*, a. a. O., S. 291–292.
[54] Diewald – Nübling: *„Genus – Sexus – Gender"*, a. a. O., S. 10.

Kunde). Außerdem enthält die Argumentation wie die Studie von Gygax et al. 2008 einen simplen argumentativen Trick: Erzieher in Kitas ist ein extrem gendersegregierter Beruf. Der Anteil der männlichen Erzieher beträgt 7,4 %[55]. Nachdem bereits über 40 Jahre die Movierung weiblicher Berufsbezeichnungen praktiziert wird, dürfte ein Maskulinum *Erzieher* schon deshalb als vorwiegend ‚männlich' konnotiert werden. Das Statistische Bundesamt verwendet deshalb ‚gendergerecht' das Syntagma *Personal in Kindertagesbetreuung*.

Die Auffassung, dass in Sätzen wie *Deutschland hat 83 Millionen Einwohner. Die Sylter freuen sich auf die Touristen. Die Autofahrer des Jahrgangs 1956 müssen ihren Führerschein bis 2022 umtauschen.* Frauen nicht wüssten, ob sie mitgemeint seien oder nicht, wird außerhalb feministischer Kreise bei geeigneter pragmatischer Einbindung und jenseits künstlich hergestellter Testsituationen von verständigen Sprechern nicht vertreten. Im unspezifischen Singular und vor allem im unspezifischen Plural kann es unter den genannten Voraussetzungen keine ernsthaften Zweifel hinsichtlich der Funktion geben, wie an wenigen, zufällig herausgegriffenen Kontexten gezeigt werden kann: „[...] sondern die *Besucher* sollen selbst Teil des Geschehens werden." „Zahlreiche *Aussteller* präsentierten dort ihre Produkte, [...]." „Das Inselparadies [...] begrüßt die lang ersehnten *Urlauber* mit sommerlichen Temperaturen und herzlichen Einheimischen, die die Rückkehr der *Touristen* auf der Insel kaum noch erwarten können." „Bereits im Jahr 2018 musste jeder zweite *Rentner* mit weniger als 900 Euro im Monat auskommen [...]. Vor allem *Geringverdiener* sind von der Gefahr, in die Altersarmut abzurutschen, besonders betroffen." „Denn *Wanderer* wünschen abwechslungs- und aussichtsreiche Wege"[56].

Dass es also nicht möglich sei, sich geschlechtergerecht auszudrücken und zugleich das ‚generische Maskulinum' beizubehalten („Sollbruchstelle"), was Diewald auch an anderer Stelle[57] behauptet, ist eine simple petitio principii. Es ist nicht möglich, sich mit dem genderneutralen Maskulinum geschlechtergerecht auszudrücken, weil man sich mit dem genderneutralen Maskulinum nach Auffassung der Autorinnen a priori nicht geschlechtergerecht ausdrücken kann. Das ‚Credo' und der ‚Katechismus' sind Emanationen verzerrten Denkens, wenn nicht der wissentlicher Falschbehauptung. Man müsste intellektuell sehr unzureichend ausgestattet oder in der Ideologie gefangen sein, um bei den genannten Kontexten an männliche Prototypen zu denken oder gar daran, dass nur Männer gemeint seien.

Das genderneutrale Maskulinum sollte kontextuell angemessen verwendet werden, so dass es nicht missverstanden werden kann. Seine Verwendung zu bekämpfen oder seine Existenz rundheraus abzustreiten ist unwissenschaftlich. „Es ist schlichtweg logisch falsch, aus der Möglichkeit, eine grammatische Kategorie misszuverstehen, die Einschränkung des Gebrauchs dieser Kategorie abzuleiten"[58]. Kontexte, in denen bei sachgerechter Verwendung kein Zweifel an der Beteiligung von Menschen aller Gender aufkommen kann, sind zahlreich, wie die zitierten Beispiele zeigen. Längerfristig sollte sich in der deutschen Sprachgemeinschaft wieder die Auffassung durchsetzen, dass nicht die

---

[55] Destatis. Statistisches Bundesamt: *Personal in Kindertagesbetreuung steigt 2021 um 3,2 % gegenüber Vorjahr.*
[56] *Lippe Magazin 2021*. 17. Jahrgang. Nr. 4. November 2021, S. 5, 17, 29, 37, 38.
[57] Diewald: *Mitgemeint, aber ausgeschlossen*, a. a. O.
[58] Hackstein: *Dürfen staatliche Institutionen die Grammatik verändern?*, a. a. O.

genderneutralen Maskulina geschlechterungerecht sind, sondern dass das Gender Splitting diskriminierend ist, weil Gleiche(s) wie im Niederländischen, Englischen, Dänischen, Schwedischen, Norwegischen und Isländischen morphologisch gleich benannt werden sollte(n), nicht ungleich. Das setzt freilich voraus, dass die ideologische Aufladung der Akzidenz einer grammatischen Kategorie beendet wird.

12. 3 Medien und Wissenschaft

Die kognitionspsychologisch bedingte Schwierigkeit, ein Maskulinum vor allem im Singular aufgrund des praktisch zwangsläufigen genusinduzierten Assoziationspotentials als geschlechtsübergreifend zu erkennen, wurde kontrafaktisch zum Existenzproblem umgedeutet. Mit einer anmaßenden sozialpädagogischen Attitüde wird daraus gefolgert, die ‚sprachwissenschaftlichen Laien' seien selbst nicht in genügendem Maße in der Lage zu erkennen, ob sich eine maskuline Bezeichnung nur auf Männer oder aber alle Geschlechter beziehe. Deshalb müsse man sie stets mit ‚Sichtbarkeits'-Strategien auf die Anwesenheit von Frauen unter den bezeichneten Akteuren hinweisen, statt das Erkennen dieses Umstandes den durch tatsächliche Entwicklungen in der Gesellschaft vermittelten kognitiven Stereotypen und vor allem der Intelligenz der Rezipienten zu überlassen. Wie das Kapitel 14 über die Immunisierungsstrategien der feministischen Linguistik zeigen wird, hat diese Geringschätzung der ‚sprachwissenschaftlichen Laien' spezifische Gründe.

Die skizzierte Entwicklung wird manifest in den sich als fortschrittlich verstehenden Medien, deren Sprachgebrauch allerdings teilweise durch Anweisungen der Chefredaktion oder des Intendanten bestimmt wird, die sich Journalisten zu eigen machen oder denen sie durch sozialpsychologischen Druck zu eigen gemacht werden. Ohnehin wird durch neuere und neueste Bestrebungen die Auffassung gestützt, dass gerade Journalisten „are the driving force in moves to non-sexist language"[59]. „Es ist der journalistische Nachwuchs, der geschlechtergerechte Sprache im Praktikum und Volontariat und als junge Redakteurinnen und Redakteure in die Medienhäuser trägt"[60], heißt es frohgemut. Das Lebensalter als Pseudoargument wird im weiteren Verlauf dieser Studie noch eine größere Rolle spielen. Man darf vermuten, dass bei diesem Personenkreis die positive Absicht, zur Gerechtigkeit in der Gesellschaft beizutragen, nicht von ausreichender Sachkenntnis in sprachwissenschaftlichen Dingen begleitet wird. Außerdem dürfte sich aus Zeitgründen die Vorbereitung auf das Thema, wenn überhaupt, auf eine kursorische Lektüre beschränken, möglicherweise eines in sich selbst widersprüchlichen Handbuchs. Darauf deuten zumindest diesbezügliche Hörfunksendungen hin, soweit sie dem Verfasser bekannt sind. Diese gelangen gerade unter Mitwirkung eingeladener Expertinnen und Experten, die sich teilweise als Aktivistinnen und Aktivisten der feministischen Linguistik erweisen, über das Schlagwortniveau nicht hinaus. Methodisch hochproblematische psy-

---

[59] Janet Holmes: *A corpus-based view of gender in New Zealand English*, in: *Gender Across Languages. The linguistic representation of women and men*. Volume I. Ed. by Marlis Hellinger, Hadumod Bußmann, Amsterdam/Philadelphia 2001 (Impact: Studies in language and society 9), S. 115–136, hier S. 123.
[60] Christine Olderdissen, zitiert bei Lobin: *Sprachkampf*, a. a. O., S. 65.

chologische Assoziationstests lassen sich auch im Fernsehen nicht im Eiltempo in wenigen Minuten sachgerecht darstellen. Statt Information entsteht eine dramatisierend und moralisierend vorgetragene tendenziöse Überzeugungsprosa, wenn sich Redakteure, Moderatoren und Journalisten als Angehörige einer dem gesellschaftlichen Fortschritt verpflichteten intellektuellen Elite verstehen. „Man ist aber als Mitglied einer bestimmten Gruppe nicht frei von einem gewissen direkten oder indirekten sozialen Druck, diese oder jene Einstellung oder Haltung zu vertreten"[61]. 2023 ist ein prototypischer Vertreter dieser Gruppe, der aus Überzeugung sogar in privaten Mails Asteriskableitungen verwendet, zur Figur eines Romans geworden[62], in dem aktuelle politisch-ideologische Entwicklungen, wie sie Ulrike Ackermann[63] schildert, aufgegriffen werden. Schon 1995 schreibt Gorny, sogar aus feministischer Perspektive: „Allerdings entsteht oft der Eindruck, daß Journalisten und Journalistinnen Sprachkritik als ein ‚Amt' verstehen, das ihnen schon deshalb zusteht, weil sie sich aufgrund ihres beruflichen Umgangs mit der Sprache für kompetent in sprachtheoretischen Fragen halten"[64]. Diese Bemerkung bezieht sich allerdings auf die Pressekampagne gegen die Rechtschreibreform.

Ob die von einer Befürworterin der Gendersprache vorgebrachte Klage, viele Medienhäuser seien „besessen" davon, Pro-und-Contra-Diskussionen zum Thema Gendern zu führen, plausibel ist, fragt sich, wenn als Begründung angegeben wird, sie hätten selten einen Mehrwert, da sie in ihrer Zuspitzung so starr und binär blieben wie „unsere momentane Geschlechterhierarchie"[65], was sicher ein Zerrbild ist. Bei diesbezüglichen Auseinandersetzungen in sozialen Medien und der medialen Öffentlichkeit ist im Sinne der von Kotthoff beschriebenen aggressiven Identitätsbildung mittels Sprachideologien zudem schnell von der ‚Sprache alter weißer Männer' die Rede.

> Ich würde diesen Artikel übrigens gerne anfangen, ohne mehrmals auf mein Geschlecht zu verweisen, das geht keinen etwas an. Ich würde ihn gerne mit rationalen Argumenten gegen das Gendern anfangen. Täte ich das aber, würde ich sofort als Anti-Feminist gelesen werden und diejenigen, für die ich das schreibe, die guten, aufgeklärten Gerechtigkeitsliebenden, würden aufhören zu lesen. Weiterlesen würden nur diejenigen, die sowieso gegen das Gendern sind, das bedeutet in Deutschland in der Regel: piefige Konservative von Welt. Die lautstarken Argumente gegen das Gendern kommen meistens von den berüchtigten alten, weißen Männern, die sich die Erfahrung von marginalisierten Menschen nicht mal vorstellen können. Solche Argumente werden von den Verteidigern des Genderns schon deswegen nicht ernstgenommen, weil den Machern solcher Argumente die entscheidenden Erfahrungen des Marginalisiertwerdens fehlen[66].

Romantisierend äußert sich Kunkel-Razum:

> Beim Gendern hat das meiner Meinung nach auch etwas mit Macht zu tun. Anders kann ich mir das nicht erklären. Die Briefe, die ich erhalte, bedienen wirklich jedes Klischee. Sie

---

61 Oksaar: *Berufsbezeichnungen im heutigen Deutsch*, a. a. O., S. 104.
62 Zeh – Urban: *Zwischen Welten*, a. a. O.
63 Ackermann: *Die neue Schweigespirale*, a. a. O.
64 Gorny: *Feministische Sprachkritik*, a. a. O., S. 558.
65 Wizorek: *Gender-Kampfplatz*, a. a. O., S. 5.
66 Pollatschek: *Deutschland ist besessen von Genitalien*, a. a. O.

kommen überwiegend von älteren Männern. Bei mir landen zurückgeschickte Duden-Bände, uralte Auflagen. In den Briefen wird gedroht: „Ich kaufe nie wieder einen Duden." Das ist vergleichbar mit einer Liebe, die schmerzhaft zu Ende geht[67].

Die ‚alten weißen Männer' sind eine Projektion, ein Schibboleth für all das, was der Meinung von Vertretern anderer Auffassungen widerspricht, und haben mit der Realität wenig zu tun[68]. Es ist ein feministisches Narrativ[69]. Zuschreibungen dieser Art sind wie das ‚Ruheständler'-Narrativ (dazu weiter unten) Zeichen ideologischer Auseinandersetzung, nachdem Argumente in der Sache fehlen. Und es fragt sich, weshalb von Leuten, die sich für die Geschlechtergerechtigkeit einsetzen, ein Stereotyp aufgebaut wird, das drei Diskriminierungen auf einmal enthält, eine ageistische, eine rassistische und eine sexistische.

Beim Radiosender ‚Deutschlandfunk' wird eine maskuline Form für „männlich" gehalten und die geschlechtergerechte Sprache für „selbstverständlich"[70], eine Ansicht über ‚faires' Sprechen, die sich auch im vom Intendanten herausgegebenen Leitfaden ‚Geschlechtergerechte Sprache'[71] dieses Senders spiegelt: „Sprache beeinflusst maßgeblich, welches Bild von der Welt wir vermitteln. Und Sprache verändert sich, sie greift gesellschaftliche Veränderungen auf und prägt sie zugleich." Dementsprechend sei, was „kreative Lösungen" betrifft, *alle sind eingeladen* „fair" und *jeder ist eingeladen* nicht, also unfair. *Viele wundern sich* ist fair, *man wundert sich* ist nicht fair. *Die Teilnahme am Seminar berechtigt zu* ist fair, *die Teilnehmer des Seminars sind berechtigt* ist unfair. *Niemand* ist fair, *keiner* ist unfair. *Viele Ärztinnen in Deutschland klagen über zu lange Arbeitszeiten. Und den Pflegern geht es nicht besser* ist fair, *Ärzte und Pfleger* ist unfair. Hinsichtlich der „Paarform (extern)" ist *Mitarbeiterin und Mitarbeiter, Redakteurin und Redakteur* fair, *Mitarbeiter, Redakteur* unfair. Bei der „Paarform kurz (extern, wenn nötig)" ist *Autor/in* fair, *Autor* unfair. Bei den „‚Sparschreibungen' (Duden), die das BVerfG-Urteil [...] berücksichtigen", ist *Kolleg*innen* fair, *Kollegen, der/die Kolleg/in, KollegIn, Kolleg(inn)en, Mitarbeiter (m/w/div.)* nicht. Falls „nicht anders möglich", sei die „vollständige Paarform" *Kolleginnen und Kollegen* fair. Beidnennungen (*Rentnerinnen und Rentner*) bzw. Partizipialsubstantive (*die Demonstrierenden*) werden dementsprechend beim Deutschlandradio zunehmend Standard. Selbst Anglizismen werden gegendert (*Newcomerinnen und Newcomer*), wie etwa auch beim WDR 5 (*Gamerinnen und Gamer, Userinnen und User*) und dem Fernsehsender NDR 3 (*Tunerinnen und Tuner*). Das hängt mit dem seit Längerem beobachteten Aufbrechen der Nichtgenderbarkeit bei

---

[67] Kunkel-Razum in Schierack: *Duden-Chefin*, a. a. O.
[68] Dörte Stein: *Symbolkämpfe in der Sackgasse*, in: taz, 03.07.2021: „Die Gegner des Genderns sollen vorwiegend männliche, konservative Privilegierte sein. Im Umkehrschluss müssten die Befürworter tendenziell weiblich oder divers, progressiv und unterprivilegiert sein. Zumindest Letzteres ist unwahrscheinlich. Immerhin sind sie in der Lage, maskuline Substantive durch Synonyme oder Partizipien zu ersetzen und sich einen Sprachduktus mit hörbarer Gendersensibilität anzutrainieren. Gendern kostet Zeit und Hirnschmalz. Demnach scheinen gendernde Menschen hochgebildet und unterbeschäftigt zu sein, also durchaus privilegiert."
[69] Payr: *Streit ums Gendern*, a. a. O.
[70] Deutschlandfunk: *Geschlechtergerechte Sprache in den Nachrichten*, 01.06.2020. Vgl. Kotthoff: *Gender-Sternchen*, a. a. O., S. 108, Anm. 7.
[71] Deutschlandradio: *Geschlechtergerechte Sprache im Deutschlandradio*. Stand Februar 2019.

englischen Lehnwörtern auf -er[72] zusammen (*Babysitterin, Cutterin*[73], *Designerin, Managerin, Teenagerin, Trainerin*[74]). Es sind aber nicht nur diese betroffen[75]. In der Konsequenz verringert das die Chance, die sprachökonomischen Vorteile von Epikoina nutzen zu können. Komposita wie *Expert*innenrat* sind en marche zum idiosynkratischen Standard eines medialen Soziolekts. Dabei ist zu beobachten, dass das Determinans als solches und als selbständiges Wort entsprechend sprachwandeltheoretisch begründeten Erwartungen zunehmend ohne Gendergap und Glottisverschluss gesprochen wird, also als ‚inklusives Femininum' *Expertinnen*. Im WDR 5 ist im Zusammenhang der Energiepreiskrise am 27.08.2022 von *Rentnerinnen und Studierenden* die Rede. Am 23.01.2023 werden dort die Angehörigen der Unterstützerszene eines Motorrad- und Rockerclubs auf Mallorca *Helferinnen* genannt. Da die movierte feminine Form entsprechend ihrem systematischen Zweck in Laborsituationen und von verständigen Sprechern ausschließlich spezifisch gelesen wird, mutet man den Hörern mit dem ‚inklusiven Femininum' eine Sprachform zu, deren Verständnis eine weitaus größere Abstraktionsleistung erfordert als das genderneutrale Maskulinum. Sie müssen von der semantisch unzutreffenden Ableitung abstrahieren, indem sie diese Sprachform zugleich als Bestandteil eines sprachideologischen Stils erkennen.

> Mit einem Wort wie *Teilnehmerin* sollen sich danach Menschen jeglichen Geschlechts angesprochen fühlen. Allerdings verliert ein solches Wort dann auch für Befürworter des Genderns nicht seine eigentliche, nämliche die geschlechtsspezifische Bedeutung, wodurch solche Wörter dann natürlich mehrdeutig werden. Dies scheint aber im Genderdiskurs nicht zu stören; Mehrdeutigkeit scheint nur in Bezug auf generische (movierbare) Maskulina als Problem zu gelten[76].

Selbst Sprichwörter sind vor sozialpädagogischer Vergenderung nicht mehr sicher[77], was bereits Schoenthal für Phraseologismen empfiehlt (*ihre Frau stehen, die Starke ist am mächtigsten allein*)[78]. Sprachwandeltheoretisch ist zu erwarten, dass der Gebrauch des ‚inklusiven' movierten Femininums schließlich die Funktion des movierten Femininums als *spezifische* Bezeichnung von Frauen beschädigen wird. Ein Zitat von Veronica Ferres könnte das belegen: „Es gibt keinen Grund, warum weibliche Schauspielerinnen [!] weniger bezahlt werden, obwohl sie den gleichen Background oder Lebenslauf wie die Männer haben"[79]. Da sich der identische Text in der Printausgabe („Ferres hadert mit männlichen Strukturen") wie in der Onlineausgabe findet, ist dieses sprachliche Eigentor entweder so gewollt oder der Aufmerksamkeit entgangen; beides spricht für sich. Die nächste Stufe, um das Ganze ironisch weiterzuführen, wird dann wohl der Einzug des

---

[72] Kopf: Ist Sharon Manager?, a. a. O.
[73] Oksaar: *Berufsbezeichnungen im heutigen Deutsch*, a. a. O., S. 84.
[74] Vgl. Hoberg: *Grammatik des Deutschen*, a. a. O., S. 110.
[75] *Location Scoutin* in ‚Rund um den Michel' im NDR 3 am 28.08.2022, obwohl die bezeichnete Person natürlich zu sehen war und sich selbst als *Scout* bezeichnete.
[76] Neef: *Der sogenannte ‚geschlechtergerechte Sprachgebrauch'*, a. a. O., S. 3.
[77] „Übung macht die Meisterin/den Meister" im WDR 5, 29.11.2022.
[78] Schoenthal: *Impulse der feministischen Linguistik*, a. a. O., S. 2082.
[79] *Ferres fordert gleiches Gehalt für Frauen in Filmbranche*, in: *Westfälische Nachrichten*, 12.03.2022.

geschlechtsübergreifenden movierten Femininums in den Singular sein. Die Zukunft gehört so gesehen der *männlichen Schauspielerin* und der *weiblichen Schauspielerin*. Die nichtattribuierte Variante *Schauspielerin* wird in der Folge wohl zur ‚generischen' werden. Und die Zeit könnte nicht fern sein, in der die ersten Klagen über das ‚generische Femininum' zu hören sind, in dem die Frauen ‚verschwänden', weil sie ja nur ‚mitgemeint' seien. Und irgendwann wird ein Assoziationstest den Ausdruck *Schauspielerin* als ‚männlich' entlarven. Zu allem Überfluss ist der beschriebene sprachliche Lapsus in Form einer Tautologie nicht einmal etwas singulär Neues, sondern wurde bereits von Harnisch anhand der Schlagzeile *Weiberwirtschaft – Erfolgsgeschichten weiblicher Unternehmerinnen* dokumentiert[80] sowie schon von Oksaar erwähnt (*den weiblichen Bewerberinnen wird eine reale Chance gegeben* [Frkft. Hefte 21, 1966, S. 160])[81]. Seinerzeit war so etwas schlicht eine sprachliche Fehlleistung, bevor es aus feministischer Sicht als erwünschter frauenpolitisch motivierter Pleonasmus (*weibliche Linguistinnen*) gewertet werden konnte[82].

Das Nachrichtenmagazin ‚Der Spiegel' formuliert Anfang 2020 seine sprachlichen Grundsätze um: „Das generische Maskulinum soll nicht mehr Standard sein." Im Oktober 2020 erklärt die Redaktion der Tageszeitung ‚Frankfurter Rundschau': „Das generische Maskulinum wird in der FR kein Standard mehr sein."[83] Im Juni 2021 vereinbaren acht der größten deutschsprachigen Nachrichtenagenturen (AFP, APA, dpa, epd, Keystone-sda, KNA, Reuters und SID) ein gemeinsames Vorgehen, „um diskriminierungssensibler zu schreiben und zu sprechen. Das generische Maskulinum wird in kompakter Nachrichtensprache noch vielfach verwendet, soll aber schrittweise zurückgedrängt werden. [...]"[84]. Das dazu aufgeführte und hier ohne Korrektur in seiner sprachwissenschaftlich teilweise falschen Klassifizierung dokumentierte Instrumentarium[85] stimmt im Wesentlichen mit dem von Diewald und Steinhauer 2020 überein:

Doppelformen/Paarformen: Schülerinnen und Schüler.
Geschlechtsneutrale Pluralformen: die Feuerwehrleute, die Angestellten, die Pflegekräfte, die Fachkräfte, die Lehrkräfte.
Substantivierte Partizipien: die Studierenden.
Sache statt Person: das Fachgremium, die Redaktion, die Teilnahmeliste.
Neutrale Funktionsbezeichnung: Vorsitz, Leitung, Personal, Personalvertretung, Direktion, Team, Belegschaft.

---

[80] Harnisch: *Sprachregime gegen Sprachsystem*, a. a. O., S. 12. Zum Phänomen s. Rüdiger Harnisch: *Von weiblichen Leserinnen und Frauenskispringerinnen. Tautologische Syntagmen auf dem Weg zu festen Konstruktionen*, in: Anja Binanzer – Jana Gamper – Verena Wecker (Hg.): *Prototypen – Schemata – Konstruktionen. Untersuchungen zur deutschen Morphologie und Syntax*, Berlin/Boston 2021 (Reihe Germanistische Linguistik 325), S. 13–30.
[81] Oksaar: *Berufsbezeichnungen im heutigen Deutsch*, a. a. O., S. 79.
[82] Schoenthal: *Impulse der feministischen Linguistik*, a. a. O., S. 2070.
[83] *Geschlechtergerechte Sprache*, in: *Wikipedia*.
[84] Deutsche Presse-Agentur: *Nachrichtenagenturen wollen diskriminierungssensibler berichten*, 2021.
[85] Ebd.

> Syntaktische Lösungen: Wer raucht, hat eine kürzere Lebenserwartung. (Statt: Raucher haben eine kürzere Lebenserwartung.) Alle, die dieses Programm nutzen (statt: alle Nutzer dieses Programms).
> Plural statt Singular: alle, die… (statt: jeder, der…).
> Umschreibung mit Infinitiv: Der Antrag ist vollständig auszufüllen. (Statt: Der Antragsteller muss das Formular vollständig ausfüllen.)
> Partizip Perfekt: herausgegeben/betreut von (statt: Herausgeber/Betreuer).
> Adjektiv statt Substantiv: der ärztliche Rat (statt: der Rat des Arztes).

In einem von der dpa übernommenen Nachrichtentext heißt es im Zusammenhang der Nachfrage nach dem 49-Euro-Ticket: „Der Verband Deutscher Verkehrsunternehmen geht von rund 5,6 Millionen neuen Kundinnen und Kunden aus. Elf Millionen Bestands-Abo-Kunden werden der Prognose zufolge auf das Deutschlandticket wechseln"[86]. Hier zeigt sich im Prinzip, was in der gegenwärtigen Pressesprache in Bezug auf das genderneutrale Maskulinum unternommen wird. Zu bemerken ist erstens ein kontextuell sinnloser, aber feministisch erwünschter Pleonasmus mit der honorativen Beidnennung *Kundinnen und Kunden* bei implizitem, politisch gefordertem „Zurückdrängen" des genderneutralen Maskulinums auf der Grundlage eines sprachlichen Baukastens. Damit verbunden ist zweitens das sich im nächsten Satz zeigende ‚flexible Gendern' (siehe weiter oben, Kapitel 5). Hier wird ein im Zusammenhang feministischer Sprachpraxis eigentlich logisch unmögliches genderneutrales Maskulinum *Bestands-Abo-Kunden* gerade verwendet. Im Bereich der Medien wird demnach mittels der zur ‚geschlechtergerechten Sprache' und zum ‚Instrument der Gleichstellung' hochstilisierten feministischen Sprachmanipulation am Sprachgebrauch der Mehrheit der Bevölkerung vorbei formuliert. Die meisten verwandten Sprachen, nicht zuletzt die lingua franca der Welt, Englisch, zeigen, dass dort Gendern gerade als Diskriminierung oder wie im Isländischen als lächerlich aufgefasst wird.

> Als deutsche Zeitschriften anfingen, anstatt von *Schauspielern* von *Schauspielern und Schauspielerinnen*, *Schauspielenden*, *SchauspielerInnen*, *Schauspieler_innen* und *Schauspieler*innen* zu schreiben, beschloss der „Guardian" – die englische Zeitung der progressiven feministischen Linken – nur noch das Wort *actor* zuzulassen und *actress* zu streichen. In ihren Stilrichtlinien erklären sie bis heute, sowie es viele andere Publikationen tun, dass *actress*, genau wie *authoress*, *comedienne*, *manageress*, *lady doctor*, *male nurse* und ähnliche Termini, aus einer Zeit kommt, in der Berufe größtenteils einem einzigen Geschlecht offenstanden (meistens dem männlichen). Und dass diese gegenderten Berufsbezeichnungen heute, wo die Berufe allen Geschlechtern offenstehen, nicht mehr verwendet werden sollten[87].

Das zeigt, in welchem Ausmaß eine wohlmeinende, aber intellektuell offenbar hilflose Öffentlichkeit Sprachideologien ausgeliefert ist. Betroffen sind gerade Redakteure von Zeitungen und Zeitschriften sowie Agenturen, die jeden Tag mit Nachrichten in der Weltsprache Englisch zu tun haben, in der niemand morphologisch gendert. Und das nicht,

---

[86] *Ansturm auf das 49-Euro-Ticket*, in: *Westfälische Nachrichten*, 11.04.2023, S. 1.
[87] Pollatschek: *They: Gendern auf Englisch*, a. a. O., S. 8; vgl. Pollatschek: *Deutschland ist besessen von Genitalien*, a. a. O.

weil das Englische keine Genussprache ist[88]. Sie vor allem müssten bemerken, dass die Gendersprache ein Sprachprovinzialismus ist. „Gender-inclusive wording can also be achieved by avoiding gender-marked terms for female referents, especially derivations ending in -*ess* or -*ette*"[89].

Das Ausmaß der Entwicklung in den deutschen Medien hat ab 2022 inzwischen 650 Unterzeichner mit einem abgeschlossenen sprach- oder literaturwissenschaftlichen Hochschulstudium und mehr als 2400 Unterzeichner ohne ein solches Studium (Stand vom 25.04.2023) dazu veranlasst, einem Aufruf gegen die Genderpraxis des öffentlich-rechtlichen Rundfunks[90] beizutreten. Die Begründung dieses Aufrufs befindet sich im Einklang mit dem in der vorliegenden Studie Ausgeführten. Überdies wird klargestellt:

> Das Bemühen um Geschlechtergerechtigkeit auch im Sprachgebrauch ist ebenso legitim wie begrüßenswert und kann nicht pauschal als "ideologisch" qualifiziert werden. Dennoch haben ideologische Strömungen im Feminismus und auch die Identitätspolitik ganz maßgeblich die Entwicklung der Gendersprache geprägt und dominieren die auch mit moralischen Argumenten geführten Debatten heute noch. Vorwiegend aus diesem Grund werden aktuelle Diskussionen selten auf sprachpragmatischer, kommunikationstheoretischer oder sprachwissenschaftlicher Basis geführt, wie von diesem Aufruf gefordert. Eine sachliche Diskussion über die Zweckmäßigkeit der vorgeschlagenen Sprachmodifikationen im Interesse der Geschlechtergerechtigkeit wird so verhindert.

Unterzeichner sind unter anderem Martin Neef, Gisela Zifonun, Peter Eisenberg, Heide Wegener, Helmut Weiß, Helmut Glück, Josef Bayer, Rüdiger Harnisch, Manfred Krifka, Gerhard Stickel, Manfred Bierwisch, Wolf Peter Klein, Dietmar Zaefferer, Wolfgang Sternefeld, Peter Suchsland, Christoph Schwarze, Hans Jürgen Heringer, Jan Wirrer, Hans-Joachim Solms, Wilfried Kürschner, Armin Burkhardt, Peter O. Müller, Horst Haider Munske, Hermann Niebaum, Christine Römer, Heinrich J. Dingeldein, Hubert Haider, Harro Stammerjohann, Werner Zillig, Rainer Schlösser, Joachim Grzega, Rainer Wimmer, Pierre Hessmann, Hartmut Günther, Ernest W. B. Hess-Lüttich, Dagmar Bittner, Udo Hahn, Elisabeth Heidenreich, Klaus-Peter Wegera, Dieter Cherubim, Susan Olsen, Kurt Braunmüller, Kurt Gärtner, Eckehard Czucka, Sebastian Seyferth, Markus Egg, Gundolf Keil, um nur einige Fachvertreter in der Reihenfolge ihres Unterzeichnens zu nennen, die dem Verfasser persönlich oder im Hinblick auf ihr wissenschaftliches Werk bekannt sind.

Zumindest das ZDF, dessen hausinterner Ratgeber für „moderne Sprache"[91] sich auf dem gleichen Niveau der geschraubten Vermeidung genderneutraler Maskulina[92] bewegt

---

[88] Lind – Nübling: *Sprache und Bewusstsein*, a. a. O., S. 40, Anm. 22.
[89] Hellinger: *English – Gender in a global language*, a. a. O., S. 109. Sc. ‚Eine geschlechtsneutrale Formulierung kann auch dadurch erreicht werden, dass geschlechtsmarkierte Begriffe für weibliche Referenten vermieden werden, insbesondere Ableitungen, die auf -*ess* oder -*ette* enden'.
[90] *Aufruf: Wissenschaftler kritisieren Genderpraxis des ÖRR*.
[91] Markus Schächter: *Tipps für eine moderne Sprache im ZDF*.
[92] Unter anderem folgende Ratschläge: Oder Sie bilden den Satz mal um: Verb statt Substantiv: Fair • teilgenommen haben. Statt • Teilnehmer. Fair • es referieren. Statt • Referenten. Fair • vertreten durch. Statt • Vertreter. Fair • herausgegeben von. Statt • Herausgeber. Noch mehr Möglichkeiten: Plural von Adjektiven und Partizipien: Fair • die Festangestellten, die Freien.

wie der des Deutschlandradios und auch teilweise die gleichen Beispiele nennt, zeigt sich von diesem Aufruf im Sinne des Beharrens auf eigenen Ansichten unbeeindruckt:

> Der Fernsehbeirat des ZDF hat dem Initiator des Aufrufs, Fabian Payr, Verfasser des Buches „Von Menschen und Mensch*innen: 20 gute Gründe, mit dem Gendern aufzuhören", Anfang August mitgeteilt, „dass bei Verwendung des Glottisschlags/Sprechpause bzw. Gendersterns/Gendergaps kein Verstoß gegen Programmrichtlinien vorliegt". Auf die wissenschaftlichen Argumente ging das Gremium nicht ein: „Maßstab können ausschließlich die für das ZDF geltenden Richtlinien sein, keine Aufrufe oder Appelle, seien sie auch von namhaften Wissenschaftlern"[93].

Das Verhalten erstaunt keineswegs und zeigt, dass es bei der ‚geschlechtergerechten Sprache' längst um ein ideologisch-gesellschaftspolitisches Paradigma geht, dass als solches einer wissenschaftlichen Begründung nicht mehr bedarf und folglich gegen wissenschaftliche Kritik immunisiert ist[94]. Es ist diese Haltung, mit der sich journalistische Medien, öffentliche und private, zum Erziehungsberechtigten der Bevölkerung in Sachen Sprache aufschwingen, die nicht zuletzt zur Schärfe der öffentlichen Auseinandersetzung über das Gendern beiträgt: „Dass die Diskussion beispielsweise in den öffentlich-rechtlichen Sendern gerade nicht mehr geführt, sondern die ganze Sache einfach vollzogen wird, bringt das Blut in Wallung, sobald ein Radio- oder Fernsehredakteur oder eine -redakteurin die Hörer ungebeten mit einem stockenden „-Innen" konfrontiert"[95].

Der Gebrauch der ‚geschlechtergerechten' Sprache treibt ohnehin beim ZDF mittlerweile seltsame Blüten:

> Als im Sommer 2021 nach dem überstürzten Abzug der Amerikaner und Europäer aus Afghanistan die Taliban in Windeseile wieder die Macht übernahmen, zeigte die heute-Redaktion des ZDF auf einem Instagram-Tweet ein Video (17. 8. 2021) mit einem schwer bewaffneten Kämpfer. Eingeblendet wurde die Textzeile: „Die Islamist*innen ziehen in immer mehr afghanische Städte ein". Dass diese ultraradikalen Islamisten Frauen verach-

---

Statt • festangestellte Mitarbeiter, freie Mitarbeiter. Fair • die Teilnehmenden. Statt • die Teilnehmer. Neutral geschrieben und gesprochen: Fair • Teilnahmegebühr. Statt • Teilnehmergebühr. Fair • In Kooperation/Medienpartnerschaft mit. S[t]att • Kooperationspartner/Medienpartner. Direkte Rede macht's oft einfacher: Fair • Bitte beachten Sie, wenn Sie das Studio betreten. Statt • Die Moderatorin oder der Moderator, die oder der das Studio nutzen.

[93] Matthias Heine: „Das verrät ein erstaunliches Maß an Ignoranz", in: Welt, 19.08.2022.
[94] Payr: Streit ums Gendern, a. a. O.: „So ließen ZDF und ARD im Sommer dieses Jahres einen Aufruf von über 300 Sprachexperten, die die Sender zu einer kritischen Auseinandersetzung mit ihrer Genderpraxis aufforderten, entspannt an sich abperlen. Die Wissenschaftler hatten zwar etliche Argumente aufgeführt, die strahlende Story der ebenso fortschrittlichen wie diversitätssensiblen Sender, die ihre ‚Zuschauenden' diskriminierungsfrei und wertschätzend ansprechen und in ihrer Sprache alle Geschlechter sichtbar machen möchten, lässt ihnen eine Auseinandersetzung mit Argumenten hinfällig erscheinen. Vielleicht hätte man den Unterzeichnern des Aufrufs raten sollen, sich mit ihren Thesen an der Eingangstür des ZDF festzukleben. Das wäre zumindest eine gute Story gewesen."
[95] Kusicke: Gendern diskriminiert, a. a. O.

ten, sie zur Burka zwingen, aus der Öffentlichkeit vertreiben und steinigen, schien der Redaktion nicht präsent zu sein.[96]

An der Schnittstelle zwischen Journalismus und Wissenschaft angesiedelt ist die Stellungnahme einer Vertreterin der Genderlinguistik zu Unterzeichnern und Inhalt des Aufrufs gegen die Genderpraxis des ÖRR[97], die umgehend eine Gegendarstellung und Richtigstellung einiger der beteiligten Wissenschaftler nach sich zog[98]. Die Ausführungen bieten in der Sache nichts Neues, sondern führen Altbekanntes wie ein Narrativ Puschs[99] an. Die ersten Unterzeichner werden auf der persönlichen Ebene qua wissenschaftlicher Kompetenz und Lebensalter zu desavouieren versucht und das Ganze gipfelt in der absurden Behauptung „Verbote gehen allerdings am stärksten von denjenigen aus, die eine Abkehr von genderbewusster Sprache fordern". Deshalb sei die Beschäftigung damit und der genannten Gegendarstellung jedem Leser selbst überlassen. Es handelt sich argumentationstaktisch eher um eine Spielart des multimodalen Verbreitens von Desinformation[100], die so in der Wissenschaft bislang nicht bekannt war.

Im wissenschaftlichen Kontext vermutet man mehr Einsicht als im journalistischen. Doch beredte Beispiele sprechen dagegen. Im Style Sheet einer linguistischen Fachzeitschrift wird gefordert, der Artikel solle in gendergerechter Sprache verfasst werden; die ‚Beitragenden' entschieden selbst, in welcher Form das geschehe. Dass einem in der Sprachwissenschaft jenseits der zu verwendenden Sprache (Muttersprache oder Englisch) Vorschriften über die sprachliche Form gemacht werden, in der ein Beitrag einzureichen ist, scheint für die betreffende Redaktion selbstverständlich zu sein. Die Publizistin Liane Bednarz befindet sich hinter den Zeitläuften, wenn sie im ‚Spiegel' schreibt: „Solange niemand Vorgaben erhält, Gendersprache zu benutzen [sic!], gibt es kein Problem. Es ist daher albern, [...] von ‚moralischem Druck', ‚modischem Zeitgeist', ‚Opportunismus', ‚Sprachmanipulation' und ‚Sieg der politischen Ideologie' zu reden"[101]. Dass der Dudenverlag bereits in zweiter Auflage ein ‚Handbuch' publiziert, das diejenigen als Ratgeber in der tagtäglichen Praxis unterstützen soll, „die in Schulen, Universitäten und Behörden aufgrund entsprechender Erlasse [!] konkret mit der Aufgabe konfrontiert sind, Texte in geschlechtergerechter Sprache zu verfassen"[102], ist ihr entgangen. Es handelt sich um halbstaatliche Sprachregelungen. Diese, so Glück[103], liegen vor, wenn Gleichstellungsbüros in Universitäten, Behörden usw. von ihren vorgesetzten Instanzen dazu ermächtigt werden, für ihren Wirkungsbereich Empfehlungen zu verbreiten, die den Charakter von Vorschriften haben.

---

[96] Ackermann: *Die neue Schweigespirale*, a. a. O., S. 143.
[97] Novina Göhlsdorf: *„Wir schütteln nur den Kopf darüber"*, in: *FAZ.net*, 08.08.2022.
[98] Heine: *„Das verrät ein erstaunliches Maß an Ignoranz"*, a. a. O.
[99] Payr: *Streit ums Gendern*, a. a. O.; Helmut Klemm: *Die Legende von den 99 ausgelöschten Frauen*, in: *Welt*, 12.12.2022.
[100] Vgl. Jörg Meibauer: *Konzepte des Lügens*, in: *Zeitschrift für Sprachwissenschaft* 34 (2015), S. 175–212, hier S. 202–205.
[101] Lobin: *Sprachkampf*, a. a. O., S. 65.
[102] Lobin: *Sprachkampf*, a. a. O., S. 50.
[103] Glück: *Das Partizip I im Deutschen*, a. a. O., S. 54.

In Extremfällen werden Studenten, die sich dem Gender-Kauderwelsch verschließen, schon jetzt mit Minderbewertung ihrer Qualifikationsarbeiten bedroht. An Universitäten, in Amtsstuben, Behörden, Unternehmen, Stiftungen und vor allem in den Medien wird inzwischen massiv Druck ausgeübt, sich dem genderpolizeilichen Terror – ja, kein milderer Ausdruck wäre hier angemessen – zu unterwerfen. Die Duckmäuser schimpfen wohl heimlich, aber beugen sich willig dem Diktat. In Zürich musste sich die Gemeinderätin Susanne Brunner gerichtlich (!) die Berechtigung erstreiten, offiziell weiterhin von *Anwohnern* anstatt von *Anwohnerinnen und Anwohnern* sprechen und schreiben zu dürfen. Wenn hier kein Sprachterror zu verorten ist, wo dann?[104]

Zwar haben laut einer Umfrage der Wochenzeitung ‚Die Zeit' nur drei deutsche Hochschulen Richtlinien zur ‚geschlechtergerechten' Sprache in Klausuren und Hausarbeiten, das heißt, dort wird sie gefordert, 129 nicht. Allerdings hat die große Mehrheit der Hochschulen ohne offizielle Richtlinien für Prüfungen zumindest „Empfehlungen oder Leitlinien zu geschlechtergerechter Sprache, die teils vom Rektorat, teils von einzelnen Fakultäten ausgesprochen werden"[105]. Besonders tut sich die Universität Freiburg hervor, die betont, dass ‚geschlechtergerechte' Sprache in vielen Fachbereichen als „unabdingbar und selbstverständlich" angesehen werde. Der Autor des ‚Zeit'-Artikels macht darauf aufmerksam, dass dort, wo kein Zwang herrsche, es oftmals doch eine klar formulierte Erwartung gebe, ausgesprochen womöglich von der Person, die einen bewerte. Es sei dies ein Bereich, der besonders schwer zu dokumentieren sei: „jener der gefühlten Pflicht, die sich aus der Campuskultur, den Erwartungen von Dozenten oder Mitstudierenden speisen kann"[106]. Im Übrigen ergibt die Umfrage, dass es Professoren und anderen Dozenten an 41 Hochschulen „freigestellt", also erlaubt, ist, ‚gendergerechte' Sprache in Prüfungsleistungen einzufordern, an 74 Hochschulen nicht.

Der Deutsche Germanistenverband [!] wendet sich 2011 in einem Rundschreiben an die „Mitgliederinnen und Mitglieder"[107], gendert also ein Neutrum (*das Mitglied*). Dass das kein (versehentlicher) Einzelfall sein dürfte, geht daraus hervor, dass die Gesellschaft für deutsche Sprache auf ihrer Website[108] ausdrücklich davon abrät: „Vorsicht allerdings vor Übergeneralisierungen: Zu inhärent generischen Substantiven gibt es keine weiblichen Formen. Teils sehr bewusst werden sie dennoch gebildet, um das Gendern zu überspitzen: *Menschin, *Personin, *Mitgliederin". *Menschin* steht bereits im Online-Duden[109]. Der Beleg *Mitgliederinnen* des Deutschen Germanistenverbandes war nicht scherzhaft gemeint, sondern ist hyperkorrekt. Er stammt von einer Mitarbeiterin, die allen alles recht machen wollte. *Mitgliederinnen und Mitglieder* wird bereits bei Bär[110] als hyperkorrekt erwähnt; Grundlage sei die fälschliche Einschätzung des Plurals *Mitglieder* als Maskulinum.

---

[104] Bayer: *Seit wann ist Sprache gerecht?*, a. a. O.
[105] Anant Agarwala: *Zwingen die Unis zum Gendern?*, in: *Die Zeit*, Nr. 8, 16.02.2023, S. 27.
[106] Ebd.
[107] Edo Reents: *Eselinei*, in: *FAZ.net*, 03.06.2011.
[108] GfdS. Gesellschaft für deutsche Sprache: *Leitlinien der GfdS zu den Möglichkeiten des Genderings*. Veröffentlicht: 20. November 2019. Stand: August 2020.
[109] *Menschin, die*, in: *Duden online*.
[110] Bär: *Genus und Sexus*, a. a. O., S. 160.

Last but not least prägt der bereits von Pusch[111] vorgeschlagene Vertigo, von vornherein ausschließlich markierte, spezifische Wortbildungen (*Professorinnen, Dozentinnen* usw.) zu unspezifischen zu erklären[112], sie also für sämtliche weiblichen und männlichen Inhaber von Professuren und Dozenturen zu gebrauchen, die Grundordnung der Universität Leipzig von 2013[113]. In der Sitzung, in welcher der betreffende Beschluss gefasst wurde, hatte das der von der Diskussion genervte Biophysiker Josef A. Käs nur als Scherz vorgeschlagen.

Im Jahr 2013 hat auch der Hochschulsenat in Potsdam seine Geschäftsordnung entsprechend umgeschrieben. „Für die Entscheidung seien rein pragmatische Gründe ausschlaggebend gewesen, sagte der stellvertretende Senatsvorsitzende Fred Albrecht. Durch eine geschlechtergerechte Sprache ‚verhunzte' Texte sollten wieder besser lesbar sein. Bislang wird in der Geschäftsordnung versucht, mit Bezeichnungen wie ‚der/die Vorsitzende' oder ‚ein/eine Redner/in' beiden Geschlechtern gerecht zu werden"[114]. Die Frage ist allerdings, warum das ‚Problem' der ‚verhunzten' Sprache nicht auf eine sprachsystematisch richtige Weise ‚gelöst' wird, sondern auf die diametral falsche. Sabine Krome schreibt[115]: „Die Universitäten Leipzig und Potsdam gehen in Bezug auf eine konsequente Gender-Darstellung deutlich weiter: Dort werden in den Richtlinien der Grundordnung 2013 Texte ausschließlich in generischem Femininum verfasst (*Herr Professorin* statt *Frau Professor(in)*)". Diese Anrede gebraucht man in Leipzig natürlich nicht, doch man war auch nicht weit davon entfernt. Formeln für Adressierungen kommen zwar in der Leipziger Grundordnung nicht vor, aber in der ersten Anmerkung wird bestimmt: „Männer können die Amts- und Funktionsbezeichnungen dieser Ordnung in grammatisch maskuliner Form führen"[116]. Dass so etwas eigens ausgeführt wird, ist aufschlussreich. In Potsdam bezieht sich die Feminisierung von 2013 wie gesagt auf die Geschäftsordnung des Senats, nicht auf die Grundordnung[117], in welcher Gender Splitting praktiziert wird. In der Geschäftsordnung des Senats kommen keine Anredeformeln vor, und außerdem hat der Senat der Universität Potsdam 2014 eine neue Geschäftsordnung beschlossen, in der Gender Splitting und Neutralisierung eingesetzt werden[118].

Diese Beispiele machen deutlich, dass ein akademischer Kontext nicht davor schützt, sich in individueller und kollektiver Verirrung auf etwas einzulassen, was man bei nüchterner Betrachtung als Abderitismus erkennen müsste. Die Gesellschaft für deutsche Sprache nennt das ‚inklusive Femininum' „Leipziger Lösung" und lehnt es ab. Allerdings geht die Begründung mit der Ineinssetzung der umarkierten Form mit der markierten,

---

[111] Pusch: *Das Deutsche als Männersprache*, a. a. O., S. 76–77, 97.
[112] Stickel: *Beantragte staatliche Regelungen*, a. a. O., S. 347; Samel: *Einführung in die feministische Sprachwissenschaft*, a. a. O., S. 75–77.
[113] Universität Leipzig: *Grundordnung der Universität Leipzig vom 6. August 2013*.
[114] *Uni Potsdam führt weibliche Sammelbegriffe ein*, in: Süddeutsche Zeitung, 05.07.2013.
[115] Krome: *Zwischen gesellschaftlichem Diskurs und Rechtschreibnormierung*, a. a. O., S. 72.
[116] Universität Leipzig: *Grundordnung der Universität Leipzig vom 6. August* 2013, S. 1.
[117] Universität Potsdam: *Grundordnung der Universität Potsdam (GrundO). Vom 17. Dezember 2009 i.d.F. der Fünften Satzung zur Änderung der Grundordnung der Universität Potsdam (GrundO). Lesefassung. Vom 21. Februar 2018.*
[118] Universität Potsdam: *Neufassung der Geschäftsordnung des Senats der Universität Potsdam. Vom 17. Dezember 2014.*

aber inklusiv gemeinten Form genauso an der Sache vorbei wie die feministische Animosität gegenüber dem ‚generischen Maskulinum':

> Diese Lösung ist nicht geschlechtergerecht, denn hier wird das andere Geschlecht nicht explizit angesprochen, sondern ist nur ‚mitgemeint'. Die Kritik, die am generischen Maskulinum geübt wird, trifft hier ebenfalls zu. Eine Gleichbehandlung, um die es bei geschlechtergerechter Sprache geht, ist beim generischen Femininum so wenig gewährleistet wie beim generischen Maskulinum[119].

Besonders maliziös argumentiert in diesem Zusammenhang Walther Dieckmann[120], wenn er feststellt, dass die feministische Sprachreflexion inzwischen bei den Leuten, die sie beeinflusst, ein Faktum geschaffen habe, das unabhängig davon sei, ob die Ausgangsthese der Diskriminierung der Frauen durch die Verwendung des „männlichen grammatischen Geschlechts" [!] begründbar sei oder nicht. Wenn nämlich für bestimmte Gruppen grammatisches Genus natürlichen Sexus konnotiere, dann sei das ein relevantes sprachliches Faktum, und zwar jenseits der Frage, ob diese Verknüpfung Bestandteil der sprachlichen Wirklichkeit war oder sich vermittelt über eine fehlgeleitete Reflexion gebildet habe. „Das produktive und rezeptive Sprachverhalten [...] wird reguliert von dem, was sie für wahr halten." Als Linguist (oder auch als Linguistin), schreibt Neef[121] könne man noch so gute Argumente dafür beisteuern, dass Genus und Geschlecht nichts miteinander zu tun haben; ein Rezipient beliebigen Geschlechts könne für sich persönlich hier immer einen Zusammenhang sehen oder spüren und sich von einer Formulierung distanzieren. Das liege zuallererst daran, dass Sprecher zwar gewöhnlich ihre Muttersprache *könnten*, aber nicht tiefergehend *kennten*.

Die Annahme eingebildeter Wirklichkeit als tatsächliche wird mit dem Thomas-Theorem beschrieben, das besagt: „Wenn Menschen Situationen als wirklich definieren, sind sie wirklich in ihren Konsequenzen"[122]. Das am Beispiel einer paranoiden Person entwickelte Theorem lässt sich auch auf Ideologien anwenden. Mit anderen Worten: Wenn ‚alternative Fakten' für wahr gehalten werden, dann wirken sie praktisch wie Fakten, sie *werden* Fakten. Dazu kann dann in der Praxis noch der Dunning-Kruger-Effekt treten[123]. Politolinguistisch gesehen hat Dieckmann recht: schlichtes Denken vorausgesetzt, haben bipolare Ideologien mit klaren Freund-Feind-Bildern die besten Voraussetzungen für gesellschaftliche Durchsetzung: Proletarier – Kapitalisten, Westen – Osten, Weiße – Schwarze, Gläubige – Ungläubige, Frauen – Männer, Femininum – Maskulinum. „Die Ideologie ist in ihrer Methode von Anfang bis Ende in einem Maße antiwissenschaftlich und falsch, wie man es heutzutage nicht tolerieren darf. Sie gleicht methodologisch dem Kreationismus oder der völkischen Rassenlehre"[124].

---

[119] GfdS. Gesellschaft für deutsche Sprache: *Leitlinien*, a. a. O.
[120] Walther Dieckmann: *Im Hochdeutschen ist das männliche Geschlecht das vorzüglichere*, in: *Sprachreport* 2 (1988), S. 1.
[121] Neef: *Das Konzept des sogenannten ‚Geschlechtergerechten Sprachgebrauchs'*, a. a. O., S. 63.
[122] *Thomas-Theorem*, in: *Wikipedia*.
[123] *Dunning-Kruger-Effekt*, in: *Wikipedia*.
[124] Scholten: *Der Führerin entgegen!*, a. a. O., S. 119.

Diese Sprachideologie führt in der Praxis zu einer Leugnung und Falschdarstellung sprachlicher Tatsachen sowie der Erfindung und dem konsequenten Ausbau ‚alternativer Fakten'. In diesem Zusammenhang kann der ‚Duden' nicht länger als eine wissenschaftlich basierte, quasi-offizielle und vertrauenswürdige Instanz objektiver Sprachbeschreibung angesehen werden. Er ist ein Instrument feministischer Sprachpolitik. Hier wird mit suggestiven, falschen und sich selbst widersprechenden Angaben manipuliert. Das Gleiche gilt für die besprochene genderspezifische Veröffentlichung aus dem Umkreis der Duden-Redaktion. In beiden Fällen wird eine übertriebene ‚Sichtbarkeits'-Strategie im Gegensatz zur Neutralisierungsstrategie in allen anderen nahverwandten Sprachen vertreten, aber so, dass das Ausmaß der ‚Sichtbarkeit' weit über das pragmatisch Notwendige hinausgeht und im Übrigen für den beabsichtigten Zweck gerade kontraproduktiv sein könnte:

> Ich verstehe die Änderungen auch aus Sicht der Genderlinguistik und der feministischen Linguistik nicht. Für Feministen dürfte es doch viel „schlimmer" sein, wenn die weibliche *Lehrerin* vom männlichen *Lehrer* – und nicht wie bisher von einer sexusmäßig unterspezifizierten, also geschlechtsneutralen maskulinen Grundform – abgeleitet wird. [...] Durch die Neudefinitionen werden alle diversen, also nicht binären Menschen ausgeschlossen. Auf sie trifft weder die männliche noch die weibliche Definition zu. Das war bei der generischen Variante, die in Bezug auf das biologische und soziale Geschlecht unterspezifiziert ist, anders und somit besser[125].

Falls damit nicht eine andere, weitergehende Absicht verfolgt wird:

> Die Neudefinitionen sind binär – männlich oder weiblich. Ich denke, der nächste Schritt der Duden-Redaktion könnte sein, den Genderstern bzw. Gap oder Doppelpunkt einzuführen, um diese selbst geschusterte Dualität wieder „aufzulösen". Die jetzt geschaffenen Neudefinitionen könnten dann als Grund für die Einführung eines Genderzeichens herangezogen werden, begleitet von der Diktion, dass das Zeichen nun hermuss, weil diverse Menschen nicht unter diese – gerade neu ersonnenen – Definitionen fallen[126].

Geradezu tragikomisch ist, dass dem Duden nun unter Berücksichtigung der nichtbinären Gendervorstellungen von sprachwissenschaftlicher Seite empfohlen wird:

> Der Duden könnte es wie bei seiner Definition von *Katze* machen, wo erst die geschlechtsabstrahierende, generische Bedeutung „Hauskatze" und dann die spezifische Bedeutung „weibliche Katze" angegeben wird. Solch eine Definition erfasst beide Interpretationsmöglichkeiten und ist somit viel näher an der Sprachwirklichkeit. Diese Variante könnte man analog auf maskuline Personenbezeichnungen anwenden[127].

---

[125] Trutkowski in Lorenz: „*Der Duden missbraucht hier seine Deutungshoheit über die deutsche Sprache*", a. a. O.
[126] Ebd.
[127] Ebd.

Die sprachwissenschaftlich empfohlene Zukunft ist also die Vergangenheit, die frühere, gerade beseitigte Bedeutungsbeschreibung. Bis dahin ist der Duden nicht mehr als seriöses Wörterbuch, sondern als feministisches Klientelprodukt zu betrachten. Bei der Suche nach objektiven und differenzierten Angaben zum deutschen Wortschatz ist anzuraten, nicht im Duden, sondern grundsätzlich im ‚Digitalen Wörterbuch der deutschen Sprache‘[128] nachzuschauen. Der Online-Duden und der gedruckte Duden sind im Vergleich dazu unterkomplex und schon von daher, auch ohne feministische Realitätskorrekturen, entbehrlich.

Deutlichste Beispiele für sprachideologische Wirklichkeitsverzerrung sind allerdings die Widersprüche dort, wo es nur eine einzige wissenschaftliche Wahrheit geben sollte und nicht zwei koexistierende ‚Wahrheiten‘, von denen eine nach den Regeln guter wissenschaftlicher Praxis falsch sein muss. Das Genus kann nicht zugleich einerseits eine bedeutungslose grammatische Kategorie sein und andererseits schwerwiegendste Assoziationen, mit denen das Unrecht der Menschheitsgeschichte widergespiegelt werde, auslösen, das aber vor allem beim Maskulinum. Man kann nicht einerseits eine schlüssige Theorie vorlegen, warum bei singularischer Referenz die geschlechtsbezogene Vorstellung bezeichneter Personen jenseits aller grammatischer Kategorien aufgrund kognitionspsychologischer Stereotype in bestimmten Referenzstufen nur schwer vermieden werden kann, diese geschlechtsbezogene Vorstellung aber dann dem ‚pseudogenerischen‘ Maskulinum anlasten. Anerkannte wissenschaftliche Standards, welche die eigene Auffassung widerlegen, können nicht als ‚Belehrung‘ verunglimpft und ignoriert werden. Man sollte nicht behaupten, dass psychologische Sprachtests die ‚pseudogenerische‘ Eigenschaft des genderneutralen Maskulinums nachgewiesen hätten. Denn die meisten dieser Tests reflektieren die Unterscheidung von singularischer und pluralischer Verwendung nicht angemessen, geschweige denn die verschiedenen Referenzstufen sowie die Notwendigkeit ausreichender kontextueller textlicher Einbindung. Vor allem wird grammatisch induzierte Assoziation gegenüber der lexikalischen Bedeutung in ihrer vermeintlichen Aussagekraft verabsolutiert. Man kann die sprachpsychologischen Tests nicht als empirische Aussagequelle allein herausstellen und dabei die Tests zur kognitiven Verständlichkeit nicht gegenderter und gegenderter Texte unerwähnt lassen. Man kann das Genus Maskulinum einerseits nicht aufgrund der Formengleichheit mit den beiden anderen Genera im Plural als neutralisiert bezeichnen und andererseits seine Verwendung wegen der von ihm angeblich transportierten Male-as-Norm-Assoziation ablehnen. Das geschlechtsübergreifende Maskulinum kann nicht einerseits im Plural, wo es pragmatisch und sprachökonomisch am ehesten gebraucht wird, für die Sprachträger des Deutschen weitgehend funktionieren – „Kaum jemand behauptet, dass mit *Berlin hat 3,5 Mio Einwohner* nur männliche Einwohner gemeint [sc. sind] und dort in Wirklichkeit 7 Mio Menschen leben"[129] –, und andererseits eine Zombie-Existenz mit dem Prädikat „Jein mit Tendenz zum Nein"[130] zugeschrieben bekommen.

Insgesamt stellt es dem ‚Land der Dichter*innen und Denker*innen‘ kein gutes Zeugnis aus, dass ein intellektuell unterkomplexes, in sich widersprüchliches, wissenschaftlich

---

[128] *DWDS. Digitales Wörterbuch der deutschen Sprache. Der deutsche Wortschatz von 1600 bis heute.*
[129] Kotthoff – Nübling: *Genderlinguistik*, a. a. O., S. 117.
[130] Kotthoff – Nübling: *Genderlinguistik*, a. a. O., S. 115.

längst widerlegtes und mit alternativen Fakten fortgeschriebenes sprachideologisches Narrativ sich hier bereits über 40 Jahre hält. Das einzig Positive an dem von oben verordneten „Gerechtigkeitsdeutsch"[131], soweit nicht als Jargon verwendet, mit dem sprachlich Gleichberechtigung vorgetäuscht, aber in der gesellschaftlichen Praxis nicht umgesetzt wird[132], hätte sein können, dass es – im Sinne seiner Erfinderinnen – dazu beigetragen hätte, Defizite bei der Durchsetzung gesellschaftlicher Gleichstellung der Frau bewusst zu machen. Rechtlich waren diese Defizite aber bereits vor der sprachfeministischen Bewegung beseitigt, sind es auf jeden Fall in der Gegenwart[133], und die aus diesem Umkreis kommenden überzogenen Vorschläge dürften dem Ansehen und der Realpolitik der Frauenbewegung eher geschadet als genützt haben[134].

> Diese feministischen Linguistinnen thematisieren [...] das Verhältnis Sprache und Realität zwar durchaus in der Weise, daß die Realität das eigentlich Veränderungsbedürftige ist. Doch sie verdrehen dieses Verhältnis schließlich, indem sie einen anderen Sprachgebrauch bereits als Veränderung der kritisierten Realität ansehen. [...] Es ist ihr spezifischer feministischer Ansatz, der ihr [sc. Senta Trömel-Plötz] den weiterreichenden Blick darauf verstellt, daß die Machtdifferenzierungen nicht allein zwischen Männern und Frauen zu finden sind, sondern auch zwischen verschiedenen Schichten, zwischen Generationen, zwischen Kranken und Gesunden sowie zwischen Angehörigen verschiedener Herkunftsgruppierungen, sogenannter Ethnien. Weil vieles von dem, was nicht ins Weltbild paßt, nicht aufgenommen oder vernachlässigt wird, können aber die differenzierten Positionen von Frauen nicht wahrgenommen werden. Auf diese Weise werden Frauen zu einer homogenen Gruppe stilisiert, die sie nicht sind. Das Kollektivsubjekt „Frau", von dem im Feminismus ausgegangen wird, gibt es aber so nicht[135].

Grundlegende, historische Veränderungen der Geschlechterverhältnisse in den vergangenen Jahrzehnten wurden ohne gegenderte Sprache durchgesetzt[136]. Außerdem kann die Funktion gegenderter Sprache auch diametral anders als von deren Befürwortern gesehen werden:

> Kritiker des Genderns entdecken bei Formulierungen wie *Bürger und Bürgerinnen* den Sexismus noch auf einer anderen Ebene. Ist es geboten, den Frauen fortwährend zu signalisieren: „Ja, ihr seid auch dabei"? Klingt eine solche Formulierung nicht auch ein wenig pflichtschuldig nach „Alle Bürger – und natürlich auch die weiblichen Bürger" oder „Alle Bürger – und nicht zu vergessen: auch die Bürgerinnen"? Muss das Dabeisein der Frauen

---

[131] Roland Kaehlbrandt: *Logbuch Deutsch. Wie wir sprechen, wie wir schreiben*, Frankfurt am Main 2016 (Rote Reihe 79), S. 128.
[132] Vgl. Florian Coulmas: *Antisexistische Sprachregelung?*, in: *Merkur* 44 (1990), S. 606–609, hier S. 608; Thurner: *Gender-Krampf*, a. a. O.
[133] „Und tatsächlich sind die großen Kämpfe um rechtliche Gleichstellung rechtlich ausgefochten: Frauen, Männer und andere Geschlechter, unterschiedliche Lebensweisen und Identitäten sind rechtlich weitgehend gleichgestellt, [...]": Degele: *Der schwangere Arzt im Praktikum*, a. a. O., S. 31.
[134] Leiss: *Genus und Sexus*, in: *Linguistische Berichte* 152 (1994), S. 281–300, hier S. 282; Irmen – Steiger: *Zur Geschichte des Generischen Maskulinums*, a. a. O., S. 231.
[135] Jäger: *Gewalt gegen Frauen – durch Sprache?*, a. a. O.
[136] Rödder – Rödder: *Sprache und Macht*, a. a. O., S. 7.

in rosenkranzmäßiger Monotonie stets von neuem sprachlich beschworen werden? Wird nicht so die Erzählung von der Frau als schwache Spezies, die besonderen Schutzes bedarf, fortgeführt? Die Geschichte der Frau, die jederzeit wieder Opfer werden kann, wenn nicht die starke Hand fortschrittlicher Sprachregelungen sie davor bewahrt, in der Unsichtbarkeit des Nichtgenanntwerdens zu verschwinden. Das ist das reaktionäre Narrativ der schwachen Frau, die dazu verdammt ist, auf ewig Opfer zu sein. Braucht die moderne, selbstbewusste, starke Frau gendergerechte Schutzmaßnahmen? Ist sie ohne Gendersprache, Quote, Frauenreferate und Gleichstellungsbeauftragte gänzlich außerstande, sich im Leben zu behaupten? Welch ein trauriges Frauenbild! Und welch ein trauriges Männerbild! Aus politstrategischer Sicht kann das Festhalten am Opferstatus allerdings durchaus Vorteile mit sich bringen. Denn Diskriminierungsmerkmale sind eine zentrale Kategorie in der modernen Identitätspolitik[137].

---

[137] Payr: *Von Menschen und Mensch*innen*, a. a. O., S. 64.

13 Diskussion parteipolitischer Bezüge

Neben dem Postulat, dass die geschlechtergerechte Sprache ein Instrument der Gleichstellung sei und sich nunmehr die Gegner der Gendersprache rechtfertigen müssten, nicht deren Befürworter, hat sich bereits das nächste Narrativ eingestellt. Die Gegner der Gendersprache seien rechtslastig. Hier wird auf den ‚Verein Deutsche Sprache' (VDS) verwiesen[1], von Lobin[2] als „Kampfverband" apostrophiert. Dessen Wirkmächtigkeit wird allerdings im Vergleich zu derjenigen der Befürworter gendersensitiver Sprechweise völlig überzeichnet. Man könnte geradezu an eine psychologische Projektion denken. Der Argumentation des VDS habe sich eine Partei angeschlossen, die vom Verfassungsschutz beobachtet wird. Der „Kulturkampf"[3] werde vom rechten politischen Lager geführt, das „die Sprache in ein reines Waffenarsenal"[4] umschmiede und damit „rund um den Gender-Begriff förmlich verbale Kriegsführung" betreibe. Die Befürworter der Gendersprache inszenieren sich wieder als Opfer: „Dabei darf die ablehnende Seite sogar Vergleiche mit der DDR oder dem Nazi-Regime ziehen. Währenddessen muss die befürwortende Seite sachlich und ruhig bleiben, um überhaupt gehört zu werden"[5]. Angesichts der sich in der Sprache der Gesetze, der Verwaltungen, der Hochschulen[6] und vieler Medien spiegelnden feministischen Einflüsse spricht die letzte Aussage für eine beträchtlich, wenn nicht diametral verschobene Wahrnehmung der Wirklichkeit. Was die betreffende politische Gruppierung betrifft, so setzt sie sich in der Öffentlichkeit aus politaktischer Motivation gegen die Gendersprache ein. Sprachwissenschaftlich sind ihre Gründe nicht.

Es seien heute wie in den Anfängen der feministischen Bewegung die höher Gebildeten, die eine Entwicklung hin zu geschlechtergerechter Sprache befürworten, schreibt Schwartz[7], es sei also eine elitäre, linksintellektuelle, akademische Bewegung. „Allerdings ist fraglich, ob wir derzeit tatsächlich einen Wettbewerb unterschiedlicher sprachlicher Praktiken beobachten können oder ob wir es nicht doch eher mit einer elitären Sprachpolitik zu tun haben, in der manche Akteure die Macht ihrer Institutionen und ihren privilegierten Zugang zu den Institutionen der Macht zu ihrem Vorteil nutzen"[8]. Mit dem Rückenwind der Medien sei es plötzlich legitim, Sprache ideologisch zu steuern – oder mit den Worten Trutkowskis: „Wer gendert, ist lieb und links'"[9]. Wer es nicht tut, und

---

[1] Lobin in Olderdissen: „Sprachkampf", a. a. O.; Lobin: *Sprachkampf*, a. a. O., S. 67–95.
[2] Lobin: *Sprachkampf*, a. a. O., S. 67.
[3] Wizorek: *Gender-Kampfplatz*, a. a. O., S. 6.
[4] Ebd.
[5] Ebd.
[6] Neef: *Das Konzept des sogenannten ‚Geschlechtergerechten Sprachgebrauchs'*, a. a. O., S. 42–43.
[7] Schwartz: *Es braucht kein Verbot von Gendersprache*, a. a. O.
[8] Zifonun: *Eine Linguistin denkt nach*, a. a. O., S. 49.
[9] Rainer Moritz: *Stimmt's, oder hab ich recht?*, in: *FAZ.net*, 19.04.2021.

auch nicht tun will, so Trutkowski[10] weiter, sei böse und rechts. Die Erwartung, den Genderstern zu benutzen, wird von Kritikern als Geste der Affirmation und als Bekenntniszwang empfunden, verstärkt durch Markierungen von Nutzern des geschlechtsübergreifenden Maskulinums als ‚rechts' oder ‚transphob'[11]. Es sei deprimierend zu beobachten, wie wissenschaftliche Debatten durch moralisierende und politisierende Rekurse geistig enthauptet werden[12].

> Luise Pusch findet Walter Krämers Charakterisierung der feministischen Sprachvorschriften und deren momentaner Umsetzung als „Sprachterror" unangemessen. Die feministische Sprachkritik sei lediglich der basisdemokratische Weg, die Sprache frauenfreundlich(er) zu machen. Naiven Vertreterinnen der feministischen Sprachinnovationen mag das in ihrem jeweiligen Wolkenkuckucksheim in der Tat so erscheinen. Die Realität zeigt leider etwas völlig anderes. Allenthalben wird nämlich inzwischen von oben herab und gegen den Willen der Bevölkerungsmehrheit zu bestimmen versucht, wie man Deutsch zu schreiben und zu sprechen hat. Wer sich diesen Vorgaben verweigert, wird als reaktionär, als rechts und damit als indiskutabel beiseite gestellt[13].

Das berichten inzwischen Medienvertreter selbst: „Denn als öffentlich-rechtlicher Journalist werde ich von jeder und jedem bezahlt. Und das reicht erstmal, um den Traum nicht aufzugeben von einem Programm, das alle gut finden. Beim Gendern scheint das allerdings unmöglich zu sein. Lasse ich's bleiben, bin ich reaktionär und rückständig. Mache ich's, darf ich mich als Volkserzieher beschimpfen lassen"[14].

Rainer Moritz kommentiert das Problem folgendermaßen: „Dass zu den Gendergegnern militante Rechte gehören, die vom Sprachwandel so viel Ahnung haben wie die Kuh vom Purzelbaum, gilt es auszuhalten, wenn man das Sternchen aus grundsätzlichen Erwägungen ablehnt"[15]. Außerdem kann man sagen, dass sich die genannten rechten Kreise aufgrund der weitergehenden gesellschaftlichen Ablehnung ihrer obsoleten politischen Grundpositionen im Sinne des mandevilleschen Paradoxons ja gerade in praxi *für* die Gendersprache einsetzen, indem sie sich als die *falschen* Leute *dagegen* äußern.

Mit Lobin könnte auch behauptet werden, dass Sprachgemeinschaften wie die englische, dänische, schwedische, norwegische und isländische, die kein Gender Splitting praktizieren und es teilweise ausdrücklich ablehnen, allesamt rechtslastig seien. Der Verein Deutsche Sprache sei im Übrigen auf diesem „Schlachtfeld keineswegs" allein, nachdem sich die Gesellschaft für deutsche Sprache[16] und die Deutsche Akademie für Sprache und Dichtung[17] mit Stellungnahmen eingeschaltet hätten. Diese seien sehr sachlich und

---

[10] Trutkowski: *Vom Gendern zu politischen Rändern*, a. a. O.
[11] Rödder – Rödder: *Sprache und Macht*, a. a. O., S. 7.
[12] Trutkowski: *Vom Gendern zu politischen Rändern*, a. a. O.
[13] Bayer: *Seit wann ist Sprache gerecht?*, a. a. O.
[14] Stefan Brandenburg: *Entspannt euch mal!*, in: *WDR*, 06.02.2023.
[15] Moritz: *Stimmt's, oder hab ich recht?*, a. a. O.
[16] GfdS. Gesellschaft für deutsche Sprache: *Leitlinien*, a. a. O.
[17] Deutsche Akademie für Sprache und Dichtung: *Drei Fragen zu „gendergerechter Sprache"*, a. a. O.

differenziert, aber „doch ihrem Tenor nach ablehnend gegenüber den besonders auffälligen Kennzeichnungen des Genderns durch Stern, Unterstrich und Doppelpunkt"[18]. Die Deutsche Akademie für Sprache und Dichtung und die eher profeministisch argumentierende Gesellschaft für deutsche Sprache haben mit dem VDS intellektuell und politisch nichts zu tun. Dass die Stellungnahme der Deutschen Akademie für Sprache und Dichtung genauso wie der „emeritierte Professor" Eisenberg[19] bezüglich des „generischen Maskulinums" die Markiertheitstheorie Jakobsons vertritt und damit dessen Existenz nicht in Frage stellt, erwähnt Lobin nicht. Auch Helmut Glück wird bei Lobin[20] wiederholt als ‚Ruheständler' apostrophiert.

Nachdem in der ‚Frankfurter Allgemeinen Zeitung', wie auch in anderen überregionalen Blättern, Artikel dieser sogenannten Ruheständler[21] gegen das Gendern erschienen waren, wird sogleich die Seriosität der ‚Frankfurter Allgemeinen Zeitung' insgesamt angezweifelt[22]. Nach dieser Logik sind die ‚Süddeutsche Zeitung'[23] und der ‚Tagesspiegel'[24] auch nicht seriös. Und damit alle Zeitungen, in denen sich ein Sprachwissenschaftler gegen das Gendern ausspricht, auch die ‚Welt'[25], die ‚Neue Zürcher Zeitung'[26] und die ‚Lübecker Nachrichten'[27]. Dann hätten aber Lobin und Nübling[28] nicht in der ‚Süddeutschen Zeitung' und nicht in der ‚Neuen Zürcher Zeitung'[29] publizieren dürfen. Aufrufe gegen die gendergerechte Sprache, so Lobin, würden zudem nur „überdurchschnittlich oft von eher älteren Personen unterzeichnet"[30]. Wenn sich also ‚ältere Personen' oder gar ‚Ruheständler' an dem Aufruf gegen die Genderpraxis des öffentlich-rechtlichen Rundfunks[31] beteiligen, hat das Lobin zufolge ein Geschmäckle. Ein akademischer Lehrer des Verfassers dieser Studie meinte einmal, Professoren begännen „mit 50 Jahren erst zu *sein*". Genauso gut könnte man sich darüber mokieren, dass eine ‚ältere Person' (wie Lobin selbst) ein Buch *für* das Gendern schreibt. Inhaltliche Verdrehungen, psychologische Projektionen, Unterstellungen und Altersdiskriminierung machen eine Argumentation nicht seriöser und plausibler, wenn sie schon in der Sache nicht überzeugt, ebenso wenig die seit Puschs Anfängen in der feministischen Linguistik zu beobachtende Polemik gegenüber Fachvertretern anderer Auffassung[32].

---

[18] Lobin: *Sprachkampf*, a. a. O., S. 90.
[19] Lobin: *Sprachkampf*, a. a. O., S. 49.
[20] Lobin: *Sprachkampf*, a. a. O., S. 83, 101.
[21] Eisenberg: *Wenn das Genus mit dem Sexus*, a. a. O., Glück: *Eine kleine Sex-Grammatik*, a. a. O.
[22] Lobin: *Sprachkampf*, a. a. O., S. 84–85.
[23] Eisenberg: *Das missbrauchte Geschlecht*, a. a. O.
[24] Eisenberg: *Finger weg vom generischen Maskulinum!*, a. a. O.
[25] Trutkowski in Lorenz: *„Der Duden missbraucht hier seine Deutungshoheit über die deutsche Sprache"*, a. a. O.
[26] Bayer: *Sprachen wandeln sich immer*, a. a. O., Trutkowski: *Vom Gendern zu politischen Rändern*, a. a. O.
[27] Intelmann: *„Man sollte die Sprache so lassen"*, a. a. O.
[28] Lobin – Nübling: *Genus, Sexus, Nexus*, a. a. O.
[29] Lobin – Nübling: *Tief in der Sprache lebt die alte Geschlechterordnung fort*, a. a. O.
[30] Lobin: *Sprachkampf*, a. a. O., S. 58.
[31] *Aufruf: Wissenschaftler kritisieren Genderpraxis des ÖRR*, a. a. O.
[32] Vgl. auch Nübling: *Genus und Geschlecht*, a. a. O., S. 6.

Die Gesellschaft für deutsche Sprache ist offenbar ein Befürworter gendersensitiver Sprachpraxis und kann schon von daher nicht mit dem VDS zusammen genannt werden. Sie lehnt aber nicht nur (wie Lobin selbst) die Gendergapvariante mit Genderstern (*Lehrer*innen*) ab, sodann den Unterstrich (*Lehrer_innen*) und den Doppelpunkt (*Lehrer:innen*), sondern auch die Binnenmajuskel (*LehrerInnen*), das ‚generische Femininum' (*Lehrerinnen* ‚Lehrer und Lehrerinnen'), Hornscheidts *x*-Endung (*Lehrx*, *Studierx*), den Zwischenpunkt (*Lehrer.innen*), den Mediopunkt (*Lehrer·innen*) und schließlich das Sternchen statt des *i*-Punkts. Gegen die Klammerverwendung werden Bedenken geäußert. So bleiben als empfohlene Lösungen nur die Doppelnennung, die Schrägstrichlösung und verschiedene Ersatzformen für das genderneutrale Maskulinum einschließlich der Epikoina – wenn man denn gendern will.

Auch von Politikern werden sprachliche Attitüden aus politisch-taktischen Gründen adaptiert oder abgelehnt, und nicht immer steht hinter dem, was später für menschenfreundlich gehalten wird, auch ein Menschenfreund. Die gendersensitive Sprechweise scheint geschichtlich weit hinter ihre Erfindung im Zuge der bundesdeutschen Adaption der amerikanischen Frauenbewegung in den späten siebziger Jahren zurückzureichen. Abgesehen von ihrer antiquierten theoretischen Grundlage und der Ignorierung sprachwissenschaftlicher Standards soll am Anfang der politischen Praktizierung der Gendersprache unter anderem jemand gestanden haben, der alles andere im Sinn hatte, als die „Gerechtigkeit gegenüber jedermann" durch die „Gerechtigkeit gegenüber allen Menschen"[33] zu ersetzen.

> Hitler stand für das Neue. [...] Seine Reden begann er stets mit „Volksgenossinnen und Volksgenossen!". Hitler genderte als einer der Ersten. Seine Konkurrenten schnarrten „Meine Herren!" oder bevorzugten wie Ernst Thälmann ein markiges „Genossen!". Während die KPD weit überwiegend von Männern gewählt wurde, fand Hitler unter Frauen Zuspruch. Bei den Reichstagswahlen im März 1933 votierten in Leipzig 34 Prozent der Männer, aber 39 Prozent der Frauen für die NSDAP[34].

Es ist allerdings auch hier erforderlich, Verhaltensweisen sachgerecht zu klassifizieren und nicht tendenziös zu deuten. Die Behauptung Götz Alys, dass Hitler als einer der Ersten gegendert habe, ist genauso wenig ein Sachargument wie die Beobachtung, dass rechte Kreise neuerdings die Kritik an der Gendersprache für ihre Zwecke instrumentalisieren. Sie zeigt nur, dass auch Mephistopheles vordergründig gute Umgangsformen haben kann, aber vor allem rhetorisches und taktisches Geschick besitzt. Alsdann ist dem sprachwissenschaftlich offenbar nicht zureichend informierten Historiker aus philologischer Sicht mehrfach zu widersprechen. Erstens handelt es sich bei dem zitierten Passus um eine differenzierende Anrede, sprachwissenschaftlich gesagt um eine persönliche Zuwendung und Achtung symbolisierende (honorative) Adressierung wie *meine Damen und Herren*, auch wenn dahinter faktisch das Gegenteil stecken kann und Hitler mit den Frauen „bekanntlich nicht viel im Sinn"[35] hatte – was ja nicht heißt, dass Frauen und

---

[33] Dietrich: *„Gerechtigkeit gegenüber jedermann"*, a. a. O.
[34] Götz Aly: *Hitlers Aufstieg zur Macht*, in: *Frankfurter Rundschau*, 30.01.2013. Aktualisiert: 29.11.2019.
[35] Vinke: *Das kurze Leben der Sophie Scholl*, a. a. O., S. 57.

Männer nicht gleichermaßen gläubige Anhänger der NS-Ideologie und deren willfährige Werkzeuge werden konnten und wurden. Geschlechtsdifferenzierende Adressierung fällt streng genommen nicht unter den Begriff *Gendern*, auch wenn die Genderbewegung offensichtlich die Prinzipien der höflichen Adressierung auf die propositionale Referenz von Personen in der dritten Person übertragen hat. Sie macht also eine Honorativform zur Referenzform[36]. Das entspricht der bekannten Entwicklung adressierender Euphemismen (*Frau*) zum normalen Lexem für die bezeichnete Entität, bei gleichzeitig zwangsläufiger Abschwächung der positiven Bedeutung. Zweitens ist Hitler nicht einer der ersten, die ‚gendern', sondern ‚Gendern' jenseits der Adressierung praktiziert beispielsweise bereits Friedrich Ebert um 1900: „In den wenigen Jahren hat sich die würdige Feier durch Arbeitsruhe so bedeutenden Eingang verschafft, daß wir heute eine unerwartet gewaltige Zahl von feiernden Arbeitern und Arbeiterinnen überschauen konnten"[37]. Und drittens scheinen bereits Christiana und Goethe zu ‚gendern', wenn sie von *Freunden und Freundinnen* sprechen[38]. Speziell diese Ausdrucksweise könnte aber (wie im Niederländischen[39]) damit zusammenhängen, dass bei persönlichen Nächstbeziehungen der Gesichtspunkt des Geschlechts eine essentielle Rolle spielt. Notwendig ist diese Differenzierung hier aber bis heute nicht. In dem Text von Friedrich Ebert ist sie durch die Textfunktion als ehrende Ansprache begründet.

Von ‚Gendern' kann erst gesprochen werden, wenn es eine entsprechende ideologische Grundlage gibt. Welche Funktion die geschlechtsdifferenzierende Aufführung in der 3. Person *vor* der Periode des Genderns haben kann, zeigt die *Nennung* von Studentinnen und Studenten in der 3. Person im letzten Flugblatt der Weißen Rose vom 18. Februar 1943 neben der geschlechtsdifferenzierten *Anrede*[40], auf die hier aus Anlass der These, Hitler habe ‚gegendert', eingegangen sei.

> Gauleiter greifen mit geilen Spässen den Studentinnen an die Ehre. *Deutsche Studentinnen haben an der Münchner Hochschule auf die Besudelung ihrer Ehre eine würdige Antwort gegeben,* deutsche Studenten haben sich für ihre Kameradinnen eingesetzt und standgehalten. Das ist ein Anfang zur Erkämpfung unserer freien Selbstbestimmung, ohne die geistige Werte nicht geschaffen werden können. Unser Dank gilt den tapferen Kameradinnen und Kameraden, die mit leuchtendem Beispiel vorangegangen sind![41]

---

[36] Wittemöller: *Weibliche Berufsbezeichnungen im gegenwärtigen Deutsch*, a. a. O., S. 128.
[37] Friedrich Ebert: *Der Sinn der Maifeier. Aus der Bremer Bürger-Zeitung. 3.5.1900*, in: Projekt Gutenberg-de.
[38] Damm: *Christiane und Goethe*, a. a. O., S. 276, 393.
[39] Hüning: *Geschlechtergerechtigkeit auf Niederländisch*, a. a. O., S. 86.
[40] „Kommilitoninnen! Kommilitonen! [...] Studentinnen! Studenten!": *VI. Flugblatt der Weißen Rose*; vgl. Ulrich Chaussy – Gerd R. Ueberschär: *„Es lebe die Freiheit!" Die Geschichte der Weißen Rose und ihrer Mitglieder in Dokumenten und Berichten*, Frankfurt am Main 2013, S. 33, 34; Robert M. Zoske: *Flamme sein! Hans Scholl und die Weiße Rose. Eine Biographie*, München 2018, S. 305, 307.
[41] *VI. Flugblatt der Weißen Rose*. Kursiv = im Original unterstrichen; vgl. Chaussy – Ueberschär: *„Es lebe die Freiheit!"*, a. a. O., S. 33; Zoske: *Flamme sein!*, a. a. O., S. 306.

Kein anderes Flugblatt der Weißen Rose[42] nennt Frauen und Männer getrennt; es wird stets das geschlechtsübergreifende Maskulinum verwendet. In diesem 6. Flugblatt der Weißen Rose, dessen Entwurf von Kurt Huber auf Bitte von Hans Scholl „in der Sprache eines jungen Studenten"[43] abgefasst wurde, erklären sich sowohl die geschlechtsdifferenzierte Anrede mit der Textfunktion des flammenden Appells als auch die geschlechtsdifferenzierte Nennung in der 3. Person aus den historischen Umständen. Die Studentinnen werden deswegen besonders aufgeführt, weil gerade ihr Protest im Rahmen der studentischen Widerstandsbewegung gegen Hitler eine besondere Rolle gespielt hat. Anlässlich der 470-Jahr-Feier der Münchener Universität am 13. Januar 1943 hatte der Gauleiter der Stadt, Paul Giesler, die Studentinnen aufgefordert, sie sollten lieber dem Führer ein Kind schenken, „etwa in Gestalt eines Sohnes als alljährliches Universitätszeugnis"[44], anstatt sich an den Universitäten ‚herumzudrücken', woraufhin die ersten Studentinnen aufstanden und dem Ausgang zustrebten.

> Wahrscheinlich als Reaktion und in Abweichung vom Redemanuskript schwadronierte Giesler weiter: „Wenn einige Mädels nicht hübsch genug sind, einen Freund zu finden, werde ich gern jeder einen von meinen Adjutanten zuweisen, und ich kann ihr ein erfreuliches Erlebnis versprechen." Darauf steigerte sich die Unruhe zum Tumult, zumal die Studentinnen am Verlassen des Saales gehindert wurden und nun gemeinsam mit den männlichen Kommilitonen Giesler so lautstark störten, dass er seine Rede unterbrechen musste. Mitglieder der NS-Studentenschaft schwärmten aus, um die protestierenden Studentinnen für die alarmierte Polizei festzuhalten. Ihre männlichen Kommilitonen sprangen den Frauen bei. Sie verwickelten die NS-Studenten und die anrückende Polizei in Prügeleien. Es ist ihnen wohl auch gelungen, einen nicht unbeträchtlichen Teil ihrer Kommilitoninnen nach über einer Stunde freizubekommen. Diese Befreiung wurde, wie nicht nur Annemarie Farkasch schilderte, als Triumph empfunden, „da fanden sich auf einmal Juristen, Mediziner und Philosophen zusammen. Wildfremde Kollegen und Kolleginnen gingen mit uns Arm in Arm die Ludwigstraße hinunter und allen war die offene Empörung gegen das Geschehene und die Angst um die Festgenommenen gemeinsam"[45].

Die feministische Linguistik hat mit dem Gender-Splitting formal, aber nicht inhaltlich, eine sprachliche Möglichkeit aufgegriffen, die im Deutschen seit dem Hoch- und Spätmittelalter in den bereits weiter oben erwähnten Rechtstexten vorhanden ist und dort wahrscheinlich an besondere rechtliche Verhältnisse im Rahmen der beruflichen Tätigkeit gebunden ist. Spätere geschlechtsdifferenzierte Nennung in der 3. Person *vor* der Periode des Genderns zeigt Gebundenheit an spezifische Pragmatik, an die honorative Textfunktion und an besondere sachliche und historische Umstände. Diese sprachliche Möglichkeit wurde aus ihren ursprünglichen Kontexten gelöst, auf Kosten ebenso alter und älterer sprachlicher Ausdrucksweisen mit pseudowissenschaftlichen Argumenten und Falschbehauptungen zum Jargon der political correctness ausgebaut und damit semantisch und pragmatisch entwertet.

---

[42] Zoske: *Flamme sein!*, a. a. O., S. 288–310.
[43] Chaussy – Ueberschär: „*Es lebe die Freiheit!*", a. a. O., S. 318.
[44] Chaussy – Ueberschär: „*Es lebe die Freiheit!*", a. a. O., S. 51.
[45] Ebd.

Dabei gäbe es für die geschlechtsdifferenzierende Nennung in der 3. Person, welche die jeweils besonderen Rollen und Aktivitäten von Frauen und Männern hervorhebt, gerade in der Gegenwart genug Anlass. Etwa dann, wenn sich Frauen und Männer in den Staaten, in denen die Frauenrechte die Vorstellungen des frühen Mittelalters spiegeln, als jeweilige Gruppen gegen die Regierungen stellen. In solchen Kontexten spielt die geschlechtsdifferenzierende Nennung in der 3. Person eine sprachlich sinnvolle und angemessene Rolle.

Wenn aber gegenwärtig von den *Einwohnerinnen und Einwohnern* einer autoritär regierten Karibikinsel oder einer griechischen Kulturhauptstadt die Rede ist, dann geht es nicht darum, dass sich diese Frauen und Männer in jeweils besonderer Weise am Widerstand gegen das Regime beteiligt oder sich für den Umweltschutz angesichts eines durch Öltankerwracks verseuchten Hafens eingesetzt hätten. Es wird lediglich penetrant die Trivialität hervorgekehrt, dass in einem Staat oder einer Stadt Frauen und Männer leben. Kein verständiger Sprecher muss darauf ständig hingewiesen werden.

Die Energie, die für die Genderdebatte aufgewandt wird, wäre jedenfalls besser für tatsächliche Frauenpolitik genutzt worden. Durch die politisch wohlfeile ‚geschlechtergerechte Sprache' als solche hat noch keine Frau gleiche Chancen bei gleicher Qualifikation und gleichen Lohn für gleiche Arbeit erhalten[46]. Die Einkommenslücke ist nach wie vor signifikant. „Deutschland ist Europavizemeister im Frauen-schlechter-bezahlen, nur Estland ist schlimmer"[47]. Die Journalistin Birte Meier, der das ZDF für die gleiche Arbeit signifikant weniger bezahlte als ihren männlichen Kollegen, klagte sich durch alle Instanzen. Das ZDF bot der Journalistin 110.000 Euro und vier Monate bezahlte Freistellung für ein diesbezügliches Stillschweigeabkommen an[48].

> Ich bin kein alter weißer Mann und ich habe keine Macht zu verlieren, ich fürchte auch nicht um die deutsche Sprache, die wird das Gendern heil überstehen. Aber ich freue mich über Anglizismen. Denn die erlauben es, Männer und Frauen gleichermaßen als Star, Fan, User, Follower, Freak, Teenager, Gamer, Single etc. zu bezeichnen, und niemand schreit, hier sei die Frau unsichtbar, werde nur mitgemeint, und dies sei ein Zeichen für die Unterdrückung der Frau"[49]. „Junge Mädchen und Frauen finden in den Medien und in der Realität Rollenbilder, die dem MAN-Konzept (Mann als Norm) der Feministischen Linguistik so total widersprechen, dass dieses nur Befremden auslöst. Selbstbewusste Frauen entscheiden

---

[46] Vgl. Kusicke: *Gendern diskriminiert*, a. a. O.: „Dass sich durch das Gendern die Bedingungen und Chancen für Frauen mit der Zeit irgendwie verbessern würden, wird zwar immer wieder impliziert, ein überzeugender Beweis fehlt jedoch." Vgl. Stein: *Symbolkämpfe in der Sackgasse*, a. a. O.: „Soziale Probleme lassen sich nicht symbolisch lösen, das ist Augenwischerei. Die spitzenverdienenden männlichen Führungskräfte lehnen sich im Sessel zurück und lachen sich ins Fäustchen, wenn wir für das große I und das Gendersternchen kämpfen anstatt für Macht und Geld."

[47] Pollatschek: *Deutschland ist besessen von Genitalien*, a. a. O.

[48] Nataly Bleuel: *„110.000 Euro, damit ich die Klappe halte"*, in: *Die Zeit*, Nr. 11, 09.03.2023, S. 24.

[49] Wegener: *Sichtbar oder gleichwertig?*, a. a. O.

sich im Konflikt zwischen ‚sichtbar' oder ‚gleichwertig' für Letzteres. ‚Wer will, dass Männer und Frauen gleich behandelt werden, der muss sie gleich behandeln, und das heißt, sie gleich zu benennen.' (Pollatschek, Tagesspiegel vom 30. August 2020[50])[51].

Spätestens jetzt wäre also die Zeit für die Rückkehr aus der ‚Science Fiction' in die Realität gekommen.

> Man kann gespannt sein, wie lange es dauert, bis Gendern auch in Deutschland überwunden ist, bis Frauen und Männer sprachlich gleich behandelt werden. Es könnte noch dauern, weil den Genderformen durch Leitfäden von Unis und Behörden „nachgeholfen" wird. Ein Verbot würde die Opferfeministen aber nur noch bestärken, es ist auch gar nicht nötig: Genderdeutsch erledigt sich genau wie die oben erwähnten Mittel sexistischer Hervorhebung oder auch das Pronomen frau, das völlig untergegangen ist, von allein. Den Genderern, die jetzt mit geradezu missionarischem Eifer Druck ausüben, wird es nicht leichtfallen zuzugeben, dass sie eine sexistische Sprache entwickelt haben und dass sie anderen in der Entwicklung einer diskriminierungsfreien Sprache hinterherhinken. Schließlich müssen all die Leitfäden umgeschrieben werden[52].

Erwachsener, demokratischer – und ein Zeichen der Respektierung der Menschenwürde, wie sie im Artikel 1.1 des Grundgesetzes gefordert wird – wäre es freilich, wenn niemand auf die Idee käme, seinen Mitmenschen ohne ernstzunehmende wissenschaftliche Grundlage Leitfäden und Vorschriften für deren Sprechen und Schreiben vorzusetzen. „Mir ist nicht wohl dabei, wenn Formulieren, vor allem auch schriftliches Formulieren, zu einem Slalom um ‚verbotene' oder nicht angeratene Ausdrucksformen wird. Was hier als kreative neue Wege verkauft wird, sind über weite Strecken krampfhafte Vermeidungsstrategien. So werden wir unsere Sprache mit all ihren Schwächen und (vielleicht) Ungerechtigkeiten endgültig zu lieben verlernen"[53].

---

[50] Sc. Pollatschek: *Deutschland ist besessen von Genitalien*, a. a. O.
[51] Wegener: *Sichtbar oder gleichwertig?*, a. a. O.
[52] Wegener: *Sichtbar oder gleichwertig?*, a. a. O.
[53] Zifonun: *Die demokratische Pflicht*, a. a. O., S. 48.

14 Immunisierungsstrategien

Missionarische Vertreter der feminismusaffinen Linguistik haben inzwischen ein differenziertes Repertoire an diskursiven Strategien zur Abwehr wissenschaftlicher Kritik entwickelt, die auch als Immunisierungsstrategien bezeichnet werden könnten. Weiter oben (Kapitel 5. 5) ist bereits im Zusammenhang der „vier Stile" auf solche Persuationstechniken eingegangen worden, mit denen ein seit 1200 Jahren belegter systematischer Sprachgebrauch des Deutschen als sprachkonservatives Register abgetan wird.

Eine diskursive Strategie des spanischen Sprachwissenschaftlers Ignacio Bosque, der mexikanischen Sprachwissenschaftlerin Concepción María del Pilar Company Company und Peter Eisenbergs, so Lidia Becker, bestehe darin, die Tatsache zu verschleiern, dass ihre energischen Bemühungen um die Konservierung eines veralteten Sprachzustands mindestens ebenso gut in die Kategorien ‚Ideologie' und ‚Radikalismus' fielen wie die von ihnen kritisierten Vorstöße. Bei der Auseinandersetzung um die genderneutrale Sprache gehe es ganz klar um normative Diskurse in einem Kampf zwischen ‚VertreterInnen' von progressiven und konservativen Ideologien. Selbstverständlich sei es kein Zufall, dass Bosque im RAE-Bericht die Vorschläge der spanischen Gewerkschaften und der Bolivarischen Republik Venezuela [!] kritiziere[1], während Eisenberg die Grünen zu ignoranten ‚SprachschänderInnen' stilisiere[2]. Mit dem RAE-Bericht gemeint ist der Bericht ‚Sexismo lingüístico y visibilidad de la mujer'[3], verfasst von Ignacio Bosque, Professor für spanische Sprache an der Complutense-Universität Madrid, Sprecher der Neuen Grammatik der spanischen Sprache und Mitglied der Real Academia Española, eine Analyse von neun Leitfäden für eine nicht-sexistische Sprache, angenommen von allen Mitgliedern der Akademie 2012. Die politische Dimension ihrer Argumentation sei offensichtlich, ungeachtet dessen, dass sie ihre eigene, konservative Position als ‚unpolitisch', ‚neutral' und ‚normal' tarnten[4].

Becker führt sodann zur Frage der Akzeptanz genderneutraler Sprache aus[5], dass die beiden konservativen Ideologeme, die sie in ihrer Studie identifiziert habe (Ideologem der ‚Objektivität' und ‚Naturgegebenheit' von Sprache und Ideologem der ‚radikalen' GegnerInnen), die Sprachrepräsentationen eines Großteils der Sprecherinnen und Sprecher prägten [sc. der sogenannten ‚linguistischen Laien']. Eine konservative Sprachhaltung gehe aber sogar nicht selten mit progressiven politischen Ansichten einher. Bosque weise im RAE-Bericht z. B. auf feministische Schriftstellerinnen hin, die genderneutrale

---

[1] „Die Kritik an der Verfassung eines souveränen Staates von einer angeblich kulturellen Institution aus und auf der gleichen Ebene mit Sprachleitfäden offenbart mit dieser grotesken Schieflage ein hegemoniales und neokolonialistisches Verhalten [...]": Becker: *Ideologeme und Argumentationsmuster*, a. a. O., S. 333.
[2] Becker: *Ideologeme und Argumentationsmuster*, a. a. O., S. 339.
[3] Sc. ‚Sprachlicher Sexismus und die Sichtbarkeit von Frauen'.
[4] Becker: *Ideologeme und Argumentationsmuster*, a. a. O., S. 339.
[5] Becker: *Ideologeme und Argumentationsmuster*, a. a. O., S. 340.

Vorschläge nicht beachten oder ablehnen. Deborah Cameron hebe hervor, dass der Widerstand gegen neue Sprachformen tatsächlich nicht auf ‚VertreterInnen' konservativer Ideologien beschränkt sei: „Opposition to politically motivated language change is not fuelled only by hostility to feminism or multiculturalism or whatever, but in many cases reflects a second and deeper level of disturbance to people's common-sense notions of language"[6].

Der scheinbare Widerspruch zwischen einer progressiven politischen Haltung und konservativen Sprachrepräsentationen erklärt sich für Becker aus den Prozessen der Einschärfung, Aneignung, Einverleibung und Naturalisierung sprachlicher Normen im Laufe der Sozialisation, die zur Herausbildung eines ‚Habitus' führen. Dazu schreibt José del Valle:

> ‚Es ist eine leicht zu beobachtende Tatsache, dass die Veränderung einer Gewohnheit eine körperliche Auswirkung hat (z. B. erhöhte Adrenalinausschüttung, erhöhte Herzfrequenz, verstärkte Atmung, Schwindelgefühl). Und wie ich bereits erwähnt habe, sind die Regeln oder Normen der Grammatik in den Körper eingeschrieben, weshalb ihre Veränderung für uns ‚schlecht' klingt. In dem Maße, in dem verbale Praktiken unseren Erwartungen entsprechen, wird unser Körper sie ganz natürlich aufnehmen. In dem Maße, in dem sie uns unangenehm sind, reagieren wir auf die Überraschung, die das Neue auslöst, indem wir vielleicht die Form, die es hervorgebracht hat, als unnatürlich markieren. In dieser Körperlichkeit liegt die Basis für die ideologischen Prozesse der Naturalisierung einer Norm, die in ihrem Ursprung eigentlich sozial ist; und in der argumentativen Logik der RAE ist es das autonome grammatische System, das den Platz der natürlichen Befindlichkeit einnimmt, die durch die ungrammatische oder unnatürliche Neuerung gestört wird'[7].

Die Naturalisierung der Sprachnormen, so Becker, bedinge also den etwa von Coseriu beobachteten sprachlichen Konservatismus der allgemeinen Bevölkerung:

---

[6] Deborah Cameron: *Verbal Hygiene*, London/New York 1995 (The Politics of Language), e-Book 2005, S. 122. Sc. ‚Der Widerstand gegen politisch motivierte Sprachänderungen speist sich nicht nur aus der Feindseligkeit gegenüber Feminismus oder Multikulturalismus oder was auch immer, sondern spiegelt in vielen Fällen eine zweite und tiefere Ebene der Störung des gesunden Menschenverstands in Bezug auf Sprache wider'.

[7] „Es un hecho fácilmente constatable que las alteraciones de un hábito tienen un efecto corporal (que puede ser la mayor segregación de adrenalina, el aumento del ritmo cardíaco, la intensificación de la respiración, el mareo). Y, como señalé arriba, las reglas o normas de la gramática están inscritas en el cuerpo y por ello su alteración nos ‚suena mal'. En la medida en que las prácticas verbales se acomoden a nuestras expectativas, nuestro cuerpo las recibirá con naturalidad. Y, por lo mismo, en la medida en que incomoden, reaccionaremos ante la sorpresa causada por lo nuevo acaso marcando como antinatural la forma que la generó. Es en esta corporalidad donde está la base de los procesos ideológicos de naturalización de una norma que en realidad es social en su origen; y en la lógica argumentativa de la RAE es el sistema gramatical autónomo el que ocupa el lugar del hecho natural perturbado por la innovación agramatical o contranatura." José Del Valle: *La política de la incomodidad. Notas sobre gramática y lenguaje inclusivo*, in: *Anuario de Glotopolítica* 2 (2018), S. 13–19, hier S. 17.

> The speakers of a language are normally convinced that they do not change the language, but only realize it; they do not even recognize objectively „new" facts which they themselves created as new facts, but consider them as already „existing" or view them at least as a mere continuation and application of their language tradition. This fact is certainly connected in the first place with the weight and the status of tradition in language as contrasted with other forms of culture, forms in which creativity and the originality of individual creation is most striking.[8]

Jüngste Studien über laienlinguistische Sprachrepräsentationen, so Becker[9], bestätigten deren signifikante Übereinstimmung mit den Ideologemen gegen genderneutrale Sprache, eine Tatsache, die eine hohe Akzeptanz der konservativen Interventionen durch einen großen Teil der Gesellschaft garantiere. So würden die Befragten in Spanien und Italien die Sprache als „eine objektive Einheit, eine externe Realität" betrachten, „als eine statische und ‚monumentale' Realität, fast ein Gut, das geschützt, unveränderlich bewahrt und vor Vandalismus verteidigt werden soll".

Die zitierten Ausführungen Coserius beziehen sich, wie weiter oben im Zusammenhang der vier ‚Stile' bereits angemerkt, auf den ‚natürlichen', also ungesteuerten Sprachwandel und die Frage, wie weit er der jeweiligen Sprachgemeinschaft bewusst ist. Es geht nicht eigentlich um eine sprachkonservative Haltung. Dass hier der ungesteuerte Sprachwandel das Thema ist, kann auch ein anderes, von Becker dementsprechend nicht angeführtes Zitat aus dem gleichen Aufsatz zeigen:

> Most, and in a certain light *all*, changes in language norm correspond to the already given functions and procedures of the language system, and most of the changes in the language system correspond to already given principles of the respective language type.[10]

Obwohl das Ideologem der Sprache als ‚Naturgegebenheit' in den am weitesten vom sozio-historischen Verständnis entfernten Bereichen der Sprachwissenschaften weiter tradiert werde, so Becker weiter, hätten zahlreiche Forscherinnen und Forscher dargelegt, dass die ideologische Grundlage der Opposition gegen genderneutrale Sprache aus Sicht von Sprachtheorie und Sprachsoziologie nicht tragfähig sei. Sowohl die Trennung der Sprache von der sprechenden Gemeinschaft als auch die Konstruktion der ‚radikalen'

---

[8] Coseriu: *„Linguistic change does not exist"*, a. a. O., S. 154. Sc. ‚Die Sprecher einer Sprache sind in der Regel davon überzeugt, dass sie die Sprache nicht verändern, sondern nur verwirklichen; sie erkennen nicht einmal objektiv „neue" Tatsachen, die sie selbst geschaffen haben, als neue Tatsachen an, sondern betrachten sie als bereits „vorhanden" oder sehen sie zumindest als bloße Fortsetzung und Anwendung ihrer Sprachtradition. Diese Tatsache hängt sicherlich in erster Linie mit dem Gewicht und dem Status der Tradition in der Sprache im Gegensatz zu anderen Kulturformen zusammen, in denen die Kreativität und die Originalität des individuellen Schaffens am stärksten hervortritt'.
[9] Becker: *Ideologeme und Argumentationsmuster*, a. a. O., S. 341.
[10] Coseriu: *„Linguistic change does not exist"*, a. a. O., S. 155. Sc. ‚Die meisten, und in gewisser Weise alle, Änderungen in der Sprachnorm entsprechen den bereits gegebenen Funktionen und Verfahren des Sprachsystems, und die meisten Änderungen im Sprachsystem entsprechen den bereits gegebenen Prinzipien des jeweiligen Sprachtyps'.

Gegenposition aus der konservativen ‚Normalität' heraus seien Strategien, die von populären Sprachmythen genährt würden. Da die Aufgabe der Wissenschaft u. a. darin bestehe, kollektive Mythen zu dekonstruieren, sei es wichtig, Aufklärungsarbeit zu leisten und neue Repräsentationen zu schaffen, die dem aktuellen sprachtheoretischen Forschungsstand entsprächen. In diesem Sinne sei die Metapher des „Gewässers", die Lobin und Nübling (2018)[11] im Gegensatz zu den Ablagerungs- und Versteinerungsmetaphern evozierten, sicherlich ein sehr begrüßenswerter Vorstoß:

> Das Gerüst von Regeln ist nur eine Abstraktion des Gebrauchs, und ein Bild der Sprache, das zu diesem Befund viel besser passt, ist das eines Gewässers, dessen Lauf, Strömungsgeschwindigkeit und Wasserzusammensetzung sich immer wieder den Umgebungsbedingungen anpasst.

Diese Interpretation stehe im Einklang mit den Bemühungen von George Lakoff, der seit Jahrzehnten für die Schaffung neuer Sprachbilder plädiere, „um die Demokratie zu fördern: ‚Progressives need to learn to communicate using frames that they really believe, frames that express what their moral views really are' (Lakoff 2006)"[12].

Als Folge der Aufklärung über das Wesen der Sprache und die ideologischen Grundlagen der sprachlichen Normativität werden informierte SprecherInnen in der Lage sein, die Entscheidung zwischen der einen oder anderen Sprachform zu treffen und auf der Grundlage „einer dialektischen Verbindung zwischen Notwendigkeit und Freiheit" „sprachliche Verantwortung" zu übernehmen (Vološinov 1993 [1928][13]: 89). Mit dieser Forderung nach einer aktiven Einbindung des „sprechenden Bewusstseins" „in den Prozess der historischen

---

[11] Lobin – Nübling: *Tief in der Sprache lebt die alte Geschlechterordnung fort*, a. a. O.

[12] Becker: *Ideologeme und Argumentationsmuster*, a. a. O., S. 342. Zitat aus George Lakoff: When Cognitive Science Enters Politics, in: Rockridge Institute. Im Kontext geht es um unwahrhaftige und aufrichtige Frames: „Propaganda is another manipulative use of framing. Propaganda is an attempt to get the public to adopt a frame that is not true and is known not to be true, for the purpose of gaining or maintaining political control. The reframing I am suggesting is neither spin nor propaganda. Progressives need to learn to communicate using frames that they really believe, frames that express what their moral views really are. I strongly recommend against any deceptive framing." Sc. ‚Propaganda ist eine weitere manipulative Anwendung von Framing. Propaganda ist ein Versuch, die Öffentlichkeit dazu zu bringen, einen Frame anzunehmen, der nicht wahr ist und von dem man weiß, dass er nicht wahr ist, um die politische Kontrolle zu erlangen oder zu behalten. Das Reframing, das ich vorschlage, ist weder Spin noch Propaganda. Progressive Politiker müssen lernen, mit Frames zu kommunizieren, an die sie wirklich glauben, Frames, die ausdrücken, was ihre moralischen Ansichten wirklich sind. Ich rate nachdrücklich von jeglichem täuschenden Framing ab.'

[13] Sc. Vološinov, Valentin (M. M. Bachtin) (1993 [1928]): Marksism i filosofiâ âzyka. Osnovnye problemy sociologičeskogo metoda v nauke o âzyke [...] ‚Marxismus und Sprachphilosophie. Grundlegende Probleme der soziologischen Methode in der Sprachwissenschaft'. Moskwa: Labirint. [Übersetzung ins Französische: Valentin N. Voloshinov (2010): Marxisme et philosophie du langage. Les problèmes fondamentaux de la méthode sociologique dans la science du langage, übersetzt von Patrick Sériot & Inna Tylkowski-Ageeva. Limoges: Lambert-Lucas]. Angaben nach Becker: *Ideologeme und Argumentationsmuster*, a. a. O., S. 348. Das Buch ist

Entwicklung" mutet Vološinov (1993 [1928]: 89) der SprecherInnengemeinschaft deutlich mehr zu als Eisenberg mit der folgenden Vorstellung einer ‚Sprachanarchie', die gleichzeitig im Widerspruch zu dem von ihm propagierten notwendigen Festhalten an der veralteten Sprachnorm steht: „Wo die Normalsprecherin und der Normalsprecher nicht mehr reden und schreiben können, wie ihnen Hand, Kopf und Schnabel gewachsen sind, vergehen wir uns an ihnen und an der Sprache. (PE-DerTagesspiegel-2018) [14].

Es sei zu hoffen, so Becker[15], dass in absehbarer Zukunft nicht nur Eisenberg mit seinen Argumenten gegen die genderneutrale Sprache in der Minderheit bleiben werde, sondern dass auch die harte antifeministische Front der RAE ihre Position abschwächen werde, da immer mehr Frauen in die Akademie eintreten würden und die Netzwerke der ‚alten Männer' auflösten. Die ‚Hardliner' würden derzeit vom Schriftsteller Arturo Pérez-Reverte, dem Autor der Alatriste-Reihe, angeführt, der seiner Institution vorgeworfen habe, sich „durch radikales ultrafeministisches Mobbing" einschüchtern zu lassen. Auf der anderen Seite äußere sich Inés Fernández-Ordóñez, das jüngste RAE-Mitglied und Spezialistin für Dialektologie und Philologie, differenziert und selbstkritisch über die genderneutrale Sprache:

> Es ist schwierig. In Sprachen ist eine einmal versteinerte Struktur nicht leicht umkehrbar. In bestimmten Zusammenhängen würde ich die Unterscheidung ‚Kandidaten und Kandidatinnen' nicht verwenden, aber das bedeutet nicht, dass wir von der RAE aus sie zensieren sollten. [...] Sprachstrukturen sind vererbt und können nicht per Dekret geändert werden. Diesen Gruppen [sc. den Vertretern der feministischen Linguistik] hat man aufgezeigt, dass die Struktur unserer Sprache so funktioniert, aber sie schlagen vor, sie zu ändern und, was mehr ist, sie tun es auch. Sie müssen respektiert werden. Sprache bedeutet permanente Veränderung, und so wie früher das Zusammenleben außerhalb der Ehe nicht möglich war und heute nur noch 20 % der Bevölkerung heiraten, müssen wir uns offen zeigen. (Fernández-Ordóñez, zit. nach Ruiz Mantilla 2016[16])[17].

---

auf Deutsch erschienen: Valentin N. Vološinov: *Marxismus und Sprachphilosophie. Grundlegende Probleme der soziologischen Methode in der Sprachwissenschaft*. Hg. und eingeleitet von Samuel N. Weber, Frankfurt/M. [u. a.] 1975 (Ullstein-Bücher 3121).

[14] Becker: *Ideologeme und Argumentationsmuster*, a. a. O., S. 342. Zitat aus Eisenberg: *Finger weg vom generischen Maskulinum!*, a. a. O.

[15] Becker: *Ideologeme und Argumentationsmuster*, a. a. O., S. 342.

[16] Sc. Jesús Ruiz Mantilla: *Los académicos y las académicas discuten sobre sexismo lingüístico*, in: *El País*, 19.10.2016.

[17] Becker: *Ideologeme und Argumentationsmuster*, a. a. O., S. 343: „Es difícil. En las lenguas, una vez que una estructura se fosiliza no es fácilmente reversible. En ciertos contextos, yo no usaría la diferenciación candidatos y candidatas, pero no por eso desde la RAE debemos censurarlo". [...] „Las estructuras lingüísticas son heredadas y no se pueden cambiar por decreto. A dichos colectivos se les ha hecho ver que la estructura de nuestra lengua funciona así, pero proponen cambiarla y, es más, lo practican. Deben ser respetados. La lengua supone cambio permanente y lo mismo que si antes no se podía convivir fuera del matrimonio y hoy solo el 20 % de la población se casa, debemos mostrarnos abiertos".

Wenn Fernández-Ordóñez fordert, den Sprachgebrauch der Anhänger feministischer Linguistik zu respektieren, fragt sich, wo der Respekt für die Vertreter nichtfeministischer Sprachpraxis bleibt. Und so liefert die von Becker referierte Position die Erklärung für die in den vorliegenden Studien zum genderneutralen Maskulinum verschiedentlich festgestellte latente Verachtung der ‚linguistischen Laien' durch Aktivisten der Genderlinguistik, ihre offensichtliche Immunität gegen wissenschaftliche Kritik sowie ihre Gleichgültigkeit gegenüber der Ablehnung der Gendersprache durch die Mehrheit der Bevölkerung. In der körperlichen Eingeschriebenheit liege die Basis für die ideologischen Prozesse der Naturalisierung einer Norm, die in ihrem Ursprung eigentlich sozial sei. Die Sprecher würden in ihrer konservativen Haltung durch Sprachwissenschaftler bestärkt, die veraltete Grammatikmodelle verträten, die eine statische Norm suggerierten. Da die Aufgabe der Wissenschaft u. a. darin bestehe, kollektive Mythen zu dekonstruieren, sei es wichtig, Aufklärungsarbeit zu leisten und neue Repräsentationen zu schaffen, die dem aktuellen sprachtheoretischen Forschungsstand entsprächen.

Nun haben die ‚konservativen' Grammatiker sicher nicht das schlichte Bild vom sprachlichen System, das ihnen von der Genderlinguistik vorgeworfen wird. An der Genderlinguistik wiederum scheinen die meisten älteren und neueren Sprachwandeltheorien vorbeigegangen zu sein, ob nun von Hermann Paul[18], Hans Henrich Hock[19], Helmut Lüdtke[20] oder Rudi Keller[21]. Das vorgeschlagene Reframing mit dem Bild des Gewässers ist sprachwandeltheoretisch nicht ernsthaft diskutabel. Vor allem bezeichnend für die geistige Haltung der Genderlinguistik ist das Bild von der Sprachgemeinschaft als einer einfältigen Masse, die jegliche Veränderung schon aufgrund der psychosomatisch bedingten Beschwerden ablehne, die sie bei ihr auslöse. Dazu passt auch, dass die Genderlinguistik zwar in Assoziationstests das Unterbewusstsein von Gewährspersonen für ihre Zwecke heranzieht, aber deren kognitive Überzeugungen nicht ernst nimmt. Der Gegenpol zum Narrativ von der psychosomatisch bedingt konservativen Masse ist die Vorstellung von einer elitären Minderheit in der Sprachwissenschaft; sie sei dem gesellschaftlichen Fortschritt verpflichtet und verfüge über die richtigen, wahren Erkenntnisse, die deshalb auch durchgesetzt werden müssten.

Dass bei solchen latent totalitären Vorstellungen Stimmen aus der marxistischen Sprachphilosophie Pate stehen und Beidnennungen in der Verfassung von Venezuela als Vorbild für gerechten sprachlichen Fortschritt genannt werden, ist konsequent. Im Jahr 2019, als der hier behandelte Aufsatz abgefasst wurde, berichtet Amnesty International, dass die Verschlechterung der Lebensbedingungen und die systematischen Verletzungen der wirtschaftlichen, sozialen und kulturellen Rechte mehr als 3,7 Millionen Menschen zur Flucht aus dem Land gezwungen haben[22]. 2023 wird gemeldet, dass eine Geberkonferenz auf Initiative der EU und Kanadas 810 Millionen Euro für venezolanische Flüchtlinge gesammelt habe.

---

[18] Paul: *Prinzipien der Sprachgeschichte*, a. a. O.
[19] Hans Henrich Hock: Principles of Historical Linguistics, Berlin/Boston 2021 (Trends in Linguistics. Studies and Monographs 34).
[20] *Kommunikationstheoretische Grundlagen des Sprachwandels*. Hg. von Helmut Lüdtke, Berlin/New York 1980 (Grundlagen der Kommunikation).
[21] Keller: *Sprachwandel*, a. a. O.
[22] Amnesty International: *Drei Fakten zur Menschenrechtslage in Venezuela*, 06.09.2019.

Nach Schätzungen des Flüchtlingshilfswerks der Vereinten Nationen sind rund sieben Millionen Venezolaner aus ihrem Land geflohen, das seit Jahren unter einer schweren politischen und wirtschaftlichen Krise leidet. Zugleich geht Venezuelas sozialistischer Staatschef Maduro mit harter Hand gegen die Opposition vor und lässt Kritiker in Haft bringen. Dabei soll es auch zu Menschenrechtsverletzungen wie Folter und sexueller Gewalt gekommen sein[23].

Somit liefert eine Vertreterin der Genderlinguistik selbst das überzeugendste Beispiel dafür, dass konstruktivistisch inszenierte Verbalgerechtigkeit, etwa in der Verfassung „eines souveränen Staates"[24], aus dem fast ein Fünftel der Bevölkerung geflohen ist, und die politisch-gesellschaftliche Realität nichts miteinander zu tun haben müssen.

---

[23] Deutschlandfunk: *Geberkonferenz für venezolanische Flüchtlinge. 810 Millionen Euro auf Initiative von EU und Kanada gesammelt*, 18.03.2023.
[24] Becker: *Ideologeme und Argumentationsmuster*, a. a. O., S. 333.

15 Zusammenfassung

Die Darstellung behandelt ausgehend vom Epikoinon, das unabhängig vom maskulinen, femininen oder neutralen Genus Lebewesen aller Geschlechter und Gender bedeutet (*der Mensch, die Person, das Individuum*), die geschlechtsübergreifenden Maskulina (*der Einwohner, der Leser, der Tourist*). Diesen schreibt die feministische Sprachkritik aufgrund der von ihr postulierten ausschließlich komplementären semantischen Opposition ‚männlich' – ‚weiblich' von Paaren wie *der Leser – die Leserin* nur eine ‚pseudogenerische' Bedeutung zu. Die Studie untersucht, auf welcher argumentativen Grundlage die Indikationslosigkeit des Genus bei geschlechtsübergreifenden Maskulina abgestritten wird, befasst sich mit der Praxis feministischer Sprachpolitik, stellt die funktionalen Konsequenzen gendersensitiver Sprechweise dar und geht auf sprachvergleichende und prämissenkritische Gesichtspunkte ein. Der Ursprung der feministischen Linguistik sowie die Funktion des Genus und seine Genese werden thematisiert. Weitere Überlegungen gelten dem Genus in den Sprachen der Welt und Jacob Grimms Sexualisierung der Grammatik.

Ergebnis ist, dass die feministische Linguistik auf veralteter Theorie, methodischem und sachlichem Irrtum sowie ideologischer Antipathie basiert. Die gendersensitive Sprechweise beruht erstens mit ihrer Gleichsetzung von Genusakzidenz und Sexusbezug bei den Maskulina mit Movierungsmöglichkeit theoretisch auf einer seit langem veralteten, auf Denken des 18. Jahrhunderts zurückgehenden sexualisierten Genustheorie des frühen 19. Jahrhunderts. Sie lehnt das ‚männliche, pseudogenerische' Maskulinum auf der Grundlage einer unzutreffenden semantischen Analyse (als ausschließlich ‚männlich') ab, welche die seit Trubetzkoy, Jakobson und Greenberg bekannte Möglichkeit einer auch privativen Opposition zwischen unmarkierter (*Leser* ‚jemand [sexuell unbestimmt], der liest') und markierter Form (*Leserin* ‚weibliche Person, die liest') leugnet. Es gebe lediglich die komplementäre Opposition (*Leser* ‚männliche Person, die liest' – *Leserin* ‚weibliche Person, die liest'). Genderneutrale Verwendung sei eine ‚Gebrauchsgewohnheit', wenn nicht ‚Angewohnheit'. Sie verquickt Synchronie mit Diachronie und missdeutet explizites sprachliches Zeigen (‚visibility') als Garant für Geschlechtergerechtigkeit (*Leserinnen und Leser; Leser*innen*). Auch damit befinden sich die feministische und die darauf aufgesetzte queere Position objektiv im Irrtum. Denn sprachliches Zeigen ist in bestimmten Sprachen gerade diskriminierend, weshalb sich nicht zuletzt alle mit dem Deutschen enger verwandten Sprachen dagegen entschieden haben. Sie verwenden vielmehr, ob sie ein Genus Maskulinum haben oder nicht, die nicht abgeleiteten Lexeme für beide Geschlechter. Und drittens resultiert die feministische Position unter anderem bei nicht etwa latenter, sondern explizit vorgetragener biologistischer Geringschätzung des Mannes (zumindest) aus ideologischer Antipathie, theoretisch ein absolutes no go. Das zusammen ergibt in der Tat eine ‚fatale' Verbindung. Zentral ist der vielfach erhobene Einwand, dass der feministischen Linguistik wissenschaftliche Standards fehlen. Da parteilich ein konkretes Ziel verfolgt wird[1], kann nicht vorurteilsfrei geforscht werden (petitio principii), auch wenn selbstverständlich klar ist, dass „immer eine Beziehung zwischen der wissenschaftlichen Tätigkeit, dem forschenden Subjekt und den jeweiligen politischen, sozialen und kulturellen Gegebenheiten" besteht, „in die beide eingebunden sind"[2]. Mit dieser grundsätzlich richtigen Erkenntnis können aber keine unbeweisbaren Grundannahmen, Falschdarstellungen und ‚realitätskorrigierende' Manipulationen gerechtfertigt werden. Das hat sicher Max Horkheimer auch nicht gemeint, wenn er schreibt, dass eine Wissenschaft, die in eingebildeter Selbständigkeit die Gestaltung der Praxis, der sie diene und angehöre, bloß als ihr Jenseits betrachte und sich mit der Trennung von Denken und Handeln bescheide, auf Humanität schon verzichtet habe[3]. Die These, Sprache transportiere patriarchale Machtstrukturen und verstetige sie in der unbewussten Anwendung, ist nicht beweisbar. „Der Feminismus ist, wie Pusch (1984[4]: 134) definiert, die Theorie der Frauenbewegung, eine Theorie, die sprachwissenschaftlich weder fundiert noch widerlegt werden kann"[5]. Postulate über sprachliche Erscheinungen, die aufgrund dieser Theorie aufgestellt werden, können hingegen widerlegt werden.

Das geschlechtsübergreifende Maskulinum ist seit den Anfängen der Überlieferung der deutschen Sprache belegt. Es ist eine lexikalisierte und damit systemhafte Bedeutungsvariante, also mehr als nur eine ‚Gebrauchsgewohnheit' – als ob die Sprache nicht insgesamt eine Gebrauchsgewohnheit wäre –, schon gar keine ‚sehr junge und wenig stabile', wie wahrheitswidrig behauptet wird, nämlich im Sinne einer auf Metonymie beruhenden schmückenden Redefigur für besondere Gelegenheiten.

Das eigentliche Problem ist nicht die Existenzfrage, sondern die Erkennbarkeit. Aufgrund der Homonymie mit dem sexusspezifischen Maskulinum, der morphologischen Konkurrenz mit den -in-Ableitungen, aufgrund kognitionspsychologischer Stereotype und feministischer Medienarbeit kann das geschlechtsübergreifende Maskulinum bei singularischer Referenz mitunter als solches schwerer erkannt werden, während es bei pluralischer Referenz mit geeigneter kontextueller Einbindung funktioniert. Im Übrigen zeigen gerade Tests zu kognitiver Textverständlichkeit und grammatischer Akzeptanz gegenüber den zahlreicheren und medial weitaus stärker präsenten Assoziationstests, mit denen eine konnotative Unterrepräsentation von Frauen behauptet wird, dass Texte mit genderneutralem Maskulinum in der Praxis nicht schlechter verstanden werden als solche mit ‚geschlechtergerechter' Sprache. Die Ergebnisse von sprachpsychologischen Assoziationstests gelten im Rahmen künstlich restringierter Verstehensmöglichkeiten, die dort mittels entsprechender Versuchsanordnungen herbeigeführt werden. Mit Assoziationstests machen sich feminismusaffine Forscher argumentativ das Phänomen zunutze, dass

---

[1] Samel: *Einführung in die feministische Sprachwissenschaft*, a. a. O., S. 39–40; Kotthoff – Nübling: *Genderlinguistik*, a. a. O., S. 13.
[2] Hellinger: *Kontrastive Feministische Linguistik*, a. a. O., S. 47.
[3] Max Horkheimer: *Kritische Theorie der Gesellschaft*. Band II, Frankfurt 1968, S. 190, zitiert bei Hellinger: *Kontrastive Feministische Linguistik*, a. a. O., S. 47; Gorny: *Feministische Sprachkritik*, a. a. O., S. 519.
[4] Sc. Pusch: *Das Deutsche als Männersprache*, a. a. O.
[5] Thim-Mabrey: *Ist das Deutsche eine Männersprache?*, a. a. O., S. 157.

mit dem lexikalisch genderneutralen Maskulinum durch das Genus praktisch unausweichlich eine Geschlechtsassoziation verbunden ist, die von einem analogischen Rückschluss der Sprachträger aus dem Bereich der geschlechtsspezifisch gebrauchten Maskulina herrührt. Missinterpretationen dieser Art gelten, ein weiterer methodischer Fehler der Argumentation mit Assoziationstests, nicht für vollständig durchkontextualisierte Sprechsituationen des Alltags. Aus sprachwissenschaftlicher Sicht ist die feministische Position nicht haltbar und als Sprachideologie einzustufen. „Eine Diskriminierung von Frauen durch den eindeutigen Gebrauch von sexusneutralen maskulinen Personenbezeichnungen ist objektiv unmöglich und kann nur aus ideologischen Gründen oder aus mangelnder Kenntnis des sprachlichen Sachverhalts behauptet werden"[6].

Mit dem Nebeneinander von markierten und nicht markierten Formen wie *Einwohnerinnen und Einwohner*, *Berlinerinnen und Berliner* oder *Steuerzahlerinnen und Steuerzahler* ist im Übrigen einer Gleichberechtigung der Geschlechter keineswegs Rechnung getragen und wird auch sprachlich nicht besonders sichtbar gemacht. Je nach Kontext werden genderneutrale Maskulina aufgrund der Kenntnis der Welt mühelos verstanden, nämlich, dass mit *Einwohner*, *Berliner* oder *Steuerzahler* immer Vertreter beider natürlichen Geschlechter oder queerer Personen gemeint sein können. Entscheidend für die kognitive Repräsentanz von Frauen, Männern und queeren Personen ist die gesellschaftliche und soziale Realität, nicht die sprachliche Form eines Ausdrucks, die allenfalls in Assoziationstests als Trigger einer ‚männlichen' Vorstellung durchschlägt. Kein verständiger Sprachteilhaber wird ernsthaft annehmen, dass ein Satz *Die Tafel unterstützt Arbeitslose, Rentner und Geringverdiener mit Nahrungsmitteln – darunter viele Alleinerziehende und Migranten*[7] nur von Männern handelt. Der Sprache wird mit der ‚geschlechtergerechten' und ‚gendergerechten' Sprechweise eine Aufgabe aufgelastet, die sie nicht leisten kann und, wie nicht nur die verwandten Sprachen zeigen, auch nicht leisten muss.

Die rechtliche Gleichstellung der Frau war in der Bundesrepublik Deutschland bereits vor der medialen Propagierung der Gendersprache erreicht worden und besteht in der Gegenwart ohne Zweifel. Was eine faktische Gleichstellung im Hinblick auf gleiche Bezahlung und gleiche berufliche Chancen angeht, wird durch die politisch wohlfeile gegenderte Sprache lediglich ‚konstruktivistisch' bis hin zur Selbstdarstellung postulierter Fortschrittlichkeit sprachlich verschleiert, dass faktisch eine Gleichberechtigung in vielen Bereichen (noch) nicht gegeben ist. Demgegenüber sind nicht gendernde Gesellschaften der mit dem Deutschen näher verwandten Sprachen in dieser Hinsicht teilweise durchaus weiter fortgeschritten. Eine gegenderte deutsche Sprache ändert an der gesellschaftlichen und sozialen Wirklichkeit nichts. Sie ist Ausdruck von konstruktivistischem Sprachaberglauben, Fassade in einem potemkinschen Dorf und Beschäftigungstherapie für Leute, die die Begründung der Gendersprache nicht hinterfragen, aber bei deren Gebrauch das Gefühl haben, auf der Seite gesellschaftlichen Fortschritts zu stehen. In dessen Namen werden Vorschriften hinsichtlich ‚fairer' Sprache erlassen. Ein Blick auf Strukturen überwiegend männlich besetzter Chefetagen und den gender pay gap, der in Deutschland unbereinigt bei 18 % und bereinigt bei 7 % liegt, zeigt, dass es sich bei dem sprachlichen Paradigma um Augenwischerei handelt.

---

[6] Lieb – Richter: *Zum Gebrauch von Personenbezeichnungen*, a. a. O., S. 152.
[7] Johanna Schoener: *Armutszeugnis*, in: *Die Zeit*, Nr. 8, 16.02.2023, S. 40.

Festzuhalten ist, dass die Gendersprache in ihrer ‚geschlechtergerechten' Form entgegen einer weit verbreiteten Meinung und entgegen der Selbsteinschätzung der Beteiligten ursächlich nicht einmal auf die feministische Linguistik zurückgeht. Vielmehr ist die Initialzündung durch die deutsche Bundesregierung in den späten 70er und frühen 80er Jahren ausgelöst worden, konkretisiert in ‚geschlechtergerechten' Neufassungen der Ausbildungsordnungen von 1979 und 1980 durch das damalige SPD-geführte Bundesministerium für Bildung und Wissenschaft und durch die Vorschrift des BGB von 1980, eine Stelle stets für beide Geschlechter auszuschreiben. Die hinter dem beabsichtigten gesellschaftspolitisch fortschrittlichen Zweck stehenden Ansichten zur Sprache laufen bei der Politik auf einen schlichten Irrtum über die lexikalische Bedeutung des ‚generischen' Maskulinums und eine ebenso naive Idee von der Rolle ‚geschlechtergerechter' Sprache für die Bewusstseinsbildung hinaus. In der sich ungefähr gleichzeitig in ersten Beiträgen linguistischer Fachzeitschriften entwickelnden Diskussion über das ‚generische' Maskulinum vertreten feministische Autorinnen in Bezug auf die beiden genannten Punkte die gleichen Ansichten. Die linguistische, in die Gesellschaft hineinwirkende eifernde Auseinandersetzung („Frauen fordern eine gerechte Sprache") wird der Sozialdemokratie und dann auch der übrigen Politik willkommen gewesen sein. Sie konnte dazu beitragen, politische Reformen mit dem Prädikat und der Autorität der Wissenschaftlichkeit zu versehen und so von der Politik statuierte Normen zu subsistenten (gesellschaftlich-sozialen) Normen zu machen. „Beim ‚Kampf' um die Durchsetzung bestimmter Prinzipien und Vorstellungen ist die Normierung der Sprache oft nur Nebenprodukt"[8].

Allerdings schossen die Begründerinnen der feministischen Linguistik über die Ziele der Politik alsbald weit hinaus. Sie führten das theoretisch völlig schlichte Modell ad absurdum, indem sie es auch konstruktivistisch, biologistisch und verschwörungstheoretisch aufluden. Durch Vertreter der Genderlinguistik wurde das Modell mit methodisch fragwürdigen sprachpsychologischen Tests, objektiv feststellbaren semantischen und sprachgeschichtlichen Falschbehauptungen und lexikographischen Manipulationen wissenschaftlich desavouiert. Schließlich vermarkteten politisierende Wissenschaftler die Gendersprache als eine Sache der Moral, der political correctness und der richtigen politischen Haltung. Das Ganze gipfelt in der absurden Behauptung, nunmehr müsse sich derjenige rechtfertigen, der Gendersprache *nicht* verwendet.

Den Sprechern des Deutschen wird aufgrund ideologisch überhöhter grammatisch bedingter Suggestionen in Perzeptionstests medial eingeredet, genderneutrale Maskulina seien sexistisch, obwohl niemand (außer ‚Feminist*innen') sie so versteht, wenn sie in üblichen Kontexten verwendet werden. Niemand fragt einen Sprachträger *in actu*, was und wen er bezeichnen will, wenn er vom *Kunden* als König, von Frauen als den *Lesern* der Romane Thomas Manns und vom Beifall der *Besucher* nach einem Konzert spricht. Es ist ohnehin grundsätzlich zu bezweifeln, ob bei alltäglicher Sprachverwendung der durch Assoziationstests überhaupt erst aktualisierte ‚Bildgenerator' eine Rolle spielt. Die sprachliche Bedeutung dürfte vielmehr ohne ‚Bilder im Kopf' abstrakt funktionieren; sie hat einen nicht-ikonischen Charakter. Wenn jemand sagt, er *müsse noch zum Bäcker* oder *der Bäcker hatte schon zu*, denkt er gewiss nicht an eine konkrete mehlbestäubte Person in der Backstube, sondern allenfalls daran, dass er ein Brot kaufen will bzw. wollte, und

---

[8] Wittemöller: *Weibliche Berufsbezeichnungen im gegenwärtigen Deutsch*, a. a. O., S. 148.

zwar in dem Bäckerladen, in dem er vermutlich stets nur die Verkäuferinnen und die Backwaren gesehen hat, aber noch nie einen Bäcker.

Insgesamt liegt der Entwicklung zur gegenderten Sprache ein Prozess der dritten Art im Sinne des mandevilleschen Paradoxons zugrunde. Im Sinne des mandevilleschen Paradoxons deshalb, weil gute Absichten, nämlich die Gleichberechtigung und Gleichstellung aller Menschen zu fördern, nicht nur auf der Seite der Linguistik ein negatives Ergebnis hervorbrachten, sondern auch auf der Seite des Sprachgebrauchs. Die Ansicht, dass Frauen beim ‚generischen' Maskulinum wie *Einwohner* immer nur (nebenbei) ‚mitgemeint' seien und damit zu wenig nach außen repräsentiert würden, führt zu halbstaatlichen, wissenschaftlich unbegründeten und moralisierenden Sprachvorschriften, zur politischen Verdächtigung, zu penetrantem, ennuyierendem, unökonomischem und pragmatisch sinnlosem Pleonasmus bei ‚geschlechtergerechten' Beidnennungen für Gruppen wie *Wienerinnen und Wiener*. Sie führt zu stilistischer Hölzernheit und Monotonie bei der hypertrophen Verwendung immer der gleichen wenigen Epikoina wie *Menschen* (*Katholiken → katholische Menschen*), sie führt zur Entpersönlichung der Sprache, wenn Personenbezeichnungen durch Sachbezeichnungen ersetzt werden (*Journalisten → Redaktion*). Semantische Schiefheit und Kuriosität stellen sich bei den Partizipialsubstantiven wie *Musizierende, Unterzeichnende* und *Nichtschwimmende* ein. Des Weiteren wird ein semantisch diametral falsches ‚inklusives' Femininum (*die Herausgeberinnen* für eine Frau und einen Mann) postuliert. Schließlich entstehen Aussprachesschwierigkeiten sowie semantische und morphologische Systemfremdheit und Sprachtypusverletzung bei den von der queeren Linguistik kreierten ‚gendergerechten' Varianten wie dem Singular *Hausmeister*in* mit ‚entweder-oder-oder'-Bedeutung und davon semantisch unterschiedenem Plural *Hausmeister*innen* sowohl mit ‚entweder-oder-oder'- als auch ‚sowohl-als auch-als auch'-Semantik.

Die feministische Linguistik ist als Ideologie gegen wissenschaftliche Kritik immun und auch gleichgültig gegenüber der mehrheitlichen Ablehnung der Gendersprache durch die Bevölkerung. Denn wenn man die Aussagen in einem 2022 veröffentlichten Beitrag als pars pro toto verstehen darf, ist ihr Bild von der Sprachgemeinschaft, den ‚sprachwissenschaftlichen Laien', das einer einfältigen Masse, die jegliche Veränderung schon aufgrund der psychosomatisch bedingten Beschwerden ablehne, die sie bei ihr auslöse. Dazu passt auch, dass die Genderlinguistik zwar in Assoziationstests das Unterbewusstsein von Gewährspersonen für ihre Zwecke heranzieht, aber deren kognitive Überzeugungen nicht ernst nimmt. Der Gegenpol zum Narrativ von der psychosomatisch bedingt konservativen Masse ist die Vorstellung von einer elitären Minderheit in der Sprachwissenschaft. Diese sei dem gesellschaftlichen Fortschritt verpflichtet und verfüge über die richtigen, wahren Erkenntnisse, die deshalb auch durchgesetzt werden müssten. Zu solchen Anklängen an totalitäre Weltanschauungen passt, dass hier Stimmen aus der marxistischen Sprachphilosophie Pate stehen und Beidnennungen in der Verfassung ausgerechnet von Venezuela als Vorbild für gerechten sprachlichen Fortschritt genannt werden.

Gleichzeitig werden aber aus der Genderlinguistik selbst die ersten Stimmen jüngerer Forscherinnen und Forscher laut, die der Falschbehauptung widersprechen, Maskulina hätten nur eine geschlechtsspezifische Bedeutung. So ist zu hoffen, dass sich hier der Anfang vom Ende einer über 40 Jahre andauernden Diskussion ohne empirische und sprachwissenschaftliche Begründung ankündigt.

Die Verwendung des genderneutralen Maskulinums als Gruppenbezeichnung (*Experten*) wird nur dann durch gleichzeitige Verwendung der Beidnennung *Expertinnen und Experten* delegitimiert[9], wenn diesem Sprachgebrauch die Vorstellung zugrunde liegt, Maskulina seien unter allen Umständen ‚männlich', replizierten und perpetuierten den Mann als Norm und verschwiegen die Frauen. Gegenwärtig wird also in Medientexten, die das flexible Gendern praktizieren, in der Tat ideologisch widersprüchlich formuliert. Die Begründung für die faktische Verwendung des genderneutralen Maskulinums scheint im Bereich einer nicht weiter reflektierten Stilistik und der Sprachökonomie zu liegen. Denn selbst den Verfassern von Texten, die mit einer Beidnennung beginnen und dann zum genderneutralen Maskulinum übergehen, dürfte ein durchgehendes Verwenden der ‚geschlechtergerechten' Ausdrucksweise als zu eintönig, pleonastisch oder geradezu kurios (*Busfahrer → Busfahrerinnen und Busfahrer → *Busfahrende*) erscheinen, wenn nicht nur mechanisch Vorgaben von oben erfüllt werden sollen. Gegenwärtig setzt sich da die List der praktischen Vernunft vor dem Hintergrund ideologisch propagierter Unvereinbarkeitspostulate durch.

Genderneutrales und geschlechtsdifferenzierendes Maskulinum in ein und demselben Text schließen sich als systemhafte Größen nicht notwendigerweise aus, wie man auch neutralisiertes und spezifisches *Tag* zusammen verwenden kann: *Wir waren vierzehn Tage unterwegs, aber es hat leider Tag und Nacht geregnet*. Das setzt jedoch voraus, dass der ideologische Hintergrund der Beidnennungen und sonstiger Schöpfungen ‚geschlechtergerechter' und ‚gendergerechter' Sprechweise aufgegeben wird. Sobald das der Fall ist, kann die Beidnennung dafür eingesetzt werden, zu Beginn eines Textes oder auch wiederholt die Beteiligung beider Geschlechter hervorzuheben, falls das aufgrund kontextueller Undeutlichkeit tatsächlich nötig ist oder zumindest vom Verfasser für erforderlich gehalten wird[10], nicht aber von einer Handreichung, einer Richtlinie, einem Erlass oder einem ‚Handbuch'. Danach und zusammen mit anderen Ausdrucksweisen wäre es möglich, das genderneutrale Maskulinum mit der klaren und unbezweifelten Semantik einer Personenbezeichnung zu verwenden, die kein auf das Geschlecht bezügliches Sem enthält. Alle würden im Deutschunterricht über Folgendes informiert werden: Mit dem genderneutralen Maskulinum sind alle Menschen gemeint. Es hat eine sprachgeschichtliche Tradition seit Anfang der Überlieferung des Deutschen; seine Existenz hat sprachsystematische, sprachpragmatische, sprachökonomische und sprachstilistische Gründe. Dabei erscheint aber nicht der Mann in der Grammatik als Norm. Durch es wird keine Frau und keine queere Person unsichtbar oder soll gar unsichtbar gemacht werden. Vielmehr sind Bedeutungen bei üblicher Sprachverwendung nicht ikonisch, sondern abstrakt. Grammatik ist Grammatik und von etwaigen subkognitiven, in Laborsituationen durch das Genus getriggerten Assoziationen muss abgesehen werden. In einer Genussprache mit teilweiser Korrelation von Genus und Sexusbedeutung treten Geschlechtsassoziationen in psychologischen Tests mehr oder weniger zwangsläufig auf, spielen aber kognitiv in der alltäglichen Sprachpraxis keine Rolle, und zwar bei *allen* Genera.

---

[9] Payr: *Von Menschen und Mensch*innen*, a. a. O., S. 76.
[10] Stein: *Symbolkämpfe in der Sackgasse*, a. a. O.: „Eine pragmatische Handhabung ist nach wie vor verbreitet und vielleicht eine Überlegung wert: Gendern in der Anrede und da, wo es kontextbezogen darauf ankommt, zum Beispiel bei Stellenausschreibungen – sonst nicht."

Zusammenfassung

Hier ist zum Schluss noch einmal auf das in der Genderfrage entspannte Island hinzuweisen: „The common opinion today, even among feminists, is that linguistic gender is strictly grammatical and has no correspondence with gender bias"[11].

---

[11] Grönberg: *Masculine generics in current Icelandic*, a. a. O., S. 181. Sc. ‚Selbst unter Feministen herrscht heute die Meinung vor, dass das sprachliche Geschlecht rein grammatikalisch ist und nichts mit dem Gender Bias zu tun hat.'

Abkürzungsverzeichnis

a. a. O.	am angegebenen Ort	lat.	lateinisch
Abb.	Abbildung	m., M.	Maskulinum
Abs.	Absatz	männl.	männlich
ahd.	althochdeutsch	marokk.	marokkanisch
Anm.	Anmerkung	mask.	maskulin
arab.	arabisch	Mask.	Maskulinum
Art.	Artikel	mhd.	mittelhochdeutsch
Bd.	Band	n., N.	Neutrum
bzgl.	bezüglich	n. Chr.	nach Christus
bzw.	beziehungsweise	Neutr.	Neutrum
ca.	circa	nhd.	neuhochdeutsch
dän.	dänisch	nl.	niederländisch
dgl.	desgleichen	norw.	norwegisch
d. h.	das heißt	Nr.	Nummer
dt.	deutsch	o. Ä.	oder Ähnliches
ebd.	ebenda	o. J.	ohne Jahr
ed.	edited, editor	o. O.	ohne Ort
eds.	editors	Pl.	Plural
e. g.	exempli gratia	poln.	polnisch
engl.	englisch	Pron.	Pronomen
estn.	estnisch	reg.	regional
et al.	et alii	rumän.	rumänisch
etc.	et cetera	s.	siehe
etw.	etwas	S.	Seite
f. (Register)	folgende	sc.	scilicet
f., F.	Femininum	serb.	serbisch
fem.	feminin	schw.	schwedisch
Fem.	Femininum	schweiz.	schweizerisch
ff.	fortfolgende	Sp.	Spalte
finn.	finnisch	span.	spanisch
frnhd.	frühneuhochdeutsch	st.	stark
frz.	französisch	sw.	schwach
ggf.	gegebenenfalls	tsch.	tschechisch
griech.	griechisch	u.	und
hg.	herausgegeben	u. a.	und andere
Hg.	Herausgeber	u. ä.	und ähnliche
idg.	indogermanisch	ugs.	umgangssprachlich
i. e.	id est	usw.	und so weiter
indon.	indonesisch	u. v. a.	und vieles andere
it.	italienisch	v. a.	vor allem
Jh.	Jahrhundert	vgl.	man vergleiche
jmd.	jemand	vs.	versus
kreol.	kreolisch	wdt.	westdeutsch

weibl.	weiblich	zit.	zitiert
Z.	Zeile	z. T.	zum Teil
z. B.	zum Beispiel		

Literaturverzeichnis

Ulrike Ackermann: *Die neue Schweigespirale. Wie die Politisierung der Wissenschaft unsere Freiheit einschränkt*, Darmstadt 2022

Adam, Eva und die Sprache. Beiträge zur Geschlechterforschung. Hg. von Karin M. Eichhoff-Cyrus, Mannheim [u. a.] 2004 (Thema Deutsch 5)

David Adger – Daniel Harbour: *Why Phi?*, in: *Phi Theory: Phi-Features across Modules and Interfaces*, ed. by Daniel Harbour, David Adger, and Susana Béjar, Oxford 2008 (Oxford Studies in Theoretical Linguistics 16), S. 1–34

Astrid Adler – Karolina Hansen: *Studenten, StudentInnen, Studierende? Aktuelle Verwendungspräferenzen bei Personenbezeichnungen*, in: *Muttersprache* 130 (2020), S. 47–63

Anant Agarwala: *Zwingen die Unis zum Gendern?*, in: *Die Zeit*, Nr. 8, 16.02.2023, S. 27

Alexandra Y. Aikhenvald: *A Typology of Noun Categorization Devices*, in: *The Cambridge Handbook of Linguistic Typology*, ed. by Alexandra Y. Aikhenvald and R. M. W. Dixon, Cambridge 2017 (Cambridge Handbooks in Language and Linguistics), S. 361–404

Deutsche Akademie für Sprache und Dichtung: *Drei Fragen zu „gendergerechter Sprache"*, 2019, https://www.deutscheakademie.de/de/aktivitaeten/projekte/2022/sprache/zur-frage-des-genderns, letzter Zugriff 23.12.2022

Götz Aly: *Hitlers Aufstieg zur Macht*, in: *Frankfurter Rundschau*, 30.01.2013. Aktualisiert: 29.11.2019, https://www.fr.de/kultur/hitlers-aufstieg-macht-11273014.html, letzter Zugriff 21.12.2022

Amnesty International: *Drei Fakten zur Menschenrechtslage in Venezuela*, 06.09.2019, https://www.amnesty.de/informieren/aktuell/venezuela-drei-fakten-zur-menschenrechtslage-venezuela, letzter Zugriff 17.03.2023

Helga Andresen: *Bemerkungen zur generischen Neutralisation des Mannes*, in: *Erscheinungsformen der deutschen Sprache. Literatursprache, Alltagssprache, Gruppensprache, Fachsprache. Festschrift zum 60. Geburtstag von Hugo Steger*. Hg. von Jürgen Dittmann, Hannes Kästner und Johannes Schwitalla, Berlin 1991, S. 137–147

Dirk Anger: *Kulturausschuss begrüßt Änderung des Namens. Geschichtspreis mit Gendersternchen*, in: *Westfälische Nachrichten*, Samstag, 4. Februar 2023, Münster, S. 1

Animalia in fabula. Interdisziplinäre Gedanken über das Tier in der Sprache, Literatur und Kultur, hg. von Miorita Ulrich und Dina De Rentiis, Bamberg 2013 (Schriften aus der Fakultät Geistes- und Kulturwissenschaften der Otto-Friedrich-Universität Bamberg 14), file:///C:/Users/WIN 10-64/Downloads/SGuK14UlrichDeRentiisAnimaliaopusseA2.pdf, letzter Zugriff 12.04.2023

Ansturm auf das 49-Euro-Ticket, in: *Westfälische Nachrichten*, 11.04.2023, S. 1

Anteil der weiblichen Lehrkräfte an allgemeinbildenden Schulen in Deutschland im Schuljahr 2020/2021 nach Schulart, in: *statista*, https://de.statista.com/statistik/daten/studie/1129852/umfrage/frauenanteil-unter-den-lehrkraeften-in-deutschland-nach-schulart/, letzter Zugriff 21.12.2022

Christina Antenhofer – Andreas Oberprantacher – Kordula Schnegg (Hg.): *Methoden und Wahrheiten. Geistes- und sozialwissenschaftliche Forschung in Theorie und Praxis*, Innsbruck 2011 (Edited volume series)

Hannah Arendt: *Wie ich einmal ohne dich leben soll, mag ich mir nicht vorstellen. Briefwechsel mit den Freundinnen Charlotte Beradt, Rose Feitelson, Hilde Fränkel, Anne Weil und Helen Wolff*. Hg. von Ingeborg Nordmann und Ursula Ludz, [2]München 2018

Arua E. Arua: *The linguistic representation and communication of gender in Igbo*, in: *Gender Across Languages. The linguistic representation of women and men.* Volume 4. Ed. by Marlis Hellinger, Heiko Motschenbacher, Amsterdam/Philadelphia 2015 (Impact: Studies in language and society 36), S. 227–245

Asylbewerber, in: *Wikipedia*, https://de.wikipedia.org/wiki/Asylbewerber, letzter Zugriff 21.12.2022

Ursula Athenstaedt – Dorothee Alfermann: *Geschlechterrollen und ihre Folgen. Eine sozialpsychologische Betrachtung*, Stuttgart 2011

Aufruf: Wissenschaftler kritisieren Genderpraxis des ÖRR, https://www.linguistik-vs-gendern.de/, letzter Zugriff 25.04.2023

Gwenllian Awberry – Kathryn Jones – Delyth Morris: *The politics of language and gender in Wales*, in: *Gender Across Languages. The linguistic representation of women and men.* Volume 2. Ed. by Marlis Hellinger, Hadumod Bußmann, Amsterdam/Philadelphia 2002 (Impact: Studies in language and society 10), S. 313–330

Jochen A. Bär: *Genus und Sexus. Beobachtungen zur sprachlichen Kategorie „Geschlecht"*, in: *Adam, Eva und die Sprache. Beiträge zur Geschlechterforschung.* Hg. von Karin M. Eichhoff-Cyrus, Mannheim [u. a.] 2004 (Thema Deutsch 5), S. 148–175

Heike Baeskow: *Abgeleitete Personenbezeichnungen im Deutschen und Englischen. Kontrastive Wortbildungsanalysen im Rahmen des Minimalistischen Programms und unter Berücksichtigung sprachhistorischer Aspekte*, Berlin/New York 2002 (Studia Linguistica Germanica 62)

Vincent Balnat: *Geschlechtergerechte Sprache im Land der Académie française*, in: *Muttersprache* 130 (2020), S. 92–96

Keith H. Basso – Henry A. Selby (eds.): *Meaning in Anthropology*, Albuquerque 1996 (A School of American Research Book)

Bauhexe, die, in: *DWDS. Der deutsche Wortschatz von 1600 bis heute*, https://www.dwds.de/wb/Bauhexe, letzter Zugriff 22.12.2022

Antje Baumann: *Gendern in Gesetzen? Eine spezielle Textsorte und ihre Grenzen*, in: Antje Baumann – André Meinunger (Hg.): *Die Teufelin steckt im Detail. Zur Debatte um Gender und Sprache*, Berlin 2017, S. 196–226.

Antje Baumann – André Meinunger (Hg.): *Die Teufelin steckt im Detail. Zur Debatte um Gender und Sprache*, Berlin 2017

Klaus Baumeister: *Neuer Name und erste Preisträgerin. Historiker*innenpreis für Ute Daniel*, in: *Westfälische Nachrichten*, 17.02.2023. Münster, S. 7

Klaus Baumeister: *Prioritätendebatte unumgänglich. Alles geht nicht mehr*, in: *Westfälische Nachrichten.* 21.09.2022. Münsterscher Anzeiger, S. 1

Persson Perry Baumgartinger: *Lieb[schtean] Les[schtean], [schtean] du das gerade liest.... Von Emanzipation und Pathologisierung, Ermächtigung und Sprachveränderungen*, in: *Liminalis* 2008, 2, S. 24–39, https://www.researchgate.net/publication/338338547_Liebschtean_Lesschtean_schtean_du_das_gerade_liest_Von_Emanzipation_und_Pathologisierung_Ermachtgung_und_Sprachveranderungen/link/5e0de29e4585159aa4abe317/download, letzter Zugriff 22.12.2022

Josef Bayer: *Seit wann ist Sprache gerecht?*, in: *Achgut.com*, 21.10.2020, https://www.achgut.com/artikel/seit_wann_ist_sprache_gerecht, letzter Zugriff 22.12.2022

Josef Bayer: *Sprachen wandeln sich immer – aber nie in Richtung Unfug*, in: *Neue Zürcher Zeitung*, 10.04.2019, https://www.nzz.ch/feuilleton/die-geschlechtergerechte-sprache-macht-linguistische-denkfehler-ld.1472991, letzter Zugriff 22.12.2022

Götz Beck: *Laßt doch die Kirche im Dorfe! oder: Wie einige denken, daß Frauen und Männer in der Sprache vorkommen (/sollten). Einige Bemerkungen zur sog. feministischen Linguistik*, in: *Diskussion Deutsch* 22 (1991), S. 94–107

Rose Marie Beck: *Perceptions of gender in Swahili language and society*, in: *Gender Across Languages. The linguistic representation of women and men*. Volume 3. Ed. by Marlis Hellinger, Hadumod Bußmann, Amsterdam/Philadelphia 2003 (Impact: Studies in language and society 11), S. 311–337

Lidia Becker: *Ideologeme und Argumentationsmuster gegen genderneutrale Sprache in der spanischsprachigen und deutschen Linguistik*, in: *Genus – Sexus – Gender*. Hg. von Gabriele Diewald und Damaris Nübling, Berlin/Boston 2022 (Linguistik – Impulse & Tendenzen 95), S. 319–348

Thomas Becker: *Was wir von Aristoteles über die Bedeutung deutscher Wörter lernen können: Über konversationelle Implikaturen und Wortsemantik*, in: Eckard Rolf (Hg.): *Pragmatik. Implikaturen und Sprechakte*, Wiesbaden 1997 (Linguistische Berichte. Sonderheft 8), S. 51–71

Thomas Becker: *Zum generischen Maskulinum. Bedeutung und Gebrauch der nicht-movierten Personenbezeichnungen im Deutschen*, in: *Linguistische Berichte* 213 (2008), S. 65–75

Stefan Beher: *Warum geschlechtergerechte Sprache nicht gerecht ist*, in: *FAZ.net*, 22.06.2022, https://www.faz.net/aktuell/karriere-hochschule/hoersaal/gendern-warum-geschlechtergerechte-sprache-nicht-gerecht-ist-18116244.html, letzter Zugriff 22.12.2022

Georg Friedrich Benecke – Wilhelm Müller – Friedrich Zarncke: *Mittelhochdeutsches Wörterbuch*, I–III, Leipzig 1854–1866. Digitalisierte Fassung im Wörterbuchnetz des Trier Center for Digital Humanities, Version 01/21, https://www.woerterbuchnetz.de/BMZ, letzter Zugriff 22.12.2022

Bewohner, der, in: *Duden online*, https://www.duden.de/rechtschreibung/Bewohner, letzter Zugriff 22.12.2022

Bewohner, der, in: *DWDS. Der deutsche Wortschatz von 1600 bis heute*, https://www.dwds.de/wb/Bewohner, letzter Zugriff 22.12.2022

BGH: *Urteil vom 13. März 2018 - VI ZR 143/17*, https://juris.bundesgerichtshof.de/cgi-bin/rechtsprechung/document.py?Gericht=bgh&Art=en&nr=82652&pos=0&anz=1, letzter Zugriff 22.12.2022

Hanna Biaduń-Grabarek – Sylwia Fyrin (Hg.): *Aspekte der philologischen Erforschung von Jacob Grimm und der Märchenübersetzung ins Polnische*, Frankfurt am Main [u. a.] 2014 (Schriften zur diachronen und synchronen Linguistik 13)

Peter Bichsel: *Ein Tisch ist ein Tisch*, Frankfurt am Main 1995

Manfred Bierwisch: *Syntactic Features in Morphology: General Problems of So-called Pronominal Inflection in German*, in: *To Honour Roman Jakobson. Essays on the Occasion of his Seventieth Birthday, 11 October 1966*. Vol 1, The Hague/Paris 1967 (Janua Linguarum. Series Maior 31), S. 239–270

Anja Binanzer – Jana Gamper – Verena Wecker (Hg.): *Prototypen – Schemata – Konstruktionen. Untersuchungen zur deutschen Morphologie und Syntax*, Berlin/Boston 2021 (Reihe Germanistische Linguistik 325)

Anja Binanzer – Sarah Schimke – Silke Schunack: *Syntaktische Domäne oder lineare Distanz – welcher Faktor steuert semantische Kongruenz im Kontext von Hybrid Nouns und Epikoina in stärkerem Maß?*, in: *Genus – Sexus – Gender*. Hg. von Gabriele Diewald und Damaris Nübling, Berlin/Boston 2022 (Linguistik – Impulse & Tendenzen 95), S. 193–218

Binnen-I, in: *Genderleicht.de*, https://www.genderleicht.de/binnen-i/, letzter Zugriff 22.12.2022

Magnus Breder Birkenes – Jürg Fleischer: *Genus- und Sexuskongruenz im Mittelhochdeutschen: eine Paralleltextanalyse zum Lexical hybrid kint*, in: *Genus – Sexus – Gender*. Hg. von Gabriele Diewald und Damaris Nübling, Berlin/Boston 2022 (Linguistik – Impulse & Tendenzen 95), S. 241–265

Isa von Bismarck-Osten: *Runde Dörfer*, in: *Landlust*, September/Oktober 2022, S. 102–109

Andreas Bittner – Konstanze Spieß (Hg.): *Formen und Funktionen. Morphosemantik und grammatische Konstruktion*, Berlin/Boston 2016 (Lingua Historica Germanica 12)

Christopher Blake – Christoph Klimmt: *Geschlechtergerechte Formulierungen in Nachrichtentexten*, in: *Publizistik* 55 (2010), S. 289–304

Nataly Bleuel: *„110.000 Euro, damit ich die Klappe halte"*, in: *Die Zeit*, Nr. 11, 09.03.2023, S. 24

Deutscher Blinden- und Sehbehindertenverband e. V.: *Gendern*, 2021, https://www.dbsv.org/gendern.html, letzter Zugriff 23.12.2022

Blindgängerin, https://www.blindgaengerin.com/, letzter Zugriff 22.12.2022

Blindgängerin, die, in: *Duden online*, https://www.duden.de/rechtschreibung/Blindgaengerin, letzter Zugriff 22.12.2022

Blindgängerin, die, in: *DWDS. Der deutsche Wortschatz von 1600 bis heute*, https://www.dwds.de/?q=Blindg%C3 %A4ngerin&from=wb, letzter Zugriff 22.12.2022

BLLV. Stark an Ihrer Seite, https://www.bllv.de/, letzter Zugriff 29.12.2022

Lera Boroditsky – Lauren A. Schmidt – Webb Phillips: *Sex, Syntax, and Semantics*, in: *Language in Mind: Advances in the Study of Language and Thought*, ed. by Dedre Gentner and Susan Goldin-Meadow, Cambridge, Mass. 2003 (A Bradford book), S. 61–79

Stefan Brandenburg: *Entspannt euch mal!*, in: *WDR*, 06.02.2023, https://www1.wdr.de/nachrichten/impuls-gender-sprache-in-medien-100.html, letzter Zugriff 07.02.2023

Friederike Braun: *The communication of Gender in Turkish*, in: *Gender Across Languages. The linguistic representation of women and men*. Volume I. Ed. by Marlis Hellinger, Hadumod Bußmann, Amsterdam/Philadelphia 2001 (Impact: Studies in language and society 9), S. 283–310.

Friederike Braun: *Das große I und seine Schwestern – eine kritische Bewertung*, in: *Der Deutschunterricht* 48 (1996), S. 54–62

Friederike Braun – Anja Gottburgsen – Sabine Sczesny – Dagmar Stahlberg: *Können Geophysiker Frauen sein? Generische Personenbezeichnungen im Deutschen*, in: *Zeitschrift für Germanistische Linguistik* 26 (1998), S. 265–283

Friederike Braun – Geoffrey Haig: *When are German 'girls' feminine? How the semantics of age influences the grammar of gender agreement*, in: Markus Bieswanger – Heiko Motschenbacher – Susanne Mühleisen (Hg.): *Language in its Socio-Cultural Context. New Explorations in Gendered, Global and Media Uses*, Frankfurt am Main [u. a.] 2010, S. 69–84

Friederike Braun – Susanne Oelkers – Karin Rogalski – Janine Bosak – Sabine Sczesny: *„Aus Gründen der Verständlichkeit ...": Der Einfluss generisch maskuliner und alternativer Personenbezeichnungen auf die kognitive Verarbeitung von Texten*, in: *Psychologische Rundschau* 58 (2007), S. 183–189

Braut, die, in: *DWDS. Der deutsche Wortschatz von 1600 bis heute*, https://www.dwds.de/wb/Braut, letzter Zugriff 22.12.2022

Brautleute, in: *DWDS. Der deutsche Wortschatz von 1600 bis heute*, https://www.dwds.de/wb/Brautleute, letzter Zugriff 22.12.2022

Brautpaar, das, in: *DWDS. Der deutsche Wortschatz von 1600 bis heute*, https://www.dwds.de/wb/Brautpaar, letzter Zugriff 22.12.2022

Hennig Brinkmann: *Die deutsche Sprache. Gestalt und Leistung*, Düsseldorf 1962 (Sprache und Gemeinschaft. Grundlegung 1)

Arthur Brühlmeier: *Sprachfeminismus in der Sackgasse. Oder: Sprachzerstörung aus Konzilianz – die Umkehr ist fällig. Oder: Wider die Abschaffung des „Menschen an sich" in der deutschen Sprache*, in: Antje Baumann – André Meinunger (Hg.): *Die Teufelin steckt im Detail. Zur Debatte um Gender und Sprache*, Berlin 2017, S. 240–248

Karl Brugmann: *Zur Frage der Entstehung des grammatischen Geschlechts*, in: *Beiträge zur Geschichte der deutschen Sprache und Literatur* 15 (1891), S. 523–531

Karl Brugmann: *Das Nominalgeschlecht in den indogermanischen Sprachen*, in: *Internationale Zeitschrift für allgemeine Sprachwissenschaft* 4 (1889), S. 100–109; Wiederabdruck in: Heinz

Sieburg (Hg.): *Sprache – Genus/Sexus*, Frankfurt am Main 1997 (Dokumentation Germanistischer Forschung 3), S. 33–43

Margot Brunner – Karin M. Frank-Cyrus (Hg.): *Die Frau in der Sprache. Gespräche zum geschlechtergerechten Sprachgebrauch*, Wiesbaden 1998

Lars Bülow – Katharina Jakob: *Genderassoziationen von Muttersprachlern und DaF-Lernern – grammatik- und/oder kontextbedingt?*, in: *Osnabrücker Beiträge zur Sprachtheorie (OBST) 90: Sprache und Geschlecht. Band 1: Sprachpolitiken und Grammatik*. Hg. von Constanze Spieß und Martin Reisigl, Duisburg 2017, S. 137–163

Tove Bull – Toril Svan: *The representation of gender in Norwegian*, in: *Gender Across Languages. The linguistic representation of women and men*. Volume 2. Ed. by Marlis Hellinger, Hadumod Bußmann, Amsterdam/Philadelphia 2002 (Impact: Studies in language and society 10), S. 219–249

Elisabeth Burr: *Gender and language politics in France*, in: *Gender Across Languages. The linguistic representation of women and men*. Volume 3. Ed. by Marlis Hellinger, Hadumod Bußmann, Amsterdam/Philadelphia 2003 (Impact: Studies in language and society 11), S. 119–139

Christoph Busch: *Leben*, http://www.busch.adamriese.net/vita.html

Simone Busley – Julia Fritzinger: *Das Emma und der Hänsli: Genus-Sexus-Diskordanzen in Dialekten des Deutschen als Spiegel sozialer Geschlechterrollen*, in: *Genus – Sexus – Gender*. Hg. von Gabriele Diewald und Damaris Nübling, Berlin/Boston 2022 (Linguistik – Impulse & Tendenzen 95), S. 295–318

Dietrich Busse: *Frame-Semantik. Ein Kompendium*, Berlin/Boston 2012

Dietrich Busse: *Semantik. Eine Einführung*, München 2009 (Uni-Taschenbücher 3280)

Hadumod Bußmann: *Das Genus, die Grammatik und – der Mensch: Geschlechterdifferenz in der Sprachwissenschaft*, in: Hadumod Bußmann – Renate Hof (Hg.): *Genus – zur Geschlechterdifferenz in den Kulturwissenschaften*, Stuttgart 1995, S. 114–160

Hadumod Bußmann (Hg.): *Lexikon der Sprachwissenschaft*, [4]Stuttgart 2008

Hadumod Bußmann – Marlis Hellinger: *Engendering female visibility in German*, in: *Gender Across Languages. The linguistic representation of women and men*. Volume 3. Ed. by Marlis Hellinger, Hadumod Bußmann, Amsterdam/Philadelphia 2003 (Impact: Studies in language and society 11), S. 141–174

Hadumod Bußmann – Renate Hof (Hg.): *Genus – zur Geschlechterdifferenz in den Kulturwissenschaften*, Stuttgart 1995

Judith Butler, in: Wikipedia, https://de.wikipedia.org/wiki/Judith_Butler, letzter Zugriff 23.12.2022

Deborah Cameron: *Verbal Hygiene*, London/New York 1995 (The Politics of Language), e-Book 2005

Charisteria Guilelmo Mathesio quinquagenario a discipulis et Circuli Linguistici Pragensibus sodalibus oblata, Prague 1932

Ulrich Chaussy – Gerd R. Ueberschär: *„Es lebe die Freiheit!" Die Geschichte der Weißen Rose und ihrer Mitglieder in Dokumenten und Berichten*, Frankfurt am Main 2013, e-Book, gelesen unter Adobe Digital Editions

Dieter Cherubim: *Mannomann!*, in: Muttersprache 106 (1996), S. 117–134

Berry Claus – Aline Willy: *Inkongruenz von Genus und Geschlecht in Nominalellipsen: Akzeptabilität und Asymmetrie*, in: *Genus – Sexus – Gender*. Hg. von Gabriele Diewald und Damaris Nübling, Berlin/Boston 2022, S. 219–240

Paul R. Clyne – William F. Hanks – Carol L. Hofbauer (eds.): *The Elements: a Parasession on Linguistic Units and Levels. April 20–21, 1979. Including Papers from the Conference on Non-Slavic Languages of the USSR, April 18, 1979*, Chicago 1979

Světla Čmejrková: *Communicating gender in Czech*, in: *Gender Across Languages. The linguistic representation of women and men*. Volume 3. Ed. by Marlis Hellinger, Hadumod Bußmann, Amsterdam/Philadelphia 2003 (Impact: Studies in language and society 11), S. 27–57
Peter Cole – Jerry L. Morgan (eds.): *Syntax and Semantics. Volume 3: Speech Acts*, New York 1975
In Simplicitate Complexitas. Festgabe für Barbara Stefan zum 70. Geburtstag. Hg. von Peter Anreiter, Ivo Hajnal und Manfred Kienpointner, Wien 2012 (Studia Interdisciplinaria Ænipontana 17)
Bernard Comrie: *Language Universals and Linguistic Typology. Syntax and Morphology*, ²Chicago 1989
Greville G. Corbett: *Agreement*, Cambridge 2006 (Cambridge Textbooks in Linguistics)
Greville G. Corbett: *Gender*, Cambridge 1991 (Cambridge Textbooks in Linguistics)
Eva Corino: *Berliner Schulleiter und die Gretchenfrage: Wie hältst du's mit dem Gendern?*, in: *Berliner Zeitung*, 24.08.2022, https://www.berliner-zeitung.de/mensch-metropole/berliner-schulleiter-und-die-gretchenfrage-wie-haeltst-dus-mit-dem-gendern-li.259392, letzter Zugriff 22.01.2023
Eugenio Coseriu: *„Linguistic change does not exist"*, in: *Energeia und Ergon. Sprachliche Variation – Sprachgeschichte – Typologie. Studia in honorem Eugenio Coseriu*, hg. von Jörn Albrecht, Jens Lüdtke und Harald Thun. Band I. *Schriften von Eugenio Coseriu (1965–1987)*, eingeleitet und hg. von Jörn Albrecht, Tübingen 1988 (Tübinger Beiträge zur Linguistik 300), S. 147–157
Eugenio Coseriu: *Einführung in die Allgemeine Sprachwissenschaft*, Tübingen 1988 (Uni-Taschenbücher 1372)
Florian Coulmas: *Antisexistische Sprachregelung?*, in: *Merkur* 44 (1990), S. 606–609
Markéta Dadková: *Weibliche Berufsbezeichnungen im heutigen Deutsch. Eine korpus-linguistische Studie*. Diplomová práce. Univerzita Karlova. Filozofická fakulta. Ústav germánských studií, Březen 2006, https://docplayer.org/23559405-Weibliche-berufsbezeichnungen-im-heutigen-deutsch-eine-korpus-linguistische-studie.html, letzter Zugriff 23.12.2022
Dame, die, in: *DWDS. Der deutsche Wortschatz von 1600 bis heute*, https://www.dwds.de/wb/Dame, letzter Zugriff 23.12.2022
Sigrid Damm: *Christiane und Goethe. Eine Recherche*, Berlin 2015 (insel taschenbuch 4380), e-Book, gelesen unter Adobe Digital Editions
Maarten De Backer – Ludovic De Cuypere: *The interpretation of masculine personal nouns in German and Dutch: a comparative experimental study*, in: *Language sciences* 34 (2012), S. 253–268
Nina Degele: *Der schwangere Arzt im Praktikum. Interventionen der Gender Studies zu geschlechtergerechter Sprache*, in: *Zeitschrift für Pädagogik und Theologie* 72 (2020), S. 30–41
José Del Valle: *La política de la incomodidad. Notas sobre gramática y lenguaje inclusivo*, in: *Anuario de Glotopolítica* 2 (2018), S. 13–19, https://glotopolitica.com/2019/03/26/2017-1/, letzter Zugriff 02.03.2023
Markus Denkler – Stephan Elspaß – Dagmar Hüpper – Elvira Topalović (Hg.): *Deutsch im 17. Jahrhundert. Studien zu Sprachkontakt, Sprachvariation und Sprachwandel. Gedenkschrift für Jürgen Macha*, Heidelberg 2017 (Sprache – Literatur und Geschichte 46)
Jacques Derrida: *De la grammatologie*, Paris 1967 (Collection ‚Critique')
Destatis. Statistisches Bundesamt: *Personal in Kindertagesbetreuung steigt 2021 um 3,2 % gegenüber Vorjahr*, https://www.destatis.de/DE/Presse/Pressemitteilungen/2021/09/PD21_449_225.html, letzter Zugriff 30.04.2023
Guy Deutscher: *Does Your Language Shape How You Think?*, in: *New York Times*, 26.08.2010, zitiert in: *Sapir-Whorf-Hypothese*, in: *Wikipedia*, https://de.wikipedia.org/wiki/Sapir-Whorf-Hypothese, letzter Zugriff 23.12.2022

Guy Deutscher: *Im Spiegel der Sprache. Warum die Welt in anderen Sprachen anders aussieht. Aus dem Englischen von Martin Pfeiffer*, [5]München 2013

Deutschlandfunk: *Geberkonferenz für venezolanische Flüchtlinge. 810 Millionen Euro auf Initiative von EU und Kanada gesammelt*, 18.03.2023, https://www.deutschlandfunk.de/810-millionen-euro-auf-initiative-von-eu-und-kanada-gesammelt-102.html, letzter Zugriff 18.03.2023

Deutschlandfunk: *Parlamentswahl in Kuba. Für jeden Sitz nur ein Kandidat. In Kuba wird heute ein neues Parlament gewählt*, 26.03.2023, https://www.deutschlandfunk.de/fuer-jeden-sitz-nur-ein-kandidat-100.html, letzter Zugriff 31.03.2023

Deutschlandfunk: *Geschlechtergerechte Sprache in den Nachrichten*, 01.06.2020, https://www.deutschlandfunk.de/aus-der-nachrichtenredaktion-geschlechtergerechte-sprache.2533.de.html?dram:article_id=477770, letzter Zugriff 23.12.2022

Deutschlandradio: *Geschlechtergerechte Sprache im Deutschlandradio*. Stand Februar 2019, https://assets.deutschlandfunk.de/7819fb1d-bb6b-4205-b6a8-f4ce4e40e44e/original.pdf, letzter Zugriff 11.04.2023

Walther Dieckmann: *Im Hochdeutschen ist das männliche Geschlecht das vorzüglichere*, in: Sprachreport 2 (1988), S. 1

Margot Dietrich: *„Gerechtigkeit gegenüber jedermann" – „Gerechtigkeit gegenüber allen Menschen". Sprachliche Gleichbehandlung am Beispiel der Verfassung des Landes Niedersachsen*, in: Karin M. Eichhoff-Cyrus – Rudolf Hoberg (Hg.): Die deutsche Sprache zur Jahrtausendwende. Sprachkultur oder Sprachverfall?, Mannheim/Wien/Zürich 2000 (Thema Deutsch 1), S. 192–223

Gabriele Diewald: *Mitgemeint, aber ausgeschlossen. Das generische Maskulinum erlaubt keine geschlechtergerechte Sprache. Eine Replik auf Peter Eisenberg*, in: Der Tagesspiegel, 18.09.2018, https://www.tagesspiegel.de/wissen/streit-um-das-generische-maskulinum-mitgemeint-aber-ausgeschlossen/23077686.html, letzter Zugriff 23.12.2022

Gabriele Diewald: *Geschlechtergerechte Sprache als Thema der germanistischen Linguistik - exemplarisch exerziert am Streit um das sogenannte generische Maskulinum*, in: Zeitschrift für germanistische Linguistik 46 (2018), S. 283–299

Gabriele Diewald – Damaris Nübling: *„Genus – Sexus – Gender" – ein spannungs- und ertragreiches Themenfeld der Linguistik*, in: Genus – Sexus – Gender. Hg. von Gabriele Diewald und Damaris Nübling, Berlin/Boston 2022 (Linguistik – Impulse & Tendenzen 95), S. 3–31

Gabriele Diewald – Anja Steinhauer: *Richtig gendern. Wie Sie angemessen und verständlich schreiben*, Berlin 2017

Gabriele Diewald – Anja Steinhauer: *Handbuch geschlechtergerechte Sprache. Wie Sie angemessen und verständlich gendern*, Berlin 2020

Dirn, die, in: DWDS. Der deutsche Wortschatz von 1600 bis heute, https://www.dwds.de/wb/Dirn#d-1-1, letzter Zugriff 23.12.2022

Dirndl, das, in: DWDS. Der deutsche Wortschatz von 1600 bis heute, https://www.dwds.de/wb/Dirndl, letzter Zugriff 23.12.2022

Gerhard Doerfer: *Das Korana und die Linguistinik*, in: Sprachwissenschaft 10 (1985), S. 132–152

Ralf Döring: *„Hier bin ich!" Suzi Quatro steht seit 60 Jahren auf der Bühne – und liebt es noch immer*, in: Westfälische Nachrichten, Nr. 182. Panorama. Magazin zum Wochenende, 02.07.2022

Ursula Doleschal: *Gender in Slovenian*, in: Gender Across Languages. The linguistic representation of women and men. Volume 4. Ed. by Marlis Hellinger, Heiko Motschenbacher, Amsterdam/Philadelphia 2015 (Impact: Studies in language and society 36), S. 335–368

Ursula Doleschal: *Konzeptualisierung von Geschlecht und Sprachvergleich*, in: Gender-Forschung in der Slawistik. Beiträge der Konferenz Gender - Sprache - Kommunikation - Kultur, 28. April bis 1. Mai 2001. Institut für Slawistik Friedrich-Schiller-Universität Jena. Hg. von Jiřina van

Leeuwen-Turnovcová, Karin Wullenweber, Ursula Doleschal, Franz Schindler, Wien 2002 (Wiener slawistischer Almanach. Sonderband 55), S. 177–186

Ursula Doleschal: *Das generische Maskulinum im Deutschen. Ein historischer Spaziergang durch die deutsche Grammatikschreibung von der Renaissance bis zur Postmoderne*, in: Linguistik online 11, 2 (2002), S. 39–69, https://bop.unibe.ch/linguistik-online/article/view/915/1595, letzter Zugriff 23.12.2022

Ursula Doleschal: *Movierung im Deutschen. Eine Darstellung der Bildung und Verwendung weiblicher Personenbezeichnungen*, Unterschleissheim/München 1992

Ursula Doleschal – Sonja Schmid: *Doing gender in Russian. Structure and perspective*, in: Gender Across Languages. The linguistic representation of women and men. Volume I. Ed. by Marlis Hellinger, Hadumod Bußmann, Amsterdam/Philadelphia 2001 (Impact: Studies in language and society 9), S. 253–282

Elke Donalies: *Wen besucht Rotkäppchen, seine oder ihre Großmutter? Korrespondenz zwischen Genus und Sexus*, in: Sprachreport 25 (2009), S. 21–22

Keith S. Donnellan: *Reference and definite descriptions*, in: The Philosophical Review 75 (1966), S. 281–304

dpa: *Diskussion um Genderneutralität. „Fragen Sie Ihren Arzt oder Apotheker" wird abgeschafft*, 16.02.2023, in: *t-online*, https://www.t-online.de/gesundheit/aktuelles/id_100129442/gender-debatte-um-medikamentenwerbung-aus-fuer-fragen-sie-ihren-arzt-oder-apotheker-.html, letzter Zugriff 16.02.2023

Der Duden. Über uns, https://www.duden.de/ueber_duden, letzter Zugriff 23.12.2022

Duden: *Grammatik der deutschen Gegenwartssprache*. 5., völlig neu bearb. und erweiterte Auflage. Hg. und bearbeitet von Günther Drosdowski in Zusammenarbeit mit Peter Eisenberg, Mannheim [u. a.] 1995 (Der Duden in 12 Bänden 4)

Duden. Die Grammatik. 9., vollständig überarbeitete und aktualisierte Auflage. Hg. von Angelika Wöllstein und der Dudenredaktion, Berlin 2016 (Der Duden in 12 Bänden 4)

Duden. Die Grammatik. 10., völlig neu verfasste Auflage. Hg. von Angelika Wöllstein und der Dudenredaktion, Berlin 2022 (Duden Band 4)

Duden. Das große Wörterbuch der deutschen Sprache in acht Bänden. 2., völlig neu bearbeitete und stark erweiterte Auflage. Hg. und bearbeitet vom Wissenschaftlichen Rat und den Mitarbeitern der Dudenredaktion unter der Leitung von Günther Drosdowski, I–VIII, Mannheim 1993–1995.

Dunning-Kruger-Effekt, in: *Wikipedia*, https://de.wikipedia.org/wiki/Dunning-Kruger-Effekt, letzter Zugriff 23.12.2022

DWDS. Digitales Wörterbuch der deutschen Sprache. Der deutsche Wortschatz von 1600 bis heute, https://www.dwds.de/, letzter Zugriff 23.12.2022

Margit Eberharter-Aksu: *Das Generische Maskulinum bei Jacob Grimm*, in: Hanna Biaduń-Grabarek – Sylwia Fyrin (Hg.): *Aspekte der philologischen Erforschung von Jacob Grimm und der Märchenübersetzung ins Polnische*, Frankfurt am Main [u.a.] 2014 (Schriften zur diachronen und synchronen Linguistik 13), S. 67–76

Friedrich Ebert: *Der Sinn der Maifeier. Aus der Bremer Bürger-Zeitung. 3.5.1900*, in: *Projekt Gutenberg-de*, https://www.projekt-gutenberg.org/ebertfr/schrift1/chap030.html, letzter Zugriff 23.12.2022

Karin M. Eichhoff-Cyrus – Rudolf Hoberg (Hg.): *Die deutsche Sprache zur Jahrtausendwende. Sprachkultur oder Sprachverfall?*, Mannheim/Wien/Zürich 2000 (Thema Deutsch 1)

Einwohner, der, in: *Duden online*, https://www.duden.de/rechtschreibung/Einwohner, letzter Zugriff 23.12.2022

Peter Eisenberg: *Finger weg vom generischen Maskulinum!*, in: Der Tagesspiegel, 08.08.2018, https://www.tagesspiegel.de/wissen/debatte-um-den-gender-stern-finger-weg-vom-generischen- maskulinum/22881808.html, letzter Zugriff 23.12.2022

Peter Eisenberg: *Hier endet das Gendern*, in: Antje Baumann – André Meinunger (Hg.): *Die Teufelin steckt im Detail. Zur Debatte um Gender und Sprache*, Berlin 2017, S. 67–70

Peter Eisenberg: *Wenn das Genus mit dem Sexus*, in: *FAZ.net*, 28.02.2018, https://www.faz.net/aktuell/feuilleton/gendergerechte-sprache-wenn-das-genus-mit-dem-sexus-15470481.html, letzter Zugriff 23.12.2022

Peter Eisenberg: *Das missbrauchte Geschlecht*, in: *Süddeutsche Zeitung*. 02.03.2017, https://www.sueddeutsche.de/kultur/essay-das-missbrauchte-geschlecht-1.3402438, letzter Zugriff 23.12.2022

Peter Eisenberg: *Weder geschlechtergerecht noch gendersensibel*, in: *Aus Politik und Zeitgeschichte* 72, 5–7, 31.01.2022, S. 30–35

Peter Eisenberg: *Grundriß der deutschen Grammatik*, Stuttgart 1986

Peter Eisenberg: *Unter dem Muff von hundert Jahren*, in: *FAZ.net*, 08.01.2021, https://www.faz.net/aktuell/feuilleton/debatten/der-duden-und-der-unsinn-der-gegenderten-sprache-17135087.html, letzter Zugriff 23.12.2022

Peter Eisenberg: *Die Vermeidung sprachlicher Diskriminierung im Deutschen*, in: *Muttersprache* 130 (2020), S. 3–16

Yannick von Eisenhart Rothe: *Informatik-Studium: Was sich ändert, wenn Frauen unter sich sind*, in: *Spiegel*, 06.05.2019, https://www.spiegel.de/start/mint-studiengaenge-nur-fuer-frauen-informatikerinnen-blicken-auf-ihr-studium-zurueck-a-632bae30-a405-4a81-b41a-2d0cd464f8d9, letzter Zugriff 10.02.2023

Sonja Iris Eisermann: *Berufsbezeichnungen für Frauen vom 16. - 19. Jahrhundert. Eine sprachhistorische Untersuchung insbesondere des in-Derivationsmorphems unter Berücksichtigung prototypensemantischer Aspekte beim Bedeutungswandel*, Dissertation Oldenburg 2003, https://oops.uni-oldenburg.de/172/145/eisber04.pdf, letzter Zugriff 11.04.2023

Pavel Eisner: *Chrám i tvrz. Kniha o češtině* [*Kirche und Festung. Ein Buch über die tschechische Sprache*], Praha 1946

elexiko. Online-Wörterbuch zur deutschen Gegenwartssprache, https://www.owid.de/docs/elex/start.jsp, letzter Zugriff 23.12.2022

Elter, das oder der, in: *Duden online*, https://www.duden.de/rechtschreibung/Elter, letzter Zugriff 23.12.2022

Elternteil, der, in: *Duden online*, https://www.duden.de/rechtschreibung/Elternteil, letzter Zugriff 23.12.2022

Annette Endruschat: *Gender in Portuguese*, in: *Gender Across Languages. The linguistic representation of women and men*. Volume 4. Ed. by Marlis Hellinger, Heiko Motschenbacher, Amsterdam/Philadelphia 2015 (Impact: Studies in language and society 36), S. 303–333

Energeia und Ergon. Sprachliche Variation – Sprachgeschichte – Typologie. Studia in honorem Eugenio Coseriu, hg. von Jörn Albrecht, Jens Lüdtke und Harald Thun. Band I. *Schriften von Eugenio Coseriu (1965–1987)*, eingeleitet und hg. von Jörn Albrecht, Tübingen 1988 (Tübinger Beiträge zur Linguistik 300)

Mila Engelberg: *The communication of gender in Finnish*, in: *Gender Across Languages. The linguistic representation of women and men*. Volume 2. Ed. by Marlis Hellinger, Hadumod Bußmann, Amsterdam/Philadelphia 2002 (Impact: Studies in language and society 10), S. 109–132

Nicola Erdmann: *Macho oder Memme – Wie soft darf ein Mann sein?*, in: *Welt*, 10.03.2013, https://www.welt.de/vermischtes/article114260385/Macho-oder-Memme-Wie-soft-darf-ein-Mann-sein.html, letzter Zugriff 23.12.2022

Ernst-Moritz-Arndt-Universität Greifswald. Theologische Fakultät: *Handreichung zum Verfassen von wissenschaftlichen Arbeiten*, [Greifswald] 2012, https://theologie.uni-greifswald.de/storages/uni-greifswald/fakultaet/theologie/ls-kg/Handreichung.pdf, letzter Zugriff 23.12.2022

Erscheinungsformen der deutschen Sprache. Literatursprache, Alltagssprache, Gruppensprache, Fachsprache. Festschrift zum 60. Geburtstag von Hugo Steger. Hg. von Jürgen Dittmann, Hannes Kästner und Johannes Schwitalla, Berlin 1991

Das Erste: *Tatort. Das Verhör*, 04.09.2022, https://www.daserste.de/unterhaltung/krimi/tatort/sendung/das-verhoer-100.html, letzter Zugriff 11.04.2023

Geneviève Escure: *Belizian Creole: Gender, creole, and the role of women in language change*, in: *Gender Across Languages. The linguistic representation of women and men.* Volume I. Ed. by Marlis Hellinger, Hadumod Bußmann, Amsterdam/Philadelphia 2001 (Impact: Studies in language and society 9), S. 53–84

Charles Ettner: *In Chinese, men and women are equal – or – women and men are equal?*, in: *Gender Across Languages. The linguistic representation of women and men.* Volume 2. Ed. by Marlis Hellinger, Hadumod Bußmann, Amsterdam/Philadelphia 2002 (Impact: Studies in language and society 10), S. 29–55

Annamária Fábián – Igor Trost (Hg.): *Sprachgebrauch in der Politik. Grammatische, lexikalische, pragmatische, kulturelle und dialektologische Perspektiven*, Berlin/Boston 2018 (Reihe Germanistische Linguistik 319)

Feminismus, in: Wikipedia, https://de.wikipedia.org/wiki/Feminismus, letzter Zugriff 23.12.2023

Dana Fennert: *Das generische Maskulinum: Ein Auslaufmodell? Argumente der Debatte um das grammatische Geschlecht*, Berlin 2022 (Konrad-Adenauer-Stiftung. Monitor Gesellschaftlicher Zusammenhalt), https://www.kas.de/documents/252038/16166715/Das+generisches+Maskulinum+-+++ein+Auslaufmodell.pdf/34ecd5fe-37ab-36b1-89b4-a7954a55a2a3, letzter Zugriff 23.12.2022

Ferres fordert gleiches Gehalt für Frauen in Filmbranche, in: *Westfälische Nachrichten*, 12.03.2022, https://www.wn.de/nrw/ferres-fordert-gleiches-gehalt-fuer-frauen-in-filmbranche-2541932, letzter Zugriff 23.12.2022

Evelyn C. Ferstl – Anelis Kaiser: *Sprache und Geschlecht: Wie quantitative Methoden aus der Experimental- und Neuropsychologie einen Beitrag zur Geschlechterforschung leisten können*, in: *GENDER: Zeitschrift für Geschlecht, Kultur und Gesellschaft* 5 (2013), Nr. 3, S. 9–25, https://www.genderopen.de/bitstream/handle/25595/563/Kaiser_Ferstl_2013_Sprache%20und%20Geschlecht.pdf, letzter Zugriff 23.12.2022

Wolfgang Fleischer – Irmhild Barz: *Wortbildung der deutschen Gegenwartssprache. 4. Auflage; völlig neu bearbeitet von Irmhild Barz unter Mitarbeit von Marianne Schröder*, Berlin/Boston 2012 (de Gruyter Studium)

Johanna Flick – Katrin Kuhmichel: *Der am-Progressiv in Dialekt und Standardsprache*, in: *Jahrbuch für Germanistische Sprachgeschichte* 4 (2013), S. 52–76

VI. Flugblatt der Weißen Rose, https://www.weisse-rose-stiftung.de/widerstandsgruppe-weisse-rose/flugblaetter/vi-flugblatt-der-weissen-rose/, letzter Zugriff 23.12.2022

Gábor Fónyad: *Die Grammatik kann nichts dafür. Plädoyer für eine Entemotionalisierung*, in: Antje Baumann – André Meinunger (Hg.): *Die Teufelin steckt im Detail. Zur Debatte um Gender und Sprache*, Berlin 2017, S. 249–259

Fräulein, das, in: *DWDS. Der deutsche Wortschatz von 1600 bis heute*, https://www.dwds.de/wb/Fr%C3%A4ulein, letzter Zugriff 23.12.2022

Karsta Frank: *Sprachgewalt: Die sprachliche Reproduktion der Geschlechterhierarchie. Elemente einer feministischen Linguistik im Kontext sozialwissenschaftlicher Frauenforschung*, Tübingen 1992 (Reihe Germanistische Linguistik 130)

Karin M. Frank-Cyrus – Margot Dietrich: *Sprachliche Gleichbehandlung von Frauen und Männern in Gesetzestexten. Eine Meinungsumfrage der Gesellschaft für deutsche Sprache*, in: *Der Sprachdienst* 41 (1997), S. 55–68

„Frau Schneider, zahlen bitte!", in: *Knigge2day*, https://www.knigge2day.at/bei-tisch/frau-schneider-zahlen-bitte, letzter Zugriff 23.12.2022

Frauen fordern eine gerechte Sprache. Mit Beiträgen von Hanne Köhler, Cordelia Kopsch, Ina Praetorius, Dorle Schönhals-Schlaudt und Hildburg Wegener. Hg. von Hildburg Wegener, Hanne Köhler und Cordelia Kopsch, Gütersloh 1990 (Gütersloher Taschenbücher Siebenstern 484)
Marcus C. G. Friedrich – Elke Heise: *Does the Use of Gender-Fair Language Influence the Comprehensibility of Texts? An Experiment Using an Authentic Contract Manipulating Single Role Nouns and Pronouns*, in: *European Journal of Psychology* 78 (2019), S. 51–60
Gästin, in: *DRW online*, https://drw-www.adw.uni-heidelberg.de/drw-cgi/zeige?index=lemmata& term=Gaestin, letzter Zugriff 23.12.2022
Gästin, die, in: *Duden online*, https://www.duden.de/rechtschreibung/Gaestin, letzter Zugriff 23.12. 2022
Gästin, die, in: *DWDS. Der deutsche Wortschatz von 1600 bis heute*, https://www.dwds.de/?q=G %C3%A4stin&from=wb, letzter Zugriff 23.12.2022
gästin, in: *Frühneuhochdeutsches Wörterbuch. FWB-online*, https://fwb-online.de/lemma/g%C3 %A4stin.s.1f?q=gestin&page=1, letzter Zugriff 23.12.2022
Peter Gallmann: *Zum Genus bei Personenbezeichnungen*, Jena 2016, file:///C:/Users/WIN10-64/ Downloads/silo.tips_zum-genus-bei-personenbezeichnungen.pdf, letzter Zugriff 27.12.2022
Christina Gansel – Carsten Gansel: *Aspekte geschlechterdifferenzierenden Sprachgebrauchs in Ost und West*, in: Irmtraud Rösler – Karl-Ernst Sommerfeldt (Hg.): *Probleme der Sprache nach der Wende. Beiträge des Kolloquiums in Rostock am 16. November 1996*, [2]Frankfurt am Main [u. a.] 1998 (Sprache – System und Tätigkeit 23), S. 137–151
Gast, in: *Wikipedia*, https://de.wikipedia.org/wiki/Gast, letzter Zugriff 23.12.2022
Hans-Martin Gauger: *Herr Professorin?*, in: Antje Baumann – André Meinunger (Hg.): *Die Teufelin steckt im Detail. Zur Debatte um Gender und Sprache*, Berlin 2017, S. 71–77
Der Gebrauch der Sprache. Festschrift für Franz Hundsnurscher zum 60. Geburtstag. Hg. von Götz Hindelang, Eckard Rolf und Werner Zillig, Münster 1995
Sebastian Geisler: *Bayerischer Rundfunk blamiert sich mit Gender-Sendung*, in: *Berliner Zeitung*, 28.07.2022, https://www.bz-berlin.de/deutschland/bayerischer-rundfunk-blamiert-sich-mit-gender-sendung, letzter Zugriff 16.02.2023
Gender Across Languages. The linguistic representation of women and men. Volume I. Ed. by Marlis Hellinger, Hadumod Bußmann, Amsterdam/Philadelphia 2001 (Impact: Studies in language and society 9)
Gender Across Languages. The linguistic representation of women and men. Volume 2. Ed. by Marlis Hellinger, Hadumod Bußmann, Amsterdam/Philadelphia 2002 (Impact: Studies in language and society 10)
Gender Across Languages. The linguistic representation of women and men. Volume 3. Ed. by Marlis Hellinger, Hadumod Bußmann, Amsterdam/Philadelphia 2003 (Impact: Studies in language and society 11)
Gender Across Languages. The linguistic representation of women and men. Volume 4. Ed. by Marlis Hellinger, Heiko Motschenbacher, Amsterdam/Philadelphia 2015 (Impact: Studies in language and society 36)
Gender-Forschung in der Slawistik. Beiträge der Konferenz Gender - Sprache - Kommunikation - Kultur, 28. April bis 1. Mai 2001. Institut für Slawistik Friedrich-Schiller-Universität Jena. Hg. von Jiřina van Leeuwen-Turnovcová, Karin Wullenweber, Ursula Doleschal, Franz Schindler, Wien 2002 (Wiener slawistischer Almanach. Sonderband 55)
geschickt gendern. Genderwörterbuch, https://geschicktgendern.de/, letzter Zugriff 23.12.2022
Genus – Sexus – Gender. Hg. von Gabriele Diewald und Damaris Nübling, Berlin/Boston 2022 (Linguistik – Impulse & Tendenzen 95)

Germanistik und Deutschunterricht im Zeitalter der Technologie: Selbstbestimmung und Anpassung. Vorträge des Germanistentages Berlin 1987. Bd. 1. Das Selbstverständnis der Germanistik: aktuelle Diskussionen, hg. von Norbert Oellers, Tübingen 1988

Marinel Gerritsen: *Towards a more gender-fair usage in Netherlands Dutch*, in: *Gender Across Languages. The linguistic representation of women and men*. Volume 2. Ed. by Marlis Hellinger, Hadumod Bußmann, Amsterdam/Philadelphia 2002 (Impact: Studies in language and society 10), S. 81–108

Paul Gévaudan: *La polysémie verticale: Hypothèses, analyses et interpretations*, in: *Philologie im Netz* 2 (1997), S. 1–22, https://userpage.fu-berlin.de/~phin/phin2/p2t1.htm, letzter Zugriff 23.12.2022

Gewalt durch Sprache. Die Vergewaltigung von Frauen in Gesprächen. Hg. von Senta Trömel-Plötz, Frankfurt am Main 1984 (Die Frau in der Gesellschaft)

Wolf Gewehr: *Zur Genusmarkierung im Deutschen*, in: *Der Gebrauch der Sprache. Festschrift für Franz Hundsnurscher zum 60. Geburtstag*. Hg. von Götz Hindelang, Eckard Rolf und Werner Zillig, Münster 1995, S. 121–134

GfdS. Gesellschaft für deutsche Sprache: *Leitlinien der GfdS zu den Möglichkeiten des Genderings*. Veröffentlicht: 20. November 2019. Stand: August 2020, https://gfds.de/standpunkt-der-gfds-zu-einer-geschlechtergerechten-sprache/, letzter Zugriff 23.12.2022

Girl, das, in: *DWDS. Der deutsche Wortschatz von 1600 bis heute*, https://www.dwds.de/wb/Girl, letzter Zugriff 23.12.2022

Helmut Glück: *Das Partizip I im Deutschen und seine Karriere als Sexusmarker, mit einer Einleitung von Rüdiger Harnisch*, Paderborn 2020 (Schriften der Stiftung Deutsche Sprache 4), https://www.stiftung-deutsche-sprache.de/partizip_I_v4.pdf, letzter Zugriff 23.12.2022

Helmut Glück: *Eine kleine Sex-Grammatik*, in: *FAZ.net*, 02.05.2018, https://www.faz.net/aktuell/feuilleton/debatten/eine-kleine-sex-grammatik-das-grammatische-geschlecht-15568596.html, letzter Zugriff 23.12.2022

Novina Göhlsdorf: *„Wir schütteln nur den Kopf darüber"*, in: *FAZ.net*, 08.08.2022, https://www.faz.net/aktuell/feuilleton/debatten/gender-debatte-im-rundfunk-sprachwissenschaftlerin-im-interview-18223882.html, letzter Zugriff 23.12.2022

[Johann Wolfgang von] Goethe: *Die Wahlverwandtschaften. Ein Roman*. Erster Theil, Tübingen 1809, https://www.projekt-gutenberg.org/goethe/wahlverw/titlepage.html, letzter Zugriff 23.12.2022

Kirsten Gomard – Mette Kunøe: *Equal before the law – unequal in language*, in: *Gender Across Languages. The linguistic representation of women and men*. Volume 3. Ed. by Marlis Hellinger, Hadumod Bußmann, Amsterdam/Philadelphia 2003 (Impact: Studies in language and society 11), S. 59–85

Hildegard Gorny: *Feministische Sprachkritik*, in: Georg Stötzel – Martin Wengeler: *Kontroverse Begriffe. Geschichte des öffentlichen Sprachgebrauchs in der Bundesrepublik Deutschland. In Zusammenarbeit mit Karin Böke · Hildegard Gorny · Silke Hahn · Matthias Jung · Andreas Musolff · Cornelia Tönnesen*, Berlin/New York 1995 (Sprache, Politik, Öffentlichkeit 4), S. 517–562

Marianne Grabrucker: *Vater Staat hat keine Muttersprache*, Frankfurt am Main 1993 (Die Frau in der Gesellschaft)

Hans Gerhard Gräf: *Goethes Briefwechsel mit seiner Frau*, I–II, Frankfurt a. M. 1916

Alma Graham: *The Making of a Nonsexist Dictionary*, in: Barrie Thorne – Nancy Hemley (eds.): *Language and Sex. Difference and Dominance*, Rowley, Mass. 1975 (Series in sociolinguistics), S. 57–63

Grammatica ianua artium. Festschrift für Rolf Bergmann zum 60. Geburtstag. Hg. von Elvira Glaser und Michael Schlaefer unter Mitarbeit von Ludwig Rübekeil, Heidelberg 1997

Grammatikalisierung im Deutschen. Hg. von Torsten Leuschner, Tanja Mortelmans, Sarah de Groodt, Berlin/New York 2005 (Linguistik – Impulse und Tendenzen 9)

J.-J. Grandville: *Les fleurs animées*, Part 1–2, Paris [1847]

Joseph H. Greenberg: *Language universals*, in: *Current Trends in Linguistics*. Ed. by Thomas A. Sebeok. Volume 3, The Hague 1966, S. 61–112

Herbert Paul Grice: *Logic and Conversation*, in: Peter Cole – Jerry L. Morgan (eds.): *Syntax and Semantics. Volume 3: Speech Acts*, New York 1975, S. 41–58

Jacob Grimm: *Deutsche Grammatik 3 (1890). Besorgt durch Gustav Roethe und Edward Schröder*, Hildesheim/Zürich/New York 1989 (Jacob Grimm und Wilhelm Grimm. Werke. Forschungsausgabe. Abteilung I. Band 12)

Jacob Grimm: *Deutsche Grammatik 4, 1. Teil (1898). Besorgt durch Gustav Roethe und Edward Schröder*, Hildesheim/Zürich/New York 1989 (Jacob Grimm und Wilhelm Grimm. Werke. Forschungsausgabe. Abteilung I. Band 13)

Jacob Grimm – Wilhelm Grimm: *Deutsches Wörterbuch*, I–XVI. Quellenverzeichnis, Leipzig 1854–1971, digitalisierte Fassung im Wörterbuchnetz des Trier Center for Digital Humanities. Version 01/21, https://www.woerterbuchnetz.de/DWB, letzter Zugriff 23.12.2022

Jacob Grimm – Wilhelm Grimm: *Deutsches Wörterbuch. Neubearbeitung (A–F)*, digitalisierte Fassung im Wörterbuchnetz des Trier Center for Digital Humanities, Version 01/23, https://www.woerterbuchnetz.de/DWB2, letzter Zugriff 11.02.2023

Anna Gunnarsdotter Grönberg: *Masculine generics in current Icelandic*, in: *Gender Across Languages. The linguistic representation of women and men*. Volume 2. Ed. by Marlis Hellinger, Hadumod Bußmann, Amsterdam/Philadelphia 2002 (Impact: Studies in language and society 10), S. 163–185

Kommunikationstheoretische Grundlagen des Sprachwandels. Hg. von Helmut Lüdtke, Berlin/New York 1980 (Grundlagen der Kommunikation)

Grundzüge einer deutschen Grammatik. Von einem Autorenkollektiv unter der Leitung von Karl-Erich Heidolph, Walter Flämig und Wolfgang Motsch, Berlin 1981 (Akademie der Wissenschaften der DDR. Zentralinstitut für Sprachwissenschaft)

Ingrid Guentherodt: *Sprachliche Gleichbehandlung: Erkennen und Verwirklichen. Praktische Erläuterungen und Beispiele zur deutschen Rechtssprache*, in: Marianne Grabrucker: *Vater Staat hat keine Muttersprache*, Frankfurt am Main 1993 (Die Frau in der Gesellschaft), S. 246–262

Ingrid Guentherodt: *Androzentrische Sprache in deutschen Gesetzestexten und der Grundsatz der Gleichbehandlung von Männern und Frauen*, in: *Muttersprache* 94 (1983/84), S. 271–289

Ingrid Guentherodt: *Behördliche Sprachregelungen gegen und für eine sprachliche Gleichbehandlung von Frauen und Männern*, in: *Linguistische Berichte* 69 (1980), S. 22–35

Ingrid Guentherodt – Marlis Hellinger – Luise F. Pusch – Senta Trömel-Plötz: *Richtlinien zur Vermeidung sexistischen Sprachgebrauchs*, in: *Linguistische Berichte* 69 (1980), S. 15–21

Susanne Günthner – Dagmar Hüpper – Constanze Spieß (Hg.): *Genderlinguistik. Sprachliche Konstruktionen von Geschlechtsidentität*, Berlin/Boston 2012 (Linguistik – Impulse und Tendenzen 45)

Pascal Gygax – Ute Gabriel – Oriane Sarrasin – Jane Oakhill – Alan Garnham: *Generically intended, but specifically interpreted: When beauticians, musicians and mechanics are all men*, in: *Language and Cognitive Processes* 23 (2008), S. 464–485

Christine Haas – Philipp Vetter: *Jede dritte deutsche Firma gendert – aber viele nur nach außen*, in: *Welt*, 05.07.2021, https://www.welt.de/wirtschaft/article232305221/Gender-Sprache-Jede-dritte-deutsche-Firma-verwendet-neutrale-Sprache.html, letzter Zugriff 23.12.2022

Atiqa Hachimi: *Shifting sands. Language and gender in Moroccan Arabic*, in: *Gender Across Languages. The linguistic representation of women and men*. Volume I. Ed. by Marlis Hellinger, Hadumod Bußmann, Amsterdam/Philadelphia 2001 (Impact: Studies in language and society 9), S. 27–51

Olav Hackstein: *Grammatik im Fegefeuer*, in: *FAZ.net*, 18.10.2021, https://zeitung.faz.net/faz/politik/2021-10-18/0e7df16ad81557189f825c9b684a64da/?GEPC=s9, letzter Zugriff 15.02.2023

Olav Hackstein: *Dürfen staatliche Institutionen die Grammatik verändern? Nein!*, in: *FAZ.net*, 08.11.2021, https://www.faz.net/aktuell/politik/die-gegenwart/gendern-grammatik-wird-missverstanden-und-diskriminiert-nicht-17589353.html, letzter Zugriff 23.12.2022

Hubert Haider: *Phonemicization of the glottal stop due to political correctness in German.* Univ. Salzburg. Dept. of Linguistics & Centre for Neurocognitive Research 2022, https://www.google.com/search?client=firefox-b-d&q=Phonemicization+of+the+glottal+stop+due+to+political+correctness+in+German, letzter Zugriff 23.12.2022

Geoffrey Haig – Ergin Öpengin: *Gender in Kurdish: Structural and socio-cultural dimensions*, in: *Gender Across Languages. The linguistic representation of women and men.* Volume 4. Ed. by Marlis Hellinger, Heiko Motschenbacher, Amsterdam/Philadelphia 2015 (Impact: Studies in language and society 36), S. 247–276

Ivo Hajnal: *Feministische Sprachkritik und historische Sprachwissenschaft. Die unterschiedlichen Sichtweisen der Kategorie Genus in Syn- und Diachronie*, Innsbruck 2002, https://sprawi.at/files/hajnal/a9_fem_hist_sprawi.pdf, letzter Zugriff 23.12.2022

Ivo Hajnal – Katharina Zipser: *Genus: Eine Kategorie zwischen Grammatik und Semantik*, in: Antje Baumann – André Meinunger (Hg.): *Die Teufelin steckt im Detail. Zur Debatte um Gender und Sprache*, Berlin 2017, S. 129–147

Kira Hall: *„Unnatural" gender in Hindi*, in: *Gender Across Languages. The linguistic representation of women and men.* Volume 2. Ed. by Marlis Hellinger, Hadumod Bußmann, Amsterdam/Philadelphia 2002 (Impact: Studies in language and society 10), S. 133–162

The Cambridge Handbook of Linguistic Typology, ed. by Alexandra Y. Aikhenvald and R. M. W. Dixon, Cambridge 2017 (Cambridge Handbooks in Language and Linguistics)

La Handfeste de Fribourg dans l'Uechtland de l'an MCCXLIX. Textes latin, français et allemand, traduction, commentaire, glossaire, étude comparative sur le droit des trois villes kybourgeoises de Fribourg, Thoune et Berthoud au XIIIe siècle par Ernest Lehr, Lausanne 1880

Florian Harms: *Ex-Ministerin Anne Spiegel: Da ist noch was*, in: *t-online.de*, 17.04.2022, https://www.t-online.de/nachrichten/id_92000302/anne-spiegel-tritt-zurueck-wir-brauchen-mehr-ministerinnen-wie-sie.html, letzter Zugriff 23.12.2022

Rüdiger Harnisch: *Grundform- und Stamm-Prinzip in der Substantivmorphologie des Deutschen. Synchronische und diachronische Untersuchung eines typologischen Parameters*, Heidelberg 2001 (Germanistische Bibliothek 10)

Rüdiger Harnisch: *Von weiblichen Leserinnen und Frauenskispringerinnen. Tautologische Syntagmen auf dem Weg zu festen Konstruktionen*, in: Anja Binanzer – Jana Gamper – Verena Wecker (Hg.): *Prototypen – Schemata – Konstruktionen. Untersuchungen zur deutschen Morphologie und Syntax*, Berlin/Boston 2021 (Reihe Germanistische Linguistik 325), S. 13–30

Rüdiger Harnisch: *Das generische Maskulinum schleicht zurück*, in: Andreas Bittner – Konstanze Spieß (Hg.): *Formen und Funktionen. Morphosemantik und grammatische Konstruktion*, Berlin/Boston 2016 (Lingua Historica Germanica 12), S. 159–174

Rüdiger Harnisch: *Partizipien als meliorisierende Ersatzkonstruktionen für pejorisierte personenbezeichnende Derivata. Zu Prozessen semantischer und pragmatischer Remotivierung im Zeichen der Flüchtlings- (oder Geflüchteten-?) Krise um das Jahr 2015*, in: Annamária Fábián – Igor Trost (Hg.): *Sprachgebrauch in der Politik. Grammatische, lexikalische, pragmatische, kulturelle und dialektologische Perspektiven*, Berlin/Boston 2018 (Reihe Germanistische Linguistik 319), S. 217–237

Rüdiger Harnisch: *Sprachregime gegen Sprachsystem – eine Übersicht*, in: Helmut Glück: *Das Partizip I im Deutschen und seine Karriere als Sexusmarker, mit einer Einleitung von Rüdiger Harnisch*, Paderborn 2020 (Schriften der Stiftung Deutsche Sprache 4), S. 9–20

Waltraud Harth-Peter: *Sexismus in der Sprache. Ein Literaturbericht*, in: *Mann und Frau - Frau und Mann. Hintergründe, Ursachen* Winfried *und Problematik der Geschlechterrollen. 5. Würzburger Symposium der Universität Würzburg*. Hg. von Winfried Böhm und Martin Lindauer, Stuttgart [u. a.] 1992, S. 325–335

Cornelius Hasselblatt: *The representation of gender in Estonian*, in: *Gender Across Languages. The linguistic representation of women and men*. Volume 4. Ed. by Marlis Hellinger, Heiko Motschenbacher, Amsterdam/Philadelphia 2015 (Impact: Studies in language and society 36), S. 125–151

L. Joseph Heid: *Das schleichende Gift der Begriffe*, in: *Welt*, 08.06.2013, https://www.welt.de/print/die_welt/literatur/article116935412/Das-schleichende-Gift-der-Begriffe.html, letzter Zugriff 23.12.2022

Matthias Heine: *Warum die Gendersternchen-Debatte so deprimierend ist*, in: *Welt*, 08.06.2018, https://www.welt.de/kultur/article177239024/Gerechte-Sprache-Warum-die-Gendersternchen-Debatte-so-deprimierend-ist.html, letzter Zugriff 23.12.2022

Matthias Heine: *„Das verrät ein erstaunliches Maß an Ignoranz"*, in: *Welt*, 19.08.2022, https://www.welt.de/kultur/plus240538473/Sprachwissenschaftler-gegen-Gendern-im-OERR-Erstaunliche-Ignoranz.html, letzter Zugriff 23.12.2022

Elke Heise: *Sind Frauen mitgemeint? Eine empirische Untersuchung zum Verständnis des generischen Maskulinums und seiner Alternativen*, in: *Sprache & Kognition* 19 (2000), S. 3–13

Marlis Hellinger: *Effecting social change through group action: Feminine occupational titles in transition*, in: *Language and power*, ed. by Cheris Kramarae, Muriel Schulz, William M. O'Barr, Beverley Hills, Calif. 1984, S. 136–153

Marlis Hellinger: *English – Gender in a global language*, in: *Gender Across Languages. The linguistic representation of women and men*. Volume I. Ed. by Marlis Hellinger, Hadumod Bußmann, Amsterdam/Philadelphia 2001 (Impact: Studies in language and society 9), S. 105–113

Marlis Hellinger: *Kontrastive Feministische Linguistik. Mechanismen sprachlicher Diskriminierung im Englischen und Deutschen*, Ismaning 1990 (Forum Sprache)

Marlis Hellinger: *Feministische Sprachpolitik und politische Korrektheit – der Diskurs der Verzerrung*, in: Karin M. Eichhoff-Cyrus – Rudolf Hoberg (Hg.): *Die deutsche Sprache zur Jahrtausendwende. Sprachkultur oder Sprachverfall?*, Mannheim/Wien/Zürich 2000 (Thema Deutsch 1), S. 177–191

Marlis Hellinger – Beate Schräpel: *Über die sprachliche Gleichbehandlung von Frauen und Männern*, in: *Jahrbuch für Internationale Germanistik* 15 (1983), S. 40–69

George Allison Hench: *The Monsee Fragments. Newly collated Text with Notes and a grammatical Treatise*, Strassburg 1890

Eckhard Henscheid: *Dummdeutsch. Ein Wörterbuch*. Unter Mitw. von Carl Lierow und Elsemarie Maletzke, Stuttgart 1993 (Universal-Bibliothek 8865); Neuausgabe 2009

Elke Hentschel: *The expression of gender in Serbian*, in: *Gender Across Languages. The linguistic representation of women and men*. Volume 3. Ed. by Marlis Hellinger, Hadumod Bußmann, Amsterdam/Philadelphia 2003 (Impact: Studies in language and society 11), S. 287–309

Walter Henzen: *Deutsche Wortbildung*, ³Tübingen 1965 (Sammlung kurzer Grammatiken germanischer Dialekte. B. Ergänzungsreihe 5)

Hans Jürgen Heringer – Rainer Wimmer: *Sprachkritik. Eine Einführung*, München 2015 (Uni-Taschenbücher 4309)

[Steffen Herrmann]: *Performing the Gap. Queere Gestalten und geschlechtliche Aneignung*, in: *arranca!*, Nr. 28, Herbst 2003, https://arranca.org/ausgaben/aneignung-i/performing-the-gap, letzter Zugriff 23.12.2022

Hexe, die, in: *DWDS. Der deutsche Wortschatz von 1600 bis heute*, https://www.dwds.de/wb/Hexe, letzter Zugriff 23.12.2022

Hexenjagd, die, in: *DWDS. Der deutsche Wortschatz von 1600 bis heute.* https://www.dwds.de/wb/Hexenjagd, letzter Zugriff 23.12.2022

Hexerin, die, in: *DWDS. Der deutsche Wortschatz von 1600 bis heute.* https://www.dwds.de/?q=Hexerin&from=wb, letzter Zugriff 23.12.2022

Hexerin, in: *Wortbedeutung info*, https://www.wortbedeutung.info/Hexerin/, letzter Zugriff 23.12.2022

Tim Hirschberg: *Der fundamentale Irrtum der Gendersprachbewegung*, in: *Welt*, 01.02.2023, https://www.welt.de/kultur/plus240874205/Gendern-Der-fundamentale-Irrtum-der-Gender-Sprachbewegung.html?, letzter Zugriff 21.02.2023

Ursula Hoberg: *Grammatik des Deutschen im europäischen Vergleich. Das Genus des Substantivs*, Mannheim 2004 (amades. Arbeitspapiere und Materialien zur deutschen Sprache 3), https://ids-pub.bsz-bw.de/frontdoor/index/index/year/2013/docId/1534, letzter Zugriff 23.12.2022

Hochschule für Technik und Wirtschaft Berlin: *Frauenstudiengang - Bachelor: Informatik und Wirtschaft*, https://fiw.htw-berlin.de/, letzter Zugriff 10.02.2023

Charles F. Hockett: *A Course in Modern Linguistics*, New York 1958

Steffen Höder: *Die Lehrer, der Krankenschwester und ein neues Pronomen. Sprachliche Gleichstellung im Schwedischen*, in: *Muttersprache* 130 (2020), S. 79–82

Hörer, der, in: *Duden online*, https://www.duden.de/rechtschreibung/Hoerer, letzter Zugriff 23.12.2022

Janet Holmes: *A corpus-based view of gender in New Zealand English*, in: *Gender Across Languages. The linguistic representation of women and men.* Volume I. Ed. by Marlis Hellinger, Hadumod Bußmann, Amsterdam/Philadelphia 2001 (Impact: Studies in language and society 9), S. 115–136

Homes & Gardens. Das Magazin für elegantes Wohnen. Deutsche Ausgabe, München 2022/2

To Honour Roman Jakobson. Essays on the Occasion of his Seventieth Birthday, 11 October 1966, Vol. 1, The Hague/Paris 1967 (Janua Linguarum. Series Maior 31)

Max Horkheimer: *Kritische Theorie der Gesellschaft*, Band II, Frankfurt 1968

Antje Hornscheidt: *Linguistic and public attitudes towards gender in Swedish*, in: *Gender Across Languages. The linguistic representation of women and men.* Volume 3. Ed. by Marlis Hellinger, Hadumod Bußmann, Amsterdam/Philadelphia 2003 (Impact: Studies in language and society 11), S. 339–368

Antje Hornscheidt: *Die sprachliche Benennung von Personen aus konstruktivistischer Sicht. Genderspezifizierung und ihre diskursive Verhandlung im heutigen Schwedisch*, Berlin/New York 2006 (Linguistik – Impulse und Tendenzen 15)

Antje Hornscheidt: *„Mitgemeint?" Ist Sprache Gender diskriminierend, sind es die SprecherInnen oder ist es die Wirklichkeit?* Vortrag an der Universität Innsbruck, 04.06.2007, https://video4u.uni-graz.at/avmedien/koordff/hornscheidt.mp3, letzter Zugriff 23.12.2022

Lann Hornscheidt: *Sprachgewalt erkennen und sprachhandelnd verändern*, Berlin 2018 (Aufklärung und Kritik 524)

Lann Hornscheidt: *feministische w_orte. ein lern-, denk- und handlungsbuch zu sprache und diskriminierung, gender studies und feministischer linguistik*, Frankfurt a. M. 2012 (wissen & praxis 168. transdisziplinäre genderstudien 5)

Matthias Hüning: *Geschlechtergerechtigkeit auf Niederländisch*, in: *Muttersprache* 130 (2020), S. 83–87

Hure, die, in: *DWDS. Der deutsche Wortschatz von 1600 bis heute*, https://www.dwds.de/wb/Hure, letzter Zugriff 23.12.2022

Sachiko Ide: *Woman's language as a group identity marker in Japanese*, in: *Gender Across Languages. The linguistic representation of women and men.* Volume 3. Ed. by Marlis Hellinger, Hadumod Bußmann, Amsterdam/Philadelphia 2003 (Impact: Studies in language and society 11), S. 227–238

IDS grammis. Grammatik in Fragen und Antworten: *Wen besucht Rotkäppchen, seine oder ihre Großmutter? — Korrespondenz zwischen Genus und Sexus*, https://grammis.ids-mannheim.de/fragen/31, letzter Zugriff 28.12.2022

infratest dimap: *Weiter Vorbehalte gegenüber gendergerechter Sprache.* Erhebungszeitraum 10. bis 11. Mai 2021, https://www.infratest-dimap.de/umfragen-analysen/bundesweit/umfragen/aktuell/weiter-vorbehalte-gegen-gendergerechte-sprache/, letzter Zugriff 27.12.2022

Insasse, der, in: Duden online, https://www.duden.de/rechtschreibung/Insasse, letzter Zugriff 27.12.2022

Insasse, der, in: *DWDS. Der deutsche Wortschatz von 1600 bis heute*, https://www.dwds.de/wb/Insasse, letzter Zugriff 27.12.2022

Peter Intelmann: *„Man sollte die Sprache so lassen". Interview mit dem Linguisten Wolfgang Klein über Gendersternchen, Anstand und Höflichkeit*, in: Lübecker Nachrichten, 04.02.2019, https://www.ln-online.de/Nachrichten/Kultur/Kultur-im-Norden/Interview-ueber-gendergerechte-Sprache, letzter Zugriff 23.12.2022

Lisa Irmen – Nadja Roßberg: *Gender Markedness of Language: The Impact of Grammatical and Nonlinguistic Information on the Mental Representation of Person Information*, in: Journal of Language and Social Psychology 23 (2004), S. 272–307

Lisa Irmen – Vera Steiger: *Zur Geschichte des Generischen Maskulinums: Sprachwissenschaftliche, Sprachphilosophische und psychologische Aspekte im historischen Diskurs*, in: Zeitschrift für germanistische Linguistik 33 (2005), S. 212–235

Judith T. Irvine: *When talk isn't cheap: language and political economy*, in: American Ethnologist 16 (1989), S. 248–267

iu Internationale Hochschule: *Kurzstudie 2022. MINT-Bildung. Was junge Frauen darüber denken*, https://static.iu.de/studies/Junge_Frauen_in_MINT_Kurzstudie.pdf, letzter Zugriff 23.12.2022

Margarete Jäger: *Gewalt gegen Frauen – durch Sprache?* Unveröffentlichtes Vortragsmanuskript. Duisburger Institut für Sprach- und Sozialforschung, Duisburg 2000, Stand: 25. September 2006, https://www.diss-duisburg.de/Internetbibliothek/Artikel/Gewalt_gegen_Frauen.htm, letzter Zugriff 23.12.2022

Roman Jakobson: *The Gender Pattern of Russian*, in: Roman Jakobson: *Selected Writings. II. Word and Language*, The Hague 1971, S. 184–186

Roman Jakobson: *Kindersprache, Aphasie und allgemeine Lautgesetze*, Uppsala 1941

Roman Jakobson: *Shifters, Verbal Category and the Russian Verb*, Cambridge, Mass. 1957

Roman Jakobson: *Signe zéro*, in: *Mélanges de linguistique offerts à Charles Bally sous les auspices de la faculté des lettres de l'Université de Genève par des collègues des confrères des disciples reconnaissants*, Genève 1939, S. 143–152

Roman Jakobson: *Zur Struktur des russischen Verbums*, in: *Charisteria Guilelmo Mathesio quinquagenario a discipulis et Circuli Linguistici Pragensibus sodalibus oblata*, Prague 1932, S. 74–84

Roman Jakobson: *Selected Writings. II. Word and Language*, The Hague 1971

Wolfgang Janisch: *Wie Marlies Krämer für die weibliche Anrede kämpft*, in: Süddeutsche Zeitung. 20.02.2018, https://www.sueddeutsche.de/panorama/entscheidung-am-bundesgerichtshof-wie-marlies-kraemer-gegen-die-sparkassen-kaempft-1.3873611, letzter Zugriff 23.12. 2022

Bettina Jobin: *Genus im Wandel. Studien zu Genus und Animatizität anhand von Personenbezeichnungen im heutigen Deutsch mit Kontrastierungen zum Schwedischen*, Stockholm 2004 (Acta Universitatis Stockholmiensis 64)

Junge, der, in: *DWDS. Der deutsche Wortschatz von 1600 bis heute*, https://www.dwds.de/wb/Junge, letzter Zugriff 23.12.2022

Roland Kaehlbrandt: *Logbuch Deutsch. Wie wir sprechen, wie wir schreiben*, Frankfurt am Main 2016 (Rote Reihe 79)

Hartwig Kalverkämper: *Die Frauen und die Sprache*, in: *Linguistische Berichte* 62 (1979), S. 55–71; Wiederabdruck in: Heinz Sieburg (Hg.): *Sprache – Genus/Sexus*, Frankfurt am Main 1997 (Dokumentation Germanistischer Forschung 3), S. 258–278

Hartwig Kalverkämper: *Quo vadis linguistica? – Oder: Der feministische Mumpsimus in der Linguistik*, in: *Linguistische Berichte* 63 (1979), S. 103–107; Wiederabdruck in: Heinz Sieburg (Hg.): *Sprache – Genus/Sexus*, Frankfurt am Main 1997 (Dokumentation Germanistischer Forschung 3), S. 302–307

Elisabeth Karg-Gasterstädt – Theodor Frings (Hg.): *Althochdeutsches Wörterbuch*, Band Iff., Berlin 1968ff., Onlineausgabe, https://awb.saw-leipzig.de/cgi/WBNetz/wbgui_py?sigle=AWB, letzter Zugriff 23.12.2022

Rudi Keller: *Sprachwandel. Von der unsichtbaren Hand in der Sprache*, [4]Tübingen 2014 (Uni-Taschenbücher 1567)

Jörg Kilian – Thomas Niehr – Jürgen Schiewe: *Sprachkritik. Ansätze und Methoden der kritischen Sprachbetrachtung*, [2]Berlin/Boston 2016 (Germanistische Arbeitshefte 43)

Kind, das, in: *DWDS. Der deutsche Wortschatz von 1600 bis heute*, https://www.dwds.de/wb/Kind, letzter Zugriff 23.12.2022

kinder Riegel, https://www.kinder.com/de/de/kinder-riegel, letzter Zugriff 23.12.2022

Gisela Klann-Delius: *Sprache und Geschlecht. Eine Einführung*, Stuttgart 2005 (Sammlung Metzler 349)

Andreas Klein: *Wohin mit Epikoina? – Überlegungen zur Grammatik und Pragmatik geschlechtsindefiniter Personenbezeichnungen*, in: *Genus – Sexus – Gender*. Hg. von Gabriele Diewald und Damaris Nübling, Berlin/Boston 2022 (Linguistik – Impulse & Tendenzen 95), S. 135–189

Josef Klein: *Benachteiligung der Frau im generischen Maskulinum – eine feministische Schimäre oder psycholinguistische Realität?*, in: *Germanistik und Deutschunterricht im Zeitalter der Technologie: Selbstbestimmung und Anpassung. Vorträge des Germanistentages Berlin 1987*. Bd. 1. Das Selbstverständnis der Germanistik: aktuelle Diskussionen, hg. von Norbert Oellers, Tübingen 1988, S. 310–319, https://media06.euv-frankfurt-o.de/Literatur/Klein_Josef_1988.pdf, letzter Zugriff 23.12.2022

Helmut Klemm: *Die Legende von den 99 ausgelöschten Frauen*, in: *Welt*, 12.12.2022, https://www.welt.de/kultur/plus242493335/Gendern-und-Gendersprache-Die-Legende-der-99-ausgeloeschten-Frauen.html?icid=search.product.onsitesearchen, letzter Zugriff 19.02.2023

Victor Klemperer: *LTI. Notizbuch eines Philologen*, Leipzig 1996 [zuerst Berlin 1947]

[Friedrich] Kluge: *Etymologisches Wörterbuch der deutschen Sprache. Bearbeitet von Elmar Seebold*, [25]Berlin/Boston 2011

Klaus-Michael Köpcke – David A. Zubin: *Mythopoeia und Genus*, in: Susanne Günthner – Dagmar Hüpper – Constanze Spieß (Hg.): *Genderlinguistik. Sprachliche Konstruktionen von Geschlechtsidentität*, Berlin/Boston 2012 (Linguistik – Impulse und Tendenzen 45), S. 381–411

Klaus-Michael Köpcke – David A. Zubin: *Die kognitive Organisation der Genuszuweisung zu den einsilbigen Nomen der deutschen Gegenwartssprache*, in: *Zeitschrift für germanistische Linguistik* 11 (1983), S. 166–182

Klaus-Michael Köpcke – David A. Zubin: *Prinzipien für die Genuszuweisung im Deutschen*, in: *Deutsch – typologisch*. Hg. von Ewald Lang und Gisela Zifonun, Berlin/New York 1996 (Institut für deutsche Sprache. Jahrbuch 1995), S. 473–491

Klaus-Michael Köpcke – David A. Zubin: *Sechs Prinzipien für die Genuszuweisung im Deutschen: Ein Beitrag zur natürlichen Klassifikation*, in: *Linguistische Berichte* 93 (1984), S. 26–50

Kolping. Diözesanverband Münster. 21.11.2022: *Neuer Name, mehr Zusammenarbeit und klare Kritik an Rom*, https://www.kolping-ms.de/de/aktuelles-und-termine/meldungen/2022/20221121-dioezesankomitee.php, letzter Zugriff 23.12.2022

Gabriela Koniuszaniec – Hanka Błaszkowska: *Language and gender in Polish*, in: *Gender Across Languages. The linguistic representation of women and men*. Volume 3. Ed. by Marlis Hellinger, Hadumod Bußmann, Amsterdam/Philadelphia 2003 (Impact: Studies in language and society 11), S. 259–285

Erlanger Konstruktivismus, in: *Wikipedia*, https://de.wikipedia.org/wiki/Erlanger_Konstruktivismus, letzter Zugriff 23.12.2022

Interaktionistischer Konstruktivismus, in: *Wikipedia*, https://de.wikipedia.org/wiki/Interaktionistischer_Konstruktivismus, letzter Zugriff 23.12.2022

Konstruktivismus (Philosophie), in: *Wikipedia*, https://de.wikipedia.org/wiki/Konstruktivismus_(Philosophie), letzter Zugriff 23.12.2022

Radikaler Konstruktivismus, in: *Wikipedia*, https://de.wikipedia.org/wiki/Radikaler_Konstruktivismus, letzter Zugriff 23.12.2022

Relationaler Konstruktivismus, in: *Wikipedia*, https://de.wikipedia.org/wiki/Relationaler_Konstruktivismus, letzter Zugriff 23.12.2022

Kristin Kopf: *Ist Sharon Manager? Anglizismen und das generische Maskulinum*, in: *Genus – Sexus – Gender*. Hg. von Gabriele Diewald und Damaris Nübling, Berlin/Boston 2022 (Linguistik – Impulse & Tendenzen 95), S. 65–103

korrekturen.de. Portal für Rechtschreibung: *Der, die oder das?*, https://www.korrekturen.de/der-die-das.shtml, letzter Zugriff 08.02.2023

Helga Kotthoff: *Zwischen berechtigtem Anliegen und bedenklicher Symbolpolitik*, in: *Aus Politik und Zeitgeschichte* 72, 5–7. 31. Januar 2022, S. 12–13

Helga Kotthoff: *Gender-Sternchen, Binnen-I oder generisches Maskulinum, ... (Akademische) Textstile der Personenreferenz als Registrierungen?*, in: *Linguistik online* 103, 3 (2020), S. 105–127, https://bop.unibe.ch/linguistik-online/article/view/7181, letzter Zugriff 23.12.2022

Helga Kotthoff – Damaris Nübling, unter Mitarbeit von Claudia Schmidt: *Genderlinguistik. Eine Einführung in Sprache, Gespräch und Geschlecht*, Tübingen 2018 (narr studienbücher)

Krächzer, der, in: *Duden online*, https://www.duden.de/rechtschreibung/Kraechzer, letzter Zugriff 15.01.2023

Marlies Krämer, in: *Wikipedia*, https://de.wikipedia.org/wiki/Marlies_Kr%C3%A4mer, letzter Zugriff 27.12.2022

Walter Krämer: *Weg mit dem Gender-Unfug!*, in: *Cicero*, 21.09.2020, https://www.cicero.de/kultur/gendergerechte-sprache-gendern-argumente-genderstern-sprachwissenschaft, letzter Zugriff 23.12.2022

Krankenpfleger, in: *Wikipedia*, https://de.wikipedia.org/wiki/Krankenpfleger, letzter Zugriff 27.12.2022

Fabian Kreußler – Martin Wengeler: *Von* Heimatvertriebenen, Armutsflüchtlingen *und* Refugees. *Ein linguistischer Vergleich des aktuellen mit früheren Flüchtlingsdiskursen in der Bundesrepublik Deutschland*, in: Annamária Fábián – Igor Trost (Hg.): *Sprachgebrauch in der Politik. Grammatische, lexikalische, pragmatische, kulturelle und dialektologische Perspektiven*, Berlin/Boston 2018 (Reihe Germanistische Linguistik 319), S. 239–259

Manfred Krifka: *Case syncretism in German feminines. Typological, functional and structural aspects*, in: Patrick Steinkrüger – Manfred Krifka (eds.): *On Inflection*, Berlin/New York 2009, S. 141–172

Sabine Krome: *Zwischen gesellschaftlichem Diskurs und Rechtschreibnormierung: Geschlechtergerechte Schreibung als Herausforderung für gelungene Textrealisation*, in: *Muttersprache* 130 (2020), S. 64–78

Sabine Krome: *Gendern in der Schule: Zwischen Sprachwandel und orthografischer Norm*, in: *Mitteilungen des deutschen Germanistenverbandes* 69 (2022), S. 86–110

Anja Kühne: *Das Queer-Lexikon. Was soll das Gendersternchen?*, in: *Der Tagesspiegel*, 19.02. 2019, https://www.tagesspiegel.de/gesellschaft/queerspiegel/das-queer-lexikon-was-soll-das-gendersternchen/23987074.html, letzter Zugriff 23.12.2022

Wilfried Kürschner – Rüdiger Vogt, unter Mitwirkung von Sabine Siebert-Nemann (Hg.): *Sprachtheorie, Pragmatik, Interdisziplinäres. Akten des 19. Linguistischen Kolloquiums Vechta 1984.* Band 2, Tübingen 1985 (Linguistische Arbeiten 157)

Kulturschaffender, in: *Wikipedia*, https://de.wikipedia.org/wiki/Kulturschaffender, letzter Zugriff 23.12.2022

Kathrin Kunkel-Razum: *„Er sah zu ihr auf wie zu einer Göttin" statt „Sie sah zu ihm auf wie zu einem Gott" (Luise Pusch)? – Werkstattbericht II aus der Dudenredaktion*, in: Susanne Günthner – Dagmar Hüpper – Constanze Spieß (Hg.): *Genderlinguistik. Sprachliche Konstruktionen von Geschlechtsidentität*, Berlin/Boston 2012 (Linguistik – Impulse und Tendenzen 45), S. 213–220

Esther Kuntjara: *Gender in Javanese Indonesian*, in: *Gender Across Languages. The linguistic representation of women and men*. Volume I. Ed. by Marlis Hellinger, Hadumod Bußmann, Amsterdam/Philadelphia 2001 (Impact: Studies in language and society 9), S. 199–225

Susanne Kusicke: *Gendern diskriminiert*, in: *FAZ.net*, 26.11.2022, https://www.faz.net/aktuell/politik/inland/gendern-ist-eine-neue-art-der-diskriminierung-kampf-um-die-sprache-18489029.html, letzter Zugriff 23.12.2022

Karin Kusterle: *Die Macht von Sprachformen. Der Zusammenhang von Sprache, Denken und Genderwahrnehmung*, Frankfurt am Main 2011 (Transdisziplinäre Genderstudien 4)

George Lakoff: *When Cognitive Science Enters Politics*, in: Rockridge Institute, https://web.archive.org/web/20080517092902/http://www.rockridgeinstitute.org/research/lakoff/whencognitivescienceenterspolitics, letzter Zugriff 02.03.2023

Noëmi Landolt: *Die Stämme gehören allen!*, in: *WOZ. Die Wochenzeitung*, Nr. 51/2013 vom 19.12.2013, https://www.woz.ch/-497f, letzter Zugriff 23.12.2022

Imke Lang-Groth – Martin Neef (Hg.): *Facetten der deutschen Sprache*, Berlin 2018

Language in Mind: Advances in the Study of Language and Thought, ed. by Dedre Gentner and Susan Goldin-Meadow, Cambridge, Mass. 2003 (A Bradford book)

Language and power, ed. by Cheris Kramarae, Muriel Schulz, William M. O'Barr, Beverley Hills, Calif. 1984

Andrea Lassalle: */-innen, Innen und *innen – feministische Sprachkritik*, in: *Digitales Deutsches Frauenarchiv*, 2019, https://www.digitales-deutsches-frauenarchiv.de/themen/innen-innen-und-innen-feministische-sprachkritik, letzter Zugriff 23.12.2022

Sina Lautenschläger: *Von Rabenmüttern und geldverdienenden Supermännern – Stereotype im Sprachgebrauch*, in: *Muttersprache* 130 (2020), S. 34–46

Marek Łaziński – Waldemar Czachur: *Geschlechtergerechte Sprache im Polnischen*, in: *Muttersprache* 130 (2020), S. 88–91

Christian Lehmann: *Sprachtheorie: Markiertheit*, https://www.christianlehmann.eu/ling/ling_theo/index.html?https://www.christianlehmann.eu/ling/ling_theo/markiertheit.php, letzter Zugriff 23.12.2022

Elisabeth Leiss: *Derivation als Grammatikalisierungsbrücke für den Aufbau von Genusdifferenzierungen im Deutschen*, in: *Grammatikalisierung im Deutschen*. Hg. von Torsten Leuschner, Tanja Mortelmans, Sarah de Groodt, Berlin/New York 2005 (Linguistik – Impulse und Tendenzen 9), S. 11–30

Elisabeth Leiss: *Genus im Althochdeutschen*, in: *Grammatica ianua artium. Festschrift für Rolf Bergmann zum 60. Geburtstag*. Hg. von Elvira Glaser und Michael Schlaefer unter Mitarbeit von Ludwig Rübekeil, Heidelberg 1997, S. 33–48

Elisabeth Leiss: *Genus und Sexus. Kritische Anmerkungen zur Sexualisierung der Grammatik*, in: Linguistische Berichte 152 (1994), S. 281–300; Wiederabdruck in: Heinz Sieburg (Hg.): *Sprache – Genus/Sexus*, Frankfurt am Main 1997 (Dokumentation Germanistischer Forschung 3), S. 322–345

Ulrike Lembke: *Geschlechtergerechte Amtssprache. Rechtliche Expertise zur Einschätzung der Rechtswirksamkeit von Handlungsformen der Verwaltung bei Verwendung des Gendersterns oder von geschlechtsumfassenden Formulierungen*. Humboldt-Universität zu Berlin. Juristische Fakultät. Öffentliches Recht & Geschlechterstudien 2021, https://www.hannover.de/Service/Presse-Medien/Landeshauptstadt-Hannover/Aktuelle-Meldungen-und-Veranstaltungen/Gutachten-best%C3 %A4tigt-Genderstar-verwirklicht-Verfassungsauftrag, letzter Zugriff 23.12.2022

Leser, der, in: Duden online, https://www.duden.de/rechtschreibung/Leser_Buchleser, letzter Zugriff 23.12.2022

Matthias Lexer: *Mittelhochdeutsches Handwörterbuch*, I–III, Leipzig 1872–1878, digitalisierte Fassung im Wörterbuchnetz des Trier Center for Digital Humanities, Version 01/21, https://www.woerterbuchnetz.de/Lexer, letzter Zugriff 23.12.2022

Hans-Heinrich Lieb – Helmut Richter: *Zum Gebrauch von Personenbezeichnungen in juristischen Texten. Stellungnahme anläßlich der Novellierung des Berliner Hochschulgesetzes*, in: Deutsche Sprache 18 (1990), S. 148–157

Miriam Lind – Damaris Nübling: *Sprache und Bewusstsein*, in: Aus Politik und Zeitgeschichte 72, 5–7. 31. Januar 2022, S. 36–42

Miriam Lind – Lena Späth: *Von säugenden Äffinnen und trächtigen Elefantenkühen – Zum Geltungsbereich der Genus-Sexus-Korrelation*, in: Genus – Sexus – Gender. Hg. von Gabriele Diewald und Damaris Nübling, Berlin/Boston 2022 (Linguistik – Impulse & Tendenzen 95), S. 105–133

Feministische Linguistik, in: Wikipedia, https://de.wikipedia.org/wiki/Feministische_Linguistik, letzter Zugriff 23.12.2022

Lippe Magazin 2021. 17. Jahrgang. Nr. 4. November 2021

Althochdeutsche und altsächsische Literatur. Hg. von Rolf Bergmann, Berlin/Boston 2013 (De Gruyter Lexikon)

Roland Litscher: *Die Entstehung des femininen Genus in den indogermanischen Sprachen*. Dissertation Zürich 2018, https://doi.org/10.5167/uzh-159689, letzter Zugriff 23.12.2022

Roland Litscher: *Die Genese des dritten Genus: ein neuer Versuch*, in: Protolanguage and Prehistory. Akten der XII. Fachtagung der Indogermanischen Gesellschaft, Krakau, vom 11.-15.10.2004. Hg. von Rosemarie Lühr und Sabine Ziegler, Wiesbaden 2009, S. 271–285

Ivar Ljungerud: *Bemerkungen zur Movierung in der deutschen Gegenwartssprache. Eine positivistische Skizze*, in: Linguistische Studien III. Festgabe für Paul Grebe zum 65. Geburtstag, Teil 1, Düsseldorf 1973 (Sprache der Gegenwart 23), S. 145–162

Henning Lobin: *Sprachkampf. Wie die Neue Rechte die deutsche Sprache instrumentalisiert*, Berlin 2021

Henning Lobin – Damaris Nübling: *Genus, Sexus, Nexus*, in: Süddeutsche Zeitung, 07.06.2018, S. 11

Henning Lobin – Damaris Nübling: *Tief in der Sprache lebt die alte Geschlechterordnung fort*, in: Neue Zürcher Zeitung, 07.06.2018, https://www.sueddeutsche.de/kultur/genderdebatte-tief-in-der-sprache-lebt-die-alte-geschlechterordnung-fort-1.4003975-0#seite-2, letzter Zugriff 27.12.2022

Sebastian Löbner: *Understanding Semantics*, [2]London 2013 (Understanding Language)

Benedicta Adokarley Lomotey: *Probing the manifestations of gender in Ga*, in: *Gender Across Languages. The linguistic representation of women and men*. Volume 4. Ed. by Marlis Hellinger, Heiko Motschenbacher, Amsterdam/Philadelphia 2015 (Impact: Studies in language and society 36), S. 153–171

Dagmar Lorenz: *Gendersprech: Wider die sprachliche Apartheit der Geschlechter*, in: Antje Baumann – André Meinunger (Hg.): *Die Teufelin steckt im Detail. Zur Debatte um Gender und Sprache*, Berlin 2017, S. 230–239

Marcus Lorenz: *„Der Duden missbraucht hier seine Deutungshoheit über die deutsche Sprache"* [Interview mit Ewa Trutkowski], in: *Welt*. 09.01.2021, https://www.welt.de/kultur/article 223818452/Gegenderter-Duden-Das-bildet-nicht-die-Sprachwirklichkeit-ab.html, letzter Zugriff 27.12.2022

Maria-Sibylla Lotter: *Moral statt Wahrheit: Allzu oft wird Wissenschaft als Wiedergutmachungsprojekt betrieben*, in: *Neue Zürcher Zeitung*, 24.06.2020, https://www.nzz.ch/feuilleton/wissenschaft-wird-zum-wiedergutmachungsprojekt-ld.1561543, letzter Zugriff 27.12.2022

Luder, das, in: *Wörterbuch der deutschen Gegenwartssprache*, https://www.dwds.de/wb/wdg/Luder, letzter Zugriff 27.12.2022

Martin Luther: *Biblia, das ist, die gantze Heilige Schrifft Deudsch*, Wittemberg 1545, http://www.zeno.org/Literatur/M/Luther,+Martin/Luther-Bibel+1545, letzter Zugriff 27.12.2022

Brian MacWhinney – Andrej Malchukov – Edith Moravcsik (eds.): *Competing Motivations in Grammar and Usage*, Oxford 2014

Mädchen, das, in: *DWDS. Der deutsche Wortschatz von 1600 bis heute*, https://www.dwds.de/wb/ M %C3 %A4dchen, letzter Zugriff 23.12.2022

Claudia Mäder: *Lassen wir die Sprache menschlich sein*, in: *Neue Zürcher Zeitung*, 06.11.2018, https://www.nzz.ch/meinung/lassen-wir-die-sprache-menschlich-sein-ld.1433844, letzter Zugriff 27.12.2022

K. Mainzer: *Konstruktivismus*, in: *Historisches Wörterbuch der Philosophie*. Unter Mitwirkung von […] hg. von Joachim Ritter und Karlfried Gründer, Band 4: I-K, Darmstadt 1976, Sp. 1019–1021

Mann und Frau - Frau und Mann. Hintergründe, Ursachen und Problematik der Geschlechterrollen. 5. Würzburger Symposium der Universität Würzburg. Hg. von Winfried Böhm und Martin Lindauer, Stuttgart [u. a.] 1992

Thomas Mann: *Der Zauberberg. Roman*. Erster Band, Berlin 1924, https://www.gutenberg.org/files/65661/65661-h/65661-h.htm, letzter Zugriff 27.12.2022

Mannequin, das oder der, in: *DWDS. Der deutsche Wortschatz von 1600 bis heute*, https://www.dwds.de/wb/Mannequin, letzter Zugriff 23.12.2022

Gianna Marcato – Eva-Maria Thüne: *Gender and female visibility in Italian*, in: *Gender Across Languages. The linguistic representation of women and men*. Volume 2. Ed. by Marlis Hellinger, Hadumod Bußmann, Amsterdam/Philadelphia 2002 (Impact: Studies in language and society 10), S. 187–217

Die Masken sollen fallen, in: *Frankfurter Allgemeine Zeitung*, 27.01.2022, https://www.faz.net/aktuell/politik/ausland/daenemark-und-england-wollen-trotz-omikron-die-massnahmen-beenden-17756814.html, letzter Zugriff 23.12.2022

Florence Maurice: *Deconstructing gender – The case of Romanian*, in: *Gender Across Languages. The linguistic representation of women and men*. Volume I. Ed. by Marlis Hellinger, Hadumod Bußmann, Amsterdam/Philadelphia 2001 (Impact: Studies in language and society 9), S. 229–252

Willi Mayerthaler: *Morphologische Natürlichkeit*, Wiesbaden 1981 (Linguistische Forschungen 28)

Neue deutsche Medienmacher e.V.: *Glossar. Formulierungshilfen für die Berichterstattung im Einwanderungsland.* Stand 1. Dezember 2015; ¹¹2022: *NdM-Glossar. Wörterverzeichnis der Neuen deutschen Medienmacher*innen (NdM) mit Formulierungshilfen, Erläuterungen und alternativen Begriffen für die Berichterstattung in der* → *»Einwanderungsgesellschaft*, https://glossar.neuemedienmacher.de/, letzter Zugriff 27.12.2022

Jörg Meibauer: *Konzepte des Lügens*, in: *Zeitschrift für Sprachwissenschaft* 34 (2015), S. 175–212, https://www.degruyter.com/document/doi/10.1515/zfs-2015-0010/html, letzter Zugriff 27.12.2022

Georg Friedrich Meier: *Das Zéro-Problem in der Linguistik. Kritische Untersuchungen zur strukturalistischen Analyse der Relevanz sprachlicher Form*, Berlin 1961 (Schriften zur Phonetik, Sprachwissenschaft und Kommunikationsforschung 2)

Birgit Meineke: *CHIND und BARN im Hildebrandslied vor dem Hintergrund ihrer althochdeutschen Überlieferung*, Göttingen 1987 (Studien zum Althochdeutschen 9)

Eckhard Meineke: *Besprechung von Johann Matthias Reinshagen: Spracherziehungsstile und Varietätengebrauch. St. Georgen 1991*, in: *Zeitschrift für Dialektologie und Linguistik* 60 (1993), S. 247–249

Eckhard Meineke: *Die sprachtheoretischen Einsichten in Ludwig Wittgensteins 'Philosophischen Untersuchungen'*, in: *Sprachwissenschaft* 15 (1990), S. 1–64

Eckhard Meineke: *'Natürlichkeit' und 'Ökonomie'. Neuere Auffassungen des Sprachwandels*, in: *Sprachwissenschaft* 14 (1989), S. 318–356

Eckhard Meineke: *Das Substantiv in der deutschen Gegenwartssprache*, Heidelberg 1996 (Monographien zur Sprachwissenschaft 17)

Eckhard Meineke: *Substantivkomposita des Mittelhochdeutschen. Eine korpuslinguistische Untersuchung*, Frankfurt am Main [u. a.] 2016 (Deutsche Sprachgeschichte 6)

André Meinunger (Hg.): *Im Mittelpunkt Deutsch*, Berlin 2018 (ZAS Papers in Linguistics 59), https://zaspil.leibniz-zas.de/article/view/433/445, letzter Zugriff 27.12.2022

André Meinunger: *Ein Plädoyer für das Deutsche als geschlechtergerechte Sprache – ein paar provozierende Beobachtungen und Ausführungen*, in: Antje Baumann – André Meinunger (Hg.): *Die Teufelin steckt im Detail. Zur Debatte um Gender und Sprache*, Berlin 2017, S. 93–100

Mélanges de linguistique offerts à Charles Bally sous les auspices de la faculté des lettres de l'Université de Genève par des collègues des confrères des disciples reconnaissants, Genève 1939

Memme, die, in: *DWDS. Der deutsche Wortschatz von 1600 bis heute*, https://www.dwds.de/wb/Memme, letzter Zugriff 27.12.2022

José Louis Mendívil Giró: *El masculino inclusivo en español*, in: *Revista Española de Lingüística* 50/1 (2020), S. 35–64

Deutsche Menschen, in: *Wikipedia*, https://de.wikipedia.org/wiki/Deutsche_Menschen, letzter Zugriff 09.02.2023

Menschin, die, in: *Duden online*, https://www.duden.de/rechtschreibung/Menschin, letzter Zugriff 27.12.2022

Karin Michelsen: *Gender in Oneida*, in: *Gender Across Languages. The linguistic representation of women and men.* Volume 4. Ed. by Marlis Hellinger, Heiko Motschenbacher, Amsterdam/Philadelphia 2015 (Impact: Studies in language and society 36), S. 277–301

Anne Mickan – Maren Schiefke – Anatol Stefanowitsch: *Key is a llave is a Schlüssel: A failure to replicate an experiment from Boroditsky et al. 2003*, in: *Yearbook of the German Cognitive Linguistics Association* 2 (2014), S. 39–50

Bettina Migge: *Communicating gender in the Eastern Maroon Creole of Surinam*, in: *Gender Across Languages. The linguistic representation of women and men.* Volume I. Ed. by Marlis Hellinger, Hadumod Bußmann, Amsterdam/Philadelphia 2001 (Impact: Studies in language and society 9), S. 85–104

Model, das, in: *Duden online*, https://www.duden.de/rechtschreibung/Model_Mannequin, letzter Zugriff 23.12.2022

Robert Möller: Euphrosina kolerin, Beckhin vonn Paindten, die Berndt bonesche *und andere* beclagtinnen. *Feminin-Movierung von Appellativen und Namen in Hexenverhörprotokollen des 16./17. Jahrhunderts*, in: Markus Denkler – Stephan Elspaß – Dagmar Hüpper – Elvira Topalović (Hg.): *Deutsch im 17. Jahrhundert. Studien zu Sprachkontakt, Sprachvariation und Sprachwandel. Gedenkschrift für Jürgen Macha*, Heidelberg 2017 (Sprache – Literatur und Geschichte 46), S. 129–159

Rainer Moritz: *Stimmt's, oder hab ich recht?*, in: *FAZ.net*, 19.04.2021, https://www.faz.net/aktuell/politik/die-gegenwart/die-genderdebatte-stimmt-s-oder-hab-ich-recht-17287960.html, letzter Zugriff 27.12.2022

Heiko Motschenbacher: *Queere Linguistik: Theoretische und methodologische Überlegungen zu einer heteronormativitätskritischen Sprachwissenschaft*, in: Susanne Günthner – Dagmar Hüpper – Constanze Spieß (Hg.): *Genderlinguistik. Sprachliche Konstruktionen von Geschlechtsidentität*, Berlin/Boston 2012 (Linguistik – Impulse und Tendenzen 45), S. 87–125

Heiko Motschenbacher – Marija Weikert: *Structural gender trouble in Croatian*, in: *Gender Across Languages. The linguistic representation of women and men.* Volume 4. Ed. by Marlis Hellinger, Heiko Motschenbacher, Amsterdam/Philadelphia 2015 (Impact: Studies in language and society 36), S. 49–95

Carolin Müller-Spitzer: *Geschlechtergerechte Sprache: Zumutung, Herausforderung, Notwendigkeit?*, in: *Sprachreport* 37 (2021), Nr. 2, S. 1–12, https://ids-pub.bsz-bw.de/frontdoor/index/index/year/2021/docId/10408, letzter Zugriff 27.12.2022

Carolin Müller-Spitzer: *Zumutung, Herausforderung, Notwendigkeit? Zum Stand der Forschung zu geschlechtergerechter Sprache*, in: *Aus Politik und Zeitgeschichte* 72, 5–7. 31. Januar 2022, S. 23–29

Horst-Haider Munske: *Zwangsbeglückung der Sprachgemeinschaft*, in: *FAZ.net*, 25.07.2021, https://www.faz.net/aktuell/karriere-hochschule/gendern-im-wahlprogramm-der-gruenen-174 47819.html, letzter Zugriff 27.12.2022

Petr Nádeníček: *Movierung – ein gemeinsamer Weg des Tschechischen und Deutschen?*, in: *Bilingualer Sprachvergleich und Typologie: Deutsch – Tschechisch*. Hg. von Marek Nekula, Kateřina Šichová und Jana Valdrová, Tübingen 2013 (Deutsch im Kontrast 28), S. 95–109

Bernd Naumann: *Grammatik der deutschen Sprache zwischen 1781 und 1856. Die Kategorien der deutschen Grammatik in der Tradition von Johann Werner Meiner und Johann Christoph Adelung*, Berlin 1986 (Philologische Studien und Quellen 114)

Martin Neef: *Das Konzept des sogenannten ‚Geschlechtergerechten Sprachgebrauchs' aus sprachwissenschaftlicher Sicht*, in: Imke Lang-Groth – Martin Neef (Hg.): *Facetten der deutschen Sprache*, Berlin 2018, S. 44–66

Martin Neef: *Der sogenannte ‚geschlechtergerechte Sprachgebrauch' ist nicht geschlechtergerecht*. 17. November 2022, https://www.linguistik-vs-gendern.de/media/neef_der_sogenannte_geschlechtergerechte_sprachgebrauch_ist_nicht_geschlechtergerecht.pdf, letzter Zugriff 20.02.2023

Das Nibelungenlied. Nach der Ausgabe von Karl Bartsch hg. von Helmut de Boor. Zweiundzwanzigste revidierte und von Roswitha Wisniewski ergänzte Auflage, Wiesbaden 1996

Uwe Kjær Nissen: *Gender in Spanish. Tradition and innovation*, in: *Gender Across Languages. The linguistic representation of women and men.* Volume 2. Ed. by Marlis Hellinger, Hadumod Bußmann, Amsterdam/Philadelphia 2002 (Impact: Studies in language and society 10), S. 251–279

Damaris Nübling: *Genus und Geschlecht. Zum Zusammenhang von grammatischer, biologischer und sozialer Kategorisierung*, Stuttgart 2020 (Akademie der Wissenschaften und der Literatur. Abhandlungen der Geistes- und sozialwissenschaftlichen Klasse. Jahrgang 2020. Nr. 1)

Damaris Nübling: *Und ob das Genus mit dem Sexus. Genus verweist nicht nur auf das Geschlecht, sondern auch auf die Geschlechterordnung*, in: Sprachreport 34 (2018), Nr. 3, S. 44–50

Damaris Nübling: *Geschlecht in der Grammatik: Was Genus, Deklination und Binomiale uns über Geschlechter(un)ordnungen berichten*, in: Muttersprache 130 (2020), S. 17–33

Damaris Nübling: *Geschlechter(un)ordnungen in der Grammatik. Deklination, Genus, Binomiale*, in: Ludwig Eichinger – Albrecht Plewnia (Hg.): *Neues vom heutigen Deutsch. Empirisch – methodisch – theoretisch*, Berlin/Boston 2019 (Institut für deutsche Sprache. Jahrbuch 2018), S. 19–58

Nadja Ofuatey-Alazard: *Die Sprache zur Rede stellen*, in: aviso. Zeitschrift für Wissenschaft und Kunst 2 (2016), S. 28–31

Sabura Okamura: *Sprachliche Lösungsmöglichkeiten der Genderproblematik im Japanischen und Deutschen*, in: Susanne Günthner – Dagmar Hüpper – Constanze Spieß (Hg.): *Genderlinguistik. Sprachliche Konstruktionen von Geschlechtsidentität*, Berlin/Boston 2012 (Linguistik – Impulse und Tendenzen 45), S. 413–432

Els Oksaar: *Berufsbezeichnungen im heutigen Deutsch. Soziosemantische Untersuchungen. Mit deutschen und schwedischen experimentellen Kontrastierungen*, Düsseldorf 1976 (Sprache der Gegenwart 25)

Els Oksaar: *Das heutige Deutsch – ein Spiegel sozialer Wandlungen*, in: Sprache und Gesellschaft. Beiträge zur soziolinguistischen Beschreibung der deutschen Gegenwartssprache. Jahrbuch 1970, Düsseldorf 1970 (Sprache der Gegenwart 13), S. 279–294

Els Oksaar: *Merkmalhaltigkeit, Merkmallosigkeit und Kontextualität. Zu den Veränderungstendenzen bei Nomina agentis in der Gegenwartssprache*, in: Texttyp, Sprechergruppe, Kommunikationsbereich. Studien zur deutschen Sprache in Geschichte und Gegenwart. Festschrift für Hugo Steger zum 65. Geburtstag. Hg. von Heinrich Löffler, Karlheinz Jakob und Bernhard Kelle, Berlin/New York 1994, S. 277–283

Christine Olderdissen: *„Sprachkampf" – Interview mit Autor Henning Lobin*, in: Genderleicht.de, 11.03.2021, https://www.genderleicht.de/sprachkampf-interview-autor-henning-lobin/, letzter Zugriff 27.12.2022

Lorelies Ortner – Elgin Müller-Bollhagen – Hanspeter Ortner – Hans Wellmann – Maria Pümpel-Mader – Hildegard Gärtner: *Substantivkomposita (Komposita und kompositionsähnliche Strukturen 1)*, Berlin/New York 1991 (Deutsche Wortbildung. Typen und Tendenzen in der Gegenwartssprache. Eine Bestandsaufnahme des Instituts für deutsche Sprache, Forschungsstelle Innsbruck. Vierter Hauptteil) (Sprache der Gegenwart 79)

George Orwell: *Nineteen eighty-four. A novel*, London 1949

Hermann Paul: *Prinzipien der Sprachgeschichte* [^{1}1880], ^{10}Berlin/Boston 1995 (Konzepte der Sprach- und Literaturwissenschaft 6)

Theodossia-Soula Pavlidou: *Woman, gender and Modern Greek*, in: Gender Across Languages. The linguistic representation of women and men. Volume 3. Ed. by Marlis Hellinger, Hadumod Bußmann, Amsterdam/Philadelphia 2003 (Impact: Studies in language and society 11), S. 175–197

Fabian Payr: *Von Menschen und Mensch*innen. 20 gute Gründe, mit dem Gendern aufzuhören*, Wiesbaden 2021

Fabian Payr: *Streit ums Gendern: Wie falsche Erzählungen die Karriere des Genderns beförderten*, in: Berliner Zeitung, 10.12.2022, https://www.berliner-zeitung.de/open-source/streit-ums-gendern-wie-falsche-erzaehlungen-die-karriere-des-genderns-befoerderten-li.294922, letzter Zugriff 22.02.2023

Magnus Pettersson: *Geschlechtsübergreifende Personenbezeichnungen. Eine Referenz- und Relevanzanalyse an Texten*, Tübingen 2011 (Europäische Studien zur Textlinguistik 11)

Wolfgang Pfeifer (Hg.): *Etymologisches Wörterbuch des Deutschen*, Berlin, Lizenzausgabe Koblenz 2012

Günther Pflug: *Probleme der geschlechtsneutralen Rechts- und Verwaltungssprache*, in: *Diskussion Deutsch* 21 (1990), S. 98–102

Hoa Pham: *Gender in adressing and self-reference in Vietnamese. Variation and change*, in: *Gender Across Languages. The linguistic representation of women and men*. Volume 2. Ed. by Marlis Hellinger, Hadumod Bußmann, Amsterdam/Philadelphia 2002 (Impact: Studies in language and society 10)2, S. 281–312

Phi Theory: Phi-Features across Modules and Interfaces, ed. by Daniel Harbour, David Adger, and Susana Béjar, Oxford 2008 (Oxford Studies in Theoretical Linguistics 16)

Uwe Pörksen: *Das Demokratisierungsparadoxon. Über die zweifelhaften Vorzüge der Verwissenschaftlichung und Verfachlichung unserer Sprache*, in: *Sprachkultur. Jahrbuch 1984 des Instituts für Deutsche Sprache*. Hg. von Rainer Wimmer. Düsseldorf 1985 (Sprache der Gegenwart 63), S. 159–181

Peter von Polenz: *Deutsche Sprachgeschichte vom Spätmittelalter bis zur Gegenwart. Band I. Einführung · Grundbegriffe · 14. bis 16. Jahrhundert*, [2]Berlin/New York 2000

Nele Pollatschek: *Deutschland ist besessen von Genitalien. Gendern macht die Diskriminierung nur noch schlimmer*, in: *Tagesspiegel*, 30.08.2020, https://www.tagesspiegel.de/kultur/deutschland-ist-besessen-von-genitalien-gendern-macht-die-diskriminierung-nur-noch-schlimmer/26140402.html, letzter Zugriff 27.12.2022

Nele Pollatschek: *They: Gendern auf Englisch*, in: *Aus Politik und Zeitgeschichte* 72, 5–7. 31. Januar 2022, S. 8–9

Polysemie, in: *Wikipedia*, https://de.wikipedia.org/wiki/Polysemie, letzter Zugriff 27.12.2022

Claudia Posch: *Mitgefangen – Mitgehangen. Generisches Maskulinum und Normen geschlechtergerechten Sprachgebrauchs*, in: Christina Antenhofer – Andreas Oberprantacher – Kordula Schnegg (Hg.): *Methoden und Wahrheiten. Geistes- und sozialwissenschaftliche Forschung in Theorie und Praxis*, Innsbruck 2011 (Edited volume series), S. 207–228

Claudia Posch – Elisabeth Mairhofer: *Wie männlich ist das Maskulinum? Eine Frage der Ökonomie*, in: *In Simplicitate Complexitas. Festgabe für Barbara Stefan zum 70. Geburtstag*. Hg. von Peter Anreiter, Ivo Hajnal und Manfred Kienpointner, Wien 2012 (Studia Interdisciplinaria Ænipontana 17), S. 327–340

Gertrude Postl: *Weibliches Sprechen. Feministische Entwürfe zu Sprache & Geschlecht*, Wien 1991

In die Presse geraten. Darstellung von Frauen in der Presse und Frauenarbeit in den Medien. Hg. von Christiane Schmerl, [2]Köln/Wien 1989

Deutsche Presse-Agentur: *Nachrichtenagenturen wollen diskriminierungssensibler berichten*, 2021, https://www.dpa.com/de/unternehmen/diskriminierungssensible-berichterstattung, letzter Zugriff 27.12.2022

Project Implicit, https://www.projectimplicit.net/, letzter Zugriff 27.12.2022

Protolanguage and Prehistory. Akten der XII. Fachtagung der Indogermanischen Gesellschaft, Krakau, vom 11.-15.10.2004. Hg. von Rosemarie Lühr und Sabine Ziegler, Wiesbaden 2009

Luise F. Pusch: *Deutsch auf Vorderfrau. Sprachkritische Glossen*, Göttingen 2011

Luise F. Pusch: *Das Deutsche als Männersprache. Aufsätze und Glossen zur feministischen Linguistik*, Frankfurt am Main 1984 (edition suhrkamp 1217)

Luise F. Pusch: *Gendern - gerne, aber wie? Ein Ritt durch die feministische Sprachgeschichte und praktische Tipps von der Linguistin Luise F. Pusch*, in: *Neues-Deutschland.de*, 23.10.2019, https://www.nd-aktuell.de/artikel/1127581.gendern-gendern-gerne-aber-wie.html, letzter Zugriff 27.12.2022

Luise F. Pusch: *Der Mensch ist ein Gewohnheitstier, doch weiter kommt man ohne ihr – Eine Antwort auf Kalverkämpers Kritik an Trömel-Plötz' Artikel über ‚Linguistik und Frauensprache'*, in: *Linguistische Berichte* 63 (1979), S. 84–102; Wiederabdruck in: Heinz Sieburg (Hg.): *Sprache – Genus/Sexus*, Frankfurt am Main 1997 (Dokumentation Germanistischer Forschung 3), S. 279–301

Luise F. Pusch: *Alle Menschen werden Schwestern. Feministische Sprachkritik*, Frankfurt am Main 1990 (edition suhrkamp 1565. Neue Folge 565)

Luise F. Pusch: *Weibliche Personenbezeichnungen als Mittel weiblicher Realitätsdefinition*, in: Wilfried Kürschner – Rüdiger Vogt, unter Mitwirkung von Sabine Siebert-Nemann (Hg.): *Sprachtheorie, Pragmatik, Interdisziplinäres. Akten des 19. Linguistischen Kolloquiums Vechta 1984*. Band 2, Tübingen 1985 (Linguistische Arbeiten 157), S. 257–273

Luise F. Pusch: *Ein Vorschlag zum Spass*, in: *Basler Magazin (Basler Zeitung)* Nr. 34, 23.08.1986, S. 15

Birgit Rabofski: *Motion und Markiertheit. Synchrone und sprachhistorische Evidenz aus dem Gotischen, Althochdeutschen und Altenglischen für eine Widerlegung der Theorien zur Markiertheit*, Frankfurt am Main [u. a.] 1990 (Europäische Hochschulschriften. Reihe XXI. Linguistik und Indogermanistik 84)

Was Sie schon immer über Freie Radios wissen wollten, aber nie zu fragen wagten! Hg. im Eigenverlag. Christoph Busch, Freundeskreis Freie Radios Münster, Münster 1981

Felicity J. Rash: *Ein frühes Beispiel der ‚Männersprache'?*, in: *Sprachwissenschaft* 21 (1996), S. 446–464

Rat für deutsche Rechtschreibung: *Geschlechtergerechte Schreibung: Empfehlungen vom 26.03. 2021*, https://www.rechtschreibrat.com/DOX/rfdr_PM_2021-03-26_Geschlechtergerechte_ Schreibung.pdf, letzter Zugriff 27.12.2022

Edo Reents: *Eselinei*, in: *FAZ.net*, 03.06.2011, https://www.faz.net/aktuell/feuilleton/sprache-und-geschlecht-eselinei-1657044.html, letzter Zugriff 27.12.2022

Das Referat für Gleichberechtigung und Chancengleichheit der Stadt Duisburg: *Geschlechtergerechte Sprache*, https://www.duisburg.de/microsites/rgc/rubrik2/inhalt-ii.5-a-geschlechtergerechte-sprache.php, letzter Zugriff 27.12.2022

RND. RedaktionsNetzwerk Deutschland: *Gendersternchen ist „rechtschreibwidrig": Frauenministerin Lambrecht gibt andere Empfehlung aus*, 06.10.2021, https://www.rnd.de/politik/frauenministerin-lambrecht-stopp-fuer-gendersternchen-und-sonderzeichen-rechtschreibwidrig-ZBZEKQSSJBT5XMUS4C2UPHZ75E.html, letzter Zugriff 27.12.2022

Andreas Rödder – Silvana Rödder: *Sprache und Macht*, in: *Aus Politik und Zeitgeschichte* 72, 5–7. 31. Januar 2022, S. 6–7

Irmtraud Rösler – Karl-Ernst Sommerfeldt (Hg.): *Probleme der Sprache nach der Wende. Beiträge des Kolloquiums in Rostock am 16. November 1996*, ²Frankfurt am Main [u. a.] 1998 (Sprache – System und Tätigkeit 23)

Eckard Rolf (Hg.): *Pragmatik. Implikaturen und Sprechakte*, Wiesbaden 1997 (Linguistische Berichte. Sonderheft 8)

Suzanne Romaine: *A corpus-based view of gender in British and American English*, in: *Gender Across Languages. The linguistic representation of women and men*. Volume I. Ed. by Marlis Hellinger, Hadumod Bußmann, Amsterdam/Philadelphia 2001 (Impact: Studies in language and society 9), S. 153–175

Anne Rosar: *Mann und Frau, Damen und Herren, Mütter und Väter – Zur (Ir-)Reversibilität der Geschlechterordnung in Binomialen*, in: *Genus – Sexus – Gender*. Hg. von Gabriele Diewald und Damaris Nübling, Berlin/Boston 2022 (Linguistik – Impulse & Tendenzen 95), S. 267–292

Jutta Rothmund – Ursula Christmann: *Auf der Suche nach einem geschlechtergerechten Sprachgebrauch*. in: *Muttersprache* 112 (2003), S. 115–135

Jutta Rothmund – Brigitte Scheele: *Personenbezeichnungsmodelle auf dem Prüfstand. Lösungsmöglichkeiten für das Genus-Sexus-Problem auf Textebene*, in: *Zeitschrift für Psychologie* 212 (2004), S. 40–54

Jesús Ruiz Mantilla: *Los académicos y las académicas discuten sobre sexismo lingüístico*, in: *El País*, 19.10.2016, https://elpais.com/cultura/2016/10/11/actualidad/1476204624_012306.html, letzter Zugriff 02.03.2023

Marlene Rummel: *Brisantes Suffix? Zum Gewicht von -ling im Konzept des* Flüchtlings, Gießen 2017 (Sprache, Literatur, Kommunikation – Geschichte und Gegenwart 10), https://geb.uni-giessen.de/geb/volltexte/2017/13049/, letzter Zugriff 27.12.2022

Kalyanamalini Sahoo: *Linguistical and socio-cultural implications of gendered structures in Oriya*, in: *Gender Across Languages. The linguistic representation of women and men*. Volume 3. Ed. by Marlis Hellinger, Hadumod Bußmann, Amsterdam/Philadelphia 2003 (Impact: Studies in language and society 11), S. 239–257

Ingrid Samel: *Einführung in die feministische Sprachwissenschaft*, [2]Berlin 2000

Markus Schächter: *Tipps für eine moderne Sprache im ZDF*, https://www.genderkompetenz.info/w/files/gkompzpdf/zdf_faire_sprache_faltblatt_3.pdf

Dara Schätzle: *Metadiskurse zu gendersensibler Sprache. Kognitivlinguistische, grammatische und textstilistische Argumente* [Masterarbeit in der Germanistischen Linguistik an der Albert-Ludwigs-Universität Freiburg 2019] (Freiburger Papiere zur Germanistischen Linguistik 40), portal.uni-freiburg.de/sdd/fragl/Fragl%2040/files/fragl40.pdf, letzter Zugriff 27.12.2022

Elmar Schafroth: *Gender in French. Structural properties, incongruences and asymmetries*, in: *Gender Across Languages. The linguistic representation of women and men*. Volume 3. Ed. by Marlis Hellinger, Hadumod Bußmann, Amsterdam/Philadelphia 2003 (Impact: Studies in language and society 11), S. 87–117

Brigitte Scheele – Eva Gauler: *Wählen Wissenschaftler ihre Probleme anders aus als WissenschaftlerInnen? Das Genus-Sexus-Problem als paradigmatischer Fall der linguistischen Relativitätsthese*, in: *Sprache & Kognition* 12 (1993), S. 59–72

Dyrk Scherf: *Wie Eigentümer für die neue Grundsteuer vorsorgen können*, in: *Frankfurter Allgemeine Zeitung*, 27.01.2022, https://www.faz.net/aktuell/finanzen/wie-eigentuemer-fuer-die-neue-grundsteuer-vorsorgen-koennen-17744454.html?, letzter Zugriff 27.12.2022

René Scheu: *Liebe Sprachbenutzerinnen und Sprachbenutzer: Wie halten Sie es mit der Sexualisierung der Sprache von oben?*, in: *Neue Zürcher Zeitung*, 04.10.2019, https://www.nzz.ch/meinung/gender-sprache-die-sexualisierung-der-sprache-von-oben-ld.1513053, letzter Zugriff 27.12.2022

Ute Scheub: *Was wurde aus dem Binnen-I?*, in: *Genderleicht.de*, 18.02.2021, https://www.genderleicht.de/geschichte-des-binnen-i-taz-mitgruenderin-ute-scheub/, letzter Zugriff 27.12. 2022

Sarah Schierack: *Duden-Chefin: „Vielleicht müssen wir das einfach mal aushalten"*, in: *Augsburger Allgemeine*, 18.07.2021, https://www.augsburger-allgemeine.de/panorama/Gender-Debatte-Duden-Chefin-Vielleicht-muessen-wir-das-einfach-mal-aushalten-id60064431.html, letzter Zugriff 27.12.2022

Jürgen Schiewe: *Die Macht der Sprache. Eine Geschichte der Sprachkritik von der Antike bis zur Gegenwart*, München 1998

Schimpfwort-Liste, https://www.insult.wiki/schimpfwort-liste, letzter Zugriff 27.12.2022

Benno Schirrmeister: *Linguistin Luise F. Pusch: „Worte sind die Sache selber"*, in: *taz*, 19.04.2009, https://taz.de/Linguistin-Luise-F-Pusch/!5164393/, letzter Zugriff 27.12.2022

Michael Schlaefer: *Zum ‚Großen Wörterbuch der deutschen Sprache in acht Bänden'*, in: *Sprachwissenschaft* 21 (1996), S. 465–480

Schlampe, die, in: *DWDS. Der deutsche Wortschatz von 1600 bis heute*, https://www.dwds.de/wb/Schlampe, letzter Zugriff 13.03.2023

Schlamperin, die, in: *Duden online*, https://www.duden.de/rechtschreibung/Schlamperin, letzter Zugriff 13.03.2023

Schleifhexe, die, in: *DWDS. Der deutsche Wortschatz von 1600 bis heute*, https://www.dwds.de/wb/Schleifhexe, letzter Zugriff 27.12.2022

Wilhelm Schmidt: *Grundfragen der deutschen Grammatik. Eine Einführung in die funktionale Sprachlehre*, [5]Berlin 1977

Johanna Schoener: *Armutszeugnis*, in: *Die Zeit*, Nr. 8, 16.02.2023, S. 40

Gisela Schoenthal: *Personenbezeichnungen im Deutschen als Gegenstand feministischer Sprachkritik*, in: *Zeitschrift für germanistische Linguistik* 17 (1989), S. 296–314

Gisela Schoenthal: *Impulse der feministischen Linguistik für Sprachsystem und Sprachgebrauch*, in: *Sprachgeschichte. Ein Handbuch zur Geschichte der deutschen Sprache und ihrer Erforschung*. 2., vollständig neu bearbeitete und erweiterte Auflage. Hg. von Werner Besch, Anne Betten, Oskar Reichmann, Stefan Sonderegger. 2. Teilband, Berlin/New York 2000 (Handbücher zur Sprach- und Kommunikationswissenschaft 2.2), S. 2064–2100

Gisela Schoenthal: *Wirkungen der feministischen Sprachkritik in der Öffentlichkeit*, in: *Sprache – Sprachwissenschaft – Öffentlichkeit*. Hg. von Gerhard Stickel, Berlin/Boston 1999, S. 225–242, https://doi.org/10.1515/9783110622645-015

Daniel Scholten: *Der Führerin entgegen!*, in: Antje Baumann – André Meinunger (Hg.): *Die Teufelin steckt im Detail. Zur Debatte um Gender und Sprache*, Berlin 2017, S. 101–120

Daniel Scholten: *Das Genus ist dem Sexus sein Nexus. Die empirische Forschung der feministischen Linguistik*, in: *Belles Lettres. Deutsch für Dichter und Denker*, 2018, https://www.belleslettres.eu/content/deklination/gender-nubling-lobin-sueddeutsche.php, letzter Zugriff 27.12.2022

Juliane Schröter – Angelika Linke – Noah Bubenhofer: *„Ich als Linguist" – Eine empirische Studie zur Einschätzung und Verwendung des generischen Maskulinums*, in: Susanne Günthner – Dagmar Hüpper – Constanze Spieß (Hg.): *Genderlinguistik. Sprachliche Konstruktionen von Geschlechtsidentität*, Berlin/Boston 2012 (Linguistik – Impulse und Tendenzen 45), S. 359–379

Corinna Schüngel: *Knigge-Tipps für den perfekten Besuch im Restaurant*, in: *Knigge.Ruhr. Stil & Etikette*, https://knigge.ruhr/knigge-tipps-fuer-den-perfekten-besuch-im-restaurant/, letzter Zugriff 27.12.2022

Rudolf Schützeichel (Hg.): *Althochdeutscher und Altsächsischer Glossenwortschatz*, I–XII, Tübingen 2004

Rudolf Schützeichel: *Althochdeutsches Wörterbuch*, [7]Berlin/Boston 2012

Claudia Schwartz: *Es braucht kein Verbot von Gendersprache – etwas mehr Gelassenheit würde der Debatte gut tun*, in: *Neue Zürcher Zeitung*, 22.06.2021, https://www.nzz.ch/meinung/es-braucht-kein-verbot-von-gendersprache-etwas-mehr-gelassenheit-wuerde-der-debatte-gut-tun-ld.1630777, letzter Zugriff 27.12.2022

Alice Schwarzer: *Sprache und Menschen*, in: *Emma*, 12.12.2018, aktualisiert: 05.02.2019, https://www.emma.de/artikel/sprache-und-menschen-336305, letzter Zugriff 27.12.2022

Schwuchtel, die, in: *DWDS. Der deutsche Wortschatz von 1600 bis heute*, https://www.dwds.de/wb/Schwuchtel, letzter Zugriff 27.12.2022

Elmar Seebold: *Etymologie. Eine Einführung am Beispiel der deutschen Sprache*, München 1981 (Beck'sche Elementarbücher)

Janet S. Shibamoto Smith: *Gendered structures in Japanese*, in: *Gender Across Languages. The linguistic representation of women and men*. Volume 3. Ed. by Marlis Hellinger, Hadumod Bußmann, Amsterdam/Philadelphia 2003 (Impact: Studies in language and society 11), S. 201–225

Heinz Sieburg (Hg.): *Sprache – Genus/Sexus*, Frankfurt am Main 1997 (Dokumentation Germanistischer Forschung 3)

Michael Silverstein: *Language structure and linguistic ideology*, in: Paul R. Clyne – William F. Hanks – Carol L. Hofbauer (eds.): *The Elements: a Parasession on Linguistic Units and Levels. April 20-21, 1979. Including Papers from the Conference on Non-Slavic Languages of the USSR, April 18, 1979*, Chicago 1979, S. 193–247

Michael Silverstein: *Indexical order and the dialectics of sociolinguistic life*, in: *Language & Communication* 23 (2003), S. 193–229

Michael Silverstein: *Shifters, Linguistic Categories, and Cultural Description*, in: Keith H. Basso – Henry A. Selby (eds.): *Meaning in Anthropology*, Albuquerque 1996 (A School of American Research Book), S. 11–55

Violetta Simon: *Liebe Leser, das folgende Interview ist auch für Frauen gedacht* [Interview mit Anatol Stefanowitsch], in: *Süddeutsche Zeitung*, 22.02.2018, https://www.sueddeutsche.de/leben/generisches-maskulinum-liebe-leser-das-folgende-interview-ist-auch-fuer-frauen-gedacht-1.3876211-0#seite-2, letzter Zugriff 27.12.2022

Spätzin, die, in: *Duden online*, https://www.duden.de/rechtschreibung/Spaetzin

Spätzin, die, in: *DWDS. Der deutsche Wortschatz von 1600 bis heute*, https://www.dwds.de/wb/Sp%C3%A4tzin, letzter Zugriff 27.12.2022

Constanze Spieß: *Linguistische Genderforschung und Diskurslinguistik. Theorie – Methode – Praxis*, in: Susanne Günthner – Dagmar Hüpper – Constanze Spieß (Hg.): *Genderlinguistik. Sprachliche Konstruktionen von Geschlechtsidentität*, Berlin/Boston 2012 (Linguistik – Impulse und Tendenzen 45), S. 53–85

Martin Spiewag: *Diverse Missverständnisse*, in: *Zeit online*, 10.06 2019, https://www.zeit.de/2019/20/drittes-geschlecht-intersexualitaet-gender-gleichberechtigung-personenstandsrecht, letzter Zugriff 27.12.2022

Geschlechtergerechte Sprache, in: *Wikipedia*, https://de.wikipedia.org/wiki/Geschlechtergerechte_Sprache, letzter Zugriff 23.12.2022

Sprache und Gesellschaft. Beiträge zur soziolinguistischen Beschreibung der deutschen Gegenwartssprache. Jahrbuch 1970, Düsseldorf 1970 (Sprache der Gegenwart 13), https://ids-pub.bsz-bw.de/frontdoor/index/index/year/2013/docId/1227, letzter Zugriff 27.12.2022

Sprache – Sprachwissenschaft – Öffentlichkeit. Hg. von Gerhard Stickel, Berlin/Boston 1999

Sprachgeschichte. Ein Handbuch zur Geschichte der deutschen Sprache und ihrer Erforschung. 2., vollständig neu bearbeitete und erweiterte Auflage. Hg. von Werner Besch, Anne Betten, Oskar Reichmann, Stefan Sonderegger. 2. Teilband, Berlin/New York 2000 (Handbücher zur Sprach- und Kommunikationswissenschaft 2.2)

Sprachkultur. Jahrbuch 1984 des Instituts für Deutsche Sprache. Hg. von Rainer Wimmer. Düsseldorf 1985 (Sprache der Gegenwart 63), https://ids-pub.bsz-bw.de/frontdoor/index/index/docId/2262, letzter Zugriff 27.12.2022

Bilingualer Sprachvergleich und Typologie: Deutsch – Tschechisch. Hg. von Marek Nekula, Kateřina Šichová und Jana Valdrová, Tübingen 2013 (Deutsch im Kontrast 28)

Sprecher, der, in: *Duden online*, https://www.duden.de/rechtschreibung/Sprecher, letzter Zugriff 27.12.2022

Junges Staatstheater Berlin Parkaue: *Besucher*innenservice*, https://www.parkaue.de/service/besucherinnenservice/, letzter Zugriff 08.02.2023

Stadt Hannover: *Geschlechtergerechte Sprache. Gutachten bestätigt: Genderstar verwirklicht Verfassungsauftrag*, 15.12.2021, https://www.hannover.de/Service/Presse-Medien/Landeshauptstadt-Hannover/Aktuelle-Meldungen-und-Veranstaltungen/Gutachten-best%C3%A4tigt-Genderstar-verwirklicht-Verfassungsauftrag, letzter Zugriff 27.12.2022

Dagmar Stahlberg – Sabine Sczesny: *Effekte des generischen Maskulinums und alternativer Sprachformen auf den gedanklichen Einbezug von Frauen*, in: *Psychologische Rundschau* 52 (2001), S. 131–140, https://www.fh-muenster.de/gleichstellung/downloads/Generisches_Maskulinum_Stahlberg.pdf, letzter Zugriff 28.12.2022

Julian Staib: *Das Umweltministerium hätte vor der Flut warnen können*, in: *FAZ.net*, aktualisiert am 08.03.2022, https://www.faz.net/aktuell/politik/inland/flutkatastrophe-im-ahrtal-anne-spiegel-haette-warnen-koennen-17861639.html?, letzter Zugriff 28.12.2022

Stance: Sociolinguistic Perspectives. Ed. by Alexandra Jaffe, Oxford 2009 (Oxford Studies in Sociolinguistics)

Anatol Stefanowitsch: *Diagnose: "Männersprache"*, in: *Aus Politik und Zeitgeschichte* 72, 5–7. 31. Januar 2022, S. 10–11

Anatol Stefanowitsch: *Eine Frage der Moral. Warum wir politisch korrekte Sprache brauchen*, Berlin 2018

Anatol Stefanowitsch: *Gendergap und Gendersternchen in der gesprochenen Sprache*, in: *Sprachlog*, 09.06.2018, https://www.sprachlog.de/2018/06/09/gendergap-und-gendersternchen-in-der-gesprochenen-sprache/, letzter Zugriff 28.12.2022

Anatol Stefanowitsch: *Genderkampf. Wo die Kritiker geschlechtergerechter Sprache sich täuschen*, in: *Merkur* 68. Heft 784 (2014), S. 847–852

Anatol Stefanowitsch: *Genderkampf. Wo die Kritiker geschlechtergerechter Sprache sich täuschen*, in: Antje Baumann – André Meinunger (Hg.): *Die Teufelin steckt im Detail. Zur Debatte um Gender und Sprache*, Berlin 2017, S. 121–128

Dörte Stein: *Symbolkämpfe in der Sackgasse*, in: *taz*, 03.07.2021, https://taz.de/Gendern-als-Ausschlusskriterium/%215782080/, letzter Zugriff 20.02.2023

Patrick Steinkrüger – Manfred Krifka (eds.): *On Inflection*, Berlin/New York 2009

Katy Steinmetz: *The Oxford English Dictionary Added 'Trans*.' Here's What the Label Means*, in: *Time*, 03.04.2018, https://time.com/5211799/what-does-trans-asterisk-star-mean-dictionary/, letzter Zugriff 28.12.2022

Dolf Sternberger – Gerhard Storz – W. E. Süskind: *Aus dem Wörterbuch des Unmenschen*, Hamburg 1957; Neue erweiterte Ausgabe mit Zeugnissen des Streites über die Sprachkritik, München 1970

Gerhard Stickel: *Beantragte staatliche Regelungen zur ‚sprachlichen Gleichbehandlung'. Darstellung und Kritik*, in: *Zeitschrift für germanistische Linguistik* 16 (1988), S. 330–355, https://ids-pub.bsz-bw.de/frontdoor/deliver/index/docId/8799/file/Stickel_Beantragte_staatliche_Regelungen_1988.pdf, letzter Zugriff 28.12.2022

Gerhard Stickel: *Der Sprachfeminismus geht in die falsche Richtung*, in: Margot Brunner – Karin M. Frank-Cyrus (Hg.): *Die Frau in der Sprache. Gespräche zum geschlechtergerechten Sprachgebrauch*, Wiesbaden 1998, S. 73–80

Rudolf Stöber: *Genderstern und Binnen-I. Zu falscher Symbolpolitik in Zeiten eines zunehmenden Illiberalismus*, in: *Publizistik* 66 (2021), S. 11–20, https://link.springer.com/article/10.1007/s11616-020-00625-0, letzter Zugriff 09.01.2023

Georg Stötzel – Martin Wengeler: *Kontroverse Begriffe. Geschichte des öffentlichen Sprachgebrauchs in der Bundesrepublik Deutschland. In Zusammenarbeit mit Karin Böke · Hildegard Gorny · Silke Hahn · Matthias Jung · Andreas Musolff · Cornelia Tönnesen*, Berlin/New York 1995 (Sprache, Politik, Öffentlichkeit 4)

Germanistische Studien. Hg. von Johannes Erben und Eugen Thurnher, Innsbruck 1969 (Innsbrucker Beiträge zur Kulturwissenschaft 15)

Linguistische Studien III. Festgabe für Paul Grebe zum 65. Geburtstag, Teil 1, Düsseldorf 1973 (Sprache der Gegenwart 23)

Studien und Umfragen zu geschlechtergerechter Sprache, in: *Wikipedia*, https://de.wikipedia.org/wiki/Studien_und_Umfragen_zu_geschlechtergerechter_Sprache, letzter Zugriff 07.02.2023

Tatort: Das Verhör, in: *Wikipedia*, https://de.wikipedia.org/wiki/Tatort:_Das_Verh%C3%B6r, letzter Zugriff 28.12.2022

Texttyp, Sprechergruppe, Kommunikationsbereich. Studien zur deutschen Sprache in Geschichte und Gegenwart. Festschrift für Hugo Steger zum 65. Geburtstag. Hg. von Heinrich Löffler, Karlheinz Jakob und Bernhard Kelle, Berlin/New York 1994

Thamar, in: *Literaturlexikon online. Lexikon zu Thomas Manns „Joseph und seine Brüder"*, http://literaturlexikon.uni-saarland.de/lexika/lexikon-zu-thomas-manns-joseph-und-seine-brueder/lexikon/datensaetze-t/ta-th/thamar, letzter Zugriff 27.12.2022

Theater, in: *Wiktionary*, https://de.wiktionary.org/wiki/Theater, letzter Zugriff 27.12.2022

Christiane Thim-Mabrey: *Ist das Deutsche eine Männersprache? Sprachwissenschaft und feministische Sprachkritik*, in: *Informationen Deutsch als Fremdsprache* 18 (1991), S. 148–158
Thomas-Theorem, in: *Wikipedia*, https://de.wikipedia.org/wiki/Thomas-Theorem, letzter Zugriff 27.12.2022
Barrie Thorne – Nancy Hemley (eds.): *Language and Sex. Difference and Dominance*, Rowley, Mass. 1975 (Series in sociolinguistics)
Ingrid Thurner: *Der Gender-Krampf verhunzt die deutsche Sprache*, in: *Welt*, 02.02.2013, https://www.welt.de/debatte/kommentare/article113305194/Der-Gender-Krampf-verhunzt-die-deutsche-Sprache.html, letzter Zugriff 28.12.2022
Yishai Tobin: *Gender switch in Modern Hebrew*, in: *Gender Across Languages. The linguistic representation of women and men*. Volume I. Ed. by Marlis Hellinger, Hadumod Bußmann, Amsterdam/Philadelphia 2001 (Impact: Studies in language and society 9), S. 177–198
Miguel Alfonso Torres Morales: *Feministische Sprachkritik: Zwischenbilanz*, Hannover 2003 (Hannoversche Arbeitspapiere zur Linguistik 15), https://silo.tips/queue/feministische-sprachkritik-zwischenbilanz-miguel-alfonso-torres-morales-universi?&queue_id=-1&v=1631195432&u=MjAwMzplNTo1ZjRkOmY1MjozMDg1OjIxMTE6ZWQyYjphZjQ2, letzter Zugriff 27.12.2022
Current Trends in Linguistics. Ed. by Thomas A. Sebeok. Volume 3, The Hague 1966
Senta Trömel-Plötz: *Frauensprache – Sprache der Veränderung*, Frankfurt am Main 1982
Senta Trömel-Plötz: *Linguistik und Frauensprache*, in: *Linguistische Berichte* 57 (1978), S. 49–68; Wiederabdruck in: Senta Trömel-Plötz: *Frauensprache – Sprache der Veränderung*, Frankfurt am Main 1982, S. 35–57; Wiederabdruck in: Heinz Sieburg (Hg.): *Sprache – Genus/Sexus*, Frankfurt am Main 1997 (Dokumentation Germanistischer Forschung 3), S. 235–257
Senta Trömel-Plötz: *Vatersprache – Mutterland. Beobachtungen zu Sprache und Politik*, München 1992
Nikolaj S. Trubetzkoy: *Die phonologischen Systeme*, in: *Travaux du Cercle Linguistique de Prague* 4 (1931), S. 96–116
Ewa Trutkowski: *Vom Gendern zu politischen Rändern*, in: *Neue Zürcher Zeitung*, 22.07.2020, https://www.nzz.ch/amp/feuilleton/gendergerechte-sprache-die-diskussion-ist-politisch-vergiftet-ld.1567211?mktcid=smch&mktcval=twpost_2020-07-22&__twitter_impression=true, letzter Zugriff 28.12.2022
Ewa Trutkowski: *Wie generisch ist das generische Maskulinum? Über Genus und Sexus im Deutschen*, in: André Meinunger (Hg.): *Im Mittelpunkt Deutsch*, Berlin 2018 (ZAS Papers in Linguistics 59), S. 83–96
Ewa Trutkowski – Helmut Weiß: *Seit 1000 Jahren können Frauen auch Sünder, Richter und Freunde sein*, in: *Welt*, 25.04.2022, https://www.welt.de/kultur/plus238287549/Gendern-und-Grammatik-Seit-1000-Jahren-koennen-Frauen-auch-Freunde-sein.html?cid=socialmedia.email.sharebutton, letzter Zugriff 28.12.2022
Ewa Trutkowski – Helmut Weiß: *Zeugen gesucht! Zur Geschichte des generischen Maskulinums im Deutschen*, in: *Linguistische Berichte* 273 (2023), S. 5–39
Tunte, die, in: *DWDS. Der deutsche Wortschatz von 1600 bis heute*, https://www.dwds.de/wb/Tunte, letzter Zugriff 28.12.2022
Miorita Ulrich: *‚Neutrale' Männer – ‚markierte' Frauen. Feminismus und Sprachwissenschaft*, in: *Sprachwissenschaft* 13 (1988), S. 383–399; Wiederabdruck in: Heinz Sieburg (Hg.): *Sprache – Genus/Sexus*, Frankfurt am Main 1997 (Dokumentation Germanistischer Forschung 3), S. 308–321
Miorita Ulrich: *„Liebe Tiger... und Tigerinnen" – Das Tier in der Sprache und Sprachwissenschaft*, in: *Animalia in fabula. Interdisziplinäre Gedanken über das Tier in der Sprache, Literatur und Kultur*, hg. von Miorita Ulrich und Dina De Rentiis, Bamberg 2013 (Schriften aus der Fakultät Geistes- und Kulturwissenschaften der Otto-Friedrich-Universität Bamberg 14), S. 307–332

Umfrage von infratest dimap. Die Bürger wollen keine Gendersprache, in: *FAZ.net*, 23.05.2021, https://www.faz.net/aktuell/feuilleton/debatten/grosse-mehrheit-laut-umfrage-gegen-gender-sprache-17355174.html, letzter Zugriff 27.12.2022

Uni Potsdam führt weibliche Sammelbegriffe ein, in: *Süddeutsche Zeitung*, 05.07.2013, https://www.sueddeutsche.de/bildung/debatte-um-geschlechtergerechte-sprache-uni-potsdam-fuehrt-weibliche-sammelbegriffe-ein-1.1713158, letzter Zugriff 27.12.2022

Universität Leipzig: *Grundordnung der Universität Leipzig vom 6. August 2013*, https://www.uni-leipzig.de/fileadmin/ul/Dokumente/Grundordnung_UL_130806.pdf, letzter Zugriff 28.12.2022

Universität Potsdam: *Grundordnung der Universität Potsdam (GrundO). Vom 17. Dezember 2009 i.d.F. der Fünften Satzung zur Änderung der Grundordnung der Universität Potsdam (GrundO). Lesefassung. Vom 21. Februar 2018*, https://www.uni-potsdam.de/fileadmin/projects/ambek/Amtliche_Bekanntmachungen/2018/ambek-2018-11-635-644.pdf, letzter Zugriff 28.12.2022

Universität Potsdam: *Neufassung der Geschäftsordnung des Senats der Universität Potsdam. Vom 17. Dezember 2014*, https://www.google.com/search?client=firefox-b-d&q=Gesch%C3%A4ftsordnung+des+Senats+Universit%C3%A4t+Potsdam, letzter Zugriff 28.12.2022

Louise O. Vasvári: *Gender trouble in a grammatical genderless language: Hungarian*, in: *Gender Across Languages. The linguistic representation of women and men*. Volume 4. Ed. by Marlis Hellinger, Heiko Motschenbacher, Amsterdam/Philadelphia 2015 (Impact: Studies in language and society 36), S. 203–225

verständig, in: *DWDS. Der deutsche Wortschatz von 1600 bis heute*, https://www.dwds.de/wb/verst%C3%A4ndig, letzter Zugriff 28.12.2022

Dries Vervecken – Bettina Hannover: *Yes I Can! Effects of Gender Fair Job Descriptions on Children's Perceptions of Job Status, Job Difficulty, and Vocational Self-Efficacy*, in: *Social Psychology* 46 (2015), S. 76–92, https://www.researchgate.net/publication/279288124_Yes_I_Can_Effects_of_Gender_Fair_Job_Descriptions_on_Children's_Perceptions_of_Job_Status_Job_Difficulty_and_Vocational_Self-Efficacy, letzter Zugriff 28.12.2022

Dries Vervecken – Bettina Hannover – Ilka Wolter: *Changing (S)expectations: How gender fair job descriptions impact children's perceptions and interest regarding traditionally male occupations*, in: *Journal of Vocational Behavior* 82 (2013), S. 208–220

Hermann Vinke: *Das kurze Leben der Sophie Scholl*, Ravensburg 1980 (Frauen & Mädchen. Erlebtes – Erzähltes)

Ralf Vogel: *Ist Gendern links?*, in: *NachDenkSeiten*, 28.08.2022, https://www.nachdenkseiten.de/?p=87304, letzter Zugriff 20.02.2023

Valentin N. Vološinov: *Marxismus und Sprachphilosophie. Grundlegende Probleme der soziologischen Methode in der Sprachwissenschaft*. Hg. und eingeleitet von Samuel N. Weber, Frankfurt/M. [u. a.] 1975 (Ullstein-Bücher 3121)

Walther von der Vogelweide: *Sämtliche Lieder. Mittelhochdeutsch und in neuhochdeutscher Prosa*. Mit einer Einführung in die Liedkunst Walthers hg. und übertragen von Friedrich Maurer, München 1972 (Uni-Taschenbücher 167)

WDR: *15. März 1909 - Harry Gordon Selfridge eröffnet Kaufhaus in London*, 15.03.2019, https://www1.wdr.de/stichtag/stichtag-selfridge-eroeffnet-kaufhaus-100.html, letzter Zugriff 27.12.2022

WDR: *WDR-Studie: So gendern die Deutschen*, 06.02.2023, https://www1.wdr.de/nachrichten/gender-umfrage-infratest-dimap-100.html, letzter Zugriff 07.02.2023

Doris Weber: *Genus. Zur Funktion einer Nominalkategorie, exemplarisch dargestellt am Deutschen*, Frankfurt am Main [u. a.] 2001 (Europäische Hochschulschriften. Reihe I. Deutsche Sprache und Literatur 1808)

Heide Wegener: *Die Gender-Lobby und ihr Märchen vom "Sprachwandel"*, in: *Welt*, 07.03.2022, https://www.welt.de/kultur/plus237026215/Gendern-Die-Gender-Lobby-und-das-Maerchen-vom-Sprachwandel.html?icid=search.product.onsitesearch, letzter Zugriff 12.04.2023

Heide Wegener: *Grenzen gegenderter Sprache – warum das generische Maskulinum fortbestehen wird, allgemein und insbesondere im Deutschen*, in: Antje Baumann – André Meinunger (Hg.): *Die Teufelin steckt im Detail. Zur Debatte um Gender und Sprache*, Berlin 2017, S. 279–293

Heide Wegener: *Sichtbar oder gleichwertig?*, in: *FAZ.net*, 03.09.2021, https://www.faz.net/aktuell/karriere-hochschule/hoersaal/ueber-gendern-als-gleichsetzung-von-grammatik-und-biologie-17512275.html, letzter Zugriff 12.04.2023

Hildburg Wegener: *"Siehe, das ist meine Beauftragte". Frauengerechte Sprache in der Übersetzung der Bibel*, in: *Frauen fordern eine gerechte Sprache. Mit Beiträgen von Hanne Köhler, Cordelia Kopsch, Ina Praetorius, Dorle Schönhals-Schlaudt und Hildburg Wegener. Hg. von Hildburg Wegener, Hanne Köhler und Cordelia Kopsch*, Gütersloh 1990 (Gütersloher Taschenbücher Siebenstern 484), S. 84–101

[Elisabeth Wehling:] *Berkeley International Framing Institute. Framing-Manual. Unser gemeinsamer, freier Rundfunk ARD*, o. O. o. J. [2017], https://cdn.netzpolitik.org/wp-upload/2019/02/framing_gutachten_ard.pdf, letzter Zugriff 28.12.2022

Weib, das, in: *DWDS. Der deutsche Wortschatz von 1600 bis heute*. https://www.dwds.de/wb/Weib, letzter Zugriff 28.12.2022

Hans Wellmann: *Das Substantiv*, Düsseldorf 1975 (Deutsche Wortbildung. Typen und Tendenzen in der Gegenwartssprache. Eine Bestandsaufnahme des Instituts für Deutsche Sprache, Forschungsstelle Innsbruck. Zweiter Hauptteil) (Sprache der Gegenwart 32)

Hans Wellmann: *Die Substantivbildung mit -er und -ling im heutigen Deutsch*, in: *Germanistische Studien*. Hg. von Johannes Erben und Eugen Thurnher, Innsbruck 1969 (Innsbrucker Beiträge zur Kulturwissenschaft 15), S. 337–354

Stefan Werding: *Europäischer Tag der Sprache. Von Fleischsalat bis Eckball: Wenn Wörter widersprüchlich sind*, in: *Westfälische Nachrichten*, 26.09.2022, https://www.wn.de/welt/kultur/europaeischer-tag-der-sprache-absurde-woerter-uni-muenster-2633306?pid=true, letzter Zugriff 27.12.2022

Martina Werner: *Genus ist nicht Sexus. Warum zwischen grammatischem und natürlichem Geschlecht in der Sprache zu unterscheiden ist*, in: Antje Baumann – André Meinunger (Hg.): *Die Teufelin steckt im Detail. Zur Debatte um Gender und Sprache*, Berlin 2017, S. 260–278

Rainer Werner: *Genderstern in Aktion*, in: *Frankfurter Allgemeine Zeitung*, 24.11.2018, Nr. 274, S. 22

Sabine Wierlemann: *Political Correctness in den USA und in Deutschland*, Berlin 2002 (Philologische Studien und Quellen 175)

wijf, in: *Pons Online-Wörterbuch*, https://de.pons.com/%C3%BCbersetzung/niederl%C3%A4ndisch-deutsch/wijf, letzter Zugriff 28.12.2022

Regina Wittemöller: *Weibliche Berufsbezeichnungen im gegenwärtigen Deutsch. Bundesrepublik Deutschland, Österreich und Schweiz im Vergleich*, Frankfurt am Main/Bern/New York/Paris 1988 (Europäische Hochschulschriften. Reihe I. Deutsche Sprache und Literatur 1083)

Witwe, die, in: *DWDS. Der deutsche Wortschatz von 1600 bis heute*, https://www.dwds.de/wb/Witwe, letzter Zugriff 28.12.2022

Witwenball, der, in: *DWDS. Der deutsche Wortschatz von 1600 bis heute*, https://www.dwds.de/wb/Witwenball, letzter Zugriff 27.12.2022

Witwerin, die, in: *DWDS. Der deutsche Wortschatz von 1600 bis heute*, https://www.dwds.de/?q=Witwerin&from=wb, letzter Zugriff 27.12.2022

Anne Wizorek: *Vom Gender-Kampfplatz zum Sprachspielraum*, in: *Aus Politik und Zeitgeschichte* 72, 5–7. 31. Januar 2022, S. 4–5

Frühneuhochdeutsches Wörterbuch. FWB-online, https://fwb-online.de/, letzter Zugriff 23.12.2022

Maria Wollstonecraft: *Rettung der Rechte des Weibes. Mit Bemerkungen über politische und moralische Gegenstände. Aus dem Englischen übersetzt. Mit einigen Anmerkungen und einer Vorrede von Christian Gotthilf Salzmann*, Schnepfenthal 1793–1794

Wortschatz der deutschen Sprache in der DDR. Fragen seines Aufbaus und seiner Verwendungsweise. Von einem Autorenkollektiv unter der Leitung von Wolfgang Fleischer, Leipzig 1988

Wolfgang Ullrich Wurzel: *Flexionsmorphologie und Natürlichkeit. Ein Beitrag zur morphologischen Theoriebildung*, Berlin 1984 (studia grammatica 21)

Wolfgang Ullrich Wurzel: *Studien zur deutschen Lautstruktur*, Berlin 1970 (studia grammatica 8)

Gustav Wustmann: *Allerhand Sprachdummheiten. Kleine deutsche Grammatik des Zweifelhaften, des Falschen und des Häßlichen. Ein Hilfsbuch für alle, die sich öffentlich der deutschen Sprache bedienen*, Leipzig 1891, https://www.digitale-sammlungen.de/de/view/bsb11023653?page=5, letzter Zugriff 28.12.2022

Juli Zeh – Simon Urban: *Zwischen Welten*. Roman, München 2023

Gisela Zifonun: *Eine Linguistin denkt nach über den Genderstern*, in: *Sprachreport* 37 (2021), S. 46–51, https://ids-pub.bsz-bw.de/frontdoor/index/index/docId/10414, letzter Zugriff 30.04.2023

Gisela Zifonun: *Die demokratische Pflicht und das Sprachsystem. Erneute Diskussion um einen geschlechtergerechten Sprachgebrauch*, in: *Sprachreport* 34 (2018), S. 44–56, https://ids-pub.bsz-bw.de/frontdoor/index/index/year/2018/docId/8290, letzter Zugriff 28.12.2022

Dieter E. Zimmer: *Redens Arten. Über Trends und Tollheiten im neudeutschen Sprachgebrauch*, Zürich 1986

Robert M. Zoske: *Flamme sein! Hans Scholl und die Weiße Rose. Eine Biographie*, München 2018

Lexemregister

Das Lexemregister führt die in der Darstellung als Beispiele vorkommenden Lexeme entsprechend der Relevanz des Unterschieds von singularischer und pluralischer Referenz im Nominativ Singular und/oder Plural auf. Wird bei einer doppeldeutigen Form der Numerus nicht eigens ausgewiesen, liegt Singular vor. Bei den Partizipialsubstantiven werden indefinite bzw. definite Formen berücksichtigt. Binomiale werden unter dem ersten der beiden Substantive genannt. Soweit Wortbildungsprodukte nicht der Norm, dem System oder dem Typus des Deutschen entsprechen, wird darauf im Text der Darstellung eingegangen. Eine diesbezügliche Indizierung im Register erfolgt nicht.

Aasgeier 38
Abfallerzeuger 197
Abgeordnete Pl. 127
Abgeordneter 198
Abgeordnetin 23
Abkomme 36
Abkömmling 36, 129
actor (engl.) 272
actress (engl.) 65, 272
Adler 15, 132
Adlerin 21
advokat (schw.) 252
agricola (lat.) 113
Akteurinnen und Akteure 57
Aktionäre und Investorinnen 127
Aktivistinnen und Aktivisten 57
alle, die ... 272
Amerikanerinnen und Amerikaner 57
Angehörige des Vorstands, die 7
Angestellte, der 44, 106, 133
Angestellte, die 44, 106
Angestellte Pl. 127, 216
Angestellten, die 271
Angestellter 74
Angestellt*innen 192
Angsthase 38
Ankömmling 36, 129

Ankömmling*innen 192
Antragsteller 138, 197, 199, 272
Antragsteller*innen 162
Anwohner Pl. 276
Anwohnerinnen und Anwohner 276
Apostelinnen 213
Apotheker 67, 216
Apothekerin 67
Arbeiter und Arbeiterinnen 287
Arbeitgeber 147, 190, 197f., 200
Arbeitgeberin 87, 200
Arbeitgeber_in 200
Arbeitnehmerinnen und Arbeitnehmer 214
Arbeitskraft 131, 188
Arbeitslose Pl. 301
architecte (frz.) 164
arkitekt (schw.) 252
Armleuchter 38
Arsch 38
Arschloch 39
arst (estn.) 225
arts (nl.) 250
Arzt 8f., 45, 53, 64, 67–70, 74, 118, 120, 127, 187, 197, 206, 259
Ärzt 170
Ärzte 9, 258, 269
Arztgeheimnis 68

Ärztin 67–69, 162, 188
Ärztinnen 67f., 269
Ärztinnen und Ärzte 57, 120
Ärzt*innen 170
ärztlich 56
Arztpersonen 113
Arztpraxis 56
Arzt- und Ärztinnenkoffer 263
Ass 38
Astronaut 45
Astronautin 45
Asylberechtigte Pl. 132, Anm. 90
Asylsuchende Pl. 132, Anm. 90
Athletinnen und Athleten 57, 208
Augapfel 38
Augenstern 38
Aushilfe 37
Ausländeranteil 71
Aussteller Pl. 266
Auszubildender 130
auteur (frz.) 164
auteure (frz.) 164
author (engl.) 60
authoress (engl.) 60
Autobahnbenutzende Pl. 136
Autofahrer Pl. 168, 266

Autofahrerinnen und Autofahrer 57
Autor 155, 269
Autoren 138
Autorin 155, 269
Autorinnen 100
Autor*innen 155
Autorität 37
Azubi 130
Baby 38
Babysitter 63
Babysitterin 270
Backende, der 136
Backender 134
Bäcker 65, 86, 89, Anm. 21, 118, 134, 136, 160, 302
Bäcker, beim > in der Bäckerei 258, 262
Bäckerin 65, 87, 89, Anm. 21
Bäckerinnen 160
Bäcker-Innen 160
Bäcker*innen 143, 160
Bäckerinnung 159f.
Bäcker-Innung 160
Bäcker- und Bäckerinnenhandwerk 161
Backkräfte 113
Backtrögin 24
Badbesucher Pl. 218
Badbesucherinnen und Badbesucher 218
Bahnfahrerinnen und Bahnfahrer 57
Baier 238
Baierin 238
Balg 38
Bangbüx 38
Bärin 21
barn (ahd.) 237
barn (dän., schwed.) 34
Baronin 188
Base 42
Bastard 36
Bäuerinnen und Bauern 57
Bauherr 199
Bauhexe 59
Bazi 36

Beamte, der 127
Beamtin 127
beauticians (engl.) 212
Bedienung 34, 37
beeman (kreol.) 98
Begabung 37
Beirätin 63
Beistand 36, 229
Belegschaft 45, 271
Benjamin 36
Benutzerordnung 263
Berliner Pl. 55, 301
Berlinerinnen und Berliner 301
Berufskraftfahrer Pl. 147
Berufstätige Pl. 68, 218
Berühmtheit 37
Besatzung 42
Beschäftigte Pl. 127
Beschauer 120
Beschauerin 120
Besserwissende, der/die 137
Besserwissenden, die 137
Besserwisser 120, 137
Besserwisserin 120, 137
Bestie 38
Besucher 118, 217
Besucher Pl. 42, 83, 214, 217, 266, 302
Besucherinnen und Besucher 57
Besucher*innenservice 168
Betreuer 272
Betriebsnudel 38
Bewerber Pl. 148
Bewerberinnen, weibliche 271
bewirten 56
Bewohnende Pl. 118, 214
Bewohner 118f., 217
Bewohner Pl. 88f., 118
Bewohnerin 217
Bewohnerinnen und Bewohner 57, 208
Biene, die fleißige 38
biibiman (kreol.) 97
Biobäcker 74
Biographin 188

bisonte, il (it.) 15
Blag 38
Blage 37
Blatt, das unbeschriebene 39
Blaustrumpf 44
Blechbläserinnen und Blechbläser 57
Blindfisch 38
Blindgänger 38, 120
Blindgängerin 121
Blödian 36
Blutsauger 38, 120
Blutsaugerin 28, 120
bnt (marokk.-arab.) 33
boliman (kreol.) 98
Bösewicht 36
Bösewichtin 22
Boss 36, 41
botoman (kreol.) 97
Boxerin 65
Bratling 129
Braut 43, 57
Bräutigam 43, 57, 59
Brautleute 59
Brautpaar 59
Briefbotinnen und Postzusteller 127
Brigadierin 188
Brittanāri (ahd.) 62
Broker 146
brōtbecker (mhd.) 62
brōtbeckere (mhd.) 62
brōtbeckerin (mhd.) 62
Brücke 26, 47
Bruder 42, 44
Bube 43
BudapesterInnen 218
bule (mhd.) 238
Bulgāri (ahd.) 62
Bulgarinnen und Bulgaren 57
Bundeskanzlerin 65
burgāri (ahd.) 232
Bürger 66f., 115, 232, 243
Bürger Pl. 104, 115, 169, 217, 281
Bürger und Bürgerinnen 281

Bürgerin 243
Bürgerinnen 281
Bürgerinnen und Bürger 57, 160, 199, Anm. 134, 208, 214, 262
Bürger_innen 200
Bürger-innensaal 158
Bürger(*innen)steig 192
Bürgermeister, regierende 135
Bürgermeisterinnen und Bürgermeister 57
Bürgerschreck 38
Bürger- und Bürgerinnensteig 263
Búrgónden (mhd.) 231
Burgundāri (ahd.) 62
Bursche 43
Busfahrende Pl. 304
Busfahrer 147
Busfahrer Pl. 147f., 304
Busfahrerinnen und Busfahrer 148, 260, 304
Camperinnen und Camper 57
castoro, il (it.) 15
chairman (engl.) 183
chairperson (engl.) 183, 252
Champion 36
championne (frz.) 164
Champions 42
Charakter 36
Chef 8f., 36, 53, 74
Chefin 188
Chinesinnen und Chinesen 57
chirurg (rumän.) 15
Chor 42
Christinnen und Christen 213
Clown 36, 41
Coach 36
Coiffeure 211
collègue (frz.) 164
comedienne (engl.) 272
Computer 53
cook (engl.) 184
cousin (engl.) 249
Cousin 42

Cousine 42
Crack 36
Cutterin 188, 270
Dächsin 21
Dame 31, 43
Dame, die junge 32
Damen und Herren, meine 286
Dämlack 36
Dämon 36
Däne 9
Dänen 8, 11, 51
Dänin 52
Däninnen und Dänen 11
Dän*innen 11
darling 129
Darling 36, 129
Datenbankadministrator(in) 55
děcko (tsch.) 34
dekan (schw.) 252
Dekanin 55
Demonstranten 147, 214
Demonstrierende Pl. 147, 214
Demonstrierenden, die 136, 269
den (schw.) 249
Depp 36
Designerin 270
det (schw.) 249
dete (serb.) 35
Detektivin 188
Diabetiker Pl. 223
Diabetikerinnen und Diabetiker 223
DiabetikerInnen 223
Diätberater 211
Diätberater Pl. 211
Dichterling 129
Didaktiker Pl. 262
Didaktikerinnen und Didaktiker 262
Die(jenigen), die das Buch geschrieben haben 138
Dienstherr 87, 197
Dienstleister_in 200
Dienstmädchen 114, 188
Direktion 271

Direktor 64
Direktorin 188
Dirn 28
Dirndl 28f.
Dirne 43
dítě (tsch.) 35
docteur (frz.) 164
doctor (engl.) 184, 249
dokter (nl.) 250
Doktorin 188, 255
Doktorinnenarbeit 255
donman (kreol.) 97
Doppelhaushälfte 20
Dorfbewohner Pl. 118
Döskopp 38
Döspaddel 38
Dozentin 262
Dozentinnen 277
Dozentinnen und Dozenten 57, 262
Dozierende 136
Dramaturgin 188
Drecksack 38
Dreckspatz 38
Dreikäsehoch 36
Drilling 36, 129
Drilling ‚Jagdgewehr mit drei Läufen' 129
Dromedar 15, 49
duman (kreol.) 97
Dummbeutel 38
Dummerjan 36
Dummkopf 38
Dümmling 129
Dumpfbacke 38
Dünnbrettbohrer 38
Dussel 36
dziecko (poln.) 35
Eckball 20
écrivain (frz.) 164
écrivaine (frz.) 164
Eigentümer 198
Eigentümer Pl. 51
Eindringling 36, 129
Einfaltspinsel 38
Einsprengling (in Mineralien) 129
Einstiegskurs 263

Einwohner 9, 57, 60, 63, 85, 88, 118f., 215, 299, 303
Einwohner Pl. 8, 42, 53, 60, 213, 217, 266, 280, 301
Einwohnerin 57, 215
Einwohnerinnen und Einwohner 57, 289, 301
Ekel 39
Ekelpaket 39
Elefant 49
Elefant im Porzellanladen 38
Elefant, weiblicher 49
Elefantendame 49
Elefantenkuh 49
Elefantin 49
élève (frz.) 164
Elevin 188
Elster 15, 132
Elter 72
Eltern 72
Elternteil 72
Emanze 43
enfant (frz.) 164
Enfant terrible 39
Engländer 53, 71
Engländer Pl. 71
Entbindungspfleger 211
Ente 19
Enterich 19, 44, 163
Enthusiastin 188
epicene (engl.) 15
épicène (frz.) 15
epikoinos (griech.) 15
Erpel 19
Erscheinung 37
Erstling 129
Erstsemester 38
Erzieher 265f.
Erzieher Pl. 168, 265
Erzieherinnen 265
Esel 15, 38
Eselin 21
esimees (estn.) 225
esinaine (estn.) 225
Esser 120
Esserin 120
Eule 15, 20

Eulerich 20
Eulin 20
Europäerinnen und Europäer 139
everybody (engl.) 184
expert (frz.) 164
Experte 75
Experten 147, 304
Expertengruppe 147
Expertenrat 147
Expertinnen 270
Expertinnen und Experten 58, 304
Expert*innenrat 270
Exzellenz 37
faagiman (kreol.) 98
Fachfrau 192
Fachgremium 271
Fachkräfte 271
Fähe 49
Fahrende von Krankenfahrstühlen oder Rollstühlen 136
Fahrende, Rad 136
Fahrgast 147
Fahrgäste 215
Fakturistin 188
Falkin 21
Falschfahrer 55
Fan 36, 41, 289
Fäustling 129
Favoritin 188
Feigling 36, 63, 129
Feiglingin 23
Feind 67, 232, 237
female lawyer (engl.) 183
femme (frz.) 31
Fenster 43, 200f.
Fensterin 200
Ferkel 39
Fernseher 53
Fernsprecher 53
Feuerliest 49
Feuerwehrleute 271
Fiesling 36, 129f.
Figur 37, 39
Filou 36
Findenden, die 137
Finder 135, 137
Findling 36, 129

Fingerling 129
Finninnen und Finnen 58
Fische, fliegende 135
Fischer 64
Flachkopf 38
Flachpfeife 38
Flachzange 38
Flasche 38
Flaschen 42
Fläz 36
Flegel 36
Fleischer- und Fleischerinnenmesser 263
flight attendant (engl.) 184
Flitzpiepe 38
Flüchtende Pl. 136
Flüchtling 15, 20, 36, 63, 127, 128 u. Anm. 67, 129–132, 134
Flüchtlinge 127, 131f.
Flüchtlingin 20f., 23
folleistāra (ahd.) 62
folleistāri (ahd.) 62
folleistārin (ahd.) 62
Follower 289
formand (dän.) 251f.
Forschende Pl. 136
Forscherinnen und Autorinnen 100
Fotomodell 38
Französinnen und Franzosen 58
Fratz 36
frau Pron. 290
Frau 30f., 42–44, 87, 90, 92, 108, 270, 287
Frau Doktorin 255
Frau, gnädige 30
Frau Professorin 55
Frau Professor(in) 277
Frauen 92
Fräulein 28, 33f., 107, 160
Freak 36, 41, 289
Frechdachs 36
Fremdling 129
Freund 67, 232, 237f.
Freunde 52, 55, 168, 231

Lexemregister 349

Freunde und Freundinnen 287
Freundeskreis 56
Freundin 79
friend (engl.) 184
Frischling 38
Frischling (Fauna) 129
Friseurin 55, 188
Friseuse 55
frisör (schw.) 253
frisörska (schw.) 253
Frohnatur 38
Frosch 49
Fröschin 21
Früchtchen 39
Frühchen 38
Frühling 129
Fuchs 38
Füchsin 21
Führungskraft 37
Fuß 25
Fußboden 11
Gabel 43
Galgenstrick 38
Galionsfigur 37
galstarāra (ahd.) 62
galstarāri (ahd.) 62
Gamer 289
Gamerinnen und Gamer 269
Gans 19
Gänserich 163
Ganter 19
Gärtner 9, 75, 238
Gärtnerin 75, 238
gast (mhd.) 22
Gast 23f., 36, 39, 67, 70f., 74, 81, 119, 137, 232, 237, 263
gast oder gestin (frnhd.) 22
Gastarbeiter 131
Gäste 71, 137
Gäste und Gästinnen 7
Gästin 7, 21–24, 138
Gästinnen 7, 23
Gästinnen und Gäste 22
Gäst*innen 23
Gattin 162
Gazelle 49

Gebrüder 72
Geburtshelfer 211
Geburtshelfer Pl. 211
Geek 36, 41
Geflüchtete, der 134
Geflüchtete Pl. 127f., 130f., 132 u. Anm. 90, 134, 136
Geflüchteter 132
Gegenüber 38f., 41, 137
Gegner Pl. 168
Gehende, zu Fuß 136
Geierin 21
Geierweibchen 21
Geige, die erste 38
Geisel 37, 85, 113, 132
Geiselin 23
Geiß 49
Geistesgröße 37
Geizhals 38
Geizkragen 38
Gelbling (Fauna) 129
Geliebte, der 36
Geliebte, die 36
Gemeindeleiterinnen 213
Generalin 188
Genie 12, 15, 38, 75f., 85
Genies 42
Genossen 286
géographe (frz.) 164
Geringverdiener Pl. 266, 301
Germanist 64
Geschäftsführer 243
Geschöpf 38f.
Geschwister, das 38, 72
Geschwister, die 72
Gestalt 37
gestin (frnhd.) 22
gestîn (mhd.) 22
Gewahrsamsinhaber 197
Gewährträger 87, 197
Gimpel 15, 36
Giraffe 15, 20, 49
Girafferich 20
Giraffin 20
Girl 28f.
Gläubiger 197
Gör 38
Göre 37

Gourmand 36
Gourmet 36
Gouverneurin 188
Granate 38
Greenhorn 39
greisenhaft 56
Gremium 42
Griesgram 36
Grobian 36
Größe 37
Grufti 36
Gründling 129
Grünling 129
Grünschnabel 38
Gruppe 45
guardia (it.) 113
guest (engl.) 184
guida (it.) 113
Günstling 36, 128, Anm. 67, 129
Guru 36
Gutachter 61
Häftling 36, 129
Halunke 36
Hamburgerinnen und Hamburger 58
Hamsterin 21
han (dän.) 251
han (schw.) 249
Hand 25
Hand, die rechte 38
Händler, fliegende 135
Händlerinnen und Händler 58
Hanswurst 36
Hase, der alte 38
Hasenfuß 38
Hasenherz 39
Häsin 21
Hassliebe 20
hat check attendant (engl.) 185
hat check girl (engl.) 184f.
Häuptling 129
Hausangestellte 114, 188
Hausbesitzerinnen und Hausbesitzer 58
hausfraw (frnhd.) 29
Haushälterin 66

Hausmeister*in 161, 163, 303
Hausmeister*innen 303
he (engl.) 183f., 249
Hebamme 113, 212
Hebammen 211
Held der Arbeit 186
Helfende Pl. 136
Helfer Pl. 137
Helferinnen 270
Helferinnen und Helfer 58
Hemdenmatz 36
hen (schw.) 249
Hengst 44
Herausgeber 200, 272, 273, Anm. 92
Herausgeberin 200
Herausgeberinnen 303
Herr 43
Herr Ober 33
Herr Professorin 277
Herrchen 44
Herren 286
Herrlein 33
Hersteller 197
Herzblatt 39
Herzchen 39
Hesse 238
Hessin 238
Hetero 43
Hexe 43, 57f., 89, Anm. 21
Hexenjagd 59
Hexer 43, 57, 87, 89, Anm. 21
Hexerin 58
Hilfskraft 11, 15, 53, 112
Hilfskräfte 137
Hinde 21
Hindin 21
Hinkebein 39
Hippie 36, 63
Hippiein 63
Hirschin 21
Hirschkuh 21
Historiker*innenpreis 169
Hoheit 37
Hohlkopf 38

Holzkopf 38
Homo 43
Homosexuelle, der 28
Homosexuelle Pl. 27
hon (schw.) 249
hontiman (kreol.) 97
Hörende Pl. 150
Hörer 123f.
Hörerinnen und Hörer 58, 214
Hörerinnen und Nutzer 127
HörerInnen 138
Hornochse 38
Hosenmatz 36
houseworker (engl.) 185
Hübschling 129
Huhn 45
hun (dän.) 251
Hund 45, 49, 99
Hund, trächtiger 49
Hündin 21
Hündin, trächtige 49
Hüpfer, der junge 36
Hure 43, 57–59
Hurer 43, 57f.
Hurerin 58
Huster 120
Husterin 120
hûsvrouwe (mhd.) 29f.
Hyäne 15, 20, 38
Hyänerich 20
Hyänin 20
ich 217
Ich, das denkende 38
Idol 38
ieman (mhd.) 238
Igelin 21
ihminen (finn.) 225
ihre Frau stehen 270
Ikone 37
Imame 214
Imam*innen 214
Impfling 36, 129f.
Individuum 38f., 45, 299
Influencer 63
ingenieur (nl.) 250
Ingenieur 187
ingénieure (frz.) 164
Ingenieurin 101, 187f.

Ingenieurinnenberuf 187
Ingenieursberuf 187
Intendantinnen und Intendanten 58
Interpretin 188
Irrwisch 36
Islamist*innen 274
Jaguar 15
Jammerlappen 38
Jämmerling 129
Japaner 81f., 85
Japanerin 81–83, 85
Jeck 36
jede und jeder 213
jeder, der ... 272
Jemandin 21
Jockey 36, 41
jongetje (nl.) 34
Journalistinnen und Journalisten 58
Journalist.innen 140
Journalist*in 7
Juden 214
Jüdinnen 214
Jüd*innen 214
Jugend 240
Jugendliche, die 32
Jungchen (reg.) 34
Junge 34, 43
Jungen 34
Jüngerinnen 213
Jüngerinnen und Jünger 213
Jungfer 34, 43
Jungfrau 31
Junggeselle 34
Jüngling 43, 63, 129
Jungs Pl. (ugs.) 34
Junkie 36
jurist (schw.) 254
Jurist 197
justitie minister (schw.) 254
Kalb 237
Kalbe 21
Kalbin 21
Kamel 39
Kameradin 188
Kameradinnen 287

Lexemregister 351

Kameradinnen und Kameraden 287
Kanaille 37
Kandidaten 148
Kandidat*innen 162
Kanone 38
Kanzlerin 254
Kanzlerinkandidatin 192
Kapazität 37, 85
Kapitänin 21
kapiten (kreol.) 97
Karrierefrau 225
Karrieremann 225
Kasper 36
Kassierer Pl. 211
Kassierin 188
Kater 19, 45
Katholiken 192, Anm. 67, 215, 303
Katholik*innen 137, 192, Anm. 67
Katze 19, 45, 99, 279
Kätzin 21
Kauffrau 192
Kauz 38
Käuzin 21
Keimling 129
Kerl 43
Kfz-Halter 199
Kid 38
Kind 10, 25, 27, 34f., 38f., 44, 90, 215, 237
Kinder 216
Kindergärtner 61, 212
Kindergärtnerin 212
Kleingeist 36
Klettermaxe 36
Klimaschutzaktivistinnen und Klimaschutzaktivisten 58
Klügling 129
Knabe 43, 110
Knallcharge 37
Knallen, das/die 243
Knaller, der/die 243
Knallerei(en) 243
Knallkopf 38
Knalltüte 38
Knecht 32, 43
Kobold 36

Kobra 15
Koch 134, 237
Kochender 134
Köchin 21, 134
kok (kreol.) 98
kokobeman (kreol.) 97
Kollege 70, 167
Kollege/in, der/die 269
Kollegen 137, 269
Kollegin 188
Kolleginnen und Kollegen 167, 269
KollegIn 269
Kolleg(inn)en 269
Kolleg*innen 269
komissaari (finn.) 225
Kommilitonen 287, Anm. 40
Kommilitoninnen 287, Anm. 40
Kommunalpolitikerinnen und Kommunalpolitiker 58
Komödiantin 188
Komplizin 188
kone (mhd.) 29
Konfirmandin 188
Konsumentinnen und Konsumenten 58
Kontrolleure und Kontrolleurinnen 58
Konventualin 188
Kopf, der kluge 36
Korrespondent 9
Korrespondenten 9
Koryphäe 12, 37, 75, 77, 85
Koryphäen 42
Kosmetiker 74, 209, 212
Kosmetiker Pl. 210f.
Kosmetikerin 212
Kotzbrocken 38
koufeler (frnhd.) 228
koufelerin (frnhd.) 228
Krähe 15
Krämerseele 38
Krankenpfleger 211f.
Krankenpfleger Pl. 211
Krankenpflegerin 212
Krankenschwester 212

Krankenschwestern 211
Kreatur 37
Kretin 38
Kriegsbraut, männliche 59
Kriegsgeflüchtete Pl. 134
Kröte 49
Kubanerinnen und Kubaner 148
Kulturschaffende Pl. 127
Kümmerling 129
Kunde 18, 63, 90, 102, 104f., 266
Kunden 51, 105, Anm. 132
Kundin 90, 102
Kundinnen und Kunden 18, 58, 104, 105, Anm. 132
Kund*innen 105, Anm. 132
Künstler 216
Künstler Pl. 127
Künstlerinnen und Künstler 58
Lachnummer 38
Lady 34
lady doctor (engl.) 183, 272
Laie 63
Laiin 63
Lai*innen 192 u. Anm. 67
Lamm 237
Landplage 38
Landrätinnen und Landräte 58
Landwirte 262
lärare (norw.) 253
lärare (schw.) 60, 252f.
lärarinna (norw.) 253
lärarinna (schw.) 60, 252–254
Lauser 36
lawyer (engl.) 183
Leader 36
Lebewesen 38f.
Legende, die (lebende) 37
Lehrende 169

Lehrer 19, 60, 77f., 86, 91, 102, 113, 119, 135, 209, 215, 242, 279
Lehrer Pl. 19, 102, 168, 208f., 257
Lehrer des Volkes, verdienter 186
Lehr*er Pl. 161
Lehrer* 161
Lehrerin 19, 60, 77, 86, 91, 119, 242, 279
Lehrerinnen 19
Lehrerinnen ‚Lehrer und Lehrerinnen' 286
Lehrerinnen und Lehrer 102, 106, 168f., 208
LehrerInnen 286
Lehrer/-innen 169
Lehrer/innen 169
Lehrer.innen 286
Lehrer·innen 286
Lehrer:innen 286
Lehrer_innen 286
Lehrer*in 161
Lehrer*innen 161, 170, 257, 286
Lehrer_innenschaft 168
Lehrerschaft 169
Lehrer- und Lehrerinnenschaft 168
Lehrkraft 77, 80, 90, 143, 242
Lehrkräfte 168f., 271
Lehrling 36, 63, 129f.
Lehrlingin 23
Lehrperson 113
Lehrpersonal 168
Lehrpersonen 113, 168
Lehrx 286
Leiche 37
Leichnam 36
leiman (kreol.) 97
Leitbild 38
Leiter, die 200f.
Leithammel 38
Leitung 271
leraar (nl.) 250
lerares (nl.) 250
Lernende Pl. 169
Lesbe 43

Lesben 165
Lesende Pl. 150
Lesender 134
Lesepublikum 123
Leser 9, 12, 89, 114, 122, 134, 299
Leser Pl. 8, 83, 89, 112–114, 122f., 158, 302
Leserin 12, 89, 104, Anm. 130, 299
Leserinnen 89
Leserinnen und Leser 58, 123, 214, 299
LeserInnen 138
Leserînnen 138
Leserīnnen 138
Leser!nnen 138
Leser?nnen 138
Leser_innen 156
Leser*in 163
Leser*innen 162f., 299
Lettin 162
Leuchte 38
Leuchtturm 177
Leute 72, 214
Lichtgestalt 37
Liebende, der/die 36
Liebhaber 237
Liebling 36, 129
Lieblingin 21
Liebstin 21
liikenainen (finn.) 225
Linde 19
Linguist 75
Linguistikkräfte 113
Linguistin 44, 75
Linguistinnen, weibliche 271
Location Scoutin 270, Anm. 75
Löffel 43
Lord 34
Löwe 19, 45
Löwin 19, 21, 44
Luder 28f., 38
Lügner 67, 232
Lul 208
LuL 208
Lümmel 36
Lump 36

Lusche 37
Lüstling 129
maanmies (finn.) 225
mâc, mâge (mhd.) 232
Macho 43
Macker 18, 43, 63
Mackerin 64
Mädchen 10, 17, 25, 27–29, 31–34, 36, 44, 76 u. Anm. 181, 263
Mädchen für alles 38
magad (ahd.) 32
magatīn, magitīn, mageti (ahd.) 32
Magd 28f., 31f., 43
maget (mhd.) 32
mahasiswa (indon.) 96
mahasiswi (indon.) 96
maid (engl.) 185
Maid 43
maire (frz.) 164
Majestät 37
majorette (engl.) 183
male nurse (engl.) 272
Maler 88
Malerin 88
Malerinnen und Maler 58
man (ahd.) 111
man (mhd.) 238
man (nhd.) 51, 269
man (kreol.) 97f.
man kapiten (kreol.) 97
manager (engl.) 184
Manager 74
manageress (engl.) 272
Managerin 188, 270
Mann 34, 42–44, 86f., 89, 90, 111
Männchen 49
Mannequin 45
Maschinistin 21
Masseurin 55, 188
masseuse (engl.) 183
Masseuse 55
Matrosin 65
Mauer 200
Maulwürfin 21
Maus 19, 25, 132
Mäuserich 19, 163
Mäusin 21

Mäzenin 188
mechanics (engl.) 212
médecin (frz.) 164
meditsiiniõde (estn.) 225
Meereskundlerin 21
mees (estn.) 225
meisje (nl.) 34
Meister 242, 270, Anm. 77
Meisterin 242, 270, Anm. 77
mekiman (kreol.) 98
Memme 27f., 37
Mensch 12, 15f., 19f., 31, 36, 39, 42, 44f., 48, 64, 77f., 90, 110, 126, 134, 215f., 299
Mensch, deutscher 179
Mensch, geflüchteter 128, Anm. 67
Menschen 41, 138, 214, 216, 286, 303
Menschen mit Fluchthintergrund 131
Menschen, asylsuchende 132, Anm. 90
Menschen, deutsche 179, 215
Menschen, die einen Antrag stellen 138
Menschen, exilierte 132, Anm. 90
Menschen, geflohene 131
Menschen, geflüchtete 131
Menschen, katholische 215, 303
Menschin 20f., 276
Merker 120
Merkerin 120
Messe 137
Messebesucher Pl. 137
Messer 43
Meter, der laufende 38
mies (finn.) 225
Miesepeter 36
Mieter 8f., 118
Mieterinnen und Mieter 58, 146
Milky 46

Millionäre 75
Millionärinnen 75, 77
Millionärîn 138
Mimin 188
minderjährig 32, 34
minister (estn.) 225
minister (nl.) 250
minister (schw.) 252
Minister 65, 189
Ministerin 65, 189
Ministerinnen und Minister 264
Minister*innen 155
ministre (frz.) 94, 164
ministress (engl.) 254
Mischling 36
Miststück 39
Mitarbeitende Pl. 127, 169
Mitarbeitenden, die 261
Mitarbeiter 127, 169, 188, 269
Mitarbeiter (m/w/div.) 269
Mitarbeiter, wissenschaftlicher 74
Mitarbeiter Pl. 127, 261, 274, Anm. 92
Mitarbeiterin und Mitarbeiter 269
Mitarbeiterinnen und Mitarbeiter 214, 261
MitarbeiterInnen 150, 203
Mitarbeiter/-innen 150
Mitarbeiter/innen 203
Mitarbeiter:innen 150
Mitarbeiter_innen 150, 204
Mitarbeiter*innen 150, 204
Mitbürger Pl. 180
Mitbürgerinnen und Mitbürger 55
Mitglied 11, 15–17, 36, 38f., 53, 126, 198, 263, 276
Mitglieder 36, 113, 276
Mitgliederin 276
Mitgliederinnen 23, 276

Mitgliederinnen und Mitglieder 276
Mitglieder(*innen)befragung 192
Mitwirkend*innen 192
mluvčí (tsch.) 164
Modedesigner/innen 55
Model 38, 45
Monarchin 188
Mönch 43
Mondkalb 39
Monster 39
Monstrum 39
Monteur 65
Muffel 36
mulier (lat.) 31
Müller 11, 227
müllerin (mhd.) 227
Müllerin 227f.
Mündel 38
musicians (engl.) 212
Musiker 53
Musiker Pl. 136
Musikerin, weibliche 7
Musikerinnen und Musiker 58, 136
Musizierende Pl. 136, 260, 303
Muslim*innen 214
Mutter 42f.
Nachbar 41, 67, 232
Nachbarin 35
Nachbarinnen und Nachbarn 58
Nachfahre 36
Nachkomme 36
Nachkömmling 36, 129
Nacht 56f., 102, 304
Näher 212
Näher Pl. 211
nainen (finn.) 225
Naivling 129
Naturschützende Pl. 127
näyttelä (finn.) 225
näyttelijä (finn.) 225
Nazi 37
Neffe 42
Nerd 37, 41
Nervensäge 38
Nesthäkchen 39

Nestküken 39
Neugeborene, das 38
Neuling 37, 128, Anm. 67, 129
Neuzugang 37
Newcomer 37
Newcomerinnen und Newcomer 269
Nichte 42
Nichtschwimmende Pl. 11, 135, 260, 303
Nichtschwimmer Pl. 11
Nichtsnutz 37
Nieselpriem 38
Niete 38
Nonne 35, 43
Notarin 188
Null 37, 113
Nulpe 37
Nummer 1 37
Nummer, die große 37
Nuss, die dumme 38
Nuss, die taube 38
Nutte 43
Nutzer Pl. 146, 272
Nutzerinnen ‚Nutzerinnen und Nutzer' 146
Nutzerinnen und Nutzer 58, 146
Nützling 129
Nutzungsordnung 263
nyanman (kreol.) 97
Oberhaupt 38f.
Ochse 38
õde (estn.) 225
oloman (kreol.) 97
oloman (kreol.) 98
olouman (kreol.) 98
Oma 42
Onkel 42
Opa 42
operator (engl.) 64
Opernbesucherinnen und Opernbesucher 260
õpetaja (estn.) 60, 225
õpetajanna (estn.) 60
Opfer 38f.
Opfer Pl. 42
Oppositionelle Pl. 148

Oppositionskandidaten 148
osoba (tsch.) 16
osobnost (tsch.) 16
otage (frz.) 164
paandasiman (kreol.) 98
paandasiuman (kreol.) 98
Pädagogin 188
pájaro, el (span.) 15
Pantherin 21
Pappnase 39
Parasit 38
Partisanin 188
Partner Pl. 168
Passagier 23, 39
Passagiere 214
Passanten 217
Patentinhaber 198
Patienten 73, 214, 223
Patientinnen und Patienten 58
PatientInnen 223
peintre (frz.) 164
Pekinesin 21
persoană (rumän.) 15
Person 15–17, 20, 37, 39, 45, 48, 65, 75, 77, 89, Anm. 21, 113, 126, 215f., 218, 221, 299
Person im ärztlichen Dienst 259
Person, dichtende 113
Person, die ein Patent inne hat 198
Person, eingewanderte 113
Person, geburtshelfende 113
Person, moderierende 113
Person, poetische 113
Person, vortragende 113
Person, zu prüfende 113
Personal 271
Personal in Kindertagesbetreuung 266
Personalvertretung 271
Personen 218, 223
Personen, badende 218

Personen, die einen Antrag stellen 138
Personen, geschützte 132, Anm. 90
Personin 20
Persönlichkeit 37
Pferd 15, 45
Pfifferling 129
Pflegekassen 222
Pflegekräfte 271
Pfleger Pl. 269
Pflegerinnen und Pfleger 58
Phantom 38
philologue (frz.) 164
Philosophin 188
Physiotherapeut 187
Piesepampel 37
pikiman (kreol.) 97
Pilot 75, 79
Pilot, die 163
Piloten 73, 216
Piloterich 163
Pilotin 75, 80, 188
Pin-up 29
Plagegeist 38
Playmate 29
poeta (lat.) 113
politiker (schw.) 254
Politiker 9
Polizistin 188
Polygraf 8f.
Polygrafin 188
Pottsau 39
préfète (frz.) 164
president (estn.) 225
Pressling 129
prime minister (engl.) 98, 254
prime ministress (engl.) 98
Primitivling 37, 129f.
Primus 37
Produzent 127
Produzentin 188
professeur (frz.) 164
professor (estn.) 225
professor (schw.) 252
Professor 243
Professoren 73

Professorenhafte, das 243
Professorenschaft 243
Professorentum 243
Professoren- und Professorinnengruppe 262
Professorin 55, 165, 277
Professorinnen 277
Professorinnen und Professoren 58, 213
professorska (schw.) 252
Profi 37
Proletarier Pl. 165
Promi 37
Prophetinnen 213
propriétaire (frz.) 164
prost (schw.) 252
prostinna (schw.) 252
Protegé 37
Prüfling 37, 113, 129f.
Psychologiestudenten 211
Publikum 123, 260
Puma 15
Punk 37
Putzteufel 37
Quälgeist 38
Queere Pl. 27
quena (ahd.) 29
Rabe 15
Rabenaas 39
Räbin 21
Racker 37
Radfahrerinnen und Radfahrer 58
Rakete 11
Range 37
Rat des Arztes 68, 272
Rat, ärztlicher 68
Rat, der ärztliche 272
Ratte 15, 20
Ratterich 20
Rättin 20
Raucher 135, 272
Raucherabteil 71
Raucherinnen und Raucher 58
reader (engl.) 64
Rechner 8f.
Rechnerin 188
Rechtsanwalt 45, 103
Rechtsanwältin 103

Rechtsanwaltskanzlei 56
Redakteur 269
Redakteurin 188
Redakteurin und Redakteur 269
Redakteurinnen und Redakteure 58, 267
Redaktion 271, 303
Redeliste 263
Redner 86–88, 113
Redner/in, ein/eine 277
Rednerin 87
Rednerliste 263
Regenwurmin 21
Regisseurinnen und Regisseure 58
Reisende Pl. 136
Reisender 135
Reiterinnen und Reiter 58
Rentner 61, 66, 70f., 266
Rentner Pl. 71, 301
Rentnerinnen 270
Rentnerinnen und Rentner 58, 146, 269
repairer (engl.) 185
repairman (engl.) 185
Reporter, rasende 135
Reporterin 188
Rhinozeros 39
Richter 63, 67, 232
Ricke 49
Riesling 129
Rind 45, 237
Rindvieh 39
Rockmusiker Pl. 229
Rockmusikerinnen und Rockmusiker 229
Rohling 37, 129
Rohling (Halbfertigprodukt) 129
Röhrling 129
romanist (engl.) 64
Rotschopf 38
Rotznase 39
Rowdy 37
Rundling (Dorfform) 129
Russinnen und Russen 58
Saaltochter (schweiz.) 33
Sachbearbeiter 52
Sachbearbeiter Pl. 52

Sachse 238
Sächsin 238
Satan 37
Satansbraten 38
Sau, (die dumme) 39
Säuerling (Sauerampfer) 129
Sauertopf 38
Säugling 35, 37, 39, 75, 129
Schädling 129
Schaf, (das dumme) 39
Schaf, das schwarze 39
Schafskopf 38
Schafsnase 39
Schalk 37
Schatz 37
Schauspielende Pl. 272
Schauspieler 217
Schauspieler Pl. 272
Schauspieler und Schauspielerinnen 272
Schauspielerin 217, 271
Schauspielerin, männliche 271
Schauspielerin, weibliche 271
Schauspielerinnen, weibliche 270
Schauspielerinnen und Schauspieler 58
SchauspielerInnen 272
Schauspieler_in 161
Schauspieler_innen 149, 272
Schauspieler*innen 149, 272
Schelm 37
Scherzkeks 38
Scheusal 38
Schießbudenfigur 39
Schlammspringer 49
Schlampe 57–59
Schlamper 57
Schlamperin 58
Schlangenweihe 49
Schlauberger 38
Schlaukopf 38
Schlaumeier 38
Schlawiner 120

Schlawinerin 120
Schleifhexe 59
Schlingel 37
Schlitzohr 39
Schluckspecht 38
Schlumpf 37
Schlürfer 120
Schlürferin 120
Schmetterling 129
Schmierer 120
Schmiererin 120
Schmuddelkind 38
Schmutzfink 38
Schneider 135, 154
Schneider Pl. 211
Schneider*innen 156
Schofförin 188
Schoki 46
Schönheit 240
Schönling 129
Schössling 129
Schreiberling 129
Schreihals 38
Schriftsteller 7
Schriftsteller Pl. 168
Schriftstellerinnen 168
SchriftstellerIN 7
Schriftsteller/inne/n 168
Schuft 37
Schüler 9, 216
Schüler Pl. 9, 168, 208
Schüler & Schülerinnen 208
Schülerinnen und Schüler 102, 127, 150, 168f., 208, 271
Schüler*innenvertretung 168
Schülervertretung 198
Schulter 201
Schutzengel 38
Schützling 37, 129
Schwabe 55
Schwachkopf 38
Schwächling 37, 129
Schwälbin 21
Schwänin 21
Schweigepflicht, ärztliche 68
Schwein, (das dumme) 39

Schwein (Fauna) 237
Schweinebacke 39
Schweinigel 38
Schwester 42, 44, 75
Schwimmerinnen und Schwimmer 58
Schwuchtel 27
Schwule, der 28
Schwule Pl. 27, 165
scientist (engl.) 183
Scout 28, 37, 270, Anm. 75
secretaresse (nl.) 250
secretaris (nl.) 250
secretary (engl.) 183
Segler 52
Segler Pl. 52
Sekretärin 188
senator (engl.) 254
Senatorin 254
senatress (engl.) 254
Seniorenpass 56
Seniorin 188
Setzling 129
she (engl.) 183f., 249
Sieger 238
Siegerin 87, 238
sierota (poln.) 164
Simpel 37
singer (engl.) 249
singiman (kreol.) 97
Single 37, 289
Skispringerin 65
Sohn 42f.
soldate (frz.) 164
Soldaten 216
Soldatin 65, 188
Soldatinnen und Soldaten 58
soldier (engl.) 183
someone (engl.) 184
Sonderling 37, 129
Sonnenschein 38
Souverän 37
Sozialarbeiter Pl. 210f.
Soziolog*innen 170
Spaßbremse 39
Spaßvogel 37
Spatz 24, 38
Spätzin 21, 24

spia (it.) 113
Spinne 49
Spion 41
Spione 209f.
Spionin 188
Spitz 11
Sportler des Jahres 168
SprachbenutzerInnen 218
Springinsfeld 37
Sprinterin 188
Spross 37
Sprössling 37
Stadtwerkskunde 147
Star 15, 20, 39, 85, 289
Starin 20
Starke, die 270
Starrkopf 37
Steckling 129
Stehaufmännchen 38
Steuerberaterin 52
Steuermännin 21
Steuerzahler 127
Steuerzahlerinnen und Steuerzahler 58, 146f., 301
Steuerzahler*innen 161
steward (engl.) 184
stewardess (engl.) 184
Stichling 129
Störchin 21
Störenfried 37
Sträfling 37, 129
Streikende Pl. 136
Strohkopf 38
Strolch 37
Strömling 129
Stück, das freche 39
student (engl.) 183f., 249
Student 99, 133–136, 164, 187, 217
Student, das 165
Student, die 164
Studenten 169f., 211, Anm. 194, 260, 287 u. Anm. 40
Studentenschaft 198
Studentin 134, 187
Studentin, die oder der Student 197

Lexemregister

Studentinnen 171, 287 u. Anm. 40
Studentinnen und Studenten 169f., 198, 213
StudentInnen 171
Student/-innen 171
Student(innen) 171
Student_innen 171
Student*innen 159, 171, 256
Studierende, der 133
Studierende, eine 133
Studierende, jeder 133
Studierende Pl. 134, 136, 143, 169, 260
Studierenden, die 133, 170, 198, 270f.
Studierender, ein 133
Studierx 286
Stuhl 43
stuot (ahd.) 242
Stute 44, 242
Subjekt 38
Substitutin 188
Sünder 67, 232
surgeon (engl.) 69 u. Anm. 129
Sus 208
SuS 208
Süßling 129
Syrerinnen und Syrer 58
Tafel 11, 43
Tag 56f., 89, 102, 304
Tag und Nacht 304
Talent 38
Tante 27, 35, 42
Tänzer Pl. 211
Tänzerinnen 158
Tasse, die trübe 39
Täuberich 163
Täubin 21
Täubling 129
Täufling 37, 129f.
Taugenichts 37
ṭbib (marokk.-arab.) 254
ṭbiba (marokk.-arab.) 254
teacher (engl.) 184f., 249
Team 271
Tee 47
Teekanne 47

Teen 37
Teenager 32, 37, 63, 289
Teenagerin 270
Teenie 32
Teesieb 47
Teigling 129
Teil der Lehrerschaft 168
Teilnahmeliste 271
Teilnehmende, am Verkehr 136
Teilnehmenden, die 274, Anm. 92
Teilnehmer 91, 106
Teilnehmer Pl. 137, 214, 269, 273f., Anm. 92
Teilnehmerin 91, 270
Teilnehmerinnen und Teilnehmer 58
témoin (frz.) 164
Teufel 37
Theater 159
Theaterliebhaber*innen 149
they (engl.) 184
Tieflieger, der geistige 38
Tier, das hohe 39
Tigerin 21
tigre, la (it.) 15
Tochter 29, 42f.
Tollkopf 38
Tollpatsch 37
Tölpel 37
Tor 37
Torfkopf 38
Totalausfall 38
tôte, der (mhd.) 238
Tourist 66, 72, 118, 218, 299
touriste (frz.) 164
Touristen 9, 72, 167, 234, 266
Touristinnen und Touristen 218
Trainer 113
Trainerin 270
Tramp 28, 37
Trampel 37
Trampeltier 39, 49
Trauerkloß 38

Triumphator 37
Tropf, der arme 37
Trottel 37
Trotzkopf 37
Tunerinnen und Tuner 269
Tunichtgut 37
Tunte 27, 44
Türkinnen und Türken 58
Tussi 43
Twen 37
učitel' (tsch.) 60
učitel'nica (tsch.) 60
Uhuin 21
Ukrainerinnen und Ukrainer 58
Ulknudel 39
uman (kreol.) 97
uman kapiten (kreol.) 97
Ungeheuer 39
Unmensch 37
Unternehmerinnen, weibliche 271
Untertassen, fliegende 135
Unterzeichnende Pl. 137, 260, 303
Unterzeichner Pl. 137
Unterzeichnerinnen und Unterzeichner 137
Urlauber Pl. 9, 42, 83, 234, 266
Urlauberinnen und Urlauber 58
User 289
Userinnen und User 269
Vamp 11, 27f.
Vampir 28
Vampirin 28
Vampyrette 28
Vater 42f., 85
Veranstalter 197
verarzten 56
Verbrauchende Pl. 214
Verbraucher 53, 127
Verbraucher Pl. 58, 214
Verbraucherdienst 71
Verbraucherinnen und Verbraucher 58, 208
Verkäufer 135

Verkäufer Pl. 211
Vermieter 8f., 51
Vertreter 273, Anm. 92
Vertreter der Pflegekassen Pl. 222
Vertreter oder Vertreterinnen der Pflegekassen 222
Vertreterinnen 138
Vertreterinnen und Vertreter 58
VertreterInnen 138, 143, 291, 292
Vertreter/innen 138, 153
Vertreter_innen 139
Vertreter*innen 139, 192, Anm. 67
Vertretung 37
Verwender/innen 158
Vetter 42
vice president (engl.) 254
victimă (rumän.) 15
Vieh 237
Vizepräsidentin 254
Vogel, der komische 38
Volksgenossinnen und Volksgenossen 286
Vollpfosten 38
volpe, la (it.) 15
Vorbild 38
Vorfahre 37
Vormund 37, 39
Vorsitz 271
Vorsitzende, der 136, 277
Vorsitzende, die 277
Vorsitzender 135
Vorsitzer 136
Vorstand 7
Vorständin 7, 63
Vorstandsvorsitzende, die 7
vriunde Pl. (mhd.) 231
vrouw (nl.) 31
vrouwe (mhd.) 30, 32
Wache 36, 53
Wahlberechtigten, die 148
Wähler Pl. 147
Wähler und Wählerinnen 147

Wählerinnen und Wähler 55, 214
Wählerverzeichnis 263
Wahlverzeichnis 263
Wahrsager Pl. 211
Waise 15, 35, 37, 39, 44
Waldbesitzende Pl. 127
Waldbesitzer Pl. 127
Wanderer Pl. 266
Waschlappen 38
Weib 25, 27f., 30f., 44, 263
Weibchen 31
Weibchen (Fauna) 49
Weichei 39
Weichling 38
Weißling 129
Wesen, (das menschliche) 38f.
wîb (ahd.) 30
Wicht, das 28f.
Wicht, der 29
Wicht, der arme, kleine 37
Widerling 37, 129
Wiener Pl. 58, 141
Wienerinnen und Wiener 58, 141, 260, 303
Wiesel 15
wijf (nl.) 31
Wildfang 37
Windbeutel 38
Winterling 129
Winzling 37, 129
wîp (mhd.) 30
Wirbelwind 38
Wirkling 129
wisiman (kreol.) 97
Wissenschaftler 45, 65
Wissenschaftlerinnen und Forscher 127
Wissenschaftlerinnen und Wissenschaftler 147
Witwe 43, 57f.
Witwenball 58
Witwer 43, 57f., 87
Witwerin 58
Witzblattfigur 39
Witzbold 37
Witzfigur 39

Wölfin 21
woman pilot (engl.) 183
womanteacher (engl.) 65
wookoman (kreol.) 98
wookouman (kreol.) 98
writer (engl.) 184
Wunderkind 38
Würmchen 39
Wurst, die tolle 39
Würstchen, das arme 39
Wüstling 129f.
Wüterich 37
Wüterichin 91
Wutz 37
Youngster 37
Yuppie 37
Zappelphilipp 37
Zärtling 129
Zebra 15, 49
Zecke 39
Zeitgenossinnen und Zeitgenossen 168
Zeitgenoss*innen 168
zij (nl.) 250
Zivilistinnen und Zivilisten 58
Zögling 37, 128, Anm. 67, 129
Zombie 37
Zuhörer Pl. 73
Zuschauer 216f.
Zuschauer Pl. 58, 260
Zuschauerin 217
Zuschauerinnen und Zuschauer 58, 214
Zuschauer_innen 161
Zwerg 37
Zwilling 37, 129